JN418917

논문선집 7

이덕주 교수의 한국교회사 논문 3

한국 감리교회사와 지역교회사 연구

이 덕 주

한국기독교
역사연구소

이덕주

1952년 충북 충주 출생

감리교신학대학교와 동대학원 졸업(신학박사)

전) 감리교신학대학교 한국교회사 교수

전) 한국기독교역사연구소 소장

저서 『한국 토착교회 형성사 연구』, 『초기 한국기독교사 연구』. 『한국교회 이야기』, 『신석구』, 『한석진』, 『주기철』, 『스크랜턴』, 『전덕기』 외 다수

논문선집 7

이덕주 교수의 한국교회사 논문 3

한국 감리교회사와 지역교회사 연구

2018년 2월 20일 인쇄
2018년 2월 28일 발행

지 은 이 이 덕 주
펴 낸 이 김 승 태
펴 낸 곳 한국기독교역사연구소

주 소 서울 마포구 동교로23길 118 열송재(悅松齋)
전 화 (02) 2226-0850
팩 스 (02) 325-0849
E-Mail ikch0102@hanmail.net
Homepage www.ikch.org

등 록 1991년 5월 27일 제313-2011-173호

ISBN 978-89-85628-93-8 93230 값 30,000원

▌서문

돌아보니, 이끌리어 온 은총의 흔적

내가 한국교회사 연구자가 된 것은 1976년 감리교신학대학을 졸업하고 서울대학교 인문대학원 철학과(종교) 석사 과정을 수료한 후 1979년부터 향산 한영제 장로님이 경영하시던 기독교문사의 『기독교대백과사전』 편찬실 국내자료부장으로 근무하면서 '엄청나게' 많은 한국교회사 관련 자료들을 섭렵한 것에서 비롯되었다. 10만여 점의 각종 교회사 관련 자료를 소장하고 있던 기독교문사 편찬실은 내게 '월급을 받아가며 공부를 시켜 주었던' 천혜의 직장이었다. 그렇게 7년 동안 백과사전 편찬 실무를 보면서 자료를 읽다보니 "서당 개 3년이면 풍월 읊는다"는 식으로 자연스럽게 한국교회사 연구에 눈을 뜨게 되었고 그것을 조심스럽게 세상에 소개하기 시작했다.

그렇게 해서 1984년 4월 기독교대한감리회 기관지 「기독교세계」에 쓴 "1885년 4월 5일, 제물포 - 그 정확한 사실들"이 한국교회사와 관련해서 쓴 나의 첫 번째 글이 되었다. 그리고 1년 후 1985년 6월에 나의 초창기 한국교회사 연구에 '멘토'처럼 모셨던 오리 전택부 선생님의 고희 기념논문집 『한글성서와 겨레문화』(기독교문사)에 "초기 한글성서 번역에 관한 연구"라는 제목의 제법 긴 논문을 발표하였고 계속해서 3년 후 1988년 전택부 선생님의 추천으로 평양신학교 1회 졸업생이자 한국 장로교회 초대 7인 목사 중 한 분이셨던 한석진 목사님의 전기 『나라의 독립 교회의 독립: 한국 기독교 선구자 한석진 목사의 생애와 사상』(기독교문사)을 한국교회사 관련 첫 번째 저작으로 내놓았다. 이런 과정을 거치면서 한국교회사 연구자로서 내 이름이 학계에 알려지기 시작했다.

그렇게 '재야에서' 한국교회사 관련 연구와 저술 활동을 하던 중 1990년 무렵 감리교신학대학교의 일아 변선환 학장님으로부터 "한국교회사 강의하시던 송길섭 교수가 쓰러졌다. 너라도 들어와 강의를 해야겠다"는 전화를 받았다. 그렇게 모교로부터 호출(?)을 받고 뒤늦게 석사 · 박사 과정을 마친 후 2002년부터 역사신학교수로 임용되어 한국교회사와 아시아교회사를 강의하다가 금년(2018) 2월 정년 은퇴하게 되었다. 지난 2017년 12월 8일, 감신 교수로서 마지막 수업을 "나의 신앙, 나의 학문, 나의 책 이야기"란 주제의 공개 강연으로 마무리하였다. 이 수업을 준비하면서 한국교회사 연구자로서 30년, 신학교 교수로서 15년 지내면서 그동안 쓴 책과 논문들을 총정리 해보았다. 책은 대략 40여 권, 논문과 기고문, 수필 등이 대략 5백여 편이 되었다.

이렇게 저작과 저술 목록을 정리하고 보니 그동안 내가 쓴 저술의 80% 이상이 '청탁이나 부탁을 받아' 쓴 것임을 알 수 있었다. 부탁받지 않았으면 쓸 맘도 없었고 쓸 이유도 없었던 책이나 글들이었다. 그런데, 그렇게 청탁을 받고 그와 관련된 자료를 찾아서 읽으며 글을 쓰다 보니 내 학문적 관심과 시야가 한층 깊어지고 넓어진 것을 부인할 수 없다. 바로 이 대목에서 나는 내 의지 밖에서, 나보다 앞서, 내 학문적 관심과 의지를 '이끄시는' 손길의 은총을 다시 한 번 확인했다. 그것은 마치 좁은 교실 안에 갇혀 있던 학생을 밖으로 끌고 나와 "이것도 보아라. 저것도 보아라." 하며 보다 넓은 세계로 인도하는 선생님의 손길 같았다.

그렇게 부탁을 받아 자료를 찾아다니며 글을 썼는데도 그동안 내가 쓴 책이나 논문에 '일이관지'(一以貫之)하는 연구의 맥이 흐르고 있음을 발견할 수 있었다. 그것은 '민족과 복음'의 상관관계 속에서 한국기독교 역사를 조명하는 작업이었다. 좀 더 구체적으로 설명하면 한국교회사가로서 나의 학문적 관심은 '토착화'(土着化)와 '민족운동'으로 시작해서 한국 초대교회 교인들의 '신앙과 영성'(靈性)을 거쳐 '통일 이후 한반도 신학'으로서 '기독교사회주의'(基督敎社會主義) 모색으로 귀결되었다. 이런 학문적 관심과 연구주제의 추이(推移)는 신학도에서 목사로, 그리고 교회사학도에서 교수로 내 '삶의 자리'(Sitz im Leben)가 바뀐 것과 '일맥상통'(一脈相通)하는 변화이자 진화였다.

나는 1972년 감신에 입학해서 해천 윤성범 교수님으로부터 '토착화신학'(土着化神學)을 배웠다. 외국 것이라면 무조건, 무비판적으로 모방하고 답습했던 '식민주의적 신학' 풍토에서 "이제는 '우리 것'을 가지고 주체적인 신학을 해야 한다"는 해천의 주장은 '신학의 독립선언'과도 같았다. 이후 나의 신학적 관심은 '한국 그리스도인'(Korean Christian)으로서 정체성을 바탕으로, 한국교회를 위한 신학 수립에 두었다. 조직신학자 · 비교종교학자로서 해천의 토착화 신학이 서구 신학사상과 동양의 전통종교를 비교 분석하여 기독교 선교 이전 한반도에서 이루어진 '선행은총'(prevenient grace)으로서 하나님의 섭리의 흔적을 찾는 데 있었다면 역사신학자 · 교회사가로서 나는 선교 이후 한반도에서 선교사와 토착교인의 접촉과 교류의 결과로 이루어진 '토착화 과정'을 추적하여 한국 토착교회의 고유한 실체를 규명하는 것을 신학적 과제로 삼았다.

그런 맥락에서 나는 선교 초기 선교사와 성경을 통하여 처음으로 기독교 복음을 접하고 그것을 수용 · 해석 · 실천했던 '개종 1세대' 토착교인들의 신앙과 신학에 주목하였다. 그 결과 개종 1세대, 한국 토착교회 지도자들은 한국 고유의 종교 · 문화 전통을 복음의 빛에서 재해석하여 한국적 기독교 신앙으로 표출해냄으로 서구 기독교 및 한국의 토착종교와 '구별되면서도 연결되는'(separatus et continuus) '제3의 기독교 전통'을 수립하였고, 또한 외세 침략과 지배라는 정치 · 사회적 현실에서 자유와 해방이라는 기독교 이념을 실천함으로 한말과 일제강점기 기독교인들의 민족운동이 가능하였음을 발견했다. 이러한 '토착화와 민족운동'에 대한 관심과 연구결과로 『한국 그리스도인들의 개종이야기』와 『초기 한국기독교사 연구』, 『한국 그리스도인들의 신앙고백』, 『한국 토착교회 형성사 연구』와 같은 1990년대 저작물들이 나왔다.

이렇게 한국 토착교회 개종 1세대의 신앙체험과 고백, 그리고 실천에 관심을 갖다보니 자연스럽게 나의 연구는 '한국 초대교회'에 초점이 맞추어졌다. 그런데 내가 한국교회사와 관련된 글들을 발표하기 시작한 1984-85년에 한국기독교계는 '선교 백주년'을 기념하는 대규모 집회와 행사들을 개최하여 폭발적인 성장을 이룩한 교세를 대내외적으로 과시하였다. 그러나 그것은 한국교회만의 자축이었다. 한국교회를 바라보는 바깥 시선과 평가는 냉소와 비난으로 바뀌고 있었다. 교회 지도자들의 윤리적 타락과 교회의 세속화는 한국교회의 위기를 가속화시켰다. 이런 상황에서 역사학도로서 나는 "한말과 일제강점기 민족사회운동에서 한국교회가 감당했던 권위와 영향력을 회복할 수 있는 길은 없을까?" 고민하던 중 그 답을 '한국교회 처음 사랑'과 '처음

행위'의 회복(계 2:4-5)에서 찾았다. 즉 잊어버린 한국 초대교회 신앙영성을 회복함으로 위기에 처한 한국교회를 살릴 수 있을 것으로 보았다. 그런 탐구의 결과물로 쓴 것이 『한국교회 처음 여성들』과 『한국교회 처음 이야기』, 『한국영성 새로 보기』 같은 책들이다.

내가 학부와 대학원을 다녔던 1970-80년대 한국의 양심적 지식인들은 민주화와 통일을 '시대적 과제'로 여기며 학교와 거리에서 치열한 투쟁의 삶을 살았다. '운동권'에 속하지는 못했지만 나 역시 독재타도와 분단극복을 시대적 소명으로 인식하고 목회와 강의 · 연구에 반영하려 노력하였다. 그러던 중 감신 교수가 된 1년 후, 2003년 10월 평양에서 개최된 '해석 손정도 목사기념 학술대회'에 참석하여 "손정도 목사의 생애와 사상"이란 논문을 발표할 기회를 얻었다. 이후 두 차례 더 방북하여 통일의 대상인 북쪽의 역사학자와 철학자들을 만나 대화하면서 깨달은 것은 두 가지, 통일이 즐거운 낭만이 아니라 냉혹한 현실인 것과 통일을 말하면서도 정작 통일과 그 이후를 전혀 대비하지 않았다는 것이다. 그래서 감신 대학원 세미나 과목으로 '북한교회사'와 '기독교사회주의 이해'를 개설하고 통일에 관심이 있는 동료 교수들과 함께 「통일이후 신학연구」라는 연구지를 발간했다. 나는 개인적으로 분단시대 한반도를 분할 지배했던 남쪽의 자본주의나 북쪽의 공산주의가 갖고 있는 장점과 한계를 포용 · 극복할 수 있는 '제3의' 신학으로서, '통일이후'(post-unification) 한반도의 새로운 신학적 대안으로 '기독교 사회주의'(Christian Socialism)를 발견하였다. 그런 시각에서 신구약 성경을 읽고, 또한 19세기 중순 영국의 진보적 신학계에서 처음 제시하였던 기독교 사회주의에 대한 연구 결과로 『기독교사회주의 산책』을 출간하였다.

이렇듯 지난 30년간 한국교회사 학도로서 관심을 갖고 연구해 온 결과와 흔적을 정리하고 보니, 내 의지와 의식 밖에서 '이끄는' 은총의 손길에 따라 나름대로 '시대정신'(Zeitgeist)에 맞추어 목회와 학문의 길을 걸어왔음을 알 수 있었다. 물론 부족한 실력 때문에 충실하고 충분한 연구가 이루어지지 못한 부분도 없지 않았다. 그러나 나의 부족하고 잘못된 부분은 내 후배와 제자들이 채워주고 고쳐줄 것이기에 그 또한 감사할 일이다. 이번에 교수로서 정년 은퇴를 하면서 그동안 써 두었던 논문들을 묶어 책으로 내놓는 이유도 후

학들을 위한 선배의 의무감 때문이다. 이번에 세 권으로 묶어 내는 논문들은 단행본이나 공저, 혹은 원문 서비스가 되는 연구학술지에 수록되지 않았던 글들이다. 주로 교회나 기독교 기관, 혹은 개인이나 단체의 부탁을 받고 쓴 연구논문들이다. 그래서 학회 세미나 혹은 종교집회에 참석해서 자료집을 가져가지 않았으면 접할 수 없는 것들이다. 이런 논문들을 나 혼자 컴퓨터에 저장해 놓고 있는 것보다는 후학들에게 연구자료로 제공하는 것이 선배로서 마땅한 의무라 여겨 책으로 엮어 내놓기로 했다.

이 책에 수록된 37편의 논문들은 그동안 교회사학도로서 30년 나의 관심과 연구영역이 무엇이었는지 보여주고 있다. 그래서 크게 셋으로 나누어 제1권은 '토착화와 민족운동 연구', 제2권은 '선교사와 한국교회 인물 연구', 제3권은 '한국 감리교회사와 지역교회사 연구'로 묶었다. 특히 제1권에는 토착신학 관련 영문논문도 4편 그대로 수록하였다. 여기에 실린 논문들은 짧게는 5년, 길게는 10년의 시차가 있어서 내용과 표기에서 오류와 차이가 적지 않았다. 예를 들어 연구 초기에는 '을사보호조약', '일제시대' 등으로 표기했는데 최근에는 '을사늑약', '일제강점기' 등으로 바꾸었다. 이런 차이와 오류를 바로 잡는 일을 마지막 학기 내 연구실 조교로 수고한 감신대 대학원생 남연희와 김동권이 맡아 주었다. 그리고 이 책을 출판하기로 한 한국기독교역사연구소의 이순자 박사와 박혜진 박사 그리고 연제윤 전도사가 전체 원고를 꼼꼼하게 읽어가면서 내용의 오류를 바로잡고 편집 틀을 잡아 주었다. 이런 분들의 수고 덕분에 '한국교회사 연구 30년'을 마감하면서, 지금까지 나를 이끄신 그분과 한국교회사 연구의 미래를 열어갈 후학들에게 마지막 과제물로 이 책을 내놓게 되었다.

돌아보니, 한국교회사학도로서 지난 30년, 아니 내 인생 65년, 이끌리어 온 은총의 흔적일 뿐이다. 그저 감사할 뿐이다.

2018년 2월

감신대 만보재에서

이 덕 주

목 차

▌약어표

• ***ARBCK***

Annual Report of the Bible Committee of Korea

• ***ARFM***

Annual Report of Executive Committee of Foreign Mission of the Presbyterian Church in the U.S.

• ***ARM***

Annual Report of Foreign Mission Board of the Methodist Episcopal Church

• ***ARMEC***

Annual Report of the Board of Foreign Missions of the Methodist Episcopal Church

• ***ARPCUSA***

Annual Report of the Korea Mission of the Presbyterian Church in the USA

• ***ARWFMS***

Annual Report of the Women's Foreign Missionary Society of the Methodist Episcopal Church

• ***ARWMC***

Annual Report of the Women's Missionary Council of the Methodist Episcopal Church, South

• ***BFBS***

Annual Report of the British and Foreign Bible Society

• ***EWM***

Encyclopedia of World Methodist

• ***FR***

The Foreign Missionary

• ***GAL***

Gospel in All Lands

- ***KAC***

Minutes of the Korea Annual Conference of the Methodist Episcopal Church

- ***KF***

The Korea Field

- ***KM***

The Korea Methodist

- ***KMC***

Minutes of the Korea Mission Conference of the Methodist Episcopal Church

- ***KMEC***

Official Minutes and Reports of Annual Session of the Korea Annual Conference of the Methodist Episcopal Church

- ***KMF***

The Korea Mission Field

- ***KMPC***

Report of the Korea Mission of the Presbyterian Church in the U.S.A. to the Annual Meeting

- ***KRAS***

The Transactions of the Korean Branch of the Royal Asiatic Society

- ***KR***

The Korean Repository

- ***KRV***

The Korea Review

- ***KWC***

Annual Report of the Korea Woman's Conference of the Woman's Foreign Missionary Society of the Methodist Episcopal Church

- ***MAMS***

Minutes of Annual Meeting of the Southern Presbyterian Mission in Korea

• ***MEC***

Official Minutes and Report of Annual Meeting of the Korea Mission of the Methodist Episcopal Church

• ***MECS***

Minutes and Reports of the Annual Meeting of the Korea Mission of the Methodist Episcopal Church, South

• ***MKMEC***

Minutes of the Korea Mission of the Methodist Episcopal Church

• ***MR***

The Missionary Review

• ***MRW***

The Missionary Review of the World

• ***WFMS***

Woman's foreign Mission Society of the Methodist Episcopal Church

• ***WMC***

Annual Report of the Woman's Council of the Methodist Episcopal Church, South

6부

초기 한국 감리교회 역사

한국 감리교회의 신앙과 신학 원리

1. 머리말

"한국 감리교회의 신앙과 교리, 신학의 원리는 무엇인가?"

이 질문은 다시 "신앙과 교리 · 신학을 함에 감리교적이란 무엇을 의미하는가?"라는 질문으로 바꿀 수 있다. 이런 질문은 한국 감리교회의 신학과 교리의 정체성(Identity)을 확인하려는 시도로 연결된다. 즉 '감리교적' 신앙고백과 신학의 원리를 확인하는 작업이다.

이를 위해서 오늘 한국 감리교회의 역사적 연원이랄 수 있는 1930년 기독교조선감리회 총회 조직과 함께 채택된 「교리적 선언」의 형성 배경과 여기에 담긴 교리적 · 신학적 원리를 규명할 필요가 있다. 왜냐하면 1930년 조직된 기독교조선감리회 총회가 오늘의 기독교대한감리회의 역사적 출발점이며 1930년 총회 조직과 함께 채택된 「교리적 선언」이 한국 감리교회의 신앙과 신학 원리를 규정함에 '부인할 수 없는' 역사적 유산이기 때문이다.[1)]

1) 1992년 소위 '변선환 · 홍정수 교수 종교재판' 사건을 겪은 후 교단 내 보수적 인사들 사이에 「교리적 선언」이 지나치게 '자유주의적'이라고 비판하면서 개정 작업의 필요성을 제기하였고 그 결과 1996년부터 장정개정위원회와 관련 신학자들이 참여하여 작성한 8개조 「감리회 신앙고백」이 1997년 10월 입법 의회에서 통과됨으로 한국 감리교회의 새로운 '공식 신조'가 되었다[장정편찬위원회, 『기독교대한감리회 교리와 장정』(기독교대한감리회 홍보출판국, 1998), 44-45]. 그러나 새로 제정된 신조는 형식이나 내용 면에서 1930년의 「교리적 선언」을 넘지 못하고 있다. 우선 새 신조는 '보수적' 시각에서 1930년 「교리적 선언」에 누락되었다고 생각되는 사항(예를 들어 그리스도의 성육신, 십자가 구속, 부활 승천, 재림과 심판 등)들을 첨부하고 지나치게 '자유주의적' 내용으로 해석될 수 있는 사항(예를 들어 "구약과 신약에 있는 하나님의 말씀"이란 표현과 "하나님의 뜻이 실현된 인류 사회가 천국"이란 표현 등)을 삭제하는 형태

이 같은 관점에서 이 글은 1930년 「교리적 선언」과 이에 대한 신학적 해설서인 정경옥의 『기독교의 원리』에 대한 교회사적 의미를 살펴보는 데 목적이 있다. 이 두 자료는 1930년 이후 현재까지 한국 감리교회의 신앙과 신학적 입장을 대변하는 것으로 인식되고 있으며 감리교회뿐 아니라 한국교회 신학사에 중요한 위치를 차지하고 있기 때문에[2] 그 교회사적 의미를 규명하는 것은 중요하다.

이 글에서는 「교리적 선언」의 배경이 되는 남북 감리교회의 합동 및 '기독교조선감리회' 창립 과정에서 이루어진 「교리적 선언」 제정 및 채택 과정을 살펴보고 당시 한국 감리교회의 대표적 신학자로서 이 신앙고백을 해설한 정경옥과 그의 『기독교의 원리』에 나타난 신학적 구조의 특징을 살펴볼 것이다.

2. 기독교조선감리회 조직과 「교리적 선언」 채택

「교리적 선언」은 남북 감리교회 합동과 기독교조선감리회 창립이라는 역사적 사건의 산물이다. 이 사건은 한국 감리교 역사에서 한국교회의 '일치'와 '자치' 의지를 유감없이 발휘하였다는 점에서 중요한 의미를 지닌다.

로 작성되어 엄밀한 의미에서 새 신조는 1930년 「교리적 선언」의 교정본(그 교정이 잘 된 것인지 여부는 확인할 수 없지만)이라 할 수 있다. 그리고 새 신조에 대한 신학적 분석이나 평가 작업도 이루어지지 않은 상황이기 때문에 이 글에서는 새 신조를 검토 대상에서 제외하였다.

2) 1930년 제정된 한국 감리교회의 「교리적 선언」은 '한국 신조'(Korean Creed)란 이름으로 미국교회에 소개되었을 뿐 아니라 미감리회 총회는 이 신조를 미국연합감리교회의 '공인 신조'의 하나로 받아들이기로 결의하였고 1965년부터 미국연합감리교회 찬송가에 수록되었다. 그리고 이 신조는 아시아의 다른 나라에도 영향을 끼쳐 중국과 말레이시아 감리교회에서도 독자적인 신조를 만드는 운동이 일어났다["Confession of Faith," *Encyclopedia of World Methodism*(이하 *EWM*), Norman B. Harmon ed., Vol.1, (Nashville: The United Methodist Publishing House, 1974), 56; H. Welch, *As I Recall My Past Century* (Nashville: Abingdon Press, 1962), 92]. 정경옥의 『기독교의 원리』도 1935년 초판이 발행된 이후 계속 판을 거듭하여 인쇄되었고 최근(1995년) 교육국에서 현대문으로 바꾸어 수정판을 발행하고 있다. 이 책은 감리교회의 목회자와 임원들이 읽어야 할 필독서의 하나로 인식되었고 지금도 감리교회의 장로와 전도사 '3년급' 과정의 필수 과목으로 지정되어 있다[『기독교대한감리회 교리와 장정』(1998), 290).

2.1 남북 감리교회 합동과 총회 조직

같은 웨슬리 신학과 신앙을 고백하면서도 미국 내 정치상황 때문에 남북으로 나뉘어 한국선교를 추진하던 미감리회와 남감리회는 선교 초기부터 한국 교인들로부터 합동 요구를 받았다. 특히 1903년 원산부흥운동으로 교회 일치 운동 분위기가 고조되면서 감리교회만이라도 단일 교회를 만들자는 운동이 일어났다. 비록 그 당시 단일 교회는 이루어지지 못했으나 두 감리교회 선교부 사이에 교육과 의료 사업, 신학교와 목회자 양성을 연합으로 추진하게 되었다. 그러다가 3·1만세운동 이후 다시 두 교회의 합동 운동이 본격 논의되기 시작하였다. 그리하여 1924년 두 교회의 '교회진흥방침연구회'를 중심하여 교회 합동을 본격적으로 논의하였고 1925년 '남북감리교 연합기성위원회'를 조직하여 교회 합동을 위한 실무작업에 착수하는 한편, 미국의 교회 총회에 합동 승인을 요청하였다. 그 결과 1928년 5월(미감리회)과 1930년 5월(남감리회)에 미국교회들의 동의를 얻어 1930년 12월 2일 서울 냉천동 감리교신학교에서 '기독교조선감리회'(오늘의 기독교대한감리회) 창립 총회가 조직되었다.[3)]

기독교조선감리회 창립은 우선 나뉘어 들어왔던 교회가 하나되었다는 점에서 역사적 의미가 크다. 특히 미국의 '모교회'가 아직 합동을 이루지 못한 상황에서[4)] 피선교지인 한국에서 합동을 성취하였다는 점에서 한국 감리교인들의 강한 '일치' 의지를 읽을 수 있다. 또한 기독교조선감리회 총회 조직은 한국 감리교회의 '자치교회(Autonomous Church) 시대'를 열었다는 점에서 중요한 의미가 있다.[5)] 이는 정치적으로 미국교회로부터의 독립을 의미하는 것이었다. 감리교회의 수장인 감독을 한국교회 자체로 선출하게 되었고 그에 의한 목사안수가 가능하게 된 것이다. 그 결과 합동 총회에서 초대 총리사(總理師, 현재의 監督)로 양주삼(梁柱三) 목사가 선출되었고 동부 · 중부 · 서부 · 만

---

3) 남북 감리교회 합동과 기독교조선감리회 창립과정에 대해서는 유동식, 『한국 감리교회의 역사』 1(기독교대한감리회 유지재단, 1994), 502-521 참조.

4) 미국의 남, 북 감리교회는 1939년에야 합동 총회를 개최하였고 1968년 연합형제복음교회(Evangelical United Brethren)와 합동하여 현재의 '연합감리교회'(United Methodist Church)가 되었다. "Methodism in U.S.," *EWM* Vol.2, 1563-1568.

5) J.S. Ryang, "The Future of the Korean Methodist Church," *The Korea Mission Field*(이하 *KMF*) Jan. 1931, 6-8.

주선교 등 4개 연회로 조직되었다. 또한 기독교조선감리회는 창립과 함께 여성 성직의 길을 열어 1931년 통합 연회에서 한국교회 최초로 주한 여선교사 9명에게 목사안수를 베풀었다. 비록 외국인이었지만 이들은 한국 감리교회가 배출한 첫 여성 목사들로서 한국 감리교회가 외국의 다른 어떤 교회보다 앞서 남녀 평등을 실천한 선구적 교회의 모습을 보여주었다.

결국 남북 감리교 합동과 기독교조선감리회 창설은 정치적 · 신학적 이해가 달랐던 미국의 두 감리교회의 조화를 통한 일치를 추구하면서 한국교회의 주체성을 확보하는 계기를 마련했다. 조화와 일치, 자치와 주체성, 평등과 같은 개념들이 기독교조선감리회의 창립과 함께 제시된 신학적 개념들이라 할 수 있다.

2.2 「교리적 선언」 초안 작성

이처럼 두 교회가 합동하여 '자치교회'로 출발하면서 한국 감리교회의 신앙고백을 정리한 것이 「기독교조선감리회 교리적 선언」이다. 이 선언은 1930년 9월 24일 결성된 남북 감리교 합동전권위원회의 위원장으로 활약했던 웰치(H. Welch, 1862-1969) 감독이 작성한 영문 초안을 양주삼 목사가 한글로 번역하여[6] 합동전권위원회의 '교리적 선언과 헌법(교리와 장정) 제정준비위원'[7]의 검토를 거쳐 총회에 상정되었다.

「교리적 선언」의 초안 작성자였던 웰치 감독은 미국 커네티컷주 웨슬리안 대학 출신으로 1890년부터 미감리회 뉴욕연회에서 목회를 시작하였고 1905년 오하이오 웨슬리안대학 총장이 되었다가 1916년 감독에 선출되어 일본과 한국선교를 담당하였다. 그는 '친일파 감독'으로 널리 알려진 해리스(M.C.

---

6) 일부에서 교리적 선언의 초안자로 정경옥 교수를 지목하고 있으나[김철손, "정경옥과 성서연구", 「신학과 세계」제5호(1979), 29; 차풍로, "정경옥의 신학과 생활에서 본 인격주의 교육," 「신학과 세계」제5호, 92] 당시 상황으로 보아 정경옥을 초안자로 보기는 어렵다. 남북 감리교 합동이 논의되던 당시에 정경옥은 미국 유학 중이었고, 합동이 이루어진 후인 1931년에 귀국하기 때문이다. 그리고 무엇보다 당시 교육국에서 초안 작성과 인쇄 및 합동 총회 때 통역으로 활약했던 류형기 목사는 웰치를 초안자로 밝히고 있다. 류형기, 『은총의 팔십오년 회상기』(한국기독교문화원, 1983), 96; *EWM* Vol. 2, 565.

7) 위원은 웰치 · 김종우 · 양주삼 · 홍병선 등이었다.

Harris) 후임으로 1928년까지 봉직하였는데 한 · 일간에 비교적 중립 입장을 견지하였다. 그는 1930년 남북 감리교 합동 당시 현지 감독은 아니었지만 미감리회 총회 대표로 합동 준비작업에 참여하여 합동전권위원장으로서 합동에 관한 제반 실무를 지휘하였고 합동 총회 때 개회 사회를 맡았다.[8)]

웰치는 당시 미감리회 한국 주재 감독이었던 베커(J.C. Baker)와 남감리회 한국교회 측 대표인 양주삼 목사와 주로 상의하면서 합동에 관련된 일들을 추진하였는데 「교리적 선언」 초안 작성도 그런 식으로 이루어졌다. 웰치의 증언이다.

> "(합동되어 나타날) 새 교회는 없던 데서 생겨난 것이 아니었다. 이 교회는 감리교회이자 기독교회여야 했으며 보편적 교회(the Church Catholic)와 역사적으로 연결되어야 했다. 다른 한편에서는 교회의 역사나 사상과 직접 관련이 없는 교리적 선언이나 규범을 새 교회에 부과하지나 않을까 하는 우려도 제기되었다."[9)]

웰치는 남북 감리교 합동으로 이루어진 기독교조선감리회 창립이 「교리적 선언」 제정의 가장 큰 동기였음을 밝혔다. 그리고 한국 감리교회의 신앙과 교리적 입장을 정리함에 감리교회 전통, 세계 보편적 기독교 전통과의 연결을 강조하면서도 서구 일방적인 신조 도입은 경계하였던 것이다. 이러한 입장은 웰치가 제1회 총회석상에서 한국 감리교회의 지향할 바로 제시하였던 3대 원칙과 맥이 통한다.

> "우리가 議論하는 동안에 先決的으로 目的한 바가 잇엇으니 첫째에 이 새 敎會는 반듯이 眞正한 基督敎會가 되게 하고저 한 것입니다. 다시 말하면 그리스도의 要求하시는 條件대로 행하여 그의 親舊가 되어 그리스도를 배우고 그를 따르고저 하는 이들에게는 門을 열고 환영하여 모도 敎人이 될 수 잇도록 한다는 말슴이올시다..... 基督敎會는 傳道와 敎育과 社會事

---

8) 웰치 감독은 이후 1928-32년 피츠버그연회, 1932-36년 중국 상해연회에서 봉직했고 1936년 은퇴하였다. 은퇴 후에도 동양선교에 지속적인 관심을 갖고 지원하였으며 미국 감리교 해외구제위원회 위원장으로 해방 후 한국 감리교회 재건을 위해서도 많은 노력을 하였다. 한국 감리교회는 1959년 10월 감리교신학대학 구내에 그를 기념하는 '웰치 기념교회'를 건립하였다. *EWM* Vol.2, 2485; 「감리교생활」1959.11, 86.

9) *The Christian Advocate*, Vol. 121, No. 31, Aug. 1, 1946, 13: *EWM* Vol. 2, 565.

業을 統合하여 한 事業으로 보며 個人은 眞理와 사랑의 權能으로 救援하고 社會는 예수 그리스도의 精神으로 奉仕하며 그의 精神으로 變化시켜야 할 줄 아는 것입니다.

둘째로 이 敎會는 眞正한 監理敎會가 되게 하자는 것이엇습니다. 이 말슴은 偏狹한 敎派主義를 가지고 옛날의 바리새敎人들과 같이 驕慢과 自尊心으로 獨立한다는 뜻이 아니요 監理敎會 創立者 요한 웨슬레 先生처럼 友誼의 關係와 廣範한 同情을 가진다는 것입니다.... 眞正한 監理敎會는 進步的임으로 生命이 잇는 이의 特色을 가젓스니 곳 그 時代와 地方을 따라 자라기도 하며 變하기도 할 것입니다.

셋째로 이 敎會는 朝鮮的 敎會가 되게 하고저 한 것이올시다. 朝鮮的이라 하는 말은 이 敎會를 朝鮮人으로만 組織하자는 말은 아닙니다. 대개 이 나라에 朝鮮 信者들과 같이 福音傳播에 同力하는 사람들 中에 重要한 部分이 다른 나라에서 온 이들입니다. 또 朝鮮的이라는 말은 狹小하게 敎會生活 中에 무엇이던지 朝鮮에서 된 것이 아니면 내어버린다는 말이 아니며 또한 數千年 동안 基督敎 歷史에 遺傳하여 온 바를 輕視하거나 否認한다는 말도 아닙니다. 우리는 古今을 通하여 傳來한 바를 感謝한 마음으로 받아서 禮拜나 治理에나 規則에 잘 利用하되 朝鮮의 文化와 風俗과 慣習에 造化되게 하고저 하는 것입니다."[10]

바로 이러한 "진정한 기독교회(truly Christian Church), 진정한 감리교회(truly Methodist Church), 조선적(한국적) 교회(Korean Church)" 수립이 1930년 기독교조선감리회 창립 이념이자 한국 감리교회의 지향할 목표이며 「교리적 선언」의 신학적 바탕이라 할 수 있다. 즉 '진정한 기독교'에서는 개인구원과 사회구원의 균형을 강조하고, '진정한 감리교회'에서는 탈교파주의(후에 에큐메니칼주의로 발전)와 함께 종교와 예배 의식을 시대 상황에 맞추어 변화시키는 진보적 입장을 강조하고, '한국적 교회'에서는 서양 기독교 전통과 한국의 역사적 문화 정통을 동시에 강조하는 '토착화 신학적' 입장을 보여주고 있다. 이 같은 '사회구원의 복음', '진보적 에큐메니즘', '토착적 신학'이 한국 감리교회의 특징으로 자리잡은 것이다. 이는 남북 감리교 합동과 기독교조선 감리교회 창설 과정에서 확인된 조화와 일치, 주체성 확립이란 신학적 개념을 반영한 것으로 볼 수 있다.

웰치는 이러한 원칙 하에 「교리적 선언」을 작성하게 된 과정을 다음과 같이 증언하였다.

---

10) 『基督敎朝鮮監理會 敎理와 章程』(기독교조선감리회 총리원, 1931), 4-5.

"예비적인 토론 모임이 진행되는 과정에서 교리적 선언 문제가 자연스럽게 대두되었다. 나는 이 문제를 한국의 남감리회 대표자이자 합동된 교회의 초대 총리사가 될 양주삼과 논의했다. 우리가 합의한 바, 신조는 무엇보다 교육적 도구가 되어야 하며 그런 점에서 실천적 기독교 신앙의 근본적인 요소만을 담아 간단하면서도 쉬운 문장으로 서술해야 한다는 것이었다. 그리고 양 박사는 [한국 감리교회가] 서구 교회의 신앙과 실행 원칙을 마구잡이로 받아들이거나 무조건 배척하지 않으면서도 감리교회의 전통을 지키기 위하여 '역사적 선언'에 합동하는 [남과 북] 두 교회의 뿌리가 되는 영국 감리교회의 기원을 언급하면서 두 교회가 함께 채택하고 있는 '총칙'(General Rules)[11]을 첨부하고, 미국 감리교회 약사를 소개하면서 웨슬리가 [영국성공회의] 39개조 종교강령을 축소해서 미국교회에 보내준 '종교강령'(Articles of Religion)[12]을 삽입하고, 한국 감리교회 형성에 관한 내용을 담은 역사적 선언을 제시한 후에 새로운 교리적 선언을 제시하기로 하였는데 이는 입교 조건으로서가 아니라 우리 가운데 보편적으로 받아들이고 있는 사항들을 확인하는 의미로 하자는 것이었다."[13]

이 글을 통해 웰치는 「교리적 선언」 작성 과정에서 한국교회를 대표하는

---

11) 『교리와 장정』에 삽입된 '총칙'은 다음과 같다.
"第一은 害롭게 하지말며 각가지 惡한 것을 避하므로 할 것인데 特別히 가장 많이 行하는 것이다. 그 例를 들면 하나님의 이름을 망녕되게 쓰는 것과 늘 하는 事業이나 賣買하는 일로 主日을 犯하는 것과 必要한 일(身病같은 것) 밖에 술을 마시는 것이나 醉하는 것과 ......갚을 수 없을듯한 돈을 꾸는 것과 혹 갚을 수 없을듯한 물건을 外上으로 사는 것들이다.
第二는 善을 行하며 能力을 따라 각가지의 慈悲함을 베풀며 機會가 잇는대로 모든 사람에게 할 수 잇는 각가지의 善을 行할 것이다. 그 例를 들면, 사람의 肉身을 위하여서는 하나님께서 주신 能力대로 주린 이에게 먹을 것을 주며 벗은 이에게 옷을 주며 病든 이와 獄에 갇힌 이를 찾고 도와줄 것과......自己를 이기고 날마다 十字架를 지고 그리스도의 凌辱을 擔當하고 世上에 더러운 것과 같이 됨을 달게 받고 主를 인하여 모든 거즛말로 誹謗받을 줄을 알 것이라.
第三은 하나님의 모든 禮法을 삼가 직힐 것이다. 그 例를 들면, 하나님께 公衆禮拜하는 것과 聖經 말슴을 읽거나 解釋하는 것과 主의 晩餐과 家屬 祈禱와 個人 祈禱와 査經과 禁食과 節食하는 것들이다." 『基督敎朝鮮監理會 敎理와 章程』(기독교조선감리회 총리원, 1931), 14-18.

12) 미국 감리교회의 25개조 종교강령은 다음과 같다.
1) 三位一體를 믿음 2) 말슴 곳 하나님의 아들이 참 사람이 되심 3) 그리스도의 復活 4) 聖神 5) 聖經이 救援에 足함 6) 舊約 7) 原罪 8) 自由 意志 9) 사람을 義롭게 하심 10) 善行 11) 義務 外의 事業 12) 義롭다 하심을 얻은 後 犯罪함 13) 敎會 14) 煉獄 15) 會衆에서 解得할 方言을 쓸 것 16) 聖禮 17) 洗禮 18) 主의 晩餐 19) 떡과 포도汁 20) 그리스도께서 十字架에서 한번 祭物이 되심 21) 牧師의 婚姻 22) 敎會의 禮法과 儀式 23) 北美合衆國 統治 24) 그리스도人 財産 25) 그리스도人의 盟誓. 『基督敎朝鮮監理會 敎理와 章程』, 21-33.

13) H. Welch, *As I Recall My Past Century* (Nashville: Abingdon Press, 1962), 90.

양주삼 목사와 긴밀하게 논의하였음을 밝히면서 「교리적 선언」 작성의 원칙으로 ① 교리적 강요나 입교 조건으로서가 아니라 교육적 내용으로 삼는다. ② 한국 감리교회는 서구 기독교의 다양한 신조나 교리를 무비판적으로 수용하거나 배척하지 않는다. ③ '총칙'이나 '종교강령'에서 나타나는 웨슬리와 영국 및 미국 감리교회의 교리적 전통은 '역사적 선언'을 통해 밝힌다. ④ 기독교의 보편적 신앙 내용을 가능한 한 간단하고도 쉬운 내용으로 서술한다고 정했다. 감리교회의 신앙전통을 지키면서도 감리교회라는 교파 의식이나 교리적 특징을 강조하기보다는 교파를 초월하여 그리스도 교회가 보편적으로 믿는 바를 정리하는 것에 초점을 맞추었음을 알 수 있다. 즉 교파적 특수성(particularity)보다는 신앙의 보편성(catholicity)을 강조하였던 것이다.

2.3 「교리적 선언」 채택 과정

이러한 원칙 하에 웰치 감독이 작성한 영문 초안을[14] 양주삼 목사가 번역

---

14) 영어 본문은 다음과 같다.

"1. The fundamental principles of Christianity have been set forth at various times and in various forms in the historic creeds of the Church, and have been interpreted by Mr. Wesley in the Articles of Religion and in his Sermons and Notes on the New Testament. This evangelical faith is our heritage and our glorious possession.

2. Upon those persons who desire to unite with us as members we impose no doctrinal test. Our main requirement is royalty to Jesus Christ and a purpose to follow Him. With us, as with Mr. Wesley in the earliest General Rules of the United Societies, the conditions of membership are moral and spiritual rather than theological. We sanction the fullest liberty of belief for the individual Christian, so long as his character and his works approve themselves as consistent with true godliness.

3. It is fitting, however, that we should state the chief doctrines which are most surely believed among us.
We believe in one God, Maker and Ruler of all things, Father of all men; the Source of all goodness and beauty, all truth and love.
We believe in Jesus Christ, God manifest in the Flesh, our Teacher, Example, and Redeemer, the Savior of the world.
We believe in the Holy Spirit, God present with us for guidance, for comfort, and for strength.
We believe in the forgiveness of sins, in the life of love and prayer, in grace equal to every need.

하여 홍병선·김종우 목사 등의 교열과 미감리회 조선 주재 감독 베커(J.C. Baker)를 비롯한 합동전권위원회 위원들의 검토 작업을 거친 후 다른「교리와 장정」과 함께 1930년 12월 2일 총회에 제출되었다.

이 때 제출된「교리적 선언」초안의 서문은 다음과 같았다.

> "그리스도敎의 根本的 眞理가 時代를 따라 여러 가지 形式으로 敎會 歷史的 信條에 表明되엇고 웨슬레 先生의 '宗敎綱領'과 '說敎集'과 '新約 註釋'에 解釋되었다. 이 福音的 信仰은 우리의 遺業이오 榮光스런 所有이다. 우리 敎會의 會員이 되어 우리와 團合하고저 하는 사람들에게 아무 敎理的 試驗을 强求하지 않는다. 우리의 重要한 要求는 그리스도께 忠誠함과 그를 따르려고 決心하는 것이다. 웨슬레 先生이 聯合屬會 總則에 要求한 바와 같이 우리의 入會 條件은 神學的보다 道德的이오 神靈的이다. 누구던지 그의 品格과 行爲가 참된 敬虔과 附合되는 이상에는 個人 信者의 充分한 信仰 自由를 옳게 認定한다."[15]

이미 웰치가 밝혔던 바,「교리적 선언」제정의 기본 원칙이 충분히 반영되었음을 알 수 있다. 우선 한국 감리교회의 교리와 신학의 기반이 '복음적 신앙'에 있음을 밝히면서 그 구체적인 근거를 기독교 역사 속에 나타난 다양한 신조들과[16] 웨슬리의 '종교강령', '설교집' 및 '신약 주석'에서 찾고 있다. 전

We believe in the Word of God contained in the Old and New Testaments as the sufficient rule both of faith and of practice.

We believe in the Church as the fellowship for worship and for service of all who are united to the living God.

We believe in the Kingdom of God as the divine rule in human society; and in the brotherhood of man under the Fatherhood of God.

We believe in the final triumph of righteousness, and in the life everlasting. Amen. To the extension of this Gospel of life and freedom and joy and power to all people and to realms of thought and action, our Church is concerned."

H. Welch, "The Proclamation Regarding the Unification and Organization of The Korean Methodist Church," *KMF* Jan. 1931, 3.

15) 『基督敎朝鮮監理會 敎理와 章程』(기독교조선감리회 총리원, 1931), 37-38.

16) 웰치가 '교회 역사적 신조'라고 표현했을 때 그 구체적인 내용이 무엇인지 분명치는 않다. 즉 사도신경을 비롯하여 니케아신조, 칼케돈 신조, 아다나시우스 신조 같은 종교개혁 이전의 고전적 보편 신조를 포함한 것인지 아니면 종교개혁 이후에 나타난 '개신교회'의 신조만을 의미한 것인지 분명치 않다는 말이다. 다만 정경옥은「교리적 선언」을 해설하면서 이 부분에 대해 루터의 종교개혁 이후에 나타난 개신교회의 신조들 중에 독일 루터교회의 '아우구스부

자는 보편적 기독교 신앙전통을, 후자는 감리교회의 신앙전통을 수용하는 것으로 보았다. 그리고 감리교회가 '교리적 시험'을 강요하는 경직된 교회가 아니라 오히려 (품격과 행위가 경건에 부합되는 한) 개인의 신앙의 자유를 최대한 보장하는 부드러운 교회라는 점을 강조하였다. 교리와 신조를 엄격하게 적용함으로 교리적으로 문제 있는 교인들을 추방하려는 폐쇄적인 교회가 아니라 영적이고 도덕적인 신앙에 부합하는 교인들에게 교리적 시험을 강요하지 않는 개방적 교회라는 말이다. 교리와 신학을 강조하면 할수록 그것은 '비감리교회적'이라고 해석할 수 있는 대목이다.

결국 한국 감리교회는 교리적 시험이나 신학적 입장을 강요하지 않으면서 개신교회가 보편적으로 믿는 바를 제시함으로 교파주의나 교리주의에 얽매지 않는 '열린' 교회를 지향하면서 동시에 최소한 교파를 초월하여 동의할 수 있는 보편적 기독교 신앙의 원리를 제시하려 하였던 것이다. 한국 감리교회의 신앙고백을 정리하면서 이를 '교리'(Doctrine) 혹은 '신조'(Creed)라 하지 않고 '교리적 선언'(Doctrinal Statement)라 한 이유도 여기에 있다.

「교리적 선언」 본문은 다음과 같았다.

> "1. 우리는 萬物의 創造者이시요 攝理者이시요 왼人[17]의 아바지시요 모든 善과 美와 愛와 眞理의 根源되시는 오직 하나이신 하나님을 밋으며
> 2. 우리는 하나님이 肉身으로 낫타나사 우리의 스승이 되시고 模範이 되시고 代贖者가 되시고 救世主가 되신 예수 그리스도를 밋으며
> 3. 우리는 하나님이 우리와 갓치 계시사 우리의 指導와 慰安과 힘이 되시는 聖神을 밋으며
> 4. 우리는 사랑과 祈禱의 生活을 밋으며 罪를 容恕하심을 밋으며 모든 要求에 넉넉하신 恩惠를 밋으며

르크 신조'(1530년)와 '비텐베르크 신조'(1552년), 영국성공회의 '종교 10강령'(1536년)과 '42강령'(1553년), '38강령'(1562년), '39강령'(1571년) 등을 언급함으로 독일 루터교회・영국성공회로 이어지는 개혁교회 전통을 보편적 기독교 신앙전통으로 해석하고 있음을 보여주고 있다(정경옥, 기독교의 원리). 이러한 해석에서 종교개혁 이전과 이후의 가톨릭교회 전통이나 종교개혁 이후의 칼빈주의 전통은 제외될 것은 분명하다. 이는 1930년대 한국 감리교회가 천주교회 및 장로교회와 '불편한' 관계를 맺고 있었다는 사실을 감안할 때 이해될 수 있는 대목이다.

17) '온 인류'의 오식(誤植)으로 보인다.

5. 우리는 舊約과 新約에 잇는 하나님의 말삼이 信仰과 實行에 充分한 標準이 됨을 밋으며
6. 우리는 살아계신 主 안에서 하나이 된 모든 사람들이 禮拜와 奉事를 目的하야 團結한 敎會를 밋으며
7. 우리는 하나님의 뜻이 實現된 人類社會가 天國임을 밋으며 하날 아버지 압헤 모든 사람이 兄弟됨을 밋으며
8. 우리는 모든 사람들에게 生命과 自由와 歡喜와 能力이 되는 主의 福音을 宣傳함이 우리의 神聖한 天職임을 밋으며
9. 우리는 義의 最後 勝利와 永生을 밋노라."[18]

「교리적 선언」에 대한 토의와 통과는 총회 둘째 날인 12월 3일 오전에 시작되어 하루를 넘겨 12월 4일 오전에 통과되었다. 토론이 하루를 넘긴 것은 「교리적 선언」에 "(그리스도의) 聖神의 孕胎와 十字架의 流血贖罪와 復活 昇天과 最後 審判이라"는 내용으로 1조를 더 첨가하자는 신홍식(申洪植) 목사의 제안에 대한 찬 · 반 토론이 격렬했기 때문이었다.[19] 근본주의 보수신학 원리[20]를 수용하려는 이러한 움직임은 「교리적 선언」이 지나치게 '자유주의적' 성향을 띠고 있음을 지적하면서 기독교의 근본 교리를 첨부하자고 제안한 것

---

18) 이 초안이 총회 석상에 제출된 원문 그대로인지는 불확실하다. 다만 총회록이나 「교리와 장정」이 인쇄되어 나오기 전에 신문 기자에 의해 가장 먼저 인쇄된 「교리적 선언」 본문인데 총회 석상에서 문제가 된 제8조가 수정되지 않은 상태로 소개되고 있어 수정되기 전의 초안 형태에 가장 근접한 자료임에는 틀림없다. 「기독신보」1930.12.27.

19) '墨峯'이란 필명의 「宗敎敎育」 기자는 기독교조선감리회 창립총회 참관기를 쓰면서 「교리적 선언」 채택 과정의 토론을 다음과 같이 소개하였다.
"제1부 보고 중 '교리적 선언 원안 8개조 중 "성신 잉태"와 "개인 부활" 조건이 빠지엇슴은 현대 소위 신학자 중으로도 마리아의 잉태설을 부인하는 경향이 잇는 이만큼 반긔독당에게 장래 증리의 긔를 엿보게하는 것이라'고 신홍식 감리사가 재삼 통론함에 대한 위원측 답변은 '교리 제 5조에 "신약과 구약을 다 믿는다"는 의미가 포함되엿음으로 중첩할 필요가 없다'고 하다. 장구한 토의후 원안 8조를 9조로 수정 통과하다." 「종교교육」2권 4호(1931.1), 37.

20) 근본주의 신학은 1890년대부터 영국의 보수적 장로교회에서 논의되기 시작하여 1920년대 미국교회의 진보적, 자유주의 신학에 대한 반작용으로 나타난 신학이다. 근본주의 신학의 5대 신앙원리는 ① 성경의 절대무오성(inerrancy of Bible) ② 그리스도의 동정녀 탄생(virgin birth of Christ) ③ 그리스도의 유혈 대속(substitutionary atonement of Christ) ④ 그리스도의 육적 부활(physical resurrection of Christ) ⑤ 그리스도의 육적 재림(physical coming of Christ) 등이다. G.M. Marsden, "Evangelical and Fundamental Christianity," *The Encyclopedia of Religion,* M. Eliade ed., Vol. 5(NY: Macmillan Publishing Company, 1987), 192-193.

이다. 이는 곧 「교리적 선언」이 담고 있는 진보적 성향에 대한 보수주의 측의 이의 제기였다. 그러나 근본주의 교리를 첨가하려던 보수주의 측의 시도에 대해 제안자 측에서는 "이런 내용은 제5조(구약과 신약에 있는 하나님의 말씀이 신앙과 실행에 충분한 표준이 됨을 믿으며)에 포함되어 있다"고 설명하였고 결국 표결에 의해 「교리적 선언」은 "원안대로" 받기로 하였다.[21)]

그리고 초안의 8조에 대해 영문 초안자인 웰치가 본래 영문 초안에서는 부록으로 되어 있는 것을 번역 및 인쇄 과정에서 본문(8조)으로 삽입되었음을 지적하자, 인쇄자인 류형기 목사가 사과하고 원문대로 부록으로 환원하기로 하였다.[22)]

이로써 전문 8조 부록 1조로 된 「교리적 선언」이 한국 감리교회의 신앙고백으로 확정되었는데 그 본문은 다음과 같다.

"1. 우리는 萬物의 創造者시오 攝理者시며 온 人類의 아버지시오 모든 善과 美와 愛와 眞의 根源되시는 오직 하나이신 하나님을 믿으며
2. 우리는 하나님이 肉身으로 나타나사 우리의 스승이 되시고 模範이 되시며 代贖者가 되시고 救世主가 되시는 예수 그리스도를 믿으며
3. 우리는 하나님이 우리와 같이 계시사 우리의 指導와 慰安과 힘이 되시는 聖神을 믿으며
4. 우리는 사랑과 祈禱의 生活을 믿으며 罪를 容恕하심과 모든 要求에 넉넉하신 恩惠를 믿으며
5. 우리는 舊約과 新約에 있는 하나님의 말씀이 信仰과 實行에 充分한 標準이 됨을 믿으며
6. 우리는 살아계신 主 안에서 하나이 된 모든 사람들이 禮拜와 奉仕를 目的하여 團結한 敎會를 믿으며
7. 우리는 하나님의 뜻이 實現된 人類社會가 天國임을 믿으며 하나님 아버지 앞에 모든 사람이 兄弟됨을 믿으며
8. 우리는 義의 最後 勝利와 永生을 믿노라. 아멘

모든 사람에게 生命과 自由와 歡喜와 能力이 되는 이 福音을 宣傳함이 우리의 神聖한 天職인 줄 알고 獻身함."[23)]

21) 『기독교조선감리회 제1회 총회록』(1931), 28-29.
22) 『기독교조선감리회 제1회 총회록』(1931), 28-29.
23) 『基督敎朝鮮監理會 敎理와 章程』(1931), 38-39.

「교리적 선언」의 제정 배경은, 첫째, 「교리적 선언」은 남북 감리교회 합동으로 이루어진 한국 감리교회의 교리적 입장을 밝힌 것이며, 둘째, 「교리적 선언」은 "진정한 감리교회, 진정한 기독교회, 진정한 조선적 교회"를 지향하는 한국 감리교회의 신앙적 의지를 담고 있으며, 셋째, 「교리적 선언」을 절대적인 신조로 채택하여 (장로교회와 같이) 교리 중심의 교파교회를 지향하기보다는 당시 한국 감리교인들이 공통적으로 믿는 바를 요약 정리한 것이며, 넷째, 「교리적 선언」을 입교(入敎)의 조건이 아닌 교육의 내용과 도구로 삼기 위해 제정하였음을 알 수 있다.

그리고 초안 작성과 채택 과정에서 알 수 있듯 「교리적 선언」은 보수적 신앙 노선의 도전(?)을 물리친 진보적 신앙 노선의 승리를 반영한 것이었다. 그 결과 「교리적 선언」은 내용과 표현에서 근본주의 신학 입장에서 볼 때 '급진적' 자유주의 신학으로 오해할 수 있는 부분도 없지 않았다.[24] 이는 50여 년 역사 속에서 한국 감리교회가 다른 교파교회에 비교할 때 상대적으로 진보적이었음을 반영하는 것이기도 하며, 특히 「교리적 선언」 작성에 깊이 관여한 웰치 감독과 양주삼 목사 등의 '진보적 신학'에 영향 받은 바도 적지 않았다. 이들의 신학은 1920년대 미국의 대표적 진보주의 신학인 '사회복음주의'(Social Gospel)에 기울어져 있었고 그러한 면에서 한국 장로교회에 깊은 영향을 끼친 '근본주의'와는 분명한 거리가 있었다. 총회에서 「교리적 선언」 초안을 낭독하여 제안자 입장에 섰던 김지환(金智煥)의 다음과 같은 해설이 이러한 입장을 대변하고 있다.

> "今番에 새로 組織된 基督敎朝鮮監理會의 敎理 중에 '우리는 하나님의 뜻이 實現된 人類社會가 天國임을 믿으며' 하는 말이 있다. 協力과 奉仕를 中心삼지 않고 나아가는 그 사람 그 團體의 生活은 하나님의 뜻을 이 世上에 實現하려는 精神은 조곰도 업는 것이다. 하나님

24) 특히 "선과 미와 애와 진의 근원이 되신 하나님", "스승과 모범이 되시는 예수 그리스도", "구약과 신약에 있는 하나님의 말씀", "하나님의 뜻이 실현된 인류사회가 천국" 등의 표현이 그렇다. 이러한 신학적 개념과 용어들은 국내 근본주의 신학자들에 의해 '파괴적' '신신학'(新神學)으로 불렸던 20세기 미국 '근대주의'(modernism) 신학에서 자주 사용하던 것들이었다. Edwin S. Gaustad ed., *A Documentary History of Religion in America since 1865*, Second edition (Grand Rapids: William B. Eermands Publishing Company, 1993), 395-399.

> 의 뜻을 人類社會에 實現하려고 하면 自己中心主義(個人福音主義 又는 神秘的主義)를 버리고 社會的 福音主義를 가지고 協力과 奉仕를 中心으로 하여야 할 것이다.... 이번 基督敎朝鮮監理會 敎理 끝에 附錄으로 '모든 사람에게 生命과 自由와 歡喜와 能力이 되는 이 福音을 宣傳함이 우리의 神聖한 天職이 됨을 믿노라' 하는 말이 있다. 나는 이 敎理가 基督敎朝鮮監理會뿐만 아니라 朝鮮에 있는 모든 敎徒들의 사랑하는 敎理가 되며 한 標語가 되어서 이 社會를 天國化하는데 큰 도움이 있기를 바란다."[25]

결국 1930년 기독교조선감리회 조직과 함께 나타난 「교리적 선언」은 한국 감리교회의 신앙과 신학적 바탕을 '보편적 기독교'와 '웨슬리의 감리교회' 전통에서 찾고 있으며, '온건 복음주의'로 표현할 수 있는 신학적 입장이 근본주의적 보수주의 신학이 주류를 이루고 있던 1930년대에서는 '진보적 자유주의'로 인식될 수 있는 충분한 근거를 제시하기도 하였다.

3. 『기독교의 원리』에 대하여

남북 감리교회 합동과 기독교조선감리회 창립에 맞추어 채택된 「교리적 선언」은 1930년대 한국 감리교회의 신학과 교리적 입장을 대변한 것이었다. 그러나 이러한 신학적 입장이 당시 다른 교파 교회, 특히 장로교와 같은 보수적 교회 입장과는 분명히 달랐다. 감리교회가 장로교회처럼 '신조 중심'의 교회 전통은 아니지만 감리교회 안팎을 향한 신학적 입장 설명이 필요하였다. 감리교인을 대상으로 하여서는 「교리적 선언」이 본래부터 갖고 있던 교육적 의미를 확인시키고, 다른 교파 교회에 대해서는 감리교회가 보편적 기독교 전통에 서 있음을 변증할 필요가 있었던 것이다. 이러한 필요에 의해 나온 것이 정경옥이 저술한 『기독교의 원리』이다.

3.1 정경옥의 생애와 신학사상

1930년대 한국교회의 대표적 '자유주의 신학자'로 일컬어지고 있는 정경옥

---

25) 김지환, "개인적 복음주의와 사회적 복음주의," 「기독신보」1931.1.1, 13.

(鄭景玉, 1903.5.24-1945.4.1)은 전남 진도에서 출생하여 어려서부터 장로교회에서 신앙생활을 하였고, 서울 제1고보(경기고등학교)에 다니던 중 3·1만세운동을 맞아 만세시위에 참여하였고 그 일로 퇴학을 당한 후 고향으로 내려와 있던 중 다시 '독립운동 사건'에 연루되어 목포형무소에서 6개월간 복역하였다. 출옥 후 상경하여 YMCA에서 영어를 배우고 일본에 건너 가 도시샤[同知社] 대학 신학부에서 수학하고 1923년 귀국하여 협성신학교에서 수학하였다. 1927년 미국에 유학, 게렛신학교에서 롤(H.F. Rall) 교수에게 지도받았고(B.D.), 노스웨스턴대학에서 신비주의에 대한 종교심리학 연구로 석사학위(M.A.)를 받았다. 1931년 귀국하여 감리교신학교(전의 협성신학교) 교수로 부임하여 조직신학을 강의하기 시작하였다.

강의 외에 활발한 저술활동을 보여 『기독교의 원리』(1935)를 저술했고, 1932년 국내 처음으로 바르트의 '위기의 신학'을 「신학세계」에 소개하였다. 1937년 3월 건강 때문에 교수직을 내놓고 고향인 진도로 내려가 요양생활을 하면서도 『그는 이러케 살았다』(1938), 『기독교 신학개론』(1939)을 저술하였다. 1939년에 다시 감리교신학교로 돌아와 강의하였고 연희전문학교에서 종교철학을 강의하였다. 1941년 감리교신학교를 떠나 만주 사평가신학교로 가서 2년간 교수하였고, 1942년 다시 고향에 돌아가 요양하던 중, '친미파'(親美派) 요시찰 인물로 예비검속에 걸려 8개월 구금되기도 했다. 석방된 후 장로교회였던 광주기독교회(현 광주중앙교회) 목사로 부임하였고 이 때 성갑식·김천배·조아라 등 청년들을 지도하였다. 건강이 악화되어 1945년 3월 복막염 수술을 하였으나 회복되지 못하고, "곧 날이 밝는다"는 말을 남기고 숨을 거두었다.[26)]

짧은 생을 살았던 정경옥의 신학사상을 명쾌하게 요약하기는 어렵다. 그는 장로교 출신으로 일본의 진보적인 개혁파 신학교인 도시샤[同志社]와 서울의 감리교 협성신학교, 미국의 개렛신학교와 노스웨스턴신학교 등에서 다양한 신학을 배우며 그것들을 자신의 신학으로 용해하려 노력하였다. 따라서 정경옥의 신학을 서구적 신학개념으로 단일 신학 범주에 제한하기란 어렵다. 그

26) 김천배, "고 정경옥 교수의 편모," 「기독교사상」1958.5; 유동식, 『한국 신학의 광맥』(전망사, 1990), 177-179.

만큼 그의 신학적 관심과 내용이 다양하다는 말이다. 그의 신학은 새로운 사상을 한국이라는 상황에서 해석해 나가는 실험적이며 포괄적이라는 점에서 특징이 있다. 그러한 면에서 그의 신학을 "도중에 있음"(in der Wege sein) 신학으로 규정한 윤성범의 지적은 적절한 것이다.[27)]

정경옥은 자신의 신학 스승이자 1920년대 미국 감리교회의 대표적 신학자의 한 사람이었던 롤 교수에게 받았던 영향을 숨기지 않았다.[28)] 롤의 신학은 리츨과 쉴라이어마허 계열의 '경험주의적 신학'(Empirical Theology) 전통에서 출발하여 '인격적 이상주의'(Personalistic Idealism)로 연결되고 있으며 사회복음(Social Gospel)과 진화론적 낙관주의, 교회의 도덕적 관심 등 다양한 주제들을 포괄하고 있다. 다양한 요소들을 포괄하는 '종합적'이고 양극단을 초월하려는 변증법적 방법론에 기초한 롤의 신학방법론은 정경옥에게 깊은 영향을 끼쳤다.[29)]

이러한 롤 교수의 신학이 정경옥에게 전수되면서, 역시 '종합적이고' '변증법적인' 신학으로 자리잡게 되었다. 일반적으로 그의 신학을 '자유주의 신학'으로 규정하고 있으나, 이러한 규정은 그 자신이 거부하고 있다. 그는 자신의 대표적인 저술인 『기독교 신학개론』 서문에서 자신의 신학적 입장을 다음과 같이 밝혔다.

> "나는 '信仰에 있어서 保守主義요[30)] 神學에 있어서 自由主義'라는 立場을 取한다. 神學을 구태여 '自然神學'과 '啓示神學'의 두 가지로 區分하고 나더러 그 중에서 꼭 한 가지만 내 것으로 擇하라고 하는 궁색한 質問을 한다면 나는 '슐라이얼막헐'이나 '으릇쉘'이나 '빨트'가 躊躇할 것 없이 取하였으리라고 생각되는 바 福音主義的 立場에 있어서의 '啓示神學'을 擇할

---

27) 윤성범, "정경옥, 그 인물과 신학적 유산," 「신학과 세계」 제5호(1979), 20-21.

28) 그는 『기독교 신학개론』에서 "선생(롤)의 글이면 무엇이나 서슴없이 내 것과 같이 이용하였다"고 밝히고 있다. 『기독교 신학개론』(감리교신학교출판부, 1939), 5.

29) 박대인, "정경옥 교수의 신학사상에 나타난 미국신학 배경," 「신학과 세계」 제6호(감리교신학대학, 1980), 173-204 참조.

30) 정경옥의 "신앙에 있어서 보수주의"란 표현에서 사용한 '보수주의'란 용어 역시 교리적 보수주의를 의미하는 것은 아니었다. 그가 의미한 '보수주의'는 "실제생활에 있어서 우리의 신앙이 하느님의 은총에 대한 감격과 신뢰와 복종과 경건한 기독교 의식을 표시"하는 것이었다. 즉 종교적 체험을 강조하는 의미에서 사용한 것이었다. 정경옥, "序," 『기독교 신학개론』, 5.

> 것이다. 그러나 나는 그 '啓示'가 人間의 經驗과 實體上으로나 本質上으로 區分된다고는 생각할 수는 없다. 나 自身은 神學上으로 보아서 '으릇쉘'을 많이 배웠다. 따라서 '칸트'를 좋아한다. 그러나 나는 어떠한 意味로 보든지 '으릇쉘리안'이 아니다. 이 책을 읽어보는 사람이면 내가 얼마나 '빨트' 神學의 根本精神에 贊同하는 것을 容易하게 發見할 것이다."[31]

정경옥 자신의 설명에 의하면 그는 '자연 신학'보다는 '계시 신학'에 가까우며, 바르트의 '복음주의적' 신정통주의 신학에 동조하고 있음을 알 수 있다. 그러면서도 쉴라이어마허와 리츨의 '자유주의 신학'까지도 '복음주의 신학' 영역으로 포용하고 있음을 알 수 있다. 그는 자신의 신학을 '복음주의'란 포괄적인 의미로 설명하고 있지만 이러한 그의 입장은 '근본주의'와 '자유주의' 신학적 대결이 첨예하게 나타나던 1930년대 상황에서는 보수주의가 경계하던 '자유주의' '신신학'(新神學)으로 규정될 수 있는 것이었다. 정경옥 자신도 이러한 해석을 거부하지 않았으며 오해의 소지가 있었음에도 그는 '신앙은 보수주의, 신학은 자유주의'라는 절묘한(?) 표어로 보수주의자들의 공격을 피하였다.[32]

결국 정경옥은 진보·보수 신학간에 첨예한 대립이 노출되기 시작하던 1930년대 한국 신학과 교회 환경에서 '폐쇄적' 근본주의나 보수주의와 함께 '파괴적' 자유주의 신학을 극복하는 '종합적이고 변증법적인' 신학을 추구하였음을 알 수 있다. 정경옥에 있어 양극단을 초월한 '종합적 변증법적' 신학은 '복음주의'(Evangelism)로 표현되었다. 김철손이 그의 신학을 "신복음주의파"(Neo-Evangelism)[33]로 규정한 것이나 박봉배가 역시 그의 신학을 "복음주의적 종합주의"[34]로 표현한 것도 같은 맥락이다. 그러나 그의 '종합적이고 변증법적인' 신학은 그 표현과 내용에서 비타협적 보수주의자들에 의해 위험한 '신신학'(New Theology)으로 오해받았고 그럴 가능성은 농후했다. 그는 서

---

31) 정경옥, "序," 『기독교 신학개론』, 4.

32) 정경옥은 『기독교 신학개론』 부록으로 71개조로 된 "나의 신조"를 소개하고 있는데 그는 여기에서 개인적 종교 체험의 중요성과 함께 그리스도인의 사회적 책임을 강조하는 "사회적 복음"을 고백하고 있다. 『기독교 신학개론』, 522-533.

33) 김철손, "정경옥과 성서연구," 44.

34) 박봉배, "정경옥의 신학과 윤리," 「신학과 세계」1979 가을호(감리교신학대학), 61.

구의 진보적 신학을 한국교회에 적극 수용해 교회와 신학의 풍요를 추구하였으나 보수적 교회 환경으로 어려움을 겪어야 했다. 박대인이 평가한 대로, "정교수는 참으로 어려운 길을 선택하였던 것이다. 즉 자기가 배운 진보적이고 절충적인 사상을 지키면서 보수적인 한국교회에서 가르치면서 지도 역할을 하는 험한 갈등의 길을 택했던 것이다."[35]

이 같은 신학적 배경과 입장을 가진 정경옥은 귀국하자마자 신학교뿐 아니라 감리교회의 여러 모임에 참석하여 서구의 근대 신학뿐 아니라 감리교회의 신학을 소개하고 정리하는 일에 참여하였다. 그 중에도 1932년 5월에 행한 "감리교 신학의 특징"이란 강연이 주목을 받았다. 그는 이 강연에서 감리교 신학의 특징을 세 가지로 나누어 설명하였다.

> "첫째로 監理敎는 대체로 보아서 엇더한 敎會의 敎理를 改革하랴고 한 것이 아니엿다. 따라서 어떠타 할 만한 監理敎會의 敎理를 宣布한 것이 없습니다. 長老敎會만 하여도 '웨스트민스터' 信條가 잇고 '루터'敎會는 '옥스뻑' 信經이 잇스며 英國 聖公會는 三十九信條를 밀고 잇으며 羅馬加特力[로마가톨릭] 敎會는 '추렌드'[트렌트]公議會에서 作定한 敎理를 主張합니다. 그러나 監理敎會는 그 情神에 잇서서 극히 宇宙的이엇고 그 態度에 잇서서 좁으라운 偏見을 피하엿습니다."[36]

정경옥은 우선 교리를 강조하거나 강요하지 않는 것을 감리교 신학의 첫 번째 특징으로 꼽았다. 이는 교리와 신조를 강조하는 장로교회와 분명 다른 신학 전통이었다. 그러면서 감리교회의 중심 사상을 다음과 같이 설명했다.

> "監理敎會의 中樞思想은 '거룩한 神의 힘을 받아서 하느님과 意識的이며 人格的인 關係를 지어가지고 完全한 生活을 하여 奉事的 事業을 하는 대 잇다'[37]고 함니다. 예수끠서나 예수의 弟子들이 宗敎란 것은 制度나 儀式이나 敎理인 것보다도 하느님 안에서 힘과 기쁨과 平和를 누리는 그것인 것을 깨달엇든 것과 같치 웨슬리 先生이나 그의 同志들도 亦是 宗敎란

---

35) 박대인, "정경옥 교수의 신학사상에 나타난 미국신학 배경," 195.

36) 이 글은 정경옥이 감리교 서울지방 교역자회의에 참석해서 강연한 것을 정리한 것으로 귀국 직후 그의 신학사상을 살펴 볼 수 있는 좋은 자료다. 정경옥, "監理敎 神學의 特徵," 「기독신보」1932.5.11.

37) H.P. Rall, "Making a Methodist Theology," *Methodist Quarterly Review,* Oct. 1925, 584.

것은 信經을 외인다든가 會長이나 委員長을 選定하는 機關인 것보다도 實際로 내가 體驗하여야 할 生活 그것인 것을 깨달았든 것임니다. 監理敎 神學思想의 中樞가 곳 여기에 잇습니다."[38]

교리나 신조, 의식과 제도의 종교가 아니라 '체험의 종교,' '생활의 종교'라는 점에 감리교의 특징이 있음을 강조한 것이다. 그렇다고 신조나 교리 일체를 부정한 것은 아니다.

"웨슬리는 결코 敎理가 必要치 안타고 하지 안엇습니다. 그는 英國 '하이처취키씀'[39]을 믿엇고 각금 각금 敎理問題를 가지고 說敎한 것도 잇습니다. 그럼 웨슬리는 깊이 깨달은 것은 儀式과 制度, 敎理와 信條가 宗敎生活의 實經驗을 表現하며 助長하는 手段과 方法이 되여야 한다는 것이엿습니다. 웨슬리는 '宗敎는 하나님과 온 人類를 사랑하는 生活이다'라고 定義하였습니다. 基督敎는 결코 空中에 뜬 廣漠한 哲學的 原理가 아니며 입살에 붙은 道德的 敎訓이 아닙니다. '우리는 세 가지뿐만 아니라 스물 세 가지 信條가 잇다고 할지라도' 政治的 手腕이 넉넉하여서 朝鮮敎會뿐 아니라 世界 人類를 전부 左右할 才操가 잇다고 할지라도 아즉도 基督敎의 信仰이 무엇인 것을 理解하지 못하는 사람이 잇을 것임니다. '네가 하느님을 사랑하고 하느님을 섬겻느냐. 宗敎는 여기에 足하다' 가장 完全한 神學은 가장 完全한 믿음의 生活에 基礎한 것이며 가장 참된 神學者는 깨끗한 마음으로 하느님을 直接으로 맛나본 사람임니다."[40]

웨슬리를 인용하면서 신앙의 표현과 도구로서 교리와 신조의 필요성을 인정하지만 교리 자체가 신앙의 목적이 될 수는 없다고 보았다. 또한 교리와 신조가 그 고백자의 실천적 삶을 통해 증거되지 않는다면 이는 공허한 이론과 원리에 불가하기 때문에 그것은 오히려 신앙의 장애물이 될 뿐이다. 이런 측면에서 감리교회는 교리나 신조, 제도의 종교가 아니라 체험과 실천, 생활의 종교, 머리와 입의 종교가 아니라 몸과 손발의 종교인 것을 강조하였다. 그런 의미에서 감리교 신학자는 '종교 체험'의 당사자여야 했다. 이것이 감리교 신앙과 신학의 특징이자 출발점인 것이다.[41]

---

38) 정경옥, "감리교 신학의 특징."
39) high-churchism. 영국성공회 전통 중에서 전례와 신조를 강조하는 고(高)교회주의를 말한다.
40) 정경옥, "감리교 신학의 특징."

3.2 『기독교의 원리』 집필 동기

이미 앞에서 살펴 본대로 1930년 12월 남북 감리교회의 합동으로 이루어진 '기독교조선감리회'는 합동 총회 때 「교리적 선언」을 채택하여 '자치교회 시대'를 연 한국 감리교회의 '신앙 · 교리적' 입장을 밝혔다. 이 같은 역사적 사건을 배경으로 하여 작성된 「교리적 선언」을 알기 쉽게 해설함으로 한국 감리교회의 '정체성'(identity)을 밝힐 필요가 있었다. 특히 "교육적" 기능을 가진 「교리적 선언」에 대한 교육 교재의 필요성이 대두되었다.

또한 1930년대에 접어들어 한국교회가 겪었던 여러 형태의 진보 · 보수간 신학 논쟁과 갈등 속에서 감리교회의 신앙과 신학적 입장을 천명할 필요가 있었다. 김춘배 목사의 '여권 옹호 사건'(1934), 김영주 목사의 '창세기 모세 저작 부인 사건'(1934), '아빙돈 단권성경주석 사건'(1935) 등이 그 대표적인 예이다. 이 사건들은 주로 장로교회 안에서 일어났는데 그 이유는 이미 1910년대 신학교를 통해 고등비평설을 비롯한 서구의 진보적 신학을 수용해서 자유주의 신학의 충격을 줄였던 감리교와 달리 장로교회는 오랜 기간 "성경은 정확무오한 하나님의 말씀"이라는 신조로 표현되는 근본주의적 신학 원리에 익숙해 있다가 1920년대 후반에 이르러 일본과 미국 유학을 마치고 돌아온 진보적 자유주의 신학자들이 서구의 현대 신학을 소개함으로 진보·보수간에 갈등과 마찰이 빚어진 때문이다. 특히 '아빙돈 단권성경주석 사건'은 장로교 안의 진보·보수간 갈등을 표출시켰을 뿐 아니라 감리교회와 장로교회 사이의 교파 갈등을 야기함으로 두 교회 사이의 연합운동에도 악영향을 끼쳤다.[42]

---

41) 계속해서 정경옥은 감리교 신학의 특징을 "하나님의 無限하신 사랑이 사람의 道德的 自由意志에 흘러서" 이루어지는 구원에 관한 관념과 "自己가 받은 은혜를 民衆의게 나누어 주는" 과정에서 이루어지는 사회 개혁에서 찾았다. 정경옥, "監理敎 神學의 特徵(二)," 「기독신보」 1932.5.18.

42) '아빙돈 성경주석'이란 1934년 12월 유형기 목사가 경영하던 신생사에서 발행한 『단권 성경주석』을 말하는데 이 책은 1930년 미국의 감리교 계통 출판사인 아빙돈출판사에서 발행한 것을 유형기 목사가 입수하여 번역 출판한 것이다. 당시 미국의 진보적 신학자와 목회자들이 필자로 참여한 이 책은 고등비평, 문서비평설을 채용하였기 때문에 보수주의 신학 진영에서는 수용할 수 없는 부분이 많았다. 결국 1935년 9월 개최된 장로교 24회 총회에서는 "신생사 발행 단권 성경주석은 구독지 안토록 장로교회에 선포하고 장로회 각 긔관으로 동서 선전 편의를 불허할 것"을 결의하였으며[「조선예수교장로회총회 제24회회록」(1935), 9] 주석 번역

이 사건을 계기로 보수적 장로교회에서는 감리교회의 신학을 전위적 자유주의 신학으로 해석하여 '이단적' 요소를 지닌 경계 대상으로 보기 시작했다. 이에 한국 감리교회는 그 신학이 '개신교회 역사와 신학 전통'을 계승한 보편적 종교임을 밝힐 필요를 느꼈다.

정경옥으로 하여금 『기독교의 원리』를 저술하도록 권유한 양주삼 목사의 서문에서 그러한 동기를 읽을 수 있다.

> "최근 朝鮮基督教가 教理問題에 대하야 점차 深刻한 關心을 가지게 되었다. 이 때에 있어서 우리는 웨 監理教人이 되었으며 우리의 믿는 바가 무엇인가를 簞明하며 우리 自體가 正當하고 確乎한 信仰의 基礎를 세우는 것이 무엇보다도 緊重한 일이다."[43]

이처럼 『기독교의 원리』는 감리교회의 신앙고백인 「교리적 선언」에 대한 교육적 해설과 대외적인 신학적 변증의 성격을 갖고 있다.

3.3 『기독교의 원리』에 나타난 감리교 신학의 원리

이미 지적한 바와 같이 『기독교의 원리』는 1930년 「교리적 선언」 해설서이다. 내용도 8조로 된 「교리적 선언」을 1조씩 설명하는 것으로 꾸며져 있다. 그렇기 때문에 『기독교의 원리』의 내용을 분석하기보다는 내용을 서술하는 집필의 원리와 구조를 살펴보는 것이 더욱 중요하다. 왜냐하면 『기독교의 원리』의 내용은 이미 「교리적 선언」을 통해 확인할 수 있는 바이며 오히려 『기독교의 원리』의 구조와 원리를 밝힘으로 이 글의 목적인 한국 감리교회의 신학 원리를 규명할 수 있기 때문이다.

에 참여했던 송창근 · 김재준 · 채필근 · 한경직 등 장로교 목회자와 신학자들에 대한 종교재판이 진행되었을 뿐 아니라 이런 주석을 편찬한 감리교회와 관계 단절까지 요구하는 분위기로 발전하였다. 이에 대한 감리교회측의 반응도 만만치 않았는데 1936년 1월 공주지방회에서는 성명서를 발표하여 "單卷 聖經註釋은 우리 監理教會에서 公認한 바이며 英文 筆者中에는 外國 長老教會의 優秀한 牧師와 神學校 教授들도 많으며 또한 英文으로 된 이 冊은 長老教會 宣教師들의 書齋에도 備置되여" 있음을 지적하고 장로교 총회가 "單卷 聖經註釋을 異端書라 決議한 것은 無常識한 일이오 教派間 友誼를 沮害하고 信仰을 攪亂함에 不過한 事"로 규정한 후 장로교 총회에 강력 항의할 것을 총리원에 요구하였다. 「기독신보」1936.2.19.

43) 양주삼, "序," 『基督教의 原理』(기독교조선감리회 총리원, 1939), 1.

『기독교의 원리』가 취하는 신학적 입장은 「교리적 선언」 초안을 작성한 웰치와 번역 및 교열 작업에 참여한 양주삼 목사의 신학, 그리고 이를 해설한 정경옥 목사의 신학이 복합적으로 나타나 있다. 이들 세 신학자의 사상은 구체적 내용에 들어가면 서로 다른 측면을 발견할 수 있지만 대체로 보아 축자영감설이나 근본주의 원리에 충실한 보수주의 신학과는 거리를 두는 '진보적' 성향의 신학자들이었다는 데 공통점이 있었다. 또한 세 신학자 모두 성화의 체험과 실천이라는 웨슬리 신학 전통에 입각하여 개인구원의 차원을 넘어 기독교의 사회적 책임을 강조한 '사회 참여적' 신학을 강조한 점에서도 입장이 같았다. 이들 신학자들은 「교리적 선언」을 작성하고 그것을 해설함으로 한국 감리교회의 교리와 신조, 신앙과 신학의 원리를 제시한 것이다.

이제 『기독교의 원리』에 제시된 바, 정경옥이 말하는 한국 감리교 신학의 원리는 다음 두 가지로 설명할 수 있다.

첫째, 신학적 자유주의(Theological Liberalism)다. 정경옥은 이미 자신의 신앙과 신학 입장에 대하여, "신앙에 있어서 보수주의요, 신학에 있어서 자유주의"라고 진술한 바 있는데 여기서 '신학적 자유주의'라는 용어가 나오게 된 것이다. 이 용어는 20세기 서구의 진보적 과학 지식과 이성을 바탕으로 성서와 기독교 교리를 '합리적'으로 해석하기 위해 노력했던, 그 결과 기독교가 전통적으로 고백해 온 교리와 신조의 '문자적' 표현과 내용을 거부하는 '자유주의 신학'(Liberal Theology)과 구별된다. 그는 특히 인간의 이성과 자연과학에 근거하여 종교의 초월적인 측면을 일체 거부하고 신의 존재까지 부인하는 '무신론'을 경계하였다.

> "現代 無神論은 그 形態가 錯雜하여서 簡單히 말하기는 어려우나 大體로 보자면 自然科學이 發達하고 人間의 價値를 誇張하는데 起因한 것이라고 말하고 싶다. 그들은 말하기를 人間의 正確한 知識은 오직 自然科學의 方法과 結果로 말미아믄 것이 아니면 그 妥當性을 認定할 수 없다고 한다..... 그들은 말하기를 하나님이란 것은 結局 사람의 想像으로 꾸며낸 것이거나 社會의 指導階級에 있는 사람들이 無識한 民衆을 이끌기 위하야 만드러 준 虛構이거나 그렇지 아니하면 有閑한 哲學者들이 세워본 假設에 不過한 것이라고 한다. 그들은 말한다. 이제는 科學의 時代가 왔기 때문에 이러한 原始的 迷信에서 깨여나 人間을 神에의 隷屬狀態로부터 解放하라고. 그러나 우리는 그들의 見解가 얼마나 科學偏重에 陶醉하여 넓은 宇宙觀

을 把握하지 못한 것임을 잘 알고 있는 것이다."[44]

감리교회는 기독교의 '초월적' 진리에 대한 과학만능적, 자유주의적 도전은 용납하지 않는다. 다만 학문의 방법론에 있어 교조적이고 배타적인 보수적 입장을 지양하고, 시대와 상황에 '가변적'으로 대응하는 '열린' 신학을 지향한다는 의미에서 '신학적 자유주의'란 용어를 사용하였다. 이 점은 당시 감리교신학교 교장이었던 빌링스(B.W. Billings)의 『기독교의 원리』 '서문'에서 잘 드러난다.

"基督敎의 眞理는 언제나 變치 아니하나 이 永遠不變의 眞理가 各時代를 따라 그 時代의 그리스도인에게 理智的이며 動的인 形態를 취하기 위하야 그 信仰을 敍述하는 方式만은 늘 變遷하여 왔다는 것은 基督敎會의 歷史를 硏究한 사람으로 누구나 看破할 수 있는 事實이다."[45]

이 같은 입장에서 정경옥은 『기독교의 원리』의 내용인 「교리적 선언」 제정의 목적을 "우리가 오늘날까지 확실히 믿어오는 교리를 시대의 형식에 의하여 선언하려고 함에 불과하다"[46]고 밝히고 있다. 경험의 내용(복음)에 대한 이성적 설명으로서 교리와 신학의 자유주의적 입장을 분명히 하고 있다.

둘째, 탈교파주의적 에큐메니칼주의(Undenominational Ecumenism)다. 우선 이 책의 내용이 한국 감리교회의 「교리적 선언」 해설임에도 제목을 『기독교의 원리』[47]로 표기한 것에서도 한국 감리교회가 보편적 기독교 전통을 추구하고 있음을 밝히려는 의도를 읽을 수 있다. 이 책의 의도하는 바는 감리교회의 교리와 신학적 특징을 밝혀 다른 교파교회와 구별 짓고 평가하는 데 있지 않았다. 오히려 개신교의 '보편적 진리'를 시대적 상황에서 새롭게 정리하는 데 목적이 있었다.

---

44) 『기독교의 원리』, 21.
45) 변영서(B.W. Billings), "序," 『기독교의 원리』, 2.
46) 『기독교의 원리』, 16.
47) 이 책의 영문 이름은 *An Exposition of the Doctrinal Statement of the Korean Methodist Church*이다.

> "우리가 여기에서 監理敎의 特色을 말하는 것은 결코 敎派的 偏見을 가지고 다른 宗派를 無視한다든가 派別的인 遍黨을 지으랴는 것은 아니다. 우리는 監理敎에 敬意를 表하느니만치 監理敎가 아닌 다른 敎派에 대하여서도 敬意를 表한다.... 우리는 監理敎會에 속한 敎徒로서 먼저 監理敎가 무엇인 것을 충분히 理解하여야 할 것이며 監理敎에 充實한다는 말은 반다시 다른 宗派를 無視한다는 뜻이라고는 할 수 없을 것이다."[48]

그는 감리교 교리적 선언이 담고 있는 내용이 '보편적 개신교 신앙전통'일 뿐이라고 강조하였다.

> "이 敎理的 宣言은 過去에 宗敎改革에서 내려오든 바 여러 가지 歷史的 信條를 基礎로 하여서 될 수 있는 데까지 그 意味와 形式에 急激한 變動을 일으키지 아니하는 한 時代的 形式을 따라 摘拔·修正하여 可及的 簡明하게 만든 것이다"[49]

이러한 신학적 입장은 정경옥의 입장이자 「교리적 선언」의 입장이고 한국 감리교회의 입장이라 할 수 있다.

3.4 『기독교의 원리』에 나타난 감리교 신학의 방법론

『기독교의 원리』의 서술 방법론에 있어 독특한 구조를 발견할 수 있다. 그것은 서로 상반된 두 가지 개념을 대비하며 그 둘을 조화의 개념으로 종합하려는 시도가 줄기차게 발견된다는 점이다. 이는 정경옥 신학의 특징이라 할 수 있는 '변증법적' 신학 구조이다. 정경옥은 이 책에서 다음 세 가지 조화 구조 속에서 한국 감리교회 신학의 자리를 찾고 있다.

첫째, 경건주의와 복음주의의 조화다. 감리교회는 종교경험과 선교정신을 동시에 강조한다. 전자는 경건주의(pietism)로, 후자는 복음주의(evangelism)로 표현된다. 경건주의는 "영적이며 도덕적인 생활에 기초한 인격적 종교"[50]를 지향하는 것으로, 이는 '제도적 기독교'나 '교리적 기독교'와 구별된다. 경건

---

48) 『기독교의 원리』, 2.
49) 『기독교의 원리』, 15.
50) 『기독교의 원리』, 5.

주의 종교는 중생의 체험에서 출발함으로 '체험' 중심의 종교가 된다. 반면에 복음주의는 "구속의 경험을 다른 사람에게 전하는"[51] 선교 의식에 근거한다. 이는 기독교의 구원을 개인구원에 제한시키거나, 기독교 체험을 지나치게 개인적 감정으로 이해하려는 보수주의적 입장과 다르다. 결국 복음주의는 구원사건을 사회 속에서 구현하려는 노력이다. 이러한 정경옥의 신학적 입장은 다음과 같은 명제에서 분명하게 드러난다.

> "우리는 그리스도의 福音을 손에 들고 宗教를 産業化하는 것보다 産業을 宗教化하자. 宗教를 教育化하는 것보다 教育을 宗教化하자."[52]

둘째, 교리와 경험의 조화이다. 감리교회의 특징은 감리교회만의 교리를 고집하지 않는 데 있다. 영국이나 미국 감리교회가 독자적인 교리나 신조를 제정하지 않고, (웨슬리가 준비한) 영국성공회의 「39개조 종교강령」을 축소 조정하여 채택한 것도 그러한 입장을 보여준다. 한국 감리교회가 '교리'(Doctrine)나 '신조'(Creed)라는 명칭이 아닌, '교리적 선언'(Doctrinal Statement)이란 명칭을 채택한 것도 같은 맥락이다. 굳이 감리교회의 교리를 밝히려면 웨슬리의 말처럼, "회개를 전제로 하고 성결을 결과로 하는 바 믿음으로 구원을 얻는다"[53]라고 할 수 있다. 그렇다고 교리 자체나 그 교육을 부정하지는 않는다. 교리도 나름대로 그 기능이 있다.

> "教理는 救援의 能力인 것보다도 救援의 事實을 表示하려는 '證據'이다.... 教理는 救援을 가라치는 손가락에 지나지 아니한다. 이제 우리에게는 이 손가락이 필요하다.... 教理는 우리가 經驗하는 바 救援의 事實을 具體的으로 象徵하며 救援의 目的과 方向을 適確하게 表示하며 救援의 經驗을 얻는데 有效한 도움을 준다."[54]

입으로 고백된 이론적인 교리가 실생활에 체험될 때 진정한 신앙고백이 될 수 있다.

---

51) 『기독교의 원리』, 6.
52) 『기독교의 원리』, 8.
53) 『기독교의 원리』, 10.
54) 『기독교의 원리』, 10-11.

셋째, 2중 구조 속에 나타난 조화이다. 그는 「교리적 선언」 8개조를 전반 4조, 후반 4조로 나눈다. 전반 4조는 하나님과 하나님의 은총에 관한 것으로 하나님과 인간 사이의 인격적 관계를 표현하고 있다. 하나님과 인간의 관계는 '하나님의 계시와 은총'으로 특징지어진다. 후반 4조는 인간과 인간관계를 규정한 것으로 구속의 은총을 입은 인간들이 마땅히 추구해야 할 '종교적 노력'을 내용으로 담고 있다. 이는 교인의 생활로 증거되어야 한다.

> "宗教는 하나님께서 人間을 向하시는 便으로 보아서 啓示이며, 人間이 하나님을 向하는 便으로 보아서는 生活이다."[55]

『기독교의 원리』에서 정리한 감리교 「교리적 선언」의 기본 구조는 다음과 같다.

이처럼 『기독교의 원리』에 의해 해석된 「교리적 선언」은 신학적 2중 구조를 갖게 되었다. 이는 계시와 자연, 믿음과 실천, 초월적 종교 경험과 합리적 이성, 개인구원과 사회구원이라는 상반·대치 개념을 조화·연결시키려는 정경옥의 의지가 강하게 작용한 결과라 하겠으며, 이는 곧 「교리적 선언」을 채택한 한국 감리교회의 신학적 입장이라 할 수 있다. 이는 또한 웨슬리가 감리교회 운동을 시작하면서도 「종교강령」을 지키며 끝까지 떠나지 않으려 했던 영국성공회의 신학적 입장인 '중용(中庸, via media) 신학'과도 맥이 통하는 것이라 하겠다.

결국 정경옥이 제시한 바 감리교 신학의 방법론은 갈등과 분열을 조장하는 이념의 양극화 현상을 지양하며, 대화와 이해를 통한 상반된 개념들의 (변증

---

55) 『기독교의 원리』, 15.

법적) 합일을 추구하는 조화 지향적 방법론인 것을 알 수 있다. 웨슬리 이후 감리교 신학이 추구하였던 '평화를 위한 신학'이라는 기본 방향을 여기서 확인할 수 있다.

4. 맺음말

지금까지 1930년 「교리적 선언」 제정과 그 해설서인 정경옥의 『기독교의 원리』의 배경 및 내용과 구조의 특징을 살펴보았다. 그 결과 다음과 같은 사실을 발견할 수 있었다.

첫째, 「교리적 선언」은 남북 감리교회 합동으로 새롭게 형성된 기독교조선감리회의 신앙 및 신학적 입장을 밝히려는 목적에서 제정된 것이었다. 그것은 조화와 일치, 주체성 확립이라는 개념으로 정리될 수 있다. 이러한 역사적 배경에서 형성된 「교리적 선언」은 한국 감리교회가 지향할 세 가지 목표, 즉 '진정한 기독교회,' '진정한 감리교회,' '조선(한국)적 교회'를 이론적 배경으로 삼고 있다. 이는 보편적 기독교 전통과 웨슬리의 감리교 전통, 그리고 한 민족의 역사와 문화 전통을 잇겠다는 의지의 표시였다. 마지막 '조선적 기독교'를 표현하는데 한계는 있었지만 「교리적 선언」은 나름대로 이러한 한국 감리교회의 신앙과 신학 원리를 충실하게 반영하였다고 볼 수 있다.

둘째, 「교리적 선언」은 그 내용이나 표현에서 '진보적' 신학을 배경으로 깔고 있음을 확인하였다. 이는 초안 작성자인 웰치는 물론이고 양주삼 등 번역과 교열에 참여했던 한국인 신학자들의 신학 경향이 '사회복음주의'로 대표되는 진보적 신학에 익숙한 인물들이었기 때문이다. 그리고 근본주의 신학에 가까운 보수주의 신학 일변도로 유지되었던 장로교회와 달리 감리교회는 이미 1910년대부터 신학교를 통하여 진보적 신학을 수용함으로 1930년대 진보적 신학에 대해서도 별다른 충격 없이 받아들일 수 있었다. 다만 「교리적 선언」 채택 과정에서도 확인할 수 있듯, 감리교회 안에도 근본주의 신학 원리에 충실한 보수적 목회자들이 없지 않았으나 전반적으로 감리교회는 장로교회와 분명히 다른, '진보적' 신학이 우세한 분위기를 유지하였다.

셋째, 「교리적 선언」은 감리교회의 교리를 해설한 『기독교의 원리』 저자인 정경옥에 의해 보다 진보적인 내용으로 풀이되었다. 그리고 '다양성 속에서 조화를 추구하는' 저자의 '종합적이고 변증법적인' 신학 방법론에 의해 「교리적 선언」이 상대적인 2중 구조의 조화로 해석되었다. '중용(via media) 신학'의 전통을 암시하는 이러한 2중적 구조와 조화의 추구는 양극화 현상 속에서 창조적 기능을 할 수도 있지만 다른 한편으로 자기 정체성을 상실할 위험도 있다. 한국 감리교회의 신학적 특색이 없다는 비판의 근거가 여기에 있다. 그리고 저자의 한계이기도 하지만 「교리적 선언」의 해석 방법론이나 해석의 틀을 지나치게 서구 '변증법적' 방법론에 의지하다보니 한국 감리교회의 신학이 서구 신학의 분위기를 띠게 되었다. 『기독교의 원리』는 말 그대로 '보편적' 기독교의 원리일 뿐 '한국' 감리교회의 원리라 할 수는 없다는 말이다. 저자인 정경옥이 내놓았던 '신학의 향토화'가 이루어지지 못한 아쉬움이 여기에 있다. 결국 「교리적 선언」이나 이를 해설한 『기독교의 원리』는 그 내용과 문장의 우수함이 있음에도 '한국 감리교회'의 역사와 체험과 신앙과 신학을 충실히 담아내기엔 한계가 있었다는 결론에 이르게 된다. 이는 '번역 신조'(translated creed)와 '번역 신학'(translated theology)의 필연적 한계라 할 수 있다.

정경옥은 또한 자신의 신학적 과제로 '시대화'(時代化)와 '향토화'(鄕土化)를 제시하였는데[56] 이는 서구 진보적 신학의 도입과 함께 한국 감리교회 신학의 전통인 '토착화 신학'의 전개를 염두에 두고 한 말이라 할 수 있다. 비록 그가 일찍 별세하는 바람에 '신학의 향토화'는 이루어지지 못했지만, 1930년대 활발한 문필활동으로 '신학의 시대화'로 이름지어진 서구 진보적 신학의 도입은 어느 정도 이루어졌다 할 수 있다.

> "基督教 神學者는 宗教를 배우고 宗教를 사랑하고 宗教에 대한 熱誠을 가진 사람으로서 自滿自足한 생각이나 派別的인 偏見을 가져서는 아니된다. 自己가 믿지 아니하거나 自己가 깨닫지 못하는 思想이면 두말할 것 없이 異論이라고 詛呪하는 것과 같은 態度는 學者的 良心으로 보거나 宗教의 精神으로 보아서 깊이 삼가야 할 일이다."[57]

56) 『기독교 신학개론』, 20.
57) 『기독교 신학개론』, 15-16.

초기 한국 감리교 평신도운동과 조직

1. 머리말

이 글은 초기 한국 감리교 평신도운동의 역사적 흐름과 그 속에 담긴 의미를 살펴보는 것에 목적이 있다. 잘 알려진 바와 같이 한국 감리교회 평신도운동은 크게 두 가지 흐름에 그 연원을 두고 있다. 첫째는 1897년 조직되기 시작된 엡윗청년회(Epworth League)로 많은 경우 여기서 한국 감리교회 청년운동과 평신도운동의 기원을 찾는다. 이름은 '청년회'로 되어 있지만 여기 참여한 계층이 학생과 청년뿐 아니라 장년층까지 포괄하고 있어 실질적인 평신도운동의 요람이라 할 수 있다. 또한 엡윗청년회의 지회 중에 여성지회(예를 들면 정동교회의 조이스회)도 있어 이것이 오늘 한국 감리교 여선교회의 기원으로 설명되기도 한다. 1890년대 미국 감리교회에서 시작된 엡윗청년회는 순수한 교회청년들의 선교단체로 교육과 전도, 친교와 봉사활동을 주로 했으나 한국에서는 한말이라는 특수한 시대적 환경 때문에 민중계몽과 민족운동의 성격을 띤 대(對) 사회활동도 적극 추진하였고 그 때문에 1905년 선교사들에 의해 해산되었다가 일제강점기 순수 신앙단체로 재건되어 교회중심의 선교활동을 전개하였다. 이러한 우여곡절이 있었음에도 엡윗청년회는 감리교 평신도, 특히 청년 학생 계층의 선교 의지를 결집하여 교회 안과 밖에서 다양한 사업과 활동을 전개함으로 한국교회 평신도운동의 중요한 흐름으로 자리잡게 되었다.

감리교 평신도운동의 두 번째 흐름은 감리교 의회 조직에 대한 평신도들의 참여운동이다. 교회가 유지되고 발전하기 위해서는 '말씀을 전하는' 목회 기능 외에 친교와 교육, 구제와 봉사 기능도 있어야 하며 교회와 교인을 치리하고 관리하는 정치적 기능도 있어야 한다. 이러한 교회의 정치적 기능을 수행하기 위해서 당회와 구역회 · 지방회 · 연회 · 총회 등 의회 조직이 생겨난 것이다. 이러한 교회의 정치적 기구와 조직에 평신도 참여가 불가피한 것이지만 그 범위와 한계가 무엇인가 하는 문제는 정답이 없는 난제 중 하나다. 교회정치에 대한 목회자와 평신도 사이의 긴장관계는 교회사에서 다양한 형태의 정치구도를 만들어냈으니 목회자와 감독(혹은 주교) 중심의 '권위적'(authoritative) 교회체제도 있었고 평신도 중심의 '회중적'(congregational) 교회체제도 나타났다. 이런 목회자와 평신도 관계에 배타적인 논리가 강하게 작용하면 교회 안의 갈등과 마찰은 불가피할 것이며 그 결과는 분열과 불행일 뿐이다. 따라서 어차피 교회가 목회자 중심으로도, 평신도 중심으로도 운영되어서는 안 된다는 점을 감안할 때 목회자와 평신도 사이의 '건강한' 긴장 및 협력 관계가 조성될 필요가 있다. 교회는 어차피 목회자의 것도 평신도의 것도 아닌, 그리스도의 몸인 것을 감안할 때 일치와 협력을 궁극적 가치로 여기며 목회자와 평신도가 상생과 상보 관계를 유지할 때 교회는 건강한 성장을 이룩할 수 있는 것이다.

이런 관점에서 이 글은 정치적 관점에서 감리교 평신도운동의 역사적 흐름을 살펴볼 것이다. 특히 초기 감리교 역사에서 '평신도 사역'의 내용과 의미를 살펴보고 미국 감리교회 역사에서 평신도들의 의회(총회, 연회) 참여 전통을 살펴볼 것이다. 그리고 그 연장에서 이루어진 한국 감리교회의 초기(1908-1930) 역사에 나타난 평신도들의 의회 참여와 이를 위한 평신도 기구 조직 및 활동을 살펴보면서 초기 감리교 역사에 나타났던 목회자와 평신도 사이의 '우호적이고 협동적인' 사역의 전통을 확인해보기로 한다.

2. 초기 감리교 운동과 평신도

감리교회의 역사는 평신도와 함께 시작하였다 해도 과언이 아니다. 시작때부터 감리교 운동의 특징이 된 속회(class)와 밴드(band) · 신도회(society) 등

소그룹 신앙공동체의 지도자들은 모두 평신도들이었고 평신도들의 헌신과 희생을 바탕으로 감리교 운동이 꺼지지 않고 계속 타오를 수 있었다. 평신도들의 지지와 협력이 없었더라면 웨슬리의 감리교 운동은 성공회 역사 안에서 일어났다 사라진 수많은 정풍운동의 하나로 끝날 수도 있었다. 사실 웨슬리가 1738년 5월 24일 저녁 '올더스게잇' 집회에서 '가슴이 뜨거워지면서' 얻은 구원의 확신을 전하기 시작하였을 때, 그의 '개혁적' 메시지에 부담을 느꼈던 제도권 교회(성공회) 성직자들은 그에게 설교할 기회와 강단을 내주지 않았다. 그러나 웨슬리는 그의 메시지에 열광하는 평신도들에게서 용기를 얻고 "세계가 나의 교구다" 외치며 교회 밖, 거리와 들판에서 메시지를 전했다. 그러자 그동안 윤리적이고 종교적인 이유로 교회 안에 들어가 설교를 들을 수 없었던 '교회 밖의' 사람들이 웨슬리의 설교를 듣고 회심과 갱신의 삶을 살기 시작하였다. 이처럼 감리교 운동은 처음부터 제도권 '교회 밖'에서 시작되었다. 그러나 이러한 '옥외 설교'(open-air preaching)는 성공회 규칙에서 벗어나는 도발적인 것이었고[1] 그래서 감리교 운동이 성공회와 거리를 두게 되는 결정적인 요인으로 작용하였다.

그러나 '옥외 설교'보다 더 강력하게 감리교 운동을 성공회로부터 멀어지게 만든 요인이 있으니 그것이 바로 '평신도 설교'(lay preaching)였다. 사실 웨슬리가 '올더스게잇' 체험 이후 감리교 메시지를 선포하기 시작하였을 때 그를 지지하고 협력하던 성공회 사제는 동생 찰스를 포함하여 기껏해야 6-8명 정도였다. 성찬과 세례와 같은 성례도 문제이지만 급증하는 설교 요청을 웨슬리 혼자 소화하기는 무리였다. 이에 웨슬리는 자신과 같은 회심의 체험을 한 평신도 전도자, 예를 들어 세닉(J. Cennick)과 험프리즈(J. Humphreys) 같은 평신도들의 도움을 받았는데 이들은 칼빈주의 계통 전도자 휫필드(G. Whitefield)의 영향을 받은 이들로서 웨슬리의 부탁을 받고 회중들에게 체험과 간증 중심으로 설교하였다. 웨슬리는 처음 평신도의 설교를 간증과 '권

1) 웨슬리는 1739년 5월, 이미 옥외 설교를 하고 있던 칼빈주의 전도자 휫필드(G. Whitefield)의 초청을 받고 브리스틀에 올라가서 처음으로 옥외 설교를 하였는데 처음엔 주저하였으나 예수님의 산상설교에서 용기를 얻고 시도하였다. H.E. Luccock & P. Hutchinson, *The Story of Methodism* (New York: Abingdon-Cokesbury Press, 1926), 77-78.

면'(exhorting)으로 제한하고 '강해'(expounding)는 허락하지 않았다. 권면은 자기의 체험을 바탕으로 믿음 약한 사람들을 도와주는 것으로 평신도도 할 수 있지만 성경 본문을 해석하는 '강해'는 안수 받은 성직자만 할 수 있다고 보았다. 그래서 가톨릭과 성공회는 평신도에게 성경 본문을 읽고 그것을 풀이하는 강해 설교를 하지 못하도록 엄격하게 규정하였고 웨슬리도 그 전통을 따르고 있었다.

그런 웨슬리가 보다 적극적인 자세로 강해를 포함한 '평신도 설교'를 수용하게 된 계기는 맥스필드(Thomas Maxfield)가 제공했다. 맥스필드는 웨슬리의 1739년 브리스틀 집회에서 회심을 체험한 후 런던으로 올라와 웨슬리를 돕고 있었는데, 웨슬리가 브리스틀에 가서 전도활동을 벌이던 1740-41년 기간 중 런던의 파운드리 모임을 지도하게 되었다. 그런데 신앙의 열정에 불타올랐던 맥스필드의 설교는 '권면'을 넘어 '강해'까지 나가게 되었고 브리스틀에서 그 소식을 들은 웨슬리는 크게 실망하여 이를 시정하기 위해 런던으로 돌아왔다. 그런데 맥스필드를 문책하려는 웨슬리를 만류한 것은 그의 어머니 수산나였다. 가까이서 맥스필드의 설교를 들었던 수산나는 웨슬리에게 "이 젊은이 문제를 조심스럽게 다뤄라. 내가 보기에 그는 네가 그러한 것처럼 그도 하나님의 부르심을 받아 설교하고 있음이 분명하다. 그가 설교한 결과가 어떠한지 살펴보고, 또 직접 그의 설교를 들어보고 판단하라" 하였다.[2] 이에 웨슬리는 맥스필드의 설교를 직접 들어보고, 또 자신이 없는 동안 맥스필드가 런던에서 이룩한 사역의 결과를 확인했다. 그리고 웨슬리는 다음과 같이 결론을 내렸다.

> "주님께서 하신 일이다. 그가 옳다고 생각하는 바를 하도록 내버려두자."(It is of the Lord: let him do what seemeth him good)[3]

바로 웨슬리의 이 고백에서 감리교의 새로운 사역이 된 '평신도 설교' 전

---

2) R. Watson, *The Life of the Rev. John Wesley, A.M.* (New York: T. Mason and G. Lane, 1840), 93-94.

3) H.E. Luccock & P. Hutchinson, *The Story of Methodism,* 121.

통이 출발하였다. 웨슬리는 옥외 설교를 통해서 역사하신 성령이 평신도 맥스필드의 설교에서도 역사하심을 깨달았고 그래서 맥스필드에게 '복음으로 낳은 아들'(son in gospel)이란 칭호를 붙여주었다. 웨슬리는 이런 식으로 선발한 평신도 설교자들에게 성례전 집행권을 제외한 권한을 부여하고 지방을 순행하면서 복음을 전하는 일에 종사하도록 하였다. 물론 평신도 사역자들은 웨슬리와 안수 받은 사역자들로부터 철저한 감독과 지휘를 받았다. 이들 평신도 사역자들을 통해 감리교 운동이 영국 전역으로 확산되었음은 물론이고 웨슬리가 1769년 미국 개척선교사로 파송한 필모어(J. Pilmore)와 보드먼(R. Boardman), 그리고 1771년 파송하여 미국 감리교회 '아버지'로 불리게 되는 애즈버리(Francis Asbury)도 모두 '평신도' 신분이었다. 웨슬리가 1784년 코크(Thomas Coke)를 미국 감리교회 '총리사'로 파송하면서 목사안수를 준 이후 감리교회 '목사'들이 나오기 시작했지만[4] 초기에는 영국이든 미국이든 평신도들이 감리교 운동의 주역이 되어 그 '뜨거운' 신앙을 감리교회의 교구인 '세계'에 전파하였다.

이처럼 감리교 운동 초기엔 평신도 설교 사역이 권면과 강해, 순행과 정착이 구분 없이 추진되었지만 시간이 흐르면서 안수 받은 전문 목회자들이 생겨나고 신학과 체계가 잡혀가면서 평신도 사역의 기능과 역할이 세분화되었다. 즉 설교의 두 가지 원리인 권면(exhorting)과 강해(expounding)를 나누어 권면하는 직책을 '권사'(exhorter)라 하였고 강해까지 하는 직책을 '전도사'(preacher)라 하였다. 전도사도 한 곳에 정착해서 자기 생업에 종사하며 설교하는 '본처 전도사'(local preacher)와 목회를 전업으로 하여 지방을 순행하면서 설교하는 '순행전도사'(itinerant preacher)로 나누었다. 그리고 과정과 심사를 거친 전도사에겐 안수를 베풀어 '성직'으로 임명했는데 성공회 전통을 따라 '집사'(deacon) 안수

---

4) 그동안 성공회 전통을 고수하려 노력했던 웨슬리는 독자적으로 목사안수를 베풀지 않았는데 미국교회 관리를 위해 목사안수를 더 이상 미룰 수 없어 1784년 9월 1일 처음으로 코크(T. Coke)를 안수하고 그를 미국교회 '총리사'(superintendent)로 파견하였다. 이에 코크는 미국으로 건너가 애즈버리와 함께 1784년 12월 24일 볼티모어 러블리레인교회에서 '크리스마스연회'를 조직함으로 미국 감리교회의 출발을 선언하였다. H.E. Luccock & P. Hutchinson, *The Story of Methodism,* 148-161; "Methodism in the U.S.," *Encyclopedia of World Methodism*(이하 *EWM*) Vol. Ⅱ (Nashville: The United Methodist Publishing House, 1974), 1555-1556.

와 '장로'(elder) 안수로 나누어 주었다.[5] 그 결과 목회(ministry) 사역은 둘로 나뉘어 감독이나 감리사로부터 파송을 받아 목회에 전념하는 순행 목회자, 그리고 자기 생업에 종사하면서 순행 목회자를 돕고 협력(assistant)하는 권사와 본처 목회자로 구분되었다. 그리고 후자를 '평신도 사역자'로 부르게 되었다.

3. 미국 감리교회와 평신도 참여운동

웨슬리가 '평신도' 선교사들을 미국에 보내 감리교 운동을 확산시켜나갈 무렵 미국은 영국과 전쟁을 벌이며 독립을 쟁취하고자 노력하고 있었다. 그리고 마침내 1783년 전쟁이 끝나고 미국이 영국으로부터 독립을 한 이듬해 웨슬리는 코크를 미국 감리교회 '총리사'로 파송하여 1784년 12월 24일 '크리스마스 연회'를 주관하게 하였다. 이때부터 미국 감리교회와 영국 감리교회의 관계를 어떻게 맺을 것인가 하는 문제로 논란이 빚어졌다. 코크는 당연히 미국교회는 영국 감리교회의 지휘를 받는 종속관계여야 된다고 생각하였지만 애즈버리는 달랐다. 그는 미국의 독립을 지지했던 것처럼 미국교회도 영국으로부터 독립되어야 한다고 생각했다. 그래서 애즈버리는 '크리스마스 연회'에서 코크를 통해 전달된 웨슬리의 '총리사' 임명을 받아들이기보다 미국 현지에서 활동하고 있던 감리교 전도자들로부터 신임을 받기를 원했다. 연회원들도 이런 애즈버리의 의지를 적극 지지하였고 그리하여 그는 연회 3일 만에 집사목사와 장로목사 안수를 받았고 미국 감리교회(Methodist Episcopal Church) 초대 감독(bishop)으로 선출되었다.[6] 이로써 미국 감리교회는 영국교회와 독립된 조직으로 출발하게 되었고 감독을 선출하였기 때문에 '크리스마스 연회'는 자연스럽게 미국 감리교회의 제1차 총회가 되었다.

이때부터 미국 감리교회는 애즈버리 감독의 지휘 하에 강력한 중앙집권적

---

5) 성공회에서는 '집사안수'를 부제서품, '장로안수'를 사제서품으로 부르고 있으며, 한국 감리교회는 1930년까지 '집사목사', '장로 목사'란 명칭을 사용하였다가 그 후 '준회원 목사', '정회원 목사'로 바꾸었다. 그리고 '본처 전도사'는 해방 후 '장로'로 그 명칭을 바꾸었다.

6) A. Stevens, *A Compendious History of American Methodism* (New York: Carlton & Porter, 1868), 185-200.

체제를 구축하고 감독이 파송한 '순회 목회자' 중심으로 연회와 총회를 운영하였다. 그러다보니 본처 사역자와 평신도들의 역할이 축소되었다. 실제로 '크리스마스 연회' 이후 미국에서 열린 연회와 4년마다 개최되는 총회는 철저하게 '안수 받은' 목회자 중심으로 운영되었고 평신도 대표는 참여하지 못했다. 이에 감독 중심의 중앙집권적 체제를 비판하는 목소리가 나오기 시작했고 결국 1872년 애즈버리의 독주를 비판한 오켈리(J. O'Kelly)와 그를 지지하는 교회가 이탈하여 독립감리교회(Republican Methodist Church)를 조직하였고, 1830년에는 보다 노골적으로 평신도의 의회 참여를 요구하던 개혁파 맥케인(A. McCaine)과 그 지지 세력이 개혁감리교회(Methodist Protestant Church)를 조직하고 나갔다.[7] 이처럼 평신도 대표의 의회 참여는 미국 감리교회의 '뜨거운 감자'처럼 갈등과 분규의 원인이 되었다.

그런 가운데 흑인 노예 문제를 둘러싸고 미국 감리교회가 남북으로 나뉘어 갈등을 빚다가 결국 1866년 남감리회(Methodist Episcopal Church, South)가 별도 총회를 조직하고 나갔는데 남감리회는 평신도 대표 문제를 전향적으로 검토하여 1870년 총회에서 평신도 대표를 목회자와 동수로 하여 총회를 구성하고, 연회에는 각 지방에서 평신도 대표 4명씩 연회에 파견하되 평신도 대표에겐 목회자의 자격과 성품을 심사하는 권한을 부여하지 않기로 하였다.[8] 이로써 평신도 대표의 연회 및 총회 참석은 남감리회에서 먼저 실시하였다. 그리고 남감리회에서는 각 연회와 지방회 · 구역회에 '평신도 사업부'를 조직하여 평신도들의 적극적 참여와 활동을 독려하였다.

이처럼 '분리해 나간' 교회들이 평신도 대표들의 의회 참여를 허락하자 미감리회(북감리회) 쪽에서도 이 문제를 전향적으로 검토하기 시작했다. 그래서 1860년 총회부터 여러 차례 평신도 참여를 허락하는 안건이 상정되었으나 표결에서 통과하지 못하다가 1872년 총회에서야 각 연회별로 평신도 대표 2명씩 총회 대표를 허락하는 조건으로 통과되어 이때부터 평신도 대표의 총회

7) 개혁감리교회는 1939년 미국 남북감리교회 합동 때 여기에 합류하여 오늘의 연합감리교회(United Methodist Church)가 되었다. H.E. Luccock & P. Hutchinson, *The Story of Methodism,* 370-372; "Methodist Protestant Church," *EWM* Vol.Ⅱ, 1578-1580.

8) "Lay Delegation," *EWM* Vol.Ⅱ, 1399.

참석이 이루어졌다. 미국 감리교회사가 러콕과 허친슨은 그 광경을 다음과 같이 묘사하였다.

> "미국 감리교회 역사상 가장 위대한 장면 중의 하나가 1872년 브루클린에서 개최된 감리교 총회에서 연출되었다. 그 날 선출된 129명의 평신도 대표들이 총회장 입구에 모여 있다가 웅성거리는 회의장 가운데로 행진해 들어왔는데 그 모습은 전혀 볼 수 없었던 진귀한 장면이었다. 그들은 총회 대표석에 자리를 잡았고 그것으로 우리 교회에 새로운 시대가 열리고 있음을 보여주었다. 말 그대로 이것은 감리교의 미국화를 완성한 것이다. 또한 어느 면에서는 감리교 안에 잠재해 있던 개신교 원리를 완성한 것이라 할 수 있다. 왜냐하면 교회 안에는 언제나 목회자들이 모든 권력을 장악함으로 로마가톨릭교회나 교황청 전통으로 회귀하려는 움직임이 있어 왔기 때문이다. 목회자들에게만 치리할 권한이 있다는 그런 생각은 만인사제직이라는 개혁교회의 기본 원리와 조화를 이룰 수 없었다. 그런데 이제 변화가 시작되었으니 그 결과는 교회가 옛날 것이 무조건 좋다는 낡고 비민주적인 고정관념에서 깨어나 앞으로 전진할 수 있게 되었다는 것이고 또한 교회 안에서 평신도들의 관심과 능력이 증대되었다는 것이다."[9)]

1872년 5월 볼티모어에서 개최된 미국 감리교회 총회에 등장한 129명의 평신도 대표는 감리교의 미국화(Americanizing of Methodism), 감리교의 개신교 원리(Protestant principle in Methodism)의 완성을 상징적으로 보여주는 장면이었다. 이로써 평신도는 감리교의 최고 의회인 총회에 대표를 파견할 수 있게 되었고 그 결과 교회 안에서 평신도의 능력과 기능이 확대되었다. 이 때 확정된 평신도 총대 선출 방법은 ① 총회에 참석할 평신도 대표는 연회별로 두 명씩 선출하되, ② 총회 평신도 대표는 4년 총회가 열리기 전 해에 개최되는 해당 연회에서 선출하였는데, ③ 그 대표는 연회 제3일에 소집되는 평신도선거회(平信徒選擧會, Electoral Conference of Laymen)에서 선출하도록 하였고, ④ 연회 평신도선거회는 담임 목회자가 있는 구역에서 1구역 1명씩 선발된 평신도들로 구성하였는데 구역회에서 연령과 신앙경력을 심사하여 선발하였다.[10)] 이로써 평신도선거회는 4년마다 열리는 총회에 파견할 총대를 선출

---

9) H.E. Luccock & P. Hutchinson, *The Story of Methodism,* 372.
10) "Lay Delegation", *EWM* Vol.Ⅱ, 1399-1400.

하기 위해 4년 주기로 소집되었다. 그 결과 총대 선출을 위한 평신도들의 정치적 의결기구로 '평신도선거회'가 등장하였다. 그리고 처음에는 평신도 대표를 연회별 2명씩 제한하였지만 시간이 흐르면서 그 수가 늘어나 후에는 총회에 참석하는 '목사 대표'와 같은 수로 '평신도 대표'를 선출하여[11] 평신도선거회의 역할이 더욱 중요하게 되었다.

이렇게 해서 시작된 평신도선거회는 총회에 참석할 평신도 대표 선출에만 그 기능이 제한되었다. 그러나 시간이 흐르면서 연회에 참석하는 평신도 대표들의 역할과 기능이 확대되었다. 즉 1900년부터 법을 바꾸어 연회 단위의 '평신도회'(平信徒會, Lay Conference)를 조직하고 총회 평신도 대표 선출권을 이곳에 부여하기로 하였다. 구역회에서 선출된 평신도들로 구성된 평신도회는 과거 평신도선거회처럼 총회 주기를 따라 4년마다 회집하는 것이 아니라 연회 주기를 따라 1년 1회 회집하였다. 그리고 4년마다 총대를 선출하는 것 외에 총대 선출이 없는 3년 동안에도 연회가 열리는 기간에 연회원들과 별도 장소에서 회의를 소집하여 평신도 사업과 헌법 개정에 관한 건의안을 마련한 후 연회기간 중 하루(보통 셋째 날) 연회원들과 '연합회의'(united session)에 참석하여 평신도회 토론 결과를 보고하고 건의하도록 하였다.[12] 이로써 4년 주기의 평신도선거회를 대체하여 1년 주기의 평신도회가 등장하였고 이를 계기로 감리교회 의회 조직에서 평신도들의 역할과 기능이 더욱 확대된 것은 물론이다.

이처럼 연회와 총회에서 평신도 대표들의 역할이 증대되면서 미국 감리교회 전체 평신도운동이 활기를 띠게 되었다. 그런 맥락에서 감리교 평신도들의 자발적이고 자율적인 연합운동 단체가 나타났다. 그 효시는 1889년 2월 필라델피아 지역 감리교회 평신도 대표들이 아치스트리트(Arche Street)교회에

---

11) 1872년 총회는 목사 대표 292명, 평신도 대표 129명이 참석했다. 참고로 1868년 총회는 목사 대표만 231명 참석했다. 그러나 1872년 평신도 총대 참석이 이루어진 후 평신도 비율이 점점 늘어나 1888년 총회의 경우 목사 대표 288명, 평신도 대표 175명이었고 1896년 총회에는 목사 대표 238명, 평신도 대표 200명이었으며 1904년 총회에 이르러 목사 대표 375명, 평신도 대표 374명으로 거의 같은 수준을 이루었다. "General Conference," *EWM* Vol.Ⅰ, 922-926.

12) "Lay Delegation," *EWM* Vol.Ⅱ, 1400.

모여 조직한 '필라델피아 감리교 평신도연합회'(Philadelphia Laymen's Association of the Methodist Episcopal Church)였다. 이 연합회는 평신도 연합사업에 대한 일반적인 논의 외에 평신도 대표의 평등권과 여성 대표의 참여권 등을 공개적으로 논의하였다. 이런 연합회 조직과 활동이 처음엔 '연회 밖의' 임의단체로 이루어졌으나 필라델피아연회에서 이 운동을 제도권 안으로 끌어들이기로 하고 1893년 3월 연회 기간 중 '필라델피아연회 평신도연합회'(Laymen's Association of the Philadelphia Annual Conference)를 조직하고 앞서 조직했던 연합회를 흡수함으로 '합법적인' 조직으로 승격되었다. 이에 자극을 받은 다른 연회에서도 같은 형식의 연회 연합회가 속속 조직되었고 1900년에 이르러 총회 차원의 '평신도회 전국연합회'가 조직되었다.[13] 이처럼 연회와 총회 차원의 감리교 평신도연합회가 출현하면서 평신도운동은 한 층 더 활기를 띠게 되었다.

그러나 1872년의 평신도 총대 참여와 평신도선교회 조직, 1900년의 평신도회 및 평신도연합회 조직의 출현으로 감리교 평신도운동이 한층 높은 수준에서 전개된 것은 사실이지만 엄밀한 의미에서 그것은 '반쪽' 운동이었다. 교회 평신도의 반 이상을 구성하고 있는 여성들의 참여가 배제되었기 때문이다. '평신도'를 의미하는 영어의 'laymen'란 단어에서도 보듯 그때까지 감리교 평신도운동은 '남성들'(men)의 조직이고 운동이었다. 감리교 전통에서 평신도가 중요한 위치를 차지하고 있었음에도 오랜 세월 정치적인 대우를 받지 못하였던 것처럼 여성운동도 마찬가지였다. 웨슬리의 어머니 수산나를 비롯하여 웨슬리의 순회 전도와 목회를 지원했던 여성 신도들의 활약이 없었으면 감리교 운동은 불가능했을 것이다. 그럼에도 여성은 영국에서도 미국에서도 감리교 정치와 공적인 사역에서 철저히 배제되었다. 그런 중에 여성들의 참여를 요구하는 목소리가 점차 높아졌다. 이미 1852년 '젠킨스 자매'(Sister Jenkins)라는 필명으로 감리교회에서 발행하는 신문과 잡지에 여성 대표의 총회 참석을 요구하는 글이 실리기 시작했으며 1872년 평신도 대표의 총회 참석을 허락한 이후 그 목소리는 더욱 높아졌다. 그러나 여성 교육과 여성의 사

---

13) "Lay Movement in American Methodism," *EWM* Vol.Ⅱ, 1401-1402.

회참여에 대한 당시 사회의 부정적인 분위기에 영향을 받아 좀처럼 풀리지 않다가 여성들의 표현대로 '30년 전쟁' 끝에 1904년 총회에서야 비로소 여성대표의 총대 참여가 이루어졌다.[14] 이로써 미국 감리교회는 온전한 의미에서 '평신도'의 교회 정치 참여가 가능하게 되었다.

그리고 이처럼 미국 감리교회 안에서 이루어진 평신도들의 교회 정치 참여운동과 그 결과는 한국선교를 개척 · 주도한 미국 감리교 선교사들에 의해 한국교회에 그대로 반영되었다. 그런데 미국 감리교회가 1866년 흑인노예문제로 분열된 후 합치지 못한 상태로 한국선교에 착수한 결과 한국교회는 미감리회와 남감리회로 나뉘어 감리교 복음을 받아들였고 별도의 조직과 체제로 교회와 선교 사업을 추진하였다. 그 결과 한국교회는 선교사들의 '모교회'(母敎會)인 미감리회(북감리회)의 『헌법』과 남감리교회의 『교리와 장정』을 그대로 번역하여 사용하는 과정을 통해 평신도들의 의회 참여가 이루어졌다.

4. 미감리회 평신도선거회와 평신도회

미감리회의 한국선교는 1884년 6월, 일본주재 선교사 매클레이가 방한하여 고종 황제로부터 선교허락을 받은 것으로 출발한다. 그 결과로 1885년 4-5월 아펜젤러와 스크랜턴이 내한하여 서울 정동에 자리를 잡고 학교와 병원 사업을 시작함으로 본격적인 선교가 이루어졌는데, 그런 관계로 한국 감리교회는 처음 출발부터 미국 감리교회 소속 지방으로 출발하였다. 처음엔 연회 조직 없이 선교사 중심의 한국선교회(Korea Mission)를 조직하여 활동하다가 1901년 이후 한국인 토착 목사들이 나오게 되면서 1905년 한국선교연회(Korea Mission Conference)를 조직하였고 1908년에 한국연회(Korea Annual Conference)를 조직함으로 감리교 의회의 기본인 연회 조직이 이루어졌다.[15] 연회는 조직

14) H.E. Luccock & P. Hutchinson, *The Story of Methodism,* 372-373.

15) 연회를 조직한 감독은 1904년 이후 일본과 한국 감리교회를 관리한 해리스(M.C. Harris) 감독이었다. *Official Minutes and Reports of Annual Session of the Korea Annual Conference of The Methodist Episcopal Church*(이하 KMEC), 1908, 7-8; "The Annual Meeting of the Methodist Episcopal Church," *The Korea Mission Field*(이하 *KMF*) Mar. 1908, 35-39.

되었어도 총회는 여전히 미국 총회에 참석했다. 그러나 연회 조직이 이루어지면서 한국교회는 미국 총회에 총대를 파송할 권리를 얻게 되었고 법에 따라 '목사 대표'와 '평신도 대표'를 선정하여 파송할 수 있게 되었다.

이를 위해 선교사들은 미국 감리교회 헌법을 한글로 번역, 한국인 목회자와 평신도들에게 교회법을 알렸다. 그런 배경에서 1912년 인쇄된 미감리회의 헌법 『감리교회 대강령과 규측』에 언급된 총회와 연회 조직 규정을 살펴보기로 하자.[16] 먼저 '총의회'(總議會)로 번역된 총회 조직에 관한 내용이다.

> "1조 총의회는 목사의 총대와 평신도의 총대들이 모히는 것이니 각 총대 선정하는 법은 이 아래 기록하노라."[17]

감리교 최고의회인 총회가 목사 총대, 평신도 총대로 조직된다는 사실을 밝힌 후, '목사 총대' 선출에 대해 다음과 같이 규정하였다.

> "각 년회에서 목사 총대를 선정하야 총의회에 가나니 각 년회에서 선정하는 총대 액수는 총의회에 선정한 대로 할 것이니 목사 十四인 되는 년회에서나 목사 四十五인 되는 년회에서나 각각 총대 一원을 선정하게 하엿스되 만일 총의회에서 정한 바 四十五인 외에 목사 액수가 三분에 二가 더한 경우에는 가히 총대 一원을 더 선정하야 보낼지니라."[18]

연회에 참석한 목사회원 14인당 총대 1인씩 선출하되 목사회원이 45인 이상인 경우는 그 잉여회원수가 상한선의 3분의 2(30명)를 넘을 경우 한 명을 더 선출할 수 있도록 하였다. 그리고 총회 대표로 갈 목사는 '장로목사'로서 25세 이상이어야 하며 같은 연회에 4년 이상 계속 회원으로 활동한 이로 규정하였다.[19]

---

16) 1910년 미국에서 간행된 헌법을 번역한 것인데 번역자는 선교사 케이블(E.M. Cable)과 스웨어러(W.C. Swearer), 조명하 등으로 되어 있다. 『감리교회 대강령과 규측』(예수교서회, 1912).

17) 『감리교회 대강령과 규측』, 21.

18) 『감리교회 대강령과 규측』, 21-22.

19) 『감리교회 대강령과 규측』, 1912, 22. 참고로 이 대목에 대한 1921년과 1926년 번역판 본문을 비교하면 다음과 같다. "연회마다 적어도 목사대표 하나는 택할 권리가 잇는데 총회에서는 년회 회원 매 십사인에 대하야 대표 일인 이상이나 매 사십오인에 대하여 일인 이하를 허락지 못하고

다음으로 총회에 참석할 '평신도 총대'에 대한 규정인데 앞서 살펴본 대로 평신도 총대는 연회에 참석한 평신도 대표들로 구성된 '평신도선거회'(Electoral Conference of Laymen)에서 선출하도록 되었다. 1912년 출판한 『감리교회 대강령과 규측』에서는 '평신도선의회'(平信徒選議會)로 번역되었는데 그 역할에 대한 규정이다.

> "평신도선의회를 각 년회 구역 안에서 의례히 四년만에 한 번식 모히기로 하나 만일 총의회에서 아모 때던지 선의회로 모히라는 명령이 잇스면 모히기도 하야 총의회에 갈 평신도 총대를 선정하며 또 교회 규측 개정할 일도 의론하나니 이 회에 회원은 목사 관할지방에서 선정하여 보내는데 목사 관할지방에서 평신도 총대를 一원식 선정하대 년기가 二十一세 이상 된 사람으로 하며 또 선정하는 법을 총의회에서 정하는 대로 하고 각 목사관할지방에서도 이 법을 의하야 예비총대 일원을 선정하야 선의회에 보내는 것이니 그 사람도 년기가 二十一세 이상된 자로 할지니라."[20]

총회에 참석할 '목사 총대'와 같은 수의 '평신도 대표'를 선정하는 것이 평신도선거회(평신도선의회)의 소집 이유다. 따라서 평신도선거회도 총회 주기에 따라 4년마다 모이되 총회 지시가 있으면 언제든 모일 수 있으며 선거회는 각 '목사관할지방'에서 한 명씩 선출하여 보낸 평신도 대표들로 구성하였다. 여기 '목사관할지방'으로 번역된 조직은 담임목사가 파송된 구역회를 의미한다.[21] 이렇게 구역의 평신도 대표들로 조직된 평신도선거회는 총회 개최 1년

총회에서 이 정한 수효의 분수 삼분 이 이상으로써 년회에서 더 보내는 대표수의 비례를 삼을지니라"[『미감리교회 교의와 됴례』(조선예수교서회, 1921), 21] "年會마다 적어도 牧師代表 一人은 擇할 權利가 잇는대 總議會에서는 年會會員 每 十四人以上으로 四十五人以下에 對하야 代表 一人式을 許諾하되 總議會에서 旣定안 數爻의 三分之二 以上이 더 될 때에는 年會에서 代表 一人式 比例하야 擇할 수 잇음"[『미감리교회 법전』(조선기독교창문사, 1926), 26].

20) 『감리교회 대강령과 규측』, 23.

21) 참고로 이 대목에 대한 1921년과 1926년 번역판 본문을 비교하면 다음과 같다. "평신도선거회는 사년 일차 혹은 총회에서 소집을 할 때마다 성립되나니 그 구역은 각 년회로 될지며 그 목적은 총회에 보낼 평신도 대표를 선거하거나 혹 헌법 개정에 투표함이니 각 목사 담임교회에서는 二十一세 이상된 평신도들이 모혀서 총회에서 정한 법식대로 평신도 一인식을 택하야 이 회의 회원이 되게 할지며 또 목사 담임교회마다 보결원 하나식을 택할지니라, 二十一세 이상된 평신도로 선택한 교회의 교인이면 평신도선거회에 회원의 자격이 잇나니라"(『미감리교회 교의와 됴례』, 21-22). "평신도선거로 모히는 회 안에 첫째 구역회나 셋째 구역회에서

전에 열리는 연회 때 소집되었는데 소집일도 "연회로 모인 회기 중 첫 금요일"로 규정하였다. 그리고 선거회에서는 회장과 서기를 선출한 후 목사 총대수만큼 평신도 총대를 '무기명 투표'로 선출하였는데 총대 연령은 25세 이상, 구역에 입교한 지 5년 이상인 자로 규정하였고 예비 총대도 3배수로 선정하여 만일을 대비하도록 하였다.[22] 이와 함께 평신도선거회를 조직할 평신도 대표를 선정할 구역회 기능도 자세히 규정하였는데 평신도 대표는 구역 단위로 1년에 4차 회집하는 계삭회(季朔會)에서 선출하였는데, 평신도선거회가 소집되는 연회 전에 모일 1계삭회나 3계삭회에서 21세 이상된 평신도 중에 평신도 대표 1인과 보결원(補缺員, 예비대표) 1인을 선정하고 그 '빙서'(憑書)를 주어 연회에 참석토록 하였다.[23] 이상이 총회에 참석할 평신도 대표를 뽑기 위한 평신도선거회에 관한 규정이었다.

앞서 살펴본 바와 같이 미감리회는 1900년부터 4년 주기로 소집되는 평신도선거회 외에 매년 연회 때마다 '평신도회'(平信徒會, Lay Conference)를 두기로 하였다. 이 평신도회에 대한 규정이다.

> "각 년회 모히는 곳에 가히 평신도회를 설립하나니 이 평신도회에 속한 위원은 회중에서 결정한 대로 되나니라. 이 평신도회의 목적은 각 구역 교회와 년회를 도와 흥왕케 하며 교회가 크게 활동하기 위하야 모든 평신도를 모화 두는 것이니라."[24]

구역에서 선출한 평신도 대표들로 구성된 연회 평신도회의 목적은 ① 연회와 구역회 연락, ② 평신도 사업을 통한 교회 부흥 등이었다. 1926년 출판된 『미감리교회 법전』은 평신도회에 대해 좀 더 구체적인 내용을 담고 있다.

> "第一項 年會 所在地에서 平信徒會를 組織할 수 잇나니 이 會는 그 平信徒에 關한 規程에

선거심판원 一인과 투표검사원 二인을 선정하야 그 구역에 선거위원부를 조직하되 다만 그 구역이 한 교회로 된 경우에 한할지며 이 선거위원부는 평신도대표 一인과 그 보결원 一인을 선정할 일자와 처소를 결정하되 헌법 제삼편 제삼절(제삼십구조)에 의하야 행할 것"(『미감리교회 법전』, 10)

22) 『감리교회 대강령과 규측』, 22-24.

23) 『감리교회 대강령과 규측』, 72-74.

24) 『감리교회 대강령과 규측』, 74.

依하야 各區域에서 選出한 代表로써 組織하며 이 會의 目的은 本處敎會와 年會의 便益을 增進하며 모든 平信徒로 하여곰 敎會事役에 參詣케 함에 있슴

第二項 美監理敎會 平信徒總協會는 總議會 開催하는 곳에서나 總議會 開催하는 期間 別處에서 集會하야 敎會에 各平信徒協會를 同盟케 할 目的으로 組織함"[25]

여기서 기존의 평신도선거회와 평신도회 외에 '평신도총협회'(平信徒總協會)라는 또 다른 조직의 설립을 언급하고 있다. 평신도회가 1년, 평신도선거회가 4년 주기로 모이는 연회 차원의 조직이라면, 평신도총협회는 4년 주기로 모이는 총회 때 참석한 평신도 총대들로 조직한 총회 차원의 평신도 협의기구였다. 즉 연회에서 선출된 '평신도 대표'들이 총회 기간 중 별도로 모여 협의할 수 있는 전국연합회 성격의 조직을 만들 수 있게 된 것이다. 이로써 평신도는 연회와 총회에서 목사 대표와 같은 숫자로 동등한 권리와 의무를 수행할 수 있게 되었다. 그러나 이와 같은 미감리회 헌법 규정이 한국 감리교회에 그대로 적용되기엔 시간이 필요하였다. 초기 연회가 선교사 위주의 '영어 회의'로 진행됨으로 한국인들의 참여가 제한적이었던 것도 원인이고 한국 연회가 목사 및 평신도 총대를 선출할 만큼 충분한 교세를 확보하지 못한 것도 원인이었다.

5. 미감리회 한국연회 평신도선거회

한국교회가 미국 총회에 총대를 파견한 것은 미감리회 한국연회가 조직된 1908년 이후에야 가능했다. 즉 1908년 3월 서울 정동제일교회에서 개최된 제2회 한국연회에서 그 해 5월 미국 볼티모어에서 개최될 미감리회 총회에 참석할 '목사 대표'로 영변지방 감리사 모리스(C.D. Morris)를 선출 파견하여[26] 선교 23년 만에 연회를 조직한 한국교회의 위상을 미국에 알렸다. 그리고 한국교회의 '평신도 총대' 파송은 1912년에야 이루어졌다. 즉 1912년 3월 서울 상동교회에서 개최된 제5회 한국연회에서는 그 해 5월 미국 미네아폴리

25) 『미감리교회 법전』, 112-113.

26) *KMEC* 1908, 20.

스에서 개최될 총회에 파송할 한국교회 대표를 선출하였는데, '목사 대표'로 존스(G.H. Jones)를 선출하였고[27] '평신도 대표'는 법대로 '평신도선거회'(평신도선의회)에서 선출하였다. 즉 연회 4일째 되는 날(3월 8일) 연회는 별도로 모이고 있는 평신도선의회에 케이블(E.M. Cable)과 현순(玄楯) 목사를 연회 대표로 파견하여 '치하하기로' 결의하였고,[28] 연회 7일째 되는 날(3월 11일) 평신도선의회 대표들이 연회에 참석하여 회의 결과를 보고하였다.[29] 그 과정을 1912년 한글 연회록은 이렇게 기록하였다.

> "평신도선의회 회원을 압흐로 세우고 회중에 소개하야 상견례를 행하고 회장 박승두 씨끠셔 보고하엿는대 총대는 리승만 씨요 부총대는 미스 푸라이 량씨러라. 백세암[S.A. Beck)씨끠셔 평신도선의회 회원을 연회회원 좌석에 참예하기로 동의하매 재청이 잇슴으로 가결되다."[30]

처음으로 한국인 '평신도 대표'로 이승만(李承晩)을 선출하여 미국 총회에 파송하기로 결정한 것이다. 1910년 미국 프린스턴대학에서 박사학위를 받고 들어와 황성기독교청년회 학관 교사로 활동하던 이승만을 평신도 대표로 선정한 것은 그가 영어를 능통하게 할 수 있어 한국교회를 대표하기에 부족함이 없었기 때문이며, 미국 안식년 휴가 중인 이화학당의 프라이(L.E. Frey)를 보결원으로 선정한 것은 그 무렵(1911) 터진 '105인 사건' 혐의로 이승만이 일본 경찰에 체포될 수도 있는 위험 상황이었기 때문에 이를 대비한 것이었다.[31] 이로써 한국교회는 처음으로 한국인으로 한국교회 대표를 미국 총회에 파견하였는데 그것도 '평신도 대표'로 보낼 수 있었다. 1912년 연회가 이처럼 법에 규정된 '평신도선의회' 기능을 한국교회가 수행하였다는 점에서 의

---

27) *KMEC* 1912, 11-12.
28) 「조선예수교감리회년회일긔」(1912), 8.
29) *KMEC* 1918, 18.
30) 「조선예수교감리회년회일긔」, 13.
31) 이승만은 선교사의 도움으로 무사히 출국하여 1912년 5월 미국 총회에 참석하였고 이후 미국에 머물면서 105인사건과 일제의 탄압 실상을 폭로하는 책을 쓰고 본격적인 민족 독립운동을 전개하였다. R.C. Allen, *Korea's Syngman Rhee: An Unauthorized Portrait* (Rutland: Charles E. Tuttle Company, 1960), 46-47.

미가 크지만 이에 못지않게 중요한 것은 평신도 대표들이 (비록 짧은 기간이지만) 연회원들과 함께 같은 자리에 앉아 '연합회의'(joint session)를 열었다는 점이다. 1912년 연회는 이처럼 미국 총회에 보낼 총대를 선출한 것 외에 그동안 중국에서만 열리던 중국선교총회를 일본과 한국이 참여하는 '동양선교총회'(東洋宣教總會, Central Conference for Eastern Asia)로 확대하려는 미국 총회의 결의를 받아들여 한국에서도 대표를 파견하기로 결정하였는데[32] 이 결정에 따라 1915년 3월 연회에서는 신흥우를 비롯하여 여선교사 6명을 한국교회 평신도 대표로 선발하였다.[33] 이런 식으로 한국교회 평신도들의 국제적 활동이 점차 확대되고 있었다.

1916년 3월, 서울 정동제일교회에서 개최된 제9회 한국연회에서도 평신도 총대 선출이 이루어졌다. 연회 4일째 되는 3월 11일의 기록이다.

> "찬송가 一百三十七장을 합창할 시에 평신도 총대 제씨를 회석에 참석하기로 모리스 씨 동의에 가결되다. 평신도 선의회 회장 김득수 씨와 서기 홍기황 씨와 모든 평신도 회원의게 영접하는 례를 행한 후에 김득수 씨가 평신도원 총대 신흥우 하란사 부총대 최상호 쇄압 四씨의 피선한 것을 보고하고 홍기황 씨는 평신도 총대와 목사 총대 제씨가 합심하야 완전히 성사하기를 바란다고 하다."[34]

평신도 총대로 선출된 배재학당 교장 신흥우(申興雨)와 이화학당 총교사 하란사(河蘭史)는 모두 미국 유학을 다녀온 '미국통'으로 영어 구사가 자유로운 국제적 인사들이었다. 특히 민족의식이 강했던 하란사는 미국 총회에 참석한 후 미국 각 지역 교회를 순방하며 한국의 정치와 선교 상황에 관한 강연회를 실시하고 모금한 돈으로 파이프 오르간을 마련하여 정동제일교회에 설치하기도 하였다. 1915년 평신도선의회를 주재했던 회장 김득수(金得洙)는 평양 남산현교회 보호여회(여선교회) 창설자 김세지의 아들로서 후에 평양 광성고등보통학교 교장을 역임한 일제강점기 한국 감리교 평신도운동 지도자 중 한

---

32) *KMEC* 1912, 16-17.

33) 「조선미감리교회년회록」(1915), 15.

34) 연회원들은 앞서 '목사 총대'로 모리스와 스웨어러, 부총대로 존스와 밴 버스커크 등을 선출하였다. 「조선미감리교회년회록」(1916), 10, 12.

명이었다.

1920년 5월 미국 디모인에서 개최될 미국 총회에 참석할 한국교회 총대 선출은 1919년 11월, 서울 정동제일교회에서 개최된 제12회 연회에서 이루어졌다. 통상 연회는 3월에 개최되었는데 1919년 연회가 11월에 개최된 것은 3월 1일 시작된 3·1만세운동 때문이었다. 이 운동으로 감리교 목회자 30여 명이 투옥되거나 해외로 망명하고 더 많은 평신도들이 투옥·희생됨으로 3월에 연회를 개최할 수 없었다. 독립운동이 일어나자 한국인의 집회를 일체 불허한 총독부 당국의 조치도 연회 개최를 불가능하게 만든 요인이었다. 결국 만세시위가 어느 정도 가라앉은 11월에야 경찰의 삼엄한 감시 하에 연회가 개최되었다.

연회가 열리긴 했지만 작년까지 자리를 함께 하였던 목회자와 평신도 지도자 다수가 투옥되거나 해외 망명을 떠나 빈자리가 많았기에 연회 분위기는 침울했다. 그런 중에도 연회는 전례에 따라 이틀째 되는 날(11월 7일) 평신도 대표와 '연합회의'를 하기로 하였는데 법에 따라 연회는 현석칠 목사와 정진수 목사를 이화학당에서 별도 모임을 갖고 있던 평신도 대표들에게 파송하여 영접하도록 하였다.

> "玄錫七 鄭鎭洙 兩氏를 派送하여 平信徒 總代를 迎接하여 年會席에 同參하기로 順序를 依하야 十五分間 休息하다. 同 十一時에 平信徒 總代와 年會員이 合席하여 讚頌歌 二二0을 合唱하고 會長끠셔 꺼취 博士를[35] 會中에 紹介하신 後에 꺼취 博士가 演說하시고 平信徒總代會長 安東源 씨가 會中에 致賀하시고 會長끠셔 平信徒總代 選擇하는 일과 敎會振興問題로 演說하시다."[36]

평신도총대회(평신도선거회) 회장 안동원(安東源)은 자신을 포함하여 미국 유학을 다녀온 김영섭(金永燮)이 평신도 총대로 선출되었음을 밝히면서[37] 그

---

35) 한국과 일본, 중국 선교 개척과정에서 선교비를 지원했던 볼티모어여자대학 설립자 가우처(J.F. Goucher) 박사를 의미한다. 그는 미국 감리교회 선교백주년기념사업 위원으로 활동하고 있었다. "Goucher, John Franklin," *EWM* Vol. I, 1023.

36) 「미감리회조선연회록」(1919), 15-16.

37) '목사 총대'로는 노블(W.A. Noble)과 함께 한국인 목사로는 처음으로 오기선(吳基善) 목사가 선출되었고 총대 후보로는 목사 총대로 김유순(金裕淳)과 케이블, 평신도 총대로 노준택(盧俊

와 함께 '교회 진흥'(敎會振興)을 주제로 연회원들 앞에서 연설하였다. 평신도 총대회 회장 안동원의 역할은 여기서 멈추지 않았다. 평신도 대표들이 협의한 결과를 연회에 건의안으로 제출하였다.

> "平信徒總代會長 安東源 氏가 如左와 如히 請願을 提出하매 金鍾宇 氏 同意에 可決接受하다. 在監人遺族救恤請願. 本敎會內 信者中 今番 獨立運動으로 因하여 收監者가 多數한 바 敎役者는 每年會에서 處理한다 하는 故로 平信徒中 在監者를 爲하야 全國敎會에서 그리스마쓰날에 特別히 捐補하야 그 家族을 救恤하기로 本會에서 可決되엿스니 此를 實施케 하야 주시기를 此에 請願한다 하엿더라."[38]

독립운동을 하다 수감 중인 목회자 가족을 연회기금으로 구휼하기로 결의하였지만 연회원이 아닌 감리교 평신도 수감자 가족을 위한 논의는 없었다. 이에 평신도 수감자 가족을 구휼하기 위해 성탄절에 특별헌금을 실시하자는 안동원의 건의는 목회자들의 전폭적인 동의를 얻어 통과되었다. 이로써 연회 차원에서 전국의 평신도 수감자 실태 조사가 이루어졌고 그에 따른 구호비 지급이 이루어졌다.[39] 그 결과 평신도 대표들의 건의가 없었으면 소외되었을 평신도 독립운동가 가족에 대한 구제사업이 이루어졌다. 안동원 회장은 연회에 한 가지 더 건의하였으니 역시 평신도 대표들이 협의해서 마련한 '교역자 봉급예산안'을 건의안으로 제출한 것이다. 도시에 있든 시골에 있든 목회자로서 생활비를 걱정하지 않고 목회에 임할 수 있도록 감리교 안에 균등한 봉급 기준을 마련하자는 취지에서 당시 물가를 감안하여 구체적인 안까지 만들어 제출하였다.[40] 이런 평신도들의 의지는 연회원들의 전폭적인 지지를 얻어 즉

澤)과 노대욱(盧大旭) 등이 선출되었다. 그리고 1920년 2월 북경에서 개최될 동아선교총회에 참석할 대표도 선출하였는데 목사 대표는 노블과 오기선 · 최병헌 · 김종우 · 케이블 · 무어(J.Z. Moore) · 안창호 · 배형식 등이었고 평신도 대표는 안동원과 김영섭 · 김득수 · 이은라 등이었다. 「미감리회조선연회록」(1919), 6.

38) 「미감리회조선연회록」(1919), 25-26.

39) 연회 기간 중 조사한 바에 의하면 1919년 11월 현재 수감 중인 연회원은 18명(가족은 82명), 유급 교역자는 51명(가족 292명)이었고 기타(평신도)는 102명(가족 366명)이었다. 「미감리회조선연회록」(1919), 30-31.

40) 평신도총대회에서 마련한 「교역자 봉급예산표」는 다음과 같았다. 白米(쌀, 三斗) 十八圓, 柴草(나무, 二駄) 十六圓 饌(반찬), 十五圓 燈油(등유) 二圓 ,履物(신발) 二圓, 衣服料 七圓, 雜費(通

석에서 '목사 봉금예산위원회'가 조직되었고 평신도총대회에서 제출한 안을 참조하여 담임목회자에게 50-70원 수준으로 균등 봉금을 지급하기로 결의하였다.[41] 이처럼 1919년 연회부터 평신도 대표들의 역할은 단순히 미국 총회에 참석할 '평신도 총대' 선출에 머물지 않고 연회와 교회가 당면한 문제를 해결하기 위한 토론과 방안 마련까지 나갔다. 4년 주기로 모이던 '평신도선거회'가 자연스럽게 1년마다 모여 교회와 평신도 관련 현안을 의논하는 '평신도회'로 발전하였다.

6. 미감리회 한국연회 평신도회

미감리회 법에 의한 평신도회 역할은 4년마다 총대를 선출하는 것 외에 총회에서 이루어진 '헌법 개정'에 관한 심의, 그리고 매년 연회 때마다 모여 교회 부흥과 평신도 사업에 관한 논의와 제안이었다. 법이 이러하였음에도 한국 연회는 그동안 '총대 선출'을 위해 4년마다 평신도선거회를 소집하였다. 그러나 1919년 연회를 계기로 평신도 역할이 증대되면서 2년 주기로 '평신도총대회'가 소집되었다. 그 결과 각 구역에서 선발되어 올라온 평신도 대표들은 연회에 참석해서 현안을 논의하고 그 결과를 '연합 회의'를 통해 건의안으로 제출하였다. 그런 식으로 1921년 9월, 평양 남산현교회에서 제14회 연회가 개최되었고 연회 제3일(9월 30일) 아침에 연회원과 평신도 대표의 '연합회의'가 개최되어 "회장[웰치 감독]이 [1920년 미국 총회에서 이루어진] 헌법 개정에 관한 건을 설명하고 평신도 대표 朴璇濟 任應淳 盧俊鐸 三氏를 회중에 소개하고 임응순 씨가 회중에 치하하였다."[42] 그리고 제6일(10월 3일)에 다시 한 번 연합회의를 열고 "평신도총대회에서 강화와 강릉 兩處에 고등학교 설립과 주일공과 잘 하여 달라는 것과 외국에 유학생 십일인 파견할 것과 십일조 장려위원 파송 등을 제의하매 교육위원과 주일학교위원의게 위임하기로

信 書籍 新聞 雜誌) 五圓, 交際費及路費 五圓, 合計 七十圓. 이것은 부부와 자녀 2인 중심으로 편성한 것이었다. 「미감리회조선연회록」(1919), 28.

41) 「미감리회조선연회록」(1919), 32.

42) 「예수교미감리회조선연회록」(1921), 11.

현석칠 씨 동의에 가결되었다."[43] 연회에서 평신도 대표들의 발언과 제안의 내용과 범위가 점점 확대되고 있음을 알 수 있다.

1923년 6월 서울 정동제일교회에서 개최된 16회 연회는 1924년 5월 미국 스프링필드에서 개최될 총회에 파송할 총대 선출이 주요 안건이었다. 연회원들은 목사 총대로 김유순과 모리스를 선출하였고 평신도 대표들은 신흥우와 노정일(盧正一)을 선출하였다.[44] 신흥우로서는 1917년에 이어 두 번째로 미국 총회 총대로 참석한 셈이다. 1920년부터 서울 중앙기독교청년회(YMCA) 총무로 취임하여 3·1만세운동 이후 민족운동 성격의 각종 사회운동을 전개하면서 한국 기독교계와 청년사회의 대표적인 인물로 활약하였던 신흥우는 한국 감리교회를 대표하여 미국 총회는 물론 동아선교총회, 세계기독교청년회동맹 세계대회, 범태평양협회 교육대회, 세계기독학생대회 등 수많은 국제회의에 참석하여 한국 감리교회 평신도의 위상을 높였다.[45] 이런 배경에서 또 다시 평신도 총대로 선출된 신흥우는 1923년 평신도선거회에서 논의된 사항을 다음과 같이 정리하여 연회에 건의안으로 제출하였다.

> "1. 普通學校 敎師 養成키 爲하야 培材나 延喜專門學校에 師範科를 設置할 것,
> 2. 監獄 안에 基督敎 宗敎도 自由로 布敎權을 엇도록 總督府에 請願할 事,
> 3. 沙里院에서 監理派 傳道하는 것도 如何한 方法으로던지 대대적으로 活動할 것,
> 4. 平信徒選擧會 會錄은 年會 會錄의 附錄으로 添附할 것."[46]

건의안 모두 통과, 실시된 것은 아니지만 이러한 평신도들의 '창조적' 제안은 연회와 선교부 사업에 적극 반영되어 1920년대 한국교회의 부흥을 끌어내는데 일조하였음은 물론이다.

---

43) 「예수교미감리회조선연회록」(1921), 14.

44) 「예수교미감리회조선연회록」(1923), 40.

45) 민경배, 『서울 YMCA 운동사 1903-1993』(로출판, 1993), 229-232.

46) 이러한 평신도들의 건의에 대해 연회는 1) 감옥 안에서 포교권을 얻는 문제는 각 감리사에게 위임하여 교섭하기로 하고, 2) 사리원에 전도하는 방법은 선교부위원에게 위임키로 하고, 3) 회록 첨부 문제는 평신도선거회회록을 인쇄하여 연회록에 첨부하는 대신 각 교회 담임자에게 2부씩 배부하여 1부는 교회로, 1부는 평신도를 위하여 보관하도록 조정하였다. 「예수교미감리회조선연회록」(1923), 44-45.

이러한 평신도 대표들의 활동은 1925년 6월 17-23일, 평양 남산현교회에서 개최된 제18회 연회에서 한 단계 더 높아졌다. 무엇보다 이 연회에서 그동안 평신도 대표들이 요구했던 '평신도회' 회록을 인쇄하여 연회록 부록에 첨부하기로 결의한 것이다.[47] 이제 부록으로 첨부된 「제5회 평신도대표자회 회록」를 통해[48] 당시 평신도 대표들의 회합이 어떤 형태로 이루어졌는지 살펴보기로 한다. 우선 1925년 연회에 참석했던 각 구역 평신도 대표자들의 명단을 살펴보면 다음과 같다.[49]

지방	구역(대표자)
경성	창천리(姜泰熙) 서강(姜俊杓) 동대문(崔相鉉) 정동(朴東完) 4명
인천	부천(趙熙哉) 화도(南宮舘) 신도(趙鍾湜) 인천(金致俊) 인천(金兌鎭) 부평(金東翼) 강화(金顯鎬) 강화(曺相文) 삼산(尹希一) 9명
천안	천안(姜明淑) 예산(鄭三德) 예산(任命鎬) 천안(盧濟民) 4명
해주	해주동문(黃致憲) 연백(張泰煥) 백천(劉澤萬) 옹진(金應喆) 옹진(趙宗秀) 해주서(崔日永) 해주읍(田熙哲) 해주(姜在弘) 연백서(朴基準) 연안(張貞根) 10명
이천	광주(金順哲) 이천(趙潤汝) 천양(玄聖元) 여주(崔永來) 당우리(趙根洙) 장호원(金昌憲) 오천(禹仁哲) 갈산(張英培) 8명
원주	원주(魚撤南) 평창(金容德) 제천(千世榮) 원주(鄭暎憲) 횡성(尹兌鉉) 5명
영변	운산(朴恩誠) 영변(梅貴義) 태천(張士鉉) 영변(劉鍾鶴) 맹산(李寬善) 운산(崔昌信) 희천(劉斗煥) 7명
홍성	청양(李弼濟) 보령(李鍾權) 2명
강릉	삼척(金箕廷) 1명

47) 「예수교미감리회조선연회록」(1925), 34.

48) 어떤 기준으로 1925년 모임을 '제5회'로 표기하였는지 분명치 않다. 추측하건대 이승만을 처음으로 한국인 대표로 미국에 파송하기로 결정한 1912년 '평신도 선거회'를 1회로 삼아 신흥우와 하란사를 총대로 선출한 1916년 모임을 2회, 안동원과 김영섭을 총대로 선출한 1919년 모임을 3회, 신흥우와 노정일을 총대로 선출한 1923년 모임을 4회로 표기한 것으로 보인다. 그렇다면 총대 선출과 관계없이 2년 주기로 연회 때 모인 1921년 모임은 회차에서 제외한 셈이다. 아니면 1921년 모임을 회차에 넣는다면 1912년 모임을 제외해야 한다. 그런데 1927년 6월 연회 때 모인 평신도회를 또다시 '제5회'로 표기하고 있어 당시에도 회차 정리에서 원칙이 세워지지 않았음을 느낄 수 있다. "第五回 平信徒代表者會錄", 「예수교미감리회조선연회록」(1925), 65; "朝鮮예수敎美監理會第五回平信徒會會錄의 大要," 「예수교미감리회조선연회록」(1927), 76.

49) 「예수교미감리회조선연회록」(1925), 65-66.

지방	구역(대표자)
공주	공주(金洙喆) 강경(尹東燮) 대전(金明濟) 3명
평양동	수안(郭貞崧) 수안연암(閔應植) 순천(元炳淳) 신계(高光雲) 봉산(張斗昌) 강동(朴道鉉) 순천(金鍾濂) 중화(姜時鳳) 8명
평양서	덕동(韓恩寵) 평양중앙(池鎔股) 삼화(胡就勳) 진남포(崔承柱) 칠산(吳應燁) 강서(車炳修) 남산현(朴聖淑) 유정(洪在衍) 진남포(李謙魯) 용강(李皮得) 차관리(金泰鎬) 11명
수원	사강(金敎哲) 남양(李壽多) 오산(裵亨俊) 수원(金炳浩) 안산(洪興裕) 5명
만주	만주(金聖與) 1명
계	78명

전국에서 78명이 참석하였는데 순수 평신도들도 많았지만 본처 전도사와 이미 목사안수를 받은 본처 목사들도 포함되어 있으며 연회에 '허입'을 신청한 전도사들도 여러 명 포함되었다. 그리고 북한지역 교회 출신들이 많은 것은 연회가 평양 남산현교회에서 개최되었기 때문에 남쪽 지역 대표들의 출석율이 상대적으로 낮았던 탓으로 풀이된다. 평신도회는 연회 3일째인 1925년 6월 19일 오전 남산현교회와 가까운 신양리교회에서 개최되었는데 제일 먼저 다음과 같이 임원을 선정하였다.50)

회장: 박동완(朴東完)
부회장: 강태희(姜泰熙)
서기: 최상현(崔相鉉)　　부서기: 현성원(玄聖元)
회계: 김원엽(金元燁)
계표원: 윤태현(尹兌鉉) 김원엽(金元燁)

회장으로 선출된 박동완은 3·1만세운동 때 정동교회 본처 전도사로 시무하며 민족대표로 서명을 하고 옥고를 치렀고 서기로 선출된 최상현 역시 3·1만세운동 때 동대문교회 본처 전도사로 독립선언서를 영문으로 번역하는 일을 하고 옥고를 치른 민족운동 지도자들이었다. 그리고 부회장 강태희와 부서기 현성원, 계표원 윤태현 등은 모두 감리교협성신학교 재학생으로 목회하고 있

50) 「예수교미감리회조선연회록」(1925), 65.

던 '전도사'들이었다. 교회와 사회에서 '지도력'을 이미 확인받았던 이들 지도자들이 임원으로 활약한 평신도회의 위상이 어떠했을지는 쉽게 짐작할 수 있다. 법에 따라 평신도 대표들은 박동완과 강태희를 선두로 하여 남산현교회에서 열리던 연회에 박수 환영을 받으며 들어가 인사를 나눈 후 '연합회의'를 열고 웰치 감독으로부터 '남북감리교 합동문제'와 1924년 미국 총회에서 개정된 법에 대한 설명을 듣고 신양리교회로 돌아와 평신도회를 속개하였다. 그 내용이다.

"上午 十一時에 會長 朴東完氏가 昇席하야 金容德氏 祈禱로 繼續 開會하고 本會集의 主要案件인 南北監理會聯合問題와 憲章改正案件을 投票決定하자 하야 投票한 結果 南北監理會聯合問題는 七十一票對 零으로 全數可決되고 憲章改正案 卽 平信徒 代表가 年會에 叅入件은 七十二票對 二로 可決되다. 當日 午後에 記念撮影하자는 案은 曺相文氏 動議에 可決되고 會錄과 寫眞은 年會會錄에 添附印刷키로 年會에 請願하자는 件은 李鍾權氏 動議에 可決되고 會費는 二十錢, 寫眞에 對한 諸般事務는 洪在衍氏에게 一任키로 崔昌信氏 動議에 可決되다. 時間이 盡하야 會長의 祈禱로 閉會하니 十二時 三十分이러라. 當日 會金은 拾二圓六十錢也."[51]

평신도 대표들은 1924년부터 남북 감리교회의 '진흥방침위원회'를 중심으로 논의되어 온 남북 감리교 합동운동에 대하여 '71:0'으로 찬성을 표하여 힘을 실어주었고 1924년 총회에서 논의된 평신도 대표의 연회 참석을 허락하는 개정안도 '72:2'로 찬성하였다. 이는 종래처럼 연회 기간 중 한나절만 평신도 대표와 연회원이 '연합회의'를 하는 것이 아니라 전체 연회 과정에 평신도 대표도 참석하도록 하자는 '동등권' 부여의 의미를 담고 있었다. 평신도 대표들이 이 개정안을 적극 지지한 것은 당연하였다. 이후 평신도회는 남북감리교 합동과 평신도 동등권 획득에 힘을 모았다. 두 문제 모두 1928년 5월 미국 캔자스시티에서 개최될 총회에서 다룰 중요한 안건이었다.

1927년 6월 서울 정동제일교회에서 개최된 제20회 연회에서 1928년 총회에 참석할 총대를 선출하였는데 목사 대표로 무어(J.Z. Moore)와 변성옥(邊成玉), 평신도 대표로 신흥우와 김활란(金活蘭)이 각각 선출되었다.[52] 신흥우로

---

51) 「예수교미감리회조선연회록」(1925), 65.

서는 세 번째 총회 참석이며 새롭게 선출된 김활란은 이화여학교 교사로 있으면서 3·1만세운동 직후 한국기독교여자청년회(YWCA)를 창설하였고 미국 유학을 마치고 돌아온 1925년부터 이화여자전문학교 교수로 활동한 한국 기독교계의 대표적인 '여성 지도자'였다. 김활란은 하란사 이후 두 번째 한국교회 '여성 대표'로 신흥우와 함께 미국 총회에 참석하여 남북 감리교 합동과 평신도의 동등 참여가 가능하도록 헌법을 개정해 줄 것을 미국교회 대표들에게 호소하였다. 이처럼 1927년 6월 연회 중에 개최된 평신도회는 중요한 안건과 과제를 다루었다. 우선 1927년 6월 17일 이화학당에서 소집된 평신도회는 등록회원 90명 중 82명이 참석하여 다음과 같이 임원진을 구성하였다.[53)]

회장: 박희도(朴熙道)
부회장: 김득수
서기: 최영래(崔永來)　　　부서기: 김태진(金兌鎭)
회계: 김태원(金泰源)
검사위원: 지용은(池容殷) 김태원

새로 회장으로 선출된 박희도는 3·1만세운동 때 중앙교회 본처 전도사로 시무하면서 기독교계 민족대표들을 규합하는 중책을 맡고 옥고를 치른 인물이었다. 부회장 김득수나 서기 최영래도 민족의식이 강했던 교육자들이었다. 이처럼 새로운 임원진을 구성한 평신도회 대표들은 6월 17일 오전 법에 정한 대로 정동제일교회에서 연회원들과 함께 '연합회의'를 열고 평신도회에서 결의한 사항을 다음과 같이 보고하였다.

"一. 1928年 總議會에 出席할 朝鮮平信徒代表者: 申興雨 金活蘭, 候補: 金得洙 趙炳玉
一. 來會 東亞總會에 出席할 朝鮮代表: 申興雨 金活蘭 吳仁燁 洪愛施德 李恩羅, 候補: 金得洙 趙炳玉 池容殷
一. 憲法研究改正委員으로 左記 五氏를 選定하여 來平信徒會에 改正할 것을 調査提出케

52) 후보 대표로는 목사 중에 노블(W.A. Noble)과 동석기(董錫琪), 평신도 중에 김득수와 조병옥(趙炳玉)이 각각 선출되었다. 「조선기독교미감리교회연회록」(1927), 40-41, 76.

53) "朝鮮예수教美監理會 第五回 平信徒會會錄의 大要," 「조선기독교미감리교회연회록」(1927), 78.

함 安東源 趙炳玉 申興雨 朴熙道 奇怡富

一. 今番 本會의 任員의 義務權利를 來會 開會時까지 規則範圍 以內에서 保留하야 來會 準備의 便宜를 圖함."[54)]

그동안 목회자 및 미국 교인들의 전유물이던 교회 헌법 개정을 평신도운동 차원에서 연구 · 검토하겠다는 의지를 보인 것이다. 그리고 1927년 연회 때 조직된 임원진을 1928년 연회 때까지 그 기능을 유지하도록 함으로 평신도회를 상설기구로 만들겠다는 의지도 밝혔다. 두 가지 모두 그동안 헌법 개정과 평신도운동 상설기구 설립에 소극적이고 피동적이던 자세를 벗어나 적극적인 자세를 취한 것이 특징이다. 그런 맥락에서 1928년 총회에 참석할 총대들을 통해 미국 총회에 제안할 법 개정 내용을 다음과 같이 정리하였다.

"一. 左記를 來會 總議會에 請願하기로 함.

A. 一九二七年 三月 十九日附 朝鮮內 南北監理敎會 統合方針硏究委員이 우리 年會에 提出한 別紙報告에 對하야 今番 年會에서 本平信徒會의 意見을 求하엿슴으로 本會에서는 右를 接手하되 兩總會에 提出할 案을 如左히 修正함「請願書 文句는 美監理敎 總議會及東亞總會에 出席할 朝鮮代表와 朝鮮 各年會에 選出한 委員과 趙炳玉氏와 本會 任員이 協議하야 決定하기로 함」.

1. 美國 以外에 잇는 南北監理會 兩派가 各其 國內에 其年會及 平信徒代表會에서 願하면 統合할 수 잇게 總議會에서 定할 일(但 朝鮮만이라도)

2. 右 法案에 必要한 法을 總議會에서 定할 일

3. 右 法案이 成立되면 各其 年會及平信徒代表會의 承認으로써 執行하게 할 일

B. 憲法 第四十一條 第一項中 '美國'이라는 二字를 削除하기로 함.[55)]

C. 年會時마다 各區域 平信徒 代表者가 其年會會員과 同一한 資格을 갓게 할 法을 來會 總議會에서 制定하기를 願함."[56)]

---

54) "朝鮮예수敎美監理會 第五回 平信徒會會錄의 大要," 「조선기독교미감리교회연회록」(1927), 76.

55) 미감리회 헌법은 총회 개최 시기와 장소에 대하여 "總議會는 처음으로 一千八百十二年에 모혓던 總代表會 때붓터 始作하야 每四年에 一次式 五月初 一日 午前 十時에 開會하되 萬一 主日이면 그 다음날노 開會하고 그 處所는 總議會에서나 總議會에서 擇한 委員會에서 美國 어나 곳으로 定할지오 그 委員會는 必要한 때에 總議會 場所를 變更하되 監督 半數의 同意를 엇어야 함"이라 하여 총회를 '미국 밖에서'는 열 수 없도록 되어 있기 때문에 '미국'을 삭제하자고 건의한 것이다. 「미감리교회법전」(1926), 30.

한국교회 안에서 이루어지고 있는 남북 감리교 합동운동에 미국교회가 적극 호응하여 이에 동참할 것과 만약 미국교회가 합치기 어려우면 한국교회만이라도 먼저 합하도록 법을 개정할 것을 요구하였다. 그리고 남북 감리교 합동운동은 조병옥을 비롯한 한국교회 평신도 대표들도 함께 참여하여 평신도들의 의견이 반영되도록 배려할 것을 강력하게 요청하였다. 그리고 연회에 참석하는 평신도 대표가 모든 면에서 목회자 연회원과 동등한 권리를 갖고 연회에 참석하도록 법을 개정해 줄 것도 요청하였다.

> "一. 左記를 今番 年會에 請願하기로 함.
>
> A. 年會時에 各區域 平信徒 代表者가 年會會員과 同一한 資格을 갖게 할 法을 來會 總議會에서 定하기를 朝鮮每年會 名義로 請求할 일.
>
> B. 前記 請願이 受理되어 實行되기 前에는 每年會時마다 各區域 平信徒 代表者가 年會에 參席하야 提議權이 잇게 할 일.
>
> C. 明年부터는 憲法 第九十四條에 依하야 平信徒會를 每年會時마다 開하도록 할 일.[57]
>
> D. 憲法 第四十一條 第一項中 '美國'이라는 二字를 削除하기를 總議會에 每年會의 名義로 請願할 일."[58]

앞서 평신도회에서 총회에 건의한, 평신도의 동등한 연회 참석에 관한 내용을 연회 결의로 지원해달라는 내용이다. 그리고 법에는 규정되어 있지만 실행에 옮기지 못하고 있던 평신도회 소집시기 즉 2년마다 모이던 평신도회를 매년 연회 때마다 소집할 수 있도록 연회 차원의 결단을 요구한 것이다. 이러한 평신도회의 요구사항을 연회는 전향적으로 받아들였다. 남북 감리교 합동은 이미 연회 차원에서 강력하게 추진하는 사안이었으므로 의의가 없었고 평신도들의 연회 참석과 의결 동등권 요구에 대해서는 "총회 총대[목사총대] 선거권, 헌법 개정권, 목사품행 심사권을 제외하고" 평신도가 목사와 동

---

56) "朝鮮예수教美監理會 第五回 平信徒會會錄의 大要," 「조선기독교미감리교회연회록」(1927), 76-77.

57) 『미감리교회 법전』 112-113 참조.

58) "朝鮮예수教美監理會 第五回 平信徒會會錄의 大要," 「조선기독교미감리교회연회록」(1927), 77.

일한 권리를 연회에서 행사하는 방향으로 법을 개정하도록 총회에 건의하고 나머지 평신도회를 매년 소집하는 것은 그대로 받기로 결의하였다.[59] 이런 사항들은 다른 나라, 특히 미국교회에서도 아직 실시하지 못하고 있는 '전위적인' 시도들이었다. 그만큼 당시 한국 감리교 평신도들은 시대를 앞서가는 선각자들이었다.

이러한 한국교회 평신도 대표들의 호소에 응하여 1928년 5월 미국 총회는 남북감리회 합동을 승인하였고 평신도 대표의 연회 참석에 대해서도 "건의권(建議權)과 언권(言權)을 허락하는 조건으로" 개정안을 통과시켰다.[60] 결의권을 얻지 못해 비록 완전한 내용의 동등권은 확보하지 못했지만 평신도 대표들은 매년 연회에 참석하여 발언과 건의를 할 수 있게 되었다. 그리하여 평신도회는 1928년부터 매년 연회 때마다 소집되었다.

7. 조선기독교미감리회평신도회

이런 과정을 거쳐 1928년 10월 서울에서 제21회 연회가 정동제일교회에서 소집되었을 때 평신도 대표들도 이화학당에 모여 신흥우를 회장으로 선출한 후 진지한 토론 끝에 건의안을 마련한 후, 신흥우를 비롯하여 김활란 · 이동욱 · 최영래 · 박희도 · 전희철 등 '평신도회 대표'들을 보내 연회에 건의안을 제출하였다. 그것은 연회와 지방회, 구역 안에 농촌사업기관과 청년연합기관을 설치하여 전문 사역자를 두고 체계적인 사업을 전개하는 것으로서[61] 연회는 이런 '건설적인' 제안을 이의 없이 받아들여 연회 차원의 사업으로 추진하였다.

---

59) 「조선기독교미감리교회연회록」(1927), 43.

60) "北監平信徒會의 年會建議案," 「기독신보」1928.10.24. 그러나 평신도 연회 참석과 동등권을 허락하는 헌법 개정안은 이후 미국교회 각 연회별 수의(遂意)과정에서 부결되었다. "General Conference," *EWM* Vol. Ⅰ, 928.

61) 평신도 대표들이 연회 전 과정에 참석하지 못한 것은 1928년 5월 총회에서 통과된 개정안이 1928-29년 각 나라 연회 의결을 거쳐야 확정되었기 때문에 아직은 '연합회의' 형태로 평신도들이 연회에 참석하였다. "조선기독교미감리회평신도회 보고," 「조선기독교미감리교회연회록」(1928), 67-71.

그리고 1928년 연회에 참석한 평신도들은 감리교 평신도운동사에 기록을 남길 아주 중요한 결정을 하였다. 그것은 지금까지 논의된 모든 사항들을 종합하여 감리교 평신도운동을 체계적으로 추진해 나갈 상설(常設)기구로서 '조선기독교미감리회평신도회'(朝鮮基督敎美監理會平信徒會)를 조직하고 다음과 같은 규칙을 제정한 것이다.

"第一條 本會는 朝鮮基督敎美監理會平信徒會라 稱함.

第二條 本會의 本府는 京城에 置함.

第三條 本會의 目的은 本處敎會와 年會의 便益을 增進하며 모든 平信徒로 하여금 敎會事業에 參詣케 함.

第四條 本會 會員은 朝鮮基督敎美監理會 男女 入敎人으로 年齡 二十一歲 以上된 者로 함.

第五條 本會 會員은 本會 任員의 選擧及被選擧權과 決議權이 有하고 또 每年會에 提議權이 有함.

第六條 本會 會員은 本會規則及一切決議에 服從함.

第七條 本會 會員은 本部負擔金으로 一年에 金五錢을 本會 本部에 納入하고 代表會員의 旅費를 負擔하며 本會의 事業을 爲하야 決案된 負擔金을 本會 本部에 納入함을 要함.

第八條 本會는 如左한 機關을 置함.

一. 總會

一. 年例會

第九條 本會 總會는 四年에 一次 或은 總議會의 召集命令이 有할 時 又는 本會 年例會에서 必要로 認하는 時에 平信徒에 關한 規定에 依하야 召集하되 各牧師區域에서 選出한 代表로써 組織함.

第十條 本會 總會는 美國總議會 又는 東亞總會에 보낼 平信徒 代表를 選擧하며 또 敎會法典改正을 投票決議하고 其他 本會에 關한 一切事件을 決議하며 本會 本部 任員을 選擧함.

第十一條 本會 年例會는 每年 一次式 每年會 期間에 每年會 所在地에서 會長이 定期로 召集하되 各地方 平信徒會에서 選出된 代表로 組織함 但 本會 總會時는 年例會를 召集치 아니함.

第十二條 本會 年例會에서는 本會 目的을 貫徹하기 爲하야 每年會에 提案할 것을 決議하며 本會 事業의 諸般事件을 議決實施케 함.

第十三條 本會 本部는 左의 任員을 치함.

一. 會長 一人

二. 副會長 一人

參. 書記 二人

四. 會計 二人

五. 委員 若干人

第十四條 會長은 本會를 代表하며 本會會務를 統一하고 年例會의 會長이 됨.

第十五條 副會長은 會長을 補佐하며 會長이 有故할 時는 會長의 職을 代理함.

第十六條 書記는 會長의 指揮下에 本會의 一切庶務를 掌理하고 年例會의 書記가 됨.

第十七條 會計는 會長의 監督下에서 本會의 一般財政收支를 處理하고 每年例會에 報告함.

第十八條 委員은 本會의 事業을 爲하야 必要로 認하는 時에 年例會에서 選定하야 該事業을 擔當케 함.

第十九條 本會 本部任員의 任期는 四個年으로 함. 但 缺員이 有한 時는 年例會에서 補選함을 得함.

第二十條 本會 本部의 任員은 本會 總會及年例會에 會員이 됨.

第二十一條 本會의 經常費及事業費는 會員의 義捐及負擔金으로 充當함.

第二十二條 本會 地方平信徒會는 該地方會 區域內에서 '平信徒에 關한 規程'에 依하야 選出된 區域代表者로 組織하고 每年 一次式 該地方會 期間內에 該地方會 所在地에서 會集하야 本會年例會에 參席할 地方代表를 五人 以內로 選出하며 每年會에 提出할 建議案을 議決提出함.

第二十三條 本會 區域平信徒會는 諸區域平信徒로 組織하되 每年 地方會前에 平信徒에 關한 規程에 依하야 召集하고 地方 平信徒會에 參席할 代表 一人을 選擧하며 地方 平信徒會에 提出할 議案을 議決함.

第二十四條 地方平信徒會와 區域平信徒會의 規程은 本憲法의 範圍內에서 此를 別로 定함을 得함.

第二十五條 本規則은 本會總會에서 出席會員 二分之一以上의 決議로 增削함을 得함."[62]

이런 기구 조직과 규칙 제정은 미국 감리교회 총회와 한국연회의 조직과 법 정신을 살리면서도 한국교회 평신도운동의 주체성과 독자성을 반영한 것

62) "朝鮮基督教美監理會平信徒會規則," 「조선기독교미감리교회연회록」(1928), 69-81.

이었다. 평신도회를 4년마다 총대를 선출하는 총회와 매년 연회 때마다 소집하는 연례회로 이원화하고 기구를 상설화함으로 연회나 총회가 소집되지 않은 기간에도 평신도 사업을 계속 추진할 수 있도록 하였다. 특히 그동안 총회나 연회가 열릴 때에만 소집되었던 평신도회를 구역과 지방 안에까지 조직하여 구역회 - 지방회 - 연회 - 총회로 이어지는 의회 구조 속에서 평신도 사업을 유기적으로 추진할 수 있도록 하였다.

이와 같은 새 규칙에 따라 4년 임기의 새로운 임원진이 다음과 같이 구성되었다.63)

회장: 신흥우
부회장: 박희도
서기: 최영래 이헌묵(李憲黙)
회계: 이동욱(李東旭) 장용하(張龍河)
건의안심사급작성위원: 조병옥 김활란 강준표(康俊杓) 이동욱

회장 신흥우, 부회장 박희도를 비롯하여 새로 회계로 선출된 이동욱과 장용하는 3·1만세운동 때 만세시위를 주도하고 옥고를 치른 민족주의자들이었다. 특히 주목할 것은 평신도회의 중요 임무인 건의안 제출을 위해 건의안 심사 및 작성 위원을 별도로 선정한 것이다. 그만큼 평신도회의 역할의 중요성을 연회나 총회에 제출할 건의안 작성에 두고 있음을 보여주는 예이다. 건의안 작성위원으로 위촉된 조병옥이나 김활란 · 이동욱 등은 독립운동 전력이 있던 민족주의자들로 1926년 결성된 항일민족운동 단체 신간회(新幹會)와 근우회(槿友會)의 중앙 임원으로 활동하였다.

1929년 6월 19-25일 평양 남산현교회에서 제22회 연회가 개최되었다. 이에 맞추어 그 해 6월 21-22일 남산현교회 사무실에서 조선기독교미감리회평신도회가 소집되었는데 각 구역에서 선출되어 온 평신도 대표들은 다음과 같았다.64)

---

63) 「조선기독교미감리교회연회록」(1928), 71.
64) "朝鮮基督教美監理會平信徒會報告," 「조선기독교미감리교회연회록」(1929), 98-100.

지방	구역(대표자)
경성	미아리(李東旭) 연화봉(鄭泰應) 정동(申興雨) 왕십리(金龍泰) 상동(李殷哲) 신영리(崔永來) 중앙(柳瀅基) 서강(鄭浩錫) 궁정동(崔相鉉) 용두리(宋昌允) 마포(朴樓是) 11명
인천	교동삼산(朴裕秉) 인천(鄭釪) 강화(崔慶俊) 영흥(林泰善) 부천(李天國) 강화남(朴起千) 6명
천안	천안(朴俊植) 음성(韓善浩) 예산(柳重永) 성환(方明姬) 진천(李允燮) 5명
해주	해주남욱정(李根洪) 연백서(崔相憲) 해주서(金益洙) 해주남본정(鄭在鎔) 백천(金泰熙) 강령(崔眞心) 6명
이천	이전(具鍾書) 여주(金高羅) 당우리(禹仁哲) 장호원(朴美艶) 오천(盧濟民) 광주(洪賢植) 6명
원주	원주(鄭暎憲) 충주(劉秉萬) 단양(金永萬) 제천(千世榮) 4명
영변	영변(閔愛道) 자파(李載淵) 양덕(李寬善) 태천 (劉得信) 북진(嚴喜安) 운산(劉鍾賢) 희천(林道鎬) 구장(吉致日) 신평(元炳淳) 신창(李用植) 10명
홍성	청양(李弼濟) 삽교(任命鎬) 보령(安聖鎬) 서산(金基元) 4명
강릉	삼척(尹台鉉) 평해(申明淑) 정선(金星榮) 강릉(全承勳) 4명
공주	대전(任淑宰) 공주(金士賢) 강경(尹東燮) 3명
평양	칠산(李東湜) 진남포신흥(金就礪) 비석리(洪箕疇) 증산(朴永德) 중화(崔響溢) 강서(張芝權) 광량만(徐基澧) 차관리(韓錫露) 남산현(朴賢淑) 중앙(金鳳俊) 삼화(趙駿奎) 사리원(高光雲) 덕동(朴光福) 신흥리(宋景灝) 서흥(金顯周) 15명
수원	수원(崔聖運) 오산(金顯台) 안산(朴奉鎭) 제암(劉富榮) 4명
만주	길림(李培世) 1명
계	79명

연회에 참석한 평신도 대표들은 1년 사이 결원이 된 임원진을 다음과 같이 보선하였다.[65]

회장: 신흥우

부회장: 김득수

서기: 최영래 이헌묵(李憲默)

회계: 유형기(柳瀅基) 장용하(張龍河)

건의안심사급작성위원: 최상현 김활란 강준표(康俊杓) 김사현(金士賢)

65) "朝鮮基督敎美監理會平信徒會報告,"「조선기독교미감리교회연회록」(1929), 97-98.

그리고 1928년 미국 총회에서 의결된 헌법 개정안을 축조심의하여 통과시켰으며 연례회에서는 '매년회원 여비협의위원'을 선정하여 연회에 참석하는 평신도 대표들의 여비 보조를 논의하였다.[66] 이처럼 평신도회는 세밀한 부분까지 신경을 쓰면서 평신도 대표들의 연회 활동을 지원하였다. 그리고 무엇보다 1929년 연회가 평신도들에게 감동적이었던 것은 오랜 시간 추진하였던 남북 감리교 합동안이 1928년 미감리회 총회에서 통과된 것에 이어 1930년 5월 개최될 남감리회 총회에서도 통과될 가능성이 높아짐으로 미국교회보다 먼저 교회 합동을 이룩할 수 있을 것이란 희망 때문이었다. 이러한 꿈은 1년 만에 실현되어 1930년 12월 마침내 남북 감리교 합동이 이루어졌고 헌법 제정과 감독 선출을 독자적으로 할 수있는 기독교조선감리회 총회가 탄생된 것이다. 그리고 남북 감리교 합동과 총회 조직으로 평신도운동과 사업기구의 변화도 불가피하였다.

8. 남감리회 평신도사업부

앞서 살펴본 것과 같이 미국 남감리회는 1866년 미감리회에서 분립할 때부터 평신도 대표의 의회 참여를 허용하였다. 따라서 평신도 대표의 연회 및 총회 참석은 미감리회보다 훨씬 먼저 이루어진 셈이다. 그리고 평신도 참여의 폭과 내용도 미감리회의 그것보다 구체적이고 다양하였다. 여기서 참고로 1918년 남감리회 총회에서 발행한 『남감리교회 도리와 장정』의 한글 번역판(1919)을 기준으로 남감리회의 평신도 대표 선출 및 역할 규정을 살펴보기로 한다. 우선 총회 조직에 관한 규정이다.

> "問: 누가 總會를 組織하며 또 그에게 附屬한 規則과 權利가 무엇이뇨.
> 答: 一. 總會는 各每年會에서 每四十八會員에 對하야 一人式 總代한 傳道師 代表者들과 其同數의 平信徒代表者들로 組織하되 各每年會에서 擇하는 平信徒 代表者中에 一人은 本處傳道師로 할 수 잇음.

---

66) 여비협의위원은 정우(鄭釪) 조병옥(趙炳玉) 정재용(鄭在鎔) 임명호(任命鎬) 홍기주(洪箕疇) 등이었다. "朝鮮基督敎美監理會平信徒會報告," 「조선기독교미감리교회연회록」(1929), 97.

二. 傳道師代表者들은 반드시 그 每年會 傳道師會員들의게 被選할지니 被選하기 前에 少不下滿四個年間을 巡行傳道師로 視務하엿고 또 被選할 時와 總會를 召集할 時에 完屬한 年會會員이 된 者라야 可할 것이오 平信徒 代表者들은 반드시 그 每年會 平信徒會員들의게 被選할지나 年齡이 二十五歲以上이오 또 被選하기 前과 總會를 召集할 시에 少不下滿六個年間 우리敎會에 入敎人이 될 者라야 可함.

三. 엇던 每年會던지 禁制條例 第二項을 依支하야 傳道師總代 一人을 派送하는 權限이 잇거니와 平信徒 代表者 一人을 派送하는 權利도 否認치 못할 것이오 또 그를 本處傳道師로 할 수도 잇음

四. 傳道師들과 平信徒들이 團體로 會議할 것이나 會員 中 五分之一이 請求하면 傳道師들과 平信徒들이 各部分으로 投票할 것이며 또 兩方 代表者의 各各 過半數의 贊成이 아니면 아무 事件이던지 通過할 수 업음."[67]

연회에서 선출하는 총회 대표(총대)는 미감리회와 마찬가지로 전도사[목사] 대표와 평신도 대표로 구분하는데 전도사 대표는 연회에 속한 순행 전도사 48인당 1명꼴로 배정하고, 그와 같은 수의 평신도 대표를 선정해 총회에 파송하였다. 이는 미감리회의 14~45인당 1명보다 적은 것으로 그만큼 총대 규정을 까다롭게 하였다. 전도사 대표는 연회에서 모든 과정을 마친 '완속' 회원 중에서 선출하고 동일 연회에서 4년 이상 계속 시무한 이로 규정하였다. 그리고 평신도 대표는 연령을 25세 이상으로, 적어도 입교인이 된 후 6년이 경과한 이로 규정하였고 평신도 대표로 '본처 전도사'를 포함시킬 수 있도록 하였다.

다음은 연회 조직에 관한 규정이다.

"問: 누가 每年會를 組織하며 그에게 附屬한 規則과 權利가 무엇이뇨.

答: 一. 其每年會에 完屬한 모든 巡行傳道師들과 各長老師의 地方에서 오는 平信徒代表者 八人式으로 組織함, 但 其八人中에 一人은 本處傳道師로 할 수 잇음.

二. 平信徒會員들은 每年에 其地方에서 選定하되 만일 누구던지 年齡이 二十五歲가 되지못하고 또 選定하기 前에 六個年 동안에 敎會에 入敎人이 된 者가 아니면 代表者가 되지 못함.

67) 『남감리교회 도리와 장정』(남감리교회 조선매년회, 1919), 15-16.

三. 平信徒會員들은 傳道師의 品行에 관한 條件外에는 모든 會務에 參與함."[68)]

연회도 '완속' 순행전도사와 평신도 대표들로 조직되는데, 미감리회의 경우 평신도 대표를 한 구역에서 1인씩 선발해서 파송한 반면, 남감리회는 지방회에서 8명씩 선발해 보내도록 하였다. 그리고 연회에서 평신도 대표의 권한은 순행전도사의 그것과 다를 바 없지만 다만 전도사[목회자]의 품행을 심사하고 통과시키는 권한만은 제외하였다. 이를 종합해 보면 남감리회의 평신도 규정이 미감리회의 그것에 비해 훨씬 개방적이고 포괄적임을 알 수 있다. 남감리회 평신도 대표들은 목회자의 품행통과를 제외한 모든 영역에서 목회자들과 같은 권한을 행사하였던 것이다. 이 부분에서는 남감리회가 미감리회보다 '민주적'이었다 할 수 있다. 그만큼 의회에서 평신도들의 역할과 기능을 극대화시킨 것이다.

이러한 남감리회의 평신도 사업에 대한 적극적인 자세는 연회와 지방회, 교회 안에 설립하도록 규정한 '평신도사업부'(平信徒事業部, Committee of Lay Activities) 조직과 활동에서도 확인된다. 미감리회의 '평신도회'에 해당하는 '평신도사업부'는 종래 연회 안에 있던 '평신도사업실행위원회'를 확대 개편한 것인데, 각 지방에서 선발되어 연회에 파송된 '평신도 인도자'(평신도 대표)들로 연회 안에 '평신도사업총부'(平信徒事業總部)를 설치하여 평신도 사업에 대한 논의와 실행을 하도록 규정하였다. 참고로 1923년 번역 · 출판된 『남감리교회 도리와 장정』에 실린 '평신도사업총부'에 대한 규정이다.

"평신도사업총부에 직무는 평신도들 중에서 교회사업에 대하여 더 열심할 방법을 연구하며 그 목적을 위하야 이 章에 준비한 바 지방회와 관할처와 교회에 평신도 인도자들과 위원들과 본처교회에 교우들로 하여금 교섭하는 것과 활동하는 것을 더욱 잘하게 하며 본처 교회사업을 더 잘하기 위하야 평신도들로 하여금 더욱 조직을 잘하게 하며 평신도총사업부에서 계획한 바를 동심협력하야 실행함. 본부는 각 교회에 평신도들로 하여금 모든 사업에 열심하는 단체가 되게 하기를 목적할지며 또 본부에서 사업을 계획할 때에 교회 각부와 협력하야 평신도들로 하여금 교회사업에 인도자들이 되게 함."[69)]

---

68) 『남감리교회 도리와 장정』, 19.
69) 『남감리교회 도리와 장정』(남감리교회 조선매년회, 1923), 187-188.

연회 안의 평신도사업총부에는 총무와 부총무를 두어 연회 기간 중은 물론 연회가 열리지 않은 기간 중에라도 평신도 관련 사업을 추진하도록 하였으며 이러한 조직을 연회 산하 지방회와 구역·교회 단위까지 조직하였는데[70] 이를 통해 개체 교회로부터 연회까지 평신도 사업이 유기적으로 추진되도록 배려한 것이다.

이러한 남감리회의 평신도 규정에 근거하여 한국교회가 미국 총회에 처음 평신도 대표를 파견한 것은 1918년 10월 한국연회 조직 이후였다. 즉 1922년 5월 미국 핫스프링에서 개최된 남감리회 총회에 한국교회 대표가 처음으로 참석하였고 계속해서 1927년 7월 채터누가에서 미국의 남북 감리교 합동을 논의하기 위해 개최된 특별총회와 1926년 5월 멤피스에서 개최된 총회에도 한국교회 대표들이 참석하였는데[71] 평신도 대표도 참석했는지 여부는 확인할 수 없다. 다만 한국의 남북 감리교 합동요청안을 다룬 1930년 5월의 댈라스 총회에는 목사 대표 임두화(林斗華)·김인영(金仁泳)과 함께 평신도 대표로 구영숙(具永淑)과 이춘호(李春昊)가 참석하여 한국교회의 합동 의지를 미국 교회에 알리며 합동안 승인을 호소하였다.[72] 이처럼 총회에 파송할 평신도 대표를 선출하는 것이 연회에 참석한 평신도 대표들의 주요 임무였지만 그보다 평신도사업부를 통한 연회 차원의 평신도 사업을 심의·추진하는 것이 남감리회 평신도 사업의 중심 과제였다.

다음은 1923년 이후 연회에 참석한 각 지방별 평신도 대표들의 명단이다.[73]

지방	평신도 대표(연도)
경성	尹致昊(1923, 1925) 梁邁倫(1923, 1929) 裵基俊(1923) 李慶鈺(1923-25) 金東河(1923-24) 洪秉璇(1923-25, 1929) 具滋玉(1923-25) 李長春(1923) 申在五(1924) 姜興彬(1924) 金龍文(1924) 徐相烈(1924) 李春昊(1925, 1929) 劉秉翼(1925) 愛道施(1925) 姜노이쓰(1925) 韓翊洙(1929) 洪承國(1929) 張貴蓮(1929) 메이너(1929)

70) 『남감리교회 도리와 장정』(1923), 188-191.
71) 양주삼 편, 『조선남감리교회 삼십주년기념보』(남감리교회 조선매년회, 1929), 36-40.
72) 양주삼 편, 『조선남감리교회 삼십주년기념보』, 41; 「남감리교회 조선매년회회록」(1929), 7.
73) 「남감리교회 조선매년회회록」(1923-29).

지방	평신도 대표(연도)
개성	金東植(1923-24) 黃龍俊(1923) 馬鍾濡(1923-24, 1929) 魚允姬(1923, 1925) 孫滋姬(1923) 朴頤陽(1923, 1929) 韓圭哲(1923-24) 申公良(1923) 金洛天(1924) 李秀永(1924) 崔鎬卿(1924-25) 尹永善(1924-25) 安周鎬(1924) 李萬圭(1925) 金基兌(1925) 崔永順(1925) 許鏞(1925) 仝興道(1925) 楊昌華(1929) 金蘭是(1929) 朴永旭(1929) 崔鉉(1929)
개성북	盧永熙(1923) 崔梅鵬(1923) 李得順(1923) 閔泳義(1923) 孫수산나(1923) 李源永(1923) 尹滋學(1923) 李滋熙(1923-25) 趙寬鎬(1924) 羅燦建(1924) 羅夏學(1924) 張安羅(1924) 吳炳喆(1924) 金東璧(1924) 李得孫(1924) 李演哲(1925) 韓德汝(1925) 朴敬愛(1925) 羅山南(1925) 文宅淳(1925) 張容燮(1925) 田炳雲(1925) 金忠鎭(1929) 崔鎬卿(1929) 尹明福(1929) 盧秉斗(1929) 黃範祚(1929) 孫景默(1929) 韓光錫(1929) 金應善(1929)
춘천	劉士羅(1923) 魚宗源(1923-29) 姜鍾億(1923-24) 尹錫圭(1923) 南宮億(1923-24) 金在儀(1923) 李培權(1923) 崔景子(1923-24) 沈賢澤(1924) 咸相允(1924) 崔東河(1925) 朴祐燮(1925) 孫承福(1925) 趙英洵(1925) 南宮澂(1925) 車善(1929) 鄭訥耐言(1929) 黃大根(1929) 朴潤源(1929) 金永煥(1929) 金在潫(1929) 仝荊玉(1929)
춘천북	金永煥(1924) 崔蘭氏(1924) 鄭在燦(1924) 張마리아(1924) 힌선(1924) 姜鍾億(1925) 韓豊鉉(1925) 金要燮(1925) 林成葉(1925) 車善(1925) 羅마리아(1925) 金祚吉(1925) 李明爀(1925)
철원	申在五(1925) 朴晶植(1925) 徐相烈(1925) 金漢永(1925) 韓萬洙(1925) 劉漢羅(1925, 1929) 徐潤德(1925) 崔德煥(1925) 李秉華(1929) 盧弘愚(1929) 仝軫鉉(1929) 金景煥(1929) 鄭基泰(1929) 元錫三(1929) 裵基俊(1929)
원산	吳顯泳(1923) 崔允福(1923) 金景化(1923) 金滋善(1923, 1925, 1929) 李顯雨(1923) 林文相(1923) 李章旭(1923) 金一龍(1923-24) 韓明濟(1924) 徐鎬讚(1924) 李應烈(1924) 金樂三(1924) 趙載淳(1924-25) 巨布計(1924-25) 禹敎學(1924) 安興植(1929) 金東勳(1929) 金錫鎬(1929) 李守丁(1929) 田義均(1929) 金東奎(1929) 許俊(1929)

미감리회의 경우처럼 '본처 전도사'도 많이 포함되었으며 특히 어윤희 · 유한라 · 장마리아 · 이자희 · 최경자 · 정눌리언 · 김난시 · 김자선 · 양매륜 등 여성선교를 담당하는 '전도부인'들이 상당수 포함되어 있음을 알 수 있다. 또한 애도시(에드워즈) · 거포계(쿠퍼) · 차선(잭슨) · 힌선(힌슨) 등 여선교사들도 평신도 대표에 포함되어 한국인들과 같은 입장에서 활동하고 있음도 알 수 있다.

이들 평신도 대표들은 연회 기간 중 평신도사업위원회를 소집하고 '평신도

인도자'란 명칭의 회장을 선출하였는데 1923-25년에 윤석규가 인도자가 되었고 1929년에는 윤치호가 인도자가 되었다. 그리고 평신도 인도자는 평신도 대표들과 함께 평신도 사업에 관한 토론을 하고 그것을 정리하여 보고하는 형태로 연회에 건의하였다. 참고로 1924년 연회에 제출한 '평신도사업위원 보고'는 다음과 같다.

"一. 年會 平信徒 引導者는 각 地方을 巡行하야 自給問題를 奬勵할 것.
二. 各 地方會 時에 年會 平信徒 引導者가 出席하야 地方 平信徒事業部를 組織하고 平信徒 事業에 關한 것을 講演할 것.
三. 各 地方 平信徒 引導者는 各 管轄處에게 「平信徒要覽」의 記載된 事業을 一一이 實行케 할 것.
四. 年會 平信徒 引導者를 尹錫圭 氏로 薦擧함."[74]

교회의 자급이 평신도 사업의 주요 내용이었음을 알 수 있다. 1920년대 들어 미국의 경제공황으로 선교비가 축소되면서 한국교회와 선교기관 사업에 위기감이 고조되고 있던 시기에 평신도사업부는 토착교회의 자립을 위해 여러 가지 방안을 모색하고 있었다. 이는 1925년 연회 때 제출한 '평신도사업위원 보고'에서도 확인된다.

"一. 各地方 管轄處에 平信徒事業部를 組織할 事.
二. 各敎會에서는 自給을 奬勵하되 委員 各部長을 定할 것.
三. 各管轄處마다 副業에 對한 講演部를 두어서 必要時마다 講演會를 開催케 할 것.
四. 平信徒事業部는 月例會를 직혀 會金을 收合하야 貯蓄할 事.
五. 各地方 平信徒 引導者는 各管轄處에서 平信徒事業要覽이란 冊에 記載한 事項을 一一이 實行할 것.
六. 年會 平信徒 引導者는 尹錫奎氏로 薦擧함.
七. 年會 平信徒事業部 書記兼 會計는 洪秉璇 氏를 薦하고 各 管轄處에서 收金한 거슨 會計의게로 送付할 것.
八. 年會 平信徒事業部에서는 會則을 作成하야 各 管轄處로 送할 것."[75]

---

74) 「남감리교회 조선매년회회록」(1924), 23-24.

1929년 연회 때 제출한 '평신도사업부위원 보고'에도 교회자급이 중요한 의제로 등장한다.

> "一. 年會 平信徒 引導者는 尹致昊와 平信徒協會中央部 幹事는 洪秉璇 李春昊 金應集 三氏를 薦擧함.
> 二. 地方 區域 敎會마다 協會를 組織할 事.
> 三. 各 管轄處마다 副業에 關한 講演會를 開催할 事.
> 四. 來年 三月 一主日을 協會主日로 定하고 其收金을 中央部事業費로 要用케 할 事
> 五, 自治基本金에 關한 實行方法은 左記와 如함."[76]

남감리회 평신도운동은 개성 한영서원(송도고등보통학교) 교장인 윤치호와 기독교청년회(YMCA) 농촌사업 담당자 홍병선, 그리고 배화여고 교사 김응집과 이춘호 등이 주도하였음을 알 수 있다. 그리고 특기할 것은 1929년부터 평신도사업부의 또 다른 명칭으로 '평신도협회'(平信徒協會)가 등장하고 있다는 사실이다. 이는 연회 개최시기와 관계없이 연회와 지방 · 구역 · 교회 단위로 조직된 상설 평신도사업기구의 등장을 의미하였다. 미감리회의 '평신도회'에 견줄 만한 평신도운동단체였다. 그리고 남감리교회에서는 매년 3월 첫째 주일을 '평신도협회주일'로 지키며 그날 헌금을 교회 자치기금으로 적립하였다. 다음은 1930년 9월 연회 때 보고한 각 지방별 평신도협회 회원 및 자치기본금 적립 현황이다.[77]

지방	회원수		적립금액		협회 조직 구역/교회	
	1929	193년	1929	1930	1929	1930
철원	258	313	899.00	1,143.25	7/18	5/12
개성북	640	373	879.33	1,667.16	7/26	9/29
춘천	212	158	126.50	268.00	5/8	6/15
원산	100	329	156.00	780.23	2/3	6/18

75) 「남감리교회 조선매년회회록」(1925), 39-40.
76) 「남감리교회 조선매년회회록」(1929), 53.
77) "平信徒協會及自治基本金狀況一覽," 「남감리교회 조선매년회회록」(1930), 65.

지방	회원수		적립금액		협회 조직 구역/교회	
	1929	193년	1929	1930	1929	1930
개성	540	890	50.91	272.91	8/47	3/3
경성	360	360	180.00	230.00	2	2
계	2,112	2,423	2,291.71	4,361.52	31/103	31/79

이로써 남감리회 평신도사업부(평신도협회)는 전국 6개 지방, 1백여 교회에 회원 2,400명 회원을 확보하고 교회 자치와 자립을 위한 다양한 사업과 행사를 추진해 나갔다.[78] 그리고 이러한 토착교인들의 자치 · 자립에 대한 의지는 1930년 12월 남북 감리교 합동과 함께 총회를 조직하고 미국교회로부터 '독립된' 정치 조직을 수립함으로 그 꿈이 구현되었다.

9. 남북 감리교 합동과 기독교조선감리회 총회 조직

앞서 언급했던 것처럼 남북감리교합동운동은 1924년 양측 교회의 '교회진흥방침위원회'를 중심으로 논의 · 추진되었다. 마침 미국교회도 1920년대 들어서 교회 합동을 본격적으로 논의하고 있어 분위기도 좋았다. 이에 두 교회의 한국연회는 1926년 '남북감리교 합동연구위원회'를 조직하여 본격적인 합동 논의를 추진하기로 하고 처음엔 목회자 중심으로 구성하였던 것을 1927년부터 평신도가 참여하는 조직으로 확대 개편하였는데 연구위원으로 참여한 이들은 다음과 같다.[79]

구분	미감리회	남감리회
선교사	H. Welch, F.E.C. Williams, J.D. Van Buskirk	R.A. Hardie, C.N. Weems, E. Wagner
목사	김찬흥, 신홍식, 송득후	양주삼, 오화영, 홍종숙
평신도	김득수, 김활란, 조병옥	홍병선, 최나오미, 윤치호

78) 참고로 1930년 당시 남감리회 전국 교회는 348개, 교인 총수는 18,640명이었다. "남감리교회 조선매년회 통계표", 「남감리교회 조선매년회회록」, 1930, 118-119.
79) *KMEC* 1927, 284.

평신도로 참여한 이들은 모두 미감리회 평신도회나 남감리회 평신도사업부 활동을 통해 두 교회 평신도 지도자로 활동하면서 그 지도력을 검증받은 인사들이었다. 이들을 포함한 연구위원들은 합동에 관한 전권을 부여받고 교리와 정치 구조 등의 문제를 논의하였다. 그러면서 미국의 두 교회 총회에 한국에서만이라도 합동을 승인해달라는 내용의 '청원서'를 제출하였고 미감리회는 1928년 5월 총회에서, 남감리회는 1930년 5월 총회에서 각각 한국 감리교회의 합동을 승인한다고 결의했다. 이에 탄력을 받아 1930년 11월 두 교회 대표들로 '합동전권위원회'를 구성하고 합동에 따른 구체적인 실무를 추진하여 마침내 1930년 12월 2일 남북 감리교 합동과 기독교조선감리회 창립총회를 서울 정동제일교회에서 개최하고 초대 '총리사'로 양주삼 목사를 선출하여 '자치교회'(Autonomous Church)로서 한국 감리교회의 위상을 세계에 널리 알렸다.[80] 막판에 남북 감리교 합동과 총회 조직의 실무를 맡아 추진했던 합동전권위원들은 다음과 같다.[81]

구분	미감리회	남감리회
미국총회 대표	H. Welch, T. Nicholson, W.E. Shaw, G.F. Sutherland, J.M. Evan	P.B. Kern, W.G. Cram, J.W. Moore, M.K. Howell, P.D. Maddin
한국연회 대표	W.A. Noble, 김종우, 오기선, 변성옥, 신흥우	C.N. Weems, E. Wagner, 양주삼, 정춘수, 윤치호
주재 감독	J.C. Becker	P.B. Kern
특선위원	A.B. Chaffin, 김영섭, 김득수, 최재학, 김폴린	오화영, 김인영, 홍병선, 이만규, 윤귀련

연회대표 및 특선위원으로 참여한 미감리회의 신흥우와 김득수 · 최재학 · 김폴린, 남감리회의 윤치호와 홍병선 · 이만규 · 윤귀련(장귀련) 등은 1910년대 이후 두 교회 평신도 지도자로 활약했던 인물들이었으며 여성 대표들이 참여하고 있다는 점도 특기할 만하다. 이는 새로 조직되는 총회와 그 산하 조직에서 '평등' 개념을 상당히 중요한 원칙으로 삼고 있었음을 보여주는 증거다.

80) "남북 감리교 합동축하", 「기독신보」1930.12.3; 12.10.
81) "조선감리교회 합동과 조직에 대한 성명서", 「기독교조선감리회 1회 총회회록」(1931), 11-15.

목회자와 평신도 사이, 남성과 여성 사이에 평등이 구현될 수 있는 의회 조직을 추구했다는 말이다. 이러한 '평등권' 개념은 새로 제정된 감리교 『교리와 장정』에도 그대로 반영되었으니 미국교회보다 먼저 '여성 안수' 제도를 채택하여 1931년 연회부터 여성목사를 배출하게 된 것이 대표적이며 연회와 총회 구성에서 목회자와 평신도를 동수(同數)로 규정한 것도 그러한 평등 개념의 구현이었다. 먼저 '연회' 구성에 대한 규정이다.

> "一. 年會는 正會員들과 각 地方에서 그의 同數로 擇한 平信徒 代表者들로 組織함
> 二, 平信徒 代表는 해마다 그 地方會에서 그 地方 안에 있는 牧師의 數와 같이 擇하되 年齡은 二十五歲以上이오 또 選擧되기 前에 六年以上 계속 入敎人으로 잇은 이라야 됨. 但, 平信徒 代表者는 그 地方會에 出席한 平信徒들이 擇하되 가급적 各區域이 代表되게 함."[82]

지방회에서 선출하여 연회에 보내는 평신도 대표들은 25세 이상, 입교인 된 지 6년 이상으로 규정하였고 각 구역에 골고루 배분되도록 배려하였다. 이렇게 선발되어 연회에 참석한 평신도 대표들은 다른 목회자 대표들과 동등한 권리와 의무를 행사하였다. 법 개정과 건의안을 비롯한 안건 처리에서, 그리고 미국교회는 평신도들에게 허락하지 않는 목회자의 품행 통과에도 평신도 대표들은 동동한 입장에서 참여하였다. 다음은 총회 구성에 관한 규정이다.

> 一. 總會는 各年會에서 牧師 五人에 對하여 一人式만 擇한 代表者들과 그 同數로 選擇한 平信徒 代表者들로 組織함 但, 會員의 數를 定數대로 計算한 後에 餘在會員數가 定數의 五分之三以上이 될 때는 代表 一人을 더 擇하게 할 것이오 또 各班에서 候補者로 三人式을 擇함.
> 二. 牧師 代表들은 牧師에게 擇함을 받을지니 被選되기 前에 적어도 二個年동안 年會正會員으로 視務하였고 被選될 때와 總會를 召集할 때에 그 年會會員이어야 할 것이오, 平信徒 代表들은 年會 平信徒會員들에게 被選될지니 年齡은 二十五歲 以上이며 被選될 때 滿六個年間 우리敎會의 入敎人으로 잇은 이라야 하되 總會召集할 때에 그 年會地境안에 居住하는 이라야 함."[83]

---

82) 『기독교조선감리회 교리와 장정』(기독교조선감리회 총리원, 1931), 96-97.

총회를 구성하는 목회자 대표는 연회에서 정회원으로 2년 이상 시무한 이 가운데서 '목사 5인당 1명씩' 선출하고 그와 같은 수의 평신도 대표를 연회에 참석한 평신도들이 선출하도록 하였다. 이렇게 연회에서 선출된 평신도 총대들은 4년 총회에 참석하여 감독 선출을 비롯한 법 개정에 목사 대표와 동등한 권리를 행사하였다. 이런 총회 대표 선출과 참여 원리는 오늘까지 그대로 유지되어 한국 감리교회의 '평등주의'를 상징하는 대표적인 조항으로 남아 있다.[84)]

이처럼 1930년 남북 감리교 합동과 총회 조직으로 한국 감리교회에 중요한 의미를 지닌다. 첫째, 총회를 조직하고 독자적으로 총리사(감독)를 선출할 수 있게 된 한국 감리교회는 '자치교회'로서 미국 감리교회와 동등한 위치에서 선교사역을 추진해 나갈 수 있게 되었다. 이로써 한국 교인의 '독립정신'이 대내외에 알려지게 되었다. 둘째, 1866년 남북으로 나뉘어 60년 넘게 하나가 되지 못하고 있는 미국교회보다 앞서서 한국 감리교회가 합동을 이룩함으로 미국교회가 자극을 받았고 그 결과 미국 감리교회도 1939년에 합동을 이룸으로 한국 교인들의 '합동 정신'을 대내외에 알렸다. 셋째, 여성 안수 및 평신도와 목회자의 의회 동수(同數) 구성도 미국 감리교회가 아직 실시하지 않고 있던 '진보적인' 방안이었다. 이런 진보적 원리를 과감하게 채용함으로 한국교회는 평등과 민주질서를 추구하는 진보적 교회로 널리 알려지게 되었다.

다만 아쉬운 것은, 새로 제정된 『교리와 장정』에 연회 및 총회에 참석할

83) 『기독교조선감리회 교리와 장정』(기독교조선감리회 총리원, 1931), 107-108.

84) 다만 총회에 참석할 총대 숫자를 조정하기 위해 해방 후 목회자 총대 선출 방법을 수정하였는데, 1967년 "총회에 출석할 대표는 현직 정회원(파견 선교사 외의 국외 거주자 제외) 10명에 대하여 1명씩 대표자를 택하고 그와 동수의 평신도 대표자를 택한다"[『기독교대한감리회 교리와 장정』(1967), 68]하였고 1979년에 다시 "총회에 출석할 대표는 현직 정회원(파송 선교사 외의 국외 거주자 제외) 10년 이상 계속 시무한 목사와 동수의 장로를 지방별로 임명된 연수에 따라 선정한다. 총대의 연령은 68세까지로 한다"[『기독교대한감리회 교리와 장정』, (1979), 65] 하여 정회원 10년 이상된 모든 이를 총대로 하였다. 그리고 1974년 감리교단 분열 때 총리원측을 이탈해 나갔던 갱신측에서는 총회와 지방회만 두고 지방회에서 총회 대표를 선출하도록 하였는데 "지방회는 총회에 출석할 평신도 대표를 투표로 선출한다. 단, 총회 선교비를 완납치 않은 교회에는 대표 피선거권을 유보한다. 평신도 대표는 정회원 수와 같이 선출하되 지방회에 출석한 이로 한다(가급적 3분의 1 이상은 여성대표로 한다"[『기독교대한감리회 총회 헌법』(1976), 48]하여 여성 평신도의 참여를 독려하는 조치를 취하였다.

평신도 대표 선출과 관련된 조항 외에 평신도 사역에 대한 내용이 없었다는 점이다. 한국 감리교회의 실무를 담당할 총리원 부서 중에도 평신도 사역을 전담한 곳은 없었다.[85] 합동 이전에 미감리회의 평신도회, 남감리회의 평신도사업부 등에서 추진하였던 평신도 관련 선교와 사업을 전담할 부서가 만들어졌더라면 '자치교회' 구조 안에서 평신도운동은 한층 다양한 방면에서 활력을 띠었을 것이다. 물론 교회 안의 자치기구로서 여선교회와 엡윗청년회가 있기는 했지만 이런 조직으로는 남성 평신도들의 참여를 끌어내기에 한계가 있었다. 결국 남성 평신도들의 자치활동은 해방 후 1960년대 장년회(후의 남선교회)와 청장년회 조직을 통해 부활되었다.

10. 맺음말

지금까지 감리교회 평신도운동의 흐름을 개략적으로 살펴보았다. 웨슬리 때부터 '평신도 사역'은 감리교회의 중요한, 자랑스러운 전통으로 자리잡았다. 평신도들의 사역과 참여가 없었으면 초기 감리교 운동의 발전과 확산이 불가능했을 정도였다. 그러나 웨슬리 자신이 성직자 중심의 성공회 전통에 강력한 영향을 받아 감리교회 의회 조직에 평신도 참여는 상당기간 이루어지지 못했다. 결국 독립전쟁 이후 1784년 영국으로부터 독립한 미국 감리교회 역사에서 평신도들의 정치 참여에 대한 시도가 나타나기 시작했다. 그러나 그 속도가 느려서 남감리회는 1866년 교단 분립 직후부터 평신도 대표의 총회 참석을 허락하였지만 미감리회는 1872년에야 제한적으로 평신도들에게 문호를 개방하였다. 그러나 평신도들의 지속적인 요구로 미국 감리교회는 총회 구성에서 목회자와 평신도가 동수를 이루게 되었다.

한국 감리교회는 이런 미국교회의 영향을 받아 교회법이 규정한 대로 평신도의 의회 참여가 이루어졌다. 즉 미감리회는 1908년 한국연회를 조직한 이후, 남감리회는 1919년 한국연회를 조직한 이후부터 미국 총회에 참석할 평

85) 1930년 제정된 『교리와 장정』에 따르면 총리원 산하 기구로 전도국과 교육국 · 사회국 · 재무국 등이 있을 뿐이었다. 총리원에 평신도국이 설치된 것은 해방 후의 일이다.

신도 대표를 연회에서 선출하게 되었는데 그 과정에서 평신도 대표들의 연회 활동이 이루어졌다. 미감리회의 경우, 총대 선출을 위한 '평신도선거회'와 이와 별도의 '평신도회'를 만들어 평신도의 정치적 참여를 시도하였고 남감리회의 경우 평신도 대표 선출 외에 교단 조직 안에 '평신도사업부'를 설치하여 다양한 내용의 평신도 선교사업을 추진하였다. 이 과정을 통해 한국 감리교회는 능력 있는 평신도 지도자들을 다수 발굴하였으니 미감리회의 이승만 · 최재학 · 신흥우 · 박희도 · 김득수 · 최상현 · 조병옥 · 김활란 · 김폴린, 남감리회의 윤치호 · 남궁억 · 홍병선 · 이만규 · 구자옥 등과 같이 교계에서뿐 아니라 일반 사회에서도 그 지도력과 권위를 인정받는 인물들이 감리교회를 대표하여 활동하였다. 이들의 활동은 국내에 머물지 않고 미국 총회 참석을 비롯하여 각종 국제회의에도 한국교회를 대표하여 참석함으로 한국교회의 위상을 세계 가운데 심는데 크게 기여하였다. 또한 이들 감리교 평신도 지도자들은 일제강점기 독립운동에 참여했던 경험이 있거나 민족의식이 강했던 인물들로서 우리 민족운동사에도 중요한 흔적을 남겼다(물론 이들 중 상당수가 신앙 양심과 민족적 지조를 지키지 못하고 일제 말기 훼절하여 수치스런 모습을 보여준 것은 반성할 대목이다). 이들의 활동을 통해 한국교회는 교회 울타리를 넘어 일반 사회와 세계 속에 그 영향력을 확대시켜 나갔다.

그리고 이러한 평신도들의 의회참여운동을 통해 평신도들의 신앙과 공동체 의식이 함양된 것이 또 다른 효과였다. 평신도 대표들은 연회에 참석하여 총대를 선출하고, 교회의 선교에 관련된 건의안을 만들어 제출하고, 이를 위해 평신도운동 상설기구를 만들면서 평신도의 잠재능력이 개발되었고 그것이 교회에 창조적인 영향을 끼쳤다. 일제강점기 독립운동을 하다 투옥된 평신도 가족을 위한 구휼운동이나 농촌 및 사회운동에 적극적으로 참여하였고 선교부의 지원에서 벗어나 토착교회의 자급과 자차를 구현하는 운동에 평신도 단체가 적극 나섰던 것은 교회 안에서 평신도의 역할을 한층 드높여주었다. 그리고 1920년대 중반 이후 전개된 남북 감리교 합동에 평신도 기구에서 적극 지지의사를 표명하고 평신도 대표들이 합동을 위한 연구위원 및 전권위원에 참여하여 합동을 끌어낸 점은 한국 감리교회가 '하나되는 교회' 전통을 수립하는데 중요한 역할로 작용하였다. 이 모든 과정에서 평신도 대표들이 추구한 것은 '평등주의'(egalitarianism)의 구현이었다. 그것이 교회 정치가 추구해야 할 궁극적 원리였기 때문이다. 바로 이러한 조화와 일치, 협력과 연합을 추구하는 평신도운동 전통이 초기 한국 감리교 역사에 수립되었다는 점에서 그 가치와 의미를 높이 평가할 것이다.

초기 한국 감리교회 사회사업

1. 머리말

> "우리는 하나님의 뜻이 실현된 인류사회가 천국임을 믿으며, 하나님 아버지 앞에 모든 사람이 형제 됨을 믿으며"[1)]

한국 감리교회는 개인구원과 사회구원의 조화를 믿는다. 개인적 차원에서 이루어지는 죄의 용서와 구속의 체험은 공동체를 통한 사회구원으로 연결되어야 한다고 믿는다. 개인이든 공동체든 신앙생활의 출발은 그리스도를 통한 하나님의 구속하시는 은총의 체험에 있다고 믿는다. 그리고 그러한 그리스도인들의 복음 체험은 적극적인 사회 참여를 통해 세속적 사회를 복음적 사회로 변화시켜나가는 '사회 복음화'로 연결되어야 한다.

> "복음을 부끄러워 하지 말자. 복음은 모든 믿는 자를 구원하는 하느님의 능력이시다. 우리는 그리스도의 복음을 손에 들고 종교를 산업화하는 것보다는 산업을 종교화하자. 종교를 교육화하는 것보다는 교육을 종교화하자. 이것이 그리스도 복음의 중심 문제이며 감리교의 근본 정신이다."[2)]

그런 의미에서 우리가 고백하는 '천국'은 "하나님의 뜻이 실현된 인류사회"라 할 수 있다. '천국'은 사후 세계로 숨겨져 있는 논의 불가 영역이 아니

1) "기독교대한감리회 교리적 선언," 제7조.
2) 정경옥, 『기독교의 원리』(개정판)(기독교대한감리회 교육국, 1995), 19.

라 우리의 현실 삶 속에서 구체적으로 논의되고 추구해야 할 현실 영역이기도 하다. 우리가 주기도문을 통해 고백하는 바, "나라가 임하옵시며, 뜻이 하늘에서 이루어진 것같이 땅에서도 이루어지이다"는 간구의 지향점도 내세라기보다는 오늘 우리의 현실세계인 것이다. 이는 또한 18세기 영국 상황에서 '올더스게잇의 뜨거운 중생체험,' 즉 개인구원의 종교적 체험을 광산과 형무소 선교를 통한 사회개혁 프로그램으로 연결시킴으로 경건주의와 복음주의, 개인구원과 사회구원의 조화를 추구한 웨슬리의 감리교 전통이기도 하다.

여기에다 기독교 복음 선교가 시작된 19세기 말 이후 우리 민족이 처한 사회적 현실은 교회로 하여금 다양한 형태의 사회선교 및 구제사업을 하도록 요구하였다. 감리교회는 이러한 사회적 요구에 능동적으로 대응하였다. 그리하여 노약자 · 환자 · 장애인 · 아동과 여성 등 신체적 · 정신적으로 도움이 필요한 이들을 위한 다양한 '사회사업'[3]들이 감리교회의 '사회선교' 차원에서 추진되었다.

이러한 한국 감리교회의 사회사업의 역사와 신학 전통의 흐름을 살펴보는 것이 이 글의 목적이다. 한말 감리교 선교가 시작된 이후 일제강점기와 해방 후 현재에 이르기까지 한국 감리교회의 사회사업의 내용을 살펴보는데 다음 세 가지 질문을 염두에 두고 살펴볼 것이다.

① 시대적 사회 환경에서 어떤 사업들이 추진되었는가? 한말부터 현재까지 1백여 년을 4기로 나누어 사업의 내용을 개괄적으로 살펴볼 것이다. 각 시대마다 사업의 내용과 특징을 살펴봄으로 사회 상황에 책임있게 대응하는 교회의 모습을 살펴보고자 한다.

② 사회사업의 이념적 근거라 할 수 있는 사회선교 신학의 내용은 무엇인

---

3) '사회사업'(社會事業; social work)이란 용어는 기능과 내용에 따라 '사회봉사'(社會奉仕; social service), '사회복지'(社會福祉; social welfare), '사회보장'(社會保障; social security), '사회보험'(社會保險; social insurance) 등으로 구분할 수 있으며 기독교 선교 영역에서 '사회선교'(社會宣敎; social mission)란 용어도 쓸 수 있으나 이 글에서는 포괄적인 의미로 "무능력자나 도움이 필요한 자들이 일상생활 문제에 대응할 수 있도록 제공하는 일시적, 혹은 영구적 형태의 사회 서비스" 개념으로 '사회사업'이란 용어를 사용하기로 한다. "사회사업," 『브리태니커세계대백과사전』11권(브리태니커 · 동아일보사, 1993), 167-177; 『사회복지사전』(한국사회복지협의회, 1993), 129 · 132; 박종삼, "교회 사회봉사에 대한 사회복지적 접근," 『교회사회봉사총람』(한국장로교출판사, 1994), 221-223.

가? 감리교의 사회선교 신학의 내용과 특징을 살펴볼 것이다. 이것을 통해 다른 교파 교회에 비해 사회선교와 현실참여에 적극적이었던 한국 감리교회의 신학적 배경을 확인할 수 있을 것이다.

③ 사회사업의 주체는 누구였는가? 사회사업은 선교사업이면서도 사회를 대상으로 한다는 점에서 특수한 영역이다. 다른 선교사업도 그렇지만 특히 사회사업은 선교사의 적극적인 지원으로 이루어졌다. 그러므로 이 글에서는 '선교사의 사업'이 갖고 있는 한계를 극복하기 위한 한국교회의 노력을 주목하고자 한다.

2. 초기 복음선교와 사회구제사업(1885-1910)

한국에 기독교(개신교) 복음이 본격적으로 전파되었던 19세기 말은 우리 민족이 '근대화'라는 과제를 안고 씨름하던 시기였다. 유교를 이념 바탕으로 하여 설립되었던 전제 봉건적 사회체제와 질서의 붕괴과정이 급속히 진행되고 근대적 시민사회 질서와 체제가 형성되어가던 사회 변혁기에 기독교 선교가 이루어졌던 것이다. 따라서 기독교는 이런 근대화 작업의 이념적 근거로 작용하였고 진보적 개혁세력의 활동 공간이 되기도 하였다. 근대화 과정에서 교회가 사회개혁작업의 한 축을 맡았고 근대적 의미의 '사회사업'이 기독교 기관을 통해 이루어진 배경이 여기에 있다.

그리고 실제로 감리교뿐 아니라 기독교 선교의 역사는 '사회사업'으로 시작되었다. 즉 교회를 설립하거나 복음을 전하는 '직접적 종교행위' 이전에 일반 사회를 겨냥한 '간접적 사회선교사업'으로 기독교 역사가 시작되었다. 1884년 6월 말 내한한 일본 주재 미감리회 선교사 매클레이(R.S. Maclay)가 고종으로부터 "병원과 학교 사업을 해도 좋다"는 사실상의 '선교 윤허'를 받음으로 제한적이지만 외국 선교사들의 방한 활동이 가능케 되었다.[4] 이에 따라 1884년 이후 들어온 초기 선교사들은 '의사'나 '교사' 신분으로 내한하여

4) R.S. Maclay, "Korea's Permit to Christianity," *The Missionary Review of the World*, Apr. 1896, 287-290.

병원과 학교를 설립하고 이를 통해 간접적인 방법으로 복음선교를 추진할 수 있었다. 이 같은 선교방법은 근대화 흐름을 타고 있기는 하였으나 아직은 '서양 종교'에 대해 배타적인 분위기가 강하게 남아 있는 19세기 말 시대 상황에서 불가피한 방법론이었다. 그러나 선교신학적 측면에서 볼 때 이 같은 접근방법은 민중의 현실적 삶의 문제를 해결해줌으로 '외래 종교'에 대한 부정적 선입견을 제거하고 복음을 받아들이도록 이끄는 유용한 것이었다.

2.1 초기 교육사업

'교사' 신분으로 1885년 4월에 내한한 아펜젤러(H.G. Appenzeller)는 그해 8월 '영어를 배우러 찾아온' 이겸라 · 고영필 두 학생으로 학교를 시작했다. 이 학교가 '한국 근대교육의 발상지'로 알려진 배재학당(培材學堂)이다. 고종이 이름을 지어줌으로 '정부에서 인정하는 학교'로 인식된 배재학당의 초기 입학생들은 대부분 '영어를 배워 출세하려는' 출세 지향적인 인물들이었다. 실제로 초기 배재학당 졸업생 중 상당수가 정부기관에 채용되어 나갔을 뿐 아니라 이승만 · 신흥우 · 주시경 · 문경호 · 노병선 · 양홍묵 · 민찬호 · 오긍선 · 정교 · 여운형 등 근대화 과정에서 사회개혁운동을 주도한 진보적 지식인들을 대거 배출하였다.[5] 그리고 배재학당은 1888년 새 교사를 건축하면서 학교 안에 가난한 학생들을 위한 자립 기반으로 '기술부'(industrial department)를 만들었다. 이에 대한 아펜젤러의 보고다.

> "올(1888) 가을, 기술부를 만들었습니다. 거기서 일하지 않으면 아무에게도 도움을 주지 않고 있습니다. 인쇄소가 차려지기만 하면 보다 많은 학생들에게 일자리를 줄 수 있을 것입니다. 지금 우리 학생들이 하는 일이란 학교 건물을 돌보고, 방을 청소하고 불을 지피는 일 정도입니다. 가난한 집안 아이들은 기꺼이 우리가 시키는 일을 하고 있는데 이 분야(기술부)의 전망이 아주 좋습니다."[6]

---

5) 김세한, 『배재팔십년사』(배재학당, 1965), 819.

6) *Annual Report of the Board of Foreign Missions of the Methodist Episcopal Church* (이하 *ARMEC*), 1888, 339.

아펜젤러가 말한 '인쇄소'는 1889년에 시설을 완비하고 책을 찍어내기 시작했다. 이것이 '삼문출판사'(三文出版社, Trilingual Press)로도 알려진 '미이미교회 인쇄소'이다. 이곳에서 『미이미교회강례』 『미이미교회문답』 『텬료력뎡』 『묘축문답』 『파혹진션론』 등 초기 전도문서들은 물론, 한글 성서와 찬송가도 인쇄하였고 *The Korean Repository* 「조션크리스도인회보」 「협성회회보」 「독립신문」 「경성신문」 등 교회와 일반 신문까지 인쇄하여 근대 출판 · 언론 문화 발전에 중요한 역할을 담당하였다.7) 이러한 근대 출판 문화의 중요한 업적물들이 배재학당 '기술부' 소속 고학생들의 손에 의해 만들어졌다는 점에서 초기 감리교회가 지향하고 있던 다원적 사회선교의식을 발견할 수 있다.

스크랜턴(M.F. Scranton) 대부인이 1886년에 설립한 이화학당(梨花學堂)은 보다 더 '사회사업' 차원에서 시작되었다. 이는 여성교육에 대한 부정적 편견이 강하게 남아있던 당시 사회 분위기 때문이기도 하였다. 즉 '서양 사람이 하는 학교'에 선뜻 자기 딸을 보내려는 부모가 없었기 때문에 이화학당의 초기 학생들은 대부분 가난한 집 아이들이거나 고아 출신이 많았고 기생과 과부 같은 불우한 환경의 여인들도 포함되어 있었다. 그렇기 때문에 이화학당은 출발 때부터 기숙사를 마련하여 학생들의 의식주 문제까지 해결해 주어야 했다. 1886년 스크랜턴 대부인의 선교 보고에서 그 같은 사정을 읽을 수 있다.

> "현재 이곳 쌀 값은 상당히 비쌉니다. 전쟁이라도 일어나면 물가는 엄청나게 뛸 것입니다. 아이들을 입혀야 하겠는데 좋은 생각이 떠오르지 않습니다. 우리가 해 입히는 옷이 아이들 취향에도 안 맞고 이곳 전통에도 어긋나지만 할 수 없습니다. 질 좋은 옷감을 들여오는 것이 좋겠습니다. 이곳에서 구할 수 있는 옷감은 질도 떨어지고 오래 가지도 못합니다."8)

따라서 '기숙학교'(boarding school)로 출발한 이화학당은 '고아원'처럼 운영되었다. 선교사들은 수업 시간뿐 아니라 일상생활 전체를 돌보아야 했다. 이 같은 기숙사 생활은 가난한 아이들을 위한 '구제' 사업이기도 했지만 학생들

---

7) 윤춘병, 『韓國 監理敎 圖書出版 百年史』(기독교대한감리회본부교육국, 1986), 47-119.

8) *Annual Report of The Women's Foreign Missionary Society of the Methodist Episcopal Church*(이하 *ARWFMS*), 1886, 46.

이 기숙사 생활을 통해 기독교 복음을 받아들이게 만들었다. 스크랜턴의 1888년 보고다.

> "교실과 교무실 외에 45명을 수용할 수 있는 기숙사까지 지었습니다. 현재 기숙사에는 학생 18명이 있는데 그들은 이곳에서 처음으로 기독교식 생활이 어떤 것인지 알게 됩니다. 이 학생들은 미신과 무지로 가득 찬 집 안에서 자라난 아이들로 몇 가지 집안 일을 하는 것 외에는 단조롭기 짝이 없는 생활을 하던 아이들입니다. 그러나 이 새 집으로 온 후에는 전혀 다른 생활을 하게 됩니다. 그들은 책으로는 배울 수 없는 교육의 혜택을 받고 있습니다. 이곳에서는 아이들의 몸과 마음을 돌볼 뿐 아니라 영혼까지 보살핍니다. 몇몇 학생은 믿기로 하였습니다. 이런 교육의 가치를 깨달은 학생들로 학교 전체가 활기가 넘쳐나고 있습니다."[9]

이런 과정을 거쳐 가난하고 버림받았던 여성들이 이화학당의 종교(기독교) 생활을 통해 새로운 기회를 얻게 되었다. 즉, 기생 출신으로 미국에서 한국 최초 문학사 학위를 받고 돌아온 하란사, '아기 과부' 출신으로 이화학당 최초 한국인 교사가 된 이경숙, 스크랜턴 대부인 집 앞에 버려진 아이였으나 한국 감리교 여선교회를 창설하고 진명여학교에서 가르쳤던 여메레, 선교사 집에서 잡무 일을 보던 가난한 선비의 딸로 태어나 미국에 유학하여 한국인 최초 의사가 되어 돌아온 김점동(박에스더) 등 한국 근대 여성운동의 선구자들이 이화학당에서 배출되었던 것이다.

이후 감리교 선교부 혹은 한국 감리교인들의 학교 설립은 서울을 중심으로 전국으로 확산되어 나갔다. 참고로 1912년 당시 발행된 총독부 자료에 의하면 감리교 계통 학교는 전국에 116개에 이른다. 서울을 비롯하여 감리교 선교가 이루어진 곳에는 빠짐없이 학교가 설립되어 "교회 옆에 학교, 학교 옆에 교회"라는 초기 선교 상황을 잘 보여주고 있다.[10](부록 1 참조)

이처럼 학교는 사회선교의 중요한 통로였다. 이 같은 '사회선교'는 본격적인 복음전도의 길을 넓혔을 뿐 아니라 기독교인들로 하여금 '근대화'라는 사

---

9) *ARMEC* 1888, 339.

10) 「재조선기독교회부속학교일람」(1912); 『조선재류구미인조사록』(영신아카데미 한국학연구소, 1981), 169-233; *Minutes of the Korea Annual Conference of the Methodist Episcopal Church*, 1912; *Mitutes of Korea Mission of the Methodist Episcopal Church, South,* 1912.

회개혁운동의 주역으로 활동할 수 있는 길을 열어 주었다.

2.2 초기 의료사업

한국 감리교 최초 '의료선교사'였던 스크랜턴(W.B. Scranton)은 1885년 9월부터 정동 사택에서 환자를 진료하기 시작했다. 그리고 이듬해 6월 정동에 새 건물을 마련하고 정식으로 '시병원'(施病院)이란 간판을 내걸고 병원을 시작했다. 한국정부에서 지어준 "베푸는 병원"이란 의미의 시병원을 찾는 환자들은 대부분 가난한 환자들이었다. 스크랜턴의 1886년 보고다.

> "나를 찾아 오는 한국인 환자들은 대부분 극빈자이거나 최하층 사람들입니다. 물론 좋은 집안 사람들로 찾아옵니다. 그러나 그 수는 상당히 적습니다. 극빈자들에게는 돈을 받지 않고 약을 줍니다"[11]

> "우리 사업은 주로 극빈자들을 상대로 하는 것이며 때로는 내다 버린 사람을 치료하기도 합니다. 우리는 환자를 치료하는 기간 동안 생활비까지 대주어야 했는데, 도저히 일을 할 수 없는 형편이었기 때문입니다."[12]

결국 병원은 육체적 질병을 치료하는 것으로 끝나지 않고 가난하고 소외당한 민중을 위한 '구제기관' 역할까지 감당하였다. 스크랜턴이 1894년 병원을 남대문 시장 안 상동(尙洞)으로 옮긴 것도 이런 민중 계층을 돕기 위한 선교적 관심 때문이었다.[13]

1887년 10월 하워드(M. Howard)에 의해 시작된 한국 최초 여성 병원인 '보구여관'(保救女館)의 경우도 마찬가지였다. 하워드는 병원을 시작한 처음 10개월 동안 1,137명을 진료했는데 대부분이 빈민층이었다.[14] 하워드 후임으로

---

11) *ARMEC* 1886, 277.

12) *ARMEC* 1886, 268-269.

13) 스크랜턴은 병원을 정동에서 상동으로 옮기려는 이유를 설명하면서 정동은 외국인 거주 지역인 반면 상동은 "민중이 있는 곳"(where people is)이기 때문이라고 밝혔다. *ARMEC* 1893, 255.

14) *ARWFMS* 1890-91, 56.

보구여관을 맡아 보았던 셔우드(R. Sherwood)의 1890년 보고에서 당시 보구여관의 분위기를 읽을 수 있다.

> "우리는 가난한 사람이나 부자나 똑같이 무료로 진료합니다. 다만 여유가 있는 사람이면 약값 정도는 물게 합니다. 입원 환자 중에 식비를 내는 사람은 4분의 1이 조금 넘으며 약값을 부담하는 입원 환자도 약간 있기는 합니다. 한국 사람들은 자기가 은혜를 입었으면 그에 대해 뭔가 선물로 감사를 표하려 애씁니다. 그렇게 해서 제가 받은 선물이 달걀만 1천 개가 넘으며 그 외에 한국 과일과 음식도 많습니다. 남의 집에서 종살이 하는 가련한 여인이 있습니다. 그 여인의 어린 아이를 병원에서 치료해 주었는데 그 여인은 내게 줄 것이 아무것도 없는 것을 안타까워 하며 자기 몸을 팔아서라도 선물을 사 주고 싶다고 하였습니다. 그리고 한참 후 어떻게 마련했는지 달걀 한 꾸러미를 내게 보냈습니다."[15]

그리고 1890-93년에 이르러 서울 남대문과 서대문 밖(아현), 동대문에 정식 병원은 아니지만 시약소(施藥所, dispensary) 형태의 간이 진료소가 개설되었는데, 서울 변두리 빈민층을 위한 배려였다. 이들 시약소들은 진료 혜택만 주는 것이 아니라 복음전도의 구심점이 되어 각각 상동교회와 아현교회 · 동대문교회 설립으로 연결되었다. 그리고 1893년에는 홀 부인(셔우드)[16]이 평양에 '광혜여원'(廣惠女院)이란 여성병원을 설립하여 역시 소외계층을 위한 진료 사업을 추진하였다. 이외에 미감리회선교부에 의해 해주에 설립된 구세병원(救世病院), 원주에 설립된 서미감병원(瑞美監病院), 남감리회선교부에 의해 설립된 개성의 남성병원(南星病院), 원산의 구세병원(救世病院) 등이 있고 공주 · 인천 · 영변 · 철원 등 감리교 선교가 이루어진 지역에는 시약소 형태의 진료소가 있어 가난하고 소외된 사람들에게 의료 혜택을 베풀어 주었다.[17]

---

15) *ARWFMS* 1890-91, 67.

16) 과로로 건강을 해쳐 1년만에 돌아간 하워드 후임으로 1890년 10월에 내한한 셔우드(R. Sherwood, 1865-1951)는 1년후 내한한 홀(W.J. Hall)과 결혼한 후 1893년 남편과 함께 평양 개척 선교사로 부임하였다. 남편이 1894년 순직한 후에도 한국을 떠나지 않았고 평양에서 기홀병원(紀忽病院, 평양연합기독병원의 전신)을 설립하여 평생을 한국선교에 헌신하였다[셔우드 홀(김동렬 역), 『닥터 홀의 조선 회상』(동아일보사, 1984)].

17) G.H. Jones, *Christian Medical Work in Kore,* (NY: Korea Quarter-Centennial Commission of Board of Foreign Missions of Methodist Episcopal Church, 1912), 11-16; S. Hall, "Pioneer Medical Missionary Work in Korea," *Within the Gate* (The Korean Methodist

이처럼 초기 선교사들이 운영하던 병원은 단순한 진료기관으로 끝나지 않고 가난하고 소외당한 민중계층이 복음을 받아들이는 통로가 되었으며 '빈민구제'라는 사회사업의 기본 임무를 수행하는 복합적인 사회선교기관이 되었다.

2.3 교회의 빈민구제사업

학교와 병원으로 시작된 선교사업은 1887년 정동제일교회가 설립된 이후 서울을 비롯하여 인천 · 수원 · 여주 · 이천 · 충주 · 원주 · 공주 · 개성 · 해주 · 평양 · 진남포 · 영변 · 운산 · 태천 · 원산 · 철원 · 춘천 등 감리교 선교지역에 교회가 설립되어 본격적인 '복음 선교'가 가능하게 되었다. 이미 살펴본 대로 선교사들이 운영하는 병원 및 학교를 찾은 사람들은 상류 · 양반계층 보다는 가난한 하류 · 빈민 계층이 많았다.[18] 따라서 초기 교회 활동의 중요한 영역의 하나가 현실적 도움을 필요로 하는 '민중 계층'을 구제하는 사업이었다.

남대문안 상동교회는 처음 출발 때부터 빈민구제가 주요 행사가 되었다. '민중이 있는 곳'을 찾아 정동으로부터 상동으로 병원을 옮기고 그곳 교회를 담임한 스크랜턴의 1898년 보고다.

> "우리 교회엔 과거 정부관리로 있던 자들도 있지만 교인 대부분은 중인층입니다. 부자는 한 사람도 없고 가난하고 나이든 이들이 상당히 많은데 지난 겨울 그들을 구제하는 것이 우리의 주된 업무였습니다."[19]

1900년 상동교회를 담임했던 스웨어러(W.C. Swearer)는 교회의 구제사업이 정기적인 행사가 되었음을 밝히고 있다.

> "이 교회 교인 대부분은 가난한 이들입니다. 우리는 그들이 굶어 죽지 않도록 최선을 다해

News Service, 1934), 96-105.

18) 실제로 초기 기독교 개종자들 가운데는 종교적 동기보다는 먹거리나 생활 수단을 얻기 위해 들어오는 경우도 많았다. 선교사들은 이들을 '쌀 교인'(rice Christian)이라 불렀다. L.G. Paik, *The History of Protestant Missions in Korea, 1832-1910* (Yonsei University Press, 1980), 165.

19) *Minutes of the Korea Mission of the Methodist Episcopal Church*(이하 *MKMEC*) 1898, 45.

야 합니다. 지난 겨울 동안 이러한 목적으로 모금한 돈이 30원입니다. 또한 교인 중 극빈자가 죽는 경우에는 그 장례비까지 대주어야 합니다. 이런 목적으로 쓸 돈 10-12원이 비축되어 있습니다."[20]

특히 교회의 빈민구제는 성탄절과 같은 교회 절기 행사의 중요한 내용이 되기도 했다. 1898년 동대문교회의 성탄절 행사가 그러한 예다.

"십이월 이십 사일 밤에 남녀 교우들과 시골 교우들이 일제히 모히여 구세쥬의 탄일을 경츅할새...... 젼도하시는 로웰라 씨 부인이 학교 아해를 친히 부르샤 일일히 례물을 분급하는대 실과 봉과 그림과 연필과 지갑과 셔책을 각각 합당하게 논호와 주시고 그곳 교우들 즁에 형세가 아조 빈궁하여 졀화를 죵죵하는 사람의게 백미를 몃되식 분급하엿시며 거룩한 명졀을 깃분 마음으로 경츅하엿다더라."[21]

이화학당과 정동교회 교인들의 1902년 성탄절 구제사업도 소개되고 있다.

"리화학당의서 구휼함: 정동교회 녀교우들이 빈민구제하기 위하야 깃분 마암으로 연보 륙원을 하고 그 남아지는 폐인 푸라이 두 부인끠서 자당하야 백미 한 섬 반을 사서 처지대로 혹 두 되 혹 석 되식 주섯고 또 서국 비단으로 조고리 가음과 치마 가음을 하나식 주엇는대 합이 십여 인이라......

경동회당의셔 구휼함: 예수씨 탄일의 깃부고 재미잇는 일이 만히 잇서스나 특별이 깃분 일은 남녀교우들이 깃분 마암으로 삼십여 원을 연보하야 백미 두 섬 반을 사서 어려운 사람들을 줄새 불상한 처지를 보아서 매우 간간한 자는 화인 닷되식 주고 그외에는 넉되 혹 석되식 줌으로 쌀 가저가는 사람들만 주끠 감사할 뿐아니라 보는 자는 다 주끠 영화를 돌여보내더라."[22]

1900년 11월, 정동교회 여성 교인들을 중심으로 '보호여회'(保護女會)가 창설된 동기도 "빈궁한 여러 교우들을 구제"[23]하는 데 있었다. 한국 감리교회

20) *MKMEC* 1900, 53.
21) "동대문안 교우의 경츅함," 「대한크리스도인회보」1898.12.28.
22) 「신학월보」1903.2, 70-71.
23) "보호녀회 셜립함을 말씀함," 「신학월보」1901.8, 346.

여선교회의 모체가 되는 보호여회는 복음전도와 회원 친교와 함께 빈민구제 사업을 주요 사업으로 삼고 있었다. 보호여회의 빈민구제는 단순히 가난한 교우에게 식량을 대주는 것에서 끝나지 않았다. 보호여회 초대 회장이었던 여메레는 가난한 교인들의 경제적 자립을 돕기 위한 대책을 마련하였다. 프라이(L.E. Frey) 선교사의 1903년 보고다.

> "회장인 황씨 부인(여메레)은 극빈자들이 자기 손으로 생계를 꾸려 나갈 수 있도록 돕기 위한 실업 교육제도를 마련했습니다. 그 덕분에 우리는 유용한 극빈자들을 다수 확보할 수 있었습니다. 이 사업의 일환으로 보호여회는 한 여인에게 돈을 빌려 주어 '방물장수'가 되게 했습니다. 그 여인은 여러 곳을 다니면서 방물을 팔면서 동시에 전도책을 팔기도 하고 가르치기도 했습니다. 오래지 않아 그 여인은 빌렸던 돈을 갚았습니다. 지난 모임에서 그 여인은 11명을 그리스도께 인도했다고 보고했습니다."[24]

보호여회로부터 사업 자금을 대출받은 '방물장수'는 자력 생활기반을 마련했을 뿐 아니라 '전도부인' 역할까지 담당하였던 것이다. 이는 한 단계 발전된 형태의 빈민구제사업이었다.

이 같은 초기 교인들의 빈민구제 의지와 활동은 구체적인 빈민구제 선교기관 설립으로 연결되었다. 즉, 1902년 서울지방 사경회에 참석했던 감리교인들이 '그리스도인 애휼회'란 구호단체를 설립한 것이다.

> "금년 서울 사경회 때에 황셩 달셩(상동) 교우 배동현 씨가 자기 집 문권을 내여 흉년에 죽을 디경에 당한 교우를 구휼코져 하야 모든 형뎨의게 이 쥬의를 셜명하니 여러 형뎨가 이 말을 듯고 마암이 뛰는 것갓치 열심을 발하야 이 일을 의론한 후 즉시 한 회를 죠직하고 일홈을 그리스도인애휼회라 하고 경향각쳐 형뎨 교우들이 각각 열심 잇는대로 뎐국에 재물을 싸코져 하야 연금을 내여 구제하기로 결뎡이 되엿시니 모든 형뎨자매들은 이 애휼회를 사랑하시고 긍휼하시는 마암으로 목젹을 삼어 애휼금을 도아주시되 재졍과 셩명과 쥬디를 자셰히 기록하여 경 샹동교회 사무쇼로 보내주시옵소서."[25]

---

24) L.E. Frey, "Evangelical Work, First Church, Seoul," *Annual Report of The Korea Woman's Conference of The Methodist Episcopal Church*, 1903, 12.

25) "그리스도인애휼회 광고," 「신학월보」1902.3, 150.

초기부터 빈민구제에 적극적이었던 상동교회 교인 배동현이 자기 집 문서를 구제금으로 내놓은 것이 계기가 되어 서울과 지방 감리교인들을 대상으로 조직된 '그리스도인 애휼회'는 사무실을 상동교회 안에 두고 있었고 임원으로는 안정수와 심상철이 서기를 맡았다.[26] 자료 부족으로 애휼회가 추진한 구체적인 사업 내용은 알 수 없지만 순수 빈민구제를 위한 근대적 사회사업 단체의 효시로 이 단체가 갖고 있는 의미는 적지 않다.

이처럼 한국 감리교회는 선교 초기부터 빈민구제 전통을 확립하여 복음전도와 사회구제를 조화 있게 추구해 나갔음을 알 수 있다. 다만 교회의 구제사업이 교회 안의 빈민 교인에 제한되고 비신자 사회까지 확대되지 못한 아쉬움은 있다.

3. 일제강점기 감리교 사회사업(1910-1945)

한국 기독교 역사는 일제의 침략 및 지배 역사와 궤를 같이 하고 있다. 따라서 일제 침략으로 인한 '민족 수난' 상황에서 어려움을 당하고 있는 민족과 사회를 위한 '사회선교'의 사명이 교회에 있었다. 특히 통감부 시절(1905-1910)부터 집요하게 추진된 일제의 토지수탈과 경제침탈로 우리 민족의 경제적 기반이 무너졌고 그로 인한 민중의 경제적 곤궁이 심각한 수준에 달했다. 무단통치 시기(1910-1919) 우리 민족의 사회경제적 상황은 더욱 악화되었으며 3·1 만세운동 이후 문화통치 기간(1920-1930)과 그 이후 일제 말기는 우리 민족의 역사와 문화, 종교적 전통마저 붕괴되는 민족 존립의 위기상황의 연속이었다. 여기에 3·1만세운동 이후 새로운 정신적 사조로 사회주의(socialism)가 유입되어 종래 기독교의 지지기반이었던 진보적 지식인과 민중계층에 파고듦으로 기독교는 심각한 도전을 받게 되었다. 무엇보다 사회의 구조적인 모순을 타파한다는 이념적 동기와 폭력을 정당화하는 구체적 운동방법론을 갖추고 있는 사회주의는 3·1만세운동 이후 '초현실적' 종교운동으로 변모하던 기독교의 '대안'(代案)으로 상당한 지지를 받기 시작했다.

---

26) "그리스도인애휼회 광고."

이 같은 시대적 상황에서 많은 사회적 문제들이 제기되었으니 그것은 곧 교회의 사회선교적 과제이기도 했다. 교회는 기존의 빈민구제나 민중계몽운동 차원으로는 변화된 사회 현실에 책임 있게 대응할 수 없었다. 보다 복잡해진 사회 상황에 맞는 사회선교 신학과 사회사업이 개발되어야 했다. 그런 의미에서 교회는 사회와 보다 긴밀한 대화를 나눌 필요가 있었고 교회와 사회는 적대 개념이 아닌 상호보완 개념으로 그 관계가 재정립될 필요가 있었다. 3·1만세운동 열기가 아직 가시지 않은 1919년 말에 쓴 밴 버스커크(J.D. Van Burskirk; 潘福基)의 글에서 그러한 의지를 읽을 수 있다.

> "사회봉사(social service)가 필요한 이유는 두 가지다. 교회가 요구하고 민중이 요구한다. 교회는 공동체의 생활 전체를 다루어야 한다. 기독교가 일상생활과 괴리된 집단으로 전락하지 않기 위해서는 복음의 사회적 메시지가 선포되어야 한다. 기독교는 신앙체계나 예배형식 이상의 것이다. 안식일의 종교는 주간 중의 생활로 파고 들어가야 한다. 내가 우려하는 바는 한국교회가 이 시점에서 사람의 영혼을 구하기에 애쓰는 것만큼 전인적인 인간구원의 필요성을 외면하지나 않을까 하는 점이다."[27)]

교회는 복음의 실천 현장으로 사회를 필요로 하고, 사회는 보다 나은 삶의 실현을 위해 교회를 필요로 하는 그런 관계에서 교회의 사회사업은 이루어진다. 이것이 1920년대 이후 한국 감리교회의 사회선교 이념이라 할 수 있다.

3.1 감리교 사회신경과 총리원 사회국

다른 교파 교회에 비해 사회사업에 강한 전통을 보유하고 있는 감리교회는 사회구원을 내용으로 하는 사회선교 신학 수립에도 선구적 입장을 보여주었다. 한국 기독교 역사에서 감리교회가 가장 먼저 사회신경을 채택한 배경이 여기에 있다.

우리말로 된 최초 '사회신경'(社會信經, social creed)은 1919년 남감리회 조선 매년회에서 발행한 『남감리회 도리와 장정』을 통해 소개되었다. 이 책은

---

27) J.D. Van Buskirk, "The Need for Social Service," *The Korea Mission Field* (이하 *KMF*) Nov. 1919, 237.

미국 남감리회의 교리와 장정을 번역한 것으로 엄밀한 의미에서 미국 감리교회의 사회신경의 한글 번역이라 할 수 있다.[28] 그 본문은 다음과 같다.

"하느님의 敎會가 밧은 使命은 예수그리스도와 그 福音을 各時代에 合當하게 飜譯하고 使役하야 乃終에는 萬物이 그이의게 屈服케 할 것이며 또 이 時代의 絶迫하게 된 經濟上 整理와 社會上 救贖할 問題가 敎會의게 挑戰的으로 예수 그리스도의 主 되심을 社會的으로도 個人的과 갓치 主張케하라 하며 또 이 時代의 福音을 社會的으로 飜譯하기를 個人的으로 함과 갓치하기를 要求하는지라. 그런고로 吾人의 兄弟들을 代表한 米國 그리스도교會聯盟協議會는 決議하노니

1. 모든 生活上에 同等의 權利와 完全한 正道를 모든 人民의게 行하는 것을 밋으며
2. 家庭을 保護하기 위하야 男女의 貞節을 同一한 標準으로 하며 離婚法을 各處에서 均一케 하며 婚姻法을 規定하며 家屋制度를 相當히 하는 것을 밋으며
3. 모든 兒童의 極히 完全한 發達을 主張하되 特別히 敎育과 運動을 相當히 밧게 함으로 하는 것을 밋으며
4. 兒童의 勞動을 廢止하는 것을 밋으며
5. 女子의 勞動하는 情況을 規定하야 社會의 身體上과 道德上에 健康을 保存케 하는 것을 밋으며
6. 貧窮을 豫防하야 減少되게 하는 것을 밋으며
7. 酒類商業으로 因하야 個人과 社會가 밧는 社交上과 經濟上과 道德上으로 損害當하는 것을 豫防하는 것을 밋으며
8. 人類의 健康을 保有케 하는 것을 밋으며
9. 勞動者들을 危險한 機械에서 保護케 하는 것을 밋으며
10. 모든 人類가 自保할 機會을 엇을 權利가 잇는대 그 權利를 모든 侵略에서 잘 保護할 것이며 또 勞動者들을 强制勞動에서 保護하는 것을 밋으며

---

28) 미국 감리교회의 사회신경은 1908년 미감리회에서 처음 채택한 11개조 '사회적 선언'(social statement)이 효시다. 이것은 같은 해 조직된 미국기독교연합회(Federal Council of Churches of Christ, 미국 NCC의 전신)에 의해 '사회신경'으로 채택되었고 1912년 16개조로 확대되었다. 이 연합회 회원 교회였던 남감리회에서는 '사회신경'을 1914년에 채택하였다. 그리하여 한글로 번역된 남감리회 교리와 장정에 사회신경이 실리게 된 것이다. 이같은 과정을 거쳐 작성된 미국 감리교회의 사회신경은 20세기 초 미국신학의 큰 흐름이었던 '사회복음'(social gospel)신학을 바탕에 깔고 있다. S.D. Lewis, "Social Creed", *Encyclopedia of World Methodism,* Vol.2 (Nashville: The United Methodist Publishing House), 2193; 김경환, "한국 감리교 사회신경에 관한 연구"(감리교신학대학원, 1995), 18-29.

11. 勞動하다가 老衰한 者와 傷하야 無力하게 된 者를 위하야 相當히 規定하는 것을 밋으며
12. 雇傭하는 者나 雇傭된 者가 團體를 組織하야가지고 問題가 生起는 時에 仲裁와 和解하게 할 同等의 權限이 잇는 것을 밋으며
13. 七日中에 一日式은 勞動을 停止하고 安息하게 하는 것을 밋으며
14. 勞動時間은 相當할대로 漸漸縮小하야 實行할 수 잇난 極小時까지 되게 하며 人類生活의 高等程度와 合當한 餘暇가 잇게 하는 것을 밋으며
15. 諸般事業의 工錢은 極小하야도 生活費가 되게 할 것이오 또 各事業에셔 實行할 수 잇는 最高의 工錢을 주게 하는 것을 밋으며
16. 基督敎의 原理가 財産을 取得하고 使用하는대 對하야 더옥 實行케 하며 終當 行할 수 잇는 方法으로 産出하는 利益을 公平하게 分配하도록 하기를 밋음."[29)]

비록 이 사회신경이 번역된 것이고, 그 내용이 노동자의 권익을 위주로 한 미국 산업사회를 배경으로 작성된 것이어서 1910-20년대 한국 사회상황과 거리가 있기는 하지만 감리교회의 사회적 관심과 선교의식을 간접적으로나마 보여주는 것으로 의미는 적지 않다.

그리고 이 같은 남감리회의 사회신경은 1930년에 제정된 한국 감리교회 사회신경의 기초가 되었다. 즉, 1930년 12월 남북 감리교회가 합동하여 기독교조선감리회가 조직되면서 '자치교회'(autonomous Church) 시대를 열었는데, 이 때 한국 감리교회는 신앙과 신학의 원리로 8개조 「교리적 선언」을 채택하고 이와 함께 13조로 된 「사회신경」을 채택하여 사회선교와 봉사의 원리로 삼게 되었다. 이때 채택된 「사회신경」은 남감리회 사회신경의 골격을 그대로 유지하며 지나치게 미국적인 내용이나 한국 상황에 맞지 않는 조항을 폐지하고 대신 절제 항목을 추가하는 형태로 변형시켰다. 1930년에 채택되어 지금까지 고백되고 있는 감리교회의 사회신경 본문은 다음과 같다.

"人類는 種族과 邦國의 別이 없이 天地의 主宰시며 오직 하나이신 하나님의 같은 子女임을 믿으며 人類는 兄弟主義 아래서 이 社會를 基督主義의 理想社會로 만들음이 우리 敎會의 急務로 믿어 우리는 左의 社會信經을 宣言하노라.

1. 人類의 同等權利와 同等機會를 믿음.

---

29) "례문,"『南監理會 道理와 章程』(남감리회조선매년회, 1919), 60-62.

2. 人種과 國籍의 差別撤廢를 믿음.
3. 家庭生活의 圓滿을 위하여 一夫一妻主義의 神聖함을 믿으며 貞操問題에 잇어서 男女間 差別이 없음을 믿으며 離婚의 不幸을 알아 그 豫防을 講究實行함이 當然함을 믿으며.
4. 女子의 現代地位가 敎育, 社會, 政治, 實業各界에 잇어서 向上發達하여야될 것을 믿음.
5. 兒童의 敎育을 받을 天賦의 權利를 是認하여 敎育에 힘쓰고 兒童의 勞動廢止를 믿음.
6. 人權을 是認하여 公私娼制度 其他 人身賣買의 여러 가지 社會制度를 反對함.
7. 心身을 敗亡케 하는 酒草와 阿片의 製造販賣使用을 禁止함이 當然함을 믿음.
8. 勞動神聖을 믿고 勞動者에게 適合한 保護와 待遇를 함이 當然함을 믿음.
9. 正當한 生活維持의 勞賃과 健康을 害하지 않을 程度의 勞動時間을 가지게 함이 當然함을 믿음.
10. 七日中 一日은 勞動을 停止하고 安息함이 必要함을 믿음.
11. 勞動爭議에 公平한 仲裁制度가 잇음이 必要함을 믿음.
12. 貧窮을 減少하게 함과 産業을 振興케 함을 믿음.
13. 虛禮와 奢侈와 娛樂으로 金錢과 時間을 浪費함은 社會에 대한 罪惡임을 믿음."[30]

남감리회 사회신경에 비할 때 한국 상황에 맞추려 노력하였음을 알 수 있다. 또한 이 사회신경은 「교리적 선언」의 제7조, "우리는 하나님의 뜻이 실현된 인류사회가 천국임을 믿으며 하나님 아버지 앞에 모든 사람이 형제됨을 믿으며"[31]라는 신앙고백의 확대 적용인 것을 알 수 있다. 그리고 이 신경은 1932년 초교파연합운동단체인 '조선기독교연합공의회'(National Council of Churches in Korea)에서 채택한 12개조 「사회신조」의 기초가 되기도 했다.[32]

이처럼 사회신경은 감리교회의 진보적이고 선구적인 사회선교 신학과 사회 참여의식을 반영한 것이라 할 수 있다. 한국 감리교회는 이러한 적극적인 사회선교의식을 구체적인 교회활동으로 연결시키려는 의지에서 1930년 총회 창설과 함께 중앙 부서인 총리원 안에 '사회국'(社會局)을 두었다.[33] 사회국

---

30) 『基督敎朝鮮監理會 敎理와 章程』(기독교조선감리회 총리원, 1931), 128-130.
31) 『基督敎朝鮮監理會 敎理와 章程』, 39.
32) 「朝鮮基督敎聯合公議會 第9回 會議錄」(1932), 51-52: 김경환, "한국 감리교 사회신경에 관한 연구," 53-55.
33) 총리원 산하 기구로는 사회국 외에 전도국(傳道局) · 교육국(敎育局) · 재무국(財務局)이 있었다. 『基督敎朝鮮監理會 敎理와 章程』(기독교조선감리회 총리원, 1931), 113-114.

설치 목적은 "기독주의로 교회내외의 정치, 경제(농촌사업 포함), 도덕, 습관, 社交의 개선을 圖하고 교회 안의 각종 자선기관(병원, 고아원 같은 것), 교화기관(여자관, 야학 같은 것), 절제운동을 유지하고 확장시키"[34]는 데 있었다.

이러한 과정을 통해 사회국이 창설되었으나 다른 교육국이나 전도국처럼 전담총무를 두지는 않았다. 다만 상임간사를 두고 사회국 안에 다시 절제부·농촌부·도시사회사업연맹부 등 3부를 두어 다양한 사회사업과 운동들을 추진하도록 하였다.

참고로 1931년 당시 연회에 보고된 3부 위원 및 주요 활동 사업을 살펴보면 다음과 같다.[35]

부 서	위 원	주요 활동 사항
절제부	김창준 · 이효덕 · 빌링슬리 · 김봉준 · 마이어스 · 손메례 · 이동욱	① 기독교 학교에 酒草 敎師채용 금지 건의 ② 기독교 학교 교재에 禁酒 禁煙 科程 삽입 요청 ③ 色衣 장려 ④ 禁酒宣傳主日(2월 첫째 주일) 권장 ⑤ 未成年者 禁酒運動에 적극 참여
농촌부	유백희 · 윌리암 · 염미덕 · 유진혁 · 윤시병 · 조민형 · 신흥우 · 전진현 · 황애덕	① 神學校에 '鄕村敎會科' 설치 건의 ② 미국에서 농촌전문 선교사 초빙 ③ 文盲退治와 無産兒童 교육실시
도시사회사업연맹부	김수철 · 와그너 · 김영희 · 박현숙 · 레어드	① 각 사회사업 기관 안에 이사회를 두어 총리원과 연락을 취하며 사업을 추진

이로써 사회국은 1920-30년대 기독교의 대표적인 사회운동인 농촌운동과 절제운동, 야학과 민중계몽운동을 비롯하여 병원과 고아원·여자관 같은 본격적인 사회사업기관을 총괄할 부서로 자리잡게 되었다. 이는 다른 어느 교파 교회에서도 찾아볼 수 없는 감리교회의 강력한 사회사업 의지를 읽게 하는 대목이다.

34) 『基督敎朝鮮監理會 敎理와 章程』, 125.
35) 「基督敎朝鮮監理會 東部·中部·西部 聯合年會 會議錄」(1931), 107-109.

3.2 농촌운동과 절제운동

1920-30년대 기독교인들이 전개한 농촌운동과 절제운동은 단순한 사회개량운동이라기보다는 사회의 구조적인 모순을 해결하기 위한 노력이었다는 점에서 보다 적극적인 의미의 '사회참여운동'의 성격을 띠고 있었다. 그리고 이 운동들이 3·1만세운동 이후 보다 간교하게 바뀐 일제의 경제·문화·정치적 억압정책의 결과로 빚어진 사회현실을 바꾸려는 개혁운동이었다는 점에서 '민족운동'의 성격도 띠고 있었다.[36]

한국 감리교회의 농촌사업에 대한 본격적인 관심은 1920년대 초반부터 나타났다. 감리교 평신도 신흥우는 기독교청년회(YMCA)를 통해 이미 1923년부터 농촌문제를 사회 여론화시키기 시작했고[37] 역시 감리교 평신도 김활란은 이화여자전문학교와 여자기독교청년회(YWCA)를 통해 1930년대 여성 농촌운동을 전개하였다.[38]

감리교회 지도자들이 농촌 문제를 비롯한 사회문제에 적극적인 관심을 갖고 참여하게 된 중요한 계기는 1928년 부활절 기간에 예루살렘에서 개최된 국제선교협의회(International Missionary Council)에 참석하여 세계선교운동의 흐름을 접한 것이었다. 이 회의에 참석했던 신흥우·김활란·양주삼·홍병선 등 한국 감리교 대표들은 "농촌의 제문제와 기독교 선교"를 비롯한 피선교 지역의 구체적 사회문제에 적극적인 대응을 모색하는 선교 전략의 흐름을 읽을 수 있었다.[39] 그리고 이 회의에 참석한 대표자들은 회의가 끝나고 기독교 정신을 바탕으로 농업구조와 사회체제를 개혁하여 "농민의 낙원"이라는 칭호를 받고 있던 덴마크에 들러 견학한 후 돌아와 덴마크를 한국 농촌운동의 모델로 제시하며 구체적인 운동 방향과 방법론을 제시하였다. 그리하여 양주삼의 『農民의 樂園인 丁抹』(1928), 홍병선의 『丁抹과 丁抹農民』(1929)과 『農村協同組合과 組織法』(1930), 채핀(A.B. Chaffin)의 『뎡말나라 연구』(1930), 방태영의 『農

36) 노치준, 『일제하 한국 기독교민족운동 연구』(한국기독교역사연구소, 1993), 241-257.
37) 전택부, 『한국기독교청년회운동사』(정음사, 1978), 349-358.
38) Helen K. Kim, "Bridging the Chasm," *KMF* Aug. 1933, 155-156.
39) 이호운, 『그의 나라와 그의 생애: 총리사 양주삼 박사 전기』(감리교 대전신학교, 1965), 98-101.

村의 丁抹』(1928), 반하트(B.P. Barnhart)의 『丁抹人의 經濟復興論』(1929), 조민형의 『朝鮮農村救濟策』(1929), 오천영의 『朝鮮農村敎會事業』(1930) 등 덴마크(丁抹)와 농촌운동 관계 서적들이 이 시기에 집중적으로 출판되었다.

그리고 1928년 10월에 열린 미감리회 조선연회에서 "조선 농촌문제를 연구 실시하기 위하야 농촌사업연구위원회를"[40] 두기로 한 것도 예루살렘 회의 참석자들의 인식 변화를 반영한 것이었다. 이 농촌사업연구위원회는 1929년 연회에서 연회 안에 '농촌부'를 두기로 하고 초대 총무로 공주에서 활약하고 있던 윌리암(F.E.C. William, 禹利岩)을 임명하였다.[41] 남감리회에서도 1930년 연회에서 '농촌부'를 설치하고 감리교 협성신학교 교장이던 하디(R.A, Hardie, 河鯉泳)를 농촌부장으로 선출하였다. 남감리회 농촌부에서는 각 교회에서 신용조합 · 소비조합 · 판매조합 · 구매조합 등을 설립하여 농촌의 구조적 경제문제 해결을 시도하도록 권유하는 한편, "신학교에 청원하야 교과목 중 농촌에 관한 과정을 두어 교수케 할 것"[42]을 결의하였다. 이 같은 배경에서 1930년에 감리교 협성신학교 안에 '농촌과'가 개설되었고 지도교수로 3·1만세운동 당시 애국부인회를 조직하여 투쟁하다가 옥고를 치른 황애덕이 부임하였다. 그리하여 신학교에서 황애덕의 지도를 받아 많은 감리교 여성 농촌운동가들이 배출되었는데 '농촌 전도사'로 이름을 날린 김노득(金路得)과 심훈의 소설 「상록수」의 주인공 최용신(崔容信)이 그 대표적인 인물이었다. 그리고 윌리암이 관장하고있던 공주 영명학교가 1932년부터 학교 명칭을 '공주영명실수학교'(公州永明實修學校)로 바꾸고 농업 · 축산 · 목공 · 철공 등 실업교육기관으로 변모한 것도 농촌 지도자 양성을 위한 적극적인 선교정책의 전환을 반영한 것이었다.[43]

이 시기 감리교를 비롯한 기독교인들이 주도한 농촌운동은 농업 방법 개량과 농촌경제 구조개선 등 실천적인 영역과 도덕적 가치관 확립 같은 정신적인 영역에서 동시에 이루어졌다. 여기에는 그룬트비히가 이끈 덴마크의 개혁

---

40) 「조선기독교미감리회연회록」(1928), 40.
41) 「朝鮮基督敎美監理會年會錄」(1929), 70.
42) 「南監理敎會 朝鮮每年會會錄」(1930), 66-67.
43) "公州永明實修學校 紹介文," 「감리회보」1935.2, 10.

운동, 즉 '개혁교회 신앙'을 바탕으로 전개된 농촌 개량운동에서 시사 받은 바가 컸다. 그런 의미에서 조민형은 "조선 농촌의 구원은 기독교로부터"란 구호를 제창하였다.

> "朝鮮의 基督教는 이제 奮發하야 經濟的으로 敗亡한 農村을 救濟하기 위하야 몬저 道德的 觀念을 涵養시키며 이로 말미암아 相互間 信義를 굳게 지키며 男女의 風紀가 紊亂함이 없고 모든 濫費를 除去함으로써 첫거름을 밟아야 할 것이다."[44]

이처럼 1920-30년대 교회의 농촌운동은 "천국운동의 일부분으로서의 사회경제운동"[45] 성격을 지니고 있었다.

금주단연(禁酒斷煙) · 공창폐지(公娼廢止) · 아편 및 사행성(奢行性) 오락 금지 등으로 대변되는 절제운동도 1920-30년대 민족주의를 바탕으로 한 대표적인 사회참여운동이었다. 이미 1910년대 미감리회와 남감리회는 교회 법에 규정된 대로 연회 안에 '절제와 사회개량위원' 혹은 '금주위원', 또는 '절제와 사회봉사부 위원'을 두고 금주 · 단연운동을 전개하였다. 특히 1922년 미감리회 '금주위원회'에서는 조선총독부에 미성년자 금주금연 및 공창폐지 청원운동을 전개할 것과 선교본부에 금주운동 전담 선교사를 파송해 줄 것을 요청하기로 하였다.[46] 그리고 이듬해 5월 미국의 절제운동 지도자 틴링(C.I. Tinling)을 초빙하여 전국 교회와 기독교 학교에서 순회 강연회를 개최하였는데 이를 계기로 초교파 여성연합운동기구로 '조선기독교여자절제회'가 조직되었다.[47] 그리고 이화여학교 교사로 있던 손메례(孫袂禮)는 틴링의 강연회 통역으로 참여한 것이 계기가 되어 절제운동가로 변신하여 조선기독교여자절제회 창설의 산파역을 담당했고 초대 총무로 봉직하며 절제운동을 전국에 확산시켰다. 그리고 그의 뒤를 이어 1929년에 역시 감리교 여성인 이효덕(李孝德)이 총무직

---

44) 趙敏衡, "朝鮮農村의 救援은 基督教로부터," 「기독신보」1935.1.1.
45) 조민형, "조선농촌의 구원은 기독교로부터."
46) 「예수教美監理會 朝鮮年會錄」(1922), 35.
47) C.I. Tinling, "The W.C.T.U. in Korea," *KMF* Nov. 1923, 227; "Miss Tinling's Work in Korea," *KMF* Jan. 1924, 12-13; 이덕주, 『한국 감리교 여선교회의 역사』(기독교대한감리회연선교회 전국연합회, 1991), 260-264.

을 물려받아 1930년대 여성 절제운동을 이끌어 나갔다.

이처럼 1920년대 절제운동을 주도한 한국 감리교회는 1930년 사회신경을 통해 다시 한번 절제운동에 대한 강한 사회선교적 의지를 밝혔다. 즉, "人權을 是認하여 公私娼制度 其他 人身賣買의 여러 가지 社會制度를 反對함이 當然함을 믿음"(6조), "心身을 敗亡케 하는 酒草와 阿片의 製造販賣使用을 禁止함이 當然함을 믿음"(7조)이라는 조항과 "虛禮와 奢侈와 娛樂으로 金錢과 時間을 浪費함은 社會에 대한 罪惡임을 믿음"(13조)이라는 조항이 그것이다. 그리고 총리원 산하 사회국의 설립 목적에도 "節制運動을 維持하고 擴張"한다는 규정이 포함되어 있어 이 운동에 대한 감리교회의 지속적인 관심이 확인되고 있다.

3.3 여자 사회관

1920년대 한국 감리교회의 대표적인 사회사업 중 하나가 여자사회관(Women's Social Center) 사업이다. 여자사회관은 1910년대 미국의 사회복음신학을 배경으로 하여 교회의 사회적 책임을 수행하려는 취지에서 시작된 종합적인 여성 사회사업기관이었다. 한국에서도 3·1만세운동 이후 다양한 사회적 욕구가 표출되었고, 특히 봉건적 사회구조 속에서 소외당하며 문화적 혜택을 받지 못했던 여성과 아동을 위한 사회봉사 욕구가 점증하고 있었다. 이 같은 내외 욕구를 사회관 설립으로 연결시킨 교회가 남감리회였다. 즉 남감리회선교부에서는 미국 감리교 여성들이 모금한 '감리교 선교 1백주년 기금'을 바탕으로 서울과 개성 · 철원 · 원산 · 춘천 등지에 여자사회관을 설립했던 것이다.

먼저 서울의 경우, 남감리회 여선교부는 종로 인사동에 있던 '매국노' 이완용 소유의 '태화관'을 매입하여 1921년 4월, '태화여자관'(泰和女子館)을 개관하였다. 3·1만세운동 때 민족대표들이 모여 독립선언식을 거행했던 역사적인 장소인 태화관을 매입한 후 기혼 여성을 위한 태화여학교(성신여학교의 전신), 어린이를 위한 태화유치원과 아동보건사업, 주부를 위한 요리 및 재봉 강습소, 공중위생사업과 우유 급식사업, 빈민아동을 위한 무료 급식 및 야학, 학생과 성인을 위한 각종 구락부(club) 사업 등 다양한 사업을 전개하였다.[48] 비록 1935년에 연합체제가 해체되기는 했지만 태화여자관은 남감리회와 미감리회·북장로회 여선교부가 공동으로 참여하는 초교파 여성사회사업기관으로도 중요한 의미를 지니고 있다. 이후 태화여자관은 '태화사회관', '태화기독교사회관' 등으로 이름이 바뀌었다가 오늘의 '태화기독교사회복지관'으로 발전하였다.[49]

개성에서는 남감리회 여선교부에서 '고려여자관'(高麗女子館)이란 명칭으로 1922년 5월 건물을 마련하고 사업을 시작하였다. 고려여자관에서도 기혼 여성을 위한 야학과 유치원, 주부를 위한 재봉, 요리 및 음악 교육, 교회 여성들을 위한 성경공부 등 다양한 프로그램을 실시하여 좋은 반응을 얻었다.[50] 그리고 1924년 7월에는 철원에 '철원여자관'(鐵原女子館)을 설립하여 3년 전부터 실시하던 야학을 확대하였으며, 유치원과 요리반·재봉반 사업을 시작하였다.[51] 1925년에는 춘천에 '선교백주년기념'으로 2층 건물을 마련하고 '춘천여자관'(春川女子館)을 설립하였고,[52] 이듬해(1926) 9월에는 원산에 '보혜여자관'(普惠女子館)을 설립했다. 원산의 보혜여자관이 시기적으로는 가장 늦게 출발했으나 이 여자관은 1906년에 시작된 여자성경학원(보혜여자성경학원)에 그 역사적 연원을 두고 있다는 점에서 오히려 가장 오랜 역사를 갖고 있다고 할 수 있었다.[53]

이로써 남감리회는 서울을 비롯하여 개성·원산·춘천·철원 등 자신의 선교지역으로 할당된 곳에는 여성과 아동을 대상으로한 사회사업기관을 하나씩 보유하게 되었다. 이들 '여자관'들은 복음전도와 여성교육, 사회봉사라는

---

48) M.D. Myers, "The Social Evangelistic Center for Woman", *Annual Report of the Woman's Missionary Council of the Methodist Episcopal Church, South*(이하 *ARWMC*), 1920-21, 315; E.T. Rosenberger, "The Seoul Social Evangelical Center," *Fifty Years of Light* (Woman's Missionary Sosiety of The Woman's Foreign Missionary Society, 1934), 28-30; 愛道時, "泰化女子館의 由來," 『朝鮮南監理教會三十周年紀念報』(조선남감리교회 전도국, 1930), 118-120.

49) 이덕주, 『태화기독교사회복지관의 역사』(태화기독교사회복지관, 1993), 554-560.

50) *ARWMC* 1921-22, 93; 구례함, "고려여자관사업," 『朝鮮南監理教會三十周年紀念報』, 121-122.

51) *ARWMC* 1923-24, 298; 魚源, "鐵原地方女宣教事業," 『朝鮮南監理教會三十周年紀念報』, 115.

52) *ARWMC* 1924-25, 71; 車善, "春川地方 女子事業," 『朝鮮南監理教會三十周年紀念報』, 112.

53) *ARWMC* 1927-28, 294-295; 쿠퍼, "元山普惠女子館 略史," 『朝鮮南監理教會三十周年紀念報』, 113-114.

세 가지 유형의 사업들을 다양하게 전개하여 1920-30년대 지역 중심 사회선교의 장이 되었다.

남감리회만큼 적극적이지는 못했지만 미감리회여선교부에서도 이런 유형의 여성과 아동을 위한 사회사업기관을 운영하였다. 공주의 중앙영아원(中央嬰兒院)이 그것이다. 공주에는 1908년 밴 버스커크가 와서 진료소를 시작하였고 1921년 이후 파운드(N. Found)가 정착하여 정기적인 진료활동을 전개하였다. 그리고 1923년에 미감리회여선교부에서 간호사인 보딩(M.R. Bording)을 공주에 파송하여 파운드의 일을 돕는 한편 주부와 아동을 대상으로 아동 복지사업을 시작하도록 하였다. 그리하여 보딩은 1924년 1월부터 '공주중앙영아원'이란 이름으로 아동진료소와 자모회(慈母會) 모임을 시작하였다. 보딩의 사업이 주민들의 호응을 얻자 별도의 사업공간이 필요하여 1926년 미감리회여선교부 자금으로 7백 평 건물을 마련하고 기존 아동복지사업 외에 우유 급식사업, 간호원 양성사업, 유치원 사업 등을 추진하였다.[54)]

이처럼 남감리회와 미감리회여선교부에 의해 운영되는 여자관 및 영아원은 다른 교파에서 찾아 볼 수 없는 감리교회만의 독창적인 사회선교 영역이었다. 교회는 이들 기관을 통해 일반사회, 특히 봉건적 잔재가 아직 남아있던 사회 분위기 속에서 '약자'인 여성과 소외계층에 파고 들어갈 수 있었다. 그리고 그들에게 사회적 혜택을 공급함으로 기독교 복음을 받아들일 수 있는 환경을 조성하였다. 이것이 감리교의 사회선교가 지양하는 바였다. 모어(S.M. Moore, 牟世得) 선교사가 진술한 여자관 사업도 마찬가지 신학을 담고 있다.

> "우리는 여자관들이 한국의 기독교를 진보시키는데 중요한 공헌을 하고 있다고 봅니다. 이곳에서 이루어지는 일들은 지역 공동체의 삶의 질을 높이는 것일 뿐 아니라 그 영향력은 멀고 가까운 사람들의 삶에 미치고 있습니다. 이러한 우리의 꿈이 지금 모두 이루어졌다고 보지는 않습니다. 그러나 우리의 사업 목적이 이런 것이어야 하며 꿈은 우리 앞에 있습니다. 지나간 세월 동안 이룩한 일들을 보면서 기쁨과 감사를 느낌과 동시에 미래에 대한 확신을 얻을 수 있는 것이, 이런 일을 통하여 우리는 '하나님과 함께 일하는 동역자'가 되었음을

---

54) M.P. Bording, "Infant Welfare Work," *KMF* May. 1935, 100-102; M.P. Bording, "Public Health and Infant Welfare Centers, Kongju," *Fifty Years of Light*, 72-74.

믿기 때문입니다."[55]

이 같은 선교신학을 바탕으로 하여 실시된 감리교의 여자관과 사회관 사업은 복음전도의 유익한 통로가 되었을 뿐 아니라 사회봉사(social service) 차원을 넘어 서구의 근대적 사회복지(social welfare) 사업을 소개하고 정착시켰다는 점에서 한국 사회사업사에 중요한 위치를 차지하게 되었다.

3.4 일제하 감리교인들의 사회사업

일제강점기 감리교인들의 사회사업은 맹인·고아 구제 및 결핵퇴치 운동 분야에서도 중요한 역할을 감당하였다. 특히 맹인교육과 결핵퇴치 사업은 이 분야 한국 사회사업의 효시로 기록되고 있다.

감리교의 맹인교육은 평양 개척 선교사였던 홀 부인에 의해 이루어졌다. 1894년 봄 평양에 부임한 홀 부인은 평양 초기 감리교인 오석형의 딸로 맹인인 '봉래'에게 "조선 기름종이에 바늘로 점을 찍어 일종의 점자를 고안해"[56] 가르치기 시작했다. 한국 최초의 '점자 교육'이라 할 수 있었다. 홀 부인은 남편의 장례식을 치른 후 미국에 들어가 휴식을 취하는 동안 '뉴욕식 점자'를 공부하고 1898년 5월 다시 평양에 부임하여 자신이 설립한 '광혜여원' 어린이 병동에서 '봉래'에게 정식 점자 교육을 시키기 시작했다. 그러자 다른 부모들이 맹인 자녀들을 데려다 맡기기 시작했고 자연스럽게 한국 최초의 '맹인학교'가 설립되었다.[57] '봉래'는 초등 과정을 마친 후 이 학교 교사로 봉직하게 되었고 졸업생 중에는 평양의 숭의여학교를 거쳐 이화여자전문학교에 진학하는 경우도 생겼다. 1906년 광혜여원이 화재를 입어 어린이 병동이 전소된 후에 정진여학교·정의여학교 등지로 옮겨 다니던 중 1911년 6월 평양 대찰리에 50평 건물을 건축하고 정착하게 되었다.

이 과정에서 해주에 있던 록웰(Nathan L. Rockwell)의 도움이 컸다. 록웰은 미국에서 구두공장을 경영하던 평신도 실업인으로 1908년 자비량 선교사로

55) S.M. Moore, "Christian Social Centers," *KMF* Feb. 1939, 50.
56) 셔우드 홀, 『닥터 홀의 조선회상』, 117.
57) 셔우드 홀, 『닥터 홀의 조선회상』, 137-138.

내한하여 해주를 중심으로 선교활동을 벌이고 있었다. 그는 지방을 순회하며 맹인들의 불행한 처지를 목격하고 홀 부인의 맹인학교를 적극 지원하기 시작하였다. 그는 학교 건물 비용을 전담하였을 뿐 아니라 맹인 자녀를 둔 부모들을 설득하여 교육을 받게 하였다. 그는 학교 건물이 완성되기 전, 1910년 12월에 별세하였는데, 그의 부인과 의사인 딸도 계속해서 평양 맹인교육을 지원하였다.[58] 그리고 록웰의 주선으로 1910년부터 평양 맹인학교에서 농아자(聾啞者) 교육이 시작되었다. 즉 록웰의 지원으로 중국 지푸에서 농아교육 훈련을 받은 교사 '이씨 부부'를 초빙하여 농아 7명에게 수화(受話)를 가르치기 시작한 것이다.[59] 이것 역시 한국의 근대 농아교육의 효시였다. 이것을 계기로 학교 명칭도 '평양맹아학교'(平壤盲啞學校)로 바뀌어 맹인과 농아자를 위한 교육과 훈련 기관으로 자리 잡았다.

일제강점기 한국 맹인교육의 선구자이자 한글 점자를 고안하여 오늘까지 '맹인의 세종대왕'이란 칭호를 받고 있는 박두성(朴斗星)도 강화 출신 감리교인이다. 한말 민족운동가 이동휘가 세운 강화 보창학교를 거쳐 서울 한성사범학교 졸업하고 어의동 보통학교 교사로 있던 중 1913년 조선총독부에서 설립한 사회교육기관 '제생원'(濟生院) 맹아부 교사로 부임한 것이 맹인교육과 점자 발명에 평생을 헌신하게 된 동기가 되었다. 그는 홀 부인이 창안한 '뉴욕식' 점자(4점식)가 한글 어법에 적합치 않음을 알고 '조선어점자연구위원회'를 조직하고 '쁘레이유'(Braille) 방식(6점식)에 따른 한글 점자 개발에 몰두하여 마침내 1926년 11월 "훈민정음 반포 8회갑(480)을 기해" '훈맹정음'(訓盲正音)이라는 이름으로 한글 점자를 완성시켰다.[60] 그는 그해 '육화사'(六花社)라는 통신교육기관을 설립하고 학교 교육을 받지 못하는 맹인들을 위한 통신교재를 발행하였는데 「천자문」, 「조선어독본」, 「임꺽정전」, 「언설초집」, 「명심보감」 등의 점자본이 이 무렵 간행되었다.

그러나 박두성의 가장 큰 업적은 한글 성서 점역(點譯)이다. 그는 1931년부

58) I. Haynes, "The School for Blind Girls," *Fifty Years of Light*, 56-58; "Notes and Personals," *KMF* Feb. 1911, 34; 『조선사회사업요람』(조선총독부 학무국 사회과, 1936), 25.

59) R.S. Hall, "Educational Work for the Deaf," *KMF* Jun. 1910, 111-113.

60) 박병진, "훈맹정음 창안자 박두성전," 「新東亞」77호(1977.1).

터 성서를 점자로 옮기는 작업을 시작하여 1934-35년에 4복음서를 발행했으며 1935년 제생원을 사임하고 성서 점역에 몰두하여 마침내 1940년에 신약 전체 점역을 완성하였다.[61] 그는 또한 찬송가 점역에도 착수하여 1936년 점자 찬송가를 발행하였다. 한글 사용이 금지 당한 일제 말기 상황에서 한글을 점자화하고 성경과 한국 고전을 점역화하는 작업은 단순한 사회사업 이상의 용기와 인내를 요구하였다. 박두성의 증언이다.

> "당시 일제하에 이러한 한글 점자를 연구 완성한다는 것은 매우 어려운 일이었다. 왜냐하면 일본은 우리 겨레의 말과 한글을 말살해 버리려 하고 있던 판국에 이제 새로 맹인을 위한 점자 한글을 만들어낸다는 것은 그들 군국 일본인들이 좋아할 도리가 없기 때문이었다. 그들 일인의 맹아사업이란 하나의 민족 유화책에 지나지 않는 터에 이제 새로 민족문화와 민족정신을 상징하는 점자한글을 고안해내는 일에 찬성할 리가 없었다. 그러나 나는 나대로 우리 맹인들을 위해서 민족성을 떠날 수 없다고 굳게 믿었던 관계상 더욱 이 일을 완성시키겠다는 생각으로 용솟음치게 되었다."[62]

이처럼 홀 부인과 박두성에 의해 추진된 맹인사업은 민족주의 의식이 강하게 내포된 사회선교의 성격을 지니고 있었다.

홀 부인이 여성의료와 맹인사업의 선구자였다면 그의 아들 셔우드 홀(Sherwood Hall)은 근대 결핵퇴치운동의 선구자였다. 부부 선교사의 아들로 1893년 서울에서 출생한 그는 평양외국인학교를 거쳐 미국 마운트 유니언대학과 캐나다 토론토 의과대학을 졸업하여 의사가 되었고, 역시 의사인 아내(Marian B. Hall)와 함께 1925년 내한하여 해주 구세병원(救世病院)을 맡게 되었다. 그는 부임하자마자 선교부와 해주관청에 결핵요양원 설립 허락을 요청했다. 그가 이처럼 결핵요양원 설립을 서둔 것은 당시 결핵이 '불치의 병'으로 인식되어 많은 희생자를 내고 있다는 것 외에 그가 어린 시절 가깝게 지내던 박에스더(김점동) 부부가 결핵으로 희생된 것에 충격을 받은 때문이기도

---

61) 구약성서 점자본은 1957년에 완성되었다. 리진호, 『한국 성서 백년사 I』(대한기독교서회, 1996), 407-411.

62) 박두성, "나의 평생 소원을 성취 -점자 성경을 맹인 동포에게 보내면서," 「성서한국」3권 3호(1957.7), 14.

했다. 그는 평양외국인학교 학생 시절인 1910년 에스더의 죽음을 보고, “그녀를 이 세상에서 앗아갔고, 그녀가 사랑한 수많은 동족들의 생명을 앗아간 ..... 병을 퇴치하는데 앞장서기로 결심”하고 “폐결핵 전문 의사가 되어 조선에 돌아올 것과 결핵요양원을 세우기로 굳게 맹세”한 대로[63] 결핵 전문의가 되어 돌아온 후 해주에 결핵요양원 설립을 서둘렀다. 그리고 결핵요양원에 대한 이해가 부족한 주민과 관청을 설득한 지 2년 만인 1928년 10월, 해주읍에서 멀리 떨어진 영동면 왕신리 숲 속 3만여 평 대지에 3백여 평 건물을 마련하고 한국 최초 결핵요양소로 ‘구세요양원’(救世療養院)을 개관하였다.[64] 이 요양소는 입원실과 진료실 외에 수용 환자들의 생활자립을 위한 농장까지 갖추었으며 신앙생활을 위한 예배당도 지었다. 1928년 입원환자 5명으로 시작된 요양원은 불과 5년 사이에 입원환자 77명을 포함하여 1년 동안 연인원 7,110명을 진료하는 실적을 보였다.[65]

셔우드 홀이 전개한 결핵퇴치운동과 관련지어 빼놓을 수 없는 사업으로 ‘크리스마스 실’(Christmas Seal) 운동이 있다. 이 운동은 1907년 미국에서 시작된 것으로 결핵에 대한 경각심을 불어넣고 결핵 환자와 요양소를 재정적으로 지원하기 위한 계몽운동이었다. 홀은 한국으로 돌아온 직후 이 운동을 시작하려 했으나 역시 인식 부족으로 관청과 한국교회 지도자들을 설득하는데 오랜 시간이 걸렸고, 마침내 1932년 성탄절을 기해 선교사들을 중심으로 ‘크리스마스 실’ 보급운동을 시작할 수 있었다.[66] 홀은 매년 크리스마스 실을 도안하고 우체국 당국과 협의하여 이 운동을 계속 이어갔는데 일제 말기에 이르러 총독부 당국으로부터 적지 않은 견제를 받았다. 사실 그는 1932년 첫해 사업부터 어려움을 겪었다. 그것은 크리스마스 실의 도안 때문이었다.

---

63) 셔우드 홀, 『닥터 홀의 조선회상』, 158.

64) Marian B. Hall, “A Dream Come True,” *KMF* Jun. 1929, 114-119; 셔우드 홀, 『닥터 홀의 조선회상』, 272-298.

65) “海州 救世病院 創立 二十五周年 記念式 療養院 創立 五周年 記念式 禮拜堂 獻堂式,” 「감리회보」1933.10.1, 7-8.

66) S. Hall, “The Story of Korea’s First Christmas Seal,” *KMF* May 1933, 92-97; S. Hall, “The Progress of Missionary Anti-Tuberculosis Work in Korea,” *KMF* Oct. 1940, 151.

"나는 '실'의 도안은 반드시 조선의 민중들에게 열성과 가능성을 부채질할 수 있는 그림이어야 한다고 생각했다. 조선 사람은 세계 최초로 철갑을 입힌 군함을 만들어 적의 군함들을 크게 무찔러 승리한 적이 있었다.... 이런 의미에서 '실'의 도안을 거북선으로 하면 즉각적인 민중의 호응을 받으리라 생각했다. 내가 도안한 '실'의 거북선은 국가의 적인 결핵을 향해 발포하도록 대포를 배치했다. 나는 현재 조선의 지배자들인 일본에 대해서는 전혀 아무 생각도 안했던 것이다. (일본 외무성 영국담당관인) 오다 씨는 기분이 상해 그림을 가리키면서 이런 도안은 결코 허가되지 않을 것이라고 했다. 그림에서 대포가 겨냥하고 있는 적을 보면서 지난 날의 일본 목조 전함들의 패전을 연상했던 모양이다."[67]

결국 도안을 '서울 남대문'으로 바꾼 후에야 크리스마스 실을 인쇄할 수 있었다. 그리고 일제강점기 마지막 발행된 1940년 실은 발행연도를 '서기'(西紀)로 표기한 것을 트집잡아 총독부 당국이 압수하는 바람에 내용을 고쳐 다시 인쇄하기도 하였다.[68] 이처럼 일제는 교회의 순수한 사회사업마저도 불순한 동기로 견제하며 방해하였다. 이러한 상황에서 시작된 크리스마스 실 운동 역시 한국에서는 처음 실시된 것으로 오늘까지 대한적십자사의 주요사업의 하나로 유지되고 있다.

감리교회의 고아원 사업은 비교적 늦게 시작되었다. 그리고 이 사업은 선교부나 감리교회 조직을 통해 이루어지기보다는 개인 독지가가 주도하는 사업 형태로 이루어졌다. 그런 형태로 1935년 평양 신양리에 애린원(愛隣院)이 설립되었다. 당시 평양 신양리교회를 담임하고 있던 정지강(鄭志強) 목사가 설립한 고아원이다. 「감리회보」에 실린 애린원의 사업 내용이다.

"平壤에서는 社會事業으로 愛隣院을 始作하였다. 本院에는 工作部와 修繕加工部와 販賣部와 厚意授産部와 紹介部와 保健部와 敎育部가 있어 無依無職한 사람들을 모아 가지고 그들에게 資生의 길을 열어주는 동시에 相當한 職을 가르켜 주고자 하는 것이다. 그 工作所에서는 우리 生活의 日常用品을 製作하여 製品은 市民에게 奉仕品으로 내놓으며 또 各 家庭의 不用品을 愛隣授産袋로 收集하여 그것을 本院에서 修繕하며 加工하여 가지고 物品은 貧民地

67) 셔우드 홀, 『닥터 홀의 조선회상』, 317.

68) 즉, "1940-1941"이라 인쇄된 것을 일본 연호(소화 25년)로 바꾸라고 요구하였지만 홀은 '크리스마스 실을 발행한지 9년째'란 뜻에서 영문으로 "Ninth Year"로 바꾸어 인쇄하였다. 셔우드 홀, 『닥터 홀의 조선회상』, 46 화보, 415-416.

帶 需要者에게 廉價로 提供한다."[69]

애린원은 단순한 고아원이 아니라 빈민계층의 자활을 목적으로 한 종합적 사회사업기관을 지향하였음을 알 수 있다. 실제로 애린원에는 공작소·인쇄소·탁아소 등이 있어 다양한 사업들을 추진하였다. 또한 정지강 목사는 1938년부터 기관지로 월간 「애린」(愛隣)을 발행하여 사업을 홍보하며 후원회원들을 모집하였고, 1941년 선교사들이 강제 귀환 당한 후에는 평양맹아학교를 인수하여 운영하기도 하였다.

지금까지 살펴본 일제강점기 감리교회의 사회사업 기관들을 정리하면 다음과 같다.[70]

분 야	기 관	소 재	설립 연도	설립자	주요 사업
병원 및 요양원	동대문부인병원	경성부 종로 6가	1912	미감리회	의료 사업
	남성병원	개성부 만월동	1907	남감리회	의료 사업
	구세병원	원산부 산제동	1910	남감리회	의료 사업
	구세병원	해주군 해주읍	1912	미감리회	의료 사업
	구세요양원	해주군 영동면	1928	미감리회	의료·결핵퇴치·요양
	서미감병원	원주군 원주읍	1913	미감리회	의료 사업
	기홀병원	평양부 대찰리	1896	미감리회	의료 사업
	인천부인병원	인천부 율목리	1921	미감리회	의료 사업
여자 사회관	태화여자관	경성부 인사동	1921	남감리회	여성교육·사회복지·전도
	고려여자관	개성부 북본정	1922	남감리회	여성교육·사회복지·전도
	철원여자관	철원군 철원읍	1924	남감리회	여성교육·사회복지·전도
	춘천여자관	춘천군 춘천읍	1925	남감리회	여성교육·사회복지

69) "平壤 愛隣院,"「감리회보」1935.10.10, 19.
70) 『基督教朝鮮監理會要覽』(基督教朝鮮監理會 總理院, 1931), 38-39: 『朝鮮社會事業要覽』(1936), 16-134; 『朝鮮に於ける宗教及享祀要覽』(朝鮮總督府 學務局社會教育科, 1935), 1949; 『朝鮮の宗教及享祀要覽』(朝鮮總督府 學務局社會教育科, 1940).

분 야	기 관	소 재	설립 연도	설립자	주요 사업
					· 전도
	보혜여자관	원산부 산제동	1926	남감리회	여성교육 · 사회복지 · 전도
기타	공주중앙영아원	공주군 공주읍	1924	미감리회	사회복지 · 유아교육
	평양맹아학교	평양부 대찰리	1898	미감리회	맹인과 농아교육
	평양애린원	평양부 신양리	1935	정지강	고아 · 빈민구제

평양의 애린원을 제외하고 대부분의 사회사업 기관들이 선교부 운영이었음을 알 수 있다. 이는 한국교회가 아직은 사회사업에 재정적 투자를 전담할 만한 능력을 갖지 못하고 있었다는 점과 사회사업에 대한 한국교인들의 의식이 높지 못했음을 반증하는 것이기도 했다. 결국 일제강점기 사회사업은 '선교사들의 사업'이라는 한계를 극복하지 못했다. 일제 말기 선교사들이 일제에 의해 강제 추방당해 한국을 떠남과 함께 한국교회 사회사업의 맥이 끊어지게 될 위기에 처하게 된 것이다.

1941년 선교사들은 강제 추방당하면서 선교부 재산을 한국인 교회 지도자들이 설립한 법인에 넘겨준 경우도 있었지만 중요한 재산은 선교부 법인으로 남겨 두고 그 관리를 양주삼(梁株三) 목사에게 맡기고 떠났다.[71] 그러나 그 해 태평양전쟁이 터지고 선교부 재산은 일본 정부 당국에 의해 '적산'(敵產)으로 선언되면서 재산권 행사를 전혀 할 수 없었다. 일제는 '적산'으로 처리된 선교부 재산을 '전리품'처럼 처리하거나 이용하였다. 그 결과 선교부에서 운영하던 각종 사회사업 기관들은 폐쇄되거나 다른 기관으로 이양되었다.

그 대표적인 경우가 서울의 태화사회관이었다. 태화사회관은 1939년에 동·서양 건물의 아름다움을 조화시킨 7백여 평되는 웅장한 3층 건물을 3년 걸려 완공하였는데 선교사들은 그곳에서 활동도 하지 못하고 떠나야 했다. 역시 '적산'으로 처리된 사회관은 경기도 소유로 넘어갔다가 '악명 높았던' 종로경찰서가 차지하고 말았다.[72] 건물과 재산을 빼앗긴 상황에서 사회관 사업을

71) C.A. Sauer, *Methodists in Korea; 1930-1960* (The Christian Literature Society, 1973), 128-131.

72) 이덕주, 『태화기독교사회복지관의 역사』, 300-304.

계속 하기란 어려웠다. 그러나 이러한 상황에서도 사회사업의 맥은 끊어지지 않고 이어졌다. 1930년대 중반부터 태화사회관에서 아동보건 사업과 우유급식사업을 주관했던 김정선(金正鮮) 간호사는 선교사들이 떠나고 태화사회관에 종로경찰서가 들어오게 되자 기본적인 장비를 챙겨 나와 조그만 방 하나를 빌려 두 가지 사업을 계속하였다. 그는 외부 도움을 전혀 받지 못한 상태에서 사업 규모는 보잘 것 없었지만 해방되기까지 '태화 밖에서' 어머니와 아기를 위한 보건사업을 계속하였던 것이다. 해방 후 선교사들이 다시 들어와 김정선에게 무모할 정도로 '사업을 고집한 이유'를 묻자, 그는 이렇게 대답했다.

> "선교사들이 나를 믿어서 나에게 맡긴 일을 내 손으로 소멸시킬 수는 없었습니다."[73)]

김정선의 외로운 투쟁은 일제의 탄압 아래서도 끊어지지 않은 감리교회의 사회선교와 사회사업의 맥을 상징하는 것이었다.

4. 해방과 전쟁 직후 사회구제사업(1945-1960)

우리 민족은 해방과 함께 민족 분단의 비극을 체험하였다. 40년에 가까운 일제의 지배 기간 동안 우리 민족의 역사와 문화, 종교와 정신의 전통은 붕괴되었다. 따라서 해방과 함께 시급한 것은 민족의 정통성 회복이었다. 교회 역시 일제 말기 일부 교회 지도자들의 '반민족적, 비신앙적' 친일 행위로 말미암아 훼손된 신앙의 정통성 회복이 시급하였다. '교회 재건'으로 표현되는 이러한 정통성 회복은 가해자(친일 교역자)의 진솔한 회개와 피해자(순교자 및 수난자)의 너그러운 용서로 화해가 이루어질 때에야 가능한 것이었다. 그러나 불행하게도 우리 민족이나 교회는 해방 직후 이 같은 화해와 일치를 이루지 못했다. 그 결과 교회는 해방 직후 갈등과 교회 분열을 체험하였고 우리 민족은 동 서 이념분쟁의 희생물로 남북 분단이라는 비극을 체험해야 했다. 그리고 분단의 결과로 6·25전쟁이 일어났고, 전쟁후 남북한간에 냉전과 증오로 점

---

73) M. Billingsly, *Dear Friends*, Jul.. 10. 1947; 이덕주, 『태화기독교사회복지관의 역사』, 316.

철된 긴 현대사가 이어졌다.

이런 상황에서 감리교회도 역시 같은 비극을 체험했다. 해방 직후 교회는 재건파와 복흥파로 나뉘었다가 1949년 합동을 이룩하였으나 곧바로 전쟁의 비극을 겪었다. 전쟁이 끝난 1954년 다시 호헌파 분열을 겪었고, 5년 만에 다시 합동되기는 했으나 이후 '성화파'·'호헌파'·'정동파' 등으로 불리는 '정치 서클'이 형성되면서 감리교회의 부정적인 정치 행태가 전개되었다.

이 같은 민족·교회 상황에서 '가난하고 소외된 자'를 위한 사회사업이 체계적으로 진행되기란 기대하기 어려웠다. 결국 해방 이후 한동안 감리교회의 사회사업은 다시 선교부의 재정과 선교사들의 관리 하에 추진되었다. 더욱이 6·25전쟁을 겪은 한국교회는 복구와 구호사업에서 선교부와 외국교회의 지원에 절대적으로 의존할 수밖에 없었다. 일제강점기부터 시작된 사회사업의 '선교사 의존시대'가 1960년대까지 연장된 배경이 여기에 있다.

4.1 선교사 귀환과 사회사업 재개

해방이 되자 일제 말기에 추방되었던 선교사들이 돌아왔다. 이들은 우선 '적산'으로 처리되어 남의 소유로 넘어간 선교부 재산을 되찾는 일에 착수하였다. 그러나 선교사들의 활동지역이 38선 이남으로 제한되어 철원·원산·해주·평양·영변 등 북쪽지역의 감리교 재산은 되찾을 수 없었다. 그러나 남쪽의 선교부 재산도 되찾는 과정이 쉽지 않았다. 일본 당국이 '합법을 가장하여' 여러 단계의 매매를 거쳐 '적산'으로 신고된 재산을 차지하였기 때문에 선교사들이 들어왔을 때는 선교부 재산의 소유권 행방이 복잡하였다. 예를 들어 일제 말기 종로경찰서가 차지한 태화사회관도 해방이 되었는데도 종로경찰서는 소유권을 주장하며 비워주지 않아서 결국 선교부는 미군정청을 동원해서야 해방 후 5년만인 1950년 1월에 비로소 건물과 재산을 되찾을 수 있었다.[74)]

이러한 상황에서 한국교회는 해방 직후 재건파·복흥파 분열로 인해 시련을 겪고 있었고 선교부는 '중립'을 표방하며 한국교회 문제에 적극 개입하지

---

74) 이덕주, 『태화기독교사회복지관의 역사』, 321-330.

않으려 하였다.[75] 선교부의 재정적 지원이 없는 상황에서 한국교회의 사회사업이 효과적으로 추진되기는 어려웠다. 1946년 9월에 열린 복흥파 연회에 제출된 '사업위원회'(위원장 김수철) 보고에서 당시 한국교회의 사회사업 수준을 읽을 수 있다.

> "1. 8월 첫 주일에 특별연보를 하야 38 이북에서 온 교우의 자녀 중 극빈 학생을 보조하기로 할 것.
> 2. 각 교회 내에 협동조합을 가급적 속히 조직한 후 기독신민회[76] 협동조합전국연합회에 가입키로 함.
> 3. 7월 제 1,2주간을 금주주간으로 정하고 전국적 금주운동을 이르키기로 할 것."[77]

이어서 열린 '특별총회'에서 사회국 위원(위원장 조민형, 서기 신창균, 협동위원 안영신 · 김수철 · 림성복 · 권명주)이 선정되었고 '병원 농촌 사회사업위원 보고'를 통해 "동대문부인병원을 본 총회에서 이관 경영"하고 "교회사업기관에 교섭하야 리사를 파견"할 것과 "경성에 감리교회 종합병원을 경영"할 것, "무의 농촌에 순회진료하여 계몽운동을 정진"할 것 등을 건의하였다.[78] 재건파에 비해 지역교회 배경이 유리했던(즉, 지역교회 담임자가 많았다는 뜻) 복흥파에서 이런 정도였으니 수적으로 열세였던 재건파의 경우엔 교회 재건도 벅찬 형편이었다.

결국 한국교회의 사회사업은 1949년 다시 감리교회가 합동된 후에야 본격적으로 추진될 수 있었다. 1949년 4월에 개최된 재건 · 복흥 통합 연회에서 '사회사업위원회'는 다양한 건의안을 내놓아 열악한 환경에서 추진 중이던 사회사업을 촉진시키려는 의지를 보였다. 즉 중부연회사회사업위원회(위원장 김광우)는 ① 형무소 목사 파송, ② 각 지방에 농민학교 개설, ③ 농민강좌 실

75) C.A. Sauer, *Methodists in Korea*, 158.
76) 기독신민회(기독신민회)는 1946년 1월에 조직된 초교파 사회운동단체로 "민족갱생운동과 신문화건설을 위하야 전선을 베풀기 위한...정치의 근본운동"을 목적으로 하였다. 이 조직은 '남부대회' 인사들이 주도하였는데 그런 면에서 감리교의 '복흥파' 인사들, 예를 들면 강태희 · 최동 · 박용래 · 방훈 · 김수철 · 신창균 등이 임원으로 참여하였다. 「기독교공보」1946.1.17, 3.
77) 「기독교조선감리교회 제9회 동부 · 중부 연회회록」(1946), 17.
78) 「기독교조선감리교회 제9회 동부 · 중부 연회회록」(1946), 64.

시, ④ 신학교에 농민 지도과목 개설, ⑤ 지방에 여자관 설립, ⑥ 교역자 자녀를 위한 기숙사 설립 등을 건의하였다.[79] 농촌운동에 대한 지속적인 관심과 새로운 사업으로 형무소 선교와 기숙사 설립 등이 거론되었다. 형무소 선교는 이미 해방 직후부터 실시해온 새로운 유형의 사회선교였다. 미군정청은 해방 직후 좌익 사범이 많았던 형무소에 목사를 파견해 정신적 교화를 실시하고자 했다. 이에 1945년 12월 대전형무소에 이명제 목사, 마포형무소에 김영제 목사, 춘천형무소에 라사행 목사, 안동형무소에 우인철 목사, 개성형무소에 노병덕 목사, 목포형무소에 장성옥 목사 등이 파송되어 일제강점기 불교 승려가 맡았던 '교무과장' 직을 수행하며 선교활동을 폈던 것이다.[80] 형무소 선교는 특히 소년 재소자들의 교화(敎化)사업에 초점이 맞추어졌는데 1949년 당시 노병덕 목사는 개성에서 '소년교화소'(少年敎化所)를, 황덕주 목사는 공주에서 '형제자매원'(兄弟姉妹院)을 운영하면서 소년 재소자들의 정신적 교화와 기술교육을 통한 갱생사업을 추진하였다.[81] 통합연회에서는 이러한 형무소 선교를 적극 지원하기로 결의하였다. 그리고 서울에 유학중인 농촌교역자 자녀를 위한 기숙사 설립도 적극적으로 추진하기로 하였으며, 1947년 9월 개성부 북안동에 설립된 '복음고등공민학교'(福音高等公民學校)를 감리교회 '농촌지도자양성기관'으로 인정하였다.[82]

한편 동부연회 사회사업위원회(위원장 박태화)는 지방별 사회사업 현황을 다음과 같이 보고하였다.[83]

---

79) 「기독교대한감리회 통합 중부 · 동부 연합연회회록」(1949), 47-48.

80) 이 과정에서 당시 미군정청 인사처장이었던 정일형 목사의 공이 컸다. 라사행, "해방 후 한국감리교회사," 『한국기독교선교 100주년기념 한국설교대전집』제8권(성서교재간행사, 1979), 554; 안재정, "한국 감리교 특수 선교사," 『한국 감리교 성장 백년사 Ⅱ』(기독교대한감리회 교육국, 1987), 170.

81) 「기독교대한감리회 통합 중부 · 동부 연합연회회록」(1949), 52-53, 69.

82) 「기독교대한감리회 통합 중부 · 동부 연합연회회록」(1949), 70-71.

83) 「기독교대한감리회 통합 중부 · 동부 연합연회회록」(1949), 55-56.

지 방	사회사업기관	소재지
경동지방	조선자선원	서울 왕십리
	경성자선원	서울 을지로 6가
	의정부유치원	경기도 의정부
	광주고아원	경기도 광주읍
춘천지방	십자원고아원	강원도 춘천시
	양로원	강원도 춘천시
	나환자 수용소	강원도 춘성군
	중앙유치원	강원도 춘천시
	가평중학원	경기도 가평읍
강릉지방	강릉유치원	강원도 강릉시
	주문진유치원	강원도 주문진읍
원주지방	원주영아원	강원도 원주시
	원주유치원	강원도 원주시
	원주여자관	강원도 원주시
	제천유치원	충북 제천읍
	충주유치원	충북 충주시
	평창유치원	강원도 평창읍

비록 동부연회에 제한된 것이기는 하지만 해방 직후 정치적으로 경제적으로 어려운 상황에서 고아원과 유치원 · 나환자 수용소 같은 사회사업기관들이 설립되어 운영되고 있었음을 알 수 있다.

이처럼 한국교회가 다시 통합되고 정치적 안정을 찾게 되면서 사회사업이 체계적으로 이루어지게 되었다. 통합 총회 이후 총리원 안에 사회사업을 전담할 사회국에 전임 총무는 선정되지 않았으나 사회국 위원회 위원장 체제로 사업을 추진하였는데 해방 전 해주 구세병원에서 근무했던 문창모(文昌模) 장로가 위원장이 되어 사회사업을 추진하였다. 그는 우선 오늘의 의료보험사업에 해당하는 감리교 교역자 치료비 보조사업을 실시하였다.[84] 그리고 선교부에서도 이러한 한국교회의 사업을 적극 지원하기 시작했다. 과거 선교부 재산이었던 사회사업기관을 되찾아 중단되었던 사업을 재개하는 한편, 여선교

84) 문창모, "基督敎大韓監理會 敎役者治療費補助規程 說明," 「감리회보」1949.12, 5.

부에서는 1948년에 은퇴 여교역자를 위한 안식관을 설립하였다.[85] 그리고 선교사들은 개인적인 차원에서 미국에서 구호금과 구호품을 모금하여 한국 빈민층에 배분하였는데, 이 분야에서 젠센(A.K. Jensen)의 역할이 가장 두드러졌다. 김광우 목사의 증언이다.

> "그때 구호물자를 가장 많이 얻어 온 분이 젠슨 목사이었다. 그분은 일제에게 쫓겨 들어간 후 미국을 순회하면서 한국교회를 소개했다고 들었다. 일제의 교회 탄압, 교직자의 수난 등에 대하여 계속적으로 널리 알렸다. 그래서 한국으로 보낼 구호품은 대부분 젠슨박사 앞으로 오게 되었다. 그의 사택에는 손님이 그칠 날이 없었다. 찾아간 사람은 누구나 한 보따리 두 보따리씩 가지고 오게 되었다. 그래서 그분은 해방 후 한국 감리교회의 싼타클로스 할아버지가 되었다."[86]

해방 후 상황에서 선교사들은 여전히 '고마운 은인'이었다. 일제 36년 통치기간동안 모든 것을 빼앗겨 남은 것이 없었던 상황에서 한국교회는 자기 복구조차 감당하기 어려운 형편이었다. 그러니 한국교회의 사회사업은 더욱 어려운 형편이었다. 이러한 상황에서 선교부의 지원은 큰 몫을 차지할 수밖에 없었다. 사회사업의 '선교사 의존시대'는 계속되었다.

4.2 6·25전쟁과 교회복구사업

> "전쟁 중 전사 및 실종자가 남북한 합쳐 520만 명, 이산가족 1천만 명, 전쟁으로 집을 잃은 이재민 7백만 명, 파괴된 가옥이 60만 채, 파괴된 학교 및 병원이 6천여 개."[87]

6·25전쟁은 우리 민족 역사에 가장 큰 비극이었다. 해방과 함께 이루어진 민족분단의 필연적 결과라 할 수 있는 이 전쟁으로 막대한 인적·물적 피해를 입은 우리 민족은 남북이 모두 재기불능 상태에 이르러 '생존의 위협'을 겪게 되었다. 교회의 피해도 상당했다. 전쟁으로 파괴된 교회가 1천여 개에

---

85) 여선교회 안식관은 일제강점기 협성여자신학교 교장을 역임했던 채핀 부인이 기부한 30만환을 기본금으로 하여 설립되었다. 이덕주, 『한국 감리교회 여선교회의 역사』, 594-595.

86) 김광우, 『나의 목회 반세기』(바울서신사, 1984), 113.

87) "육이오," 『한국민족문화대백과사전』제17권(한국정신문화연구원, 1991), 234-235.

이르고 기독교계 학교와 병원 · 기관들이 대부분 파괴되었다.[88] 이런 물적 피해말고도 인적 피해도 엄청났으니 전쟁 중 희생되거나 행방불명된 목회자가 4백여 명에 이르며 특히 감리교회의 경우엔 김유순 감독을 비롯하여 양주삼 · 신석구 · 박만춘 · 김희운 · 전효배 · 서태원 · 박연서 · 심명섭 · 조상문 · 백학신 목사 등 50여 명 목회자들이 희생되었다.[89]

이처럼 막대한 피해를 입힌 전쟁이 3년만에 '휴전'으로 끝나자 폐허가 된 사회를 복구해야 하는 무거운 과제가 남게 되었다. 전쟁으로 자생 능력을 상실한 한국으로서는 다시 외원(外援)에 의존하는 수밖에 없었다. 교회도 마찬가지 형편이었다. 다시 선교부와 선교사들의 역할이 중요한 몫을 차지하게 되었다. 전쟁 후 감리교회의 복구 및 사회구호활동 원조는 기독교세계봉사회(Church World Service, 이하 세계봉사회)와 감리교 해외구제위원회(Methodist Committee for Overseas Relief, 이하 구제위원회) 등 크게 두 곳을 통해 들어왔다.

세계봉사회는 2차 세계대전 이후 어려움을 겪고 있는 중국과 유럽 국가를 돕기 위해 1946년 미국에서 초교파적으로 조직된 외국 구호단체이다. 이 단체의 한국지부는 1949년에 설치되었는데 한국 관리자가 감리교 선교사인 아펜젤러(H.D. Appenzeller)였다. 세계봉사회 한국지부는 일제강점기 징용 나갔다가 해방 후 귀환하지 못하고 있던 해외동포의 귀환선을 마련해주는 것으로 일을 시작하였고, 6·25전쟁이 일어나자 사무실을 부산으로 옮긴 후 본격적인 구호활동에 나섰다. 세계봉사회에서는 주로 북에서 내려온 피난민들의 생활을 보조하는 일과 전쟁미망인의 자활을 돕기 위한 '미실회'(美實會) 사업, 전쟁중 불구가 된 군인이나 민간인들을 위한 의수족사업과 재활사업, 그리고 전쟁후에는 결핵퇴치사업과 농촌개발운동 등을 추진하였다.[90] 세계봉사회는 초교파적인 선교단체로 그 활동 범위가 초교파적이었을 뿐 아니라 기독교 밖에까지 연장되었기 때문에 '감리교회'의 사업이라 할 수는 없지만 이 단체의 임원들이 아펜젤러와 사우어(C.A. Sauer) 등 감리교 선교사들이었다는 점에서

88) 민경배, 『한국기독교회사 신개정판』(연세대학교출판부, 1993), 526.
89) 라사행, "해방 후 한국감리교회사," 560-561.
90) C.A. Sauer, *Methodists in Korea; 1930-1960*, 192-193; 조치원, "기독교세계봉사회, 한국," 『기독교대백과사전』 제2권(1981), 1153-1154.

지방의 감리교회들이 이 사업의 통로로 이용되는 경우가 많았다.

반면에 구제위원회는 순수 감리교회의 구호사업기구였다. 이 위원회는 1940년 미국연합감리회 총회에서 역시 중국과 유럽 난민들을 돕기 위해 조직한 기구로 일제강점기 한국 감리교회 감독을 지냈던 웰치(H. Welch)가 초대 위원장이었다.[91] 구제위원회의 한국교회 지원사업은 이미 전쟁 전에 시작되었다. 즉, 1949년 11월 18일 서울에서 일제강점기 협성여자신학교 교장을 역임했던 채핀(A.B. Chaffin) 부인을 위원장으로 한 구제위원회가 조직되어 미국해외구제위원회(MCOR)로부터 자금 지원을 받아 구제사업을 펴나가기로 하였던 것이다.[92] 그런 상황에 6·25전쟁이 일어나자마자 미국구제위원회는 "10만 달러를 한국 구호금으로 할당"하였고 그중 4분의 1을 1950년 8월부터 이듬해 2월 사이에 보내주었다.[93] 아직 정부 차원은 물론이고 유엔을 통한 원조도 본격적으로 이루어지기 전에 실시된 구제위원회의 구호활동은 전쟁 중인 한국인들에게 큰 위안이 되었다. 이후 구제위원회는 매년 10만 달러 이상을 계속해서 보내줌으로 전후 한국 감리교회 복구와 구제 사업의 큰 몫을 차지하게 되었다.[94] 전쟁 초기에 구제위원회의 구호자금은 피난민과 전쟁 고아·전쟁 미망인들의 생활구호에 주로 사용되었다. 그러나 전쟁이 소강상태에 접어든 1952년 이후에는 본격적인 교회 및 감리교 학교와 병원 복구사업에 할당되었고, 체계적이고 항구적인 사회복지사업에 집중 투자되었다.

휴전 1년 후인 1954년 6월에 대천에서 열린 '한국 감리교회 재건위원회'는 미국 연합감리회의 세계선교부 및 구제위원회 대표와 한국교회 대표들이 함께 모여 체계적인 한국교회 및 사회 복구작업을 논의한 회의였다.[95] 1주일간

91) G.P. Warfield, "United Methodist Committee for Overseas Relief," *Encyclopedia Of World Methodism*, Vol.2, 2395.

92) 당시 구제위원회 임원은 다음과 같았다. 위원장: 채핀 부인, 서기: 박만춘, 회계: 사우어, 실행위원: 김유순·박만춘·문창모·홍애시덕·채핀·젠센·사우어. 「대한감리회보」1949.12.25, 15.

93) C.A. Sauer, *Methodists in Korea;* 1930-1960, 189.

94) 김광우, "사회사업의 회고와 전망," 「감리회보」1955.1.2, 4.

95) 1954년 6월 23일부터 1주일간 선교사 30여 명과 한국 대표 40여 명이 참여하였는데, 미국 연합감리회에서는 세계선교부 동아시아 담당총무 브럼보(T.T. Brumbaugh), 구제위원회 위원장 뉴웰(F.B. Newell) 감독, 세계선교부 대표 스미스(E.I. Smith)와 애덤즈(C. Adams), 여선교부 대표 웨그너(C. Wegner)와 빌링슬리(M. Billingsly) 등이 참석했다. C.A. Sauer, *Methodists in Korea; 1930-1960*, 216; 「감리회보」1954.8, 6.

계속된 회의는 '교회재건과 사업위원회'·'사회사업위원회'·'교육사업위원회'·'선교부와의 관계위원회'·'지도자양성위원회' 등으로 나누어 토론을 진행하고 그 결과 향후 한국교회의 재건과 사회사업의 방향 및 사업내용이 정리되었다. 이 회의에서 논의된 '사회사업위원회' 보고에 나타난 사회구제사업 내용은 다음과 같았다.96)

사 업	내 용
전쟁미망인 사업	집단 생활 융자금 지급, 주택 대여, 가축사육과 수공업 시설 지원
고아원과 양로원	자립 자존을 위한 경영체제 확립
농촌사업	덴마크식 농촌 사업 기관을 설치하여 농촌 지도자 양성
의료사업	대전에 종합병원 설립, 강화·천안·부산·홍천 진료소 지원
사회관	사회관 신설, 신학교에 사회사업과 신설
기숙사	교회·기관 사역자 자녀를 위한 남녀 기숙사 설립
융자사업	평신도의 경제생활 향상을 위한 신용협동조합 운영

대천 회의에 참석했던 미국 대표들은 한국교회 복구사업을 위해 '1백만 달러'를 목표로 모금운동을 시작했다. '감독 호소 기금'(Bishops' Appeal Fund)으로 명명된 이 모금운동은 미국의 전 현직 감독들과 한국의 유형기 감독이 미국 전역을 돌면서 강연을 개최하며 지원을 호소하는 것이었는데 모금 결과는 목표액을 훨씬 상회하는 160만 달러였다.97) 이처럼 미국교회의 재정원조가 순조롭게 진행되자 구제위원회를 통한 한국교회 복구사업과 사회구제사업도 본격적으로 전개되었다.

구제위원회가 지원한 전쟁미망인사업은 '모자원'(母子院)으로 구체화되었다. 이미 1952년 채핀 부인이 서울 마포에 '성광모자원'을 설립하여 전쟁중 남편을 잃은 미망인 가족을 수용하였는데 구제위원회의 적극적인 지원으로 계속해서 서울과 지방에 20여 개 모자원을 설립·지원하였다.98) 고아원과 양로원 사업은 감리교인들이 설립한 50여 기관을 재정적으로 지원하는 형태로 추진

96) 「감리회보」1954.8, 6.
97) C.A. Sauer, *Methodists in Korea; 1930-1960*, 216-218; 류형기, 『은총의 회고 팔십오년』(한국기독교문화원, 1983), 183-197.
98) "감리교회 집단모 자료," 「감리회보」1955.1.2, 8.

되었는데 특히 그동안 감리교에서 소극적이었던 양로원 사업을 적극 지원하여 마산양로원(원장 서상윤)과 이천 성락원(원장 이재억) 설립을 도왔다.[99] 농촌사업에서 특기할 것은 전쟁 전인 1949년부터 김광우 목사에 의해 추진되던 인천 주안의 '삼농원'(三農院)을 '고등농민학교'로 발전시키려 한 것이다.[100] 병원사업으로는 이미 일제강점기부터 있었던 서울 동대문부인병원은 이화여자대학교 부속병원으로, 인천부인병원은 인천기독병원으로 발전시켰으며, 일제강점기 폐지되었던 원주서미감병원을 재건하여 원주기독병원으로 발전시켰다. 그리고 새로 천안과 강화에 기독병원을 설립하였고 제주와 강릉에 진료소를 설립하였다.[101] 사회관으로는 일제강점기부터 있었던 서울의 태화기독교사회관 외에 인천기독교사회관, 부산기독교사회관, 마포 유린사회관, 이화여자대학교 사회관, 대전기독교사회관, 군산기독교사회관 등이 해방 후 새로 설립되어 종합적인 사회복지사업을 전개하였다.[102] 농촌 교역자 자녀를 위한 기숙사 설립은 이미 전쟁 전인 1949년 통합연회 때 제안되었던 것이었다. 그러다가 전쟁 후인 1954년에야 서울 서대문에 남녀 기숙사 하나씩을 건립하였으니 인우학사(仁友學舍)와 명덕학사(明德學舍)가 그것이다.[103]

이 시기 구제위원회 선교비로 실시한 특이한 사업이 '융자 사업'이었다. 이 사업은 빈민층의 경제적 자립을 돕기 위한 사업이었다. 1952년에 1차로 1만 5천 달러를 지원 받은 후 매년 5만 달러 규모의 원조를 받아 시작한 이 사업은 평신도들이 주요 수혜대상이었는데 1953년 2월부터는 '기독교대한감리회 평신도 신용협동조합'을 만들어 준 금융기관 형태로 운영하기 시작했다.[104] 처음엔 총리원 서무국 간사 노용범 장로가 실무를 맡았다가 1954년 이후 유

---

99) 「기독교대한감리회 동부 · 중부 · 남부 연회록」(1956), 199.

100) 그러나 삼농원은 이후 복잡한 소유권 분쟁이 일어나 계획대로 되지 않았다. 김광우, 『나의 목회 반세기』, 198-204; 「기독교대한감리회 동부 · 중부 · 남부 연회록」(1955), 194-195.

101) 문창모, "감리교 병원을 세우렵니다," 「감리회보」1952.4; 「기독교대한감리회 동부 · 중부 · 남부 연회록」(1956), 200.

102) 이덕주, 『태화기독교사회복지관의 역사』, 410-412.

103) 「기독교대한감리회 동부 · 중부 · 남부연회록」(1955), 193-194.

104) 평신도 협동조합의 초대 임원은 다음과 같았다. 이사장: 문창모 상무이사: 노용범, 이사: 장세환 · 김정환 · 장명원 · 김재복 · 이재덕 · 김용우 · 윤하영 · 박원경 · 서은숙, 감사: 맹기영 · 박현숙 · 박에스더. 「감리회보」1953.4 ; 「기독교대한감리회 동부 · 중부 연회록」(1953), 123.

하영 장로가 상무이사로 취임하여 업무를 담당하였는데[105] 1955년 4월 현재 평신도 신용협동조합에 가입한 조합원 수는 2,198명에 이르고, 총 자본금은 72,261,712환에 이르렀다.[106]

이처럼 구제위원회의 지원이 본격화되자 한국 감리교회 안에 선교비 운용을 위한 별도의 협의체 구성이 필요하게 되었다. 처음엔 선교사들과 한국교회 대표들로 구성된 중앙협의회에서 원조와 구제사업을 협의하였으나 사업의 규모와 내용이 확대되면서 별도 조직이 필요했다. 1953년 말에 구제위원회 한국 책임자로 채핀 부인이 다시 부임했고 그해 9월에 유증서 목사가 공석이던 사회국 총무로 부임하여 감리교회의 사회사업을 총괄하게 되면서[107] 선교사와 한국교회 대표가 참여하는 '한국감리교사회사업위원회'가 조직되었다. 이 위원회 안에는 '고아사업위원회'·'모자사업위원회'·'농촌사업위원회'·'기숙사사업위원회' 등을 두어 사업의 내용과 방향을 협의하였다.[108]

물론 구제위원회나 세계봉사회 외에 다른 통로를 통해서도 많은 원조 자금이 들어왔다. 미국 연합감리회의 세계선교부나 여선교부에서도 꾸준한 지원이 이루어졌고 미국교회가 지방 혹은 연회 단위로 모금하여 선교사들을 통해 보내온 물자도 상당하였다. 1954년 총회에서 감독으로 재선된 후 '감독들의 호소기금' 운동을 성공리에 마쳤던 유형기 감독은 감독 재임 4년 동안 매년 미국을 방문하여 10만 달러 이상씩 모금해 오기도 했다. 이외에 선명회, 기독교아동복리회 등 초교파적인 원조단체를 통해 받은 구호금도 있었으며 감리교 구제위원회 선교비도 감리교 밖의 교회연합사업기관에도 상당 부분 지원되었다.

이 같은 대규모 외국교회 원조로 한국교회는 역사상 가장 활발한 사회사업 시대를 맞게 되었다. 1950년대 한국교회는 교인뿐 아니라 일반인들에게도

---

105) 문창모, "사회국 사업의 회고와 전망,"「감리회보」1954.2, 6-7.

106)「기독교대한감리회 동부·중부·남부연회록」(1956), 198-199.

107) 사회국이란 직제는 1930년 총회때 만들어졌으나 교육국이나 전도국처럼 독자적인 총무 없이 간사 체제로 내려왔고 해방 후에도 전도국 혹은 교육국 총무가 겸임하다가 유증서 목사가 초대 사회국 총무로 부임한 것이다. "사회국 보고,"「기독교대한감리회 동부·중부·남부연회록」(1955), 192.

108) "사회국과 M.C.O.R.,"「감리회보」1955.1.2, 6.

'구제기관'으로 알려질 정도로 사회구호 및 구제 역할에 충실하였다. 그 결과 다양한 형태의 사회사업기관들이 설립되어 교회의 사회선교 영역을 넓혀 나갔다.

참고로 1950년대 설립되어 한국 감리교회와 연관된 사회사업기관 현황을 살펴보면 다음과 같다.[109](부록 2 참조)

	보육원	모자원	양로원	자매원	기숙사	사회관	병원	농장	연합기관
개체수	35	18	3	1	2	6	5	2	7
직원수	445			9	9	87	339		448
수용인원	4,363	5,681	82	101	166	5,393			

감리교회는 연합기관을 제외하고 75개 사회사업기관들을 운영하였다. 특히 고아원과 모자원과 같은 전쟁 피해자들을 위한 구호기관과 사회관과 같은 종합적 복지시설에 1만 5천 명 이상이 수용되어 교회의 혜택을 받고 있었다.

이처럼 한국교회는 전쟁으로 많은 피해를 입었으나 막대한 외국교회의 원조를 바탕으로 이른 시간에 복구할 수 있었다. 그리고 교회가 일반 사회 구호사업에도 주도적인 역할을 감당함으로 교회의 사회보호기능이 더욱 강화되었고 그만큼 교회의 사회적 지위도 높아졌다. 한말과 일제강점기 교회가 민족의 자주 독립을 위해 자기 희생을 아끼지 않음으로 민족 사회 속에 뿌리를 내릴 수 있었듯, 전쟁으로 폐허가 된 민족 사회에서 교회가 구제와 복구사업에 큰 몫을 감당하게 됨으로 교회의 역할과 의미가 긍정적인 평가를 얻게 되었던 것이다. '사랑의 정신으로 사회에 봉사하여 복음을 확장시킨다'는 교회의 사회선교적 기능이 가장 활발하게 발휘되었던 때가 전쟁 후 10년간이라 할 수 있다.

그러나 전후 교회복구 과정에서 외국 원조에 전적으로 의지한 결과로 부정적인 현상도 적지 않게 나타났다. 대표적인 것이 '선교비' 운용을 둘러싼 교회 지도자간의 갈등이었다. 1954년 한국 감리교회가 다시 겪은 호헌파 분열의 동기가 '종교불(宗敎弗) 사건'으로 알려진 선교비 유용 의혹사건이었다.[110]

---

109) 『기독교대한감리회 요람』(기독교대한감리회 총리원, 1960), 156-162.

이는 막대한 규모의 외국 원조비 운용을 둘러싼 지역 세력간의 갈등을 표출시킨 사건이었다. 그리고 한국교회의 복구작업이 전적으로 외국 원조에 의해 이루어짐으로 한국교회의 자생능력 회복이 약화되었다는 점이다. 교회 건축은 물론이고 목회자의 생활비는 1960년대 초반까지 선교비에 의존할 수밖에 없었고 학교와 병원 및 사회사업기관은 그 의존도가 더욱 높았다. 한국교회의 주체적 복구 능력을 회복하기에는 긴 시간이 필요하였다.

4.3 감리교 사회사업 조직화

1950년대 후반이 되면서 감리교 사회사업 기관들의 운영 효율화와 자생력 확보가 논의되기 시작했다. 이미 1953년 3월에 열린 연합연회에서 중부연회와 동부연회에서는 "감리교 사회사업기관을 일원화하고," "감리교인이 경영하는 사회사업기관의 친목 · 연락 · 지도 육성 발전을 위하여 사회국 내에 기독교사회사업협회를 조직 육성"할 것을 건의하였다.[111] 이러한 건의에 따라 총리원 사회국의 지휘를 받는 '기독교대한감리회 사회사업협회'를 조직하였는데 정관에 나타난 이 협회의 목적은 다음과 같았다.

> "본회는 감리교인이 경영하는 사회사업 단체 상호간의 친목 · 지도 · 조사 · 연구 · 발전을 도모하고 기독정신에 입각한 사회사업의 특색을 발휘하고 협동의 사업급 운동과 국제적 연결을 협조하며 본래의 사명을 달성하기 위하여 감리교회 사회신경의 실천화를 목적으로 한다."[112]

협회는 감리교 계통 사회사업기관과 단체들의 협력과 친교를 목적으로 하여 설립되었는데, 그 신학적 근거를 감리교회의 '사회신경'에 두고 있음을 알

110) 이 사건은 1952년 7월 정부에서 발표한 「외환이체 중지의 긴급조치법」에 의해 외국으로부터 직접 달러를 가져 올 수 없게 되자 총리원에서 '원천무역'이라는 개인 사업체를 통해 이탈리아에서 비료를 수입해 들여와 파는 형태로 일을 추진하다가 비료값이 폭락하여 원천무역이 파산함으로 3만여 달러를 고스란히 손해 본 사건이다. 유동식, 『한국 감리교회의 역사 2권』(기독교대한감리회, 1994), 742-743.

111) 「기독교대한감리회 동부 · 중부 연회록」(1953), 62, 71.

112) 「기독교대한감리회 중부 · 동부 연합연회 회의록」(1954), 168.

수 있다. 그리고 "감리교회 사회신경을 실천화하기 위하여 각 단체 중요 회합 시에 제창하기로" 규정하여 사회신경의 실천 의지를 강하게 표현하였다. 그리고 1954년 1월 6-9일에 대전 유성에서 사회국 주최, 사회사업협회 후원으로 '제1회 감리교 사회사업 강습회'를 개최하였는데 전국 감리교 계통 사회사업 기관장 40여 명이 모여 첫 회의를 열었다.[113)]

이로써 감리교 계통 사회사업을 통괄 조정할 수 있는 협의체가 구성되었다. 그리고 이 협의체가 총리원 사회국 산하 조직으로 규정됨으로 감리교회의 대표성도 확보할 수 있었다. 그러나 총리원 산하기구라는 점은 그만큼 교회 정치에 영향을 받을 수밖에 없다는 한계를 안고 있었다. 실제로 1954년 3월 총회에서 유형기 목사의 감독 재선 움직임에 불만을 품은 일부 세력이 '종교불사건'을 빌미로 별도 총회를 구성하여 소위 호헌파 분열이 이루어진 후 사회국 활동이 위축되면서 사회사업협회도 기능이 약화되었다. 그러다가 1958년 다시 교회가 합동되면서 사회사업협회 기능이 회복되기는 하였으나 처음 의도했던 것처럼 감리교회의 사회사업을 통괄 협의하는 의사결정 기구라기 보다는 사회사업기관 간의 친목단체기구로 존속하였다. 참고로 1959년 12월 당시 사회사업협회 소속 회원은 다음과 같았다(괄호 안은 원장)[114)].

지역	기 관
서울	충현영아원(최경희)
경기도	이천 애광원(김남수) 인천 계명원(양계석) 수원 삼일애육원(김병호) 평택 에덴육아원(정수영) 여주 여광원(박운한) 양주 평화원(최애도) 인천 소년관(박승욱)
충북	청주 삼애원(김경님) 여주 성락원(이재억)
충남	대전 대성보육원(이영진) 도고 충남후생원(홍석영) 천안 자혜원(이효선) 대천 애육원(전덕규)
경북	포항 아가페보육원(박주석) 대구 보육원(김득봉) 대구 제일영아원(윤세기)
경남	부산 마애원(이경순) 김해 동인학원(윤삼효) 삼천포 홍아원(강정숙) 마산 신생원(최우영) 함안 신생원(최말종) 삼천포 보생원(금창숙) 부산 진우원(김혁) 마산 양로원(서상윤)
강원도	원주 학림원(이창호) 후포 영신보육원(신상갑) 강릉 보육원(송명의)

113) 「기독교대한감리회 중부 · 동부 연합연회 회의록」(1954), 167.
114) 「감리교생활」21권 11호, 1959.12, 광고.

지역	기 관
전북	이리 기독영아원(최승유) 옥구 신광애육원(조순영)
제주도	제주 평해보육원(황증일) 홍익보육원(고수선) 화생보육원(강원방)

사회사업협회에 가입한 단체들이 대부분 육아원(고아원)과 양로원이었음을 알 수 있다. 감리교회의 또다른 중요한 사회선교기관이었던 사회관들은 이 조직에 참여하지 않았던 것이다. 이들 사회관들은 별도의 협의기구를 구성했다. 주로 여선교부의 원조를 받고 있던 사회관들은 전쟁 후 여성과 아동 복지 사업을 추진하면서 비공식적으로 사회관 관장 모임을 갖다가 1958년 1월에 열린 '제1회 전국 기독교사회관 직원 강습회'를 계기로 "각 사회관의 의견을 바꾸고(경험 · 행정), 서로 사업 토의를 하면서 배움으로" 사업의 효율성을 높이기 위한 협의체를 조직하기로 하였다.[115] 그리하여 1년 준비 작업 끝에 1959년 1월 27일 '기독교대한감리회 사회관연합회'(The Federation of Korean Methodist Social Centers)가 창설되었다.[116] 초대 회장으로 문인숙(文仁淑)이 선임되었으며 이 연합회에 가입한 사회관들은 다음과 같았다.[117]

사회관	관 장	직원	회원	소재지
태화기독교사회관	빌링스	18	401	서울 종로구 인사동 194
이화여대부속사회관	이메리	3	200	서울 서대문구 대현동 산 10
대전기독교사회관	레어드	23	265	대전시 선화동 1구 23
유린사회관	시유린	9	150	서울시 마포구 공덕동 122-1
부산기독교사회관	하애숙	18	910	부산시 토성동 2가 4-2
인천기독교사회관	고명도	6	218	인천시 창영동 42

이로써 한국 감리교회 안에 고아원 중심의 사회사업협회와 사회관 중심의 사회관연합회 등 사회사업에 종사하는 전문 사회사업가들의 모임이 둘이 되었다. 전자가 총리원의 사회국 산하조직이라면 후자는 직접 선교부와 관련을

115) 「전국 기독교사회관 직원강습회회록」1958.1.22.
116) 「한국감리교사회관연합회회록」1958.4.20-21.
117) 「감리회보」1958.5, 부록 1.

맺고 있는 사회관들의 독립조직이라 할 수 있었다. 사업의 내용과 성격이 다르다는 점에서 두 조직이 별개로 존재할 필요성은 인정되지만 전체 감리교회 사회사업을 총괄할 수 있는 협의체 구성이 이루어지지 못했다는 점에서 아쉬움이 있었다.

그리고 1970년대 접어들면서 고아원 사업이 점차 쇠퇴해진 반면에 사회관은 지역 환경에 맞는 다양한 사회복지사업을 개발함으로 오히려 발전 양상을 보였다. 이에 따라 고아원 중심의 사회사업협회 기능은 약화되었고 사회관연합회는 오히려 협의체 이상의 기능을 발휘하게 되었다. 그 결과, 사회사업에 관한 한 사회관을 비롯한 사업기관들이 감리교회의 정치조직(총리원)과 일정한 거리를 두고 독자적인 영역을 구축하게 되었다.

5. 현대 감리교 사회사업(1961-현재)

4·19혁명으로 시작된 1960년대는 5·16군사쿠데타를 거치면서 '개발독재시대'로 연결되었다. 그 결과 1970년대 괄목할 만한 경제성장을 이룩하였으나 '개발 논리'에 희생당한 노동자 · 농민 · 도시빈민 등 사회의 소외계층이 생겨나게 되었고 이것이 사회 불안의 또 다른 요인이 되었다. 1970-80년대 들어서 소외계층의 인권회복운동에서 출발하여 사회정의구현운동, 민주화운동, 통일운동 등 '저항운동' 성격의 사회개혁운동이 지속적으로 일어났고, 이에 대한 '군부' 독재정권의 탄압도 가중되었다.

이러한 시대적 상황에서 한국교회는 대형 부흥운동과 전도운동을 통한 양적 교세 증가와 함께 소수 양심적 그리스도인들의 사회참여운동을 동시에 체험하였다. 보수적 신학 논리에 근거한 교회 성장론이 교회의 양적 성장을 촉진시켰고, 진보적 신학 논리에 근거한 반체제 저항운동으로 교회는 적지 않은 박해를 받기도 했다. 이같은 진보 · 보수 신학 및 교회 사이에 갈등 구조가 생긴 것은 물론이고 사회사업과 사회선교에 대한 양측 진영의 의식과 활동도 서로 다른 양상을 보여주었다.

그리고 1960년대 들어서면서 외국교회 원조가 급속하게 축소된 것도 사회사업 분야에 큰 변수로 작용하였다. 1960년을 기해 구제위원회의 피랍자 유가족 생계보조가 중단되었고 교역자 치료비 보조사업 및 기타 사업 보조 규모도 대폭 축소되었다. 그리고 기독교세계봉사회에서도 1960년에 15%, 1961년에 28%씩 지원액을 삭감함으로 모자원과 고아원 운영에 타격을 입게 되었다.[118] 이같은 외원 감축은 사회사업기관의 축소로 연결되었다. 참고로 1958년 이후 1966년까지 감리교 계통 사회사업기관 현황을 살펴보면 다음과 같다.[119]

	1958			1962			1964			1966		
	기관	직원	수용	기관	직원	수용	기관	직원	수용	기관	직원	수용
보육원	31	346	3,942	34	430	3.989	34	422	3,231	33	347	3,148
양로원	3	13	68	3	12	68	3	13	56	3	18	53
자매원	1	8	99	1		90	1	9	62	1	10	72
사회관	5	67	3,750	5	115	6,790	5	55	3,909	6	72	4,279
기숙사	2		165	2		119	2	10	161	2	9	147
병원	3	53	70,317	3	100	104,624	2	295	189,299	2	379	205,383
모자원	22		1,845	16		1,548	4		522			
계	67	487	80,186	64	657	117,228	51	804	197,240	47	835	213,082

1958년에 67개였던 기관이 1966년에 이르러 47개로 줄었는데 이는 20개에 이르던 모자원이 폐쇄된 결과였다. 병원도 천안병원이 폐지되었다. 반면에 사회관과 육아원은 하나씩 늘었다. 결국 외국교회 원조가 축소됨으로 외원에 의존하던 기관들이 폐지되거나 규모를 줄여야 했다. 이로써 1960년대 한국교회 사회사업은 외원에 의존하던 경영 구조를 탈피하고 한국교회의 자생능력을 키워나가야 한다는 과제를 안게 되었다.

118) 문인숙, "한국 감리교 사회복지사," 『한국 감리교 성장백년사』 제1권(기독교대한감리회교육국, 1987), 370.

119) 「기독교대한감리회 총회회록」(1958), 1966; 「기독교대한감리회 동부 · 중부 · 남부 연회회록」(1960-66); 문인숙, "한국 감리교 사회복지사," 371.

5.1 온양선교협의회와 감리교 사회사업재단 설립

한국교회는 1950년대 외국(특히 미국) 교회의 지원에 힘입어 빠른 복구 작업을 추진할 수 있었다. 유형기 감독은 1958년 감리교 총회에서 "기도처를 포함한 교회수 1,106개, 목회자 수 1,041명, 교인수 123,760명, 주일학교 학생수 153,245명"으로 전쟁 전보다 3배 이상 늘어난 교세 현황을 보고할 수 있었다.[120] 그리고 이 보고에서 주목할 것은 "예배당과 주택의 총 공사비가 1,074,960,969환인데 모교회(미국교회)의 찬조액이 571,833,669환이요, 우리의 자담액이 503,076,000환입니다"[121]라는 내용이다. 이는 아직 미약하지만 교회 복구 능력에 있어 한국교회 자생 능력이 회복되고 있음을 보여주는 것이라는 점에서 의미가 크다. 그러나 한국교회에 고아원과 사회관·병원 및 기숙사 같은 사회사업기관 재정을 부담할 능력은 아직 없었다. 사회사업 분야는 지속적인 외국원조가 필요했다.

1960년대 후반이 되면서 사회적 경제 성장과 한국교회의 교세 성장을 바탕으로 재정 능력이 증가하였고, 사회사업을 비롯한 전반적인 선교사업 분야에서 한국교회의 주도적 역할이 강조되기 시작했다. 또한 교회 일부에서는 선교사들의 선교비 운용 독점을 비판하는 소리도 들렸다. 예를 들어 1958년 2월에 '총리원 이사회' 명의로 중앙협의회에 제출된 건의안이 대표적인 경우다.

> "1. 모든 선교사업은 본교회의 독립성과 자주성을 존중하여 반듯이 한국 감리교회 감독 총괄 아래 지도를 받도록 본교회 대방침에 통합되도록 할 것.
> 2. 모든 선교기관은 예산을 책정하기 전에 그 사업을 관할하는 본교회 사무국 위원회와 협의하여 사업계획을 세우고 이사회의 승인을 얻어 중앙협의회에 제출하도록 할 것.
> 3. 남·녀 선교부 회계를 없이하고 중앙협의회 회계를 선택하여 중앙협의회 규칙에 의한 한 회계 행정을 할 것."[122]

이는 선교비 운용에 관한 선교사 독점체제를 비판하며 한국교회의 참여를

---

120) 「기독교대한감리회 제8회 총회회의록」(1958), 76-77.
121) 「기독교대한감리회 제8회 총회회의록」(1958), 77.
122) 「선교사업에 관한 건의서」1958.2.12.

요구하는 내용이었다. 이에 대한 선교부의 응답은 즉각 나타나지 않았다. 그 해 감리교회가 통합되고 다시 2년 후 4·19에 이어 5·16에 이르는 사회 격변기에 이 문제를 논의할 여유가 없었던 것이다. 그러나 1960년대 후반이 되면서 이 문제가 다시 논의되었다.

그리하여 1968년 11월 4-7일 이 문제를 해결하기 위한 협의회가 온양에서 개최되었다. '온양선교정책협의회'(Onyang Consultation on Partnership in Mission of The Korean Methodist Church)로 불리는 이 회의는 양국 교회 선교사업에서 '동역자'(partner) 개념을 본격적으로 사용한 의미 있는 회의였다. 미국연합교회 선교부 대표 4명, 주한 선교사 대표 13명, 한국교회 대표 19명 등 모두 36명이 참석했는데, 선교부 측에서 1958년 중앙협의회에 제출되었던 건의안 내용을 대폭 수용하여 ① 미국 선교부는 선교비를 한국교회에 직접 보내고, ② 선교사 대표와 한국교회 대표로 위원회를 조직하여 주한 선교사 생활과 주택 문제를 협의하고, ③ 3개 선교부 재단을 하나로 통합하여 선교사 사택 관리를 맡게 하되 거기에 한국교회 대표도 참여케 하고, ④ 선교부 대표와 한국교회 대표로 위원회를 조직하여 선교사 주택을 제외한 선교부 재산 처리를 협의하고, ⑤ 선교사 주택을 제외한 선교부 재산은 한국교회에 이양한다는 내용을 합의하였다.[123] 합의 내용의 핵심인 '선교사 주택과 이에 관련된 토지를 제외한' 선교부 재산 전체를 한국교회에 이양한다는 선교부의 결정은 획기적인 것이었다.

이 같은 온양협의회 결정은 1969년 1월 미국 연합감리회 총회에서 동의를 받았고 그해 3월에 선교부 대표 5명, 한국교회 대표 5명으로 '세계선교부 재단이양위원회'(위원장: 변홍규)가 조직되어 선교부 재산 이양 협상을 시작하였다. 우선 한국교회에 이양할 선교부 재산목록 작성에 들어갔다. 다음은 선교사 주택을 제외한 선교부 재산목록이다.[124]

---

123) "온양선교정책협의회 보고," 「기독교대한감리회 11회 총회회록」(1970), 13-14; *Report of the Onyang Consultation on Partnership in Mission of the Korean Methodist Church*(1968), 3.

124) 이 목록에서 제외된 선교사 주택에 딸린 재산은 서울 · 인천 · 대전 · 대덕 · 부산 · 원주 · 춘천 · 강릉 · 천안 · 공주 등지에 31개 주택(건물은 72동)에 건평 2,944.91평에 토지는 39,220.2평이었다. "온양선교정책협의회 보고", 「기독교대한감리회 11회 총회회록」(1970), 19-21.

분야	기관	토지(평)	건물(평)
학교	인천 영화학교	2,091.2	641.11
	수원 매향여학교	1,830.2	673.48
	대전 호수돈여학교	8,612.4	1,416.17
	공주 영명학교	59,922.0	
	서울 배화여학교	7.0	
	이천 양정여학교	755.0	
사회관	태화기독교사회관	1.349.0	767.53
	태화 입석 캠프장	75,718.0	179.00
	유린사회관	538.6	74.83
	인천기독교사회관		
	대전기독교사회관	655.7	248.94
	공주사회관	946.0	
	부산기독교사회관	220.0	194.27
병원	인천기독병원	713.3	950.46
기타 기관	서울 명덕학사	759.0	216.18
	와이엘 영아원	435.0	100.39
	대전 호의의집	36.7	12.70
	도마련부인 기념관	91.8	
	원주 청년관	2.309.0	94.95
	원주지방 기숙사	317.0	
	춘천지방 기숙사	118.0	
	춘천여중 토지	1,302.0	
교회	춘천교회	1,067.0	
	정선교회	118.0	
	이천교회	775.0	
	북아현교회	636.0	
연합기관	서울	1,401.0	98.16
	원주기독병원	11,959.0	1,359.17
	제천병원기지	8,761.0	
	고성 화진포	83,263.0	
계		266,706.9	

한국교회는 토지만 26만 평이 넘는 선교부 재산을 이양 받기 위해 법인을 만들어야 했다. 학교의 경우엔 이미 해방 후 문교부에 등록된 법인체를 통해 재산을 이양받는 작업을 추진하여 1974년에 이르러 학교별로 재산 이양을 마

칠 수 있었다. 병원 재산도 마찬가지 형태로 순조롭게 이양되었다. 문제는 사회관 재산이었다.

총리원에서는 사회관 재산을 이양받기 위한 '사회복지법인' 설립을 논의할 목적으로 1970년 7월 7일 '기독교대한감리회 사회사업연합회'를 조직했다.[125] 이 조직은 1959년에 전도국 산하에 있었던 '사회사업협의회'나 사회관 친목단체였던 '사회관연합회'와 다른 제3의 조직이었다. 당시 선교국 총무였던 이병설 목사가 주도하여 태화 · 인천 · 대전 · 부산 · 공주 · 유린 등 6개 사회관 관장들로 조직된 것으로 선교부 재산을 이양받기 위한 법인 설립 실무를 담당할 '한시적' 기구였다.[126] 그리하여 총리원에서 주도하는 법인 설립 준비작업이 진행되어 사회관 실무자들과 세계선교부 관계자들의 수정을 거친 「기독교대한감리회 사회복지재단 규약」이 마련된 것이 1974년 4월이었다.[127]

그러나 이 때를 기점으로 돌연 재단 설립과 선교부 사회관 재산 이양 작업이 중단되었다. 총리원이 재단 등록에 따르는 막대한 비용을 댈 수 없었던 것이 등록 지연의 표면적 이유였다면 보다 근본적인 원인은 선교부와 총리원의 관계 악화에 있었다. 1974년 4월 미국연합감리회 세계선교부에서 한국정부를 비판하는 성명서를 발표하였다. 1972년 유신헌법이 공표된 후 악화된 한국의 인권상황을 우려하는 이 성명서의 초안을 선교부 재산 이양협의의 미국측 실무 대표인 세계선교부 동아시아 담당 피셔(E.D. Fisher) 총무가 만들었던 것이다. 더욱이 성명서 서문에 "한국교회 지도자들은 (정부에) 매수되었다"는 표현이 있어 총리원 관계자들이 분노하였고 결국 윤창덕 감독의 총리원 이사회는 피셔 총무를 '불신임'하기에 이르렀다.[128] 그리고 같은 해 12월 인천에서 도시산업선교회를 지도하던 오글(G. Ogle) 선교사가 '반정부 활동 혐의로' 한국정부에 의해 강제 추방당하자 선교부와 한국정부 관계는 더욱 악화되었고

125) "사회복지법인 기독교대한감리회 사회복지사업재단 설립에 대한 건의서 설명," 「기독교대한감리회 총회회록」(1977), 113.

126) 선교국에서 이 작업을 지휘하게 된 것은 1967년 3월에 열린 특별총회에서 총리원 기구 조직을 개편하면서 사회국이 폐지되고 그 기능이 '사회정책부'로 축소되어 사회선교와 복지사업이 선교국으로 이관된 때문이었다. 「기독교대한감리회 제 10회 총회회록」(1967), 88-89.

127) 라사행, "사회관 재단 설립에 대한 문제점," 「기독교세계」1977. 8·9, 17.

128) 『온양선교협의회 이후 한미 감리교회 관계 자료집』(기독교대한감리회 본부 역사자료부, 1993), 55-73.

선교부와 총리원 관계도 더욱 멀어지게 되었다.[129)]

이런 상황에서 1974년 10월에 열린 감리교 총회에서 갱신 측이 분열해 나가고 중립 측까지 생겨 한국교회가 3분되었다. 이에 선교부는 '중립'을 선언하며 연례적으로 지원하던 '선교비 14만 5천 달러'를 동결시켰다.[130)] 따라서 6년 걸려 추진되던 선교부 재산이양협의가 중단될 수밖에 없었다. 이후 김창희 감독의 총리원 측은 미국연합교회 측에 재산이양협의 추진을 요구하였으나 선교부는 침묵으로 일관하였다. 오히려 선교부 측의 피셔 총무는 1975년 2월 내한하여 총리원을 배제한 채 기존의 6개 사회관 협의기구인 '사회관연합회'가 별도로 법인 설립을 추진하면 돕겠다는 의사를 밝히기도 했다.[131)] 선교부와 총리원 관계가 악화될 대로 악화된 것이다.

결국 사회관을 비롯한 사회사업 관련 선교부 재산의 한국교회 이양 협의가 다시 재개된 것은 1978년 감리교회가 다시 통합되고 이듬해 10월 박정희 대통령 시해 사건으로 정치적 상황이 바뀐 후였다. 그런데 1979년 봄부터 재개된 재단 설립과 재산이양협의는 감리회본부(총리원의 바뀐 명칭)가 아닌 사회관연합회에서 주도하였다. 사회관연합회에서 구성한 '정관초안작성위원회'[132)]에서는 1974년 총리원에서 작성한 재단 규약안을 '각 사회관의 운영독립권을 보장하는 형태로' 대폭 수정하여 「기독교대한감리회 사회사업유지재단 정관」 초안을 마련하였다. 1978년 총회 이후 새로 구성된 감리회 본부와 선교부도 이 초안에 동의하였다. 그리고 '휴면법인' 상태에 있던 마산양로원 법인을 인수하여 명칭과 정관을 변경하는 형태로 추진하여 법인 등록 비용을 절감하였다.[133)] 그리하여 1979년 11월 14일 감리교 본부, 사회관연합회, 세계선교부 대표 15명[134)]으로 '사회복지법인 기독교대한감리회 사회사업유지재단 이사

129) 유동식, 『한국 감리교회의 역사』, 838-839.

130) 라사행, "온양선교정책협의회," 「기독교세계」1992.9, 19.

131) 「태화기독교사회관 운영이사회 회록」1975.2.12.

132) 위원으로는 손병민(대전 기독교사회관 이사장) · 박우동(공주 기독교사회관 이사장) · 심순덕(대전 기독교사회관 관장) · 남경현(태화기독교사회관 관장) 등이었다. 「감리교 사회관연합회 · 감리교 사회관 연석회의 회록」 1979.4.27.

133) 「감리교사회복지재단 설립에 대하여」1981.4; 이덕주, 『태화기독교사회복지관의 역사』, 461.

134) 이 때 참석한 대표들은 문태임 · 김봉록 · 김준영 · 이병설 · 박창은 · 박철규 · 방현덕(이상 감리회본부 대표), 박우동 · 손병민 · 김영래 · 전영애 · 남경현 · 이옥실(이상 사회관연합회 대

회'(이사장: 김준영)가 구성되었고 보건사회부에 법인등록 신청을 하여 마침내 1980년 11월 등록 허가(사회 507-1)를 받게 되었다.[135]

이로써 온양선교협의회 이후 12년 만에 사회관 재산이 한국교회에 이양되었고, 이를 관리할 사회복지법인도 설립되었다. 이 과정에서 감리교 본부보다는 사회관 연합회에서 주도권을 행사한 관계로 일부에서 사회관이 "감리교단과는 별도로 독립된 사회복지법인을 만들어 50억 원에 달하는 막대한 재산을 감리교단 밖으로 끌고 나가 독립운영하려는 저의"[136]가 있는 것으로 우려하였으나 사회관 사업의 특수성과 정부와의 관계를 고려하고, 감리회 본부의 선교국 총무가 이사장직을 맡음으로 그러한 오해는 사라졌다. 그리고 1984년 재단 명칭을 '사회복지법인 감리회 사회복지관재단'으로 변경하였고[137] 1989년부터는 감리교 감독회장이 재단의 대표이사직을 맡게 되면서 사회관의 감리교 대표성이 확보되었다.[138]

이러한 사회관 중심의 재단법인 설립 주도 역할을 한 기관이 서울 인사동의 태화기독교사회복지관이었다. 태화기독교사회복지관은 1981년 인사동에 12층 빌딩을 마련하고 그곳에서 나오는 수익금으로 공주와 대전, 부산, 인천 등지 사회관에 보조하는 한편, 옛 유린사회관을 흡수하여 정신장애자를 위한 '샘솟는 집'을 설립하였고 서울 수색에 태화은평종합사회복지관과 장안동에 태화장안종합사회복지관을 운영하고 있다. 그리고 1994년 신개발지구인 수서에 7층 건물을 마련하고 복지관을 그곳으로 옮겨 아동·청소년복지, 가정복지, 재가복지, 노인복지, 지역복지사업 등 종합적인 사회복지사업을 전개함으로 기독교뿐 아니라 일반 사회에서도 대표적인 사회복지기관으로 자리를 잡아가고 있다.[139]

표), 포이트라스 부인·문인숙(이상 선교부 대표) 등이었고 '설립자측 대표' 사우어가 참관인으로 참석하였다. 「사회복지법인 기독교대한감리회 사회사업유지재단 이사회회록」1979.11.14.

135) 「사회복지법인 기독교대한감리회 사회사업유지재단 정관」1980.11.13

136) "호소문: 사회복지재단 수호를 위하여," 감리교사회복지사업재단 수호특별위원회, 1981.1.17: 이덕주, 『태화기독교사회복지관의 역사』, 464.

137) 「사회복지법인 기독교대한감리회 사회사업유지재단 이사회회록」1984.6.18.

138) 1979년 이후 대표 이사는 다음과 같다. 김준영(1979-1980)·문태임(1980-1981)·김봉록(1981-1984)·문인숙(1984-1989)·최종철(1989-1990)·곽전태(1990-1992)·표용은(1992-1994)·김선도(1994-현재). 「사회복지법인 기독교대한감리회 사회사업유지재단 이사회회록」1979-1994.

5.2 특수 사회선교

1960년대 이후 전개된 한국 현대사는 급변하는 정치 · 사회 상황으로 다양한 문제를 표출시켰다. 전쟁 후의 빈곤문제를 비롯하여 냉전 체제로 인해 빚어진 군사적 대립과 갈등, 개발독재시대의 비민주적 탄압으로 인한 희생, 도시 산업화 과정에서 나타난 빈민 · 소외계층 문제 등 많은 문제점들이 표출되어 사회적 불안의 요인이 되기도 하였다. 이같은 사회 현실에 대한 교회의 책임 있는 대응이 특수한 사회선교활동으로 나타났다. 이미 한말 이후 민족과 사회 문제 해결에 적극적인 참여 전통을 수립해 온 감리교회는 급변하는 현대 사회현실에 적극 참여하여 군선교, 윤락여성선교, 도시산업선교, 사회정의실천운동, 민주화운동 등 다양한 사회선교운동을 전개하였다.

한국의 군종(軍宗)제도는 1948년 정부수립 직후 국군의 전신인 '조선수비대' 창설과 함께 시작되었다. 그해 가을부터 용산에 주둔한 군인 가족들이 이규갑 목사가 담임하고 있던 남산감리교회에서 예배를 드리기 시작했는데, 초기에 이화학교 교목으로 있던 정달빈 목사가 예배를 인도했다.[140] 이 집회에는 감리교 민족운동가 손정도 목사의 아들로 해군 창설의 주역이 된 손원일(孫元一) 제독의 가족도 참석하였는데, 해군총참모장이던 손원일 제독은 1948년 9월 해군의 전신인 '조선 해안경비대'를 창설하면서 정달빈 목사를 정식 군목으로 초빙하였다.[141] 이처럼 전쟁 전에 시작된 군종사업은 감리교 중심으로 이루어졌다. 그리고 6·25전쟁이 일어나고 군대 규모가 급증함으로 더욱 많은 군목이 필요했다. 당시 미8군 군목으로 활동하고 있던 감리교 선교사 쇼(William Shaw)와 가톨릭 군종 신부 캐롤(G.M. Carroll)은 국방부와 한국정부에 군종제도의 필요성을 역설하여 마침내 1950년 12월 21일 이승만 대통령령으로 군종제도 설치 명령이 나왔다. 이로써 각 교파별로 군목을 선발하여 군대에 파송하기 시작했는데, 감리교회에서는 박대선 · 전종옥 · 김성렬 · 김윤수 · 박경룡 · 이봉구 · 명관조 · 정동섭 · 조찬선 · 라사행 · 김관수 목사 등

---

139) 이덕주, 『태화기독교사회복지관의 역사』, 491-551.
140) "군대선교, 한국의," 「기독교대백과사전」17권(증보 1)(기독교문사, 1995), 183.
141) 『해군군종사』(해군본부 군종감실, 1976), 9-10.

이 초창기 군목으로 자원 입대하여 한국 군종제도 확립에 기여하였다.[142)]

전쟁이 끝난 후 야기된 사회문제 중 하나가 윤락여성문제였다. 여성의 인권 유린은 물론이고 매매춘(賣買春)으로 인한 사회적 문제가 심각하였다. 이미 일제강점기 때부터 절제운동을 통해 공창폐지운동을 전개한 바 있는 감리교회는 전쟁직후부터 윤락여성을 대상으로 정신교육과 기술교육을 실시하기 시작했다. 1954년 6월 부산 아미동에 설립된 '부산자매원'(현재 부산부녀복지관)이 그 효시였다. 본래 부산자매원은 정부가 설립했던 것인데 1957년부터 감리교 여선교회 부산지방 총무였던 주신자(朱信子) 장로가 인수하여 기독교 사회사업기관으로 육성하였다.[143)] 이 때부터 여선교회에서 적극 지원하였고, 1965년 박창은 목사가 원장으로 부임하여 250여 평 생활관을 건립하여 부산의 대표적 윤락여성 갱생기관으로 자리잡았다.[144)] 또한 여선교회에서는 1964년 전국대회에서 "윤락여성선도에 적극 노력할 것"을 결의하고 노영순 목사를 '윤락여성선도를 위한 선교사'로 선임하였다.[145)] 이에 노영순 목사는 부산자매원에서 1년간 훈련을 받은 후 정부 설립의 윤락여성 기술교육기관인 '파주기술양성원'에 파견되어 원생들과 함께 생활하면서 신앙교육을 실시하였다. 또한 여선교회는 1969년 영등포에 있는 '시립부녀보호소'에 노춘풍 전도사를 파송하였고 1972년에는 권오숙 전도사를 파송하였다.[146)] 이처럼 윤락여성선교는 1960-70년대 여선교회 사회선교의 특수분야 사업이었다.

다음으로 1960년대 시작된 도시산업선교를 들 수 있다. 감리교회의 산업전도는 공장이 많은 인천지역에서 시작되었다. 즉 1961년 봄, 인천 서지방 내리교회의 윤창덕 목사는 동일방직회사에서, 인천동지방 주안교회의 조용구 목사는 한국기계공업주식회사에서 노동자들을 대상으로 한 예배를 시작했다.[147)] 이는 단순히 공장 노동자를 전도하려는 의도에서 시작된 것이었다. 그러다가 오글(G.E. Ogle) 선교사가 인천에 부임하면서 본격적인 산업선교가 시작되었

142) 라사행, "한국 감리교 교회성장사(광복후편)," 『한국감리교회 성장백년사』제1권, 138.
143) 「감리교생활」1961.11, 7.
144) 이덕주, 『한국 감리교 여선교회의 역사』, 576-577.
145) 「기독교대한감리회 여선교회 전국대회록」1964, 25-26, 31.
146) 이덕주, 『한국 감리교 여선교회의 역사』, 577-578.
147) 조승혁, 『도시산업선교의 인식』(민중사, 1981), 27-28.

다. 그는 이미 1954년 미국연합감리교회 선교사로 내한하여 대전에서 활동하다가 귀국하여 위스컨신대학에서 "개발도상국가(한국)의 노사관계"란 논문으로 박사학위를 받은 후 1960년 다시 내한하여 이듬해 9월 윤창덕 목사와 조용구 목사의 초청을 받아 인천에 내려가 인천 동·서지방 연합으로 인천도시산업전도회(후에 인천도시산업선교회)를 조직하였다.[148] 초기 산업전도의 이념은 "첫째, 급변하는 사회에서 교회의 과제와 사명은 무엇인가를 파악하고 이 사회에서 교회적 과제를 수행하며, 둘째, 노동자와 사용자 관계에서 화해자로서의 사명을 하고, 셋째, 노동자의 권리와 복지를 위한 노동운동을 실행"[149] 하는 것이었다. 실제 사업은 1년 준비 과정을 거쳐 신학을 전공한 전도자들을 노동현장(공장)에 파견하는 것으로 시작되었는데 이승훈·조문걸·조승혁·김치복·안연순·조화순·유흥식·김호현 등이 참여하였다.[150]

인천산업전도회가 정착되자 다른 공단지역에서도 산업전도회가 조직되었는데 1968년 중부연회 한남지방회가 중심이 되어 영등포산업전도회(김경락 목사 담당)가 조직되었고, 1969년 서울 성수동에서 동서울산업전도회(황효남 목사 담당)가 조직되었다. 그리고 1969년 동부연회에서 탄광지역인 도계와 함백에 이병연 전도사를 파송하였고 1971년 구로동에 경수산업선교회(안광수 목사 담당)가 조직되었으며 울산과 서울 남대문 지역에도 연회 차원의 선교활동이 시작되었다.[151] 여선교회도 1967년 이후 이 같은 산업전도(선교)에 관심을 갖고 선교사를 파송하기 시작하여 1968년에 윤문자를 인천도시산업선교회에 파송한 것을 필두로, 1973년에 엄마리, 1974년에 권오숙, 1975년에 최근숙과 노영순을 산업선교회에 파송하였다.[152]

초기 산업전도는 공장 노동자들에게 복음을 전하고 노동자 중심의 신앙공동체를 지도하는 형태였으나 노동자들의 열악한 환경에 충격을 받은 전도자

---

148) "도시산업선교의 역사적 고찰," 「기독교세계」1972.4, 12.

149) "산업전도활동에 대한 현황과 그 과제," 「기독교세계」1967.8, 5; 문인숙, "한국 감리교 사회복지사," 373.

150) 조승혁, 『도시산업선교의 인식』, 28-29.

151) "도시산업선교의 역사적 고찰과 현황," 12-13; 조승혁, "산업선교, 한국의," 『기독교대백과사전』제8권(기독교문사, 1983), 731-732. ; 문인숙, "한국 감리교 사회복지사," 373-374.

152) 이덕주, 『한국 감리교 여선교회의 역사』, 579-580.

들은 점차 노동 시간과 임금문제, 노사간 갈등에 관심을 두고 노동현실에 참여하게 되었다. 그리고 1970년대 들어서 '하나님의선교'(missio dei) 신학이 사회 참여신학으로 정립되면서 '산업전도' 대신 '산업선교'란 용어가 쓰이기 시작했고, 선교 담당자들은 노동자들을 대상으로 의식화 교육을 실시하고 노동조합 결성을 지원하는 등 노동자 인권회복운동에 깊이 관여하였다.[153] 여기엔 1970년 청계 피복노조의 전태일 분신사건도 중요한 요인으로 작용하였다. 이 같은 산업선교 의식과 내용의 변화는 기업주와 정부 당국의 반발을 불러 일으켰고 결국 1970년대 산업선교에 대한 정부 탄압사건이 일어나게 되었다. 즉, 1974년 반도상사쟁의사건 배후에 인천도시산업선교회가 있다고 판단한 정부 당국은 오글 목사를 강제 추방시켰고, 조화순 목사를 체포하였다. 조화순 목사는 1978년 동일방직사건에 깊이 간여하였다가 '긴급조치 위반 혐의로' 다시 체포되어 군법재판에 회부되었다. 이외에도 1974년 이후 김동완 · 김경락 · 조승혁 · 정명기 등 산업선교 현장에서 일하던 목회자들이 '반정부활동 혐의로' 계속 체포되었다.[154] 이 같은 탄압을 받으면서도 감리교회의 산업선교는 꾸준한 발전을 보여주었고, 1977년 6월 선교국 안에 '도시산업선교중앙위원회'를 설치하여 전국 도시산업선교 조직을 총괄하게 되었다. 1979년 당시 감리교회의 도시산업선교회 조직은 다음과 같았다.[155]

153) 조승혁, "한국교회 사회선교운동의 반성과 과제," 『한국교회, 사회의 어제 · 오늘 · 내일-송학 김지길 목사 고희기념논문집』(정암문화사, 1992), 148.
154) 조승혁, "한국교회 사회선교 운동의 반성과 과제," 150-151.
155) 「기독교대한감리회 제13회 총회회의록」(1980), 78-79.

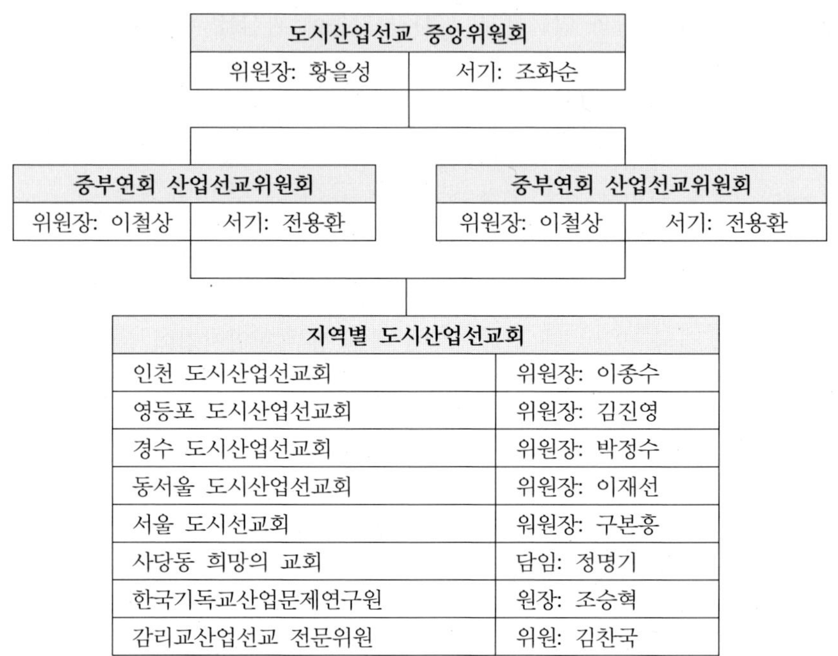

이로써 1961년 지방에서 '목회적 관심'에서 시작된 산업선교는 15년 만에 감리교회 본부 조직이 참여하는 정책사업으로 발전하였고, 노동자들의 고난 현장에 함께 참여하는 선교 실무자들의 헌신적인 노력으로 '고난의 종'의 신학을 실천하는 한국 감리교회의 사회선교 전통을 다시 한번 확인시켜 주었다.[156] 1970년대 산업선교는 정부의 탄압과 보수주의 신학계로부터 '좌경'(左傾) '용공'(容共) 운동으로 매도당하면서 인권 사각지대에서 사회구원의 복음을 실천하는 운동으로 자리잡았다. 그리하여 이 운동은 단순한 사회선교로 끝나지 않고 인권 회복과 민주화를 요구하는 '정치적' 사회개혁운동의 성격도 띠고 있었고 이것은 다시 1980년대 기독교의 민주화 운동과 통일운동으로 접목되었다.

156) 유동식, 『한국 감리교회의 역사』 제2권, 883.

5.3 사회평신도국과 사회복지재단 설립

1980년대는 세계 질서의 격변기였다. 2차 세계대전 이후 반세기 동안 세계 정치 질서를 지배해온 동 · 서 냉전 체제가 붕괴되면서 새로운 세계 질서가 형성되는 것에 맞추어 한국에서도 사회 각 분야에서 새로운 질서가 구축되었다. 1980-90년대 한국 사회는 민주화와 통일운동 열기 속에 오랜 군부 통치가 끝나고 '문민정부' 시대를 맞았다. 이러한 시대 상황에서 한국교회는 '선교 1백주년'을 맞아 자기를 반성하며 선교 2세기를 준비해야 하는 과제를 인식하였다.

1985년 4월 5일, 인천에서 거행된 '기독교대한감리회 100주년 기념대회'에서 채택된 「100주년 기념대회 선언문」은 한국 감리교회의 사회선교 의식과 전통을 다시 한번 확인하면서 미래지향적 좌표를 다음과 같이 제시하였다.

> "개인구원과 사회구원이 분리될 수 없는 감리교적 전통에서 이와 같은 사명을 수행하기 위해 우리는 복음전도와 사회선교를 동시적으로 계속 추구해 나갈 것이다. 오늘 이 시점에서 우리는 정치적 불안, 경제적 불균형, 사회적 혼미상태를 눈 앞에 보며 그리스도의 복음이 이 민족과 국가를 참된 진리와 정의 위에 올바로 세울 수 있다는 확신 아래 우리의 최선을 다할 것을 다짐한다. 우리의 기원은 민족의 번영과 민중의 복지와 평화적 조국 통일에 있다. 이 땅에 전쟁과 살생이 영원히 사라지고 자유 · 평화 · 진리의 종소리가 삼천리 금수강산에 영원히 울려 퍼지게 되기를 기원한다."[157]

'개인구원'과 '사회구원,' '복음전도'와 '사회선교'의 균형과 조화를 추구하는 감리교 신학과 신앙전통이 재확인되었다. 그리하여 '복음전도' 전통에서 '7천 교회, 2백만 신도운동'과 '국내외 선교사업'이 활발하게 추진되었고, '사회선교' 전통에서 인권운동과 통일운동, 환경운동과 농촌 선교, 도시빈민 선교와 장애 복지 선교 등이 추진되었다.

참고로 1992년 총회에 보고된 '선교국 사회선교부' 사업에 나타난 사회선교활동을 살펴보면 다음과 같다.[158]

---

157) 「기독교세계」1985.5, 38; 유동식, 『한국 감리교회의 역사』제2권, 947-948.
158) 「기독교대한감리회 제 20회 총회 회의자료 및 보고서」(1992), 323-329.

사 업	내 용
선교지도자 훈련	에큐메니칼 단체와 연대하여 사회선교지도자 육성 사회선교정책협의회 개최
평화통일선교	한반도 평화통일 희년 실천운동 전개 「한반도 평화통일 희년 실현을 위한 감리교회 선언」 채택
인권선교	고 임기윤 목사 추모비 제막 박순경 교수 석방운동 '고난받는 감리교인을 위한 후원회' 지원
환경선교	환경주일 예배 자료집 발간 지방별로 환경 선교 세미나 실시
농촌선교	농촌 목회자 교육 폐농 개척 선교 농산물 직거래 운동 지원
사회복지	'부스러기 선교회'의 탁아사업 지원 농아 목회자 양성
도시선교	인천 산업선교회 지원 도시 민중교회 지원
직장선교	직장선교연합회에 정광훈 목사 파송

여기에 본부의 직접적인 통제를 받지 않지만 감리교 단체에 의해 운영되는 기관들이 추가되어야 한다. 1992년 총회에 보고서를 제출한 감리교 계통 사회사업 기관들은 다음과 같다.159)

기 관	대표자	사업 내용	
태화기독교사회복지관	김경희	태화 본관	상담사업, 탁아사업, 재가복지사업, 직업보도사업, 조사연구사업, 사회교육사업 등
		샘솟는 집	정신건강 상담, 정신장애인 사회적응 프로그램, 취업 프로그램, 집단활동 등

159) 「기독교대한감리회 제 20회 총회 회의자료 및 보고서」(1992), 330-384. 물론 이 외에 개교회 단위로 운영하고 있는 사회 사업기관들도 상당 수 있다. 예를 들어 광림교회에서 운영하고 있는 '사랑의 집'(양로시설), 인천 만수교회에서 운영하고 있는 '만수 종합사회복지관' 같은 경우다. 『한국 사회복지총람』(한국사회복지협의회, 1991), 1104-1141.

기 관	대표자	사업 내용	
		은평종합 사회복지관	어린이집, 사회교육, 재가복지사업, 자원봉사자 교육, 취미 기능 등
감리교여선교회 복지재단	유재춘	송탄 성육보육원 운영(67명 수용), 장미회(간질환자 상담), 옥합선교회(윤락여성 선도)	
부산 부녀복지관	김민자	윤락여성 수용, 직업보도사업, 의료 보건 사업	
사회복지법인 진우원	위제하	고아원 운영	
인천기독교사회 복지관	전영애	가정복지사업, 아동복지사업, 장애자복지사업, 청소년복지사업, 성인 집단활동, 상담사업, 영화유치원, 옥합생활관, 장애인 자립 작업장	
인천기독병원		진료사업, 환자 전도와 예배, 간질환자 순회진료	
명덕학사	박용례	여학생 기숙사(108명 수용)	
인우학사	김상돈	남학생 기숙사(100명 수용)	
사회복지법인 여광원	정순희	고아원 운영(87명 수용), 영농교육	
은평아동복지 천사원	장세환	은평천사원	고아원
		은평소망의 집	정박아 지체 부자유 고아수용
		은평복지학교	장애자특수교육
		장애인복지연구소	국내외 복지 프로그램 연구
		참빛교회	장애자 교회

1960년대 수준은 되지 못하지만 감리교 계통의 사회사업이 장애 복지와 직업 여성 복지, 기숙사 사업 등으로 맥을 잇고 있으며 사회복지관의 종합복지사업이 크게 발전되었음을 알 수 있다.

이러한 감리교 계통 사회사업기관들의 '사회복지사업'(social welfare work)과 본부에서 추진하는 '사회선교사업'(social mission work)이 1980년대 한국 감리교회의 사회사업의 내용이었다. 이러한 다양한 사업들을 교단 차원에서 조정하고 지휘할 기구가 필요했다. '사회국'이 폐지된 1967년 이후에는 선교국 사회정책부(사회선교부)에서 '사회사업 관계 업무'를 맡아 추진하였다. 사회국이 폐지된 것은 외원이 줄어들면서 사회사업도 축소되었고, 사회관을 비롯한 대부분의 사회사업기관들이 독자적인 법인 설립을 거쳐 감리회 본부와는 직접적인 관련을 맺지 않고 독자적으로 사업을 추진하여 본부 기능이 약화된 때문이기도 했다. 그러나 1980년대가 되면서 '사회복지'에 대한 일반사회의 관심이 고조되면서 본부의 사회국 복구 필요성이 제기되었다. 1988년 사회관과 의료기관 종사자들로 구성된 '감리교 사회복지의료선교협의회'에서 "교단체제의 균형있는 발전을 위하여 본부에 사회국을 설치할 것을 건의"160) 한 이후 평신도 중심으로 '사회국 복구' 요구가 꾸준히 제기되었다. 그리하여 1995년 10월 총회에서 종래의 평신도국을 '사회평신도국'으로 조직 개편함으로 비록 독립 국이 되지는 못했지만 '반(半)이라도' 회복되었다. 그 결과 종래 선교국이 맡아 하던 ① 사회복지, ② 사회사업기관 관련 업무, ③ 사회사업 관련 연합운동, ④ 사회재해지원운동 등의 사업이 사회평신도국으로 이관되었다.

새로이 '사회사업 분야'를 맡게 된 사회평신도국은 '종합적인 사회복지사업'을 추진하기 위한 복지재단 설립부터 착수했다. 1981년에 설립된 '사회복지법인 감리회 사회관 재단'이 있기는 하나 이것은 태화기독교사회복지관을 비롯한 사회관 중심의 법인으로 본부 통제를 받지 않는 독립 법인이었다. 이에 감리교 본부 차원의 별도 법인을 만들어 체계적인 사회복지사업을 추구하려한 것이다. 이는 전체 감리교회 차원에서 사회사업 기관들을 효율적으로 조정 운영하며 1970년대 이후 급속하게 약화된 감리교회의 사회사업 기능을 회복시키려는 선교적 의지를 담고 있다. 그리고 1980년대 들어서 본 궤도에 오르게 된 은급부 사업을 효과적으로 추진하기 위해서도 본부 차원의 복지법인이 필요했다.161) 이러한 배경에서 1995년 2월 총회 실행위원회는 복지법인 설립 추진을 결의하였다. 이에 따라 인천 주안원로원과 부산 부녀복지관, 내리교회 양로원 시설과 재산을 기본으로 하여 1995년 12월 '사회복지법인 기독교대한감리회 사회복지재단' 창립 이사회를 개최하고 정부 당국(보건복지부)에 법인 허가 신청을 제출하고 감리교회의 21세기 '사회복지시대'를 준비하고 있다.

160) 정태준, "감리교사회사업(기관) 현황과 전망," 「기독교세계」1990.3, 16.

161) 실제로 사회복지법인 설립 추진은 1995년 초 '은급재단' 실무진에 의해 추진되기 시작하여 1995년 10월 총회에서 새로 만들어진 '사회평신도국'에 그 업무가 이관된 것이다.

6. 맺음말

지금까지 한국 감리교회 사회사업의 역사를 개괄적으로 살펴보았다. 교회는 시대에 따라 다양한 사업들을 추진하였다.

우선 한국 감리교회 선교 역사는 병원과 학교 같은 사회적 사업을 통해 시작되었다. 선교사들이 주도한 의료와 교육 사업은 복음선교의 예비 단계로 서구 기독교가 우리 민족 사회에 뿌리를 내릴 수 있는 계기를 마련해 주었다. 이러한 학교와 의료 사업이 선교사들의 사업이었다면 한국교인들의 복음실천 운동은 극빈자 구제활동으로 나타났다. 처음엔 성탄절 같은 교회 절기에 특별헌금을 해서 가난한 교인들을 구제하는 형태로 시작되었다가 정동교회의 '보호여회,' 상동교회의 '그리스도인 애휼회'같이 구제활동을 목적으로 한 교인 단체가 조직되어 단순한 구제 이상의 생활자립 지원운동까지 펼쳤다. 이 시기 감리교회의 사회사업은 선교사들의 '선교를 목적으로 한' 사회사업(교육과 의료)이 주류를 이루며, 복음을 받아들인 한국인들의 사랑실천운동이 사회사업의 가장 기초적인 단계인 빈민구제활동으로 나타나기 시작하였다.

일제강점기에 들어서 교회는 일제의 지배 상황에서 민족과 사회의 요구에 부응하기 위해 노력하였다. 특히 3·1만세운동 이후 '문화통치'와 '사회주의' 등장으로 변화된 사회 상황에서 민족의 자주성이 담보된 다양한 사회운동이 요구되었다. 이 때 한국 감리교회는 웨슬리의 사회구원의 신학과 '사회복음주의' 신학에 바탕을 둔 사회신경을 통해 사회선교와 사업에 임하는 교회의 신학적 입장을 표명하였고, 농촌운동 · 절제운동과 같은 '제한적' 사회민족운동에 깊이 참여하였다. 그리고 여자사회관을 지방마다 설립하여 여성교육 · 아동복지 · 사회계몽 운동을 전개하여 근대적 개념의 사회사업을 한국 사회에 정착시켰다. 그리고 평양 맹아학교, 해주 구세요양원, 평양 애린원 등 맹인과 농아자, 결핵환자와 고아를 위한 복지시설을 운영함으로 사회사업의 전 분야에서 활발한 활동을 벌였다. 일제 지배로 인한 '암흑시대'였던 이 시기 한국교회의 사회사업은 민족의식이나 선교의식에서 그 목적이 뚜렷했으며 그만큼 민족과 사회에 끼친 영향도 깊었다. 그러나 대부분의 사회사업기관들이 선교부에 의해 운영되었기 때문에 사회사업의 '선교사 의존'이란 한계를 극복하지 못했다.

해방 후, 전쟁을 거친 1950년대 사회사업도 여전히 선교사 중심으로 이루어졌다. 특히 전쟁 후 교회와 사회 복구사업은 감리교구제위원회(MCOR)와 기독교세계봉사회(CWS) 등을 통해 들어 온 외국(특히 미국) 교회 원조에 의해 이루어질 수밖에 없었고 그 결과 사회사업의 선교사 의존도는 더욱 커졌다. 그렇지만 매년 10만 달러 이상씩 들어오는 원조로 교회복구는 순조롭게 이루어질 수 있었고 전쟁을 겪은 민중에게 교회는 '구제기관'의 역할을 감당함으로 교세가 급속히 증가하였다. 이러한 외원을 바탕으로 고아원과 모자원·자매원과 미실회(전쟁미망인 구제사업) 등을 설립하여 전쟁 후유증을 치료할 수 있었고, 농민학교와 기독교 병원, 기숙사와 양로원을 설립하였고 융자사업(평신도 신용협동조합)까지 실시하여 구조적인 생활자립운동을 추진할 수 있었다. 이 시기 감리교 계통 사회사업기관만 70개가 넘었고 수용인원은 1만 5천 명이 넘었다. 한국 감리교회 사회사업의 전성기라 할 만 했다.

사회적 안정을 되찾고 '경제개발시대'로 접어든 1960년대 이후의 사회사업은 선교부 원조가 격감되는 현실 상황에서 '사회사업의 자립시대'를 열어야 할 과제를 안게 되었다. '선교사 주택을 제외한 선교부 사업 기관과 재산을 한국교회에 이양한다'는 합의를 도출한 1968년의 온양선교정책협의회는 사회사업뿐 아니라 한국 감리교회의 경제적 자립을 여는 중요한 모임이었다. 그러나 이 협의회 이후 1970년대 한국교회는 다시 정치적 분열과 갈등을 겪어야 했고 여기에 선교부와의 갈등까지 빚어져 사회사업 재산 이양이 지연되었다. 결국 정치적 재통합을 이룬 1980년대에 들어서야 사회관을 중심한 '사회관복지재단'이 설립되어 감리교 사회복지사업의 구심점인 사회관 사업과 재산이 한국교회에 이관되었고, 병원과 학교 및 다른 사회사업기관들도 개별 법인으로 이관되었다. 이로써 총리원으로 대표되는 교단 차원의 사회사업 통제 기능이 약화되었고, 이는 1930년 총회 때 창설된 이후 교회의 사회사업을 주관하던 사회국이 1967년에 이르러 폐지되고 선교국의 '사회정책부'로 격하된 것도 이러한 상황 변화를 반증한 것이다.

그리고 1960년대 이후 한국교회는 산업화 과정에서 나타나는 노동자·농민·도시빈민층에 대한 선교적 관심을 갖고 이들의 생활구조를 바꾸기 위한 현실개혁운동에 적극 참여하기 시작하였다. 특히 1961년 인천에서 시작된 도시산업전도회(후의 도시산업선교회)는 노동문제를 통한 교회의 사회인식을 깨우쳐 주었고, 1970년대 이후 이 운동은 인권회복운동, 사회정의실천운동을 거쳐 민주화운동으로 연결되었다. 이 운동은 한말과 일제강점기 민족 독립운동에 적극 참여하였던 감리교회의 민족운동 맥을 잇는 것으로 '개인구원은 사회구원으로 연결되어야 한다'는 감리교회의 사회선교 신학과 의식을 재확인하는 것이기도 했다.

이 같이 한국 감리교회의 사회사업 흐름을 정리할 때, 오늘의 시점에서 풀어야 할 몇 가지 문제점이 발견된다.

첫째, 사회사업의 주체성 확보이다. 우리 민족이 처한 시대적 상황 때문이기도 했지만 한국교회의 사회사업은 선교사로 표현되는 외원(外援) 의존도가 컸다. 온양선교협의회 이후 대부분의 사업기관이 한국교회에 이양되기는 했지만 그 이후 한국교회가 이를 주체적으로 수용해서 발전시킨 예는 거의 찾아보기 어렵다. 오히려 선교부 재산을 둘러싼 정치적 갈등이 빚어졌고[162] 많은 기관과 재산들이 개인 혹은 비감리교인 소유로 넘어가는 경우도 있었다. 따라서 한국교회의 사회사업은 외부 원조로부터의 독립뿐 아니라 '집단 이기주의적' 교회 정치 상황으로부터의 독립도 확보되어야 한다.

둘째, 사회사업의 유기체적 연합구조 확립이다. 선교사들이 주도하던 시대 사회사업기관들은 선교부와 한국교회 대표들이 참여하는 중앙협의회란 조직을 통해 각 사업의 규모와 협조를 추구하였다, 그 결과 전체 한국 감리교회의 사회사업이 균형과 조화를 이룰 수 있었다. 그러나 온양선교협의회 이후 그런 중앙협의기구가 없어졌으며 그나마 총리원에서 사회사업을 지도하던 사회국마저 폐지되었다. 그 결과 사회사업기관들은 감리교회 중앙 조직과 관련이 없는 독자적 운영체제를 구축하였다. 사업의 효율성이란 점에서는 독립 운영

---

162) 대표적인 경우로 호헌파 분열의 원인이 된 '종교불 사건'(1954)을 시작으로 '국제대학 이양'(1963), '인천 공동묘지 매각파동'(1970), '삼농원 소유권 재판'(1973), '수원 버스정류장 토지 매각파동'(1974), '선교훈련원 대지 매입 의혹'(1989), '여의도 토지 보상금 의혹'(1989) 등을 꼽을 수 있다. 김광우, 『나의 목회 반세기』, 198 이하; 유동식, 『한국 감리교회의 역사』, 956-957.

이 좋을 수도 있었지만 전체 감리교회의 참여와 협력이 불가능해졌다는 점에서 부정적인 결과를 빚었다. 그런 면에서 사회국 기능을 회복한 '사회평신도국'은 각 사업기관들의 자율성을 보장하면서 균형과 조화 원리를 바탕으로 전체 감리교회 사회사업 기관 · 단체들이 공동선(共同善)을 추구해 나가도록 유도해야 할 것이다.

셋째, 사회사업 신학의 재정립이다. 한국교회는 초기부터 웨슬리의 사회구원 신학과 사회신경을 통해 교회의 사회선교 및 사회사업의 신학적 바탕을 제시하였다. 그러나 시대가 바뀌고 사회적 환경이 바뀐 만큼 감리교회의 사회선교 신학도 바뀌어야 한다. '복음의 사회적 실천'이란 변할 수 없는 감리교의 선교의식을 바탕으로 하여 21세기를 바라보는 한국 민족과 사회 상황을 분석하고 그에 따른 구체적이고 실천적인 선교신학이 정립되어야 한다. 그런 의미에서 1993년 총회 이후 추진되고 있는 「사회신경」 개정 작업에 사회선교 및 사회사업 현장의 소리가 담겨야 할 것이다.

지금은 교회가 사회를 향하여 말하기보다는, 사회 속에서 교회가 책임 있는 공동체가 되기 위해 어떤 모습으로 자기 변신을 해야 할지, 그리고 사회가 요구하는 것이 무엇인지 열린 마음으로 사회의 소리를 들어야 할 때다. 아직도 사회 구석 구석에 남아있는 가난하고 소외된 이들의 고통과 아픔을 치유하고, 민족통일 이후에 전개될 급속한 사회변혁에 대비하는 미래지향적 과제를 설정해 나가야 할 것이다.

이 같은 시대적 상황에서 비록 온전한 형태는 아니지만 과거의 '사회국'이 '사회평신도국'으로 재건되었고, 여기에 전체 한국 감리교회 사회사업을 통괄할 수 있는 복지법인이 만들려는 순수한 의지가 실현된다면 21세기 한국 감리교회의 사회사업에 새로운 장이 열릴 것은 분명하다.

[부록 1] 일제강점기 감리교 계통 사립학교(1912년 현재)

학교	교장	설립자	주소	
興仁培材學校	김우권	미감리회	경성부	동부 홍인동
旺新培材學校	김우권	미감리회		동부 왕신동
培材高等學堂	D.A.Bunker	미감리회		서부 정동
懿法學校	현순	미감리회		서강방 창전리
培花女學校	J.Campbell	남감리회		인달방 장흥고계
梨花學堂	L.E.Frey	미감리회		황화방 대정동
攻玉學校	전덕기	미감리회		남부 회현방 상동
攻玉女學校	J.Walter	미감리회		남부 회현방 상동
永化女學校	L.A.Miller	미감리회	인천부	부내면 우각동
永化學校	D.S.Deming	미감리회		부내면 서구 내동
養貞女學校	M.R.Hillman	미감리회	이천군	읍내면 창전리
開信學校	장석홍	미감리회	여주군	소개면 서삼신동
韶成學校	장석홍	미감리회		근동면 처동
製荷女學校	M.R.Hillman	미감리회	남양군	음덕리면 하동
三一學校	이하영	미감리회	수원군	북부 보시동
三一女學校	이하영	미감리회		북부 군기동
合一女學校	허진일	미감리회	옹진군	군내면 하리
永生學校	방족신	미감리회	강화군	제도면 주문동
普靈學校	방족신	미감리회		제도면 석모동
造山合一學校	이규의	미감리회		상도면 조산동
合一女學校	김경환	미감리회		제도면 석모동
蠶頭合一學校	조내덕	미감리회		부내면 홍문동
蠶頭合一女學校	조내덕	미감리회		부내면 홍문동
興天合一學校	전병규	미감리회		위량면 홍천동
東北學校	방족신	미감리회	교동군	남면 읍내리
長端韓英支書院	한인수	남감리회	장단군	읍내면 상리
皐浪韓英支書院	A.W.Wasson	남감리회		장서면 고랑동
西面韓英支書院	A.W.Wasson	남감리회	풍덕군	서면 장추동
南面韓英支書院	강재방	남감리회		군내면 광평동
韓英書院	윤치호	남감리회	개성군	성내 북부 산지현
好壽敎支學校	C.C.Owen	남감리회		성내 남부 구리개동

학교	교장	설립자	주소	
好壽敦女學校	E.Wagner	남감리회		성내 북부 주작현
美理欽女學校	M.Johnstone	남감리회		성내 북부
光信學校	강조원	남감리회		서면 벽난도리
三串韓英支書院	김교익	남감리회	연천군	북면 상삼곶리
永明學校	F.E.Williams	미감리회	공주군	남부 하리동
元明學校	F.E.Williams	미감리회		익구곡면 경천리
永明女學校	J.Walter	미감리회		남부 하리동
萬東學校	F.E.Williams	미감리회	은진군	김포면 강경 신장촌
永化學校	H.Sharp	미감리회		화지면 논산
眞光學校	F.E.Williams	미감리회		화지면 논산
春川韓英支書院	L.C.Brannan	남감리회	춘천군	부내면 아동리
伊川韓英支書院	C.T.Collyer	남감리회	이천군	동읍면
懿貞女學校	박원백	미감리회	해주군	주내면 육리동
懿昌學校	박원백	미감리회		주내면 동육리동
普明學校	강신화	미감리회	연안군	남부면 천례동
養英學校	강신화	미감리회		미산면 갈산동
普成學校	강신화	미감리회	백천군	지척면 효정동
金川韓英支書院	F.K.Gamble	남감리회	금천군	호현면 상내동
光宣學校	함의진	미감리회	옹진군	아미면 율목동
明眞學校	M.Beiler	미감리회	서흥군	내사동 상석동
道明學校	오태주	미감리회		도하면 두무동
彰德學校	M.Beiler	미감리회	봉산군	동선면 서부동
敬信學校	송익주	미감리회	수안군	연암면 율리동
敬愛女學校	Mrs.W.A.Noble	미감리회		연암면 율리동
一信學校	송익주	미감리회		동부면 대소동
光興學校	A.L.Becker	미감리회	평양부	융덕면 이간동
明德女學校	Mrs.C.Critchett	미감리회		융덕면 구동
正進女學校	H.P.Robbins	미감리회		융흥면 남산동
平壤盲女學校	Mrs.W.J.Hall	미감리회		융흥면 남산동
松泉學校	이동식	미감리회		율리면 상일동
濟成學校	공재현	미감리회		율리면 유동
新興學校	이동식	미감리회		대동강면 소신동
新德學校	이동식	미감리회		대동강면 성제동

학교	교장	설립자	주소	
新明學校	김정길	미감리회		대동강면 봉룡동
明蘭學校	이동식	미감리회		대동강면 율목동
新榮女學校	H.P.Robbins	미감리회		대동강면 성제동
明善學校	이동식	미감리회		대동강면 사통동
大闡學校	이동식	미감리회		추을미면 대천동
三存學校	김기범	미감리회	진남포부	대하면 덕동
三新女學校	H.P.Robbins	미감리회		신남면 예사동
三豊學校	김재찬	미감리회		귀하면 금사동
三達學校	김재찬	미감리회		초대면 노하동
三崇女學校	H.P.Robbins	미감리회		원당면 비석동
三光學校	김재찬	미감리회		금당면 석하동
三重學校	김재찬	미감리회		서리면 율곡동
三興學校	김재찬	미감리회		서리면 내거동
三豊學校	김기범	미감리회		원당면 어은동
三成學校	김재찬	미감리회		내곡면 담부동
三尙學校	김기범	미감리회		대상면 해창동
三新學校	김기범	미감리회		신남면 신흥동
三崇學校	손정도	미감리회		원당면 비석동
楊武學校	정진수	미감리회	중화군	양무대면 고잔동
龍山學校	이공희	미감리회		우호면 내동
德新學校	정진수	미감리회		마정면 위원동
普英學校	H.P.Robbins	미감리회		용전면 용흥동
新成學校	정진수	미감리회		용전면 유운동
中興學校	정진수	미감리회		용전면 용흥동
普興學校	송상유	미감리회	성천군	운산면 봉현동
湖東學校	송상유	미감리회		유동면 신정동
順天學校	김재찬	미감리회	강서군	거암면 필모동
四昌學校	배선조	미감리회	증산군	대안면 신흥동
四重學校	오기선	미감리회		중리면 범오동
彰新學校	W.A.Noble	미감리회		성도면 이용리
四達女學校	H.P.Robbins	미감리회		서운면 용전동
四達學校	장문찬	미감리회		서운면 용전동
四光女學校	오기선	미감리회		중리면 향교리

학교	교장	설립자	주소	
四光學校	H.P.Robbins	미감리회		중리면 망운동
永成女學校	H.P.Robbins	미감리회	증산군	적연면 신재동
合成學校	박연창	미감리회		송석면 영명동
四昌女學校	H.P.Robbins	미감리회		대안면 신흥동
新成學校	김창식	미감리회	순천군	밀전면 영대동
日新學校	김창식	미감리회		원하면 창중동
養性學校	송희봉	미감리회	희천군	읍내면 하마동
關城學校	송희봉	미감리회		신풍면 보신동
進明學校	박영찬	미감리회	운산군	동면 내동
光信女學校	E.M.Estey	미감리회		북면 교동
延明學校	박영찬	미감리회		고면 창동
光東學校	박영찬	미감리회		고면 교동
崇德學校	장락도	미감리회	영변군	읍내면 창하동
崇貞女學校	E.M.Estey	미감리회		읍내면 외교동
興德女學校	E.M.Estey	미감리회	태천군	읍내면 길중동
新明學校	이진형	미감리회		서면 내상동
新興學校	이진형	미감리회		서면 덕흥동
光明學校	이진형	미감리회		원면 원상동
昌明學校	이진형	미감리회		읍내면 이산동
樓氏女學校	H.Buie	남감리회	원산부	산제동

[참고문헌] 「재조선기독교회부속학교일람」(1912); 『조선재류구미인조사록』(영신아카데미 한국학 연구소, 1981), 169-233; *Minutes of the Korea Annual Conference of the Methodist Episcopal Church*, 1912; *Mitutes of Korea Mission of the Methodist Episcopal Church, South,* 1912.

[부록 2] 기독교대한감리회 사회사업기관(1960년 3월 현재)

분야	기관	대표	설립자	설립 연도	수용 인원	소재지
보육원	강릉보육원	송명식	UNKCAC	1951.11.1	57	강릉시 입암동 580
	계명원	양계석	양계석	1952.7.6	105	인천시 송림동 67
	기독영아원	최승유	박순임	1919.2.10	344	이리시 남중동 217
	대구보육원	김득봉	허숙	1956.2.18	108	대구시 남산동 130
	대성보육원	이영진	이영진	1951.8.20	115	대전시 삼성동 147
	대전애육원	이규학	이규학	1952.7.10	159	대전시 가양동 531
	대천애육원	전덕규	전덕규	1953.1.12	54	보령군 대천면 신흑리
	동인학원	윤삼효	윤삼효	1957.9.17	173	김해군 명지면 중리 118
	마산신생원	최우영	최말종	1957.8.30	153	마산시 상남동 132
	미애원	이경순	이경순	1946.4.21	90	부산시 수정동 1047
	베다니보육원	박이한	서정건	1947.6.1	94	밀양군 밀양읍 삼문동 305
	보생원	금창숙	금창숙	1952.2.1	103	삼천포시 선구동 26
	삼애원	김경님	김경님	1952.6.1	58	청원군 북일면 주충리
	삼일애육원	김병호	김병호	1952.2.1	163	수원시 북수동 12
	신광애육원	조순영	조순영	1951.1.5	132	옥구군 미면 신풍리
	아가페보육원	박주석	박주석	1947.9.1	81	영일군 오천면 청림동
	애광원	김남수	김남수	1955.1.5	287	이천군 이천읍 중리 117
	에덴육아원	정수영	이상빈	1951.1.5	128	평택군 팽성면 객사리
	여광원	박운한	박운한	1951.9.17	116	여주군 능서면 왕대리
	영신보육원	신상갑	신상갑	1959.3.10	60	울진군 평해면 삼률리
	은평천사원	윤성렬	타이스	1957.4.30	85	서울 서대문구 구산동
	자혜원	이효선	이효선	1956.1.15	114	천안군 환성면 삼룡리
	제일영아원	윤세기	허복경	1958.11.1	75	대구시 범어동 807
	진우원	김혁	MCOR	1952.6.1	200	김해군 진영읍
	충남후생원	홍석영	홍석영	1957.9.28	119	아산군 도고면 기곡리
	충현영아원	최경희		1949.10.1.	242	서울 중구 필동 3가
	평해보육원	황중일	황중일	1952.3.10	163	제주시 도두2동 844
	평화원	최애도	최애도	1954.3.1	104	양주군 진접면 부평리
	학림원	이창호	이창호	1946.11.30	77	원주시 원동 309
	함안신생원	최말종	최말종	1952.3.1	86	함안군 가야면 말산리

분야	기관	대표	설립자	설립 연도	수용 인원	소재지
	향애원	김종순	도익서	1956.4.1	105	음성군 음성읍 교동 657
	향진원	박승옥	김용련	1952.4.9	28	인천시 도화동 93
	흥아원	강정숙	김달홍	1958.1.21	151	삼천포시 송포동 279
	홍익보육원	고수선	고수선		124	제주시 1도2동 1109
	화생보육원	강원방	강원방	1956.11.18	110	제주시 2도1동 1549
모자원	강릉모자원	김상희	김흠광	1949.2.10	133	강릉시 남문동 119-5
	미실모자원	황애희	아펜젤러	1956.3.15	155	부산시 범일동 1120
	미실회	김동기	김태완	1954.3.1	41	당진군 당진읍 읍내리 3구
	밀양모자원	염경환	양준택	1952.12.26	61	밀양군 밀양읍 삼문동 444
	성광모자원	김노득	채핀부인	1956.6.20	191	서울 마포구 신수동 3가 113
	성실모자원	원봉명	원봉명	1956.7.1	105	부산시 초장동 3가 113
	성현모자원	김금옥	김금옥	1953.12.7	151	부산시 괴정동 189
	수산나회	전선애	전선애	1956.5.6	92	서울 중구 남창동 202
	신생원	김정애	채핀부인	1953.11	56	서울 종로구 사직동 136
	신애원	이일심	김동옥	1953.12.21	77	이천군 이천읍 중리 255
	실로암모자원	전정봉	유요한	1958.6.1	143	서울 영등포구 영등포동 2가
	에스더모자원	전유봉	전유봉	1957.1.5	113	서울 용산구 한강로3가 40
	여수모자원	최상봉	최상봉	1957.2.17	194	여수시 수정동 11
	오아시스모자원	박요다	박요다	1953.4.1	106	해남군 화원면 학림리 57
	중앙모자원	전현숙	송효선	1955.5.20	98	부산시 대신동 1가 321
	청학원	김인숙	김인숙	1953.4.30	97	부산시 청학동 287
	호의의집	서애련	라애시덕	1952.9.1	121	대전시 선화동 2구 102
	희망모자원	이화용	이화용	1951.10.17	147	부산시 대연동 1627
양로원	마산양로원	서상윤	서상윤	1954.2.5	56	마산시 상남동 67
	성락원	이재억	이재억	1948.10.5	20	여주군 여주읍 연양리 228
	안식관	장명덕	여선교회	1954.6	6	서울 성북구 정릉동 410
자매원	부산자매원	주신자	보건사회부	1954.10	101	부산시 아미동 2가 37

분야	기관	대표	설립자	설립 연도	수용 인원	소재지
기숙사	명덕학사	김원애	여선교부	1954.4	65	서울 서대문구 충정로 3가
	인우학사	김한식	유형기	1953.1.9	101	서울 서대문구 북아현동
사회관	대전기독교 사회관	라애시덕	라애시덕	1952.7	657	대전시 선화동 22-2
	부산기독교 사회관	피은주	타운센	1954.2.1	936	부산시 토성동 2가 4
	유린사회관	김란시	시율린	1956.7.6	168	서울 마포구 공덕동 122
	이화여대사회관	이메리	이화여대	1949.4.1	587	서울 서대문구 대현동 10
	인천기독교 사회관	고명도	보일수	1921.4	596	인천시 창영동 42
	태화기독교 사회관	변영숙	마이어스	1955.4	2,449	서울 종로구 인사동 194
병원	강릉선교부의원	글레드힐	왕매련	1945.12		강릉시 입암동 48
	이대동대문병원	이기섭	김활란	1954.1		서울 종로구 종로6가 72
	이대신촌분원	김효규	김활란	1925.6.1		서울 서대문구 대현동 10
	인천기독병원	강석봉	여선교부	1953.6.1		인천시 율목동 237
	천안기독병원	장예세	김영배	1947		천안읍 문화동 139
농촌 사업	삼농원	이기영	김광우	1958.6		인천시 주안동 14
	동송농촌사업장	민동기	MCOR	1954.9		철원군 동송면 장흥리
연합 기관	기독농민학원	배민수	연합봉사회	1953.8	65	대덕군 회덕면 중리
	수족절단자 교도원	스틴스마	연합봉사회	1956.9	100	대덕군 회덕면 중리
	후생학원	황숙현	연합봉사회	1955.10	50	대덕군 회덕면 중리
	충남영아원	서인근	연합봉사회	1954.12.18	30	대덕군 회덕면 중리
	결핵요양원	라애시덕	연합봉사회	1885.4		대덕군 회덕면 중리
	세브란스병원	이용설	에비슨	1959.11.7		서울 중구 남대문로 5가
	원주기독병원	문창모	모레리	1959.11.7		원주시 일산동

[참고문헌] 『기독교대한감리회 요람』(기독교대한감리회 총리원, 1960).

한국 감리교회 자치운동의 역사적 의미

1. 정치적 위기인가? 영적 위기인가?

나는 오늘 한국 감리교회가 처한 위기상황을 정치적인 것으로 보지 않고 영적인 것으로 본다. 언뜻 보면 이번 위기의 원인이 장정 규칙이나 해석, 적용이 잘못되었거나 감독 선거 관리와 과정·결과에 대한 해석의 문제에서 비롯된 것으로 볼 수 있지만 그보다는 감리교회 지도부 인사들의 지도력(leadership) 결핍에서 근본 원인을 찾을 수 있다. 그래도 1960년대까지만 해도 어려운 위기 상황에 처했을 때 '교단 어른'이 있어 "이건 이렇고 저건 저러하니 이번 것은 이렇게 처리하세" 하면 쌍방 모두 이견이 있어도 "예, 알았습니다" 하고 고개를 숙이는 그런 문화가 있었다. 소위 어른의 '말씀'에 '권위'(authority)가 있었다는 말이다. 법과 규칙 이전에, '말씀의 권위'가 있었기에 갈등과 분쟁의 요인이 있었음에도 하나 된 교회의 틀을 유지할 수 있었던 것이다.

결국 오늘 한국 감리교회가 처한 위기 상황의 근본적 원인은 교회와 목회자의 권위 상실에서 찾아야 할 것이다. 특히 '말씀의 권위'가 땅에 떨어졌다. 목사의 말이 교인들에게, 감리사의 말이 지방 목회자들에게, 감독의 말이 목회자와 교인들에게 먹혀들어가지 않고 있다. 권위는 순종인데, 권위가 없으니 순종이 없다. 그래서 교회 안에 질서가 없고 '치받는' 문화가 팽배하다. 이성과 상식과 양심대신 무리와 폭력과 위선이 판을 치고 있다. 이것이 오늘 한국 감리교회의 현실이다. 그런 점에서 정치적 질서를 회복하기 전에 '말씀의 권위'를 바로 세우는 일이 시급하다. 이 대목에서 예수님의 첫 설교에 대한 마가복음의 기록이 떠오른다.

> "예수께서 곧 안식일에 회당에 들어가 가르치시매 뭇 사람이 그의 교훈에 놀라니 이는 그가 가르치시는 것이 권위 있는 자와 같고 서기관들과 같지 아니함일러라."(막 1:21-22)

헬라어로 '권위'는 '엑수시아'(exousia)이다. 이는 "~로부터"를 의미하는 '엑스'(ex)와 "본질"(nature)을 의미하는 '우시아'(ousia)가 합쳐진 것이다. 즉 성경에서 '권위'는 "본질로부터 나온", "본질로부터 비롯된"이란 뜻이다. 본질에 바탕을 두고, 본질을 다루는 말씀에 권위가 있다는 말이다. 반대로 비본질적인 것, 지엽적인 것에 연연하는 말에는 권위가 없다는 말도 된다. 여기서 예수님 설교와 서기관 설교의 차이를 분간할 수 있다. 그런 맥락에서 교회와 목회자의 권위가 추락한 것은 교회와 목회가 그 본질에서 벗어났기 때문이고, 따라서 권위 회복은 그 본질을 회복하는 운동으로부터 시작되어야 함을 알 수 있다.

그런데 예수님의 '권위'와 관계하여 또 한 곳 읽을 말씀이 있다. 예수님께서 예루살렘에 들어가셔서 성전을 숙청하신 직후 대제사장과 율법학자 · 서기관들에 둘러싸여 벌이신 '권위 논쟁'(막 11:27-33)이 그것이다.

"네가 무슨 권위로 이런 일을 하느냐?"

당장 돌로 치려는 듯 달려드는 무리들에게 예수님은 역으로 질문을 던지셨다.

"요한의 세례가 하늘로부터냐? 사람으로부터냐?"

사람은 본질을 무엇으로 삼느냐에 따라 두 종류로 나뉘는데 곧 "하늘로부터"(ex ouranou) 사는 사람과 "사람으로부터"(ex anthropon) 사는 사람이다. 하늘(하나님)을 본질로 여기며 사는 사람은 하늘의 뜻과 판단과 말씀에 예민하게 반응하고, 사람(땅)을 본질로 삼고 사는 사람은 사람들의 욕구와 판단과 여론에 예민하게 반응한다. 여기 본문에서는 "네가 무슨 권위로 이런 일을 하느냐?"는 질문에 예수님의 직접적인 답은 없지만 실제로는 이미 여러 차례, 공개적으로 답을 하셨다.

"내가 하늘에서 내려온 것은 내 뜻을 행하려 함이 아니요 나를 보내신 이의 뜻을 행하려 함이니라."(요 6:38-39)

"내가 내 자의로 말한 것이 아니요 나를 보내신 아버지께서 내가 말할 것과 이를 것을 친히 명령하여 주셨으니"(요 12:49)

"내가 아버지 안에 거하고 아버지께서 내 안에 계심을 믿으라."(요 14:11)

'하늘로부터,' '아버지 안에'(en to patri). 이것이 예수님 말씀 권위의 근거였다. 하늘이 땅에서 높음 같이 하늘(아버지)을 본질로 삼으셨던 예수님이셨기에 땅(사람)을 본질로 삼았던 그 시대 권력자 헤롯이나 빌라도의 권위 앞에서 주눅 들지 않고 당당하셨다. 그러한 예수님의 권위가 2천 년 기독교 역사에서 예수님을 따르는 제자로서 모든 사도와 목회자들의 말씀과 행위의 권위 근거가 되었던 것이다. 그것이 교회의 권위요 목회의 권위인 것이다. 그것은 세속적이지 않고 영적이며 법적이기보다 정신적인 것이다.

그런데 오늘 한국 감리교회가 그런 권위를 잃어버렸다. 교회의 최고 수장이라는 감독의 '말씀'에 권위가 서지 않는다. 그래서 지도력을 잃고 교회는 우왕좌왕한다. 결국 정치와 행정력 회복 이전에 교회 지도자들의 권위 회복이 시급하다. 권위 회복은 '본질 회복'이다. 교회의 위기 극복을 위해 교회의 본질을 회복하는 일이 시급하다. 다른 말로 하면 교회의 '정체성'(identity) 회복이라 할 수 있다.

"한국 감리교회의 정체성은 무엇인가?"

"한국 감리교회의 신앙적 · 역사적 뿌리는 무엇인가?"

마침 올해(2010)가 한국 감리교회가 남북 감리교 합동을 통해 단일 감리교단을 만들고 '자치'(autonomy)를 선언한 지 80주년이 되는 해다. 지난 80년 동안 한국 감리교회는 민족과 함께 일제강점기, 분단시대의 아픔과 시련을 겪으면서도 괄목할 만한 성장을 이룩하였고 복음전도와 구령사업, 교육과 선교, 사회봉사 분야에서 국내 어느 교단 뒤지지 않는 활약상을 보이고 있으며 세계 감리교운동에서도 미국연합감리교회와 함께 선도적 역할을 감당하고 있다. 그러나 2008년 감독회장 선거문제로 시작된 교회 내분과 갈등은 그 어느 때보다 한국 감리교회 분위기를 우울하게 만들었고 교회의 '자정'(自定)과 '자치'(自治) 기능의 중요성을 일깨워주었다.

그런 점에서 이 글은 1930년 이루어진 남북 감리교 합동과 총회 조직 과정, 그 과정에서 형성된 한국 감리교회의 신앙과 교리의 특징을 살펴보고, 한국 감리교회의 '자치 선언'이 지니는 역사적 · 신학적 의미가 무엇인지 살펴볼 것이다. 이를 통해 한국 감리교회 선배들이 "어떤 교회를 세우고자 했는가?" 알 수 있는데 그것이 곧 한국 감리교회의 본질(정체성)일 것이다. 그리고 자치시대 선언 이후 일제강점기 감리사들이 감리교회 정체성을 유지 · 확립하기 위해 어떤 역할을 하였는지 살펴보겠다. 그것이 오늘 위기에 처한 한국 감리교회 문제를 두고 토론하기 위해 모인 감리사 대회 참석자들에게 '선배의 교훈'이 될 수도 있을 것이기 때문이다.

2. 남북 감리교 합동과 총회 조직

미국에서 일어난 흑인 노예문제와 남북전쟁의 여파로 남과 북 둘로 나뉘었던 미국 감리교회는 전쟁 후에도 통합되지 못하고 남북으로 나뉜 상태에서 국내외 선교를 추진하였다. 그런 배경에서 한국선교도 두 교회가 별도의 조직과 체제를 갖추고 추진하였으니 미(북)감리회는 1885년에 아펜젤러와 스크랜턴 가족, 남감리회는 1896년 리드 가족을 각각 한국에 파송함으로 한국선교를 착수하였다. 비록 이처럼 나뉘어 들어왔으나 남북 감리회 선교사들은 선교지 한국에서 교회일치(ecumenical) 정신으로 교육과 의료 · 복음전도사역에서 연합과 협동을 추구하여 '형제 사랑'의 아름다운 모습을 보여주었다. 그리고 1903년 원산에서 시작되어 1907년 평양에 이른 부흥운동이 초교파적인 영적 각성운동으로 전개되면서 선교사와 토착교회 지도자 사이에 '하나 된 교회'를 조직하려는 운동이 전개되었던 바 장로교회와 감리교회의 통합이 불가능하면 남북 감리교회 통합이라도 추진하자는 움직임이 있었으나 미국 본교회의 정치적인 입장 때문에 성공하지는 못했다.

그러다가 우리 민족이 1919년 3·1만세운동을 경험한 직후부터 선교사와 교회 지도자들 사이에 남북 감리교회 통합에 대한 논의가 재개되었다. 일제의 침략과 지배로부터 벗어나려는 민족의 자주독립운동을 경험한 한국교인들 사이에 선교사와 미국교회의 지원과 관리에서 벗어난 자주적 '독립교회'를 설립하려는 운동이 일어났는데 감리교회에서는 그 운동이 남북 감리교 합동운동으로 나타난 것이다.[1] 그 구체적인 움직임은 3·1만세운동 직후 침체 분위기를 벗어나지 못하고 있던 교회와 민족에 새로운 활기를 불어넣기 위해 추진된 '진흥운동'(振興運動, advancing movement)이 본격적으로 추진된 1924년부터 나타났다. 즉 1924년 3월 5-6일, 남감리회의 '진흥방침위원회'와 미(북)감리회의 '진흥위원회' 위원들이 함께 모여 3·1만세운동 이후 침체한 한국교회를 부흥시킬 수 있는 여러 가지 방안을 논의하는 중에 우선 두 교회가 연합하여 할 수 있는 사업을 추진키로 하였는데 구체적으로는 ① 예문 통일, ② 연회원 입회 규칙 통일, ③ 교회 임원 명칭 통일, ④ 선교기념예배당 건축 등의 사업을 결정했다. '선교기념예배당' 건축 사업은 미감리회의 아시아 선교를 개척한 가우처 박사와 남감리회의 아시아 선교를 개척한 램벗 감독를 기념하여 두 교회가 합동으로 예배당을 건축하는 사업인데 연합으로 '기념예배당건축위원회'를 조직하고 전국 교회에 모금운동을 전개하였다.

그동안 교육과 의료, 출판과 언론 사업, 특히 협성신학교를 통한 교역자 양성 사업에서 두 교회가 연합한 경험이 축적되어 있어 두 교회 연합사업 전망은 밝았다. 더욱이 그 즈음 미국 감리교회 안에서도 남북 감리교회 합동위원회가 활동하고 있어 연합 '진흥방침위원회'에 참여했던 두 교회 지도자들이 마음속에 지니고 있던 '하나의 감리교회'에 대한 꿈은 실현 가능성이 그 어느 때보다 높았다. 선교사를 파송한 미국에서 하나가 된다면 '피선교지' 한국에서 하나가 되기는 쉬운 일이었다. 1924년 미국의 남북 두 감리회 총회에 똑같이 합동안이 상정되었는데 미감리회 총회에서는 통과되었으나 남감리회 총회에서는 '4분의 3 찬성'을 얻지 못해 부결되고 말았다.

이 같은 미국 소식에 접한 한국교회 지도자들은 실망하지 않고 오히려 "조선 남북 감리교회는 불가불 단독으로라도 통합하여야만 되겠다는 것을 각오하고" 연합이 아닌 합동운동을 본격적으로 전개하기 시작했다. 그리하여 1926년 두 교회 대표들로 '조선남북감리교회통합방침연구연합위원회'가 조직되었다. 위원회는 여러 차례 회의를 거쳐 "① 조선에 있는 두 매년회를 합하여 한 연회를 만들 것, ② 합한 후에는 '미감리'라든지 '남감리'라든지 못할

---

1) C.A. Sauer, *Methodism in Korea* (Seoul: The Christian Literature Society, 1973), 21.

터이니 합당하게 신명칭을 지을 것, ③ 교회에서 사용하는 예문과 직원의 명칭이 동일하게 한 교회 법전을 제정할 것, ④ 조선 교역자들은 남북 교회의 관계를 물론하고 어디든지 파송하게 할 것, ⑤ 조선에 있는 남북 감리교회의 모든 사업을 합동 연락하야 감리교회는 일치한 행동을 취할 것" 등 '합동 5원칙'을 정하였다.

이 같은 원칙은 1927년 남북 두 교회 '조선연회'에서 그대로 채택되었고 두 교회 연회는 합동으로 (4년마다 열리는) 미국 감리교 총회에 「합동 승인 청원서」를 제출하였다. 다행히 '420표 차로' 합동을 부결시켰던 미국 남감리회 분위기도 바뀌고 있었다. 교회 분열의 주역이었고 그 때문에 교회 합동에 소극적이었던 원로 세대가 은퇴한 자리를 젊은 세대가 채우면서 합동운동이 탄력을 받게 된 것이다. 이 같은 '세대 교체' 분위기에서 '피선교지' 한국으로부터 합동 승인 요청이 들어오자 두 교회는 긍정적인 반응을 보였다. 그리하여 1928년 5월의 미감리회 총회가, 그리고 1930년 5월의 남감리회 총회가 '조선감리교회의 합동'을 승인하게 되었다. 미국의 두 교회는 정작 자신들은 합동을 이루지 못했음에도 피선교지 한국에서의 합동을 승인한 셈이 된 것이다.

이 같은 과정을 거쳐 1930년 11월 18일 미국의 남북 감리회 총회 대표와 두 교회의 한국연회 대표, 두 교회의 한국 주재 감독 등으로 '합동전권위원회'가 구성되었다. 한국인 16명, 미국인 15명으로 구성된 합동전권위원회 위원장은 웰치(H. Welch) 감독이 맡게 되었다. 그는 1916년부터 한국과 일본 주재 감독을 역임하다가 1928년에 피츠버그연회 감독으로 임지를 옮긴 상태였으나 한국교회를 사랑했고 또한 합동운동에 누구보다 적극적인 자세를 취하였기에 미감리회 총회 대표 자격으로 참석했다가 남북 두 교회 대표자들의 추대로 위원장직을 맡게 된 것이다. 웰치의 지도력을 바탕으로 합동논의는 순조롭게 추진되어 합동전권위원회 발족 '10일 만에' 두 교회 합동에 따른 명칭 · 법 · 조직 · 교리 부분에서 합의를 도출하여 마침내 1930년 11월 29일, 「조선감리교회 합동과 조직에 관한 성명서」를 발표한 후, 12월 2일 마침내 역사적인 '기독교조선감리회' 창립 총회를 서울 냉천동 협성신학교 강당에서 개최하였다.[2] 이처럼 신속하게 합동 작업이 추진될 수 있었던 것은 합동연구위원회의 '3년' 연구 작업과 합동전권위원회에 참석했던 두 교회 대표들의 양보와 협력 정신, 그리고 무엇보다 한국교회의 뜨거운 '합동 열기'가 어우러진 결과였다.

이로써 '나뉘어 들어온' 한국 감리교회 두 전통이 하나가 되었다. 1930년의 기독교조선감리회 창립은 다음 몇 가지 점에서 상당히 중요한 의미를 지닌다.

첫째, 한국 감리교회의 주체적 선교의식이 구현되었다는 점이다. 교회 합동은 한국교회의 주도적인 의지와 노력으로 이루어졌다. 합동 논의가 한국에서 시작되었고 미국교회는 한국교회 요청에 승인하는 형태로 진행되었다. 한국교회의 합동은 미국교회 합동운동에도 촉매가 되어 나뉘었던 미국교회도 1939년 합동을 이루게 된다.

둘째, 평신도운동에 중요한 전기를 마련했다는 점이다. 합동 총회는 모든 의회 구성에 목회자와 평신도를 반반으로 구성하도록 규정함으로 평신도의 참여와 역할을 극대화시켰다. 이 같은 의회 구성은 당시 미국교회에서도 실시하지 못했던 혁신적인 내용이었다.

셋째, 교회여성운동에 전환점을 이루었다. 합동 총회는 여성 목사안수의 길을 열어 1931년 연회에서 (비록 선교사들이지만) 여성 목사 14명을 배출했다. 이 같은 '여성 목사'는 당시 미국교회도 채택하지 않던 혁신적인 제도였고 보수적인 한국 장로교회에도 영향을 끼쳐 일부 진보적 목회자가 여성 안수를 지지하는 발언을 했다가 '종교 재판'에 회부되기도 했다.

넷째, 무엇보다 한국인 감독(총리사)을 갖게 되었다는 점이 중요하다. 비로소 한국인 목사들이 한국인 감독의 손으로 안수를 받게 된 것이다. 아직 경제적인 면이나 신학적인 면에서는 '선교사'로부터 독립할 수는 없었지만 조직과 정치면에서나마 한국교회가 주도적 역할을 수행할 수 있게 되었다는 점에서 의미가 크다. 1930년 합동 총회 이후 한국 감리교회사를 '자치(Autonomous) 시대'라고 부르는 이유가 여기에 있다.[3)]

---

2) 양주삼, "조선 남북감리교회 통합운동의 내력,"『조선남감리교회 30주년 기념보』(조선남감리회 전도국, 1929), 139-150.

3) C.A. Sauer, *Methodists in Korea, Part One-Four: The Autonomous Years,* 1968.

3. 한국 감리교회의 3대 조직원리

1930년 12월 2일, 남북 감리회 합동으로 기독교조선감리회 총회가 성립되던 역사적인 날, 합동전권위원장으로 두 교회 합동 작업을 진두지휘했던 웰치 감독은 '한국 감리교회의 산파'(midwife of Korean Methodist Church)라는 별명을 받게 되었는데, 그는 총회석상에서 합동전권위원회 대표자들이 "선결적으로 목적한 바"라며 새로 건설될 한국 감리교회의 성격을 다음과 같이 보고하였다.

> "첫째에 이 새 교회는 반듯이 진정한 기독교회가 되게 하고저 한 것입니다. 다시 말하면 그리스도의 요구하시는 조건대로 행하여 그의 친구가 되어 그리스도를 배우고 그를 따르고저 하는 이들에게는 문을 열고 환영하여 모두 교인이 될 수 잇도록 한다는 말슴이올시다."[4]

'진정한 기독교회'(truly Christian Church)는 그리스도의 정신과 가르침에 충실한 교회다. 그런 의미에서 폐쇄적 바리새파 율법주의자들과 투쟁하며 '열린' 하나님의 나라를 건설하려 했던 그리스도의 가르침대로 한국 감리교회는 누구에게나 '열린 교회'를 지향하였다. "남녀와 귀천의 구별이 없이하여 주 앞에서 빈부와 유무식자와 남녀와 제사와 군인이 다 같이 모이어" 그리스도의 사업을 추구하는 교회를 의미한다. 한국 감리교회가 1930년 총회 때 여성안수를 채택한 것과 모든 의회에 목회자와 평신도를 같은 수로 구성하도록 규정한 것이 이 같은 '평등교회'를 지향한 결과다. 그렇게 구성된 교회는 내용으로 같으나 형식으로 다른 교회의 3대 기능 즉, 전도와 교육과 사회사업을 수행함으로 개인은 "진리와 사랑의 권능으로 구원하고" 사회는 "옛 그리스도의 정신으로 봉사하며 그의 정신으로 변화시키어야" 한다는 2대 사명을 완성하게 된다. 전도와 교육과 사회봉사를 균형 있게 전개함으로 개인구원과 사회변혁의 조화가 이루어진다는 말이다. 우리는 개인구원이 사회구원으로 연결되어야 할 것을 믿기 때문이다.

---

4) "전권위원장 웰취 감독의 설명," 「기독교조선감리회 교리와 장정」(기독교조선감리회 총리원, 1931), 4-5.

> "둘째로 이 교회는 진정한 감리교회가 되게 하자는 것이엇습니다. 이 말슴은 편협한 교파주의를 가지고 옛날의 바리새교인들과 같이 교만과 자존심으로 독립한다는 뜻이 아니요 감리교회 창립자 요한 웨슬레 선생처럼 우의의 관계와 광범한 동정을 가진다는 것입니다."

'진정한 감리교회'(Truly Methodist Church)는 감리교 창시자 웨슬리의 정신에 충실한 교회다. 그런 의미에서 독선적이고 이기적인 교파주의를 배격하며, 복음이 우주적이고 보편적인 진리인 것을 믿으며 그 안에서 다른 교파 · 종파와 대화할 수 있는 '에큐메니칼 교회'를 지향한다. 제도와 조직, 교리와 신조가 유익한 점이 있지만 그것이 절대적 권위가 될 수는 없다. 그런 교회는 변화를 거부한다. 교회는 "자유와 희락과 권능을" 가져다 주는 성령의 역사에 따라 '살아 움직이는 교회'여야 한다. '변화'는 살아 있음의 증거다. 변화와 성장을 멈춘 교회는 '화석화'(化石化)된 교회, '미이라'가 된 교회다. 사도행전 시대부터 교회는 변화와 성장을 계속해 왔다. 그런 의미에서 교회는 생래적으로 진보적일 수밖에 없다. 그런 의미에서 한국 감리교회는 "진보적임으로 생명 있는 이의 특색을 가졋으니 곳 그 시대와 지방을 따라 자라기도 하며 변하기도 할 것"이다. 우리는 진보와 보수가 양자택일의 개념이 아니라 상보적(相補的) 개념인 것을 믿기 때문이다.

> "셋째로 이 교회는 조선적 교회가 되게 하고저 한 것이올시다. 조선적이라 하는 말은 이 교회를 조선인으로만 조직하자는 말은 아닙니다. 또 조선적이라는 말은 협소하게 교회 생활 중에 무엇이던지 조선에서 된 것이 아니면 내어버린다는 말이 아니며 또한 수천 년 동안 기독교 역사에 유전하여 온 바를 경시하거나 부인한다는 말도 아닙니다. 우리는 고금을 통하여 전래한 바를 감사한 마음으로 받아서 예배나 치리에나 규칙에 잘 이용하되 조선의 문화와 풍속과 관습에 조화되게 하고저 하는 것입니다."

'조선적 교회'(Korean Church)는 한국의 민족적 상황과 현실에 능동적으로 참여한다. 특히 외세 폭력으로 수난당하는 민족을 위해 투쟁하는 민족주의 신앙을 추구한다. 그러나 그것이 국수주의적 민족교회를 의미하지는 않는다. 2차 세계대전 당시 독일과 일본이 보여주었던 것처럼, 민족적 우월감에 사로잡혀 다른 민족에까지 자기 가치를 강요하는 공세적이고 파괴적인 민족주의는 거부한다. 자기 가치가 소중한 것만큼 남의 가치도 존중할 줄 아는 조화와 협력의 민족주의를 지지한다. 하나의 음조로 단조롭게 부르는 '제창'(unison)보다는 여러 음조가 화음을 이루는 '합창'(choral)이 교회 예배엔 더 어울린다. 세계 모든 민족이 자기 언어로, 자기 고유 의상을 입고, 자기 전통 악기로 '한 분' 하나님을 찬양할 때 느낄 수 있는 '다양 속의 일치'를 추구한다. 그런 의미에서 한국교회는 '한국적'이어야 한다. 가장 한국적인 것이 가장 세계적인 것이기 때문이다. 한국 감리교회가 서구 기독교 전통 못지않게 한국 고유의 '토착' 전통을 중요시하는 이유도 여기에 있다. 우리는 기독교인이며 동시에 한국인이기 때문이다.

웰치 감독에 의해 제시된 한국 감리교회의 3대 원리는 한국 감리교회의 성격과 방향을 규정한 것으로 중요한 의미를 지니고 있다. 이를 다시 한 번 정리하면, 한국 감리교회는 '진정한 기독교회'로서 폐쇄적 교회 전통을 극복하여 '열린 교회'를 추구하고, 교회 안에 남아 있는 성별·직업·경제적 불평등 차별구조를 극복하여 '평등 교회'를 추구하며, 복음전도와 교육과 사회봉사를 통해 개인구원과 사회구원을 동시에 추구한다. 그리고 '진정한 감리교회'로서 독선적 교파주의를 극복하여 '교회일치운동'을 추구하고, 비생산적 제도와 관습을 무비판적으로 고수하려는 보수주의를 극복하여 사회 변화에 능동적으로 대처하는 '진보적 변화와 성장'을 추구하는 '살아있는 교회'를 지향한다. 마지막으로 '한국적 교회'로서 현실도피적 이기주의 신앙을 극복하여 '민족주의 신앙'을 추구하고, 무비판적 서구 기독교 모방과 답습을 극복하여 '민족 전통'과 '기독교 전통'의 창조적 융합으로 이루어지는 '토착교회'를 추구한다. 이 같은 과정을 통해 한국 감리교회는 세계 기독교 전통 및 한국 토착종교 전통과 '연결되면서도 구분되는'(separatus et continuus) '제3의 교회'로 자기 위치를 확보하게 될 것이다.

4. 한국 감리교회 「교리적 선언」

총회 조직과 함께 채택한 「교리적 선언」은 합동전권위원장 웰치가 초안한 것을 한글로 번역하고 그것을 베이커 · 양주삼 · 홍병선 · 김종우 목사 등의 검토를 거친 후 총회에 제출하였는데 초안은 다음과 같았다.

"1. 우리는 萬物의 創造者이시요 攝理者이시요 人類의 아바지시요 모든 善과 美와 愛와 眞理의 根源되시는 오직 하나이신 하나님을 밋으며
2. 우리는 하나님이 肉身으로 낫타나사 우리의 스승이 되시고 模範이 되시고 代贖者가 되시고 救世主가 되신 예수 그리스도를 밋으며
3. 우리는 하나님이 우리와 갓치 계시사 우리의 指導와 慰安과 힘이 되시는 聖神을 밋으며
4. 우리는 사랑과 祈禱의 生活을 밋으며 罪를 容恕하심을 밋으며 모든 要求에 넉넉하신 恩惠를 밋으며
5. 우리는 舊約과 新約에 잇는 하나님의 말삼이 信仰과 實行에 充分한 標準이 됨을 밋으며
6. 우리는 살아계신 主 안에서 하나이 된 모든 사람들이 禮拜와 奉事를 目的하야 團結한 敎會를 밋으며
7. 우리는 하나님의 뜻이 實現된 人類社會가 天國임을 밋으며 하날 아버지 압헤 모든 사람이 兄弟됨을 밋으며
8. 우리는 모든 사람들에게 生命과 自由와 歡喜와 能力이 되는 主의 福音을 宣傳함이 우리의 神聖한 天職임을 밋으며
9. 우리는 義의 最後 勝利와 永生을 밋노라."[5)]

「교리적 선언」 본문에 대한 축조 심의는 총회 셋째 날 오전에 시작되어 하루를 넘겨 12월 5일 오전에야 전문을 통과시켰다. 심의가 하루를 넘긴 것은 조문을 둘러싸고 총회원 사이에 논쟁이 길었기 때문이었다. 특히 내용에 들어가 보수파 목회자들의 반론이 계속 제기되었다. 그 선봉이 원주지방 감리사 신홍식 목사였다.

"「교리적 선언」 중에 '성신 잉태'와 '개인 부활' 조항이 빠져 있음은 소위 현대 신학자 중에 마리아의 잉태설을 부인하는 경향을 대변하는 것이 아닌가? 이는 반기독당에게 장래 승리의 기틀을 엿보게 하는 것이다."[6)]

---

5) 「기독신보」1930.12.27.
6) 「종교교육」1931.1, 37.

신홍식 목사는 3·1만세운동 때 민족대표 33인 중의 한 사람으로 참여한 민족운동가였지만 신앙에서는 근본주의에 가까운 보수적 입장을 취하고 있었다. 그는 「교리적 선언」의 내용이 지나치게 '진보적,' '자유주의' 신학 흐름을 대변하고 있다면서 본문에 "(그리스도의) 聖神의 孕胎와 十字架의 流血贖罪와 復活 昇天과 最後 審判이라"는 내용으로 1조를 더 첨가하자고 제안하였다. 이에 대한 위원회 측 답변은 아주 간단했다.

> "교리 제5조에 '신약과 구약을 다 믿는다'는 의미가 포함되어 있음으로 중첩할 필요가 없다."

성경에 근본주의 교리가 모두 포함되어 있으므로 "성경을 믿는다"는 말 한마디면 해결된다는 식의 편리한 해석이었다. 아무튼 이 문제로 장시간 토론을 벌였지만 근본주의 교리를 추가하자는 수정안은 부결되었고 일부 문자 수정과 조항 정리를 거친 후 "원안대로" 받기로 가결되었다.[7] 그리고 또 하나 문제된 것은, 본래 웰치가 초안한 것은 본문 8조와 '서문' 및 '다짐'으로 되어 있었는데 유형기 목사가 인쇄하면서 '다짐'을 8조로 잘못 넣어서 전문 9조가 되었는데 이 부분도 웰치의 지적으로 수정하여 서문과 본문 8조, 그리고 다짐 순으로 문장이 조정되었다. 그렇게 해서 완성된 「교리적 선언」 본문은 다음과 같다.

> "1. 우리는 萬物의 創造者시오 攝理者시며 온 人類의 아버지시오 모든 善과 美와 愛와 眞理의 根源되시는 오직 하나이신 하나님을 믿으며
> 2. 우리는 하나님이 肉身으로 나타나사 우리의 스승이 되시고 模範이 되시며 代贖者가 되시고 救世主가 되시는 예수 그리스도를 믿으며
> 3. 우리는 하나님이 우리와 같이 계시사 우리의 指導와 慰安과 힘이 되시는 聖神을 믿으며
> 4. 우리는 사랑과 祈禱의 生活을 믿으며 罪를 容恕하심과 모든 要求에 넉넉하신 恩惠를 믿으며
> 5. 우리는 舊約과 新約에 있는 하나님의 말씀이 信仰과 實行에 充分한 標準이 됨을 믿으며
> 6. 우리는 살아계신 主 안에서 하나이 된 모든 사람들이 禮拜와 奉仕를 目的하여 團結한

7) 「종교교육」1931.1, 37.

教會를 믿으며

7. 우리는 하나님의 뜻이 實現된 人類社會가 天國임을 믿으며 하나님 아버지 앞에 모든 사람이 兄弟됨을 믿으며

8. 우리는 義의 最後 勝利와 永生을 믿노라. 아멘

모든 사람에게 生命과 自由와 歡喜와 能力이 되는 이 福音을 宣傳함이 우리의 神聖한 天職인 줄 알고 獻身함"[8)]

「교리적 선언」에 담긴 신학적 분위기는 1930년대 한국교회 상황에서 볼 때 '자유주의'로 인식될 정도의 '진보적' 입장을 취하고 있음은 부인할 수 없다. 그리스도의 마리아 성신 잉태, 유혈 속죄, 육적 부활과 재림 심판 등 근본주의 교리가 일체 빠진 것은 물론이고, 2조 그리스도론에서 '스승'과 '모범'이라는 단어를 사용한 것이나 7조 천국론에서 "하나님의 뜻이 실현된 인류사회가 천국"이라는 표현을 사용한 것은 1920년대 미국에서 유행하던 자유주의 신학 계열, 특히 라우센부쉬의 '사회복음주의'(Social Gospel) 신학을 반영한 대표적인 예였다. 그리고 5조 성경론의 "구약과 신약에 있는 하나님의 말씀"이란 표현도 읽기에 따라서 "성경에는 하나님의 말씀이 아닌 것도 포함되어 있다" 혹은 "성경 밖에서도 하나님의 말씀을 들을 수 있다"는 식으로 해석할 수도 있어 성경유오설(聖經有誤說, 성경은 인간의 기록이기 때문에 오류가 있을 수 있다는 입장)과 자연계시론(自然啓示論, 그리스도와 성경 이외에 자연과 일반 역사에서도 하나님의 계시를 발견할 수 있다는 입장)을 수용하는 '진보적' 신학 노선을 취하고 있음을 분명히 하였다.

「교리적 선언」이 이처럼 진보적, 자유주의적 경향을 띠게 된 것은 「교리적 선언」 작성에 깊이 관여한 웰치 감독과 한국 감리교회 초대 총리사(감독)로 선출된 양주삼 목사의 '진보적 신학'에 영향 받은 바가 컸다. 그리고 「교리적 선언」의 채택과정에서 볼 수 있듯 보수파의 저항과 개정 시도가 없지 않았으나 이런 시도는 다수의 힘에 밀려 부결되고 결국 「교리적 선언」이 큰 수정 없이 '원안대로' 통과되었다는 사실에서 당시 한국 감리교회를 이끌고 있던 '주류' 신학이 동시대 장로교회가 취하고 있던 '근본주의적 보수주의' 노선과

8) 「기독교조선감리회 교리와 장정」(기독교조선감리회 총리원, 1931), 38-39.

는 상당한 거리가 있는 진보적이고 자유주의적인 노선을 취하고 있었음을 확인할 수 있다.

5. 한국 감리교회 「사회신경」

다른 교파 교회에 비해 사회사업, 현실참여에 강한 전통을 보유하고 있는 감리교회는 사회구원을 내용으로 하는 사회선교 신학 수립에도 선구적 입장을 보여주었다. 한국 기독교 역사에서 감리교회가 가장 먼저 사회신경을 채택한 배경이 여기에 있다.

우리 말로 된 최초 「사회신경」(社會信經, social creed)은 1919년 남감리회 조선매년회에서 발행한 『남감리회 도리와 장정』을 통해 소개되었다. 이 책은 미국 남감리회의 「교리와 장정」을 번역한 것으로 엄밀한 의미에서 미국 감리교회의 사회신경의 한글 번역이라 할 수 있다. 미국 감리교회의 사회신경은 1908년 미감리회에서 처음 채택한 11개조 「사회적 선언」(social statement)이 효시다. 이것은 같은 해 조직된 미국기독교연합회(Federal Council of Churches of Christ, 미국 NCC의 전신)에 의해 '사회신경'으로 채택된 후 1912년 16개조로 확대되었다. 이 연합회 회원 교회였던 남감리회에서 1914년 이 '사회신경'을 채택하고 교리와 장정에 삽입하였던 것을 양주삼 목사가 한글로 번역하면서 한국교회에 처음으로 「사회신경」이란 이름으로 소개된 것이다. 그 본문은 다음과 같다.

> "하느님의 敎會가 밧은 使命은 예수그리스도와 그 福音을 各時代에 合當하게 飜譯하고 使役하야 乃終에는 萬物이 그이의게 屈服케 할 것이며 또 이 時代의 絶迫하게 된 經濟上 整理와 社會上 救贖할 問題가 敎會의게 挑戰的으로 예수 그리스도의 主 되심을 社會的으로도 個人的과 갓치 主張케하라 하며 또 이 時代의 福音을 社會的으로 飜譯하기를 個人的으로 함과 갓치하기를 要求하는지라. 그런고로 吾人의 兄弟들을 代表한 米國 그리스도교會聯盟協議會는 決議하노니
>
> 1. 모든 生活上에 同等의 權利와 完全한 正道를 모든 人民의게 行하는 것을 밋으며
> 2. 家庭을 保護하기 위하야 男女의 貞節을 同一한 標準으로 하며 離婚法을 各處에서 均一

케 하며 婚姻法을 規定하며 家屋制度를 相當히 하는 것을 밋으며

3. 모든 兒童의 極히 完全한 發達을 主張하되 特別히 教育과 運動을 相當히 밧게 함으로 하는 것을 밋으며
4. 兒童의 勞動을 廢止하는 것을 밋으며
5. 女子의 勞動하는 情況을 規定하야 社會의 身體上과 道德上에 健康을 保存케 하는 것을 밋으며
6. 貧窮을 豫防하야 減少되게 하는 것을 밋으며
7. 酒類商業으로 因하야 個人과 社會가 밧는 社交上과 經濟上과 道德上으로 損害當하는 것을 豫防하는 것을 밋으며
8. 人類의 健康을 保有케 하는 것을 밋으며
9. 勞動者들을 危險한 機械에서 保護케 하는 것을 밋으며
10. 모든 人類가 自保할 機會를 엇을 權利가 잇는대 그 權利를 모든 侵略에셔 잘 保護할 것이며 또 勞動者들을 强制勞動에서 保護하는 것을 밋으며
11. 勞動하다가 老衰한 者와 傷하야 無力하게 된 者를 위하야 相當히 規定하는 것을 밋으며
12. 雇傭하는 者나 雇傭된 者가 團體를 組織하야가지고 問題가 生起는 時에 仲裁와 和解하게 할 同等의 權限이 잇는 것을 밋으며
13. 七日中에 一日式은 勞動을 停止하고 安息하게 하는 것을 밋으며
14. 勞動時間은 相當할대로 漸漸縮小하야 實行할 수 잇난 極小時까지 되게 하며 人類生活의 高等程度와 合當한 餘暇가 잇게 하는 것을 밋으며
15. 諸般事業의 工錢은 極小하야도 生活費가 되게 할 것이오 또 各事業에셔 實行할 수 잇는 最高의 工錢을 주게 하는 것을 밋으며
16. 基督教의 原理가 財產을 取得하고 使用하는대 對하야 더욱 實行케 하며 終當 行할 수 잇는 方法으로 產出하는 利益을 公平하게 分配하도록 하기를 밋음."[9]

이 「사회신경」은 20세기 초 미국 신학의 큰 흐름이었던 '사회복음'(social gospel)신학을 바탕에 깔고 있었기 때문에 전체 분위기가 진보적일 뿐 아니라 내용에서도 노동조합 결성, 노사간 쟁의조정, 노동시간 단축, 최저 노동 임금 보장, 부녀자와 아동 노동 보호 등 노동자의 권익을 최우선으로 하는 미국 산업사회를 배경으로 한 것이어서 1910-20년대 한국의 식민지 사회 상황과 거

9) "례문," 『南監理會 道理와 章程』(남감리회조선매년회, 1919), 60-62.

리가 있다. 하지만 이 신경은 감리교회의 사회적 관심과 선교의식을 간접적으로나마 보여주는 것으로 의미는 적지 않다.

그리고 남감리회의 사회신경은 1930년에 제정된 한국 감리교회 사회신경의 기초가 되었다는 점에서 중요한 의미를 지닌다. 즉, 1930년 12월 합동 총회는 8개조 「교리적 선언」을 채택하면서 동시에 13개조 「사회신경」을 채택하여 사회선교와 봉사의 원리로 삼게 되었다. 「교리적 선언」은 이틀에 걸친 축조 심의를 거쳐 긴 논란 끝에 채택한 것과 달리 「사회신경」은 별도 심의 없이 「교리와 장정」의 '선교국 조항'에 삽입되어 '원안대로' 채택되었다. 그렇게 채택된 감리교회의 「사회신경」 본문은 다음과 같다.

> "人類는 種族과 邦國의 別이 없이 天地의 主宰시며 오직 하나이신 하나님의 같은 子女임을 믿으며 人類는 兄弟主義 아래서 이 社會를 基督主義의 理想社會로 만들음이 우리 敎會의 急務로 믿어 우리는 左의 社會信經을 宣言하노라.
>
> 1. 人類의 同等權利와 同等機會를 믿음.
> 2. 人種과 國籍의 差別撤廢를 믿음.
> 3. 家庭生活의 圓滿을 위하여 一夫一妻主義의 神聖함을 믿으며 貞操問題에 잇어서 男女間 差別이 없음을 믿으며 離婚의 不幸을 알아 그 豫防을 講究實行함이 當然함을 믿으며.
> 4. 女子의 現代地位가 敎育, 社會, 政治, 實業各界에 잇어서 向上發達하여야될 것을 믿음.
> 5. 兒童의 敎育을 받을 天賦의 權利를 是認하여 敎育에 힘쓰고 兒童의 勞動廢止를 믿음.
> 6. 人權을 是認하여 公私娼制度 其他 人身賣買의 여러 가지 社會制度를 反對함.
> 7. 心身을 敗亡케 하는 酒草와 阿片의 製造販賣使用을 禁止함이 當然함을 믿음.
> 8. 勞動神聖을 믿고 勞動者에게 適合한 保護와 待遇를 함이 當然함을 믿음.
> 9. 正當한 生活維持의 勞賃과 健康을 害하지 않을 程度의 勞動時間을 가지게 함이 當然함을 믿음.
> 10. 七日中 一日은 勞動을 停止하고 安息함이 必要함을 믿음.
> 11. 勞動爭議에 公平한 仲裁制度가 잇음이 必要함을 믿음.
> 12. 貧窮을 減少하게 함과 産業을 振興케 함을 믿음.
> 13. 虛禮와 奢侈와 娛樂으로 金錢과 時間을 浪費함은 社會에 대한 罪惡임을 믿음."[10]

---

10) 『기독교조선감리회 교리와 장정』(기독교조선감리회 총리원, 1931), 128-130.

지금 읽어도 전혀 어색하지 않다. 표현만 바꾸면 지금 사용해도 손색이 없을 만큼 내용도 '현대적'이다. 1996년 새로 제정한 「감리교회 사회신경」보다 훨씬 간결하고 핵심적이다.

1930년 「사회신경」은 그 전 남감리회 사회신경의 골격을 그대로 유지하며 지나치게 미국적인 내용이나 한국 상황에 맞지 않는 조항을 폐지하고 대신 당시 한국 사회 상황에 적합한 항목을 추가하는 형태로 조정하였음을 알 수 있다. 남감리회 사회신경과 비교할 때 노동문제에 관한 구체적인 조항들을 대폭 삭제하였고 대신 당시 한국교회의 중요 관심사 중에 하나였던 절제운동과 관련하여 '술과 담배, 아편 금지,' '공사창을 통한 성매매 금지,' '낭비성 사치와 오락 금지' 조항이 추가되었고 '일부일처제,' '여성의 지위 향상,' '남녀평등' 같은 여성문제에 깊은 관심을 기울이고 있음을 알 수 있다. 그리고 제일 앞에 '인류 평등'과 '민족간 차별 철폐' 조항을 둔 것이 눈에 띄는데 이는 일본의 한국 식민 지배 구조에 대한 저항의 성격 외에 1920년대 후반 들어 한국교회가 당면한 문제의 하나로 지적된 일부 외국인 선교사들의 '문화 우월주의'와 '인종 차별주의'에 대한 경고의 의미를 띤 것이기도 하다.

이 「사회신경」은 「교리적 선언」의 제7조, "우리는 하나님의 뜻이 실현된 인류사회가 천국임을 믿으며 하나님 아버지 앞에 모든 사람이 형제됨을 믿으며"라는 고백에서 확인되는 '사회복음주의' 신학을 바탕으로 하여 작성되었음을 알 수 있다. 즉 「사회신경」은 사회 현실에 대한 교회의 적극적 대응과 구체적 참여를 적시한 것으로 여기서 한국 감리교회의 적극적 현실참여 전통을 다시 한 번 확인할 수 있다. 그리고 이 신경은 다른 교파 교회의 사회 신경 제정에도 영향을 주어 초교파연합운동단체인 '조선기독교연합공의회'(National Council of Churches in Korea)에서 1932년 제정한 12개조 「사회신조」의 기초가 되기도 했다. 이러한 감리교회의 선구적 사회신경은 개인의 영혼구원은 사회의 부조리와 불합리 구조를 척결하여 공동체 구원으로 연결되어야 한다는 웨슬리의 '사회적 성화'(social sanctification)를 구현하려는 감리교 사회운동의 원리를 반영한 것이었다.

6. 한국 감리교회 '자치선언'의 의미

현장에서 남북 감리교 합동과 한국 감리교회 총회 조직을 지켜보았던 역사가 사우어(C.A. Sauer)는 남북 감리교 합동과정에서 제기되었던 '정치적' 문제점들을 다음과 같이 정리하였다.

> "가장 중요한 문제는 통치기구를 어떤 것으로 할 것인가 하는 문제였다. 감독제(episcopal system)를 취할 것인가? 아니면 영국이나 호주에서처럼 의장제(presidential system)를 취할 것인가? 감독제를 택하더라도 독재의 위험을 방지할 수 있는 방법은 없을까? 새 교회는 독립성을 어떻게 확보할 수 있을까? 어떤 사람은 재정적으로 완전히 독립을 해야 진정한 의미에서 한국이 독립교회를 이룰 수 있다고 주장하면서 재정적 독립을 강조하였다. 학교나 병원같이 선교부에서 운영하는 기관들은 어떻게 해야 하나? 과연 새 교회는 이들 선교기관까지도 자신들이 운영하기를 원하는가? 아니면 이들 기관들은 새 교회와 관계없이 선교부에서 관리하기를 바라는가? 선교사와 한국교회의 관계는 어떻게 설정해야 하나? 과거에 했던 역할을 그대로 유지해야 하나? 아니면 교회 안에 어떤 직책을 맡지 않고 단지 조언자의 역할에 머물러야 하나? 선교사는 누가 파송하나? 선교사들을 취해야 할 책임이 있는 미국의 감독이 해야 하나? 아니면 한국 감독이 해야 하나? 새 교회는 감리교 역사 전통, 웨슬리와 애즈베리 전통과는 어떤 관계를 맺어야 하나? 새 교회는 모교회들과 어떤 관계를 맺어야 하나? 미국에 있는 감독회의나 총회들과 어떤 관계를 맺어야 하나?"[11]

제기된 문제점들은 크게 세 가지로 분류할 수 있다. 첫째는 정치적인 문제로 한국 감리교회의 의회제도에 관한 것이고, 둘째는 경제적인 문제로 한국 감리교회의 재정적 독립에 관한 것이며, 셋째는 미국 감리교회와 관계 문제로 선교사 및 미국 감리교회의 지위와 역할을 어떻게 정립하는가 하는 것이었다.

첫 번째, 의회제도에 관해서는 권력 집중형의 감독제를 채택할 것인가, 아니면 권력 분산형의 의회제를 채택할 것인가 하는 문제였다. 이 문제가 가장 예민하였다. 서구 기독교 전통에서도 권력기구에 대한 감독주의(episcopalism)와 회중주의(congregationalism) 문제는 교회 갈등과 분열의 주요 원인으로 작

11) C.A. Sauer, *Methodism in Korea*, 24-25.

용하였다. 한국에서 선교활동을 펴고 있던 교회들도 감독(주교)주의를 고수하고 있는 교회(천주교와 성공회)와 회중주의를 취하는 교회(장로교)로 확연하게 구분되었다. 지금까지 한국 감리교회는 선교사를 파송했던 미국 감리교회의 영향을 받아 감독제 형태로 운영되고 있었는데 남북 감리교 합동으로 새로운 교회를 조직하게 됨에 따라 어떤 제도를 택하는가에 관심이 모아졌다. 감독제가 일사불란한 행정력을 발휘할 수 있는 장점은 있지만 감독에게 집중된 권력이 자칫 권력 남용으로 이어져 교회 갈등과 분열 요인으로 작용할 수도 있었기에 권력 남용을 방지할 제어장치가 필요했다. 그런데 이 부분에 대한 논의는 쉽게 합의를 도출하였다. 웰치는 회고록에서 논의과정을 이렇게 증언했다.

> "참으로 다행스러웠던 것은 위원회 논의 과정은 물론이고 총회를 조직하는 과정에서 지성적이고(intelligent) 능숙한(able) 토론들이 이루어져서 의견 차이가 있었음에도 극단적이거나 파당적인 분란이 일어나지 않았다는 점이다. 우리가 새 교회 조직을 논함에 있어 세운 원칙은 단순성(simplicity)과 민주성(democracy), 그리고 영성(spirituality)이었다. 교인됨에 있어 오직 한 가지 조건, 그리스도께서 제자들에게 요구하신 것과 같은 조건만 제시하였다. 남녀간에도 평등을 추구하여 지위와 역할에서 동등권을 부여하였다. 목사직에도 과거처럼 집사목사, 장로목사로 나누지 않고 단일 '질서'만 세워 적당한 시험을 거친 후에 받아들이기로 했으며 다양한 사업들을 수행할 교회 조직도 단일화해서 한 기구 안에 전도와 교육, 사회봉사를 담당할 부서만 두기로 했다. 회장 대신 감독을 선출하기로 하되 그 명칭을 '총리사'(總理師, general superintendent)로 하고 임기를 두기로 하였으며 그가 행사할 임명권과 파송권은 평신도들이 포함된 자문위원회(advisory committee)의 협의를 거쳐 행사하도록 하였다."[12]

단순성과 민주성 · 영성을 기본 원칙으로 삼아 진행된 토론 과정에서 도출된 것은 미국 감리교회와 영국 감리교회의 제도를 절충한 '제3의' 방안이었다. 기본적으로 (미국처럼) 감독제를 택하되 최고 지도자의 칭호를 (영국처럼) '총리사'로 하고 그 권한은 평신도가 참여하는 자문기구의 협의를 거쳐 행사하도록 견제하였다. 그래서 한국 감리교회의 최고 지도자가 지휘하는 행정기

---

12) H. Welch, *As I Recall My Past Century* (Nashville: Abingdon Press, 1962), 89-90.

구 명칭이 총리원이 되었고 총리사는 총리원 이사회의 자문을 받아 그 정치적 기능을 수행하게 된 것이다. 이로써 총리사는 한국 감리교회 최고 수장으로서 총리원 행정과 목회자 안수 및 파송에 관한 절대 권한을 행사하되 총리원 이사회와 후에 살펴볼 연합감리사회와 같은 협의기구의 조언을 받아 그 직무를 수행하였다. 한편으로 한국 감리교회가 '감독'이란 칭호대신 '총리사'란 칭호를 채택한 배경에 미국의 '모교회'(母教會, Mother Church)의 최고 수장의 명칭을 함께 쓸 수 없다는 동양의 '겸양' 문화가 작용하였음도 배제할 수 없다. 아무튼 이로써 한국 감리교회는 미국교회의 간섭이나 지휘를 받지 않고 독자적인 정치・행정기능을 수행할 수 있는 '자치'(self-government) 교회가 되었다.

두 번째 경제적 독립문제와 세 번째 미국교회 및 선교사와의 관계 설정 문제는 서로 긴밀하게 연결된 예민한 문제였다. 지금까지 선교사와 미국교회로부터 전폭적인 재정적 후원을 받아 선교사역을 감당해 왔던 한국교회로서 '자치 선언' 이후 외부로부터 재정적 지원을 받지 않고서 기존의 선교사역을 감당할 수 있을 정도의 재정적 능력이 확보되지는 못한 것이 현실이기에 지속적인 경제 지원과 정치적 자립 기능을 어떻게 조화시켜야 할지 중요한 과제로 남게 되었다. 그것은 한국교회 지도자들도 경제적 '자립'(self-support)이 담보되지 않는 한 정치적 '독립'(independent)은 의미가 없음을 인식하고 있었기에 미국교회의 재정지원과 한국교회의 정치적 독립을 어떻게 연결할 것인가가 관건이었다. 목회자 생활비나 교회 운영비 정도는 한국교인들이 감당할 수 있다 하더라도 병원이나 학교, 연합선교기관과 같은 규모가 큰 기관 운영은 한국교회의 역량 밖이었다. 기존의 선교사역을 유지하기 위해서 미국교회의 지속적인 재정지원은 불가피했다. 한국교회의 자치 선언으로 미국교회의 재정지원이 중단되는 것은 아닌가 하는 우려도 없지 않았다. 그렇다고 언제까지 미국교회에 의존할 것도 아니었다. 경제적 자립은 정치적 독립과 함께 한국교회의 자존심과도 연결된 문제였기 때문이다. 이 부분에 대한 홍병선 목사의 진단은 정확했다.

"우리 그리스도교는 시대가 시대니만큼 구미 선교부의 재정으로 순전히 발달을 하고 교인의 내는 돈으로 해 왔다. 앞으로 영원히 선교부에서 보조를 바랄 수도 없는 것이요 그렇다고 대다수의 구차한 교인들이 지금 이상 더 낼 수도 없는 것이다. 지금 남북 감리교 선교부에 보조하는 금액을 조만간 교인들이 담당하여야 할 것이다."[13]

궁극적으로는 한국교회가 한국에서 이루어지는 모든 목회와 선교사역을 감당할 수 있도록 재정적 능력을 배양할 것이지만 현실은 아직 그러하지 못하기 때문에 재정지원을 받을 수밖에 없음을 지적한 것이다. 이 점에서는 선교사들도 동의하였다. 미감리회 선교사로 내한해서 연희전문학교 교수로 활동하고 있던 피셔는 한국교회로 하여금 보다 적극적인 자세로 '미국교회로부터 독립'을 추진하도록 촉구하였는데 일부에서 재정문제 때문에 독립은 시기상조라며 주저하는 한국교회 지도자들을 향해 다음과 같이 충고했다.

"새 조선감리교회가 그 새 생명을 시작함에 있어서 가장 완전한 방법은 의심 없이 그 자체가 순전한 독립 조선교회를 설립하기로 시작함에 있다 할 것이다. 교회가 참으로 조선의 요구를 수용하랴면 조선 민족의 실제생활에 근거한 사회적 급(及) 신령적 조건으로 자라나여야 할 것이오 미국에서 자라난 교회생명이라던지 미국사람의 생활과 유전으로 발달된 교회제도라던지 미국인의 정치적 산업적 경제적 사회적 생활의 일부분이 된 교회의식은 자연적으로 조선인의 생활에 합하게 될 수 없고 따라서 필연적으로 채용할 수 없을 것이다. 그런즉 우리가 언제까지던지 이대로 나가려하면 그럴수록 이 조선의 신령적 급 사회적 대문제를 해결할 수 없을 것이니 그럼으로 우리는 이제 진정한 조선교회를 이루기 위하여 자유독립의 모범적 새 교회를 창립하여야 할 것이다."[14]

"미국교회를 모방하려 하지 말고 한국적 교회를 설립하라"는 충고였다. '자치'를 넘어 '독립'을 추구하라는 권면이었다. 3·1만세운동을 현장에서 목격한 피셔는 민족적 자존심이 강한 한민족이 세울 새 교회는 당연히 외국 교회의 지휘와 감독에서 '독립한' 교회여야 함을 강조하였다. 그는 한국 감리교회의 독립의지를 민족적 자존심과 관련된 문제로 보았다.

---

13) 홍병선, "조선감리교회 조직에 대한 諸家高見," 「기독신보」1930.9.3.
14) 피시아, "독립교회의 의의," 「기독신보」1930.10.1.

"어떤 나라 교회가 조직상으로 어떤 외국 교파의 구속을 받는다 함은 그 구속의 경중을 불문하고 위엄과 지위상으로 결함이 있는 교회일지니 조선교회의 독립관에 있어서도 자유자치의 교회 조직으로 자국의 중심관리기관을 미국에 둔다함은 생각할 필요도 없는 것이다. 만약에 조선교회는 아직도 미국교회의 관할을 받는 것이 당연하다 하면 이는 조선교회의 인도자와 조직적 인물이 없다고 자처함이 되었고 따라서 조선에 대하여 모욕함이 현저하니 이런 경우에는 조선의 청년에게 어떠한 영향이 미치겠나뇨. 그렇게 되면 조선의 민족주의자들에게 막대한 영향이 미칠 것은 분명하니 특히 이 나라에 민족주의자가 큰 세력을 잡고 있는 이 때를 당하여 조선사람의 품위를 낮게 생각하도록 함은 크게 불가한 것이다. 이웃인 일본에서는 완전한 독립교회를 유지하여 가는대 조선교회가 그러한 독립교회를 유지하지 못하리라 하면 이는 조선 감리교인이 일본 감리교인에 비하여 지혜와 용기와 조직력이 동등되지 못한다 함이 될지니 또한 교회에서는 이미 각성한 조선 청년을 감화하여 인도할 수 없을 것이다."[15)]

그러면서 피셔는 재정적 능력 때문에 독립을 주저하는 한국교회 지도자들을 염두에 두고 미국교회의 지속적인 재정지원을 지지하였다. 그는 독립을 추구하는 한국교회가 미국교회로부터 재정지원을 받는다 해서 부끄러워하거나 주저할 필요는 없음을 지적하였다.

"아모리 독립교회라 할지라도 미국교회로서 오는 재정상 연조를 받는 것이 무리하다 할 수 없을 것이니 말하자면 조선교회가 완전히 독립하야 미국교회의 관할을 받지 아니하면서 재정상으로 연조를 받는다 하여도 그렇게 수치될 것도 없을 것이오 미국교회는 재정상 연조하는 것을 빙자하야 전과 같이 조선교회를 관할하랴는 야심도 없을 것이다. 그럼으로 조선교회가 독립한다 하야 미국교회로서 재정상 원조를 받지 못하리라 생각함은 무리한 억측에 불과하는 것이오 따라서 미국교인의 신앙정도를 너무도 낮게 떨어뜨림이 될 것이며 이렇게 말함은 미국교회가 연조하는 것은 다만 조선교회를 관할할 야심으로 한다 함과 같은 말이니 그런 연조는 진정한 신자에게 무가치할 뿐 아니라 사람과 신령한 사상으로 함이 아닌 것이다."[16)]

이런 논의 과정을 거쳐 한국교회는 미국교회로부터 재정지원은 계속 받되

15) 피시아, "독립교회의 의의."
16) 피시아, "독립교회의 의의."

정치와 행정에서는 미국교회의 지휘나 감독을 받지 않는 독립적 지위를 얻게 되었다. 정치적 독립은 확보하였으나 (선교비에서) 경제적 예속은 지속된 셈이다. 완전한 독립도, 전적인 예속도 아니었다. 바로 이와 같은 '독립'과 '예속' 사이에 조정안으로 나온 것이 '자치'였다. 1930년 한국 감리교회가 (독립이 아닌) 자치를 선언하게 된 배경이 여기에 있다. 이런 방향에서 웰치 감독과 함께 합동전권위원회를 이끌었고 초대 총리사로 선출된 양주삼 목사는 한국 감리교회가 선택한 '자치교회'의 의미를 이렇게 설명했다.

> "사실 이와 같고 본즉 우리 조선 감리교회는 내정에 대하야 미국총회에서 도무지 간섭할 바가 없고 우리의 마음대로 우리의 교회 안에 모든 제도와 정치를 변경할 수도 있게 되었습니다. 그러나 우리는 미국에 있는 미감리 총회와 남감리 총회에 총대까지 보내는 조직적 연락이 있게 되겠은 즉 일본 감리교회처럼 독립한 교회가 아니오 자치교회가 된 것입니다. 독립교회는 우리가 원하는 바가 아니오 미국에 있는 모교회와 연락을 보존하는 동시에 우리의 형편을 따라서 우리가 치리할 수 있는 자치교회를 원하였던 것입니다."[17]

한국교회 지도자들은 재정적 지원 문제가 아니더라도 정치적인 이유에서 미국교회와의 연결을 유지하려는 강한 의지를 피력하였다. 그래서 자치교회가 되었음에도 미국교회 총회에 총대를 파송하는 전통을 세우려 한 것이다. 이는 일제 식민지배 하에서 한국교회 지도자들에겐 한국교회를 정치적 지배국인 일본에 예속시키기보다는 미국교회에 연결시켜 미국의 보호와 지원을 받고자 했던 의지의 반영이었다. 그리고 이와 같은 목적에서 한국교회와 미국교회 사이를 중재하고 연결할 수 있는 별도의 협의기구가 필요했다. 합동전권위원으로 활동했던 김인영 목사는 그 기구의 성격을 이렇게 정리했다.

> "친자(親子)의 관계가 있는 미국교회와 조선교회가 전혀 별립(別立)하여 관계를 맺지 아니할 것은 아니다. 그래서 이런 유기적 연락을 하려면 조선교회와 모교회간에 중앙기관을 두어 모교회 대표들과 조선교회 대표들이 상회(相會)함이 필요하다. 그래서 미국교회는 이 기관을 통하여 조선교회를 돕고 연락하며 조선교회가 이 기관을 통하여 또 무슨 사업에 관한 바를 청구하며 또한 문의할 수 있는 것이다. 그래서 이 기관이 양 교회 추요부(樞要部)가 되는 동시

17) 양주삼, "신설되는 조선감리교회에 대하야,"「기독신보」1930.10.8.

에 조선교회를 좌우할 결의기관이 되지 아니하여서는 아니 될 것이라고 생각한다."[18]

이렇게 해서 조직된 것이 중앙협의회(Central Committee)다. 미국의 두 감리교회 총회와 선교사 대표, 한국 감리교회 대표들로 구성된 중앙위원회는 미국교회가 지원하는 선교비 운용과 선교기관 운영 문제, 선교사 임면과 파송 문제 등을 협의·결정하였고 미국 총회에 파견할 한국교회 대표를 선정하였다. 이 중앙협의회는 미국연합감리교회가 한국에 선교기관과 재산을 양도하기로 결정한 1968년 온양선교정책협의회에 이르기까지 한국에서 선교비와 선교사와 관련한 최고 의결기구로 존속하였다.

이로써 한국 감리교회는 1930년 남북 감리교 합동으로 '자치교회'를 선언하면서 미국 및 세계 감리교회와 '연결되면서도 구분되는'(continuus et separatus) 새로운 교회 전통을 수립하였다. 이렇게 '자치교회'로 새롭게 출발한 한국 감리교회는 이미 웰치 감독이 언급했던 것처럼 '진정한 기독교회,' '진정한 감리교회,' '조선적 교회'의 3대 신앙원리를 제시하며 새 역사를 출발하였다. 양주삼 목사는 이를 다시 정리하여 한국 감리교회가 추구할 두 가지 가치로 확인하였다. 첫째 가치는 '감리교 신앙전통'이다.

> "우리가 새로 조직하려는 것은 새로히 한 교파를 만드는 것이 아니오 그전부터 있는 두 감리교회를 연합하여 새 정신과 새 힘을 넣어 주어서 새 활동이 있게 하자는 것뿐입니다. 조선 감리교회가 조직되는데 대하여 기독신보에 게재된 여러분 의견을 본 즉 어떤 이는 말하기를 기왕 두 교파가 연합하여 새 교파를 조직하는 바에는 조선감리교회라고 할 것 없이 조선기독교회라고 하였으면 좋지 않겠느냐 한 것까지 보았습니다. 그 말이 대단히 좋기는 하나 우리 두 총회에서는 조선에 감리교회를 조직하라고 허락한 것이오 새 교파를 창조하라고 한 것은 아님이니 그런 고로 우리는 감리교회라는 범위 아래서 모든 문제를 해결코저 하는 것입니다. 감리교회의 특색은 두 가지가 있으니 첫째는 죄악으로 말미암아 살아서도 죽은 사람들에게 그리스도의 보혈을 전파하여 성결한 사람이 되라는 부흥사업이오 둘째는 교역자들을 어느 곳으로든지 필요한 대로 파송하여 복음을 전파하는 선교적 조직입니다. 우리가 어느 때든지 이 두 가지 특색을 보전코저 할 것입니다."[19]

18) 김인영, "조선 메도디스트교회는 엇더케 조직할가," 「기독신보」1930.10.15.
19) 양주삼, "신설되는 조선감리교회에 대하야," 「기독신보」1930.10.8.

남북 감리교 합동으로 이루어진 자치교회는 시작이 그러하였듯, 현재도 미래도 감리교 전통을 포기할 수 없었다. 그러면서 양주삼 목사는 감리교 신앙 전통의 두 가지 특징을 '복음전도'와 '파송제'로 보았다. 영혼구원에 대한 구령의 열정과 교회 권위에 대한 절대 복종을 웨슬리와 감리교 신앙전통으로 제시하고 한국에 감리교회가 존속하는 한 이 두 가지 전통이 계승 발전되기를 소원하였다. 그리고 자치교회가 추구할 두 번째 가치를 '토착적 선교' 전통으로 제시하였다. 이미 웰치의 제안에서도 나온 바이지만 '조선적 교회'를 추구한다는 말이다. 양주삼 목사는 그 의미를 이렇게 정리하였다.

> "감리교회에서 조선에 선교한 목적은 감리교회에 자체가 이익을 보고자 한 것이 아니오 조선 사람에게 유익을 주고자 하여 선교한 것입니다. 그런고로 이 감리교회가 조선적 감리교회가 되야만 조선 민족에게 유익을 주기에 적합하게 될 것입니다. 조선적이라는 뜻은 조선인의 부족한 것을 보충하기에 적합하며 조선인의 요구하는 바를 수응한다는 말씀입니다. 지금 우리 교회가 한 것도 많고 할 것도 많지만은 우리 조선 사람들을 단합하여 가지고 바른 길로 인도하여 살 길을 찾게 하는 것이오 둘째는 우리 조선에 좋은 것을 외국에 소개하여 다른 나라 사람들로 하여금 조선의 역사와 문화를 알게 할 것입니다."[20]

웰치도 그러했지만, 양주삼 목사가 의미한 '조선적 교회'는 '한국에서 한국인을 위한, 한국인의 교회'를 수립하려는 의지를 담은 것이었다. 그러기 위해 기독교 복음은 한국의 문화와 역사 전통, 민족적 정서에 어울리는 고백과 표현양식을 취하여야 했는데 그것을 '토착화'(indigenization)라는 말로 바꿀 수 있다. 한국 감리교회는 2천 년 서구 기독교 전통 못지않게 반만 년 한민족의 역사와 문화전통도 중요시한다. 한국 감리교회는 이미 선교 초기부터 민족을 초월한 인류 '보편적'(universal) 기독교 복음이 우리 민족의 '고유한'(unique) 문화적 환경에서 뿌리내리고 꽃을 피우고 열매를 맺도록 신학적 노력을 기울였다. 최병헌과 정경옥의 토착화신학이 그런 배경에서 나온 것이다. 양주삼 목사는 여기서 더 나아가 한국교회의 신앙 체험과 양태가 서구교회의 신앙과 신학전통을 풍요하게 만들 수 있음을 지적하였다. 한국교회의 순수하고 열정

20) 양주삼, "신설되는 조선감리교회에 대하야."

적인 신앙을 세계교회에 수출해야 한다는 의지를 밝힌 것이다. 그런 의미에서 '토착화'는 '세계화'(globalization)의 필수조건인 셈이다.

이처럼 1930년 한국 감리교회의 '자치 선언'은 ① 남북으로 나뉘어 들어왔던 감리교 신앙전통을 하나로 묶어 (미국교회보다 먼저) '하나의 감리교회' 전통을 수립했다는 점, ② 감독제와 회중제를 절충하여 교회(감독)의 권위를 인정하면서도 권력의 집중으로 인한 폐단을 방지할 장치를 마련함으로 민주적인 정치 질서를 수립하였다는 점, ③ 개인의 영혼구원과 함께 사회구원에 대한 선교적 책임을 강조하는 감리교의 신앙전통에 충실하면서도 교파주의의 장벽을 넘어 교리와 신조가 다른 교파 · 교단과 열린 자세로 선교 협력을 꾀하는 에큐메니칼 노선을 확립하였다는 점, ④ 한국의 전통문화와 사회현실에 적응하는 토착화 노선을 추구하면서도 미국 및 세계교회와 연결과 협력을 모색하여 '세계 속의 한국' 교회를 지향하였다는 점에서 중요한 의미를 발견할 수 있다. 간단하게 정리한다면, 자치를 선언한 한국 감리교회는 이 땅에서 영적(spiritual)이고 연합적(ecumenical)이며, 민주적(democratic)이고 민족적(nationalistic)이며 토착적(indigenous)이고 세계적인(universal) 교회를 수립하겠다는 의지를 밝힌 것이다. 이것이 한국 감리교회가 존속하는 한 꾸준하게 추구하고 구현할 신앙적 · 신학적 가치였다.

7. 자치시대 '연합감리사회'의 기능과 역할

앞서 살펴보았듯 한국 감리교회는 감독(총리사)제를 채택하면서 권력의 집중과 남용을 막기 위한 방어장치로 '자문기구'를 두었으니 총리원 이사회와 중앙협의회가 그것이었다. 이 두 기구가 법으로 정한 자문기구였다면 법에는 정하지 않았지만 실질적으로 감독(총리사)이 교단 정책을 수행해 나감에 있어 조언과 협력을 구했던 또 다른 자문기구가 있었으니 '연합감리사회'(聯合監理師會, Joint Committee of Superintendent)였다. 감리사회는 남북 감리교 합동 이전에도 모인 흔적이 있었지만 연합감리사회란 이름의 준(準) 공식적 기구로 발전한 것은 자치선언 이후였다. 총리원 이사회와 중앙협의회는 총회에서 선출한 위원들로 구성된 '정치적' 조직이었던 반면 감리사회는 감독이 임명한 현직 감리사들로 구성되어 감독의 의지를 목회 현장에 전달하고 현장의 요구와 여론을 감독에게 전달할 수 있었던 실질적 협의기구였다.

연합감리사회는 정기적인 소집일자가 정해진 것은 아니지만 1년에 두 차례, 주로 연회나 총회를 앞두고 감독이 소집하였다. 참석한 24개 지방 감리사들은 감리교회 현안과 문제들을 놓고 심도있게 토론을 벌였으며 그 토론 결과를 결의안, 혹은 헌의안 형태로 연회나 총회, 혹은 총리원이사회에 제출하였다. 그리고 감독의 가장 중요한 권한이었던 목회자 파송도 이 연합감리사회에 참석한 감리사들의 건의와 협의를 거쳐 연회에서 이루어졌으니 연합감리사회는 일제강점기 감독과 총리원의 실질적인 협의와 자문·협력 기구였다. 이제 자료가 밝혀지는 대로 일제강점기 개최되었던 연합감리사회에서 다루었던 문제들과 그 의미를 살펴보기로 한다. 우선 1933년 연회를 앞둔 2월 28일부터 3월 1일까지 서울 예수교서회 사무실에서 개최된 연합감리사회의 토론 결과는 다음과 같았다.

"1. 명년도 부담금 분배에 관하여서는 작년에 쓰던 표준을 그대로 사용하야 재무국에서 각 지방에 분배시키도록 함.

2. 연회회록 인쇄비에 대하야서는 각 연회에서 맡어서 각각 처리케 하기로 함.

3. 교회유지와 발전에 대하야 토론한 후 결론위원(結論委員)을 택하야 여좌한 보고를 받아서 각각 처리케 하기로 함.

   1) 우리 감리교회 선교구역 안에 있는 모든 사람들의 영적 요구를 수응(酬應)키 위하야 우리 교회가 먼저 새로운 각성을 가지고 영적 교양에 치중하며 교회가 사회를 봉사케 하는 활력을 얻기 위하야 교인들에게 적당한 훈련(선도, 선행, 기타 사회봉사사업 등)을 시키도록 할 것. 유목적(有目的)을 실행함에 대하야 교양에 적당한 소책자를 준비 사용할 것.

   2) 특별한 경우 외에는 할 수 있는 대로 현재 있는 구역을 합병하거나 폐지하거나 하지 않도록 힘쓸 것.

   3) 교회 장래 유지문제에 대하여서는 적당한 방법을 채용하야 교회 기본금을 세우도록 할 것. 단 현재 교회유지에 손해가 되지 않는 한도에서 할 것.

   4) 종래로 교인들이 교회에 연보하는 것을 교역자들에게 직접 주는 것으로 알게 된 것은 잘못된 관념으로 인정하고 이후로는 하나님께 봉헌하는 관념을 가지게 하기

위하야 대사경회(大査經會) 때에나 또 적당한 시기에 거기 대한 과목을 가르치도록 하되 우리의 모든 소유는 전부가 하나님의 것인 것을 알게 하도록 할 것.

5) 교회사업에 대하야서는 우리 교회 현재 제도하에서 본처 교회지도자를 양성케 하고 또 가급적 구역을 담임할 의무 사역자가 있도록 힘쓸 것. 본처 교회지도자 양성 방법은 성경학원과 강습회 등을 이용하야 할 것.

6) 전도부인 제도에 대하야서는 그것이 우리 장정에 미비되었은즉 그 관리 · 지위 · 직무에 대하야 임시로라도 적당한 제도를 세우도록 하여달라고 총리사에게 헌의함.

7) 이상 결의안을 각 연회에 제출하야 채용 실행하도록 할 것."[21]

연합감리사회에서 부담금 책정과 연회 회록 인쇄에 관한 행정적인 협조사항 외에 평신도 신앙훈련, 구역 통합, 사경회 교재, 교회 기본(자립)금 확보, 본처교회(평신도) 지도자 양성 등에 관한 정책 방향과 내용에 대한 토론이 이루어져 연회와 총리원 행정에 반영하였음을 알 수 있다.[22] 같은 해(1933) 9월 7-8일 소집된 연합감리사회에서는 ① 내년 연회일자, ② 통계표 작성과 연회 부담금, ③ 여전도인(전도부인) 규칙 제정 등을 논의하였고 2년 후에 있을 '감리교 선교 50주년 기념사업'에 대한 기본 원칙과 방향 · 내용 등을 논의하였으며 "교역에 헌신한 연회 회원으로서 구역을 담임한 후에 상점이나 여관업 같은 것을 경영하거나 또는 천 평 이상의 토지를 가지고 농업이나 원예업 같은 것을 친히 경영하는 것은 교회사업에 방해가 되며 헌신한 정신에 위반되는 줄 알고 불가하다 인(認)함"이란 결의를 도출하여 목회자의 세속적 직업 겸업을 금지하는 결의안을 도출하였다.[23]

이처럼 연합감리사회에서는 연회나 총리원 행정에 관련된 사항뿐 아니라 감리교 목회자로서 지켜야 할 덕목과 원칙에 대한 다양한 토론도 진행하였음을 알 수 있다. 그런 식으로 1934년 10월에 개최될 2차 총회를 앞두고 9월 4-5일에 연합감리사회가 예수교서회 회의실에서 개최하여 "총회에 제안할 것

---

21) 선발된 결론위원은 노보을 · 오기선 · 신홍식 · 임두화 · 부라만 · 이윤영 등이었다. "연합감리사회의 상황," 「감리회보」1933.3.10.

22) 1933년 3월 16일 개최된 중부연회에서는 이러한 연합감리사회 결의사항을 보고받고 그대로 채택하였다. 「기독교조선감리회 중부연회회록」(1933), 53.

23) "기독교조선감리회 연합감리사회 결의안," 「감리회보」1933.10.1.

에 대하여 토론 연회에 대해서와 전도사 직무에 대하여서와 총회 대표자 선거하는데 대해서 제의안을 작성"하였다.[24] 그리고 1936년 4월 11-13일 서울 죽첨정(충정로) 여자신학교에서 개최된 연합감리사회에서는 ① 어떻게 하면 개체 교회와 전체 교회에 대부흥이 일어나게 할까, ② 어떻게 하면 우리 교회에 신자의 수효를 증가케 할까, ③ 어떻게 하면 본처 교회에서 생기는 허다하고 곤란한 문제들을 해결케 할까, ④ 어떻게 하면 50주년 기념 목적 중의 하나로 정한 기본금을 충분히 모집할까 하는 문제를 갖고 감리사들이 집중 토의한 결과 다음과 같은 결의문을 채택하였는데 그 내용과 의미가 깊다.

"현하 우리 교회가 각 방면으로 곤란한 경우를 당한 것은 사실이다. 우리가 그 가운데서 교회를 구출하려면 오직 '영적 부흥'의 한 길밖에 다시 없는 줄 안다, 교역에 헌신한 우리로서 우리 교회를 그 길로 지도함에는 좌기(左記) 표준이 적당한 줄 알고 기독교조선감리회 연합감리사회는 자(玆)에 결의함.

1) 우리 교회는 복음에 나타난 구원을 성취키로 목적하였다. 그런 고로 우리는 복음적 진리와 신앙만을 가지고 지적(智的) 교양과 훈련을 행하야 모순이 없는 정신적 통일로 모든 신자가 주 안에서 참 기쁨과 참 평안을 가지게 할 것.
2) 우리 교회가 선포한 교리는 신자들로 하여금 의혹을 면케 하는 견성(堅城)이오 우리 교회가 규정한 장정(章程)은 우리 교회의 조직과 행정의 지침이다. 우리는 교리의 신성함을 한 번 더 인식하고 옹호하야 신자들로 하여금 그것을 분명히 이해하고 고집(固執)케 할 것이오 또 장정의 존중함을 한 번 더 강조하고 더욱 엄수하야 규율이 정제(整齊)케 할 것.
3) 전도는 우리 교회의 생명이오 신자의 신앙을 돈독케 하며 교회를 발전케 하는 유일한 방법이다. 개인 신자들로 하여금 이 정신을 가지고 일상생활에 그를 실행케 하야 믿음이 부흥과 정신의 힘을 얻게 하고 교회 전체가 이 정신으로 전진하야 활로를 개척케 할 것.

성신이여 도으사 우리 교회 전체- 4백여 명의 남녀 교역자들과 육만여 명의 남녀 신자들로 하여금 이상에 기록한 바 세 가지 조건을 성심으로 실행케 하야 우리 조선교회를 구원하고 하나님 아버지께 영광이 되게 하옵소서. 아멘."[25]

---

24) "연합감리사회 소식," 「감리회보」1934.9.10.
25) "연합감리사회 상황," 「감리회보」1936.5.10.

위기의 일제 말기를 맞아 침체상태에 처한 감리교회의 '영적 부흥'(靈的復興)을 위해 감리사들은 기도와 토론을 거쳐 ① 복음적 진리와 지적 교양이 병행된 신앙생활, ② 교회질서 확립을 위한 장정 규칙 준수, ③ 교인과 교회의 복음전도운동 등 세 가지 좌표를 설정한 것이다. 또한 그 해(1936) 10월 8-10일 같은 장소에서 열린 연합감리사회에는 감리사 외에 양주삼 총리사 초청을 받은 선교사 대표와 총리원 전도국장, 내지전도부장 등이 참석하였는데, "부흥사업과 새 신자에 대한 것과 담임자와 전도부인 보수에 대한 것과 금년 풍수재에 손해당한 형편 등에 대한 각 감리사의 보고가 있었고 파상된 예배당과 주택 수리에 대한 것과 교역자 보수에 대하여 어떻게 하면 좀 증가케 할 것과 장감 양파에 전도구역 철폐문제에 대한 것과 부흥과 전도를 계획하야 교회를 진흥케 할 것과 감리회보를 확장할 것과 교역자의 부족을 보충할 것과 만주선교사업과 교회 기본금에 대한 사건을 토의"하였다.[26] 그리고 이 날 감리사회는 도시와 농어촌 사이에 불균형을 이루고 있는 목회자 보수에 관한 중요한 결의를 하였다.

> "교역자의 보수가 부족한 근본적 이유는 신자의 신앙이 박약한 것과 교인의 수효가 적은 것과 신자들의 경제상태가 곤란한 까닭에 있은 즉 우리는 그 세 가지를 돌파하기 위하야 힘쓰는 동시에 구역 담임자의 매월 봉급 표준은 30원 이상으로 정하며 또 50원 이상 월봉을 받는 연회원들은 백분지 일을 연출(捐出)하야 40원 미만의 월봉을 받는 교역자들에게 보조케 하자고 돌아오는 3부 연회에 헌의케 함."[27]

목회자들의 생활 상황을 소상히 파악하고 있던 감리사들은 도시교회에서 좀 여유있는 목회자들이 1% 자립기금을 갹출하여 시골의 어려운 교역자들을 돕자는 '아름다운' 결의를 이끌어낸 것이다. 3차 총회를 앞두고 1938년 9월 21일 여자신학교에서 열린 연합감리사회에서는 "각 지방에 그간 행한 상황을 보고할 뿐이오 다른 특별한 결의는 없었다."[28] 그리고 10월 총회에서 새로 감독으로 선출된 김종우 감독은 그 해 11월 24-25일 여자신학교에서 연합감

---

26) "연합감리사회 상황," 「감리회보」1936.10.10.
27) "연합감리사회 상황."
28) "연합감리사회," 「조선감리회보」1938.10.1.

리사회를 소집했는데 첫째 날은 감리사들이 인도하는 말씀 중심의 기도회가 있었고[29] 두 번째 날에는 ① 신자들의 신앙과 교양 증진을 위한 교재 개발, ② 교회의 사업계획에 대한 예고, ③ 통계표 작성과 제출, ④ 개역성경의 교정 건의, ⑤ 지방 상황보고, ⑥ 연회일자 결정 등을 주제로 토론과 협의를 하였다. 그리고 감리사들이 다음과 같이 기도제목을 설정하고 매일 기도하기로 결의하였다.[30]

1. 각 지방 감리사들은 서로의 이름을 부르면서 매일 아침 기도할 것.
2. 기도제목. 전 감리사회에서 기도하기로 작정한 것 외에 다음 제목을 더하여 기도할 것.
   1) 총리사(감독)와 감리사들이 하나이 될 것.
   2) 감리사들과 목사들이 하나이 될 것.
   3) 목사와 교우가 하나이 될 것.
   4) 교회가 해마다 부흥하기 위하여 1938년은 준비의 부흥이나 1939년은 결실의 부흥이 되게 하기 위하여.
   5) 신자를 잃지 않기 위하여.
   6) 기관이 정교회(正敎會) 정신으로 합치하여 진흥되게 할 것.

양주삼 총리가 '행정의 달인'이었다면 김종우 감독은 '신령한 목회자'를 상징하였는데, 그런 감독 지휘하에 감리사들이 앞장서서 기도운동을 전개한 것이다. 그러나 안타깝게도 김종우 감독은 취임 1년 만인 1939년 9월 급환으로 별세하였고 총리원 이사회는 그 후임으로 정춘수 목사를 감독으로 선출하였다. 정춘수 감독은 1939년 12월 19-20일 기독교서회 회의실에서 연합감리사회를 소집하여 다음과 같은 결의를 끌어냈다.[31]

---

29) 말씀 기도회를 인도한 감독과 감리사들은 다음과 같았다. 김종우 감독(눅 15:3-7), 이윤영 감리사(눅 10:25-37), 박연서 감리사(눅 16:1-10), 송득후 감리사(딤후 3:1-15), 이수만 감리사(롬 12:1-2), 김응태 감리사(약 3:1-6), 김광호 감리사(롬 8:22-25), 홍순탁 감리사(고전 11:30, 16:13, 롬 11:13), 이호빈 감리사(빌 4:4-7), 신석구 감리사(요 17:20-23), 배형식 감리사(골 1:24), 유백희 감리사(마 5:1-12). "연합감리사회 결의건," 「조선감리회보」1939.12.16.
30) "연합감리사회 결의건."
31) "감리사회의 상황," 「조선감리회보」1940.1.1.

1. 신학교 주일을 1월 셋째 주일에서 둘째 주일로 변경
2. 무기명 의연으로 매월 40원 헌금한 이가 있기로 신개척 전도지 전도비로 쓰기로
3. 명년은 조선감리교회 창립 10주년에 해당한 즉 그 기념사업으로
   1) 각 교회 교인 배가운동을 실시하기로
   2) 총리원 기본금 완성운동 실시
   3) 10년 되는 12월 1일에 결실을 거두는 전체적 기념식을 거행

그러나 정춘수 감독 체제의 감리교단은 황민화정책(皇民化政策)을 내건 일제의 종교정책에 적극 순응하는 모습을 취하였으니 ① 한국교회의 일본교회 예속, ② 교회의 정치 예속, ③ 통제를 위한 교회 통폐합을 추진하였다. 그 구체적인 작업은 소위 '혁신교단'으로 일컬어지는 1941년 3월의 '기독교조선감리교단'의 출발인데 교회의 조직과 명칭을 일본교회의 그것으로 바꾸었으니 연회는 교구, 감독은 교단 통리자, 목사는 교사, 권사는 권도사, 주일학교는 일요학교, 여선교회는 부인회 등으로 바뀌었다.[32] 지방회를 없애고 교회의 독자적 영역을 배제 · 축소함으로 감리교회의 정체성과 특징을 상실하고 말았다. 구역회 - 지방회 - 연회 - 총회로 구성되었던 교회의회도 총회 - 교구연회 - 교회 등으로 간소화함으로 지방회가 사라졌고 결과적으로 감리사란 칭호도, 그 기능도 없어졌다. 이처럼 조직과 명칭만 바꾼 것이 아니라 신앙과 교리의 원리까지도 훼손하였다. 즉 혁신교단은 교단 규칙을 새로 제정하면서 기존의 「교리적 선언」 외에 다음과 같은 「신도의 생활표준」을 제정하여 이를 더 강하게 강조하였다.[33]

1) 황국신민(皇國臣民)으로서 충성(忠誠)으로 군국(君國)에 보(報)함
2) 서로이 신애협력(信愛協力)하여 써 단결(團結)을 공고(鞏固)히 함
3) 인고단련(忍苦鍛鍊)하여 힘을 길러 써 황도(皇道)를 선양(宣揚)함

이로써 1930년 남북 감리회 합동과 함께 총회를 조직하고 '자치시대'를 열면서 한국 감리교회가 내세웠던 '진정한 기독교회,' '전정한 감리교회,' '조선

---

32) "기독교조선감리교단 규측," 「조선감리회보」 1941.4.1.
33) "기독교조선감리교단 규측."

적 교회'라는 감리교 신앙과 선교의 3대 원리는 철저하게 훼손되고 파괴되었다. 이로부터 해방되기까지 4년은 우리 민족과 함께 감리교회는 훼절과 단절의 어두운 역사, 저항과 순교의 아픈 역사를 겪어야 했다. 그리고 해방과 함께 부활한 감리교회는 1930년 선포했던 자치시대의 감리교회 전통과 정체성을 회복하였고 그와 함께 명칭을 회복한 감리사들의 역할과 기능도 활기를 되찾게 되었다.

8. 오늘의 위기, 그 극복을 위한 감리사의 과제

글 서두에서 밝힌 바이지만 오늘 위기에 처한 한국 감리교회의 권위 회복도 결국 '본질 회복', 다른 말로 하면 한국 감리교회의 '정체성(identity) 회복'에서 출발해야 한다. 이 부분에서 현 감리사들의 역할이 중요하다. 일제강점기 한국 감리교회가 '자치시대'를 연 이후 감리사들은 연합감리사회를 통해서 감독과 총리원의 정치 · 행정 기능에 '협력'(cooperation)과 '견제'(check)로 자문역할을 수행하였다. 감독과 총리원이 교회의 본질적 정체성을 지키면서 '건강한' 방향으로 정책을 수행해 나갈 때는 전폭적인 협력을 아끼지 않았지만 교회의 본질과 정체성을 훼손하고 왜곡하는 방향으로 나갈 때는 경고와 비판을 아끼지 않았다. 이는 일제강점기 감리교회의 현안 문제를 놓고 감리사들이 열정적인 기도와 토론 끝에 발표한 '연합감리사회 결의문'에서 확인할 수 있다. 한국 감리교회가 질곡의 역사 가운데도 그 정체성을 유지할 수 있었던 것은 이런 감리사들의 기도와 지도가 있었기에 가능했다.

그렇다면 오늘 회복해야 할 한국 감리교회의 본질과 정체성은 무엇인가? 이미 앞서 살펴본 바와 같이 남북 감리교 합동과 총회 조직, 이와 함께 제정된 「교리적 선언」과 「사회신경」, 그리고 자치시대를 열면서 감독과 총리사 · 목회자들이 제시한 '말씀'들을 통해 충분히 파악하였을 것이다. 특히 합동전권위원장이었던 웰치 감독이 제시한 '진정한 기독교회' · '진정한 감리교회' · '조선적 교회'는 한국 감리교회가 잊어선 안 될 소중한 신앙 원리이다. 이런 점을 바탕에 깔고 여기서는 자치시대를 연 양주삼 총리사가 총회 후 처음으로 전국 교인에게 공개적으로 밝힌 “조선 감리교회의 장래”란 글을 통해 그가 꿈꾸고 세우고자 했던 한국 감리교회의 본질이 무엇이었는지 정리해 보기로 한다.

> “1. 조선 감리교회가 유력하게 되려면 먼저 신령하여야 될 것이다. 성경에 기록된 바와 인성(人性)에 품부(稟賦)된 바가 일치되는 조건이 있으니 즉 사람이 떡으로만 살 것이 아니오 하나님의 말씀으로 살 것이라 하는 것이다. 교회는 사람에게 이것을 수응(需應)키 위하여 존재된 것이다. 금일 조선인의 최고 요구는 물질보다도 정신이다. 근일에는 역사를 경제문제로 해석한다고도 하나 정신문제로 해석치 않을 수 없다. 물질이 정신을 지배하는 것도 사실이나 정신이 물질을 지배하는 것은 더욱이 유력한 사실이다. 그런고로 조선감리교회는 최초 사명대로 영적 사업에 가장 주력하여야 될 둘 안다,
> 2. 조선감리교회가 유력하게 되려면 조선민족의 부족한 바를 수응(需應)하여야 되겠고 또 조선인이 실행하기에 가장 곤란한 바를 용이하게 하는 것이 필요하겠다. 그런고로 교회에서는 인류가 서로 협력하는 방법을 먼저 배우고 실행할 것이다. 기독교회는 본시 세계적이요 민족적이 아니다. 우리의 표어는 ‘협동’이 되어야 할 것이다. 우리들이 먼저 협동하고 또 우리가 모든 인류로 더불어 협동하여 우리도 세계인류에 대하여 공헌하는 바가 있어야 될 것이다.
> 3. 모든 사업이 집중되고 연락되어 단일 전선으로 전진하여 그 결과가 최대최다(最大最多)하게 할 것이다. 감리교회에서 직접 전도하는 사업 외에 천국건설을 위하여 간접으로 행하는 사업도 불소(不小)하다. 그러나 금일까지는 두 교파로 분립하였기 때문에 그 효과가 최고도에 이르렀다고 말하기 어렵게 되었다. 단일선(單一線)으로 정돈되기는 다소간 시일이 요구할 터이나 적당하게 전동되는 때에는 감리교회가 반도를 요동시킬 만한 세력을 은연중에 가지고 있는 줄을 안다.”[34]

양주삼 총리사는 한국 감리교회의 미래를 ① 말씀 중심의 신령한 교회, ② 민족과 인류에 공헌하는 교회, ③ 협동하고 단합하는 교회로 그렸다. 즉 하나님께 ‘신령’(spirituality)하고, 민족과 인류에 ‘봉사’(service)하며, 성도 간에 ‘단결’(solidarity)하는 교회였다. 하나님의 신령한 은총 가운데 하나 되어 민족과 인류를 위해 봉사하는 교회, 그것이 곧 한국 감리교회의 자치시대를 열었던

34) 양주삼, “조선감리교회의 장래,” 「기독신보」1931.1.1.

주인공들의 꿈이자 포기해서는 안 될 교회의 본질이었다. 이 세 가지 요소가 모두 중요하지만 그 중에도 단결이 중요한 것은 교회 안에서 연합과 일치가 이루어지지 않는 한 다른 두 가지 가치, 신령과 봉사가 성공적으로 이루어질 수 없기 때문이다. 그렇기 때문에 남북 감리교 합동이 이루어지고 '자치시대'를 열면서 한국 감리교회가 가장 중요시하였던 것이 연합과 일치였다. 이 부분에서 1938년 총회에서 2대 감독으로 선출되었던 김종우 감독이 1930년 감리교 합동으로 자치시대가 열리고, 초대 경성지방 감리사로서 지방내 교역자와 교회의 연합과 일치를 위해 기울인 노력의 의미가 크다. 1931년 6월 개성에서 개최된 연합연회에 참석하여 경성지방 감리사로서 보고한 내용이다.

> "교회의 신령상 형편으로 말삼하오면 전 남감리회와 미감리회가 합동된 이후로 전 조선내에 각 지방이 경성지방처럼 사실상으로 합동된 곳은 없고 명의상 뿐입니다. 그러나 경성지방만은 양지방이 합하고 양교역자가 합하고 양교우가 합하야 진정한 합동을 나타내고 잇습니다. 그런데 양지방이 합하는 동시에 특별히 양 교역자들은 동심합력하야 본 지방의 진흥에 노력할 뿐만 아니라 정의상(情誼上)으로도 합하야 주의 사역에 봉사하려고 합니다, 그래서 몬저 하나님의 은혜로 주신 성신을 충만히 받으랴고 지난 4월에 시외 도선사(道詵寺)라는 고요한 곳을 택하야 4일간 특별기도회를 열고 기도를 힘쓴 결과로 의외에 놀라운 은혜가 임하야 회집한 49명이나 되는 남녀 교역자의 마음에 충만한 기쁨과 통회의 눈물이 가득하게 되고 마침내 성신(聖神)의 뜨거운 불길이 일어나고 이것이 전 지방 내에 파급되여 교회마다 신령한 은혜가 더욱 나타나게 되는 중입니다."[35)]

김종우 감리사는 행정 처리를 하기 전에 '먼저' 기도회를 열었다. 지방 안에서 남북 감리교 합동이 물리적 통합이 아니라 화학적 합동을 이루기 위해 그가 선택한 것은 교역자 산상 특별기도회였다. 그리고 "먼저 하나님이 주신 성령을 충만히 받으려고" 기도한 산상기도회에 참석한 지방 남녀 목회자들은 "마음에 충만한 기쁨과 통회의 눈물이 가득하여 마침내 성령의 뜨거운 불길이 일어나고" 변화된 목회자들을 통해 지방 내 모든 교회에 파급되어 교회마

35) "경성지방 감리사 김종우 보고," 「기독교조선감리회 동부 중부 서부 연합연회회록」(1931), 153. 김종우 목사는 처음 목회를 시작할 때도 '신의 계시'를 받기 위해 진관사로 가서 일주간 산기도를 하면서 목회 결심을 한 적이 있다. "김종우 목사 가정 방문기," 「기독신보」1930.9.17.

다 "신령한 은혜"가 넘쳐났다. 지방 내 모든 교회와 목회자들이 완전히 하나가 된 것이다. 그 다음 진행된 행정 처리가 '은혜 가운데' 진행되었음은 물론이다.

참으로 성령이 역사하는 '기도'가 먼저 있어야 하겠다. 형식적이고 의례적인 기도, 미리 결론을 내려놓고 하는 기도, 입으로 기도를 하면서 속으로는 기도 후에 전개될 회의에서 발언한 내용과 전략을 짜는 그런 위선적인 기도 말고 "마음을 다하고 뜻을 다하고 힘을 다하여"(신 6:5) 하나님만 향하는 그런 기도, "나의 원대로 마옵시고 아버지의 원대로 하옵소서"(마 26:39) 하며 자기를 비우고 하늘의 음성과 계획을 경청하는 그런 기도가 있어야 하겠다. 성경에 기록된 바와 같이 그런 기도를 하는 사람이 곧 '감리교인'이다. 일제 말기 한국 감리교회가 일제의 신사참배 강요, 진보와 보수 신학간의 갈등, 교권을 둘러싼 지방색 갈등 등으로 인해 감리교회가 정체성 위기를 맞이하기 시작한 1938년 6월 양주삼 총리사는 교단 기관지 「조선감리회보」에 늘 실리는 '총리사(감독)의 말씀' 란에 전처럼 자신의 글을 싣지 않고 "웨슬리의 감리교인 정의(定義)"란 짧은 글을 대신 실었다. 그것은 오늘 위기에 처한 한국 감리교회가 시급하게 회복해야 할 교회와 목회의 본질, 바로 그것이었다.

> "성경에 있는 방법대로 사는 사람을 감리교인이라 한다.
>
> 감리교인은 마음을 다하여 주를 사랑하는 사람이요, 쉬지 않고 기도하고 모든 일에 감사하는 사람이다. 그의 마음은 모든 사람을 사랑하는 사랑으로 가득하고 또 그의 마음은 시기나 악의나 성냄이나 미움으로부터 완전히 깨끗해짐을 받았다.
>
> 그는 하나님의 계명을 가장 적은 것으로부터 가장 큰 것까지 다 지킨다. 그는 세상의 습관을 좇지 않는다. 그는 이웃을 나쁘게 말하지 않고 거짓말도 아니 한다. 그는 이웃에게나 친구에게나 원수에게 다 일체로 선을 행한다.
>
> 이것이 우리 교파의 주의요 실행이다. 이것이 참 감리교인의 표다. 이것으로만 감리교인은 남과 분별되기를 원한다."[36]

36) "웨슬레 선생의 감리교인 정의," 「조선감리회보」1938.6.1.

7부

지역교회사

공주선교부 설립과 초기 사역

이 글은 미감리회 선교사들이 거주하였던 공주선교부(Kongju Mission Station)를 중심으로 한말과 일제강점기에 이루어진 기독교(개신교) 선교 역사와 그것이 공주지역사회에 끼친 영향을 살펴보는 것을 목적으로 한다. 1932년 도청이 대전으로 옮겨지기 전까지 공주는 충남 도청소재지로서 충청남도는 물론, 충청북도 남부지역의 정치와 행정, 문화와 경제의 중심도시였다. 1905년 개통된 경부선 철도가 수원과 천안을 거쳐 공주를 비켜나 충북과 충남 경계선에 위치한 조치원을 통과하게 되었고, 또한 1930년 개통된 장항선 역시 천안에서 논산과 예산을 거쳐 보령으로 빠지는 바람에 공주는 철도를 통한 '물류노선'에서 제외되어 경제적인 측면에서 낙후될 수밖에 없었다. 하지만 공주는 부여와 함께 백제의 고도(故都)로서 천년이 넘는 '역사와 문화' 전통에 대한 주민들의 자부심이 강했다. 그것은 급진적인 개혁과 변화에 대한 거부와 저항으로 표현되는 공주지역사회의 '보수성'(保守性)으로 연결되었다. 이처럼 보수적이고 봉건적이었던 공주지역사회가 기독교를 통해 개방(glasnost)과 개혁(perestroika)을 통한 근대화를 경험하였다. 기독교 선교가 이루어지면서 공주에서 봉건적 사회질서가 붕괴되고 근대적 시민사회가 형성되었다.

또한 기독교 선교가 시작된 19세기 말과 20세기 초 우리 민족은 외세, 특히 일제의 공세적 침략과 지배를 경험하였다. 선교 초기 기독교를 수용한 토착인 개종자들은 기독교 복음에서 '자유와 해방'의 정신적 가치를 발견하였고 그것을 일제의 침략과 지배라는 '민족적 수난' 상황에서 구현하고 실천하고자 노력하였다. 그것이 한말과 일제강점기 기독교인들의 항일민족저항운동으로 나타났다. 공주도 예외는 아니었다. 공주는 1932년까지 충청남도 도청소재지였기 때문에 일본인들의 진출이 충남의 다른 지역보다 빨랐다. 1910년 '강제합병'이 되자마자 공주에는 일본인 관료와 경찰, 경제와 종교인들이 몰려왔고 일본의 국가종교인 신도(神道)도 들어와 봉황산 자락에 '공주신사'(公州神社)를 지었다. 그와 함께 허문리 · 관현리 · 상아리 · 하리동 · 반죽동 · 교촌리 같은 고유 지명도 '본정'(本町)과 '대화정'(大和町) · '상반정'(常盤町) · '욱정'(旭町) · '산성정'(山城町) 등과 같은 일본식 지명으로 바뀌었다.[1] 충남에서 일제 침략과 지배를 가장 먼저, 강력하게 경험한 곳이 공주였다. 그런 공주였기에 한말 의병운동으로부터 시작해서 1919년 3·1만세운동과 1920-30년대 농촌운동과 절제운동 · 민족계몽운동 · 야학운동 등 민족주의 성격의 사회운동이 교회와 기독교 학교 및 기관 단체들을 배경으로 해서 전개되었다. 공주의 기독교 선교를 항일민족 사회운동과 분리해서 살펴볼 수 없는 이유다.

이처럼 공주에서 기독교 선교는 한말에는 근대화, 일제강점기에는 항일민족운동과 밀접한 관련을 맺고 전개되었다. 그런 공주지역사회의 근대화와 변혁, 민족적 사회운동의 상징이자 구심점이 하리동 언덕에 위치한 미감리회 공주선교부였다. 공주선교부 안에 설립된 교회와 학교, 병원을 통해 이루어진 복음전도와 교육선교, 의료선교의 역사와 내용을 살펴보기로 한다.

1. 공주지역 기독교 선교

1909년에 이루어진 '선교구역 분할협정'을 통해 공주와 주변 충남지역은 미감리회(Methodist Episcopal Church)의 '독점적'(exclusive) 선교지역이 되었다. 1905년에 조직된 '한국복음주의연합공의회'(General Council of Protestant Evangelical Missions in Korea)에 참여하고 있던 장로교의 북장로회와 남장로회 · 호주장로회 · 캐나다장로회, 감리교의 남감리회와 미감리회 등 6개 선교회 소속 선교사들은 같은 개신교 전통임에도 같은 지역에서 서로 다른 교파와 교단을 배경으로 활동하는데서 오는 충돌과 마찰, 에너지 낭비를 줄이기 위해 선교구역 분할협정을 맺었는데 최종 협의내용이 1909년 10월 연합공의

1) 越智唯七編, 『新舊對照 朝鮮全道府郡面里洞 名稱一覽』(中央市場, 1917), 200-201.

회 5차 연회에서 통과되었다. 그 결과 충청북도의 진천과 음성 · 충주 · 제천 · 청풍 · 영춘 · 단양 · 괴산 등 북부지역은 미감리회가, 연풍과 청주 · 문의 · 영동 · 회인 · 청산 · 보은 · 청안 · 옥천 · 황간 등 남부지역은 북장로회가 맡기로 했고 충청남도는 남장로회에 할당된 목천을 제외한 지역을 미감리회에서 맡기로 했다.[2] 이 협정에 따라 공주를 비롯한 충청남도 거의 전 지역을 '북감리회'로도 불리는 미감리회 선교사들이 담당하게 되었다. 이러한 장로교와 감리교 사이의 선교지역 분할협정은 1945년 해방되기까지 그대로 준수되었다. 그 결과 해방 후 1970년대까지도 공주와 충청남도는 감리교 강세지역으로 남았다.

그렇다고 공주지역에서 감리교와 다른 교파교회의 선교가 전혀 이루어지지 않았던 것은 아니다. 장로교와 감리교 선교사들이 주도한 복음주의연합공의회에 참여하지 않은 선교회 소속 선교사들도 공주와 주변지역을 방문해서 선교활동을 펼쳤다. 가장 대표적인 경우가 침례교 계통의 '엘라딩기념선교회'(Ella Thing Memorial Mission) 선교사들의 공주선교였다. 1894년 미국 보스턴의 침례교인 실업가 딩(S.B. Thing)은 "자기 몫으로 돌아올 유산을 복음이 들어가지 않은 지역에 선교비로 써 달라"는 유언을 남기고 죽은 자기 딸(Ella Thing)을 기념하여 선교회를 조직하였다. 그가 출석하던 보스턴 클라렌든스트리트침례교회 담임목사 고든(A.J. Gordon)은 교회 안에 운영하던 선교훈련원(Missionary Training School)에서 훈련을 받은 폴링(E.C. Pauling) 목사와 여선교사 가들라인(Amanda Gardeline)을 한국에 개척 선교사로 파송하였고 선발대로 폴링 목사는 1894년 11월 26일 서울에 도착했다.[3] 선교회는 계속해서 1년 후 스테드먼(Frederick W. Stedman) 목사와 여선교사 엘머(Arma Ellmer) · 에클스(Sadie Ackles) 등을 추가로 한국에 파송하였다.[4] 이로써 미국 침례회의 한국선교가 시작되었다.

엘라딩선교회 선교사들이 처음 자리잡은 곳은 서울 북부지역이었다. 즉 경

2) "Agreement on Division of Territory," *Annual Meeting of the General Council of Protestant Evangelical Missions in Korea* (1909), 32.

3) H. N. Allen, *Korea: Fact and Fancy*(Seoul: Methodist Publishing House, 1904), 191.

4) "The Ella Thing Memorial Mission," *The Korea Repository*, Jul. 1896, 299-300; G.L. Paik, *The History of Protestant Missions in Korea 1832-1910*(Yonsei University Press, 1970), 194.

복궁 바로 외곽, 조선시대 장흥고(長興庫)가 있던 자골에 1천여 평 부지와 사택을 마련하고 한국어를 배우면서 선교에 착수했다. 그러나 오래지 않아 그들은 지방으로 선교부를 옮기기로 했다. 이미 서울에는 10년 전부터 활동하고 있던 미감리회와 북장로회 선교사들이 세운 교회가 10여 개 있었고 1890년 선교를 시작한 영국성공회와 1895년부터 선교를 시작한 남감리회도 서울에 거점을 마련하고 선교활동을 펼치고 있었다. 이에 엘라딩선교회 소속 침례교 선교사들은 충청남도 도청소재지이면서도 아직 선교사가 들어가지 않은 공주를 주목하였다.

엘라딩선교회 선교사들이 공주를 선교후보지로 선택하게 된 과정은 두 가지로 설명된다. 우선 서울에서 폴링에게 처음으로 세례(침례)를 받은 것으로 알려진 인천 출신 지병석(池炳錫)의 안내로 선교사들이 공주를 방문하였다는 주장이다. 포목상이었던 지병석은 서울을 출발해서 인천에서 배를 타고 강경포구로 해서 금강을 거슬러 공주까지 오가며 장사하였는데 그런 배경에서 폴링을 강경을 거쳐 공주까지 안내하면서 복음을 전했다. 이런 지병석의 안내를 받아 폴링은 강경 북옥리에 거점을 마련하고 충청남도 내륙지역을 순회하며 복음을 전하였다. 그 결과 오래지 않아 칠산에도 교회가 설립되었다.[5] 이와 다른 경로는 스테드먼과 그의 어학교사 오긍선(吳兢善)에 의해 개척되었다. 공주군 사공면 운암리에서 출생한 오긍선은 어려서 한학을 공부하다가 개화사상에 눈을 뜨고 서울에 올라와 배재학당에서 영어를 배운 후 내부주사로 관직생활도 하였다. 그는 배재학당 시절 이승만·주시경 등과 함께 독립협회와 만민공동회 운동에 적극 참여하였고 그 때문에 정부의 체포령이 내렸을 때 피신해 들어간 곳이 마침 정동의 스테드먼 집이었다. 그것이 계기가 되어 그는 스테드먼의 어학교사가 되었고 그에게 전도를 받아 1900년 봄 공주 금강에서 스테드먼 목사에게 세례를 받았다.[6] 그런 배경에서 오긍선의 안내를 받아 공주에 들어간 스테드먼은 봉황산 자락 반죽동에 거처를 확보하고 전도활동을 시작하였다. 그렇게 해서 강경에서는 폴링과 지병석이, 공주에서는 스테드먼과 오긍선이 거점을 확보하고 침례교 선교를 전개하였다.

---

5) 허긴, 『한국침례교회사』(침례신학대학교출판부, 1999), 43-45.
6) 해관 오긍선 선생 기념사업회 편, 『해관 오긍선』(연세대학교출판부, 1977), 27-28.

엘라딩선교회 선교사들이 서울을 떠나 강경과 공주로 옮겨간 시기는 서울 자골에 있던 선교부지와 주택을 미국 남감리회 여선교부에 매각한 1898년 8월 1일[7] 이후로 보아야 한다. 결국 공주와 충남지역 선교는 1899년부터 본격적으로 추진한 것으로 볼 수 있다. 그러나 엘라딩선교회의 공주와 강경 선교는 오래 지속되지 못했다. 개척 선교사 폴링과 스테드먼 선교사 가족이 1900년과 1901년에 각각 미국으로 돌아간 것이다. 다른 여선교사들도 한국을 떠났다. 스테드먼은 계속 한국선교에 참여할 마음이 있었지만 선교회는 1902년 그를 일본선교사로 파송하여 엘라딩선교회의 한국선교는 6년 만에 막을 내렸다. 엘라딩선교회 선교사들이 한국선교를 중단한 이유는 확실치 않다. 다만 이들이 마련한 선교부지를 이양받아 침례교 선교를 지속했던 펜윅(Malcolm C. Fenwick)은 엘라딩선교회 선교사들의 철수에 대해 "미국 선교사들은 실망하고 고향으로 돌아갔다"(had become dissatisfied, had returned home)고 증언하여[8] 개척 선교사들의 실망과 좌절감이 철수 배경이 되었음을 암시하였다.

캐나다 토론토 출신 감리교 실업가였던 펜윅은 정규대학이나 신학교를 졸업하지는 않았지만 1887년 토론토를 방문한 미국 대학생해외선교자원운동 지도자 와일더(R.P. Wilder)의 강연을 듣고 해외선교에 헌신하기로 결심했다. 그가 한국을 선교지로 선택한 이유는 서울에서 사역하고 있던 그의 친구 헤론(J.W. Heron)의 부인이 "복음을 전하다가 체포되어 옥에 갇혀 사형될지도 모른다"는 소문을 듣고 자극을 받은 때문이었다.[9] 그는 교파교회나 선교회 배경 없이 '평신도 독립선교사'(independent lay missionary) 자격으로 1889년 9월 내한하여 서울과 소래에서 어학공부를 마친 후 원산으로 옮겨 독자적으로 선교활동을 펼쳤다. 그러다가 펜윅은 1893년 귀국하여 미국 보스턴 클라렌든 스트리트침례교회의 고든 목사를 만났고 그곳 선교훈련원에서 3년 동안 신학과 선교 훈련을 받았다. 그런 관계로 그는 보스턴에 있는 동안 침례교인이 되었고 엘라딩선교회의 조직과 개척 선교사 파송과정을 목격하였다. 펜윅은 보

7) J.P. Campbell, "The Removal of Pai Hwa to it's New Site," *The Korea Mission Field*(이하 *KMF*), Mar. 1915, 90.

8) Malcolm C. Fenwick, *The Church of Christ in Korea*(New York: Hodder & Stoudon, 1911), 57-58.

9) Malcolm C. Fenwick, *The Church of Christ in Korea*, 9.

스턴에서 선교사 훈련과정을 마친 후 1896년 선교후원단체로서 '한국순회선교회'(Korean Itinerant Mission)를 창설한 후 한국으로 귀환하였다.[10] 이때부터 펜윅은 원산을 중심으로 함경도와 강원도 북부지역에서 (엘라딩선교회와 별도로) 침례교 선교활동을 전개했다.

그런 배경에서 펜윅은 미국 엘라딩선교회 본부의 요청을 받아들여 1901년 엘라딩선교회 선교사들이 남겨두고 떠난 공주와 강경 · 칠산 등지의 선교부지와 건물, 교회와 교인들을 인계받아 지도 · 관리하기 시작했다. 그 때부터 펜윅은 토착전도인 신명균과 장석천 등을 대동하고 공주와 충남지역을 방문해서 복음을 전하며 교인들을 지도했다. 특히 그는 공주 반죽동에 있던 'ㄱ자' 한옥 건물에 성경학원을 차리고 토착전도인과 목회자를 양성하였다. 그 결과 충청도와 전라도 일대에 침례교회와 교인들이 늘어났고 이를 배경으로 해서 펜윅은 1906년 '대한기독교회'(후에 동아기독교회로 개칭)라는 명칭의 교단교회를 창설하였다.[11] 이후 펜윅은 1935년 원산에서 별세하기까지 함경도와 충청도는 물론 경상도와 강원, 북만주와 시베리아 지역까지 선교지역을 확장했다. 그 과정에서 공주 반죽동의 성경학원이 목회자와 전도인 양성과 훈련 및 한반도 남부지역 선교의 구심점이 되었음은 물론이다. 다음은 1940년 당시 조선총독부에서 집계한 전국 종교통계에 나타난 '동아기독교회'의 지역별 교세현황이다.[12]

구분	충남	전북	경북	평북	강원	함남	함북	총계
포교소	2		1	1	1	2	2	9
포교자	6		2	1	1	3	1	14
신도수	246	123	461			34	125	989

공주와 강경을 거점으로 한 충남과 전북 · 경북 지역 교세가 원산을 거점으로 한 함경도와 강원도 · 평북 교세를 월등하게 능가하고 있음을 알 수 있다.

---

10) Malcolm C. Fenwick, *The Church of Christ in Korea*, 57-58; William Scott, *Canadians in* Korea: *Brief Historical Sketch of Canadian Mission Work in Korea*, 1975, 19-20.

11) 허긴, 『한국침례교회사』, 89-95.

12) 『朝鮮の宗教及享祀要覽』(朝鮮總督府學務局社會教育科, 1941), 63-76.

특히 포교자(목회자) 수에 있어서는 충남이 6명으로 가장 많아 동아기독교회 목회와 선교 축이 충남에 있음을 보여준다. 충남에 있는 포교소(교회) 두 곳은 공주 반죽동과 강경 북옥리에 있는 교회를 의미하였다. 이렇게 공주는 강경과 함께 일제강점기 동아기독교(침례교) 선교의 중심 거점이 되었다.

'복음주의연합공의회'에 참여하지 않은 교파교회로서 침례교(동아기독교회) 외에 공주와 충남지역 선교에 참여한 교회로는 영국성공회와 성결교회, 구세군 등을 꼽을 수 있다. 1890년 한국선교를 시작한 영국성공회는 처음에 서울과 인천 · 강화에 거점을 마련하고 선교사역을 시작하였는데 1905년 이후에 경기도 이남 충청도 지역으로 선교를 확장했다. 즉 1905년에 경기도 도청소재지인 수원에 교회를 설립하였고 1907년에 이르러 충남 천안과 충북 진천 · 음성 · 청주에 교회를 설립하였다. 따라서 성공회의 충남지역 선교는 천안을 거점으로 하여 전개되었는데 1910년대 들어서 아산과 예산 · 온양 등지에 교회가 설립되었지만 정작 충남 도청소재지인 공주에는 해방 전까지 성공회가 들어오지 못했다.[13]

1907년 한국선교를 시작한 동양선교회(후의 성결교회)도 처음엔 서울 무교동에 복음전도관을 설립한 후 교파 소속 없이 '초교파' 전도활동을 전개하다가 1910년대 들어서 독자적인 교회로 발전하면서 전국에 전도인을 파송하여 교회를 설립하였다. 그 결과 충청남도 지역에서는 1913년 부여에 규암교회가 처음 설립되었고 1914년 은산교회, 1915년 홍산교회, 1918년 강경교회가 설립되었다. 1920년대 들어서도 대전교회(1920)와 부강교회(1921), 조치원교회(1925), 금당리교회(1923), 죽전교회(1923), 삽교교회(1926), 홍성교회(1928) 등이 계속 설립되었다.[14] 공주에는 1936년 1월 대전교회 전성운 목사가 김태일 전도사를 공주교회 개척자로 파송하였는데[15] 결과를 얻지 못했고 일제 말기인 1940년 7월에야 오영필 목사와 유을희 전도사가 공주로 이사온 성결교회 신자 17명으로 중학동에서 집회를 시작한 것이 오늘 공주성결교회의 출발이었다. 그러나 공주성결교회는 그 해 가을 이루어진 총독부의 성결교회 해산

13) 이재정, 『대한성공회 백년사』(대한성공회출판부, 1990), 72-74.
14) 이명직, 『조선예수교 동양선교회 성결교회약사』(조선예수교동양선교회성결교회, 1929), 143-144.
15) "조선예수교동양선교회성결교회 제4회호남지방회 의사록촬요," 「활천」(1936.3), 54.

명령으로 문을 닫아야만 했다.

1908년 한국선교를 시작한 구세군(Salvation Army)은 그 명칭과 용어 · 복장 때문에 한말 민족상황에서 민족주의자들의 개종을 불러일으켰다. 구세군 사관(선교사)들이 군복을 입고 나팔과 북소리에 맞추어 군가(찬송가)를 부르며 전도하는 모습을 보고 일본에게 빼앗긴 국권을 되찾을 수 있는 기회를 구세군을 통해 얻을 수 있을 것으로 기대한 사람들이 대거 구세군에 입대(입교)하였다. 특히 1907년 강제 해산당한 구한국부대 출신 장병들 가운데 그런 개종자들이 많이 나왔다. 구한국부대 장교 출신인 이남주와 구한국정부 경찰 출신인 임문상이 대표적이었다. 영국 선교사들은 이들을 통역으로 고용하여 서울과 지방에서 전도활동을 펼쳤는데 이들은 선교사의 의도와 달리 '민족주의적 강연'으로 개종자들을 모았다. 그런 맥락에서 충청남도 홍산과 보령 · 정산 등지에서도 이남주와 임문상을 비롯하여 이종헌 · 이용재 · 백남헌 · 남상일 등 과거 구한국부대 출신 개종자들이 앞장서서 '입대를 권면한' 결과 수천 명 교인을 확보할 수 있었다. 그러나 구세군 선교사들은 오래지 않아 이들 통역들의 '의도된 오역'을 발견하고 구세군 명부에서 제명하였다.[16] 이에 실망한 개종자들도 대거 구세군에서 이탈하였다. 그런 가운데서도 구세군의 본질을 이해한 교인들은 구세군에 남아 교회(영문)를 설립하고 신앙을 지켰다. 그렇게 해서 충남 보령과 예산 · 은진 · 정산 · 청양 · 강경 · 유구 · 대흥 · 홍산 · 갈산 · 서산 · 대천 등지에 구세군이 뿌리를 내리게 되었다. 그런 가운데도 공주에는 해방 전까지 구세군이 들어가지 못했다.

결국 한말과 일제강점기 공주 시내에 진출해서 교회를 설립하고 선교활동을 펼친 교파교회는 미감리회와 동아기독교회(침례교) 두 교회라 할 수 있다. 동아기독교회는 펜윅이 관리하게 된 이후에는 원산에 본부를 두었기 때문에 공주 반죽동의 성경학원은 그 보조적인 역할을 감당할 뿐이었다. 반면에 미감리회는 공주에 지역 선교부를 설치하고 다양한 선교활동을 전개한 결과 공주뿐 아니라 인근 충청도 지역사회를 변화시키는 괄목할 만한 결과를 얻었다.

---

16) 이덕주, "초기 한국 기독교인들의 민족의식에 관한 연구-구세군 입교동기와 「구세군 가사」를 중심으로-," 『초기 한국기독교사 연구』(한국기독교역사연구소, 1995), 191-192; 김준철, 『한국 구세군 100년사』(구세군출판부, 2008), 95-104.

공주선교 역사를 미감리회 선교부 중심으로 살펴볼 수밖에 없는 이유다.

2. 미감리회의 공주지역 선교

2.1 수원과 공주선교

미감리회의 한국선교는 1884년 6월에 내한한 일본주재 선교사 매클레이(R.S. Maclay)가 미국공사관을 통해 "미국인이 와서 학교와 병원 사업을 해도 좋다"는 고종 황제의 허락을 받고 돌아간 후 이에 따라 개척 선교사로 임명된 아펜젤러(Henry G. Appenzeller)와 윌리엄 스크랜턴(William B. Scranton), 메리 스크랜턴(Mary F. Scranton) 가족이 1885년 4-5월에 내한하여 서울 정동에 자리를 잡으면서 시작되었다.[17] 이들 개척 선교사들은 종교활동과 지방여행을 금하는 한국정부의 입장을 고려하여 서울 정동선교부 안에서 학교(배재학당과 이화학당)와 병원(시병원)을 설립하고 교육과 의료 사역에 집중하였다. 그러다가 병원과 학교를 통해 기독교 복음을 접한 개종자들이 나오면서 1887년부터 토착교인들을 위한 집회(정동제일교회)를 시작하였다. 그리고 1888년 '영아소동'이라는 반(反)선교사 소동을 겪은 후 1889년부터 지방으로 선교확장을 꾀하였다. 우선 외국인들의 왕래가 보장된 개항장 인천과 원산, 그리고 북한지역의 중심 거점인 평양이 그 대상이었다. 개척 선교사들은 이들 지방 도시들을 방문하면서 선교사와 기독교에 대한 지역 주민들의 호의적인 반응과 태도를 확인했다. 이에 자신감을 얻은 선교사들은 전국 주요 도시에 선교사나 토착전도인을 파송하여 복음전도와 선교 거점을 확보하기로 하였다.

그런 배경에서 1892년 8월 개최된 미감리회 한국선교회 연회에서는 서울 외에 인천과 평양 · 원산 · 청주 · 대구 · 의주, 그리고 수원 · 공주에 각각 구역회(circuit)를 조직하고 목회자를 파송하였다. 그러나 선교사 부족으로 실제로 선교사가 파송된 곳은 서울에 올링거(F. Ohlinger), 인천에 존스(G.H. Jones), 평양에 홀(W.J. Hall), 청주에 아펜젤러, 원산에 맥길(W.B. McGill)뿐이었고 대

17) 이덕주 · 서영석 · 김흥수, 『한국 감리교회 역사』(도서출판 kmc, 2017), 18-28.

구와 의주 · 수원 · 공주는 '미파'(未派)로 남겨두었다. 당시 스크랜턴은 한국지방회 장로사(superintendent)로서 한국선교 전체를 관할하고 있었다.[18] 여기서 비록 선교사가 파송되지는 못했지만 충청남도 도청소재지인 공주와 경기도 도청소재지인 수원을 묶어 단일 구역회를 조직하고 선교 후보지역으로 확정되었음을 알 수 있다. 미감리회의 공주선교는 1892년부터 잉태되었다는 말이다. 그러나 공주에 선교사가 파송되기까지는 시일이 걸렸다. 선교사와 토착전도인 부족이 가장 큰 이유였다.

이후 공주 · 수원 구역은 1895년까지 '미파 상태'로 남아 있다가 1896년 8월 연회에서 처음으로 스크랜턴이 구역 담임자로 파송을 받았다.[19] 스크랜턴은 그 전에 이미 서울 상동교회를 담임하면서 한강 이남 경기도 지역에 나가 전도한 결과 수원 장지내와 용인 · 시흥 등지에 학습인 27명과 세례입교인 10명이 생겨나 교회를 설립하였다. 그래서 스크랜턴은 1896년 연회에서 "공주와 수원은 지금까지 내가 관할하고 있는데 우리가 노력만 한다면 전망이 아주 밝은 곳이다. 수원이나 공주에 사역자를 정착시켜야 할 것이다. 서울에서 왕래하면서 사역하기엔 너무나 멀다"고 보고하였다.[20] 공주나 수원에 전담 선교사를 파송해야 한다는 스크랜턴의 건의가 실현되기까지는 2년을 더 기다려야 했다. 그 사이 스크랜턴은 서울에 머물러 상동교회와 장로사 사역에 주력하면서 필요에 따라 수원과 공주 지역을 방문하는 형태로 경기도와 충청도 선교를 추진했다. 그 결과는 좋아서 스크랜턴은 1897년 연회에서 공주 · 수원 구역에 학습인 241명, 세례입교인 29명으로 교세가 급증하였고 주일학교도 네 곳에 설립되어 학생 150명이 출석한다고 보고하였다.[21] 이는 주로 수원과 경기도 지역 교인들로 추정된다. 아직 공주에 교인이 생겨나지는 않았지만 스크랜턴은 수원을 거쳐 공주도 방문하였고 그에 따라 선교사의 공주 방문은 1896년부터 본격적으로 이루어졌다. 아직 엘라딩선교회 소속 침례교 선교사

---

18) "Korea," *Annual Report of the Board of Foreign Missions of the Methodist Episcopal Church*(이하 *ARBF*) 1892, 282.

19) *Official Minutes and Reports of Annual Meeting of the Korea Mission of the Methodist Episcopal Church*(이하 *MEC*) 1896, 15.

20) "Kong Ju and Su Won Circuit," *MEC* 1896, 34-35.

21) *ARFM* 1897, 248.

들이 공주를 방문하기 전이었다.

스크랜턴은 1898년 5월 어머니와 함께 수원과 공주 지역 순회전도여행을 떠났다. 그 사실을 「대한크리스도인회보」는 이렇게 보도하였다.

> "달성회당[상동교회]에 계신 로부인께서 그 자제 시크란돈 목사를 다리시고 수원으로 향하야 공주까지 나려가시는대 어젯게 길을 떠나셧시니 이거슨 전혀 시골 형제에게 전도함을 위하심이라."[22)]

공주에 서양 여성이 등장한 것은 그 때가 처음이었다. 어머니와 함께 수원과 공주를 다녀온 스크랜턴은 경기도와 충청도 지역선교에 한층 자신감을 얻었다. 그는 1898년 8월 개최된 연회에서 "수원은 서울에서 남쪽으로 25마일 떨어진 주요 도로상에 위치하고 같은 도로상에 있는 공주는 서울에서 1백마일 떨어진 곳에 있다. 이 두 곳에 우리는 아직 직접 들어가서 사업을 시작하지는 못했지만 그곳에 이르는 도로 주변의 13개 마을에 입교인과 학습인을 합쳐 315명 신자를 확보하였는데 작년 1년 동안 45명이 증가하였다. 이 구역은 이미 한 사람으로는 감당할 수 없을 정도가 되었다"고[23)] 보고하였다. "전담 사역자를 보내야 한다"는 스크랜턴의 거듭된 호소에 연회를 주관하던 크랜스턴(Cranston) 감독은 방금 전에 내한한 스웨어러(Wilbur C. Swearer, 서원보)를 공주 · 수원구역 담임자로 파송하였다.[24)] 그런 스웨어러가 공주와 수원 지역의 '전담' 선교사로 임명된 것이다. 미국 뉴욕의 알게니대학과 뉴저지 드루신학교를 졸업한 스웨어러는 독실한 신앙도 그렇거니와 피츠버그에서 판유리 공장을 운영하던 부친의 영향을 받아 과학적 지식과 재능이 많아 선교현장에서 다양한 역할을 맡게 되었다.[25)]

그러나 스웨어러는 곧바로 수원과 공주 사역에 임하지 못했다. 우선 어학공부가 시급했고 수원이나 공주에 그가 거주할 만한 집이 마련되지 않은 상태였다. 게다가 한국선교회 장로사로 시무하던 스크랜턴이 안식년 휴가로 귀

---

22) "시골에 전도함", 「대한크리스도인회보」1898.5.4.
23) "Report of Superintendent W.B. Scranton," *MEC* 1898, 26.
24) *MEC* 1898, 18.
25) "An Appreciation on Rev. Wilbur C. Swearer," *KMF* Dec. 1916, 327-328.

국하는 바람에 그가 맡았던 서울 상동교회 담임까지 스웨어러의 몫이 되었고 종종 배재학당에도 나가 학생들을 가르쳤고 학당 내에 있는 감리교 출판사(인쇄소) 일까지 맡았다. 그렇다보니 자신이 담임한 수원과 공주 지방사역에 많은 시간을 낼 수 없었다. 그는 1898년 가을에야 수원과 공주지역 순회여행을 처음으로 실시하였고 서울에서 겨울을 보낸 뒤 1899년 봄 2차로 공주까지 다녀오는 지방여행을 시도하였다. 그의 지방여행에는 상동교회 전도사 이은승과 배재학당 출신으로 정동교회 전도사로 시무하던 문경호 등이 통역으로 동행했다. 스웨어러로서는 본격적인 전도여행이라기보다는 탐색여행이었다. 이러한 두 차례 여행을 통해 확인한 수원·공주 구역 상황에 대하여 스웨어러는 1899년 5월 미감리회 연회에서 "공주까지 1백 마일(450리) 거리 되는 도로 주변 15개 마을에 교회들이 흩어져 설립되어 있다. 수원지역 13개, 공주지역 2개 교회가 있는데 세례입교인과 학습인을 합쳐 4백여 명 교인들이 집회를 갖고 있다. 혼자서는 감당하기 어려운 형편이다"라고 보고하였다.[26] 이 보고에서 공주지역에 두 개 교회가 설립되었음을 알 수 있는데 공주 시내가 아닌 주변 지역에 설립된 교회였다. 아직 공주선교는 본격적으로 추진되지 못하고 있었다.

그런 상황은 1899-1900년에도 이어졌다. 스웨어러는 여전히 서울에 머물며 배재학당과 인쇄소 일을 맡아 하였고 1년에 두 세 차례 수원과 공주 지역을 순회하면서 개종자들에게 세례를 주고 교회를 설립하는 방식을 취했다. 그의 지방여행에는 문경호와 인천 출신 김동현(金東鉉) 전도사가 동행했다. 그런데 스웨어러는 공주보다 수원지역을 찾는 경우가 많았다. 그것은 을사의병 때(1905) 이천지역에서 의병장으로 활약했던 구연영(具然英)이 개종한 후 감리교 전도사가 되어 전도한 결과 경기도 동편 광주와 이천·여주·장호원 지역에 기독교 개종자들이 급속도로 늘어났기 때문이었다. 그 결과 1년 동안 수원지역에서 입교인 21명, 학습인 310명이 늘어났다. 그래서 스웨어러는 1900년 5월 연회에서 수원과 공주를 비교하면서 "북부에 있는 수원지역은 사방에서 사역이 이루어지고 있다. 씨는 뿌려졌고 구역 내 곳곳에서 교인들

26) W.C. Swearer, "Su-Won and Kong-Ju Circuit," *MEC* 1899, 33-34.

이 생겨나고 있다. 여기저기서 어서 와서 교회를 조직해달라고 요청하고 있다. 그러나 공주지역은 전혀 다르다. 수원이 추수마당(harvest field)이라면 공주는 이제 씨를 뿌리는(seed sowing) 단계다"라고 표현하였다.[27] 그만큼 공주선교는 느리게 진행되었다.

2.2 공주 봉황동 선교부지

1900-01년에도 스웨어러의 사역과 공주지역 상황은 변화가 없었다. 반면 경기도 동편 광주와 이천 · 여주 지역 선교는 계속 확장되었고 충청남도 지역에서도 새롭게 홍주와 해미 · 덕산 지역에 교회가 개척되어 활기를 띠었다. 그에 비하면 공주는 여전히 '아직 손도 대지 못한'(comparatively untouched) 상황이었다.[28] 그렇다고 충남 도청소재지인 공주를 포기할 수는 없었다. 3년차 선교사로서 한국 언어와 문화에 어느 정도 적응한 스웨어러는 공주선교를 본격적으로 착수할 때가 되었다고 판단했다. 그래서 그는 1901년 5월 개최된 미감리회 연회에서 홍주(홍성)와 해미 · 덕산 지역에서 이루어진 선교 결과를 소개한 후 공주 상황에 대해 다음과 같이 보고하였다.

> "덕산으로부터 동남쪽으로 65마일 내려가면 성으로 둘러싸인 공주에 이르는데 인구는 수천 명에 이른다. 그곳은 내륙으로 통하는 교통 요지다. 한국에서 나오는 거의 모든 약초가 여기서 거래된다. 공주는 사역하기 어려운 곳으로 아직 개종자는 없지만 금년에는 일을 시작할 수 있기를 기대한다."[29]

이에 1901년 연회는 그동안 단일 지방회로 내려오던 것을 남부와 북부 · 서부, 3개 지방회로 분리하고 남부지방회 안에 단일 구역이었던 공주 · 수원 구역을 공주와 수원 · 광주 · 이천 등 3개 구역으로 나누었다. 이로써 공주구역은 충청남도와 충청북도를 아우르는 넓은 지역을 담당하게 되었다. 그러면서 연회는 스웨어러를 이들 세 구역 담임자로 파송하였다.[30] 행정 개편은 되었

27) W.C. Swearer, "Su-Won and Kong-Ju Circuit," *MEC* 1900, 49.
28) *ARFM* 1900, 288.
29) W.C. Swearer, "Su-Won, Ichon and Kong-Ju Circuits," *MEC* 1901, 43.

지만 스웨어러의 사역 형태에는 변화가 없었다. 스웨어러는 교세가 급속도로 증가하고 있는 경기도 수원과 광주·이천 지역 선교에 보다 많은 시간을 할애했다. 그러면서 공주선교도 본격적으로 추진했다. 우선 시급한 것이 공주 시내에 선교사와 토착전도인이 들어가 살 집과 선교부지를 확보하는 일이었다. 이를 위해 스웨어러는 1902년 3월 한국선교회 장로사 존스(G.H. Jones)와 함께 공주를 방문했다. 스웨어러는 1902년 5월 연회에서 공주 방문 목적과 결과를 이렇게 보고했다.

> "존스 목사와 함께 지난[1902] 3월에 공주를 방문했다. 방문 목적은 공주에서 사역을 시작하려는 것이었다. 부지 구입에 필요한 기금 부족에다 일을 맡길 만한 사역자를 구하기 어렵고 게다가 남부지역 전체를 돌봐야 하는 형편에 시간과 능력이 딸려서 우리는 아직도 공주 사역을 시작하지 못하고 있다. 게다가 그 지역이 사역하기엔 난관이 많고 또 18개월 동안 스테드먼(Steadman) 목사와 부지 매매를 두고 흥정을 벌이고 있어 여러모로 우리 사역은 지연되고 있다. 그럼에도 불구하고 우리는 한 곳에 부지 매입을 위해 노력하고 있으며 가을에는 그곳에 전도인을 보내 일을 시작할 수 있을 것으로 보인다. 가능하다면 공주 외에 홍주와 청주, 충주에도 사역자를 한 명씩 보냈으면 한다."[31]

이 보고를 통해 스웨어러와 스테드먼 사이에 공주 반죽동에 있던 엘라딩선교회 소유 선교부지에 대한 매매 협상이 1년 넘게 진행되었음을 알 수 있다. 서울 자골에 있었던 엘라딩선교회 부지를 남감리회 여선교부가 매입해서 공주로 옮겼는데 한국(공주) 선교를 접고 출국하려는 스테드먼이 공주선교부지를 두고 미감리회 선교부와 매매 협상을 벌인 것이다. 그러나 스웨어러는 끝내 반죽동의 엘라딩선교회 부지를 구입하지 못했다. 이에 스웨어러는 선교사보다 먼저 토착전도인을 들여보내기로 하고 그가 살 집을 물색하였다. 그리하여 1902년 가을 공주관찰부가 위치한 봉황동에 초가집 한 채를 마련하고 경기도 수원지방에서 사역하고 있던 김동현 전도사를 그곳으로 파송하여 전도하도록 하였다. 이에 대한 1903년 1월 「신학월보」 기사다.

---

30) *MEC* 1901, 20.

31) W.C. Swearer, "Su-Won, Ichonand Kong-Ju Circuits," *MEC* 1902, 53-54.

"지금 공주관찰부 압헤 집 하나를 사고 형제 김동현 씨가 그 집에 들고 날마다 전도하는데 동리 사람들이 믿지 안코 비방을 하나 그러나 장찻 흥왕하야 평양성에 교가 흥왕함 갓치 하나님을 셤기는 백셩들이 만흘 줄 밋삽니이다."[32)]

김동현의 전도는 주민들의 반발로 큰 성과를 이루지는 못했지만 공주교회는 그렇게 출발하였다. 오늘 공주제일교회의 시작이다. 스웨어러는 봉황동의 토착전도인 사택 말고 공주천 건너편 하리동 언덕에도 선교부를 개설할 선교부지를 마련했다. 그리하여 1903년 5월 연회에서 스웨어러는 "서울에서 공주까지 450리 길에 산재해 있는 60여 개 교회에 2천여 명의 교인이" 모이고 있음과 선교부지에 관하여 "우리는 공주에 토착 목회자가 살 수 있는 큰 집 한 채와 작은 집 한 채, 그리고 장차 시내 선교에 유용하게 사용할 수 있을 넓은 토지가 딸려 있는 훌륭한 부지를 확보하였음"[33)]을 보고하였다. 이렇게 스웨어러는 봉황동과 하리동, 두 곳에 토착전도인 집과 선교부지를 마련하고 공주선교를 준비하였다. 스웨어러는 이곳에서 본격적으로 전개될 공주선교의 미래를 이렇게 전망했다.

"의심할 여지없이 공주는 충청도에서 가장 중요한 것이다. 아름다운 금강을 끼고 높은 산에 둘러싸여 있는 아름다운 도시다. 이곳은 특히 약재 매매로 매우 분주한 곳이기도 하다. 이곳 주민들은 전반적으로 냉혹(brutality)하며 여기 살려면 '놈'(Nom-rascal)과 같은 상스런 말에 익숙해야만 한다. 그렇지만 주변 마을이나 시골과 달리 이곳 주민들에게서 진실성(heartiness)을 발견할 수 있다. 공주는 전체 도에 영향력을 행사하는데 그런 점에서 공주는 충청도 선교에서 결정적인 부분을 차지하고 있다."[34)]

전통적으로 공주는 '양반도시'로서 위엄과 체통, 그리고 '약령시'(藥令市)로서 경제도시 기능을 수행해왔다. 그리고 도청소재지로서 공주의 영향력은 충청도 전 지역에 파급되었다. 스웨어러가 공주선교에 기대를 건 이유도 거기에 있었다. 그런데 결과는 예상과 달르게 전개되었다. 우선 봉황동에 자리잡

32) "공주의 교회를 새로 설립함," 「신학월보」1903.1.
33) *ARFM* 1903, 368; W.C. Swearer, "South Korea District," *MEC* 1903, 46.
34) W.C. Swearer, "South Korea District," *MEC* 1903, 46.

고 전도하던 김동현이 법적 송사에 휘말려 관헌에 쫓기는 신세가 되어 공주를 떠나야 했다. 이에 스웨어러는 다른 전도인을 선발해 공주에 내려보냈는데 그도 내려가자마자 네 명 자녀 중에 세 명이 병으로 죽고 살던 봉황동 초가집마저 불에 타 결국 철수하고 말았다.[35] 김동현의 추방과 주택 방화사건 배경에는 지역 주민들의 기독교에 대한 불신과 배척이 깔려 있었다.

2.3 맥길의 하리동 선교

이런 상황에서 스웨어러는 토착주민들이 함부로 대하지 못하는 '외국인' 선교사를 공주에 보내자고 연회에 건의하였다. 그에 따라 1903년 5월 연회는 '14년차' 의료선교사 맥길(William B. McGill)을 공주에 파송하였다.[36] 맥길은 1889년 내한해서 서울과 원산 등지에서 선교사역을 해왔는데 한국 언어와 문화에 익숙했을 뿐 아니라 지방에서 환영받는 의사이기도 해서 공주와 같은 '보수적' 지방도시의 개척 선교사로서 적격이었다. 이로써 맥길은 공주의 최초 전담, 정착 선교사가 되었다. 그러나 아직 공주에 선교사 가족이 살만한 주택(양관)이 마련되지 않았기 때문에 가족은 서울 정동선교부에 두고 그 혼자 공주를 왕래하며 선교활동을 시작하였다. 맥길은 1903년 연회를 마친 후 7월에 토착전도인 이용주(李用周)와 함께 공주에 들어가 하리동에 있는 선교부지 안에 있던 초가집에서 선교활동을 시작하였다. 선교부지 안에는 초가집이 두 채 있었는데 한 채는 맥길이 살면서 시약소로 사용하였고 다른 한 채는 이용주가 살면서 예배당으로 사용하였다. 외국인 의사의 등장에 지역주민들은 경계하면서 지켜보았다. 다음은 맥길이 1904년 2월 연회에 제출한 7개월간의 공주선교 보고이다.

> "나는 1903년 7월 1일 공주에 들어가 의료사업을 시작했다. 내 사역의 진척이 느린 이유는 다음과 같다. 몇 년 전 정규 의학 공부를 하지 않은 선교사가 내려와 치료를 하였던 경우가 있었고 한 일본인이 서양약품을 취급한 적이 있었는데 여기 사람들은 내 조수[이용주]에게 말하기를 서양 약을 써보았지만 별 효과가 없다고 하였다. 그런 중에도 232명 환자를 진료하

35) W.C. Swearer, "South Korea District," *MEC* 1903, 46-47.
36) *MEC* 1903, 21.

였고 약값으로 75원(37.50달러)을 받았다. 나는 공주에서 1백 마일 떨어진 서울에 있는 가족들과도 시간을 함께 보냈다. 내 조수는 전도책을 593부 팔았고 공주 외에 다른 한 곳에서도 정기집회가 열리고 있다. 공주교회에는 23명이 정기적으로 예배에 참석하고 있으며 다른 시골 교회에는 7명이 모이고 있는데 교인 명부에 이름을 올리고 싶어하는 사람들은 훨씬 많다. 나는 8명에게 세례를 주었다."[37]

맥길은 서양 의술과 약에 대한 공주 주민들의 불신 때문에 고전했지만 그런 중에도 2백 명이 넘는 환자를 진료하였다. 그의 진료활동을 돕던 이용주도 환자와 주민들에게 전도책자를 팔면서 전도활동을 시작하였다. 그 결과 교인들이 생겨나 맥길은 8명에게 세례를 주었고 이용주가 살던 초가집에서 주일 예배를 시작하였다. 다음은 공주교회 초기 교인에 대한 1930년 기록이다.

"主後 1901年(光武 5年)에 基督敎 美監理會派 長老司 米國人 趙元時와 牧師 米國人 徐元輔 兩氏가 公州에 下來하야 福音傳道할 便宜를 視察하고 翌年에 徐元輔 氏가 巡行牧師로 更來 詳察後에 回轅터니 仁川 武之川居 金東鉉 氏를 派送하야 個人傳道로 福音을 始播하고 1903年에 宣敎會에서 派送한 醫師 米國人 麥吉氏가 牧師之任을 兼帶하고 傳道師 李用周 氏와 偕來하야 府內 南部面 下梨洞에 基地를 定하고 傳道에 用力하니 其時 信敎者는 卽 金商文 陸越羅 白正雲 內外와 裵利百加 諸氏也러라."[38]

그렇다고 이후 공주선교가 순조롭게 진행된 것만은 아니다. 선교사와 기독교에 대한 공주지역사회의 반발과 배척은 여전했고 개종한 교인들에 대한 주민들의 탄압도 심하였다. 게다가 1904년 2월 러일전쟁이 터지면서 한반도는 다시 전쟁터로 바뀌었고 지방에서 사역하던 선교사들은 공사관 지시로 서울로 피신하거나 대외적인 선교활동을 접어야 했다. 공사관 지시로 서울로 피신해 있던 맥길은 1908년 8월 미국 선교본부에 편지에서 공주지역 선교상황을 이렇게 보고하였다.

"우리는 공주에서 25마일 떨어진 꽤 큰 장터와 공주에서 8마일 떨어진 작은 마을에서

37) W.B. McGill, "Kongju Circuit," *MEC* 1904, 53-54.
38) 金士賢, 「公州敎會 沿革」(1930.9.)

사역을 새로 시작했습니다. 공주에서의 의료 사역은 어려웠는데 서양 약을 취급하는 일본인, 그리고 의사가 아닌 침례교 선교사가 진료활동을 했던 탓입니다. 그 결과 토착민들은 서양약이 효력이 없다고 말합니다. 6월 말에는 우리 집 대문에 나와 신도들의 생명을 위협하고 집을 불사르겠다고 위협하는 방문이 붙었습니다. 나는 미국공사관에 이를 알렸지만 공사관에서는 나를 보호해 줄 수 없다면서 일본이 이 나라 치안을 맡을 때까지 공주를 떠나 있으라고 하였습니다."[39]

하리동 선교사 집 대문에 살해하겠다고 위협하는 방문이 붙을 정도로 분위기는 험악했다. 그런 중에도 공주와 주변지역 교회 신도들은 믿음을 지키며 전도활동을 포기하지 않았다. 오히려 전쟁으로 혼란한 시기에 선교사들이 관리하는 교회에 들어와 보호를 받으려는 교인들이 늘어났다. 1904년 여름 러일전쟁 전선이 북한과 중국 쪽으로 옮겨간 후 맥길은 공주로 복귀하여 진료를 재개하였고 이용주도 열성적으로 전도하였다. 그 결과 논산과 경천에서 교회가 새로 시작되었고 공주에서도 교인이 1백 명으로 늘었다. 더욱이 공주교회 교인들은 맥길을 찾아와 "우리가 생활비를 댈 터이니 교사를 채용해서 학교를 시작하자"고 요구하였다. 이런 요구에 응하여 맥길은 1904년 여름 배재학당 학생을 교사로 초빙해 예배당으로 사용하고 있던 하리동 초가집에서 교인 자녀들을 가르치게 하였다. 비록 그 '학생 교사'가 가을 학기 공부를 하기 위해 서울에 올라감으로 3개월밖에 운영되지 못했지만 하리동선교부의 교육선교는 이렇게 시작되었다.[40] 그 결과 하리동의 공주선교부에서 복음전도(교회)와 의료선교(시약소), 교육선교(학교)로 이루어지는 '삼각 선교'(triangle mission)가 전개되었다.

이렇게 공주의 첫 번째 '정착' 선교사가 되어 선교부 개설과 초기 사역기반을 구축하는데 성공한 맥길은 1905년 봄 안식년 휴가를 받아 귀국하였다. 맥길 후임으로 공주선교부 사역을 담당한 이는 '2년차' 선교사 샤프(Robert A. Sharp)였다.

---

39) W.B. McGill's letter to Rev, Dr. A.B. Leonard, Aug. 10th 1904.

40) W.B. McGill, "Kong Ju," *MEC* 1905, 58; R.A. Sharp, "Chung Cheung Do Circuit," *MEC* 1905, 57.

3. 공주 하리동 선교본부 개설

3.1 샤프의 공주선교

캐나다 몬타리오에서 출생한 샤프는 감리교 본처전도사였던 아버지의 영향을 받아 어려서부터 목회와 해외선교에 뜻을 품었고 미국 뉴욕의 브룩클린 연합선교훈련원(Brooklyn Union Missionary Training School)을 거쳐 오하이오 오벌린대학(Oberlin College)을 졸업했다. 그는 처음 남아메리카 선교를 계획했으나 한국을 다녀간 미감리회의 무어(David H. Moore) 감독으로부터 "신생 선교지로 크게 부흥하고 있는 한국에 교육 선교사가 필요하다"는 강연을 듣고 한국선교를 지원하였다. 그는 같은 방식으로 '한국선교'를 지원했던 앨비언대학 출신의 벡커(Arthur L. Becker)와 크리쳇(Carl Critchett), 드루신학교 출신의 무어(John Z. Moore) 등과 함께 1903년 4월 내한했다. 샤프는 서울에 도착하자마자 6월 30일 서울 이화학당에서 '약혼녀'인 앨리스 해먼드(Alice Hammond)와 결혼했다.[41] 앨리스는 미감리회 여성해외선교회(Woman;s Foreign Missionary Society) 파송을 받아 1900년 내한해서 서울 상동교회와 경기도 지방 여성선교 및 매일학교 사업을 주관하고 있었다. 나이로는 샤프가 위였으나 선교사 경력으로는 앨리스가 선배였다.

앨리스와 결혼한 후 샤프는 서울에 머물러 어학공부를 하면서 배재학당 교사로 학생들을 가르치기 시작했다. 그 사이 샤프 부인은 경기도 남부, 수원과 시흥, 이천지역 교회들을 돌면서 전도사역을 계속하였다. 그렇게 서울에서 1년간 어학공부를 하면서 현지적응 훈련을 마친 샤프는 1904년 4월 맥길이 사역하고 있던 공주선교부로 파송을 받았다. 샤프는 배재학당 봄 학기 수업이 끝난 6월에야 부인과 함께 공주 답사 여행을 떠날 수 있었다. 그 때 배재학당 학생 윤성렬(尹聲烈)이 동행했다. 훗날(1962) 윤성렬 목사는 샤프 부부와 함께 했던 공주 여행을 이렇게 증언했다.

---

41) "News Calendar," *The Korea Review*(이하 *KRV*) Jun. 1903, 271; "Robert Arthur Sharp," *KRV* Apr. 1906, 149.

"18세 여름방학을 당하야 샤프 목사가 지방으로 전도사업에 파송을 받아 떠나는데 저는 한국 어학이 부족하야 나더러 통역 겸 전도여행하기를 권하여 같이 떠났다. 그때는 경부선 철도도 아직 시설이 않되었고 자동차길도 없었다. 그래 보군으로 사목사 내외분과 떠나서 충주·연기·공주까지 갔었다. 몇 날이 걸리었다. 공주에 가보니 맥길 목사가 있었는데 공주 부에는 교회가 서 있었고 온양에 김광식 목사가 시무하였다."[42]

이 여행을 계기로 윤성렬은 '목회에 뜻'을 두게 되었고 이후 샤프와 함께 충청도 지역 순회전도에 임하였다. 그렇게 윤성렬의 안내 및 통역으로 순회여행을 하면서 샤프는 자신이 담당할 충청도 지역에 6개 구역, 55개 교회에서 매주일 2천여 명의 신도가 집회를 갖고 있음을 확인했다. 특히 공주에서는 매주 150명이 집회에 참석하고 있었는데 공주 교인들은 자급 헌금을 실시하여 토착전도인 이용주 전도사의 생활비(월 5원)를 대고 있었다. 그런 이용주 전도사의 활동으로 공주 주변 청주와 보은·문의·연기·논산 등지에서도 교회가 활발하게 움직이고 있었다. 샤프는 공주에 머무는 동안 매 주일 40리 걸어서 교회에 참석하는 남자가 여럿 있었고 80리 걸어서 오는 사람도 있었으며 지방에서 교리를 배우려는 사람들이 계속 찾아왔는데 주사 벼슬을 한 사람을 포함, 양반 다섯 명이 찾아와 자기 마을에 교회를 세워달라고 요청을 받기도 했다.[43] 선교사와 기독교에 배타적이던 양반들까지 찾아와 교회를 세워달라고 요구할 정도로 분위기는 바뀌어 있었다. 불과 한 달 전, 맥길의 하리동 집 대문에 살해 위협 방문을 붙였던 것과 전혀 다른 상황이었다. '배재학생'이 가르치다가 서울로 올라가는 바람에 수업을 중단했던 공주교회 부속 남학교도 샤프와 함께 온 윤성렬을 새 교사로 초빙해서 문을 다시 열었다. 샤프는 1905년 6월 연회에서 공주지역 전도와 교육에 참여한 윤성렬의 공로를 치하하며 공주선교의 '밝은 전망'을 다음과 같이 진술하였다.

"보고를 마치기 전에 배재 청년 윤성렬에 대해 언급하지 않을 수 없다. 그는 비가 오나 눈이 오나 누구도 따를 수 없는 열정을 갖고 순회여행을 하면서 전도사역을 하였다. 내 마음은 하나님을 향한 감사로 넘쳐나고 있는데 그것은 금년 1년 동안 우리 지역에서 이루어질

42) 「윤성렬 목사 자필자서전」(1962.5.10)

43) R.A. Sharp, "Chung Cheung Do Circuit," *MEC* 1905, 55-56.

신실한 사역으로 칠흑 같은 어둠이 사라질 것이기 때문이다. 길고 긴 밤이 지났다. 태양이 떠오른다. 주님께 찬양."[44]

샤프 부부는 1904년 9월 초 다시 공주지방 여행을 시도하였다. 이번 여행에서 샤프 부인은 작은 오르간을 가지고 갔다. 오르간에 맞추어 찬송을 부르는 전도방식은 지역주민 특히 부녀자들에게 인기를 끌었다. 샤프 부인의 보고다.

"이번 여행에서 우리는 여러 곳을 처음 방문해서 책도 많이 팔았다. 나는 작은 오르간을 가지고 갔는데 날씨 좋은 날 우리가 집 밖에 앉아서 전도하면 순식간에 사람들이 주변에 모여들었다. 찬송가를 한 두 곡 부른 후 우리와 함께 간 토착전도인들이 전도를 하면서 우리가 가져간 책을 사가라고 하였다. 우리는 쪽 복음서와 전도문서, 교리서 등을 가지고 갔다. 그 중에도 나를 기쁘게 한 것은 책을 사간 사람들 가운데 여성이 다수였다는 점이다. 그들이 읽을 수만 있게 된다면 그들은 분명 보다 더 중요한 것을 바라게 될 것이고 우리는 그들이 원하는 것을 줄 수 있을 것이다."[45]

샤프 부인의 등장은 공주에서 여성선교가 시작되었음을 의미하였다. 4년차 선교사로 한국어를 자유롭게 구사할 수 있었던 샤프 부인은 호기심을 갖고 찾아오는 부녀자들을 상대로 본격적인 선교활동을 시작했다. 하리동 초가집 예배당에서 주일예배가 열리고는 있었지만 그것은 남성 위주의 종교집회였다. 보수적인 사회 분위기 때문에 남녀가 함께 예배를 드리는 것이 어려웠다. 이에 샤프 부인은 주일학교(sunday school) 형태로 주일 오후에 여성들만의 집회를 시작했다. 샤프 부인의 증언이다.

"공주로 온 이후 나는 젊은 부인들을 대상으로 한 주일학교에 깊은 관심을 가졌다. 주일 오후에 부인들만으로 예배를 드렸는데 출석도 잘하고 영적으로도 새 힘을 얻는다. 읽을 수 있는 사람이 너무 적어서 한 주일에 하루씩 야간에 공부를 시작했다. 여기 출석하는 학생은

---

44) R.A. Sharp, "Chung Cheung Do Circuit," *MEC* 1905, 58.

45) Alice H. Sharp, "Evangelistic Work in Mead Memorial Church and South Korea District," *Annual Report of the Korea Woman's Conference of the Woman's Foreign Missionary Society of the Methodist Episcopal Church*(이하 *KWC*) 1905, 17-18.

12세부터 60세까지 다양하다. 선생이 얼마나 열심히 가르치는지 나이 든 부인들은 뒤로 물러나서 '나는 도저히 못하겠소. 너무 늙었소' 하였다. 나는 그들에게 '학교에 나온 이상 할 수 없다는 말은 하지 마시오'라고 하였다."[46)]

그렇게 해서 공주에서 여성 교회와 여학교가 동시에 시작되었다. 샤프 부인은 주일학교 외에 목요일 저녁에 교리 공부반을 만들어 세례 지원자들을 공부시켰고 금요일 오후에는 속회를 열고 성경 이야기와 찬송가를 가르쳤다. 이후 샤프 부인은 남편과 함께, 혹은 서울에서 데려간 전도부인 허조세핀(Josephine)과 함께 공주 주변 지역을 돌면서 여성들을 상대로 복음을 전하고 교회 설립을 지원하였다.[47)] 샤프 부인은 처음부터 샤프의 동역자(co-worker)였다.

3.2 하리동 양관 건축과 순직

1905년 봄 맥길이 안식년 휴가를 떠나면서 공주와 충청도 지역 선교는 전적으로 샤프의 몫이 되었다.[48)] 공주선교부 사역을 전담하게 된 샤프는 지역 교회 교인들의 신앙훈련을 위한 사경회를 먼저 개최하였다. 즉 1905년 1월 청주와 공주에서 두 차례 교회 임원을 대상으로 사경회를 개최하였는데 청주에서는 47명, 공주에서는 56명이 참석했다. 공주 사경회 참석자 중 여성 24명은 샤프 부인과 밀러(Hugh Miller) 부인이 별도 공간에서 진행하였다. 이렇듯 남녀를 구별해서 진행한 공주 사경회 강사로는 샤프와 스크랜턴 · 스웨어러 · 헐버트(H.B. Hulbert) 외에 샤프 부인과 밀러 부인이 참여해서 "공주 사람들이 한꺼번에 그렇게 많은 서양인들을 본 것은 처음이었다."[49)] 샤프는 사경회 외에도 수시로 지방 교회들을 순회하며 교회와 교인들을 지도하였다. 1905년 6월에는 새 예배당을 짓고 있던 논산교회 교인들이 일본인 승려와 지

---

46) Alice H. Sharp, "Evangelistic Work in Mead Memorial Church and South Korea District," *KWC* 1905. 19.

47) Mrs. R.A. Sharp, "Riding a Circuit," *The Korea Methodist*(이하 *KM*) Aug. 1905, 141; 「公州敎會 沿革」(1930).

48) *KM* Apr. 1905, 91.

49) R.A. Sharp, "Study Classes in Chung Cheung Province," *KM* Mar. 1905, 60.

역 보수세력, 그리고 일진회 회원들로부터 구타를 당한 사건이 터졌을 때 스크랜턴 장로사와 함께 논산으로 가서 사건을 해결하고 돌아왔다.[50)]

이처럼 1905년 공주선교부를 책임지게 된 샤프에게 주어진 가장 시급한 과제는 스웨어러가 선교부지로 확보해 놓은 하리동 언덕 위에 선교사 가족이 들어가 살 수 있는 서양식 주택 즉 양관(洋館)을 짓는 일이었다. 그는 겨울 추위가 어느 정도 가신 1905년 2월부터 건축 공사를 시작했지만 본격적인 작업은 6월 여름부터 하였다. 그러나 쉬운 일이 아니었다. 무엇보다 재정 부족이 문제였다. 건축비를 대줄 독지가도 얻지 못했고 선교회로부터 충분한 공사비 지원도 받지 못한 상태에서 추진한 공사였다. 다행히 건축에 조예가 있어 "최소한의 비용으로 최대의 작품을" 만들어낼 수 있었다.[51)] 모든 건축 공사는 샤프가 직접 지휘, 감독하였다. 곁에서 그 모습을 지켜본 샤프 부인의 증언이다.

> "집을 짓는데 필요한 모든 것을 현지에서 조달해야 했다. 심지어 벽돌도 현장에서 구웠다. 전체 목재와 벽돌 작업을 우리가 감독했다. 샤프 목사는 '딕'(Dick)이라 불리는 작은 말을 타고 목재를 구하러 수 마일을 다녀와야 했는데 도중에 개울을 건너다 급류에 휘말려 위험한 지경에 빠지기도 했다. 어떤 때는 비를 흠뻑 맞은 채 오기도 했고, 때로는 옷 색깔조차 구분할 수 없을 정도로 진흙투성이가 돼서 돌아왔다. 우리가 직접 유리를 잘라 창을 해 달았고 벽도 직접 발랐으며 기름칠과 니스칠도 직접 했다."[52)]

샤프 부부는 11월 새 집에 입주했다. 샤프가 지은 양관은 지하 1층, 지상 2층짜리 붉은 벽돌집이었다. 서양인에겐 고향에서 쉽게 볼 수 있는 작고 평범한 가정집이었지만 공주 사람들에겐 '낯설고 신기한' 2층집이었다. 더욱이 공주 시내가 한눈에 내려다보이는 하리동 언덕 위에 우뚝 솟은 양관은 공주의 명물이 되었다. 그 신비로운 집을 구경하러 사람들이 몰려왔다. 다시 샤프 부인의 증언이다.

---

50) "A Serious Disturbance," *KRV* Jun. 1905. 238-240; R.A. Sharp, "Chung Cheung Do Circuit," *MEC* 1905, 57.

51) W.C. Swearer, "A Retrospect," *KM* Jun. 1905, 106.

52) Mrs. R.A. Sharp, "Evangelistic Work of Chung Chung Province," *KMF* Jul. 1906. 163.

"우리 집은 모든 사람들에게 대단한 관심을 불러 일으켰다. 어떤 때는 '대단한 집'(Wonderful House)을 보겠다면서 사람들이 떼를 이루어 찾아왔다. 그들이 방 하나 하나를 건너다니면서 나누는 말을 듣는 것이 참 재미있었다. 어떤 사람은 '목사, 당신은 천당에 가지 않아도 되겠소' 하였고 또 어떤 사람은 '우리는 마치 돼지우리에 사는 것 같아. 이 집은 어디를 보아도 깨끗해' 하였으며 심지어 '여기선 숨도 쉬지 말아야겠네' 하는 사람도 있었다. 우리가 깨달은 것은 이런 식으로 그들이 지저분한 것과 깨끗한 것의 차이를 구분하기 시작하면서 그동안 자기들이 천국 생활의 영광과 아름다움에 대해 얼마나 무지했는지를 알아가고 있다는 점이다."[53)]

공주 사람들에게 하리동 양관은 '천당집'으로 불렸다. 선교사의 양관을 구경한 사람들은 청결과 불결을 구분하기 시작했고 선교사들이 믿는 종교, 즉 기독교에 관심을 표명하였다. 전에 선교사들이 거리나 장터로 나가 주민 접촉을 시도하면 대부분 도망치거나 심지어 돌을 던지곤 했는데 이제 양관을 구경하러 온 사람들에게 집과 함께 생활을 보여주면서 자연스럽게 기독교를 소개할 수 있게 되었다. 그렇게 양관 구경은 복음전도로 연결되었다. 바로 이것이 선교 초기 선교사들이 효과적으로 활용했던 '구경미션'(Gukyung mission)이었다.[54)] 이렇듯 하리동 언덕에 양관을 마련한 후 공주선교부와 그곳에 사는 선교사 가족을 바라보는 지역사회 분위기는 한층 호의적으로 바뀌었다. 어려운 상황에서도 양관 건축을 성공적으로 끝낸 샤프로서도 한층 자신감을 갖고 공주선교부 사역을 추진할 수 있는 환경이 되었다.

그런데 정작 샤프는 그 '천당 집'에서 오래 살지 못했다. 새 집으로 이사한 지 3개월 되는 1906년 2월 말 샤프는 논산과 강경 지방 사경회를 인도하러 갔다가 전염병(장티푸스)에 감염되어 공주로 후송되었다. 그 무렵 샤프 부인도 별도로 공주 남부지역 여자사경회를 인도하러 여행 중이었는데 남편이 아프다는 전갈을 받고 급히 공주로 돌아왔다. 서울에서 스크랜턴 박사가 내려와 치료하였으나 샤프는 회복되지 못하고 결국 발병 보름만인 3월 15일 숨을 거두었다.[55)] 당시 그의 나이 34세였다. 스크랜턴의 집례로 장례식을 치른 후 그

53) Mrs. R.A. Sharp, "Evangelistic Work of Chung Chung Province," *KMF* Jul. 1906. 163.
54) 이덕주, 『충청도 선비들의 믿음 이야기』(도서출판 진흥, 2006), 212-213.
55) "Robert Arthur Sharp," *KRV* Apr. 1906, 150.

의 유해는 그가 지은 '천당집' 뒤편 산자락에 안장되었다. 샤프의 죽음은 동료 선교사는 물론 공주지역 교인들에게 큰 충격을 안겨주었다. 결혼 3년 만에 남편과 사별한 샤프 부인의 충격도 컸다. 그러나 샤프 부인은 그 슬픔과 충격을 신앙으로 극복하는 모습을 보여주었다. 그가 동료 선교사들에게 한 말이다.

> "우리는 [1905] 11월 새 집에 입주하였다. 하나님께서는 우리 부부를 새 집에서 4개월 동안 함께 지내게 해 주셨다. 그런 후 주님은 내 남편을 보다 밝은 집으로 인도해 가셨다. 주님은 지난 수개월 동안 남편으로 하여금 그 집에 들어갈 준비를 하도록 인도하셨다. 또한 주님은 내게 '여기에는 영구한 도성이 없음을'(히 13:14) 깨닫게 해주셨다."[56]

샤프 부인은 남편 장례식을 치른 후 공주사역을 정리하고 4월 말 서울로 옮겨 귀국 준비를 하였다. 그리고 6월 8일부터 14일까지 서울에서 개최된 미감리회 연회에 참석하여 남편의 동료 선교사와 목회자들과 '작별 인사'를 나눈 후 귀국 길에 올랐다.[57] 그는 연회에 참석해서 남편을 대신하여 공주와 충청지역 사역 보고를 하였는데 다음과 같은 말로 시작하였다.

> "작년까지만 해도 나의 사랑하는 남편이 나와 헤어져 천국 연회에 참석해서 사역보고를 하게 되리라고는 전혀 꿈도 꾸지 못했다. 언젠가 우리도 참석해야 할 천국 연회이지만 말이다. '하나님의 길은 우리 길과 다르며 그의 생각은 우리 생각과 다르다'는 말씀도 있고 하나님께서 왜 내게 이처럼 혹독한 시련을 주시는가 하는 마음도 없지 않지만, '이별은 뒤에 있지만 앞에는 만남이 있다'는 말을 되새기며 이 큰 슬픔을 견뎌내기 위해, 보다 적극적으로 남을 위하여, 하나님께서 내게 맡겨주신 사역을 감당하려 노력하고 있다. 누구든 '참으로 힘든 한 해였다'고 말할 수 있겠지만, 우리가 당한 고난이 크고 또한 잃은 것이 많지만, 하나님께서는 어떤 식으로든 선한 길로 인도하실 것이기 때문에 우리는 그것을 믿고 두려워하지 말아야 할 것이다."[58]

샤프 부인은 계속된 보고에서 기회가 주어진다면 다시 한국에 돌아와서 남

---

56) Mrs. R.A. Sharp, "Evangelistic Work of Chung Chung Province," *KMF* Jul. 1906. 163.
57) "Resolutions," *MEC* 1906, 80.
58) Alice H. Sharp, "Evangelistic Work of Chung Chung Province," *KWC* 1906. 35.

편이 못다 한 선교사역을 이어서 감당하겠다는 의지를 밝혔다. 사실, 그는 남편보다 3년 앞서 한국에 선교사로 와서 일했고 결혼해서도 가정주부가 아니라 선교 동역자로서 함께 사역하였다. 가정보다 선교가 그의 궁극적 관심이자 목적이었7다. 그래서 남편의 죽음에도 불구하고 그 안에 선교에 대한 의지가 계속 불타오르고 있었다. 그의 희망대로 샤프 부인은 2년 후 다시 공주로 돌아왔다.

3.3 공주부흥운동과 협산자예배당

샤프의 갑작스런 죽음은 공주선교부와 충청지역 선교에 위기감을 안겨주었다. 샤프 후임으로 충청지방 장로사직을 맡을 선교사가 없었기 때문이다. 1905년부터 한국선교를 관리하고 있던 해리스(M.C. Harris) 감독은 1906년 6월 연회에서 충청지방을 공주지방으로 개칭하고 스웨어러를 공주지방 장로사로 임명했으나 당시 그는 안식년 휴가로 미국에 가 있었다. 스웨어러보다 먼저 안식년 휴가를 떠났던 맥길도 한국에 귀돌아오지 않고 있었다. 결국 공주지방은 당분간 선교사(장로사) 없이 복정채 전도사가 공주와 논산, 보은 구역을 묶어서 담임하는 형태로 유지하였다.[59] 그리고 1906년 11월 스웨어러가 안식년 휴가를 마치고 돌아오면서 공주선교부는 활기를 되찾았다. 스웨어러는 1898년부터 공주지역 선교에 참여한 바 있으며 맥길보다 앞서 1902년 봉황동과 하리동에 전도인 숙소와 선교부지를 확보했던 주인공이었다. 그는 안식년 휴가를 얻어 미국에 가 있는 동안에 메이 세턱(May Shattuck)과 결혼하였고 내쉬빌에서 열린 미국대학생해외선교대회에 참석했다가 아이오와 모닝사이드대학(Morningside College)의 테일러(Corwin Taylor, 대리오)를 만나 한국 선교를 지원해서 공주에서 함께 사역하겠다는 약속을 받았다.[60] 이런 결과를 안고 돌아온 스웨어러는 공주선교부의 샤프 무덤을 참배하는 것으로 공주 사역을 재개하였다. 그는 1907년 연회에서 공주선교부와 샤프의 무덤을 이렇게 소개했다.

---

59) *MEC* 1906, 25.

60) W.C. Swearer, "Report of the Kong-ju District," *MEC* 1907, 58-61.

"공주선교부는 방금 개설되었다. 선교사들이 사는 집 뒤편 언덕에는 들꽃과 나무들에 둘러싸인 작은 무덤이 있다. 그 어둠 속에는 4년 전 한국에 와서 사랑하는 주님을 위해 자신의 모든 사랑과 희망과 열정을 쏟아 부었던 한 청년의 유해가 뉘여 있다. 그를 기념하는 집은 그가 보여준 영웅적인 희생을 증언하고 있다. '자기 친구를 위하여 목숨을 버리는 것 외에 더 큰 사랑이 없다.' 그런데 이 청년은 친구와 가족을 위해 자기 목숨을 버린 것이 아니다. 그가 처음 이곳에 왔을 때 의심하면서 거칠게 대했던 이곳 사람들을 위해 목숨을 버린 것이다. 그가 남긴 3년 사역의 결과는 참으로 놀랍다."[61]

샤프가 공주에 와서 3년 동안 이룩해 놓은 큰 업적 가운데 하나가 공주와 주변지역 교회의 안정적 부흥이었다. 샤프 죽음 이후 몇 달 동안 선교사가 없는 상태에서도 교인은 줄지 않고 오히려 늘어나 스웨어러가 왔을 때는 주일마다 160명이 모여 예배를 드리고 있었다. 공주교회는 교인 수만 늘어난 것이 아니라 신분과 계층에서도 다양한 모습을 보여주었다. 공주교회 초기 교인들로는 앞서 살펴본 1930년 「公州敎會 沿革」에서 언급된 김상문과 유월라·백정운·배리브가 외에 임동순과 이경덕·안명여·박춘원·백경운·박경래·변윤집·진두호 등이 언급되고 있다. 또한 그 무렵 정산에서 '진사' 벼슬을 했던 안석호와 그의 아들 안사영·안기영·안신영, 강경에서 장사를 해서 큰돈을 번 양두현과 지루두 부부, 왕촌 출신 황하명과 곽세라 부부, 이들의 조카 황한식과 황인식 등도 교회에 출석했다.[62] 이처럼 공주교회 초기 교인들은 신분 계층이 다양했고 그래서 교인들 사이에 갈등과 분쟁도 많았다. 그 무렵 공주교회에서 목회하고 있던 김상배(金相培) 전도사와 교회 임원들 사이에도 불화가 있었다.

이런 교회 내 갈등과 불화가 공주에 돌아온 스웨어러가 우선 풀어야 할 당면과제였다. 그런데 그것이 의외로 쉽게 해결되었다. 1907년 4월에 일어난 공주교회 부흥운동이 그 문제를 해결해 주었다. 1907년 1월에 평양에서 시작된 대부흥운동은 2월 서울과 인천으로 확산되었고 4월에 공주까지 연결되었다. 공주교회 부흥회는 4월 8일부터 1주일 동안 열렸는데 6개월 전에 내한해

61) W.C. Swearer, "Report of the Kong-ju District," *MEC* 1907, 62; "The Rev. Robert A. Sharp," *ARBF* 1907, 416.
62) "조선감리교회 약사: 공주읍교회," 「감리회보」1936.4.10.; 「公州第一敎會 敎會略史」(1956.11.23.)

서 인천부흥운동을 경험한 윌리엄즈(Frank E. C. Williams, 우리암) 선교사와 그의 어학교사 안창호(安昌鎬)가 내려와 집회를 인도하였다. 공주 교인들의 반응이 처음엔 냉랭했다. 그런데 사흘째 되는 날부터 평양과 인천에서처럼 교인들의 '통회자복'이 터져 나왔다. 그 장면을 공주교회 권사 임동순이 「신학월보」에 자세히 소개하였다.

> "제삼일 만에야 비로소 자복이 나오는대 그 형상이 맛치 만신창에 곪긴 거슬 째고 피고름을 짜는 것 갓흔지라. 서로 서로 뮈워하고 시긔하엿다 하며 간음하엿다 하며 속이고 도적질하였다 하며 부모의게 불효하엿다 하며 우리 주를 입으로만 밋엇다 하며 엇던 이는 목사를 속이엿다 하며 엇던이는 그간에 안창호씨를 원수갓치 보왓다 하며 슬피 애통으로 서로 서로 용서함을 밧으며 서로 위로하며 날마다 이와갓치 일주일 동안을 지낼새 외인들은 례배당에 초상난줄노 공론이 분분하더라. 엇지 감사치 아니하리오."[63]

1주일간 부흥회가 끝난 후 이번에는 평양숭실학교 학생 고종철과 강신화가 내려와 부흥회를 다시 열었다. 이들은 1-2월 평양숭실학교와 남산현교회에서 일어난 감리교 부흥운동의 주역이었다. 이들이 5일간 인도한 부흥회에서도 역시 교인들의 '통회자복'과 '용서와 화해' 장면이 연출되었다. 특히 평양에서 내려온 학생들이 인도한 부흥회에서 공주교회 부속학교(영명학교) 학생들도 은혜를 받고 '회개 반열'에 참여하였다. 그리고 회개한 교인들은 과거 남의 것을 훔치거나 횡령한 것을 갚거나 되돌려주는 배상운동을 벌였는데 그것이 공주지역사회에 큰 반향을 일으켰다. 이처럼 두 차례 부흥회를 통해 공주교회 교인들의 의식과 생활이 확연하게 바뀌었다. 스웨어러는 1907년 6월 연회에서 바뀐 공주교회 분위기를 이렇게 소개했다.

> "공주 교회는 원래 빈약했고 시련도 많았으며 교회를 담임한 토착인 목회자의 범법 행위, 게다가 샤프 목사의 죽음으로 교회는 더욱 침체되어 논쟁과 분쟁이 끊이지 않았다. 그런데 몇 개월 전 성령이 놀라운 방식으로 우리에게 임하시어 우리는 거의 매일 집회를 열었고 거의 모든 교인들이 참석해서 고뇌에 찬 눈물을 흘리며 자기 죄를 공개 자복하고 훔친 것들을 되돌려 주었다. 교인들은 서로 화해하고 지금까지 지은 죄를 모두 청산하고 보다 새롭고

---

63) 임동순, "충청남도 공주 하리동교회 부흥한 결실," 「신학월보」5권 2호(1907.5), 121.

고상한 삶을 살기 시작했다. 전에는 교인 불화 때문에 교회 방문하는 것이 괴로웠는데 지금은 기쁨이 되고 있다."[64)]

부흥운동을 거치면서 공주교회 출석교인은 2백 명을 넘겼다. 하리동 초가 예배당 공간이 좁게 되었다. 보다 크고 새로운 예배당이 필요했다. 공주교회 교인들은 새 성전을 위해 기도하기 시작했다. 곧바로 응답이 왔다. 1906년 공주선교를 적극 지원했던 스크랜턴 장로사는 미국 '익명의 독지가'로부터 받은 선교비 2천 5백 달러를 공주선교부에 '샤프기념예배당'(Sharp Memorial Church) 건립비용으로 보낸 것이 있었다.[65)] 스웨어러는 그 선교비를 공주교회 교인들에게 전해주면서 선교비 출처에 대하여 "어느 미국인 신사가 비오는 날 우산을 옆구리에 끼고 감독을 찾아와 이름을 밝히지 말라는 조건으로 기부한 돈이라"고 설명했다. 그래서 공주교회 교인들은 그 돈으로 1909년 봄 하리동 위쪽 중학동 언덕에 ㄱ자 벽돌예배당을 건축하고 '우산을 옆구리에 끼고 온 신사'를 기념한다는 의미로 '협산자예배당'(挾傘子禮拜堂)이라 명명하였다.[66)] 중학동 언덕의 5백 명을 수용하는 붉은벽돌 예배당은 하리동의 양관과 함께 공주의 또 다른 명물이 되었다.

4. 공주선교부의 초기사역

4.1 선교부 인력 보강

스웨어러의 복귀 이후 공주선교부 인력도 대폭 강화되었다. 1907년 6월 미감리회 연회에서 전국 지방조직을 개편하였는데 스웨어러가 장로사로 임명을 받은 공주지방회는 경기도의 광주와 이천 · 여주 · 음죽 · 죽산, 충북의 청주와

---

64) W.C. Swearer, "Report of the Kong-ju District," *MEC* 1907, 63-64.

65) A.B. *Leonard' letter to W.B.* Scranton, Jun. 28, 1906; A.B. *Leonard's letter to W.B. Scranton*, Aug. 22, 1906; 이덕주, 『스크랜턴: 어머니와 아들의 조선선교 이야기』(공옥출판사, 2014), 682.

66) "조선감리교회 약사: 공주읍교회," 「감리회보」1936.4.10; 「公州敎會 沿革」(1930.9); 「公州第一敎會 敎會略史」(1956.11.23)

음성 · 충주 · 진천 · 목천 · 보은 · 문의, 충남의 공주와 논산 · 연기 · 예산 · 홍주 등 기존의 경기도와 충청도 지역은 물론 경북 상주와 전북 익산까지 아우르는 광활한 지역을 담당하게 되었다. 그러면서 연회는 공주선교부의 스웨어러를 도울 선교사로 공주 부흥회를 인도했던 윌리엄즈, 그리고 가을에 들어올 테일러를 추가로 파송했다. 그리고 역시 가을에 돌아올 예정인 샤프 부인도 공주선교부의 '여성사역' 담당으로 파송하였다.[67] 그 결과 공주선교부에 처음으로 4명의 선교사가 파송되었다. 공주를 거점으로 삼아 한반도 남부지역에서 적극적인 선교를 추진하겠다는 의지의 표현이었다. 이런 연회 결정을 「대한매일신보」도 의미 있게 보도하였다.

> "大韓監理敎會에셔 三南等地에 該敎會를 擴張하기 爲하야 該敎會 每年 總會에셔 決定하기를 公州는 近據地를 삼고 米國宣敎師 徐元輔 氏等 十餘人을 日前에 該地에 派送하얏다더라."[68]

연회를 마치고 공주선교부로 돌아온 스웨어러는 양관 건축을 서둘렀다. 하리동 선교부지에 샤프 선교사가 지은 양관이 한 채 있었지만 그것만으로는 증파된 선교사 가족들을 수용할 수 없었다. 스웨어러와 윌리엄즈 · 테일러 등 결혼한 가족과 샤프 부인을 위한 집이 적어도 네 채는 더 필요했다. 그러나 건축비가 충분하지 못해서 우선 2층짜리 집을 두 채 지어 선교사 가족들이 함께 생활하는 수밖에 없었다. 건축 공사는 1907년 여름부터 시작되었는데 그 과정은 2년 전 샤프가 첫 번째 양관을 지을 때와 마찬가지로 힘들었다. 샤프처럼 스웨어러도 직접 건축공사를 지휘 · 감독하였다. 무엇보다 먼 곳에서 목재를 가져오는 것이 제일 힘들었다. 왜냐하면 그 무렵 헤이그특사사건에 이어 정미의병운동이 일어나 일본 경찰과 헌병의 검문 검색과 훼방이 심했기 때문이었다. 이런 상황에서 항일민족운동에 참여했던 기독교인들이 희생된 경우가 종종 일어났다. 1907년 8월 경기도 이천에서 구연영과 구정서 부자(父子) 전도사, 강화에서 김동수 권사와 김남수 · 김영구 3형제가 의병을 진압

---

67) *MEC* 1907, 26-27.
68) "敎會擴張", 「大韓每日申報」1907.7.10.

하던 일본군에 체포되어 재판도 받지 않은 채 처형된 것이 그런 예였다.[69]

스웨어러가 관리하고 있던 공주지방에서도 그런 희생이 나왔다. 1907년 10월, 갑자기 건강이 악화되어 치료를 위해 귀국한 스웨어러를 대신해서 공주지방을 관리했던 케이블(Elmer M. Cable, 기이부) 장로사는 1908년 3월 연회에서 지방내 교회와 교인들이 일본군에 당한 수난과 시련에 대하여 보고하였는데, 목천의 안내(An-nai, 아우내) 교회 예배당이 일본군 방화로 소실되었고 사작골(Sa-jack-kolpd)에서는 교인 3명이 총살을 당하였다. 문의에서도 일본군에 주민 14명이 희생되었는데 교인 한 명이 거기 포함되었고 경천에서도 교인들이 마을 주민들로부터 심한 핍박을 받았다.[70] 케이블은 공주지방 교인들이 이런 시련을 겪으면서도 신앙을 굳게 지키고 있는 모습에서 '선교사역의 참된 결과'를 발견하였다.

> "이 외에도 우리 교인들은 핍박과 시련을 수없이 당해왔고 지금도 당하고 있음을 언급하지 않을 수 없다. 우리가 당하고 있는 시련이 어떤 것인지 알려드리는 것만으로도 충분할 것이다. 일본 군인과 폭도·일진회 등 안팎으로부터 오는 온갖 모욕과 구타, 예배당 방화와 탄압, 우리 교인들이 보통 당하고 있는 시련들인데 그럼에도 불구하고 우리 교인들은 믿음을 굳건히 지키고 있다. 여러분은 사역의 참된 결과를 요구하는데 이보다 더 훌륭한 것이 어디 또 있겠는가?"[71]

일제는 기독교인들의 민족운동 배경에 선교사들이 있는 것으로 의심하고 이를 견제, 감시하였다. 이는 스웨어러가 1907년 황성기독교청년회(YMCA) 공주지부를 설립하려 하였을 때 일본 경찰 측이 이를 '배일선동'(排日煽動)으로 이해하고 즉각 견제하였다는 「대한매일신보」 기사에서 확인할 수 있다.

> "米國 宣教師 시스이라[스웨어러] 씨는 京城青年會의 支部를 公州의 設立할여하야 會員을 募集中인대 日人側의셔는 此를 指하야 曰 同會는 排日主義를 榜標하고 公州地方에셔 排

---

69) "부자구몰", 「大韓每日申報」1907.8.29; C.S. Deming, "Seoul and Chemulpo District," *MEC* 1908, 31-32.
70) E.M. Cable, "Report of the Kong Ju District," *MEC* 1908, 41-42.
71) E.M. Cable, "Report of the Kong Ju District," *MEC* 1908, 42.

日熱을 鼓吹라혀엿더라."[72]

이렇듯 일본 경찰의 감시와 견제를 받아가며 뜨거운 8월 태양 아래서 양관 건축공사를 지휘하던 스웨어러는 건강을 잃고 쓰러졌다. 스웨어러 부인의 지극한 간호에도 건강을 회복하지 못하자 결국 10월 치료를 위해 스웨어러 부부는 미국으로 돌아갈 수밖에 없었다.[73] 공주선교부로서는 샤프의 갑작스런 죽음 2년 만에 맞는 위기였다. 이런 상황에서 해리스 감독은 인천지방 장로사로 있던 케이블을 공주지방 장로사로 파송하여 스웨어러가 지휘하던 건축공사를 마무리하고 공주선교부 사역을 관리하도록 하였다. 미국 커넬대학 출신인 케이블은 1899년 내한해서 서울 배재학당 교사를 거쳐 해주와 연안·강화·인천 등지에서 사역하였다. 그리고 케이블이 공주선교부에 부임하던 1907년 10월에 맞추어 윌리엄즈와 테일러도 합류하였다.[74] 그 직후 케이블과 윌리엄즈·테일러 등 세 선교사 가족 6명이 공주교회에서 오르간 반주에 맞추어 영어로 찬송을 부르는 장면은 교인들에게 '전율의 기쁨'(thrill with joy)을 안겨주었다.[75] 이로써 공주선교부는 처음으로 '3인 선교사' 체제를 갖추었다.

4.2 선교부 사역과 구조 조정

이들 공주선교사들은 역할 분담을 하였는데 케이블은 지방 장로사로서 전반적인 사업을 총괄하였고 윌리엄즈는 교육, 테일러는 지방순회와 복음전도 사역을 각각 맡았다. 아직도 채워지지 않은 분야는 의료선교를 담당할 의사였다. 맥길 이후 공주에서는 의료 사역이 중단된 상태였다. 선교사들은 물론 공주지역 교인들도 공주선교부에 의사가 속히 파견되어 오기를 기다렸다. 그리고 마침내 1908년 9월 의사 밴 버스커크(James D. Van Buskirk, 반복기)가

---

72) "動稱排日,"「大韓每日申報」1907.7.30.

73) "News Notes," *KMF* Nov. 1907, 168.

74) "Kongju District," *ARBF* 1908, 383; E.M. Cable, "Report of the Kong Ju District," *MEC* 1908, 37.

75) F.E.C. Williams, "Report of South Chung Cheng Circuit and Educational Work," *MEC* 1908, 44.

공주에 파견되었다. 케이블이 “그의 등장은 여기 선교사들에게 기쁨이었고 그와의 사귐은 축복이자 은총이었다”고 할 정도로 그는 선교사와 교인들의 환영을 받았다.[76] 밴 버스커크의 합류로 그동안 공주선교부에서 추진해 온 복음전도와 교육선교사역에 의료선교사역이 추가되었다.

그리고 밴 버스커크와 같은 시기(1908년 9월) 남편의 장례식을 치른 후 미국으로 들어갔던 샤프 부인이 다시 나왔다. 샤프 부인은 2년 전 한국을 떠나면서 “다시 돌아오겠다”는 의지를 강하게 피력한 바 있었다. 그의 소원대로 샤프 부인은 1900년 처음 파송받았을 때처럼 여성해외선교회(WFMS) 파송을 받아 공주에 돌아왔다. 그는 선교사뿐 아니라 한국 교인, 특히 여성들로부터 절대적인 환영을 받았다. 그의 귀환은 공주선교부의 여성 사역이 재개되었음을 의미하였다. 샤프 부인은 공주에 도착하자마자 전에 남편과 함께 돌아보았던 지방 교회들을 순회하였다. 그와 함께 지방을 순회했던 케이블 장로사는 교회 여성들로부터 받은 샤프 부인 위상과 권위를 이렇게 증언하였다.

> “샤프 부인이 다시 돌아와서 우리와 함께 하게 되었을 때 우리가 얼마나 기쁘고 힘을 얻었는지 말하지 않아도 알 것이다. 샤프 부인을 목자처럼 우러러 봤던 부인들은 참 마음에서 우러나는 기쁨으로 그녀를 환영하였다. 부인이 공주에 다시 돌아오는 순간부터 그녀는 ‘감독부인’(Kam-tok Poo-in)으로 승격하였고 나머지 우리는 그저 선생(sun-sang)이나 목사(mok-sa)로 불리는 것에 만족해야만 했다.”[77]

샤프 부인과 같은 시기(1908년 9월) 또 다른 여선교사 터틀(Ora M. Tuttle)이 공주선교부로 파송받아 왔다. 미국 오하이오 웨슬리언대학과 시카고신학교를 졸업하고 1907년 내한한 터틀은 처음 1년 서울 이화학당에서 교사로 일하다가 어학공부에 매진하기 위해 공주로 옮겨왔다. 지금까지 공주선교부에서 활동했던 여선교사들은 선교사 부인이거나 미망인이었는데 터틀은 독신 미혼이라는 점에서 특별하였다. 터틀은 공주에서 교회 부속여학교와 지방 매일학교 사역을 맡아하다가 1910년 다시 서울로 올라가 이화학당과 감리교부인성경

76) E.M. Cable, “Kongju District,” *MEC* 1909, 83.
77) E.M. Cable, “Kongju District,” *MEC* 1909, 83-84.

학원 사역에 임했다.78) 공주선교부의 여성사역은 다시 샤프 부인 혼자 몫이 되었다.

1909년 4월에는 미국에서 치료를 받던 스웨어러도 건강을 회복하고 공주로 돌아왔다. 이로써 공주선교부에는 '남성' 선교사가 5명으로 늘었다. 이에 1909년 6월 연회에서 공주지방을 충북과 충남, 둘로 나누어 케이블은 충북지방 장로사, 스웨어러는 충남지방 장로사로 파송하였고 테일러는 충북지방 순회전도, 윌리엄즈는 충남지방 교육사업, 밴 버스커크는 충남지방 의료사업을 담당하도록 하였다. 그러나 충북지방으로 파송을 받은 케이블과 테일러는 충북지역에 선교부가 설치되지 않았던 탓에 계속 공주선교부에 거주하면서 충북지역을 왕래하며 사역하였다.79)

선교 인력이 증원되면서 공주지역 선교도 활성화되었다. 그것은 공주지방 교회 부흥과 교세 증가로 연결되었다. 그리하여 1910년 단일 지방이던 공주지방을 둘로 나누어 공주 동지방(진천 · 아산 · 신창 · 음성 · 입장 · 목천 · 온양 · 봉암)과 공주 서지방(공주 · 경천 · 청양 · 홍주 · 강경 · 논산 · 서산 · 대전 · 당진)으로 분리했다. 그 결과 교회는 더욱 부흥했다. 다음은 1910년과 1915년, 미감리회 연회에 보고된 공주 동지방과 공주 서지방의 교세 통계이다.80)

연도	지방	교회	교인				주일학교		매일학교	
			입교인	학습인	원입인	총교인	학교	학생	학교	학생
1910	공주동	2	91	284	375	952	5	199	2	60
	공주서	9	139	779	918	2,557	17	740	4	147
	합계	11	230	1,063	1,293	3,509	22	939	6	207
1915	공주동	19	346	448	1,197	2126	20	533	5	126
	공주서	49	692	802	2,417	4,155	49	3,013	15	313
	합계	68	1,038	1,250	3,614	6,281	69	3,546	20	439

78) Ora Mary Tuttle, "Day Schools on East and West Kong-Ju Districts," *KWC* 1910, 84-85; *KWC* 1910, 2.

79) *MEC* 1909, 30-31.

80) "Statistics," *MEC* 1905; "Statistics," *MEC* 1916.

5년 사이에 교회는 11개에서 68개로(518%), 교인은 3,509명에서 6,281명으로(79%), 주일학교 학생은 939명에서 3,546명으로(278%), 매일학교 학생은 207명에서 439명으로(112%) 늘어났다. 가히 '급속한' 성장이라 할 수 있다. 공주 동지방과 공주 서지방의 교인과 기독교 교육을 받는 주일학교 및 매일학교 학생을 모두 합치면 1만 명이 넘는 숫자다. 1909년 당시 충청남도 전체 인구가 644,756명이었는데[81] 이를 근거로 1910년대 충남 인구를 70만으로 본다면 감리교인은 1.4%를 차지하였음을 알 수 있다.

이처럼 1910년대 초반 공주지방 및 공주 서지방 장로사로서 공주지역 교세 성장을 이끌었던 스웨어러는 1915년 연회를 마지막으로 공주를 떠났다. 이미 살펴보았지만 스웨어러는 1898년 내한할 때부터 스크랜턴의 지휘를 받아 경기도와 충청도 지역 선교에 임하였고 1903년 공주선교부지 구입을 추진했으며 1905년 샤프가 순직한 후에는 직접 공주에 내려와 공주선교본부 사역과 충청도 선교를 지휘하였다. 그는 1907년 여름 하리동 양관 건축을 현장 지휘하다가 열사병으로 쓰러져 미국에서 1년간 치료를 받고 돌아온 적이 있었다. 1908년 공주에 돌아온 후 그는 열정적으로 사역에 임하였고 그것이 건강 악화로 연결되어 결국 1916년 2월 부인과 함께 귀국하였다. 그는 귀국하는 배 안에서, 자신은 참석하지 못하지만 6월에 열릴 연회에 제출할 보고서를 썼는데 자신이 담당한 공주 서지방 교세 통계에 대하여 "입교인은 318명에서 692명으로, 학습인은 762명에서 802명으로, 원입인은 2,129명에서 2,661명으로, 총 교인수는 3,206명에서 4,155명으로 증가하였으며 한국교인 헌금 총액도 1,134원에서 2,501원으로 늘어났다"고 보고한 후 다음과 같은 인사말을 남겼다.

> "우리는 이제 아주 신령한 교회를 얻었습니다. 하나님께 영광을 올립니다. 그리고 내가 믿기는 이것은 장차 이루어질 성령의 위대한 사역의 시작일 뿐입니다. 우리는 더 기도함으로 그 어느 때보다 충만한 성령의 능력을 받아 열심히 일해서 우리에게 맡겨진 영혼들을 구해야 하겠습니다. 작년에 하나님께서는 우리 연회를 크게 축복해 주셨습니다. 올해도 그렇게 되기를 기도합니다. 주님은 여러분 모두에게 보다 큰 기쁨과 평안과 능력으로 축복해 주실 것입

81) "South Chungchong District," *ARBF* 1909, 182.

니다. 지금 어려움을 당하고 있는 우리를 위해 기도해 주시기 바랍니다. 우리도 여러분을 다시 만나게 되기를 기도하겠습니다. 우리가 마음 속 깊이 원하는 바는 조선에 살다가 조선에서 죽는 것입니다. 하나님이 허락하시면 1년쯤 있다가 여러분에게 돌아와 주님 사역을 함께 하고 싶습니다. 그동안 여러분이 우리에게 보여주신 사랑과 친절에 대하여 우리 역시 사랑과 감사를 여러분에게 전합니다. 우리 모두 주님께서 주신 말씀을 기억합시다. '보라, 내가 세상 끝날까지 너희와 함께 하리라.' 아멘."[82](49)

이것이 한국교회를 향한 그의 '하직 인사' 겸 '유언장'이 되었다. 미국에 도착한 이후 그의 병은 더욱 악화되었고 결국 1916년 9월 16일 미국 뉴욕에서 별세하였다.[83] 공주선교부에서 샤프 선교사에 이어 두 번째 '순직 선교사'가 된 스웨어러의 죽음은 공주지방 교인들에게 슬픔과 충격이었다. 이에 공주지방 강경교회는 1918년 미감리회 선교부의 지원을 받아 '서원보기념회당'(徐元輔紀念會堂), 즉 '스웨어러기념교회'(Swearer Memorial Church)를 지었다.[84] 결국 "1년쯤 있다가 돌아와서 함께 사역하겠다"는 그의 계획과 "한국에서 일하다 한국에서 죽겠다"고 했던 그의 꿈은 이루어지지 못했다. 그 대신 그의 부인(May Shattuck)이 그 꿈과 계획을 이루었다. 남편 장례식을 마친 후 1917년 스웨어러 부인은 여성해외선교회(WFMS) 파송을 받아 공주에 돌아왔다. 한국인들 사이에 '서사덕'(徐思德)이라 불렸던 스웨어러 부인은 '사애리시'(史愛理施)라 불렸던 샤프 부인과 함께 같은 운명, 같은 소명감을 갖고 공주선교부의 여성사역을 추진하였다.

다음은 1903년 선교부가 개설된 이후 1941년까지 공주선교부에 배속되어 선교활동을 펼친 미감리회 선교사들의 명단이다(괄호 안은 시무 연도).[85]

82) W.C. Swearer, "Kongju West District," *MEC* 1916, 48-49.

83) *MEC* 1917, 86; "An Appreciation on Rev. Wilbur C. Swearer," *KMF* Dec. 1916, 327-328; 都伊明, "牧師 徐元輔 追悼辭," 「신학월보」1권 4호(1916.11), 159-160.

84) "공주지방 감리사 대리오씨 보고," 「미감리회 조선매년회회록」(1919), 77.

85) *ARBF* 1903-1935; *MEC* 1903-1930; *KWC* 1903-1929; 「기독교조선감리회 중부연회 회록」(1931-1939); F.E.C. Williams ed., *The Korea Missions Year* Book(Seoul: The Christian Literature Society, 1928), 48; Anna B. Chaffin ed. *Fifty Years of Light*(Seoul: Woman's Foreign Missionary Society, 1938), 116-118; C.A. Sauer, *Methodists in Korea*(Seoul: The Christian Literature Society, 1973).

미감리회 해외선교부	미감리회 여성해외선교회
WilliamM. McGill(맥길, 1903-1905) Robert A. Sharp(사우업, 1904-1905) William C. Swearer(서원보,1905-1916) Frank E. C. Williams(우리암, 1907-1941) Corwin Taylor(대리오, 1907-1922) Elmer M. Cable(기이부, 1908-1910) M. Van Buskirk(반복기, 1908-1913) Carl C. Amendt(안명도, 1918-1940) Norman Found(방은두, 1921-1927) Charles A Sauer(사월, 1932-1935)	Mrs. Alice H. Sharp(사애리시, 1908-1940) Ora M. Tuttle(1908-1910) Minerva L. Guthapfel(1908-1912) Olga Shaffer(1911-1912) Blance R. Bair(배의례, 1914-1916) Ethel M. Estey(1915-1916) Mrs. M.S. Swearer(서사덕, 1917-1936) Hazel A. Hatch(1921-1932) Maren P. Bording(보아진, 1922-1940) Ada E. McQuie(귀애다, 1922-1933) Helen E. Boyles(박일숙, 1926-1928) Hanna Scharpff(1927-1940) Jeanette Oldfather(오파도, 1938-1940)

이처럼 1910년대 이후 공주선교부에는 10명이 넘는 선교사 가족들이 늘 거주하면서 충청남북도 전역을 선교지로 삼아 복음전도와 교육선교, 의료선교, 여성선교사역을 전개하였다.

5. 공주선교부의 초기 선교사역

5.1 복음전도

선교사들의 내한과 사역의 궁극적인 목적은 기독교 복음을 전하고 교회를 설립하여 기독교 신앙을 확산시키는 것이다. 선교사들은 이를 위해 순회전도와 교회 설립, 사경회와 신앙 훈련, 전도인 양성을 위한 성경학원 등의 사역을 추진했다. 우선 선교사들이 중요시한 것은 주기적인 순회전도와 사경회였다. 테일러와 아멘트 등 복음전도사역을 담당한 선교사들은 주기적으로 지방을 순회하면서 전도활동을 벌였다. 지방을 순회하는 선교사들은 권서나 전도부인을 대동하고 성경과 기독교 서적을 판매하였는데, '양반 고을'로 알려진 공주를 비롯하여 주변지역 도시에서 좋은 반응을 얻었다. 1910년 전국적으로 '백만명구령운동'이 일어났을 때 '날연보'(day offering)와 '쪽복음전도'가 크게 유행했는데 공주에서 그 열기가 뜨거웠다. 그 무렵 한국을 방문했다가 백만명구령운동에 참여했던 미국 부흥운동가 데이비스(George T.B. Davis)의 증언이다.

> "다음으로 공주를 방문했는데 하나님의 성령이 임하시어 능력이 나타났고 모인 수는 150명밖에 되지 않았지만 총 6,426일을 연보해서 금년에 주님 일을 하겠다고 했다. 이는 지금까지 내가 한국 여러 곳을 다녀보았지만 어느 곳보다 뜨거운 헌신이었다. 한 곳에서는 2백여 명 되는 교인들이 쪽복음 3천 3백 부를 주문하였고 모인 사람들은 모두 백만명구령과 성령강림을 위해 기도하겠노라 약속하였다, 공주를 떠난 직후 편지를 받았는데 새로 54명이 등록했다고 한다. 이는 전적으로 남녀 학교 학생들이 개인전도한 결과라고 한다."[86)]

1918년부터 공주선교부에 배속되어 순회전도사역을 맡은 아멘트는 오토바이에 성경책 상자를 싣고 지방을 순회하면서 책을 팔며 전도하였는데 그 때문에 '책 궤짝 선교사'란 별명을 들었다. 그가 1933년 연회에서 한 보고다.

> "가급적 어데던지 갈 때에 2, 3개의 책 궤짝을 가지고 다니어 작년 연회 이후에 2천 권 이상의 서적을 판매했습니다. 어떤 목사는 날더러 '책 궤짝 감리사'라고 별명을 주나 우리 조선 기독교인이 매년 많은 책을 사서 읽기를 좋아한다면 나는 무슨 이름을 듣던지 기뻐하겠습니다."[87)]

순회전도와 함께 지방사경회도 중요한 사역이었다. 매년 1-2월 농한기에 지방내 교회들이 연합으로 1주일 정도 사경회를 개최하였는데 강사는 선교사와 목회자들이었다. 사경회는 교인들에게 성경공부와 신앙훈련, 그리고 전도활동의 기회가 되었다. 이런 사경회를 통해 교회가 부흥될 것은 당연했다. 다음은 1912년 공주 동지방 온양교회가 사경회를 통해 부흥한 결과에 대한 테일러의 보고다.

> "지난 1년 우리 사역에서 가장 두드러진 곳은 우리 지방의 중심에 있는 온양이다. 온양에

---

86) George T.B. Davis, "Progress of the Million Movement," *KMF* Mar. 1910, 58.
87) "공주지방 감리사 안명도 보고," 「기독교조선감리회 중부연회 회록」(1933), 107.

서 사역하는 우리 전도사가 성실하게 일한 결과다. 지낸 1월 온양에서 특별 사경회를 개최하였는데 그 결과 지금 온양 시내 교회에만 1백 명이 넘는 교인이 출석하고 있으며 온양 남쪽에 있는 교회도 부흥해서 새 예배당을 마련했다. 그곳 지역사회에서 영향력 있는 사람들이 교회에 나오고 있으며 공립보통학교에 다니는 학생들도 우리와 연계하여 모임을 만든 후 학교 교사들의 부당한 대우에 맞서 신앙을 지키고 있다. 지난 1년 동안 우리 지방에서 교세가 가장 증가한 곳은 직산과 목천이며 다른 곳에서도 예상만큼 늘지는 않았지만 교세가 줄지는 않았다."[88]

그리고 사경회는 부흥운동으로 연결되었다. 1907년 한국교회 부흥운동이 사경회를 매개로 해서 일어난 것과 같다. 그런 예를 1915년 1월 공주 서지방에서 일어난 부흥운동에서 찾아볼 수 있다. 이 부흥운동은 "교인 120명이 성신충만을 체험한" 구미동교회 사경회에서 시작되었는데 이어서 공주교회에서 개최된 지방사경회에서도 같은 현상이 일어났다. 이에 대한 스웨어러의 보고다.

"그 후에 우리가 부흥지방회를 5일 동안 열엇삽는데 목사 전도사 권사 속장이 다 거듭나고 새 은혜를 밧엇사오며 나종에 전도사 권사 증서를 난화줄 때에 한 권사는 특별이 말하기를 나는 마음에 거리낌이 아직도 잇스니 새 은혜를 얻기 전에는 증서를 밧지 못하겟다 하고 압흐로 나아와 업드려 애통하는지라. 여러 임원들이 에워싸고 위로하고 기도한 후에 편안한 마음을 얻고야 권사 증서를 밧엇나이다."[89]

1907년 4월에 일어났던 것과 같은 '통회자복'과 '회개운동'이 일어났다. 지방회에서 "새 은혜를 받기 전에는 권사 직첩을 받지 않겠다"며 통회 자복한 인물은 구한국정부에서 관리를 역임했고 영명학교 교사로 봉직하고 있던 이교영(李喬榮)이었는데 결국 '성령 충만'을 경험하였다.[90] 이렇게 지방사경회에 참석해서 '은혜를 받은' 교회 지도자들은 "부흥회 후 다른 교회로 나가서 적어도 14곳에서 이와 비슷한 부흥회를 열었는데 1,600명의 새 신자를 얻었다."[91] 이렇듯 사경회는 교회 부흥의 매체가 되었다.

---

88) Corwin Taylor, "Evangelistic Work in Kong Ju East District," *KMF* May 1912, 140-141.
89) "공주동서 양지방 보고서(감리사 서원보)," 「미감리회 조선매년회 회록」(1915), 36.
90) 리교영, "나의 과거와 경험," 『승리의 생활』(기독교창문사, 1927), 66-67.
91) W.C. Swearer, "Kongju East and West Districts," *MEC* 1915, 37.

이런 현상은 1920년대에도 계속되었다. 교회가 부흥됨에 따라 공주지방에서 천안과 홍성지방이 분립해 나갔다. 그러나 사경회나 전도집회는 이들 세 지방이 연합해서 개최하였다. 1925년 8월, 공주에서 학생기독교청년회(Student YMCA) 전국대회가 열렸는데 3·1만세운동 여파가 가시지 않은 시기에 모인 학생 집회였기 때문에 경찰의 감시가 심했다. 그런 중에도 전국에서 몰려온 학생대표들의 수양대회를 위해 공주지방 목회자와 교인들이 정성을 기울여 준비했고 대회를 통해 교회 지도자들도 자극을 받고 지방 전도운동에 나섰다. 이 학생대회에 대한 아멘트의 보고다.

> "공주지방은 물론 홍성과 천안지방에서 사역하는 모든 목회자들이 청년대회에 참석하여 전국에서 몰려온 청년들이 겁도 없이(fearlessly) '예수님과 함께 새 날을 맞이하자'는 표어를 내걸고 대회를 치르는 광경을 보면서 새로운 도전과 감동을 받았다. 기독교청년회 대회가 끝난 후 세 지방 목사들은 계룡산의 아름다운 동학사에 모여 며칠 동안 기도하면서 회의하였다. 그곳에서 지방사경회와 전도대회를 가을부터 실시하기로 계획을 세웠으며 각자 사역지로 돌아가 마음과 몸을 새롭게 사역을 시작하였다."[92)]

청년학생대회에 참석했던 공주 · 홍성 · 천안 지방 목회자들이 별도로 계룡산 동학사에 들어가 기도회를 열면서 지방 전도운동을 계획하였던 것이다. 이런 '동학사 기도회' 후에 목회자들은 약속대로 10월에 각기 담당한 지역에서 전도운동을 벌인 결과 188명의 개종자를 얻었다.[93)] 이런 '절간 집회'는 그 후에도 종종 열렸는데 공주지방 감리사 아멘트는 1933년 연회에서 "8월에 계룡산 신원사(新元寺)에서 종교교육청년지도자수양회를 개최하엿는데 다수가 참석하야 다대한 효과를 얻었다"고 보고하였다.[94)] 이처럼 선교사와 토착목회자들이 실시하는 순회전도와 사경회 · 부흥회 · 전도집회 등을 통해 공주지방 교회는 꾸준히 부흥 · 성장하였다. 다음은 남북 감리교 합동(1930)으로 전국 연회와 지방이 개편되면서 공주지방이 새로 조직될 때 여기 속한 33개 교회 명부다.[95)]

---

92) C.C. Amendt, "Kongju District," *MEC* 1926, 219.
93) C.C. Amendt, "Kongju District," *MEC* 1926, 219.
94) "공주지방 감리사 안명도 보고," 「기독교조선감리회 중부연회 회록」(1933), 107.

구역	교회	주소
공주	공주읍(公州邑)교회	공주읍 상반정 10
	금정(錦町)기도처	공주읍 금정 146
	상왕리(上旺里)교회	공주군 외면 상왕리 574
	신기리(新基里)기도처	공주군 외면 신기리 383
	도천리(道川里)교회	공주군 우성면 상서리 365
	동대리(銅大里)기도처	공주군 우성면 동대리 399
	이인리(利仁里)교회	공주군 목동면 이인리 155-5
	정산(定山)교회	청양군 목면 지곡리 185
논산	논산(論山)교회	논산군 논산면 욱정 72
	광리(光里)교회	논산군 광석면 광리 5
	육곡(六谷)교회	논산군 가야곡면 육곡리 420
	성본(城本)교회	논산군 은진면 등리 132
	외성(外城)교회	논산군 부적면 외성리 183
	안천(顔川)교회	논산군 부적면 안천리 161
	연산(連山)교회	논산군 연산면 청동리 574
	도평리(道坪里)교회	논산군 양촌면 도평리
대전	대전읍(大田邑)교회	대전면 대전읍 본정 2정목 132
	원동(院洞)교회	대전군 유성면 상대리 178
	하소(荸沼)기도처	공주군 반포면 하소리 213
	석봉(石峰)기도처	공주군 반포면 학봉리 567
경천	경천(敬天)교회	공주군 계룡면 경천리 80
	송촌(松村)교회	논산군 노성면 호암리 170
	구로(九老)교회	논산군 노성면 효죽리 174
	노성(魯城)기도처	논산군 노성면 두사리 136
	미당(美堂)기도처	청양군 적곡면 미당리 43
강경	강경읍(江景邑)교회	논산군 강경읍 황금정 103
	우곤리(牛昆里)교회	논산군 성동면 우곤리 867
	의신동(義信洞)교회	논산군 은진면 교촌리
	토량리(土良里)교회	논산군 은진면 토량리
부여	부여읍(夫餘邑)교회	부여군 부여면 관북리 51
	내리(內里)교회	부여군 규암면 내리 138

95) 『기독교조선감리회 요람』(기독교조선감리회 총리원, 1932), 114-116.

구역	교회	주소
	산직리(山直里)교회	부여군 초촌면 산직리 236
	송학리(松鶴里)교회	공주군 탄천면 송학리 150

1931년 당시 공주지방 소속 목회자(한국인)는 본처 전도사를 포함하여 41명이었고 교인 통계는 입교인 525명, 학습인 147명, 세례아동 224명, 원입인 1,146명, 총교인 1,329명이었으며 주일학교는 27개 학교에 학생은 1,986명이었다.[96] 1920년대 들어 천안과 홍성 지방이 분립해 나간 후에도 공주지방은 여전히 3천여 명 교세를 유지하였다.

5.2 교육선교

공주선교부의 교육선교는 영명학교(永明學校)를 통해 이루어졌다. 이 학교 설립에 관하여 1930년 기록인 「공주교회 연혁」은 이렇게 증언하였다.

> "男學校를 創設하고 敎師 尹聲烈 宋轍仁 兩氏를 延聘하야 學員을 募集하니 黃仁植 安茂成 陳貴鳳 洪範成 等 諸生이 入學修學하고 女學校는 傳道婦人 許조셉 氏가 陳永信 朴楚姬 等 諸生을 募集하야 國文 聖經 讚美를 敎授하엿으니 男女學校 名稱을 初이 明宣이요 中以 中興이오 終以 永明 施行하니라."[97]

이 기록을 통해 공주교회 부속학교로 출발한 남녀학교 명칭이 처음에는 '명선'(明宣)학교로 시작해서 '중흥'(中興)학교로 바뀌었다가 최종 '영명'(永明)학교가 되었음을 알 수 있다. 그 과정을 1922년 「기독신보」 기사에서 좀 더 자세히 알 수 있는데 이에 따르면 ① 맥길이 이용주와 함께 공주에 왔을 때는 의료사업과 전도활동에 전념하느라 교육사업은 하지 못했고 ② 샤프가 윤성렬과 함께 내려오면서 비로소 하리동 초가집에서 '명선학교'라는 이름으로 학교를 시작하였지만 1년 만에 샤프가 순직함으로 폐지 위기에 처한 것을 ③

96) "기독교조선감리회 중부 동부 서부연회 통계표," 「기독교조선감리회 동부 중부 서부 연합연회 회록」(1931), 197-202. 139

97) 「공주교회 연혁」(1930.9).

스크랜턴과 윌리엄즈가 노병선 및 오성근을 데리고 내려와 학교 제도를 정비하고 교명을 중흥학교로 바꾸었으며 ④ 윌리엄즈가 '교육전담' 선교사로 부임해서 교육과정을 심상과(보통과)와 고등과로 나누고 교과과정과 제도를 혁신한 후 학교 명칭을 영명학교로 바꾸었다.[98]

5.2.1 윌리엄즈와 영명학교

이미 앞서 살펴본 대로 영명학교는 1903년 공주교회 교인들이 맥길에게 "교사 월급을 부담하겠으니 학교를 세워달라"고 요청한 것에서 출발하였다. 그렇게 해서 서울 배재학당 학생이 교인 자녀들에게 3개월 정도 학생들을 가르치다가 서울로 올라간 후 한동안 수업이 중단되었다가 1905년 샤프와 함께 공주에 내려온 윤성렬에 의해 재개되었다. 윤성렬은 3년 동안 교사로 봉직하면서 "가르친 학생으로서 안사영(安思永)과 황인식(黃仁植) · 박준설(朴準卨) · 박종옥(朴鍾玉) · 박원규(朴元圭) · 조병옥(趙炳玉) · 변홍규(卞鴻奎) 등등"이 있었다.[99] 한편, 샤프 부인과 함께 공주에 내려온 전도부인 허조세핀도 여학교를 시작하였으니 그것이 영명여학교의 시작이다. 이 여학교에 대해서는 다음 '여성선교' 부분에서 정리하기로 하고 여기서는 남학교 중심으로 공주선교부의 교육선교를 살펴보겠다.

남자 영명학교는 1907년 윌리엄즈가 공주선교부에 '교육전담' 선교사로 파송되면서 안정적인 성장을 이룩하였다. 그는 1908년 3월 연회에서 공주 남학교에 관하여 "교사 윤성렬이 학생 42명을 가르치고 있는데 평양 숭실학당과 같이 6년제 학교로 운영되고 있다"고 보고하였다.[100] 공주 학교 책임자가 된 윌리엄즈에게 주어진 시급한 과제는 ① 학교의 교육과정과 체제를 정비하고, ② 제대로 시설을 갖춘 교사를 마련한 후, ③ 정부 인가를 받아 안정적인 학교 운영의 기반을 조성하는 것이었다. 우선 교사(校舍) 건축이 시급했다. 학생들은 3년째 초가집에서 교육을 받고 있었다. 그 결과 '신학문'을 배우러 왔던

98) "我教界와 教育機關: 忠南 公州永明高普學校,"「기독신보」1922.8.9.

99)「윤성렬 자필 자서전」(1962).

100) F.E.C. Williams, "Report of South Chung Cheng Circuit and Educational Work," *MEC* 1908, 44.

학생들이 "3칸짜리 초가집에서 하는 학교에 실망하고 15-20명 학생들이 포기하고" 돌아가기도 했다. 이에 윌리엄즈는 1908년 단층 벽돌교사를 건축하였다. 그 결과 1909년 연회에서 "현재 58명이 다니고 있으며 금년에 8명이 초등과를 졸업하였고 금년이나 내년에 고등과를 시작할 예정이다"라고 보고할 수 있었다. 그는 또 학교 안에 등사기를 설치하고 가난한 학생들이 교재나 책을 인쇄·판매하여 학자금을 스스로 마련하도록 도와주었다.[101] 영명학교의 '자급'(self-support) 전통은 이때부터 수립되었다.

이러한 윌리엄즈의 노력으로 학교는 안정을 회복했고 1909년 7월 26일 학부(學部)로부터 사립학교 설립인가까지 받았다.[102] 이때부터 '영명학교'란 명칭을 썼다. 그는 심상과(보통학교)와 고등과(고등보통학교)로 나누어 교과과정도 개편하였고 교사진도 윤인일과 신현구·안석호·도상규 등으로 대폭 강화하였다. 영명학교가 정부 인가를 받고 교사진과 교과과정이 갖추어지면서 학생도 늘어났다. 윌리엄즈는 늘어난 학생들을 위해 임시 교사를 마련하는 한편 1910년부터 초등과(심상과)를 졸업한 학생 16명으로 고등보통학교를 시작하였다.[103] 이렇게 조직과 체제를 정비한 후 1910년 6월 영명학교 제3회 졸업식을 거행하였는데 그 내용을 「황성신문」이 보도하였다.

> "忠南 公州府內 私立永明學校 教師 禹利岩 尹仁一 申鉉九 安奭鎬 都相圭 諸氏가 熱心 教授한 結果로 本月 十七日에 第三回 卒業禮式을 擧行하엿는대 卒業生은 如左하니 朴元圭 金聖滿 宋元敦 安茂城 朴準益 李一達이라더라."[104]

1911년에 이르러 영명학교 학생은 보통과와 고등보통과를 합쳐 85명으로 늘어났다.[105] 윌리엄즈는 1912년 영어를 배우고 싶어하는 학생 10여 명으로 영어 야학까지 시작하였다.[106] 영명학교의 발전에 영향을 받은 공주지방 내

---

101) F.E.C. Williams, "Educational and Evangelistic," *MEC* 1909, 92-93.
102) "本位教育의 永明校(一)," 「기독신보」1929.7.3.
103) *ARBF* 1910, 183.
104) "永明卒業," 「皇城新聞」1910.6.25.
105) *ARBF* 1911, 193
106) F.E.C. Williams, "Kong-ju District Educational Work," *MEC* 1912, 98.

다른 교회들에서도 매일학교(day school) 형태로 교회부속 학교를 시작하였다. 대표적인 학교가 강경의 만동(萬東)학교와 경천의 원명(元明)학교, 그리고 논산의 진광(眞光)학교와 영화(永化)여학교 등이다.107) 이들 지방 학교들은 보통학교 수준의 교육을 실시했다. 윌리엄즈는 1913년 7월 공주 영명학교와 주변 지역 매일학교 상황을 *The Korea Mission Field*에 자세히 소개하였다. 그에 따르면 공주지방 내 모두 9개 교회부속 학교가 있었는데 보통학교 학생이 230명, 고등보통학교 학생이 34명이었고 이와 별도로 여성해외선교회에서 운영하는 여학교도 3개 보통학교에서 학생 100명이 수업을 받고 있었다.108) 윌리엄즈가 공주에 부임했을 당시만 해도 충남지역에 근대교육을 실시하는 학교가 하나도 없었는데 5년 만에 기독교계 사립학교만 12개가 설립되었다. 그 중심에는 공주 영명학교가 있었다. 다음은 1907년 이후 영명학교 재학생 및 졸업생 현황이다.109)

구분		1907	1908	1909	1910	1911	1912	1913
보통학교	재학생	35	37	42	46	55	48	48
	졸업생		3	5	6	6	10	9
고등보통학교	재학생		3	11	16	22	29	29
	졸업생					5	4	5

그리고 다음은 1913년 당시 공주 영명고등보통학교 교과과정이다.110)

107) F.E.C. Williams, "Kong-ju District Educational Work," *MEC* 1912, 97-98; "在朝鮮基督敎會附屬學校一覽(1912年)," 『朝鮮在留歐美人調査錄 1907-1942』(영신아카데미 한국학연구소, 1981), 182-183.

108) F.E.C. Williams, "Seven Years of Educational Work in Kong Ju District," *KMF* Jul. 1913, 193.

109) F.E.C. Williams, "Seven Years of Educational Work in Kong Ju District," 194.

110) F.E.C. Williams, "Seven Years of Educational Work in Kong Ju District," 193-194.

분야	1학년		2학년		3학년		4학년	
	과목	시간	과목	시간	과목	시간	과목	시간
성경	요한복음	5	창세기 출애굽기	5	그리스도 생애	5	사도행전 고린도전서	5
일본어	독해 대화	8	독해 대화	8	대화 문법	8	대화 문법	8
한글한문	독해	7	독해	7	독해 문법	7	독해 문법	7
역사지리	일본 지리	2	만국지리	2	조선지리	2	고대사	3
영어	기초 선택	3	기초 선택	3	기초 선택	3	기초 선택	3
수학	산수	5	산수	5	산수 대수	5	대수 기하	5
과학	기초과학	3	생리학	3	자연 지리	3	식물 동물	4
미술	자재화	1	자재화	1	자재화	1	제도화	1
음악	창가	1	창가	1	창가	1	창가	1
실업	농업	1	농업	1	부기	1	농업	1
체육	체조 야구	3	체조 야구	3	체조 야구	3	체조 야구	3
합계		39		39		40		41

영명학교는 1911년 총독부로부터 재인가를 받으면서 총독부에서 요구하는 일본어 수업을 필수과목으로 가르쳤다. 그러면서 성경과 한글 · 영어 등 기독교 학교로서 가르쳐야 할 과목도 계속 가르쳤다. 교사진용에도 변화가 있었는데 공주 영명학교에서 가르치던 신현구는 경천 원명학교 교장으로 부임해 갔고 윤인일 · 안석호도 교사를 그만두었다. 구한국정부 관리 출신인 도상규는 계속 남아 성경과 한문을 담당했고 서울에서 고등보통학교를 졸업한 현언동(玄彦東, 일명 玄基東)이 한문과 미술 · 습자를 담당했다. 그리고 공주 영명학교 졸업생이 교사로 부임해 왔는데 공주 영명학교를 졸업한 후 일본 대학에서 3년 수업을 받고 온 김관회(金寬會)가 부교장으로 역사와 지리 · 일본어를 담당했고 영명학교 초기 졸업생으로 평양 숭실중학교를 졸업한 김사현(金士賢)이 수학과 과학 · 성경을 담당했으며 역시 같은 초기 졸업생 황인식도 평양 숭실중학교를 졸업하고 돌아와 보통학교 학생들을 가르쳤다.[111]

계속해서 윌리엄즈는 학교 재정에 관하여 "지난 7년 동안 지역교회 교인들이 학교를 위해 헌금한 것이 700달러이고 선교본부와 미국 독지가들로부터

111) F.E.C. Williams, "Seven Years of Educational Work in Kong Ju District," 193.

2,500달러를 받아 교사 월급과 학교 기본운영비로 사용했고 학교부지 구입과 건축비로 2,000달러가 비축되어 있으며 이와 별도로 가난한 학생을 위해 1,200달러가 지출되었다"고 보고하였다.[112] 영명학교는 새 교사를 마련하지 못했지만 정부 인가와 교과과정 개편, 교사진 확충으로 안정적인 기반을 확립하였다. 윌리엄즈는 1917년 '미국 부인의 기부금 6천 원'을 받아[113] 학교 부근의 작은 산을 사서 식목작업을 하였다. 그는 1918년 연회 보고에서 "4년 전에 정부로부터 35에이커 땅에 식목 허가를 받아 현재 2만 그루의 나무를 식목하고 학생들이 관리를 하고 있다. 작년 소나무 벌목으로 30달러 수익을 올렸고 목재는 기숙사 땔감으로 사용하였다. 5년 후에는 학교가 이 산에서 수천 원 수익을 올릴 것이다"라고 보고하였다.[114]

그리고 윌리엄즈는 영명학교 졸업생에 대하여 "지난 7년 동안 1백 명이 수학하여 25명이 졸업하였는데 졸업생 가운데 6명은 연희전문학교, 3명은 세브란스의학교, 4명은 일본 아오아먀대학, 1명은 고등보통학교에 진학하였고, 9명은 초등학교 교사, 1명은 공립보통학교 교사, 5명은 일본 유학, 2명은 경성의학교 수학, 17명은 농업, 12명은 사업, 30명은 학교 교사로 진출했다"고 보고하였다.[115] 윌리엄즈의 보고에 나타나듯 영명학교 출신으로 서울이나 평양, 그리고 일본에 유학하는 졸업생들이 많이 나왔다. '지도자 양성'에 대한 윌리엄즈의 관심과 지원은 남달랐다. 그는 유능한 인재를 발굴하여 외지 유학을 지원하였다. 그런 식으로 윌리엄즈는 1918년 영명보통학교 1회 졸업생인 황인식의 일본 유학을 지원하였다. 그 사실을 1919년 3월 3일자 「매일신보」가 자세히 보도하였다.

> "충남 공주군 사립 영명학교장 미국인 선교사 월리암 씨 조선에 나온지 우금 십수년에 조선어에 능통함은 조선 사람과 다름이 업스며 동씨는 항상 청년자제의 교육을 한갓 자기의 의무로 녁이던 동군 대화정에 거주하는 황인식이 본래 학업에 유의하나 학자의 곤난함을 알고 열심히 주선한 결과 작년 九월경에 전기 황인식을 내지(內地)에 유학케 하엿스며 금년

112) F.E.C. Williams, "Seven Years of Educational Work in Kong Ju District," 193.
113) "미국부인의 기부, 6천 원을 학교에," 「每日申報」1917.1.10.
114) *ARBF* 1918, 311.
115) *ARBF* 1918, 311-312.

二월 四일에 영명학교 강당 안에 영어 야학과를 설립하고 열심 교수중이더라."[116]

윌리엄즈가 영명학교 교사 황인식을 일본에 보내 공부를 시키고 영명학교 안에 '영어 야학'을 시작하였다는 내용이다. '총독부 기관지'란 평가를 받고 있던 「매일신보」가 이처럼 영명학교와 윌리엄즈·황인식에 대하여 호의적인 기사를 실었던 그 시기 공주에서는 영명학교 교사와 학생, 졸업생들이 중심이 되어 3·1만세운동을 준비하고 있었다.

5.2.2 영명학교와 공주만세운동

3월 초 서울에서 만세시위가 시작되자 도청소재지였던 공주에는 경찰과 군병력을 증원하여 삼엄한 경계를 펴고 있었다. 3월 17일 공주읍 장날에 만세시도가 있었지만 경찰의 조기 진압으로 실패로 끝난 것도 그 때문이다. 그런 상황에서 기독교인들이 나섰다. 즉 공주읍교회 현석칠 목사와 공주 영명학교 교사 김관회와 이교영·현언동·김수철, 영명여학교 교사 이규상, 그리고 영명학교 졸업생으로 일본 도쿄에서 2·8독립선언식에 참석하고 귀향한 안성호와 오익표, 3월 1일과 3월 3일 서울에서 만세시위와 고종 황제 국장에 참여하고 돌아온 영명학교 교사 서진순과 학생 노명우·유준석(일명 유우석, 유관순의 사촌오빠) 등이 중심이 되어 3월 24일부터 본격적으로 공주만세운동을 준비하였다. 독립선언서와 유인물·태극기 제작에는 영명학교 학생 강윤과 양재순, 영명여학교 출신으로 경천 원명여학교 교사로 있던 김현경과 역시 영명여학교 출신으로 서울 이화학당 학생이던 박루이사 등이 참여했다.[117] 그렇게 은밀하게 준비한 후 4월 1일, 공주읍 장날 제민천 공주시장에서 만세운동이 일어났는데 그 상황을 「매일신보」가 자세히 보도하였다.

"본월 一일의 소요는 긔보와 갓거니와 당시 정황을 상보하건대 오후 두시 경에 경성 출생

116) "宣教師의 美擧," 「每日申報」1919.3.3.
117) "공주지방법원 현석칠 외 18명 예심종결서"(1919년 7월 28일), 「永明」(개교 85주년기념호), 공주영명중고등학교, 1990, 56-58; "공주지방법원 현석칠 외 17명 판결문"(1919년 8월 29일), 『독립운동사 자료집』(3·1만세운동사 재판기록)(고려서림, 1973), 1,137-1,140.

으로 당군 미국인 경영의 영명여학교를 졸업 후 당금 본군 계룡면 경천 원명학교 교사로 재근 중의 김현경(金賢卿)이가 태극기를 흔들며 만세를 여창할 새 본 읍내 영명남학교 생도 중 천안 류준석(柳俊錫), 부여 로명우(盧明愚), 연기 윤봉균(尹鳳均), 연산 강윤(姜玧), 공주 김수철(金洙喆) 등이 호응함으로 일본 경관이 체포 중 김현경 류준석은 중상을 당하엿는대 김현경은 체포를 당하여 경찰서 문전에 이르기까지 만세를 연창하엿고 군중 측에서는 경성인으로 당시 양복점하는 박영선(朴永善)이가 체포되엿고 그 후에도 영명학교 생도 중에서 검거된 자가 잇섯더라."[118]

공주읍 만세시위는 이후 3일간 지속되었고 공주 인근 주변지역으로 만세운동이 확산되었다. 경찰은 공주읍 만세운동 주모자 체포에 나서 시위현장에서 체포한 유준석과 김현경 등을 비롯한 영명학교 교사와 학생들을 심문하여 시위 준비와 전개과정의 전모를 파악했다. 곧바로 체포 작전에 나서 시위를 주도했거나 참여한 50여 명을 체포하였다. 그 때 피의자들을 조사하던 충남도청 순시(巡視) 김봉인(金鳳仁)은 영명여학교에 다니던 자기 딸이 "소요에 참가한 혐의로 관헌의 조사를 받은 것을 통분히 여겨 필경 부모된 자의 책임이라 하며" 5월 22일 할복자살하는 사건까지 일어났다.[119] 그렇게 공주경찰서에서 혹독한 고문과 조사를 받은 피의자 가운데 주모자 19명이 보안법과 출판법 위반 혐의로 공주지방법원 재판에 회부되었다.[120]

---

118) "공주 一일 소요의 상보," 「每日申報」1919.4.9.

119) "面目이 없다고 割腹한 巡視," 「每日申報」1919.5.26.

120) 피의자 중 최종식은 1919년 7월 28일 예심에서 면소판결을 받고 석방되었으며 나머지 피의자는 8월 29일 공주지방법원에서 재판을 받고 나머지 김관회와 김수철은 징역 1년(집행유예 2년), 이규상은 징역 8월(집행유예 2년), 유준석과 노명우 · 강윤 · 윤봉균 · 양재순은 징역 6월(집행유예 2년), 이규남과 김현경은 징역 4월(집행유예 2년), 현석칠과 김사현 · 오익표 · 현언동 · 안성호 · 안창호 · 박루이사 · 이활란 등은 무죄 판결을 받았다. "공주지방법원 현석칠 외 18명 예심종결서"(1919년 7월 28일); "공주지방법원 현석칠 외 17명 판결문"(1919년 8월 29일); 『독립운동사 자료집』(3·1만세운동사 재판기록), 1,138; 「每日申報」1919.9.3.

이름	나이	성별	주소	종교	직업
현석칠(玄錫七)	39	남	공주군 공주면 대화정	기독교	공주교회 목사
김사현(金士賢)	32	남	공주군 공주면 대화정	기독교	영명학교 교사
오익표(吳翼杓)	26	남	공주군 주외면 옥룡리	기독교	영명학교 졸업, 일본 유학생
김관회(金寬會)	33	남	공주군 공주면 상반정	기독교	영명학교 교사
이규상(李圭尙)	26	남	공주군 주외면 금학리	기독교	영명여학교 교사
현언동(玄彦東)	24	남	공주군 공주면 용당리	기독교	영명학교 교사
안성호(安聖鎬)	28	남	공주군 정안면 운궁리	기독교	영명학교 졸업, 일본 유학생
안창호(安昌鎬)	36	남	천안군 천안면 읍내리	기독교	천안교회 목사
김수철(金洙喆)	25	남	공주군 공주면 대화정	기독교	영명학교 조수
유준석(柳俊錫)	20	남	공주군 공주면 대화정	기독교	영명학교 학생
노명우(盧明愚)	20	남	부여군 규암면 합송리	기독교	영명학교 학생
강윤(姜沇)	21	남	논산군 양촌면 인천리	기독교	영명학교 학생
윤봉균(尹鳳均)	20	남	공주군 주외면 옥룡리	기독교	영명학교 학생
양재순(梁載淳)	19	남	공주군 공주면 상반정	기독교	영명학교 학생
이규남(李圭南)	23	남	공주군 주외면 금학리	기독교	영명여학교 교사 이규상의 동생, 농업
박루이사(朴婁以士)	19	여	공주군 주외면 금학리	기독교	영명여학교 졸업, 이화학당 학생
이활란(李活蘭)	21	여	공주군 주외면 옥룡리	기독교	영명여학교 졸업
김현경(金賢敬)	22	여	공주군 공주면 본정	기독교	영명여학교 졸업, 경천 원명학교 교사
최종식(崔宗植)	24	남	연기군 금의면 소정리	기독교	영명졸업 일본유학

기소된 19명 전원이 기독교인(감리교인)이었고 그 중 17명이 직간접으로 영명학교와 관련이 있었다. 결국 4월 1일 공주읍 장날 만세운동은 영명학교에서 기획하고 주도한 항일독립운동이었다고 할 수 있다. 이런 독립만세운동을 거친 후 영명학교에 대한 일본 경찰 당국의 감시와 통제가 더욱 강화되었을 것은 당연하다. 영명학교가 위치하고 있는 공주선교부도 당연히 감시를 받았다. 경찰은 만세운동의 배후에 선교사들이 있는 것으로 의심하였다.

이런 상황에서 공주선교부와 영명학교를 모두 책임져야 했던 윌리엄즈의 고민이 컸다. 그는 학교 폐쇄까지 요구하는 조선총독부나 경찰 당국의 위협에 맞서 영명학교와 그 학생들을 지켜내야 하는 막중한 책임이 있었다. 윌리엄즈는 학교 조직과 규모를 축소(보통학교 폐지)하는 것으로 정부당국과 타협하는 한편 시위를 주도하고 투옥되었다가 '시위 전력'으로 감시와 통제를 받을 수밖에 없었던 영명학교 교사와 졸업생들을 보호하기 위해 노력하였다. 우선 윌리엄즈는 졸업반이었던 양재순을 서울 세브란스의학교에 추천하여 의학공부를 한 후 공주에 내려와 공제의원을 설립하여 공주지역사회에 봉사하도록 이끌었고, 동급생 강윤도 일본 고베지역의 건축 선교사 보리스(William M. Voris)에게 보내 근대 건축을 공부한 후 보리스의 '오미형제사' 한국 책임자로 돌아와 이화여자전문학교와 태화여자관을 비롯하여 기독교 학교와 교회, 기관들을 지어 한국에 근대 건축을 도입하는데 공헌하도록 도와주었다.[121] 같은 맥락에서 윌리엄즈는 일제가 주목하고 있던 영명학교 교사 황인식을 미국으로 유학 보내 덴버대학과 컬럼비아대학에서 교육학을 전공하고 1926년 돌아와 평생 영명학교 교육에 헌신하도록 했고[122] 영명 출신으로 일본 도쿄에 유학 중 1919년 2·8독립선언을 주도하고 일본형무소에서 옥고를 치른 윤창석의 미국 유학도 주선하였다.[123] 이런 인재 양성과 지도자 육성이 윌리엄즈의 '교육 철학'이었다.

이렇게 3·1만세운동 직후 영명학교 교사나 학생 · 졸업생들이 큰 피해를 입지 않도록 '보호자' 역할을 했던 윌리엄즈의 남은 과제는 영명학교 육성과 발전이었다. 일제는 이미 기독교계 사립학교가 민족주의 계몽교육과 민족의식 확산의 거점이 되고 있음을 파악하고 1915년「개정 사립학교 규칙」을 발표하여 기독교계 학교의 종교교육과 한글 및 역사 교육을 통제했다. 그리고 3·1만세운동을 겪은 후에는 사립학교 법인설립 기준을 한층 강화하여 총독부가 요구하는 요건을 갖추지 못하면 폐교를 위협하였다. 윌리엄즈는 이런 상황에 소극적인 방어보다 적극적인 공세를 취하였다. 즉 정부당국이 폐쇄 위협이나

121) 이덕주, 『충청도 선비들의 믿음 이야기』, 249-253.
122) "黃敎諭 米國留學,"「每日申報」1921.8.31; F.E.C. Williams, "Kongju Mission High School," *MEC* 1926, 251; "황씨의 금의환향,"「基督申報」1926.4.7; 『永明九十年史』(공주영명중고등학교,1997), 260-261.
123) "윤창석 씨 미국유학, 영문학을 연구하러,"「時代日報」1924.6.9; "공주 渡米 유학생 尹昌錫氏 송별음악회 개최,"「每日申報」1924.6.21.

간섭 · 시비를 걸지 못하도록 학교시설을 확충하고 교육을 내실화하는 방향으로 나갔다. 우선 시급한 것이 학교 부지 확장과 현대식 시설을 갖춘 교사(校舍) 신축이었다. 마침 미국 선교본부가 2만 5천 달러(5만 원)를 보내 와서 1920년 건축을 시작하였다. 그 사실을 「매일신보」가 보도했다.

"충청남도 공주군 읍내에 잇는 사립 영명고등학교는 미구에 선교사 윌니암 씨가 十여년을 경영하던 바인대 이번에 선교회로부터 五萬여 원의 큰돈을 내여 학교를 새로이 건축하고 제반설비를 일신케 할 터인대 그 예산은 대개 산림이 五萬여 평 중 萬 평은 임의 식목을 하야 무성하얏고 二萬여 평은 방금 종목의 준비 중이며 실습하는 밧이 四千여 평이오 학교 기지가 一千 五百 평이며 운동장의 二千여 평이오 교수 과정은 관립 고등학교와 동일하며 영어는 일주일간에 五회식으로 하되 교수는 서양 사람이 직접으로 교수한다더라."[124]

실습림(實習林)을 포함하여 영명학교 소유 부동산이 5만 평을 넘었고 운동장을 합하여 학교 부지만 3천 5백 평 규모였다. 중등교육기관으로 이만한 부지를 확보한 사립학교가 많지 않았다. 그렇게 공주 시내가 한눈에 내려다보이는 하리동 앵산공원 뒤편 언덕의 넓은 부지에 지하 1층, 지상 2층짜리 르네상스식 붉은 벽돌건물을 1년 만에 짓고 1921년 10월 15일 학교 창립기념일에 맞추어 봉헌식을 거행했다.[125] 이와 함께 지방 학생들을 위한 3백 평 규모의 기숙사까지 건축하여 시설 면에서 완벽한 상태를 이루었다. 건축을 마친 윌리엄즈는 안식년 휴가를 얻어 귀국하였고 그 대신 교장직을 맡았던 아멘트는 1922년 9월 연회에서 영명학교 상황을 다음과 같이 보고하였다.

"[1921] 10월 15일 선교백주년기념사업으로 5만 원에 거액으로 교사 신축봉헌식을 행하였습니다, 교사 건축 전에는 교사가 협착한 관계로 3학급을 두엇더니 1919년 3월 1일 조선독립운동에 여파로 한 학급을 실(失)하여 작년 4월까지는 겨우 1, 2학년만 남엇드니 설상가상으로 생도 맹휴가 돌발하야 다수의 희생자를 제하고 익년 4월까지는 10명이라는 소수에 학생이 남엇다가 향학열이 고도에 달한 현대에 처한 본교는 금춘에 선발에 우가(又加) 선발하야

124) "公州郡에 永明校 新築," 「每日申報」1920.3.2.

125) C. Taylor, "Kongju District," *MEC* 1920, 42-43; C. Taylor, "Kongju District," *MEC* 1921, 118-119; C.C. Amendt, "Young Myung High School," *MEC* 1922, 202-203.

50여 명에 신입생을 엇었고 현금 재학생이 70여 명이 되얏습니다. 희망과 신앙으로 일하는 모든 선생들의 노력은 본교를 광명한 자리로 지도할지며 더욱 귀국 휴양중인 우리암 교장이 귀교하시면 본교의 장래는 순경(順境)에 진입하리라 합니다."[126)]

이 보고에서 3·1만세운동 직후 영명학교가 겪어야 했던 시련의 일면을 확인할 수 있다. 만세운동에 연루되어 많은 교사와 학생이 옥고를 치르는 가운데 영명학교는 보통학교 과정을 폐지하였고 그것이 학생들의 반발로 연결되어 '맹휴' 사태까지 일어났다. 그 결과 학생 수는 급격하게 줄었다. 다행히 1921년 10월 새 교사를 완성한 후 신입생들이 늘어나 재학생은 70명 수준이 되었다. 그리고 아멘트가 예견한 대로 윌리엄즈가 안식년 휴가를 마치고 돌아온 1923년 4월부터[127)] 학교는 '순탄한' 발전을 이룩하였다. 우선 윌리엄즈는 폐지한 보통학교 대신 고등보통학교를 집중 육성하기로 하고 예과를 새로 신설하여 학생 수를 늘렸다. 그 결과 1924년 영명고등보통학교에 예과 40명, 본과 100명 재학생을 뽑았는데 흥미로운 점은 재학생 144명 가운데 기혼자가 80명이나 되었다는 점이다.[128)] 10대 청소년기 학생뿐 아니라 학령기를 넘긴 기혼학생들까지 받아들인 결과였다.

그리고 윌리엄즈는 1924-25년 전국 기독교계 사립학교에서 유행처럼 일어났던 '학생 맹휴'를 경험한 후 선제적 조치로 학생 대표 7명, 교사 대표 7명으로 '과외활동위원회'(Extra Curricula Activities Association)를 조직하여 학생들의 자치 및 특별 활동(학생회와 문학토론 · 음악구락부 · 체육부 · 사회봉사부 · 학생YMCA · 보이스카웃 등)에 관한 모든 사항을 이곳에서 논의 · 결정하도록 하였다.[129)] 학생들의 자치권을 최대한 보장한 것이다. 영명학교에는 학비와 기숙사비를 스스로 해결해야 하는 가난한 지방 출신 학생들이 많았다. 그래서 윌리엄즈는 이런 '고학생'들을 위해 외부에서 '일감'을 찾아왔다. 대표적인 예로 1925년 미국 텍사스석유회사로부터 공주지역 석유 공급권을 따 와 학생들이 석유 배달을 해서 학비를 벌도록 했다. 그리고 공주 외곽의 호두나

126) "공주영명고등학교 보고(교장 안명도)," 「미감리회 조선매년회 회록」(1922), 39.
127) "永明學校長 禹利岩宣教師歸任," 「東亞日報」1923.4.15.
128) F.E.C. Williams, "Young Myung High School," *MEC* 1924, 66.
129) F.E.C. Williams, "Yeung Myung School," *MEC* 1925, 146.

무 산지에서 호두 1백 가마를 사다가 학생들이 가공해서 판매하였다.[130] 1926년에는 젖을 짤 수 있는 암소 두 마리와 토끼 2백 마리를 도입하여 학생들이 양육하도록 했고 학교 안에 목공소를 차리어 가구를 만들어 판매하였고 재봉시설을 갖추고 양복을 제작하기도 했다.[131] 그 결과 영명학교 학생 가운데 반 이상이 '노동 장학금'으로 공부하였다.

5.2.3 영명실수학교

1920년대 들어서 심각한 경제공황으로 미국교회의 선교비 지원이 현격하게 줄어든 상황에서 영명학교 학생들의 '자활'과 '자급'은 큰 효과를 얻었다. 이런 영명학교의 자구 노력에 공주지역 교인과 주민들도 힘을 실어주었다. 1925년 홍원표(洪元杓)가 "영명학교 기본금으로 4백 원을 기부한 것"을 시작으로 3·1만세운동 때 옥고를 치른 후 윌리엄즈의 추천으로 서울 세브란스의학교에 진학하여 의사가 된 양재순의 아버지 양두현(梁斗炫)이 1926년 '시가 3백 원 상당'의 토지를 영명학교에 기증한 것, 공주교회 교인 박제남(朴濟南)이 "자기 생활비 전부인 7백여 원을 영명학교에 기부한 것" 등이 대표적인 예다.[132] 그렇게 해서 영명학교는 3·1만세운동 이후 정치적으로 경제적으로 힘들었던 시기를 윌리엄즈 교장의 지도력으로 거뜬하게 극복할 수 있었다. 윌리엄즈는 여기 머물지 않고 영명학교 학생과 졸업생들이 보다 적극적인 자세로 '농촌 현실'에 투신하여 농촌사회 지도자로 활약할 것을 주문하였다.

> "오늘 한국의 현실을 살펴볼 때 한국사회에 가장 도움이 필요한 곳은 농촌이다. 전체 인구

---

130) F.E.C. Williams, "Kongju Mission High School," *MEC* 1926, 251.

131) *ARBF* 1927, 145.

132) "洪元杓君 特志," 「東亞日報」1925.11.21; "永明校에 土地 寄附," 「東亞日報」1926.7.11; "生活費의 全部 七百餘圓 永明學校에 寄附," 「동아일보」1927.12.16. 한편 1938년 당시 영명학교 유지재단에 등록된 학교소유 부동산 목록을 보면, 공주군 계룡면 경천리 44번지 304평(시가 218원), 경천리 497번지 678평(542원), 경천리 485번지 798평(610원), 경천리 602번지 883평(700원), 공주군 계룡면 중장리 565번지 943평(830원), 중장리 811번지 440평(336원) 등 총 4,046평에 달했다. 「財團法人 基督敎朝鮮監理會維持財團 規則及說明書」(기독교조선감리회총리원, 1938), 148.

의 85%가 농민이다. 그 중 남자 70%, 여자 85%가 자기 나라 글인데도 읽지도 쓰지도 못하고 있다. 공립학교 혜택은 학령 인구의 15%밖에 미치지 못하고 있다. 교육을 받은 학생들은 자기 고향으로 돌아가 무엇인가 마을을 위해 일하고 민중(masses)을 깨우쳐야 한다고 생각한다. 1년 전 우리 학교는 단기 농촌지도자 강습회를 시작하기로 결정하고 가정 혹은 농장에서 실습할 수 있는 과목을 가르쳤다. 매주 2시간씩 학생들이 밭에 나가 농사일을 하는 것 외에 농업과 양잠에 대한 기술 교육을 가르쳤다. 농사 일 외에 양철과 벽돌, 시멘트 공작, 농기구 제작 등도 가르쳤다. 과정을 마친 학생들은 주일마다 근처 농촌 마을로 나가서 계몽강좌를 열고 주일학교를 통해 어린 아이들에게 쓰기와 읽기 · 그림 등을 가르치면서 복음도 전하고 있다."[133]

공주지방뿐 아니라 전국의 거의 모든 교회들이 농촌지역에 위치한 것을 감안하여 낙후된 농촌을 살리는 것이 조선사회를 살리는 길이라 여겨 그것을 최우선 선교 과제로 여겼다. 윌리엄즈가 영명학교를 '농업 중심' 학교로 육성한 이유가 그러했다. 그는 영명학교 교육이념을 "우리 現社會에 要하는 實地敎育"으로 정하고 ① 매일 방과 후 학생과 교사들이 학교 농장(농업과 임업)과 목축(우유와 양돈 · 양계)과 목공소 일을 함께 해서 얻은 수익을 3등분하여 학생과 교사 · 학교에 균등 분배하였고 ② 농촌사업으로 학생들이 매 주일 시외 20리 안에 있는 마을로 내려가 농촌 아동에게 초등 교육을 실시하였으며, ③ 고학생부(勞働生部) 학생들이 석유 판매와 서양과일 수입 판매, 잡지와 도서 판매 등으로 학비를 조달하도록 도왔고, ④ 학교 안에 구매조합(購買組合)을 두어 학교에 필요한 학용품과 비품을 공동 구입 · 판매하여 수익금을 학생과 교사로 구성된 조합원들에게 균등 분배하였다.[134] 윌리엄즈는 이런 '실업교육'을 통해 영명학교 학생들이 학교에서 '자급'과 '협동'을 경험하고 졸업 후에는 농촌지역사회에서 "모범 농부가 될 뿐 아니라 장래에 농촌실행 지도농부가 되기를" 기대했다.[135] 이러한 영명학교의 실업교육 · 현실교육은 지역교회뿐 아니라 지역사회로부터 지지를 받았다. 다음은 1929년 7월 초교파 신문 「기독신보」에 실린 영명학교 관련 기사다.

---

133) F.E.C. Williams, "Kongju Young Myung School," *MEC* 1927, 333.
134) "本位敎育의 永明校(二)," 「기독신보」1929.7.10.
135) "공주 급 홍성지방 감리사 보고," 「미감리회 조선매년회 회록」(1929), 55.

"이 학교의 특색은 교육의 본의의 전당을 떠나지 안코서 교육 그것의 본 정신을 그대로 발휘함에 잇다. 다시 말하자면 근일 우리 사이에 되어 가는 교육은 벗터가 아니면 미소시루(된장국)인 때문에 우리에 씨락이국과는 너무도 요원하게 되어 잇다. 그러한 관계로 그 귀하고도 어려운 대학을 마치고도 오히려 육척이 못되는 그 일신의 생활보장할 실력이 업게 되는 이때에 이 영명교는 비록 벗터 기운을 밧아 잇지만은 그것은 모양뿐이고 본품은 아니라 한다. 그의 본품은 우리로서 배워야 할 것을 배워서 우리 살기에 합당한 생활방법을 연습하야 간다 한다. 그래서 먼저 자치적 정신을 함양식히며 자작자급의 훈련을 주기 위하야 농업 목공 재봉 제화 철공 세공 기타 석유행상을 하며 그밧게 여극(餘隙)을 타서 근처 농촌에 나가서 문맹퇴치운동이라던가 또는 교회운동으로 농촌계발에 대한 실제운동을 성의잇게 하야 다방면에 유익을 준다."[136)]

'버터'(미국문화)와 '미소시루'(일본문화)가 판을 치는 교육과 사회 현실에서 영명학교는 미국 선교사가 설립 · 운영하는 학교임에도 '시래기국'(한국문화)의 본바탕을 잃어버리지 않고 한국 농촌 현실사회에 필요하고 적합한 '생활교육'을 실시하고 있는 것에 찬사를 보낸 것이다. 윌리엄즈는 이런 농촌 현실교육을 영명학교에서만 실시하는 것이 아니라 매년 주기적으로 공주와 주변지방 교역자와 교인들을 대상으로 '농촌지도자 강습회'를 개최하여 영명학교의 농촌운동을 지방으로 확산시켰다.[137)] 이처럼 영명학교의 농촌 교육과 실습이 지역사회의 호응을 받는 것에 자신감을 얻은 윌리엄즈는 아예 영명학교를 3년 과정의 '농업전문학교'로 전환할 계획을 수립하였다. 구체적으로 1927년 총독부로부터 농업학교로 전환하기 위해 필요한 자금을 마련할 '12,500원 모금'을 허락받았다.[138)] 농업전문학교를 설립하기 위해 윌리엄즈는 수원농림학교 졸업생 두 명을 농과 교사로 초빙해 왔고 모금운동을 벌이면서 학교 교과과정과 시설을 개편했다.

이처럼 고등보통학교에서 농업전문학교로 체제를 바꾸어 나가던 도중 영명학교는 또 한 차례 교사와 학생들이 일본 경찰에 체포되어 옥고를 치르는

136) "本位教育의 永明校(一)," 「基督申報」1929.7.3.
137) F.E.C. Williams, "Kongju and Hongsung Districts," *MEC* 1929, 137-138.
138) "農業 木工 兩科 增設費 募集: 永明學校," 「東亞日報」1927.10.13.; C.C. Ament, "Kongju," *Korea Missions Year Book*(Seoul: Christian Literature Society, 1928), 50; C.C. Ament, "Report of Young Myung School, Kongju," *MEC* 1930, 258.

시련을 겪었다. 즉 1929년 12월 전국적으로 일어난 광주학생운동과 연대하여 영명학교 학생들도 '동맹휴학'을 단행하고 시위를 벌였는데 1930년 1월 이 운동을 주도한 학생 9명과 함께 '선동 배후' 혐의로 교무주임 황인식과 교사 주병건도 연행되었다.[139] 이들은 검찰의 불기소 처분으로 재판까지 받지는 않았지만 총독부에 실업전문학교 설립인가를 요청한 윌리엄즈로서는 곤혹스러울 수밖에 없었다. 결국 윌리엄즈는 영명학교 교사와 학생들이 풀려난 후 1930년 4월 안식년 휴가를 떠났다가 이듬해 10월 돌아와서 학제 변경 작업을 본격적으로 재개하였다.[140] 그 결과 영명학교는 1932년 3월 29일 총독부로부터 '영명실수학교'(永明實修學校, Young Myung Agricultural School)로 설립인가를 받았다.[141] 공주지역 교회와 일반 사회에서는 지방 내 유일한 기독교계 고등보통학교가 없어진 것에 아쉬움을 표하기도 했지만 그보다는 국내 유일한 기독교계 '농업전문학교'로서 영명실수학교에 거는 기대감도 컸다. 이는 「기독신보」 기사에서 확인할 수 있다.

> "現下 우리 반도의 경제공황은 말할 수 업시 극도에 달하야 一般民衆은 생활의 쓸아림은 여지업시 당하는 此際에 학업을 맡치고 교문을 떠나는 청년들의 취직 또는 생활의 방도가 더욱 망연하다. 그리하야서 前 永明學校는 단연히 종래로 하던 中學學校의 학제를 변경하고 직업상에 관계되는 實修學校를 신설하여 조선 民衆의게 최적한 農業과 副業이며 기타 상식에 필요한 과정을 교수하야 생도들로 장래에 自力으로 생활을 하게 하는 동시에 겸하야 농촌의 지도자가 되도록 양성하랴고 한다는데 今春에 1년생 25명을 모집한다 하며 입학자격은 보통학교를 졸업한 자로 연령 16세 이상 된 자라야 한다."[142]

이런 기대감 속에 농업전문학교로 새롭게 출발한 영명학교는 그 존속 기간이 오래지 않았다. 군국주의 통치가 강화된 일제 말기로 접어든 상황에서 선

139) "煽動嫌疑로 黃仁植 朱炳乾 兩敎員 送局," 「東亞日報」1930.1.14. "학생 선동혐의로 교무주임 등 송국," 「中外日報」1930.1.18.

140) "Notes and Personals," *KMF* May, 1930, 110; "Notes and Personals," *KMF* Nov. 1931, 244.

141) "公州永明學校 實業學校로 變更," 「東亞日報」1931.10.23; "實修學校가 된 公州永明校," 「매일신보」1932.3.29; "공주 영명학교를 영명실수교로 혁신," 「중앙일보」1932.4.6.

142) "認可를 받은 公州永明實修學校," 「基督申報」1932.4.13.

교사들의 선교사역은 여러 방면에서 방해와 통제를 받았다. 특히 일제는 1920-30년대 민족주의 사회운동 성격을 띠고 진행되었던 기독교계의 농촌운동을 조직적으로 탄압하기 시작했고 그런 환경에서 영명실수학교도 애초 기대했던 결과를 얻지 못했다. 특히 신사참배 문제가 일어난 1938년을 계기로 해서 선교사들의 사역은 크게 위축되었다. 그런 상황에서 1937년 10월 15일 영명학교에서 열린 창립기념식에서 '우리암교장 동상 제막식'이 거행되었다.[143] 이것은 1년 전(1936) 10월 학교 창립기념식에 참석했던 영명학교 동창생들이 윌리엄즈 선교사가 '선교 30주년'을 맞이한 것을 축하하기 위해 교내에 동상(흉상)을 세우기로 결의하고 1년 동안 모금한 결과물로 제작한 것이었다. 감리교 기관지 「감리회보」는 1937년 윌리엄즈 동상 제막식 분위기를 이렇게 보도하였다.

> "그 식에는 헤저 있던 동창생들이 모여오고 관공서와 일반 유지들이 내참하여 식은 대성황을 이루었었다. 우교장 三十년 근고하신 이력담은 일반에게 큰 감명을 주었고 또 충청남도 도지사와 각 기관 대표들의 축하와 반도 각처에서 답지한 축하전문 낭독은 얼마나 우교장의 공적을 반도 일반인이 찬하하는지 증명하였다. 우교장의 감격한 답사가 있은 후 축하피로연이 있었고 최후로 만세 삼창한 후에 산회하였다."[144]

그것은 윌리엄즈를 비롯하여 공주에 와서 교회와 학교, 지역사회를 위해 헌신적으로 사역했던 선교사들에 대한 감사의 표현이었다. 그러나 그것을 마지막으로 윌리엄즈의 이후 사역은 침울하였다. 일제는 윌리엄즈와 공주선교부 사역을 간섭하고 통제하였으며 결국 1940년 국내에서 사역하던 선교사들을 강제 출국시켰다. 윌리엄즈는 '고참 선교사'로서 마지막까지 공주에 남아 있다가 1941년 1월 출국하였다.[145] 그가 공주를 떠난 후 일제는 2차 세계대전 말기, 군수품 조달을 핑계로 영명학교 구내에 있던 그의 동상을 떼어다 녹여 없었다.[146] 그러나 공주지역 교회와 일반사회는 윌리엄즈가 공주선교부에

143) "禹利巖 公州永明學校長 銅像除幕式擧行," 「동아일보」1937.10.17; Y.H. Kim, "The Protestant Church in Chosen," *KMF* Jan. 1938, 21.
144) "공주 우리암 교장 동상 제막식," 「감리회보」1937.11.16.
145) C.A. Sauer, "The Methodist Church in Korea," *KMF* Mar. 1941, 37.

서 추진했던 '교육선교 34년'을 결코 잊지 않았다.

5.3 의료선교

공주에서 의료선교는 교육선교에 비하면 그 역사와 내용이 상당히 빈약하였다. 공주선교부도 다른 지역과 마찬가지로 처음 개설될 때 복음전도(교회) - 교육선교(학교) - 의료선교(병원)으로 이루어지는 '삼각 구조'를 예상하고 추진했다. 그러나 결과는 그렇지 못했다. 그것은 공주선교부에 제대로 지은 병원도 없었을 뿐 아니라 의료선교사가 지속적으로 파송되지 못한 때문이었다. 공주선교부는 1903년 의료선교사 맥길이 정착하여 하리동 초가집에서 환자를 치료하는 것으로 개설되었지만 그가 2년 만에 공주를 떠나면서 의료선교는 중단되었다. 이후 3년 동안 공주선교부에 의료선교사가 파송되지 못하다가 1908년 9월에야 밴 버스커크가 어학교사인 홍승하와 함께 공주에 내려오면서 의료사업이 재개되었다.

5.3.1 공주 시약소 사역

그러나 그가 공주에 왔을 때 진료할 수 있는 시설과 공간도 없어 어학공부에 매진하면서 영명학교에 나가 영어와 음악을 가르쳤다.[147] 그렇게 1년 동안 현지적응 훈련을 마친 밴 버스커크는 하리동에 병원 부지를 구입하고 단층집을 하나 지은 후 시약소(dispensary) 사역을 시작하였다. 그는 1909년 12월 20일 첫 환자 세 명을 진료하는 것을 시작으로 이듬해 4월까지 총 2,315회 진료를 하였다.[148] 공주에서 본격적인 의료 사역은 이때로부터 시작되었다. 밴 버스커크의 진료활동은 공주지역사회에 좋은 반응을 얻었다. 그의 1910년 선교보고다.

146) 1941년 1월 한국을 떠난 윌리엄즈는 이후 해방되기까지 인도에서 사역하다가 일본이 연합군에 항복한 후 연합군 하지 장군의 통역장교가 된 아들(George Z. Williams)과 함께 1945년 9월 내한해서 미군정 농업고문으로 활약했다. C.A. Sauer, *Methodists in Korea,* 161-162. 이덕주, 『충청도 선비들의 믿음 이야기』, 223.

147) J.D. Van Buskirk, "Medical," *MEC* 1909, 91.

148) *ARBF* 1910, 182-183.

> "오전에는 학교에서 과학과 생리학 교수를 하고 오후에만 시약소에서 진료하였다. 작은 시약소에서 시작한 지 17개월 되었는데 하루에 5, 6회 진료를 하였다. 도립병원이 설립되었는데도 오히려 내 시약소를 찾는 환자들이 늘어나고 잇는데 이유는 무료 진료 때문이다. 요즘은 하루에 10-12회 진료하고 있다. 본국으로부터 병원 설립기금이 오기를 기대하고 있다. 작년에 선교사 자녀들이 질병으로 고생하였다. 테일러의 아들 윌슨과 스웨어러 아들도 고생했으며 테일러의 딸(Esther Taylor)과 윌리엄즈의 아들(Earl Barton Williams)이 출생했다."[149]

1911년 찾아오는 환자들이 늘어남에 따라 밴 버스커크는 하루에 10-15회, 1년 동안 3,151회 진료기록을 세웠다. 시약소 공간이 좁아 증축했지만 방 한 가운데 휘장을 치고 남녀 환자를 구분해서 치료하는 형편이었다. 밴 버스커크로서는 제대로 시설을 갖춘 병원 건물이 시급했다. 마침 그 무렵 미국 캔자스시티 감리교인들이 감리교병원을 짓기 위해 20만 달러 규모의 모금운동을 벌이고 있다는 소식을 듣고 그는 모금 중 일부(1만 달러)를 공주에 보내주어 '베다니감리교병원 공주지원'(Bethany Methodist Hospital Foreign Extension in Kongju)을 지을 수 있도록 도와달라고 호소하였다.[150] 처음엔 호의적이었던 캔자스시티교회의 반응이 결과로는 나타나지 않았다. 반면에 도립병원은 시설을 확장하고 날로 번성하였다. 환자들이 도립병원으로 몰려갈 것은 당연했다. 결국 돈이 없어 치료비를 낼 수 없었던 가난한 환자들만 하리동 시약소를 찾아왔다. 밴 버스커크는 그렇게 찾아온 환자를 1912년 1년 동안 6천여 회 진료하는 기록을 남겼다.[151] 이것으로 그의 공주 의료사역은 끝났다.

1913년 미감리회 연회는 밴 버스커크를 서울 세브란스병원으로 파송하였다. 결국 공주에 '베다니병원'을 세우고자 했던 밴 버스커크의 꿈도 이루어지지 못했다. 밴 버스커크가 공주에 와서 시약소를 세우고 진료한 3년 8개월 동안 진료한 횟수는 16,553회에 달했고 그가 치료한 환자 가운데 기독교 신자가 된 이는 3백 명에 달했다.[152] 밴 버스커크는 연회 명령으로 1913년 9월

---

149) *ARBF* 1911, 194.
150) *ARBF* 1912, 181; J.D. Van Buskirk, "Kongju Medical Report," *MEC* 1912, 77-79.
151) J.D. Van Buskirk, "Report of Kongju Medical Work," *MEC* 1913, 70.
152) J.D. Van Buskirk, "Kongju Medical Work," *MEC* 1914, 63.

서울로 떠나면서 "제대로 된 병원만 있었더라면 우리가 치료할 수 있었던 환자들을 다른 병원으로 돌려보내야만 했다"며 안타까운 보고를 남겼다.[153] 밴 버스커크를 서울로 옮긴 연회는 그를 대신하여 영변에서 사역하던 밀러(I.M. Miller)를 공주에 파송하였다. 그러나 당시 밀러는 안식년 휴가로 미국에 머물고 있었다.[154] 공주선교사와 교인들은 밀러의 조속한 귀환을 고대했다. 그러나 밀러의 귀환은 끝내 이루어지지 않았다. 공주선교부의 의료사역은 또 다시 중단되었다.

공주에서 의료선교는 1921년 파운드(Norman Found, 방은두) 선교사가 공주에 부임해 오면서 재개되었다.[155] 밴 버스커크가 공주를 떠난 지 8년 만이었다. 캐나다 출신으로 토론토의과대학을 졸업하고 곧바로 한국에 선교사로 부임해 온 파운드는 처음 2년 반 동안 하리동 시약소 건물에서 매달 5백여 명 환자를 진료하였다. 그리고 1922년 가을 여성간호사 보딩(M.P. Bording, 보아진)이 공주에 합류하였다.[156] 미국에서 간호사 훈련을 받은 후 1916년 미국 여성해외선교회 파송을 받아 필리핀에서 사역하다가 한국으로 임지를 옮긴 보딩은 공주에 들어온 최초 전문 간호사였다. 보딩의 합류로 파운드의 공주 시약소 사역은 힘을 받았다. 의사와 간호사가 함께 진료하는 공주시약소에 환자들이 몰려 왔다. 공주 의료사역은 거의 '무료 진료'로 진행되었기 때문에 시골의 빈곤층 환자들이 많이 왔다. 그 결과 파운드와 보딩은 1923년 1년 동안 2,800회 진료 기록을 세웠다. 공주선교부는 한국인 의사와 간호사를 한 명씩 채용해서 파운드와 보딩의 진료활동을 돕도록 했다.[157] 비록 정식 병원은 아니었지만 공주 의료선교는 활기를 띠었다.

1924년 파운드와 보딩은 새로운 형태의 의료선교를 시도하였다. 그 계기를 윌리엄즈는 이렇게 소개했다.

"하루는 결핵에 걸린 아이가 실려 왔는데 다리가 부러진 상태였다. 아이 어머니에게 물어

153) *ARBF* 1913, 341-342.
154) J.D. Van Buskirk, "Kongju Medical Work," *MEC* 1914, 64.
155) A.G. Anderson, "The Ministry of Healing," *KMF* May 1922, 94-95.
156) "Notes and Personals," *KMF* Nov. 1922, 256.
157) F.E.C. Williams, "Kongju District," *MEC* 1924, 47.

본 결과 '술에 취한 아버지가 아이를 나막신으로 때려 다리를 부러뜨렸다'고 대답했다. 선교부 사역자 몇 명이 그 아버지를 찾아가 훈계하며 전도한 결과 그는 교회에 나오기 시작했고 술을 끊고 교인이 되겠다고 하였다."[158]

이 사건을 계기로 파운드와 보딩을 비롯한 공주선교부 선교사들은 교육과 의료 혜택을 받지 못하는 지방 주민들의 무지와 폭력으로 부녀자와 아동이 피해를 많이 입고 있다는 것을 알고 의료진이 주기적으로 지방과 시골 마을로 나가 진료하는 프로그램을 시작하였다. 마침 파운드의 고향 캐나다 교인들이 보내온 헌금으로 '결핵환자 소년'이 살았던 지방에 시약소를 차리고 정기적으로 그곳을 방문해서 가난한 환자들을 치료하였다. 이를 '출장 시약소'(branch dispensary)라 불렀다. 1923년 한 곳으로 시작된 출장 시약소는 지역사회의 반응과 효과가 좋아 1년 만에 열네 곳으로 늘어났고 그 중 네 곳은 파운드와 보딩이 주기적으로 방문해서 진료활동을 폈다. 이런 순회진료활동에는 의료진뿐 아니라 복음전도사역을 담당한 선교사나 토착전도인들도 참여하여 환자와 주민들에게 복음을 전하였다. 출장 시약소 사역에 참여했던 아멘트의 1925년 연회 보고다.

"어느 곳이든 의사와 간호사가 들어가기만 하면 아픈 마을 사람들이 몰려들어 장관을 이룬다. 보딩은 별도로 어머니를 모아놓고 어린 아이 양육법을 가르치고 몸을 건강하게 유지하는 법도 가르치는데 그것을 통해 자연스럽게 복음을 전할 수 있는 기회도 얻는다."[159]

파운드와 보딩의 출장 시약소 사역은 공주읍에 아직 제대로 시설을 갖춘 병원이 없었기 때문이기도 했지만 '찾아오는' 환자들을 맞아서 치료하는 것보다 환자를 '찾아가서' 치료하는 방식이 효과가 있었다. 특히 간호사 보딩은 가는 곳마다 지역주민 특히 부녀자들로부터 환영을 받았다. 그동안 남성 의사에게 몸을 보여주지 못했던 부인들이 치료를 받으러 나왔고 그 기회에 보딩과 전도부인은 부녀자들을 상대로 보건강좌와 복음전도를 실시했다. 이처

---

158) *ARBF* 1924, 97.
159) C.C. Amendt, "Kongju District," *MEC* 1925, 124.

럼 내한 '3년차' 보딩 선교사는 1인 3역을 하고 있었다. 보딩은 공주와 지방의 출장 시약소에서 파운드와 함께 진료활동을 펴는 것 외에 공주 영명학교를 비롯한 지방 내 매일학교들을 순회하며 학생들을 검진하였다. 그는 1924년 1년 동안 총 1,188명 학생을 진료하는 기록을 남겼다.[160] 보딩은 여기에다 1924년부터 새로운 사역을 추가하였다. 곧 공주에 영아원(嬰兒院)을 설립하고 부녀자를 상대로 아동보건 및 아동복지사업을 시작했다. 이 사역은 여성선교와 의료선교, 사회복지 기능이 종합적으로 반영된 것으로 이에 대한 자세한 내용은 다음 항 '여성선교'에서 살펴보기로 한다.

5.3.2 양재순의 공제의원

이처럼 보딩과 파운드의 순회 의료선교는 공주지역 교회와 일반사회로부터 좋은 반응과 효과를 얻었다. 이에 공주선교부는 1925년 파운드와 보딩의 순회 의료선교용으로 포드 트럭 한 대를 마련해 주었다.[161] 전용 자동차가 생기면서 의료선교 효과도 더욱 늘어났다. 1926년 6월 연회보고이다.

> "공주 시약소 직원 8명이 의료 사역을 유지, 확장하였는데 특별히 아동복지사업과 지방 순회사역 분야가 확대되었다. 순회 진료에 총 119일을 썼는데 환자 1,200명을 치료하였다. 대부분 무료 진료였다. 공주에서는 5천여 명을 치료하였는데 그 중 30%가 무료였다. 나머지 유료 환자도 아주 염가로 치료해 주었다."[162]

이런 식으로 지역사회에서 공주선교부 안의 시약소는 '돈 없어도 치료를 받을 수 있는 곳'으로 알려졌다. 이렇게 제대로 시설을 갖춘 병원 없이도 공주에 와서 의료선교사역을 성공적으로 추진했던 파운드는 1926년 12월 안식년 휴가를 받아 캐나다로 귀국했다.[163] 파운드는 휴가를 마치고 1928년 4월 돌아왔지만 6월에 열린 미감리회 연회에서 그를 서울 세브란스병원 및 세브

160) C.C. Amendt, "Kongju District," *MEC* 1925, 124.
161) C.C. Amendt, "Kongju District," *MEC* 1926, 220.
162) Norman Found, "Kongju Christian Dispensary," *MEC* 1926, 250.
163) "Notes and Personals," *KMF* Jan. 1927, 22.

란스의학교로 파송하였다.[164] 파운드는 서울 세브란스병원으로 자리를 옮긴 후 방학 때나 시간적 여유가 있을 때 공주에 내려와 보딩의 순회 진료사역을 돕기도 했지만 그 효과는 전만 같지 못했다. 선교회에서는 파운드를 대신하여 다른 의료선교사를 파송하지 못했다. 공주 시약소에서 일하던 한국인 의사도 선교비 보조가 끊어지면서 다른 곳으로 떠났다. 다행히 간호사 보딩이 1927년 총독부에서 실시하는 국가의사고시에 합격하여 진료를 계속할 수 있었지만[165] 서양인 여자 의사가 치료하는 시약소에 남자 환자들이 잘 오지 않았다. 공주선교부의 의료사역이 또다시 중단될 위기에 처했다.

이런 위기 상황에서 공주 의료선교의 불씨를 살린 인물은 선교사가 아닌 한국인 의사 양재순이었다. 영명학교 졸업반 때 공주 3·1만세운동에 참가하여 6개월 옥고를 치른 양재순은 윌리엄즈의 추천을 받아 서울 연희전문학교를 거쳐 세브란스의학교에서 의학을 공부하고 1925년 국가의사고시에 합격하여 의사가 되었다. 이후 함흥과 군산의 선교부 병원에서 근무하다가 공주선교부 의료사역이 중단될 위기에 처했다는 소식을 듣고 1927년 3월 고향으로 돌아와 '무보수'로 공주선교부 의료사역을 담당하였다.[166] 다음은 이에 대하여 1927년 6월 연회에 제출한 공주 시약소 선교보고다.

> "공주 출신의 기독 청년 양 박사가 지난 3월 중순부터 의료사역을 맡아 하고 있다. 그는 독립적으로 일하지만 선교부 위원회에 사역을 보고해야 한다. 그는 4백 원 가치의 의약품 외에 시약소 건물과 시설을 사용할 수 있는 대신 가능한 한 무료 진료를 해야 하고 돈이 없어서 치료를 받지 못하는 환자들이 없도록 해야 한다. 특별 선교비 3백 달러가 와서 보딩과 양 박사에게 반씩 나누어 지급했다. 보딩은 간호사 한 사람을 1주일에 몇 시간씩 양 박사에게 보내 주어 일을 돕게 했다. 나머지 일은 순조롭게 잘 진행되었다. 그 결과 양 박사는 4개월 동안 환자 700명을 1,500회 진료하였는데 그 중 5분의 1은 무료 진료였다."[167]

---

164) "Notes and Personals," *KMF* Apr. 1928, 88; *MEC* 1928, 38.
165) "Station Brevities," *KMF* May 1927, 109.
166) *ARBF* 1926, 159; C.C. Amendt, "Report of Kongju and Hongsung District," *MEC* 1927, 321.
167) "Kongju Christian Dispensary," *MEC* 1927, 334.

양재순은 공주선교부에서 고용한 의사는 아니었다. 그래서 선교부에서 월급을 받지 않는 대신 시약소 공간과 시설, 의약품을 사용할 수 있었다. 공주선교부는 양재순에게 시약소를 맡기면서 가급적 '무료 진료' 전통을 지켜줄 것을 요구하였다. 양재순도 이에 동의하여 처음 4개월 진료한 1,500회 가운데 25%가 무료 진료였다. 공주선교사들에게 '빚을 졌다' 생각했던 양재순은 '무료' 봉사와 '무료' 진료로 중단될 위기의 선교사역을 되살려냈다. 그러나 양재순의 공주 시약소 사역은 1년 정도밖에 지속되지 못했다. 안식년 휴가를 마치고 공주로 돌아올 것으로 예상했던 파운드가 1928년 10월 연회에서 서울 세브란스병원으로 파송을 받자 공주선교부는 병원 건립이나 사역에 대한 계획을 접고 보딩의 아동보건사역에 역량을 집중하기로 했다.[168] 이로써 간헐적으로 이어져 내려오던 공주선교부의 의료선교사역은 종지부를 찍었다. 이후 더 이상 공주에는 의료선교사가 파송되지 않았다. 이런 상황에서 양재순은 공주를 떠나지 않았다. 선교부가 중단한 의료선교 전통을 자신이라도 지켜야 하겠다는 신념에서 개인적으로 '공제의원'(公濟醫院)을 설립했다. 1930년 1월 양재순이 공제의원을 공주 시내 본정(本町)에 영명학교 동창 강윤이 지어준 새 건물로 옮기면서 실시한 기념행사를 「동아일보」가 보도했다.

> "충남 공주 본정(本町) 공제의원(公濟醫院)에서는 신축락성 사업으로 본사 공주지국 후원하에 금월 십일로 삼십일까지 본보 구독자를 무료 진찰하고 약갑도 실비로 하며 극빈자에 대하야는 언제든지 무료 치료하야 주기도 한다는데 본보 구독자는 기회를 일치말고 리용하기를 바란다."[169]

공제의원의 '무료 진찰'과 '무료 진료'는 폐쇄된 공주 시약소의 선교정신을 계승한 것이자 이후 1986년 은퇴하기까지 양재순이 고수했던 기독교 박애정신의 구현이었다. 그렇게 양재순은 선교사들이 시작한 의료선교 전통을 이어받아 '의료선교사'처럼 공주지역사회를 위해 봉사하였다.

---

168) C.C. Ament, "Kongju and Hongsung District," *MEC* 1928, 46.
169) "本報 購讀者 優待," 「東亞日報」1930.1.11.

5.4 여성사역

공주선교부의 여성사역은 남성의 경우처럼 복음전도와 교육선교 · 의료선교, 세 분야에서 이루어졌는데 마지막 의료선교는 사회복지사역의 성격까지 포함하였다. 이런 여성사역은 미감리회 여성해외선교회 소속의 '독신' 여선교사들이 주도하였지만 미감리회 해외선교부 소속의 선교사 부인들도 시간을 내서 적극 도와주었다. 그래서 공주선교부 소속으로 사역하는 선교사는 남성보다 여성이 더 많았다. 초창기부터 공주선교부 여성사역을 이끈 주인공은 샤프(사애리시) 부인이었다. 1904년 남편과 함께 공주에 부임해서 남편의 양관 건축을 도우면서 공주와 주변지역 교회들을 순회하며 여성 신도들을 지도하였던 샤프 부인은 전염병에 희생된 남편 시신을 선교부 뒷동산에 묻고 미국으로 돌아갔다가 2년 만에 다시 돌아와 1940년 일제에 의해 강제 출국당하기까지 공주에 머물면서 공주선교부 여성사역을 지휘하였다.

5.4.1 전도부인과 부인사경회

샤프 부인은 1908년 공주로 돌아온 후 교육보다는 복음전도사역에 힘을 기울였다. 샤프 부인의 뒤를 이어 터틀과 샤퍼 · 베어 · 에스티 등 복음전도사역을 위해 공주선교부에 파송된 미혼 여선교사들이 있었으나 대부분 한국에 갓 들어온 신참들이었고 공주에서 몇 년 동안 어학공부와 선교지 적응 훈련을 마친 후에는 서울과 다른 지방으로 파송을 받아 떠났다. 따라서 공주지역 여성 복음전도사역은 전적으로 샤프 부인의 몫이 되었다. 복음전도사역에서 샤프 부인이 강조한 것은 순회여행과 전도부인 양성과 훈련이었다. 그는 공주지역 남녀 교인들로부터 '감독부인'(lady bishop)이란 칭호를 받을 만큼 권위와 지도력이 풍부했다. 같은 지방에서 함께 사역했던 스웨어러는 샤프 부인의 지도력을 이렇게 증언(1912)하였다.

> "샤프 부인의 순회여행 능력은 우리가 도저히 따를 수 없다. 지방 어느 교회를 찾아 가든 부인들은 샤프 부인에 대해 이야기하면서 자신들을 방문해서 얼마나 좋았는지, 곧 다시 뵙고 싶다고들 이야기한다. 그는 마치 어디서든 동시에 나타나는 '편재'(遍在, ubiquitious)와 같

은 존재로 여겨진다. 그를 셋으로 나누어 세 지방에 각기 보낸다면 똑같은 성과가 세 곳에서 나타날 것이다."[170]

그는 혼자 다니기도 했지만 그보다는 전도부인들과 함께 다니기를 좋아했다. 그는 전도부인들과 함께 전도여행을 하면서 현장에서 훈련시켰다. 그에게 훈련을 받은 전도부인들의 희생적이고 헌신적인 활동은 선교사들을 감동시키기에 충분하였다. 다음은 샤프 부인이 소개한(1910) 전도부인 조안나의 활약이다.

"조안나는 작년[1909]부터 전도부인 일을 시작했는데 참으로 신실한 사역자이다. 그녀는 교인이 된 후 참으로 많은 고난을 겪었다. 그가 사는 마을 사람들은 모두 그의 친척들이었다. 그녀가 주님께 헌신하기로 결심하자 친척들은 수군거리며 말하기를 분명히 머리 자른 사람들, 즉 교회 부속학교의 남자 선생들을 따라서 버선발로 도망칠 것이라고 하였다. 그녀 집에서 예배를 드리기 시작하자 그들은 몽둥이를 들고 와서 문과 창을 부쉈다. 하지만 주님께서 그들의 손을 묶어 놓아 그녀는 아무런 해도 입지 않았다고 한다. 지금 그들은 그녀를 존경하고 있으며 몇몇 사람은 교인이 되었다."[171]

전도부인의 신앙과 헌신은 선교사들에게 귀감이 되기도 했다. 1908년 샤프 부인과 같이 공주선교부에 파송을 받았던 케이블 부인이 소개하는 고씨 애니(Annie) 부인 이야기다.

"그녀는 자기 집에 있을 때 베드로처럼 사다리를 만들어 매일 밤 지붕 위에 올라가 주님께 기도하는 조용한 시간을 가졌다고 한다. 그가 공주에 머물 때도 매일 밤 혼자 교회에 가서 기도하였다. 특히 어려운 일이나 시험이 있을 때는 몇 번이고 예배당에 올라가 기도하였다. 그는 기도에 많은 시간을 썼는데 그것은 사역 결과로 나타났다. 주님께서는 그의 사역을 축복하시어 놀라운 일들이 나타났고 많은 영혼을 그에게 맡겨 주셨다."[172]

케이블 부인이 극찬했던 고씨 부인은 1910년 봄 지방순회 중 별세하였다.

---

170) W.C. Swearer, "Kong-Ju West District," *MEC* 1912, 42.
171) Alice H. Sharp, "Evangelistic Work on Kong-Ju Districts," *KWC* 1910, 80.
172) Myrtle E. Cable, "East Kongju District and City Evangelistic Work," *KWC* 1910, 82-83.

역시 1908년 공주선교부에 파송을 받은 밴 버스커크 부인도 지방 여행 때 동행했던 전도부인의 신앙과 헌신에 감격하였다.

> "나와 함께 일하는 전도부인 신내(Sinai)가 전도하는 모습은 내게 계시와도 같다. 신내의 마음속에는 오직 한 가지, 자기 백성을 믿음으로 이끄는 것밖에는 없다. 우리가 다른 일을 부탁하면 짜증을 낼 정도다. 시골 부인들이 우리 서양인에 대해서, 우리가 입고 있는 옷에 대해서 질문을 하면 아주 짧게 응대하고는 이내 사람들의 모든 관심을 중요한 말씀으로 돌려놓는다. 전도부인과 함께 지내는 것이 내게 아주 불만인 때도 있는데 그것은 전도부인이 자기 하고 싶은 말을 자유자재로 하는 것에 비해 나는 영어로도 내 생각을 제대로 표현할 수 없기 때문이다. 하지만 내가 언젠가는 그가 하는 말을 충분히 이해할 수 있는 날이 올 것으로 기대한다."[173)]

샤프 부인은 전도부인 양성과 훈련을 위해 매년 여름 공주지방에 속한 전도부인 사경회를 열고 성경과 전도법, 부인 위생 등을 가르쳤다.[174)] 그리고 겨울에는 지방 내 교회여성들을 대상으로 부인사경회를 개최하였다. 샤프 부인은 사경회에 참석하는 여성들에게 성경뿐 아니라 한글 공부도 시켰다. 지방의 높은 '여성 문맹률'이 복음전도에 장애가 된다고 파악했기 때문이다.

> "공주지역 두 지방에 있는 여성들은 문맹률이 대단히 높다. 대부분 여성들은 교인이 되고 나서야 글을 읽을 수 있게 된다. 글을 깨친 후에는 지방사경회에 참석해서 여러 가지 지식을 얻게 된다. 우리는 가까운 장래에 공주에 부인들을 가르칠 수 있는 기관이 생겨나 이곳에서 훈련받은 여성들이 지방으로 나가 배우지 못한 부인들에게 글과 성경을 가르칠 수 있기를 기대한다."[175)]

그렇게 사경회에 참석해서 한글을 깨친 부인들은 성경을 읽고 배우면서 생각과 행동이 변화하였다. 깨우치고 변화시키는 것이 선교사역의 목표였다. 그런 변화가 선교사들을 감동시켰다.

---

173) Mrs. James D. Van Buskirk, "Evangelistic Work in Kong Ju City," *KMF* Jul. 1912, 221.
174) Alice H. Sharp, "Kong-Ju Evangelistic Work and Day Schools," *KWC* 1911, 83-88.
175) Alice H. Sharp, "Evangelistic Works and Day Schools on Kong Ju East and West Districts," *KWC* 1913, 26.

"지방사경회에 참석한 노부인이 특별한 주목을 끌었다. 그녀는 믿은 지 얼마 되지 않았는데 사경회가 끝난 후에도 한글 공부에 열심이었고 놀라울 정도로 기독교 교리를 이해하는 것 같았다. 그에게 '예수님이 세상에 왜 오셨느냐'고 물었더니 '한국 사람들을 구원하러 오셨다'고 답했다. 이보다 더 훌륭한 대답이 어디 있겠는가. '하나님에 대해 배운 것이 무엇인지, 하나님의 창조적 능력이 그에게 어떻게 임했는지' 물으면, '그야 물론 당신들이 우리를 바꿔 놓은 것이다. 당신들이 오기 전까지 우리는 아무 것도 알지 못했는데 지금 우리는 새 사람이 되었다. 그러니 돌아가지 말고 계속 와서 우리를 가르쳐 달라'고 한다. 지방여행이 힘든 것이긴 하지만 이런 말을 들을 때 힘을 얻는다."[176]

이처럼 매년 겨울에 실시하는 연합사경회는 지방 여성들에게 '신앙축제'였다. 초기에는 1백 명 미만이 참석했으나 1917년에 이르러 3백 명이 넘는 부인들이 '1백 리 길, 2백 리 길을 걸어서' 참석했다.[177] 그렇게 사경회와 교회 예배에 참석해서 신앙이 자란 부인들은 그 성숙한 신앙을 희생과 헌신으로 표하였다. 그것은 교회의 '자급'(自給)으로 이어졌다. 샤프 부인은 1925년 공주교회가 남녀 목회자 생활비를 모두 대는 '자급교회'가 되었음을 보고하면서 그 과정에서 여성교인의 역할이 큰 몫을 차지하였음을 밝혔다.

"공주교회는 자립하게 되었다. 교인들은 자기 목회자 생활비를 이미 오래 전부터 부담하고 있으며 금년부터는 전도부인 생활비도 대고 있다. 1년 전 부자 교인 한 명이 죽었다. 그녀는 자기 소유로 된 땅이 있었다. 그녀의 남편은 부인이 죽은 후 목사를 찾아와 전도부인 생활비를 부담하겠다고 하였다. 그래서 지금 전도부인 사라를 전도부인이 없는 곳에 파송해서 전도하고 있다. 늦었지만 충청도에서 이처럼 여성 사역자를 자부담하는 현상이 일어난 것이 참으로 다행이다."[178]

샤프 부인이 언급한 '부자 교인'은 1924년 별세한 지루두(池累斗)였다. 그는 죽기 전에 남편에게 "내 몫으로 된 토지를 교회에 바쳐 전도부인 생활비로 쓰게 하라"는 유언을 남겼다. 그의 유언대로 부인의 유산을 교회에 바친 남편이 바로 양재순의 아버지 양두현이었다. 양두현은 이미 영명학교에 '시가

176) Mrs. W.C. Swearer, "Kong Ju Day School and Evangelistic Work," *KWC* 1913, 31.
177) Blanche Bair, "Evangelistic and Educational Work Kongju East District," *KWC* 1917, 38.
178) Alice H. Sharp, "Kongju, Chunan and Hongsung Districts," *KWC* 1925, 16.

3백 원 상당'의 토지를 헌납한 경력이 있었다. 이처럼 부인의 신앙이 남편을 감동시켜 교회의 자립을 일궈낸 것이다. 그렇게 샤프 부인이 지휘한 공주지방 여성선교는 결실을 맺고 있었다.

5.4.2 영명여학교

공주선교부의 여성교육 사역은 선교부 안의 영명여학교를 중심으로 하여 전개되었다. 이미 앞서 살펴보았듯이 공주에서 첫 여학교는 1904년 샤프 부인과 함께 공주에 온 전도부인 허조세핀에 의해 시작되었다. 그때 이름은 '명선여학교'였다. 샤프 부인이 1906년 공주를 떠난 후에는 스웨어러 부인이 맡았다가 1908년 샤프 부인이 다시 나오면서 그가 책임을 지게 되었다. 샤프 부인은 영명여학교를 과거 자신이 근무했던 서울 이화학당과 연계해서 운영했다. 미감리회 여성해외선교회가 최종 책임을 지는 이화학당의 '지교'(支校) 형태를 취한 것이다. 그런 맥락에서 이화학당 졸업생들을 교사로 초빙해 왔고 공주에서 초등과정을 마친 학생들은 서울 이화학당으로 올려보내 고등과 교육을 받도록 하였다. 스웨어러 부인은 1911년 영명여학교를 이렇게 소개했다.

> "[1911년] 봄에는 여학생 몇 명을 우리 집으로 데려와서 음악과 야외 체조를 가르쳤다. 여학생들이 체조를 배운 것은 처음 있는 일이었다. 처음에는 엉망이었으나 꾸준히 배워서 방학 날에는 놀라울 정도로 멋있는 기술을 선보였다. 이화학당 출신 교사는 학생들에게 '5월 기둥'(May-pole) 무용도 가르쳤다. 그들은 교인과 부모들이 보는 앞에서 공연을 했는데 참관자들은 모두 '재미'(chammy) 있었다고 하였다. 작년에 초등과정을 마친 학생 5명이 이화학당 교사들로부터 수료증을 받았다."[179]

1911년 당시 영명여학교에는 60명 학생이 재학 중이었다. 그런데 '한일합병' 이후 시설이 좋은 공립보통학교가 공주에 설립되면서 학생들이 대거 그리로 빠져나갔다. 샤프 부인은 그 점을 우려하였다.

> "지금 우리 앞에 놓여 있는 과제는 과연 우리가 학생들을 계속 붙들어 둘 수 있는가 하는

179) Mrs. W.C. Swearer, "Kong-Ju Girl's Day School," *KWC* 1911, 92-93.

점이다. 일본에서 공주에 공립학교를 두 개 개설했다. 그 학교에 다니는 남학생들은 우리 학교에 다니는 자기 누이들을 자기 학교로 데려가려고 한다. 어린 학생들은 가려 하지 않았지만 그들의 의지와 관계없이 과연 우리에게 남아 있을까 걱정이 된다. 학생들을 붙잡아 둘 수 있는 방안을 찾아야 한다."[180]

위기를 극복하는 길은 교육시설을 확충하고 실력있는 교사를 초빙해 오는 것이었다. 이를 위해 샤프 부인은 새 교사(校舍) 건축을 서둘러 단층 벽돌건물을 짓고 1911년 9월 입주하였다. 그리고 공주지역사회에서 신망을 얻고 있던 한문교사를 학교에 붙들어두기 위해 샤프 부인은 서울에 올라가 이화학당 졸업생 엘라(Ella)를 신부감으로 데리고 왔다.[181] 그렇게 해서 둘은 결혼하였는데 그 결과는 아주 좋았다. 다음은 이들 부부가 지도한 영명여학교 졸업식 장면이다.

"여학교는 이화에서 온 학생교사 엘라와 그 남편 이씨 지도하에 잘 운영되고 있다. 새로 지은 교사가 손을 볼 곳이 많고 벌써 교실이 비좁게 되었지만 학교에 대한 관심은 계속 높아지고 있다. 테일러 부인이 성경과 영어를 가르치고 있다. 3월에 학생 6명이 처음으로 졸업했는데 우리 모두 자랑스럽게 여기는 학생들이다. 졸업생 중 3명은 이화로 진학했다. 졸업식은 성대하게 진행되었다. 졸업생 한 명이 일본어로 유창하게 연설해서 참석자, 특히 일본인 참관자들을 놀라게 했다."[182]

샤프 부인의 지도력과 유능한 부부 교사의 헌신으로 영명여학교는 공립학교와 경쟁해서 뒤지지 않는 학교로 발전하였다. 그리하여 1916년에 이르러 영명학교는 정규 교사 3명, 자원 교사 수 명이 학생 72명을 가르치는 수준이 되었다.[183] 영명여학교는 1916년 발표된 「개정 사립학교 규칙」으로 또 한 번 위기를 맞았다. 이때도 샤프 부인은 안식년 휴가로 귀국했을 때 만난 오아이

180) Alice H. Sharp, "Evangelistic Work and Country Schools in Kong-Ju District," *KWC* 1912, 58-59.
181) Olga P. Shaffer, "Kong Ju Day School," *KWC* 1912, 62-63.
182) Mrs. W.C. Swearer, "Kong Ju Day School and Evangelistic Work," *KWC* 1913, 32.
183) Blanche Bair, "Evangelistic Work and Day Schools on Kongju East and West Districts," *KWC* 1916, 25-30.

오의 '76세 노인' 사라 영(Sarah Young) 부인이 보내온 기금으로 교실을 대폭 증축하여 시설을 확충하였고 그에 맞추어 학생 수도 85명으로 증가하였다. 그리고 '부부 교사'의 제안으로 가난한 고학생 20명으로 야학교도 시작하였다.[184] 샤프 부인의 여학교 사역을 돕던 스웨어러 부인이 1916년 남편의 질병 때문에 귀국했다가 남편 별세 후 1917년 다시 나와 학교 일을 전적으로 맡아 하게 된 것이 샤프 부인으로서는 큰 힘이 되었다.

1919년 3·1만세운동 때 영명여학교 교사와 학생들이 대거 시위에 참가하고 체포되어 옥고를 치른 것이 학교에 위기가 되기도 했지만 샤프 부인과 스웨어러 부인의 지도력으로 잘 극복하였고 1927년 영명여학교는 소학교로 총독부 인가를 취득하였다.[185] 남자 영명학교가 그러하였듯, 영명여학교도 공주 지역사회에 시대가 바뀌었음을 보여주는 '변화와 개혁'의 상징이었다. 스웨어러 부인은 영명여학교 학생운동회를 그 예로 들었다.

> "한국사회에 큰 변화는 여학생들이 체육을 하게 된 것이다. 긴 치마를 입고 다니던 시절을 기억하고 있는 사람들은 여학생들이 짧은 스커트를 입고 운동장에서 정구를 치는 모습을 놀랍고도 신기하게 보고 있다. 우리 여학생들은 구경꾼들의 시선을 사로잡았고 그들을 열광에 빠뜨렸으며 또한 부러워하게 만들었다."[186]

이렇듯 공주선교부 여선교사들이 추진한 교육선교는 공주지역 교인뿐 아니라 일반사회의 여성에 대한 인식을 바꾸어 놓았다. 여성은 더 이상 '격리와 굴종'의 대상이 아니었다. 자율적이고 자주적인 인격체로서 남성과 동등한 권리와 역할을 감당하게 되었다. 이런 공주지방 여성사회의 변화를 이끌어낸 샤프 부인의 공로를 기려 1932년 4월, 공주 영명학교에서 '충남교육계 공로자 사애리시 갑연(甲宴)'이 성대하게 거행되었고[187] 1938년 9월 2일에는 공주교회 여성 신도들과 영명여학교 동창생들의 모금으로 '사애리시선교기념

---

184) Mrs. Alice Sharp, "Evangelistic Work and Day Schools on Kongju West District," *KWC* 1917, 49.

185) C.C. Ament "Kongju," *Korea Missions Year* Book, 51.

186) Lillian M. Swearer, "Kongju School Report," *KWC* 1929, 18-19.

187) "忠南教育界 功勞者 史愛理施氏甲宴 성대한 축하회 개최," 「每日申報」1932.4.12.

비'(史愛理施宣教紀念碑)가 영명여학교 언덕에 건립되었다.[188] 이런 축하연과 기념비는 샤프 부인의 38년 헌신에 대한 공주지역 교회와 사회의 감사 표현이었다. 이에 응하여 샤프 부인은 1939년 8월 정년 은퇴를 앞두고 그동안 소장해 왔던 희귀장서 일체를 서울 이화여자전문학교 도서관에 기증하였다.[189] 자신의 모든 것을 한국에 바치고자 했던 샤프 부인은 정년 은퇴 후에도 공주에 남아서 일하다가 '남편 곁에' 묻히기를 원했지만 1940년 11월 일제에 의해 강제 출국 당했다.

5.4.3 공주중앙영아원

앞서 언급하였듯이 공주선교부의 여성 의료사역은 1922년 간호사 보딩이 들어오면서 시작되었다. 보딩의 의료사역은 파운드의 공주 시약소 사역을 돕는 것으로 출발하여 출장 시약소 중심의 순회 진료사역, 기독교 학교 학생진료 등으로 발전하였다. 그러나 파운드가 공주를 떠나고 공주 시약소가 문을 닫게 되면서 보딩의 의료사역은 성격과 내용을 달리하여 오히려 확장·발전하였다. 곧 아동복지 및 공중보건사업(Infant Welfare and Public Health Work)이었다.[190] 서울과 평양·개성·원산·춘천 등 다른 지역의 여선교부에서도 이런 종류의 사역을 추진한 적은 있지만 공주에서만큼 조직적이고 종합적으로, 꾸준하게 진행된 곳은 없었다. 그 결과 일제강점기 공주영아원은 영명학교와 함께 공주선교부의 대표적인 사회선교 기관으로 알려지게 되었다.

보딩은 공주에 부임하여 파운드와 함께 공주 시약소 및 출장 시약소 순회 사역을 하면서 자연스럽게 아이들을 키우는 부녀자들을 접촉하였다. 그런 식으로 보딩이 1924-25년 1년 동안 공주 시약소에서 진료한 5,532명이었는데 대부분 부녀자와 아동이었다. 그 과정에서 보딩은 열악한 보건환경과 영양부족으로 농촌지역 영유아 사망률이 40%에 달한다는 것을 알았다. 보딩의 1925년 선교보고다.

---

188) "史愛理施女史 宣教記念碑除幕式," 「동아일보」1938.9.5.
189) "The Protestant Church in Chosen," *KMF* Jul. 1939 153.
190) M.P. Bording, "Public Health and Infant Welfare Centers Kongju," *Fifty Years of Light*, 72-74.

"우리 공주지방 아기들에게 시급히 필요한 것은 청결한 환경과 영양분 있는 음식 공급, 그리고 교육받은 어머니와 의료 혜택이다. 바로 지난 달 두 아기가 우리 시약소에 실려 왔는데 한약에 중독되어 거의 죽은 상태였다. 지금 그 아기들은 깨끗하게 나았는데 그 아기 아버지들이 먼저 죽었기 때문에 가능한 일이었다. 그 어머니들이 남편도 우리에게 일찍 데려왔더라면 살아날 수 있었는데 독약을 먹고 자살하도록 내버려 둔 결과이다. 아기 어머니들은 아기가 살아난 것만도 감사해서 우리를 찾아와 더 가르쳐 달라고 요구하였다."[191]

아기를 키우는 부녀자 교육이 시급하였다. 간호학을 전공한 보딩은 '위생과 섭생'이 아동보건의 핵심인 것을 깨닫고 어린 아기를 둔 교회 부인들을 상대로 계몽교육을 시작하였다. 그리고 공주 시약소에 정기적으로 아기를 데려와 건강과 보건 상태를 점검하고 질병을 예방하는 프로그램을 시작하였다. 그렇게 해서 보딩은 1924년 1월 자원하는 교인 자녀 8명으로 아동보건사업을 시작하였다.[192] 반응이 좋아 1년 사이에 참가 아동이 80명으로 늘어났다. 1925년 5월에는 공주에서 처음으로 '우량아 선발대회'도 실시하였다. 그것은 연례행사가 되었다. 그리고 주기적으로 부녀자를 대상으로 아동보건과 양육에 관한 계몽강좌를 실시하였다. 보딩의 아동보건사업은 지역사회로부터 큰 호응을 얻었다. 소문을 듣고 공주뿐 아니라 인근 지역의 불신자 가정에서도 아기를 데리고 찾아왔다. 이에 공주 시약소 공간이 비좁게 되었고 늘어나는 사업을 제대로 추진할 수 있는 보다 넓고 깨끗한 건물이 필요했다. 보딩의 바람은 곧바로 이루어졌다.

"아기들 숫자는 계속 늘어나 시약소의 4×8피트짜리 방에서는 도저히 감당할 수 없는 수준이 되었다. 1925년 봄 어느 날, 우리 시약소 직원들과 함께 아침 기도회를 마친 후 건물 문제를 갖고 토론하다가 마태복음 18장 19절 말씀에[193] 의지하여 주님께 기도하기로 결정하였다. 그 때부터 나와 전도부인, 그리고 간호사 두 명이 매주 한 차례 모여 필요한 건물을 위해 기도하기 시작했다. 그리고 얼마 후 우리의 계획을 담은 지원요청서를 미감리회 여성해

191) Maren P. Bording, "Kongju Medical Work," *KWC* 1925, 21.

192) C.C. Ament, "Kongju," *Korea Missions Year Book,* 52; M.P. Bording, "Infant Welfare and Public Health Work in Kongju," *KMF* Mar. 1928, 52.

193) "너희 중에 두 사람이 땅에서 합심하여 무엇이든지 구하면 하늘에 계신 내 아버지께서 그들을 위하여 이루게 하시리라."

외선교부에 제출했다. 여름 동안 우리는 이를 위해 특별기도회를 가졌다. 그리고 9월 25일 어느 날, 여성해외선교회에서 우리 제안서를 검토하기도 전에, 한 부인으로부터 편지를 받았는데 미국의 어떤 노신사(an elderly gentleman)가 필요한 건축비를 보내주겠다고 약속했다는 내용이었다. 그 날 우리 기도회는 찬양과 감사 기도회로 바뀌었다."[194]

보딩의 표현대로 "특별한 기도에 특별한 응답"(special answer to special prayer)이었다.[195] 그렇게 자금이 확보되자 공주 시약소는 2주간에 걸쳐 대대적인 확장공사를 하였다. 보딩의 아동보건 사역 공간이 확보되었을 뿐 아니라 파운드의 진료 공간도 대폭 확장되었다. 파운드와 보딩은 병원에 버금가는 시설에서 1년 동안 5천여 명을 진료하였다. 공주에 병원이 필요하다는 남성선교부의 오랜 숙원을 여성선교부에서 풀어준 셈이다. 이때부터 보딩은 본격적으로 아동보건 및 복지사업을 시작했다. 보딩의 아동보건사업에 참여하는 숫자도 늘어나 매달 시약소에 와서 건강을 체크하는 아동이 1백 명을 넘겼다. 시설이 마련되면서 산파 보조사업도 본격적으로 추진했다.[196] 1926년 6월부터 시약소 내에 우유급식소(milk station)를 차리고 본격적인 우유급식사업을 시작하였다. 영명학교 학생들이 우유를 생산·배달한 적은 있었지만 그것은 학자금을 벌기 위한 사업이었고 보딩의 우유급식사업은 빈곤층 아기들에게 무료로 공급하는 복지사업이었다. 보딩의 우유급식사업은 복지를 넘어 구제 차원으로 발전했다. 보딩이 전하는 '가슴 아픈 이야기'다.

"5개월 된 여자 아기가 짚도 깔지 못한 흙집에서 살고 있었는데 어머니는 일용 노동자로서 먹일 것이 없었다. 그래서 아기에게 먹이라고 우유를 보내주었다. 그런데도 아기가 계속 몸이 줄어들며 설사까지 해서 사정을 알아보니 어머니는 그 우유를 다른 아이들에게 먹이고 있었다. 내가 '그렇게 하면 안 된다'고 하자 그 어머니는 나를 한참 쳐다보더니 '먹을 것이 없는 나머지 우리 식구들이 어떻게 살아가는지 아세요? 내가 이 아이를 살려두기 위해서 얼마나 애쓰는지 아세요?' 하였다. 나는 할 말이 없었다. 기껏해야 '몰라요, 당신이 이 아이의 어머니라는 사실, 그래서 하나님께서 이 예쁜 아기를 당신에게 맡기셨다는 사실밖에는

194) Maren P. Bording, "Kongju Union Medical Work," *KWC* 1926, 21.
195) M.P. Bording, "Infant Welfare and Public Health Work in Kongju," *KMF* Mar. 1928, 52.
196) Maren P. Bording, "Kongju Union Medical Work," *KWC* 1926, 21-22.

몰라요' 할 뿐이었다. 그 아기는 참으로 예뻤다. 누군가 이 아기를 책임지고 먹일 수 있는 독지가가 나오길 기도할 뿐이다."[197]

이런 보딩의 아동보건 사역에 대한 공주지역 교회와 일반사회의 관심이 높아질 것은 당연했다. 그러면서 사업의 규모와 내용도 계속 확장되었다. 1926년 증축공사를 하였지만 늘어난 사업 때문에 공간은 다시 좁아졌다. 이에 보딩은 기존의 시약소 건물을 헐고 2층짜리 서양식 벽돌 건물을 새로 지은 후 1930년 4월 1일 봉헌식을 하면서 '공주중앙영아관'(公州中央嬰兒館)이란 간판을 내걸었다.[198] 이후 중앙영아관 사역은 ① 아동보건(baby clinic), ② 임산부와 조산원(prenatal and midwifery care), ③ 우유급식(milk station), ④ 탁아소(day nursery school), ⑤ 자모회(mothers association), ⑥ 간호사 훈련(post-graduate course) 사업을 중심으로 추진되었다.[199] 다음은 보딩이 1934년 4월 감리교 중부연회에 보고한 중앙영아관 '1년 사업' 내용이다.[200]

① 어린 아이 건강 진찰한 일수 128, 2) 계속적으로 온 영아수 2,064, ③ 영아 치료한 수 661, ④ 약 공급한 수 423, ⑤ 위생 강연한 수 75, ⑥ 목욕시킨 수 2,628, ⑦ 대소변 검사한 수 129, ⑧ 우유공급한 인수 179, ⑨ 우유 준비한 병수 64,666, ⑩ 육아원에 소용된 육아수 33, ⑪ 육아원에 수용된 일수(평균 11일) 3,676, ⑫ 임산부 진찰한 수 67, ⑬ 산파가 조산시킨 수(공주 대전 유구) 52, ⑭ 방문한 수 1,622, ⑮ 학교 위생 강연한 수 125, ⑯ 학교 건강 진찰한 수 125, ⑰ 종두한 수 57, ⑱ 1년간 간호원 실습생 수 3.

그 해(1934) 1월 29일 공주지역 교인들은 보딩의 아동보건 사역 10주년을 기념하여 그에게 감사 표창을 하였다.[201] 이처럼 공주에서 아동복지 및 공중보건사업을 성공적으로 정착시킨 보딩은 그 사업 영역을 대전으로 확장하였다. 즉 1932년부터 충남 도청소재지가 된 대전지역 인구가 급증함에 따라 보딩은

197) "Station Brevities," *KMF* May 1932, 103.
198) "公州의 中央嬰兒館 新築落成," 「每日申報」1930.4.16.
199) M.P. Bording, "Public Health and Infant Welfare Centers Kongju," *Fifty Years of Light*, 73-74.
200) "공주중앙영아관 보고," 「기독교조선감리회 중부연회 회록」(1934), 122-123.
201) "異國의 慈母 美人宣教師 保雅鎭孃表彰," 「東亞日報」1934.1.31.

1935년 대전에도 영아관을 설립하고 아동보건과 우유급식, 탁아소 사업을 시작하였다.[202] 그 때부터 보딩의 사역은 공주와 대전을 오가며 진행되었다.

이런 보딩의 사역은 공주지방 감리사의 보고를 통해 매년 연회에 소개되었다. 즉 1935년 연회에서 공주지방 감리사 김응태 목사는 "여선교사 보아진 씨는 공주와 대전에다 영아관을 설치하고 2,264명 아동에게 보건 진찰을 실행하엿스며 71,167병의 우유를 영아들에게 공급하엿사오며 37명의 영아를 양육하야 일반 인민들에게까지 사회사업으로 막대한 영행을 주엇나이다."[203] 라고 보고 하였다. 그는 2년 후 1937년 연회에서 "여선교사의 사업으로 공주와 대전에 영아관을 설치하고 영아 공중위생사업을 시행하옵는데 1년간 보건 진찰을 받은 아동수가 1,121명이오 우유를 공급한 숫자가 46,743병이오 산파가 조산한 아동수가 93명이오 양육을 받은 아동수가 20여 명에 달하게 되므로 일반 인민의게까지 사회사업으로 막대한 영향을 주었나이다."[204] 1939년 연회에서도 "지방 여선교사 보아진 씨의 주선과 활동으로 공주읍과 대전에 영아관을 설치하고 영아 공중위생과 영아 보건사업을 시행하옵는대 1년간에 보건 진찰을 받은 아동수가 1,182명이오 우유를 공급한 수가 66,812병이오 산파가 조산(助産)한 아동수가 59명이오 양육을 받은 아동수가 31명이외다. 여차(如此)히 일반사회에까지 막대한 영향을 주나이다."[205]

이렇듯 공주지방 감리사의 보고 속에 지속적으로 나오는 "일반인민, 일반사회에게까지 사회사업으로 막대한 영향을 주었나이다"는 표현에서 보딩을 비롯한 공주선교부 선교사들의 사역에 대한 한국교회의 찬사 어린 평가를 읽을 수 있다. 감리사의 표현대로 선교사들의 사역은 교회와 선교부 경계를 넘어 일반 지역사회로 확산되었고 그 효과는 지역사회와 일반주민의 인식과 삶의 변화로 나타났다.

1907년 내한해서 15년 동안 공주선교부에 소속되어 복음전도사역을 담당

---

202) Maren P. Bording, "Kongju and Taiden Infant Welfare," *KMF* Mar. 1939, 52-53.
203) "공주지방 감리사 김응태씨 보고," 「기독교조선감리회 동부 중부 서부 연합연회 회록」(1935), 145.
204) "공주지방 감리사 김응태씨 보고," 「기독교조선감리회 중부연회회록」(1937), 50.
205) "공주지방 감리사 김응태씨 보고," 「기독교조선감리회 동부 중부 서부 연합연회 회록」(1939), 160.

했던 테일러는 1922년 선교사직을 사임하고 귀국하면서 자신이 경험한 공주지역 선교를 정리하면서 공주지역에서 복음 전파와 교회 설립이 어려운 이유를 다음 세 가지로 들었다.

> "공주와 그 주변 인구는 1백만에 달하는데 서해안과 강가 마을에 인구가 집중되어 있다. 지역 내 수백 개에 달하는 마을과 도읍은 한 시간 안에 모두 통할 수 있다. 이 지역 교회가 자립(self-support)하고 자전(self-propagation)하지 못하게 만드는 장애물은 세 가지다. 즉 높은 문맹률(ignorance)과 극보수주의(ultra-conservatism), 그리고 대단히 빈약한 보통시민과 중산층(very small percent of common and middle class)이다."[206]

테일러는 '양반 고을'로 알려진 공주지역사회가 양반과 지주로 구성된 상위 지배계층과 소작 및 상민으로 구성된 하위 피지배계층으로 이원화되어 있고 이들 두 계층 사이를 중재하고 연결시킬 중간계층 · 중산층이 빈약하여 상하 두 계층이 모두 참여하는 교회를 조직하기 어렵다고 보았다. 사회의 양극화 현상이 복음화의 걸림돌이 되었다는 말이다. 또한 지역주민의 높은 문맹률도 성경 보급이나 복음 전파에 장애물이 되고 있음을 지적했다. 이런 테일러의 분석은 기독교 복음이 우리 사회에 전파되던 선교 초기 봉건적 사회질서와 분위기가 아직도 지배적이었던 상황에서 나온 것이기 때문에 동의할 수 없는 부분도 없지 않다. 하지만 테일러가 한국을 떠난 이후 공주지역에서 전개된 다양한 선교사역의 결과로서 1930년대 공주지역 교회와 사회는 테일러가 우려했던 상황을 극복하고 있었다.

지금까지 살펴본 바, 공주선교부 사역은 ① 복음전도, ② 교육선교, ③ 의료선교, ④ 여성선교, 그리고 ⑤ 사회선교 영역에서 이루어졌다. 영혼구원과 교회설립을 목표로 한 복음전도사역은 공주지방 교회 부흥과 성장으로 연결되었다. 그러면서 기독교인들은 성경과 기독교 전통에서 '자유와 해방' · '평등 인권' 가치를 발견하고 그것을 교회와 사회생활에서 적용, 구현함으로 '수직적'인 가치와 질서를 강조했던 봉건적 사회체제를 '수평적'으로 바꾸어나

206) Corwin Taylor, "That Southern Million," *KMF* May 1922, 104-105.

갔다. 또한 영명 남녀학교를 중심으로 전개된 교육선교는 지역사회의 문맹률을 낮추는 결과 외에 학교에서 서구학문과 기독교 신앙을 체득한 학생과 졸업생들이 사회에 진출하여 지도자로 활약하면서 지역사회의 근대화를 촉진하였다. 그리고 한말과 일제강점기 민족수난 상황에서 영명학교 교사와 학생들이 항일민족저항운동에 적극 참여함으로 공주선교부 안의 남녀학교는 공주지역 민족주의 사회운동의 거점이 되었다.

공주선교부의 의료선교는 제대로 된 병원 시설이 없어 지속적으로 이루어지지는 못했지만 공주선교부의 '무료 진료' 전통은 지역사회에 기독교에 대한 긍정적 인식을 심어주었다. 특히 공주지방 내 10여 곳에 출장 시약소를 차리고 의료선교사들이 '찾아다니며' 치료해 주는 모습은 지역주민들에게 큰 환영을 받았다. 선교사 남편을 먼저 여의고 그 뒤를 이어 공주지역 선교에 헌신한 샤프(사애리시) 부인과 스웨어러(서사덕) 부인 등이 이끈 공주선교부의 여성선교는 그 효과와 의미가 실로 컸다. 우선 봉건적 사회체제에서 '침묵과 굴종'을 요구받았던 여성들이 기독교 복음을 접하면서 의식과 생활의 변화를 체험하였고 선교사들을 도와 복음전도활동에 임했던 전도부인의 지도력은 공주지역 여성사회에 큰 변화를 가져왔다. 영명여학교 교사와 학생들의 민족운동 참여, 여성의식 개발과 실천은 보수적인 공주지역사회 분위기를 바꾸어 놓았고 여성 지도자들의 사회진출을 가능케 만들어 주었다. 그리고 보딩에 의해 추진된 공주중앙영아관의 아동복지 및 공중위생사업은 교회와 기독교 경계를 넘어 일반 불신자 사회에까지 지대한 영향을 미쳤다.

이와 같이 공주선교부 사역은 공주지역사회의 환경과 분위기를 바꾸어 놓았다. 봉건사회의 수직적 질서가 근대적 수평사회로 바뀌었고, 선교사를 통해 유입된 서구 문화와 문명은 공주사회의 근대화를 촉진하였다. 선교사와 기독교회를 통해 소개된 '자유와 평등' 가치는 일제강점기, 식민통치로 인한 민족의 수난 상황에서 공주 기독교인들의 민족계몽, 항일 민족저항운동, 민족주의 사회운동으로 구현되었다. 그리하여 40년 역사의 공주선교부는 한말과 일제강점기 공주지역사회에서 근대화와 민족운동을 촉발하고 촉진한 중요 기반이었다는 평가를 받을 수 있다.

석교교회 설립과 초기 선교역사

석교교회는 1910년 남감리회선교부가 서울에서 다섯 번째로 설립한 교회이다. 역사적으로도 오랜 교회일 뿐 아니라 지리적으로도 일제강점기 한국 감리교회 신학교육 및 목회자 양성의 구심점이었던 협성신학교(감리교신학교) 바로 곁에 위치하고 있어 특별한 의미를 지닌다. 이런 배경에서 석교교회는 일제강점기와 해방 후 역대 목회자와 교인들의 신앙, 그리고 선교사역을 통해 지성(학문)과 영성(경건)의 조화, 그리고 이를 바탕으로 사회선교(실천)를 추구한 '감리교회' 전통을 지켜오고 있다. 이런 신앙전통의 교회임에도 석교교회 역사를 규명하기란 쉽지 않다. 다른 교회들도 같은 형편이지만 석교교회는 일제강점기와 한국전쟁 시기를 거치면서 교회 초창기 역사를 증언할 만한 기본적인 자료를 분실·소실했기 때문이다. 특히 석교교회는 일제 말기인 1944년 '친일적' 성향의 혁신교단에 의해 교회가 폐쇄되고 예배당과 교회부지를 빼앗기는 '아픈' 경험이 있어 역사 복원이 쉽지 않다. 이런 시련과 역경의 역사를 거친 교회이기에 자체 역사를 증언할 만한 기본적인 자료를 교회 내에서 찾지 못할 것은 물론 초기 교회 역사를 증언할 만한 '원로급' 교인들도 많지 않은 실정이다.

이런 상황에서 석교교회 역사를 규명하는 작업은 '교회 밖'의 자료에 도움을 받을 수밖에 없다. 결국 전반적인 한국선교 상황을 담고 있는 남감리회 한국선교부의 연례 선교보고서(1897-1930)와 연회록(1916-1940), 조선남감리회 초기 역사를 집대성한 『조선남감리교회 30년기념보』(1929) 등 자료에 포함된 석교교회에 관한 단편적 기술, 그리고 「기독신보」와 「감리회보」, 「동아일보」 등 일제강점기 언론에 보도된 석교교회 관련 기사를 통해 단편적으로나마 석교교회 역사의 흐름을 파악할 수밖에 없다. 충분한 자료를 확보하지 못한 관계로 석교교회 설립과 초기 역사를 빈틈없이 서술하기는 불가능하지만 그동안 교회 안에서 구전으로 전해오던 교회 창립과 초기 역사와 관련된 정확한 '사실'(fact)을 규명하고 그 '흐름'(stream)을 파악하는 데 도움을 주도록 노력할 것이다.

1. 석교교회 설립

석교교회 역사는 다음 진술에서 출발한다.

> "1910년 5월에 西大門外에서 전도하기 시작하였는데 그것이 흥왕하야 石橋教會가 되다."[1]

1929년 남감리교회 매년회에서 편찬한 『조선남감리교회 30년기념보』에 실린 이 기사를 검증·해석해나가는 것으로 석교교회 설립과 이후 역사에 대한 규명작업을 시작해야 한다. 우선, 이 기사를 통해 확인할 수 있는 것은 석교교회가 1910년 5월에 시작된 남감리회의 '서대문 밖' 전도사역의 결과로 설립된 것이란 점이다. 여기서 서대문 밖 전도와 교회 설립을 주도한 남감리회의 한국과 서울 선교 역사에서 석교교회 설립 배경과 과정을 추적할 수 있다.

1.1 석교교회 설립 배경

미국 남감리회의 한국선교는 미감리회(북감리회)보다 10년 늦은 1895년에 시작되었다. 갑신정변(1884)에 연루되어 해외 망명을 떠났던 윤치호가 중국 상해에서 남감리회선교부가 운영하던 중서서원에서 공부하다가 1887년 세례를 받고 한국인 최초 남감리교인이 된 후 이듬해 미국에 유학, 밴더빌트대학과 에모리대학에서 공부한 후 1895년 2월 귀국하였는데 그는 귀국 직후 미국과 중국의 남감리회선교부에 '한국선교 요청' 서한을 발송하였던 바, 그해 10

1) 양주삼, 『조선남감리교회 30년기념보』(조선남감리교회전도국, 1929), 28.

월 중국에서 활동 중이던 남감리회 감독 헨드릭스와 리드 선교사가 내한하여 선교현장을 둘러보고 한국선교를 결정하였다. 이에 개척 선교사로 임명받은 리드 선교사는 1896년 2월 서울에 와서 남송현(현 한국은행 본점 자리)에 주택을 마련하였는데 그 집은 10년 전에 미감리회 개척선교사로 내한해서 활동하고 있던 스크랜턴 선교사가 주선해준 것이었다. 스크랜턴은 또한 자기 교인 김주현과 김흥순을 리드에게 보내 매서인으로 도와주도록 했다. 이처럼 남감리회의 한국선교는 서울을 거점으로 하여 비교적 순탄하게 시작되었고 그 범위는 고양과 개성 · 원산 · 철원 · 춘천 등지로 확장되었다.

우선 리드는 김흥순 · 김주현 두 전도인을 서울 교외 고양읍에 보내 전도한 결과 교인을 얻어 1897년 5월 고양읍교회를 설립하였으니 한국의 남감리회 최초 교회다. 그리고 한 달 후 서울 남송현 리드 사택에서 고양읍에서 이사 온 교인들과 집회를 시작하였는데 이것이 서울의 첫 번째 남감리교회다. 계속해서 1900년 4월 부활절에는 남감리회여선교부의 캠벨 부인이 설립 · 운영하던 자골(현 내자동) 배화학당에서 집회를 시작하였는데 처음엔 여성들이 중심이 되었다가 후에 종교교회와 자골교회로 나뉘어 발전하였다. 그리고 1906년에 남송현의 남감리회선교부를 사직동으로 옮기면서 남송현에서 모이던 서울교회도 수구문(광희문) 안쪽 청녕교 부근으로 옮겼는데 이때부터 교회 명칭을 청녕교교회 혹은 수구문교회라 하다가 오늘의 광희문교회가 되었다. 그리고 1909년 청계천 수표교 부근에 예배처를 마련하고 서울의 '네 번째' 남감리교회를 시작하였는데 오늘의 수표교교회다. 이로써 남감리회는 1896년 한국선교를 시작한 이래 13년 만에 서울에 교회 네 곳을 설립하여 수도에 성공적 선교기반을 조성하는데 성공하였고 그 다섯 번째 교회로 석교교회를 설립하게 된 것이다.

다음으로 살펴볼 것이 석교교회 설립 시기다. 앞서 살펴본 대로 석교교회는 1910년 4월 시작한 남감리회선교부의 '서대문 밖' 선교의 결과물이었는데, 석교교회가 설립된 1910년은 한국 민족사와 교회사에서 중요한 의미를 지닌다. 우선 민족사적으로 볼 때 1910년은 우리나라가 일본에 강제 병합이 된, 민족적 비극의 '일제강점기'가 시작된 해다. 공교롭게도 19세기 말 시작된 한국 개신교 선교 역사는 일제의 한반도 침략과 지배 역사와 궤를 같이 한다. 그 결과 우리 민족은 복음 수용과 함께 일제 침략으로 인한 비극적인 현실을 경험했다. 이런 배경에서 한말 이후 한국기독교인들의 저항적 민족의식이 자연스럽게 형성되었고 이를 바탕으로 한 다양한 항일민족운동이 교회를 매개로 하여 전개되었다. 특히 을사늑약 체결로 주권을 일본에게 빼앗기기 시작한 1905년 이후 구국기도회로 시작한 기독교인들의 민족운동이 다양한 형태로 전개되었고 1907년 정미7조약이 체결될 즈음엔 기독교 민족운동가들의 순국 희생이 이어졌다. 이런 과정을 거치면서 일반 사회에 서구의 낯선 종교로 여겨지던 기독교가 '나라 사랑하는 종교'로 인식되었고 이를 계기로 많은 민족주의자들의 개종이 이루어졌다. 그 결과 기독교는 '민족적' 신앙의 구심점이 되어 일제강점기 항일저항운동의 한 축을 담당하게 되었다.

또한 일제강점기가 시작되는 1910년이 한국교회사에서는 '백만명구령운동'(One Million Soul for Christ Movement)으로 표현되는 전도와 부흥운동 시기였다. 1903년 원산에서 남감리회 하디(R.A. Hardie) 선교사의 회개로 촉발된 부흥운동은 1907년 평양대부흥운동으로 연결되어 한국교회의 대대적인 영적각성과 윤리갱신운동으로 발전하였던 바, 1908년 이후 그 운동의 열기가 시들어가는 것을 안타깝게 여긴 선교사들이 그 부흥운동의 불씨를 되살리고자 전개한 것이 백만명구령운동이다. 이 운동은 1909년 7월 개성에서 사역하고 있던 남감리회 선교사들이 "1년 안에 교인 5만 명을 구원하자"고 발의한 것에서 출발하여 전체 남감리회 선교사, 그리고 교파를 초월하여 10월에는 장로교와 감리교 선교사들까지 참여하여 "1년 안에 1백만 명을 구원하자"는 전도운동으로 발전하였다. 이 운동을 처음 발의한 남감리회 선교사들이 가장 적극적이었는데 그런 맥락에서 서울지역 선교사들이 1910년 봄부터 복음의 불모지였던 '서대문 밖'에 전도운동을 전개하였고 그 결과로 석교교회라는 결과를 얻었던 것이다.

다음으로 석교교회가 설립된 지역적 환경이다. 석교교회가 위치한 곳의 행정 지명은 천연동(天然洞)이다. 이 명칭은 조선시대 이 마을(현 금화초등학교 자리)에 있던 천연지(天然池)에서 유래한 것이다. 천연지는 태조 이성계가 한양을 도읍지로 정하고 도성을 정비하면서 조성한 서지(西池)의 다른 이름이다.[2] 이 연못은 도성의 화재를 대비하여 조성한 인공연못으로서 연꽃이 아름다워

조선시대 선비들이 연못가에 천연정(天然亭)과 청수관(淸水館)을 짓고 풍류를 즐겼다고 한다.3) 1876년 강화도조약(조일수호조약)이 체결된 후 일본공사가 들어와 청수관(현 동명여중 자리)을 공사관으로 사용하다가 1882년 임오군란 때 흥분한 군중이 몰려와 불태워 사라졌고 일제강점기 그 자리에 일본인들이 '향상회관'(向上會館)을 건립하였다.4) 이처럼 금화산 골짜기에서 천연지로 이어지는 작은 개울 위로 놓여진 돌다리[石橋] 주변으로 마을이 조성되어 있었고 그곳에 석교교회가 설립된 것이다.

또한 석교교회와 연관하여 주목할 것이 천연지 바로 위 냉천동 언덕에 자리잡은 감리교신학교이다. 한국 감리교회 신학교육 및 목회자 양성은 1887년 미감리회 개척 선교사 아펜젤러가 배재학당 안에 신학부를 두고 서너 명 학생들에게 성경과 기독교 교리를 가르친 것에서 출발하였는데 후에 신학반·신학회란 명칭을 쓰다가 1907년 남감리회와 미감리회가 연합으로 신학교를 운영하면서부터 '협성성경학원'이라 하였다. 처음에는 독자적인 교사(校舍)가 없이 서울과 인천·평양·개성 등지를 다니면서 이동식 수업을 하다가 1910년 가을에야 조선시대 규장각 부속건물들이 위치해 있던 냉천동 31번지 일대 5천여 평을 구입하고 서양식 교사를 지으면서 비로소 신학교로서 면모를 갖추게 되었는데 이때부터 협성신학교란 명칭을 사용하였고 이 학교가 1931년 협성여자신학교와 통합하면서 감리교신학교가 되었다. 결과적으로 석교교회는 협성신학교(감리교신학교)와 같은 시기 같은 지역에 부지와 건물을 마련하고 신학교육과 복음전도의 역할을 수행하게 되었다. 석교교회와 감리교신학대학 사이의 긴밀한 관계는 역사적으로 오랜 것이다.

---

2) 동지(東池)는 동대문 안(현 종로 5가)에 있었는데 '연지'(蓮池)로도 불리어 오늘 연지동의 유래가 되었다.

3) 『京城便覽』(弘文社, 1929), 63.

4) 1923년 청수관 자리에 향상회관을 설립한 주체는 일본 교토(京都)에 있는 정토종 본원사(本願寺)였는데 이 불교종파는 한말이후 일본의 조선 침략과 지배를 적극 지지, 후원하였다. 「東亞日報」1923.11.23.

1.2 석교교회 설립과 초대 담임자

석교교회 설립에 대한 구체적인 보고는 1911년 9월 원산에서 개최된 남감리회 한국선교회 15차 연회에서 처음 나타난다. 이 연회에서 서울지방 장로사(현 감리사)였던 저다인(J.L. Gerdine, 전약슬)은 서울지역 교회 상황을 다음과 같이 보고하였다.

> "서울에는 우리 교회가 다섯 곳 있습니다. 지난 해 한 곳이 더 늘어난 결과입니다. 우리 새 교회는 서대문 밖, 협성신학교(Union Biblical School) 부지 근처에 있는데 그곳은 성벽 바로 바깥이라 인구가 2만 5천 명이 거주하는데도 아직까지 예배처소조차 없었습니다. 미국 아칸소 리틀록제일교회(The First Church of Little Rock Arkansaw)로부터 보내온 특별헌금으로 그곳에 집 한 채를 구하였고 몇 달 노력한 결과 현재는 70명가량 교인이 모이고 있습니다. 지금 교회는 단지 예배를 드릴 수 있을 정도로 개조한 한옥이지만 때가 되면 영구적인 예배당을 지을 수 있을 정도로 충분한 부지를 확보하고 있습니다. 이 교회는 우리 전도사역이 서울과 같은 큰 도시에서도 잘 먹혀들어가고 있다는 사실을 보여주는 증거입니다."[5)]

저다인 장로사는 이 보고를 통해 ① '지난 해'(1910) 서울에 다섯 번째 교회로 서대문 밖, 협성신학교 부지 옆에 새 교회가 설립되었다는 것과, ② 미국 아칸소주 리틀록제일교회 교인들이 보내온 선교헌금으로 한옥 집을 예배당으로 개조하여 70여 명 교인들이 예배를 드리고 있는데, ③ 교회 부지가 넉넉하여 장차 제대로 된 예배당을 건축할 수 있는 여건이 조성되어 있음을 알렸다. 그러면서 1년만에 이루어진 석교교회 개척 설립을 남감리회의 도시 선교 성공 사례로 평가하였다.

다시 1년 후 1912년 9월 개성에서 열린 연회에서 저다인 장로사는 한층 발전한 서울지역 교회 상황을 다음과 같이 보고하였다.

> "지난 1년 동안 서울에 있는 다섯 교회에서 성인 187명이 세례를 받았으며 총 교인 수는 1,076명에 이릅니다. 지난 해 서울과 지방에 있는 교회들이 자급 분야에서 큰 진보를 이루었

---

5) J.L. Gerdine, "Seoul," *Minutes and Reports of the Annual Meeting of the Korea Mission of the Methodist Episcopal Church, South*(이하 *MECS*), 1911, 17.

는데 그것은 교인들이 조직을 견고히 하고 십일조를 강조한 결과였습니다. 종교교회는 담임자와 보조 교역자 생활비를 전담하고 있습니다. 새로 설립된 돌다리(Stone Bridge) 교회를 제외한 서울의 나머지 4개 교회도[6] 담임자 생활비의 2분의 1 내지 3분의 1을 자부담하고 있습니다."[7]

석교교회는 '자립교회'까지 되지는 못했지만 활기차게 성장하는 교회로서 먼저 설립된 광희문교회와 종교교회 · 자교교회 · 수표교교회와 함께 서울 선교, 특히 서울 서부지역 선교의 중요한 부분을 담당하였다.

이처럼 1911-12년 연회에서 석교교회 개척과 성장에 대한 보고를 한 저다인 목사는 서울지방 장로사로서 종교교회 구역 담임자이기도 했다. 저다인은 미국 앨라바마주 출신으로 조지아대학에서 법학을 전공하고 변호사로 활동하다가 해외선교사를 자원하여 1902년 내한하여 원산과 개성에서 사역하였는데 1903년 하디와 함께 원산부흥운동을 이끌었고 1906년 함흥의 캐나다장로회 선교사들에게 부흥운동의 열기를 전파하는 주역이 되었다. 이런 그가 1908년 연회에서 서울로 파송을 받아 종교교회와 서울지역 선교를 담당하게 되었는데 그의 지도하에 1909년 4월부터 '서대문 밖' 전도가 추진되었고 그 결과로 석교교회가 설립되었던 것이다. 따라서 1910년 개척된 석교교회는 1914년 독립구역이 되기까지 종교교회 '선교처'(mission)로서 종교구역 담임자의 관리를 받았다. 그런 배경에서 석교교회 1대 담임자는 저다인으로 보아야 할 것이다.

1914년 8월 원산에서 개최된 연회에서 석교교회는 비로소 종교교회에서 독립하였고 하디 목사가 구역 담임자로 파송을 받았다.[8] 원산부흥운동의 주역이었던 하디는 1907년 이후 협성성경학원 교수로 봉직하였는데 1913년부터는 협성신학교 교장이 되어 1924년 조선예수교서회(현 대한기독교서회) 총무로 자리를 옮기기까지 10년 넘게 신학교육과 목회자 양성사역에 헌신하였다. 하디는 정규 신학교를 졸업하지 않은 장로교 출신 평신도 의료선교사로

---

6) 석교교회 다음으로 설립된 경교교회(京橋敎會)를 포함한 결과다. 지금 서대문 사거리 근방에 있었다.

7) J.L. Gerdine, "Report of the Seoul District," *MECS* 1912, 29.

8) *MECS* 1914, 18.

1890년 내한하였지만 1897년 남감리회선교부로 이적하고 1900년 남감리회 목사로 안수를 받은 후 1903년 원산부흥운동에서 회개와 중생 · 성화를 체험함으로 '진정한 감리교인'(true Methodist)으로 거듭났고 신학교 교수가 된 후로는 성서와 윤리신학 · 실천신학 · 웨슬리신학 · 경건신학 분야에서 60여 권의 저술을 낼만큼 신학 분야에서도 괄목할 만한 업적을 남겼다.[9] 하디의 신학은 그의 개인적 종교 체험과 학문적 수양을 바탕으로 형성된 것으로 경건과 학문, 체험과 이성의 조화를 추구하는 것이었다. 이것은 웨슬리의 감리교 신앙과 신학 전통을 계승한 것으로 그가 협성신학교 교수 · 교장으로 봉직하면서 견지했던 신학교육의 기본원리이기도 했다.

이처럼 하디는 1907년 이후 협성신학교 사역에 주력하면서 서울지역 교회를 담임하여 목회도 겸하였는데 그것은 목회자 부족을 해소하기 위한 선교부의 조치이기도 했지만 신학교육과 목회현장을 연결하려는 그의 신학교육 지침을 스스로 실천하려는 의지의 표현이기도 했다. 그런 맥락에서 그는 신학교 교수가 된 1907년 이후에도 원산구역을 계속 담임했고 서울 냉천동에 학교 부지를 마련한 이후에는 서울로 올라와 수표교교회와 수구문교회를 담임하였으며 1914년부터 독립구역이 된 석교교회를 담임하게 된 것이다. 이로써 하디는 석교교회 2대 담임자, 독립구역이 된 후에는 초대 담임자가 된 셈이다. 이후 하디는 1924년 신학교를 떠나 조선예수교서회 총무로 부임하기까지 신학교 교장직과 석교교회 담임을 겸임하였으니 석교교회가 협성신학교 학생들에게 '채플'과 같은 기능을 수행하며 학문과 경건의 실천을 연습하는 목회현장으로 활용된 배경이 이러하였다.

1.3 유한익 전도사의 민중 · 민족 목회

이처럼 석교교회는 1910년 개척 이후 선교사 저다인과 하디가 구역 담임자로 파송을 받았지만 실질적인 전도와 목회는 연회에서 이들과 함께 파송을 받은 한국인 전도자와 목회자 몫이었다. 명목상 구역 담임자로 파송된 선교사는 구역 목회와 지방 장로사 사역 혹은 신학교 사역에 더 많은 시간을 할애해야

9) 「기독신보」1930.10.1.

했기에 석교교회 목회는 토착인 전도자들이 담당하였다. 이런 토착인 전도자 가운데 석교교회 개척과 초기 역사에서 크게 공헌한 인물은 유한익(劉漢翼, 1862-?) 전도사이다. 『조선남감리교회 30년기념보』에 의하면 유한익은 1910년 4월부터 1916년 9월 17일까지 '석교교회 전도인'으로 활약한 것으로 나온다.[10] 유한익은 1914년 8월 연회에서 전도사 직첩을 받은 후 독립 구역이 된 석교교회에 하디와 함께 정식 전도사로 파송을 받아 2년 동안 사역하다가 1916년 6월 협성신학교를 졸업한 후 그 해 9월 연회에서 개성 남부교회로 파송을 받았고 1918년 10월 집사목사로 안수를 받은 후 춘천구역 담임자로 파송을 받았다.[11] 따라서 유한익 목사는 전도사 시절 2년 동안, 전도인 사역까지 포함하면 6년간 석교교회에서 사역하였으니 그가 석교교회에서 목회한 시기는 바로 석교교회가 개척되고 초기 부흥을 이룩한 시기에 해당한다.

유한익 목사는 1910-20년대 한국 감리교회를 대표하는 부흥사였고 또한 민족의식이 강했던 목회자였다. 그는 "광대 출신이며 목청과 익살이 좋아 청중을 웃기고 울리는 한편 그것으로 복음을 전하고 사람들을 감화시킨 인물"[12]로 유명했다. 1862년 서울 이동(泥洞, 지금 종로구 운니동)에서 출생한 유한익은 어려서 한문을 공부하였지만 '광대'라는 출신 성분 때문에 과거시험에 나갈 수는 없었고 대신 구한국정부 군인이 되었는데 그것이 그의 '출세' 계기가 되었다. 그에 대한 윤치호의 증언이다.

> "유한익은 평범한 군인이었다. 그는 가무병정, 즉 '노래하고 춤추는 병정' 신분으로 선황후[명성황후] 때 궁중을 자주 드나들었다. 그의 춤과 노래가 왕과 왕비를 기쁘게 하여 그는 고위직에까지 올랐다. 그의 영향력으로 그의 형도 출세하여 처음엔 부산에서, 나중엔 원산에서 경찰 책임자로 근무하였다."[13]

10) 『조선남감리교회 30년기념보』, 177.
11) 『조선남감리교회 30년기념보』, 177.
12) 장병욱, 『한국교회유사』(성광문화사, 1980), 77.
13) 『윤치호 일기』1900.12.14. 1900년 당시 윤치호는 원산 감리로 부임해 있었는데 동생 덕에 '벼락출세'하여 운산 경무관으로 와 있던 유한익의 형 유한원(劉韓源)과 원산 주민 사이의 불화 때문에 어려움을 겪고 있음을 일기에 자세히 적었다. 그는 유한원에 대해 "광대 출신으로 알려지며 그 부인은 무녀 출신이라고 한다. 갑자기 양반이 되었기 때문에 그의 말투나 행동거지가 양반 풍습에 벗어난 것이 많다"고 진술하였다.

그는 광대 출신답게 군대에서도 '가무병정'(歌舞兵丁)으로 활동하다가 명성황후(민비)의 눈에 띄어 고종 황제와 황후 앞에서 재주를 보일 정도까지 되었던 것이다. 재주와 충성으로 그는 황제의 신임을 얻어 궁내부 경무국장(警務局長)이라는 고위직을 얻게 되었다. 그러나 1895년 명성황후가 시해당하고, 1905년 을사늑약이 체결되면서 황실의 권위가 무너지고 국가적인 위기 상황에 처하자 관직을 내놓고 기독교에 귀의, 종교교회에 출석하면서 1905년 세례를 받았고 1908년부터 전도활동을 시작하였다.[14] 그는 나라가 위기에 처한 시대 상황에서 "나라를 구할 종교는 기독교 밖에 없다"는 생각에서 교회에 들어온 전형적인 '민족주의 신자'였다. 그러나 교회에 출석하면서 기독교의 '참 진리'를 깨닫게 되었고 목회자로 헌신하기로 결심하였다.[15] 이런 그가 1910년 남감리회선교부 결정에 따른 '서대문 밖' 전도의 실무자로 선발되어 천연동에 자리를 잡고 전도한 결과 1년 만에 70여 명 교인을 확보할 수 있었던 것이다.

'광대' 출신인 유한익 전도사의 전도와 목회가 '민중 중심'으로 이루어질 것은 당연했다. 그가 '성밖'의 민중계층이 쉽게 알아들을 수 있는 용어 선택과 방법론을 택하였다는 말이다. 교회사가 장병욱 목사의 증언이다.

> "그의 설교는 전혀 기독교를 알지 못하는 사람들에게도 아주 적절했다. 그러한 사실은 그의 설교 내용이 좋아서라기보다는 처음 듣는 무리들에게 기독교의 진리를 비교적 지루하지 않는 대화의 매개를 통하여 쉽게 넣어 줄 수 있었다는 점과 또 하나는 그의 설교매체가 당시 사회인들과 매우 가깝고 밀접한 일상용어들과 풍습을 매체로 했음으로 요즘 말로 토착적 복음선교를 시도했다는 점에서 높이 평가되는 인물이다."[16]

그렇다고 그의 설교 내용이 비천하거나 유치한 수준에 머물렀다는 말은 아니다. 그는 기독교 복음과 진리에 대한 신학적 소양을 확고하게 갖추고 있었

14) 『조선남감리교회 30년기념보』, 177.

15) 1937년 춘천에서 활동하였던 여선교사 스미스는 그가 만난 유한익 목사에 대해 "우리의 뛰어난 교인이자 목사인 유한익은 처음 민족주의적인 이유에서 교인이 되었지만 그가 생각했던 것 이상으로 심오하고 생명력이 강한 그 무엇이 있음을 깨달았다고 합니다"라고 소개하였다. Olive Smith, "Choonchun District," *WMC* 1937, 207.

16) 장병욱, 『한국교회유사』, 78.

다. 그는 석교교회 목회를 시작하면서 협성신학교에 들어가 1916년 제4회로 졸업하였는데 신학교를 졸업할 무렵 「기독신보」에 발표한 "향상적 인격"이란 설교에서 그 점을 확인할 수 있다.

> "천지간에 만반 문제가 버려 잇는 중에 주관하며 다스리는 자가 그 누구뇨. 홀노 하나이신 하나님이오 그 다음은 우리가 아닌가. 그런즉 우리의 지위가 탁월함은 말하지 아니하여도 가히 알지니 무삼 능력으로써 물질계에 탁월한 지위에 거하엿는가. 이는 다름이 아니오 하나님이 품부하야 주신 심령의 령능(靈能)으로써 됨이로다. 그러나 보통적 인류의 상태는 보건대 그 심성의 령능을 수양치 못하고 사람의 가치를 일허 버리는 자 만치 아니한가. 이는 다름 아니라 안목에 부치는 물질계의 잠시 즐거움을 인하야 고상한 생활의 방면을 깨달 정신도 업고 자질 능력도 업서서 가장 귀한 인격을 일허 바림이라. 그런즉 무삼 능력으로써 부패한 사상을 도리키며 타락한 인격을 회복하야 고상적 생활을 경영할가."[17]

그는 인간 타락의 원인을 하나님이 품부(稟賦)하신 '고귀한 인격'을 잃어버리고 물질세계에 집착한 결과로 보았다. 따라서 구원이란 타락한 인격을 회복하고 고상한 생활을 경영하는 것인데 그 방법을 셋으로 설명하였다. 첫째는 '심성수양'(心性修養)으로서 종교에 귀의하여 고귀한 심성을 회복하는 일이다.

> "녯적에 유대인을 인도하던 모세를 생각할. 애굽의 문명과 지식을 배왓스나 심성을 수양하기 전에는 그 민족을 인도치 못하얏고 여러 해 동안 그 심성을 수양한 결과로 그 사업을 성취하지 아니하엿는가. 그런고로 향상적 인격을 바라거던 여러분은 만사에 기관된 나의 심성을 종교계(宗教界)에 연단하야 순일자안(純一自安)하는 심성을 엇은 후에 항상적 인격이 될줄 아노라."[18]

종교(신앙)를 통해 심성을 수양한 대표적인 인물로 출애굽의 지도자 모세를 든 것에서 그의 민족의식과 기독교 구국의식을 읽을 수 있다, 이는 그를 비롯한 당시 민족주의자들의 개종 동기이기도 했다. 기독교를 나라 구하는 종교로 인식하여 개종을 결단하였던 것이다. 종교(기독교)를 통해 고귀한 인격을

17) 유한익, "향상적 인격," 「기독신보」1916.8.9.
18) 유한익, "향상적 인격."

회복한 연후에 두 번째 단계인 '사회구원' 사업을 추진해 나갈 수 있는 것이다. 유한익 목사는 그 대표적인 인물로 종교개혁자 루터를 꼽았다.

> "종교계의 유명하던 누터 선생의 사업을 생각하라. 교황 정치 아래 잇서서 할 말도 입을 열기가 어려운 처지에서도 백절불굴(百折不屈)한 사상으로써 부패한 종교를 새롭게 하고 어두운 사회를 개량하야 무지한 생명을 구원한 결과로 우리가 오늘날 행복을 누리지 아니한가. 그런즉 향상적 인격을 사람의 귀한 생명을 구원하는대 잇슬지로다."[19]

유한익 목사는 일제강점기가 시작된 1910년대 민족상황을 교황정치 하의 '한 말도 입을 열기가 어려운 처지'로 비유한 것이다. 이러한 전체주의, 폭력정치에 대항하여 할 말을 하고 종교와 사회를 개혁할 수 있는 힘은 신앙을 통해 인격을 회복한 사람만이 할 수 있는 것이다. 이런 사회개혁자에게 필요한 것이 '용단력'(勇斷力)이다. 결단하는 용기가 필요하다는 말이다. 유한익은 그리스도의 제자를 대표적인 인물로 꼽았다.

> "시기를 의지하고 용단하는 힘을 좃차 고상한 인격을 일우고 오늘까지 인류 사회의 선진이 된 그리스도의 제자를 생각하라. 해변 촌락의 한 어부로서 인격의 상당한 사업을 드를 때에 그믈을 버리고 집을 떠나며 사람을 낙는 사업을 용맹스럽게 결정하고 동서 죄 구렁에 빠진 생명을 구원하야 내지 아니한가. 우리는 엇더케 생각할가. 사업의 크고 적은 것을 분면하고 시긔의 적당함을 좃차 용단력을 쓰지 아니하면 고상적 인격을 일우지 못할지로다."[20]

'민족구원'의 위대한 사역이 시작될 결정적인 순간에 과거의 모든 것을 버릴 수 있는 용기가 필요한 것이다. 이 역시 그의 개종체험을 반영한 것이라 할 수 있다. 그는 갈릴리 호수의 베드로처럼 명예와 부가 보장된 생활을 포기하고 가난과 고난으로 점철된 전도자의 길을 선택하였던 것이다. 유한익은 이 모든 과정에서 역사하시는 하나님의 은총을 잊지 않았다.

> "그런즉 향상적 인격에 필요한 것은 무어시뇨. 무형한 가온대 계신 하나님의 도우시는

19) 유한익, "향상적 인격."
20) 유한익, "향상적 인격."

은혜가 잇슬지니 이는 우리의 사상 밧게 평생 누릴 것시오 물질계에 인도하는 주인이 될지니 이는 복잡한 사회의 이상의 생활을 염려한 연고라. 그런즉 여러분은 향상적 인격을 바라는것 시나 녯말과 갓치 모사는 재인하고 성사는 재천이라 하얏시니 인격을 바라는 것은 나의게 잇스나 성사는 하나님께 잇는 줄 아노니 종교심을 배양하여야 고상한 인격을 성취할 줄 아노라."[21]

유한익 목사는 '인격향상'이나 '사회(民族)구원'의 위대한 사역에 하나님의 은총과 인간의 노력이 함께 조화를 이루어야 함을 강조하였다. 즉 "일을 꾸미는 것은 사람이지만 일을 이루는 것은 하늘이다"(謀事在人 成事在天)라는 고사성어를 인용하며 하나님의 은혜와 인간의 노력이 겸비할 때 개인의 영혼은 구원받아 인격은 향상되고, 그의 사역으로 사회와 국가도 향상 발전될 것을 믿었다. 그의 목회와 설교는 이 점에 초점을 맞추고 있었다.

유한익 목사의 목회는 바닥으로부터 시작하여 높은 곳을 향하는 '향상적'(向上的) 목회였다. 타락한 인간이 하나님의 '영능'(靈能)을 회복하여 고귀한 인격으로 살아가도록 이끌었다. 이는 그 자신 광대 출신으로 궁내부 경무국장을 거쳐 교회 목사가 되는 과정에서 확인한 복음의 진수였다. 그의 설교는 민중 계층도 알아들을 수 있을 정도로 쉬웠고 사회지도층의 마음을 움직일 수 있을 정도로 호소력이 컸다. 그의 설교와 목회가 가난하고 힘든 삶을 살아가는 '서대문 밖' 사람들에게 강한 영향력을 발휘하였음은 물론이다. 그 결과 1년 만에 70여 명의 교인을 확보할 수 있었던 것이다.

이처럼 유한익 목사는 '복음적 신앙'과 '민족의식'을 겸비한 목회자였다. 복음에 철저하면서도 민족문제를 외면하지 않았다. 그는 일제의 침략과 지배를 '불의한' 사회현상으로 보았다. 그래서 일제의 침략과 지배 현실을 비판하고 이에 저항하는 민족의식을 목회현장에서 표출하였다.[22] 이런 유한익 목사

21) 유한익, "향상적 인격."
22) 유한익 목사는 춘천읍교회(현 춘천중앙교회)에서 목회하던 중에 1919년 3·1만세운동을 맞았는데, 1919년 1월 22일 고종 황제의 승하소식을 접하고 3일간 집에 칩거하며 신하의 예를 행하였던 바 이것이 춘천지역 신자와 불신자 사회에 퍼져 독립운동의 기운을 고조시켰으며 1920년 일어난 철원 애국단 사건에 연루되어 옥고를 치렀고 1938년 일어난 춘천중학교 독서회 사건의 배후 인물로 지목되어 조사를 받는 등 민족운동에 지속적인 참여를 보였다. 이덕주, 『춘천중앙교회사』(춘천중앙교회, 2007), 204-208, 254-256.

의 전도와 지도를 받은 석교교회 교인들이었기에 일제강점기 고난의 때를 신앙으로 극복해 나갈 수 있었다.

2. 석교교회 여성선교와 성전 건축

2.1 전도부인과 여성선교

석교교회 개척과 설립이 저다인 선교사와 유한익 전도사 등 '남성' 사역자들의 몫이었다면 교회를 짧은 기간에 부흥 성장시킨 것은 여선교사와 전도부인들의 공로였다. 남감리회 여선교부에서도 1910년 이후 전개된 '서대문 밖' 선교사역에 전도부인을 파송하여 이 지역 여성들을 대상으로 한 전도사역에 착수하였는데 처음엔 종교교회(자골교회) 소속 전도부인들이 서대문 밖으로 나가서 전도하는 형태를 취하였다. 1912년 서울지역 여성선교를 담당한 마이어스(M.D. Myers) 선교사의 선교보고 내용이다.

> "종교교회는 서울에 있는 큰 교회인데 지교회로는 '선교처'(missions) 명목으로 자골교회(Char Kol Kyo)와 서대문교회(West Gate Kyo)가 있습니다. 이 세 곳 교회에 전도부인 13명이 활약하고 있습니다. 1년 내내 지방을 순회하는 전도부인도 둘 있는데 개성성경학원 졸업생인 정캔드라스(Chung Candrace)와 서울에서 훈련받은 예사라(Ye Sarah)입니다. 교회 부인들을 대상으로 활동하는 전도부인들은 병자나 낙심자를 심방하고 주일학교 교사와 학생들을 돌아보며 불신자들을 교육합니다."[23)]

여기서 '자골교회'는 자교교회를, '서대문교회'는 석교교회를 의미한다. 종교교회와 함께 종교구역을 구성하고 있는 교회들이었다. 종교구역에는 마이어즈의 지휘를 받으며 활동하는 전도부인이 13명이 있어 각 교회별로 파송받아 활동하였는데 전도부인이 하는 일은 환자나 낙심자 심방, 주일학교 교육, 불신자 전도 등이었다. 마이어즈는 전도부인을 통해 지역에 복음이 활기차게

---

23) "Seoul," *Annual Report of the Woman's Council of the Methodist Episcopal Cyurch, South* (이하 *WMC*) 1913, 64-65.

확산되는 현상을 목격하였는데 석교교회에서 가장 뚜렷한 결과를 확인하였다. 계속되는 마이어즈의 선교 보고다.

> "전도부인들은 매주 목요일 오후에 나와 함께 성경공부를 합니다. 그들은 우리 선교부에서 정한 과정에 따라 지난 1년 동안 성경을 공부하였는데 야고보와 마가복음, 그리고 교리문답을 배웠습니다. 그런데 같은 방식으로 서대문교회 부인들은 매주 화요일 오후에 모여 성경을 배우고 있습니다. 그들은 벌써 1년급을 수료하였는데 그들 모두 교육 내용에 만족해 하고 있습니다. 석교교회 부인반은 거의 젊은 여성들로 구성되었는데 아주 명석할 뿐 아니라 열심히 공부하고 있습니다. 그들은 지금 요한복음 공부에 깊은 관심을 기울이고 있습니다."[24)]

'전달 강습' 형태로 전도부인은 선교사에게 배운 내용을 석교교회 여성 신자들에게 전하였던 것이고 그 결과 성경을 체계적으로 공부하면서 복음을 확실하게 깨달은 여성교인들의 자발적인 전도와 헌신이 이루어졌다. 그 결과는 교회의 부흥과 성장이었다.

이처럼 석교교회의 부흥을 이끌어낸 전도부인들은 누구였는가? 마이어즈의 1912년 보고에 나오는 전도부인 두 명 '정캔드라스'와 '예사라'는 정안라(鄭安羅, 1874-?)와 유사라(劉士羅, 1870-1930)로 추정된다. 정안라는 서울 필운동에서 출생하여 1904년 8월 종교교회에서 세례를 받고 1910년 4월부터 서울 수구문(광희문)교회 전도부인으로 파송받아 전도활동을 시작하였는데 1911년 5월부터 석교교회에 파송을 받아 3년 동안 활동하다가 1914년 자교교회로 임지를 옮겼다.[25)] 유사라 역시 서울 승인동에서 출생하여 1906년 4월 종교교회에서 세례를 받고 1910년 4월부터 전도부인으로 활동을 시작하였는데 첫 임지가 석교교회였다. 유사라는 석교교회에서 6년간 사역하고 1916년 9월 개성남부교회로 임지를 옮겼는데[26)] 그가 석교교회 사역을 시작한 1910년 4월은 바로 유한익 전도사가 '서대문 밖' 전도사역을 시작한 시기여서 결과적으로 유한익-유사라 팀이 석교교회 개척과 교회 설립의 실질적인 주인공 역

24) "Seoul," *WMC* 1913, 65.

25) 『조선남감리회 30년기념보』, 249. 정안라 전도사는 이후 한포구역에서 사역하다가 1930년 3월 23일 병환으로 별세하였다. 「기독신보」1930.4.30.

26) 『조선남감리회 30년기념보』, 248-249.

할을 담당하였음을 알 수 있다. 그리고 유사라보다 1년 늦게 정안라도 석교교회로 파송받아 옴으로 석교교회는 남성 전도인 1명과 전도부인 2명이 사역하는 강력한 목회 진용을 구축하였다.

지속적인 석교교회 여성 사역의 발전은 1917년도 하디(Bessie Hardie) 보고서에서도 확인할 수 있다.

> "서대문교회[석교교회] 안에 성경공부 반이 두 개 조직되어 있고 부인 성가대가 만들어졌고 수는 적지만 한글을 배우려는 여성들로 주간반(weekly class)을 하나 만들었습니다. 1월에 사경회를 한 주일 동안 열었는데 아주 성공적이었습니다. 낮에는 남녀를 구분하여 성경공부를 하였고 저녁에는 전도집회를 열었습니다. 낮 사경반에 여성들이 30명 가량 참석했으며 저녁 집회에도 많은 숫자가 참석했습니다. 8월에 여성 7명이 입교하였고 어린이 6명이 세례를 받았습니다."[27)]

매년 개최하는 사경회와 성경공부는 교회 부흥과 성장의 밑거름이 되었다. 석교교회도 이런 성경공부와 사경회 · 부흥회를 통해 지속적인 부흥을 이룩했다. 하디 목사는 1918년 서울지방 선교보고를 하면서 그 점을 다시 확인하였다.

> "각 교회마다 사경회와 특별집회를 열었는데 그 결과 지방 내 영적 분위기가 전년도에 비해 눈에 띄게 바뀌었습니다. 특히 석교교회에서 개최된 부흥집회를 통해 교인들의 신앙이 한층 고조되었습니다."[28)]

석교교회의 '영적 부흥운동' 분위기를 소개한 하디는 서울지방 교세 통계를 분석하면서 석교교회 부흥의 원인을 여선교부와 전도부인의 활약에서 찾았다.

> "통계 보고를 보면 작년에 두 곳에서만 만족할 만한 진보를 이룩하였음을 알 수 있습니다. 즉 석교교회는 25명이 증가하여 95명을 기록하였으며 서대문 구역[경교교회와 용산교회]도 16명이 증가하여 103명을 기록하였습니다. 이들 구역에서 성장을 기록한 것은 전적으로 여선교부에 속한 선교사들과 전도부인들의 활약 덕분입니다."[29)]

---

27) B. Hardie, "Day School," *WMC* 1917, 246.
28) R.A. Hardie, "Report of the Seoul District," *MECS* 1918, 57.
29) R.A. Hardie, "Report of the Seoul District," *MECS* 1918, 57.

이처럼 석교교회는 1910년 개척 · 설립된 이래 저다인-하디로 이어지는 구역 담임 선교사 목사와 유한익과 유사라 · 정안라로 구성된 토착인 남녀 전도인들의 헌신적인 목회활동을 바탕으로 착실한 부흥과 성장을 이룩하였다.

2.2 석교교회 매일학교(영신학교) 설립

마이어스 선교사와 유사라 · 정안라 전도부인이 추진한 석교교회 여성 전도사역은 교회 부흥을 끌어냈을 뿐 아니라 지역사회를 위한 매일학교(day school) 설립으로 이어졌다. 남감리회선교부에서는 1910년대 이후 서울시내 교회 단위로 매일학교를 설립하여 여성교육과 복음전도의 매개체로 삼고자 하였다. 배화학당처럼 학생들을 위한 기숙사 시설을 갖춘 기숙학교(boarding school)를 운영하려면 경비가 많이 들었기 때문에 주간(晝間)에만 학생들을 가르치는 매일학교 형태로 지역 교회마다 학교를 설립하려 한 것이다. 이 매일학교 사역은 여선교부에서 맡아 배화학당 지교(枝校) 설립 형태로 추진하였다. 그 구체적인 계획은 1911년 9월 연회에서 자골(종교)과 수표교 · 수구문 세 곳에 매일학교를 설립하는 것을 골자로 한 '서울지역 여학교 설립계획안'을 채택하는 것으로 구체화되었다.[30] 매일학교 설립과 운영은 배화여학교 교장이 관장하도록 하였다. 이런 계획에 따라 1914년 이전에 서울 시내 세 곳에 매일학교가 설립되었는데 처음 계획대로 수표교와 수구문에 학교를 설립하고 세 번째 학교는 자골(종교교회) 대신 천연동 석교교회 안에 설립하였다.[31] 배화여학교 교장 행킨스(I. Hankins; 행길수)의 1915년 학교 보고를 통해 서울 매일학교 상황을 파악할 수 있다.

> "작년 1년 동안 배화학교 일 외에 서울시내 세 곳 여자초등학교 사역을 맡게 된 것은 명예였습니다. 세 곳 매일학교 재학생은 수표교에 18명, 수구문에 25명, '메어리 위클'(Mary

---

30) "Seoul Carolina Institute," *WMC* 1912, 264.

31) 종교교회 안에는 이미 1908년 매일학교로 설립된 '광진소학교'(光進小學校)가 있었는데 이 학교는 1914년 언더우드가 1897년에 새문안교회 부속학교로 설립한 영신학교(永信學校)와 합동하여 수창동에 교사를 마련하였던 바, 이런 연유로 자골에 매일학교 설립을 포기한 것으로 보인다. 이덕주, 『종교교회사』(종교교회, 2005), 188-189.

Wikle)에 79명입니다. '메어리 위클'에서 학기 초에 교사 5명으로 시작했지만 학생들이 늘어나는 바람에 지금은 한국인 교사가 7명 있습니다. 제일 큰 학교는 5개월 동안 정부 인가받으려고 노력했으나 실패하였습니다."[32)]

여기서 '메어리 위클'로 표기된 매일학교는 천연동 석교교회 안에 설립된 영신학교(永信學校)를 의미한다.[33)] '메어리 위클'은 이 학교 설립기금을 보조한 미국인 독지가 이름으로 추정된다. 새로 설립된 서대문 밖 석교교회 매일학교(영신학교)는 79명 학생을 보유할 정도로 급성장했는데, 총독부에서 1915년 발표한 「개정 사립학교 규칙」에 따른 인가를 얻기 위해 노력하였지만 재정상황이 미비하여 실패하였던 것이다. 비록 총독부로부터 인가를 얻지 못했지만 석교교회 매일학교(영신학교)는 설립 직후부터 괄목할 만한 성장을 이룩하였다. 베씨 하디(Bessie Hardie)의 1917년 선교보고에 나오는 영신학교 상황이다.

"지난 1년 간 메어리 위클학교[영신학교]가 보여준 발전은 대단히 만족할 만한 수준입니다. 지난 해 9월 98명으로 시작한 재학생이 금년 7월에 126명으로 늘어났습니다. 매일 평균 출석도 지난 해 9월 61명에서 금년 7월 108명으로 늘었습니다. 또 다른 고무적인 현상은 자급정신이 고조된 것인데 그 결과는 월사금을 내는 학생들이 증가한 것으로 확인됩니다. 학생들의 교회 출석도 대단히 좋습니다. 매주일 아침 주일학교와 주일예배에 참석하는 학생은 대략 90명 정도가 되는데 거의 대부분 매일학교 학생들이며 주일 오후 모임에는 150명이 넘게 참석하는 경우도 종종 있습니다. 이 주일학교는 우리 매일학교 학생들과 그들이 인도해 온 이웃 아이들로 조직되었습니다."[34)]

매일학교가 석교교회 주일학교 부흥의 원동력이 된 것이다. 이처럼 석교교회 부속학교로 설립된 영신학교는 비록 단독으로 총독부 인가를 받지는 못했지만 총독부 인가를 받은 같은 이름의 새문안(수창동) 영신학교의 지교(branch)

---

32) I. Hankins "City Day School," *WMC* 1915, 206.

33) 1931년과 1938년 편찬된 『기독교조선감리회 요람』에는 천연동 영신학교 창립연도를 1909년으로 표기하고 있는데(『기독교조선감리회 요람』(1931), 42; 『기독교조선감리회 요람』(1938), 89) 다른 자료의 보완이 필요한 대목이다.

34) Bessie Hardie, "Day Schools," *WMC* 1917, 245.

승인을 받아 1917년 2월부터 석교교회 영신학교 졸업생들이 새문안 영신학교로 진행하여 초등학교 과정을 마칠 수 있는 길이 열렸다.[35] 그렇게 되니 석교교회 매일학교에 지원자들이 더욱 늘어났다. 1917년 연회에서 석교교회와 매일학교 사역을 맡게 된 에바 하디(Eva Hardie)의 영신학교 보고다.

> "석교 매일학교 학생 수는 196명에 달하는데 남학생이 112명, 여학생이 84명입니다. 석교교회 부지 안에 새로 지은 교실도 좁게 되어 더 이상 학생을 받아들일 수 없게 되었습니다. 거의 모든 학생들이 주일학교와 교회예배에 참석하고 있습니다. 우리는 이 학생들을 통해 지역 주민들의 집안으로 들어갈 수 있는 기회를 얻었습니다. 여러모로 이 학교는 학생들뿐 아니라 교회에도 유익한 것이어서 적극적으로 육성하고 지원할 필요가 있다고 생각합니다."[36]

이처럼 석교교회 부속 매일학교로 설립된 영신학교는 일제 말기까지 존속하면서 지역사회의 일반교육과 계몽운동의 구심점이 되었을 뿐 아니라 이 학교 학생들을 통해 주일학교 발전과 지역주민 전도를 꾀할 수 있었다. 영신학교는 일제강점기 석교교회의 사회선교와 교회 부흥의 매개였다.

2.3 벽돌 성전 건축과 교회 부흥

석교교회가 이처럼 개척 3년 만에 독립구역이 되고 7년 만에 1백 명이 넘는 교인을 확보하여 '자립교회'로 면모를 보였을 뿐 아니라 교회 부속 매일학교까지 설립하여 2백 명 가까운 학생들이 교회를 출입하게 되는 놀라운 부흥을 이룩하였다. 이러한 부흥과 성장은 개척 선교사들과 토착인 남녀 전도자들의 헌신적인 노력의 결과라 할 수 있지만 그것을 가능케 한 중요한 배경으로 다른 교회와 달리 초기부터 '넉넉한' 공간을 확보하였다는 유리한 환경조건을 들 수 있다. 앞서 1911년 저다인 장로사의 보고에 나왔듯 석교교회는 출발과 함께 미국 아칸소주 리틀록제일교회 교인들이 보내온 선교헌금으로

---

35) 남감리회 여선교부에서 운영하는 석교교회 '영신학교'와 새문안교회(북장로회)와 종교교회(남감리회), 중앙교회(미감리회)가 연합으로 운영하는 '영신학교'가 한글 명칭은 같지만 선교사들은 이를 구분하여 영어로 전자는 'West Gate Day School', 후자는 'West Gate Union Priamry School'이라 하였다. Bessie Hardie, "Day Schools," *WMC* 1917, 245.

36) Eva Hardie

천연동에 '상당한' 부지와 건물을 구입할 수 있었다. 다음은 1912년 총독부에 신고된 후 1924년 작성된 「남감리회 조선선교회 소유 부동산목록」에 나타난 석교교회 부동산 목록이다.[37)]

지번	토지		건물			용도
	지적	시가	지적	구조	시가	
천연동 70번지	41평	550원	13평	목조 초가	450원	주택
천연동 71번지	296평		70평	연와 2층	6,000원	예배당
천연동 73번지	27평	230원				
천연동 74번지	19평	160원				
천연동 75번지	28평	200원	39평	목조 초가	1,200원	주택
천연동 76번지	41평	320원				
천연동 78번지	70평	600원	13평	목조 초가	550원	주택
계	522평	2,060원	135평		8,200원	

석교교회는 대지 522평에 70평짜리 예배당과 39평, 13평짜리 주택을 보유한 상태였다. 시가로 따져도 1만 원에 육박하는 적지 않은 재산이었다. 석교교회는 1910년 예배를 시작하면서 한옥 한 채를 예배당으로 개조하여 사용했는데 개척 5년 만에 교인수가 1백 명을 육박하였고 또한 1백 명이 넘는 영신학교 학생들이 주일학교 학생들이 되면서 예배와 교육 공간이 좁게 되었다. 보다 넓고 편리한 예배와 교육 시설이 필요하였다. 석교교회 교인들은 안전하고 넉넉한 벽돌 예배당을 짓기 원했다. 그러나 '성문 밖'의 가난한 교인들이 대부분이어서 건축비를 마련하기 쉽지 않았다. 결국 건축비도 외부에서 지원을 받을 수밖에 없었다. 석교교회 교인들의 새 성전을 향한 꿈은 1917년에야 이루어졌다. 그 해 9월 원산에서 개최된 연회에서 하디 목사는 서울지방 장로사 보고를 통해 석교교회 새 성전 건축 상황을 이렇게 보고하였다.

"최근 몇 년 동안 수구문과 석교 교인들은 보다 넓고 좋은 예배당 건물을 갖기를 간절히 원했는데 기쁘게도 본국[미국] 교회 친구들의 헌금으로 소원을 이루게 되었습니다. 수구문

37) 『재단법인 조선남감리교회 조선선교부 재산목록』(조선총독부, 1924).

교회는 거의 공사를 마쳐가고 있으며 석교교회는 성탄절 전에 들어갈 수 있을 것입니다."[38)]

미국교회 교인들의 헌금으로 마련한 새 성전은 70평 규모의 전형적인 고딕 양식의 2층 벽돌 건물이었다. 하디의 예상대로 건축은 1917년 12월 22일에 끝났고[39)] 석교교회 교인들은 새로 마련된 새 성전에서 감격스런 성탄절 예배를 드릴 수 있었다. 2층은 예배 공간으로 1층은 교회 사무실과 주일학교 교육관으로 사용하였다.

새 성전을 마련함으로 예배와 교육 공간을 확보한 석교교회는 지속적인 부흥과 성장을 이룩하였다. 다음은 1917-18년 연회 때 보고된 석교교회(구역) 통계 상황이다.[40)]

<table>
<tr><th colspan="3">구분</th><th>1917</th><th>1918</th></tr>
<tr><td rowspan="5">교역자</td><td colspan="2">전도사</td><td>2</td><td>2</td></tr>
<tr><td colspan="2">권사</td><td>2</td><td>2</td></tr>
<tr><td colspan="2">매서인</td><td>7</td><td>7</td></tr>
<tr><td colspan="2">전도부인</td><td>1</td><td>2</td></tr>
<tr><td colspan="2">신학생</td><td>3</td><td>2</td></tr>
<tr><td rowspan="5">교인</td><td colspan="2">입교인</td><td>70</td><td>95</td></tr>
<tr><td colspan="2">금년 세례인</td><td>4</td><td>13</td></tr>
<tr><td colspan="2">학습인</td><td>25</td><td>11</td></tr>
<tr><td colspan="2">원입인</td><td>118</td><td>153</td></tr>
<tr><td colspan="2">교인총수</td><td>249</td><td>259</td></tr>
<tr><td rowspan="4">매일학교</td><td rowspan="2">남학교</td><td>교사</td><td>2</td><td>2</td></tr>
<tr><td>학생</td><td>90</td><td>124</td></tr>
<tr><td rowspan="2">여학교</td><td>교사</td><td>4</td><td>2</td></tr>
<tr><td>학생</td><td>59</td><td>68</td></tr>
<tr><td rowspan="2">주일학교</td><td colspan="2">교사</td><td>16</td><td>16</td></tr>
<tr><td colspan="2">학생</td><td>160</td><td>170</td></tr>
<tr><td>헌금</td><td colspan="2">자급헌금</td><td>114.85</td><td>143.45</td></tr>
</table>

38) R.A. Hardie, "Report of the Seoul District" *MECS* 1917, 12.
39) 「神學世界」3권 2호(1918.3) 화보.
40) "General Statistics of Korea Mission" *MECS* 1917-1918.

구분		1917	1918
	선교비		8.40
	예배당 건축비		79.53
	헌금 총액	224.49	327.17

이로써 석교교회는 설립 8년 만에 250명이 넘는 교인과 연건평 140평 규모의 벽돌 예배당, 그리고 교회 부속 매일학교(영신학교)까지 보유한 안정적 교회로 자리를 잡았다. 총 교인 수 통계만 두고 볼 때 석교교회는 서울시내 5개 남감리교회 중 종교교회에 이어 두 번째 위치를 차지하였다.[41] 설립 순서로 보면 제일 늦었지만 성장 속도로 보면 가장 빨랐음을 알 수 있다.

3. 일제강점기 석교교회 상황

3.1 1920년대 교회 상황

1917년 새 성전 건축이라는 어려운 과제를 무난히 해결한 하디 목사는 당시 석교교회 담임 외에 협성신학교 교장, 피어선기념성경학원 교수, 서울지방 장로사, 서울 동구역과 서구역 관리자로서 1인 5역을 감당하고 있었다. 이처럼 다양하고 막중한 사역을 감당하면서 석교교회 목회를 전담하기란 쉽지 않았다. 이런 상황에서 석교교회 전도사 혹은 전도부인으로 파송받아 와서 그를 도운 한국인 사역자들이 있어 석교교회는 착실한 성장을 이룩할 수 있었다. 특히 1910년 개척 전도인으로 파송받아 1916년 개성으로 임지를 옮기기까지 유한익 전도사가 보여준 희생적인 헌신은 석교교회 초기 선교에서 중요한 부분을 차지하였다.

유한익 전도사 후임으로 1917년 유경상 전도사와 이희백 전도사, 1918년 김인영 전도사, 1922년 이수만 전도사 등이 각각 파송을 받아 하디 목사를 도와 석교교회 목회에 임했다. 전도부인으로는 1916년 개성으로 임지를 옮긴

41) 1918년 통계에서 서울지역 교회 총교인수를 보면 자교교회가 107명, 종교교회 661명, 수표교교회 189명, 광희문교회 207명이었다.

유사라 전도사 이후 1920년대 정순희(鄭順熙) 전도사가 수고하였다. 1920년대 들어서도 석교교회는 사경회와 부흥회를 정기적으로 개최하여 교회에 활기를 불어넣었는데 1924년 4월 개최된 부흥회와 그 결과를 「기독신보」는 이렇게 보도하였다.

> "경성 석교교회에서 거 4월 20일부터 27일까지 배진성(裵振聲) 목사를 청하야 일주간 부흥회를 개최하고 새벽기도회와 오전 사경회와 오후 성경인물 강연회와 밤 부흥회로 모혀 신령한 은혜를 풍성히 받는 중에 특별히 감사한 것은 배인기(裵仁基, 11세)란 어린 학생이 그 부모에게 열심 전도하야 그 부모와 가족 6명이 다 주를 믿게 되었으며 새로 믿는 자가 22명에 달하였고 속장 유인수(柳仁秀), 전도부인 정순희(鄭順熙) 양씨가 30여 원을 연보하고 또 그 교회의 4일 기도회의 유재 10원을 합하야 종을 사서 달았으며 또한 교의를 만들기 위하야 140여 원을 연보하얏다더라."42)

여기서 1920년대 서울지방 교회 통계를 통해 석교교회의 위상을 확인해 보기로 한다. 1923년 연회 때 보고된 서울지방 각 교회 통계다.43)

구역	목회자		교회		교인					주일학교		헌금
	선교사	토착인	교회	예배당	입교	학습	세례	원입	총계	학교	학생	
종교	3	2	1	1	337	98	126	414	945	2	230	2,808.95
자교	3	1	1	1	83	34	36	70	223	2	102	624.72
광희문	1	1	1	1	90	17	22	46	175	2	214	810.41
수표교	4	1	1	1	107	6	43	113	269	2	161	1,434.83
석교	2	2	1	1	83	17	66	90	250	2	404	912.14
경교		1	1	1	25	5	7	26	63	1	40	91.22
양주		1	6	6	53	21	12	34	120	3	81	221.12
포천		1	6	6	104	23	64	16	207	5	140	828.65
연천		3	8	8	132	32	36	77	217	6	103	791.45
철원	3	2	9	9	202	39	27	106	374	8	376	2,794.39
김화		1	8	8	121	32	39	74	266	3	100	2,347.63
김성		2	9	5	143	22	71		230	6	165	344.83

42) "석교교회의 깃븜," 「기독신보」1924.5.14.
43) "Statistics," *MECS* 1923.

구역	목회자		교회		교인					주일학교		헌금
	선교사	토착인	교회	예배당	입교	학습	세례	원입	총계	학교	학생	
평강		1	10	6	137	69	28	68	302	13	447	1,114.81
삭녕		3	12	10	147	71	43	133	392	7	235	2,271.74
창도		2	8	8	126	19	49	151	345	9	302	1,898.80
합계	16	24	82	54	1,890	505	667	1,358	4,420	71	3,101	19,295.70

총 교인수 통계에서 1918년 당시 259명으로 서울 시내 교회 가운데 2위였던 석교교회가 5년만인 1923년에 250명으로 교인수가 크게 늘지 않았을 뿐 아니라 순위에서도 종교교회 · 수표교교회 다음으로 3위를 기록하였다. 다시 2년 후인 1925년 당시 경성지방 구역별 통계다.[44]

구역	목회자		교회		교인					주일학교		헌금
	선교사	토착인	교회	예배당	입교	학습	세례	원입	총계	학교	학생	
종교	6	2	1	1	136	57	60	177	612	4	405	3,304.48
자교	2	1	1	1	81	46	41	45	213	2	150	1,271.52
석교	2	1	1	1	85	20	40	40	185	2	200	3,335.87
경교		1	1	1	36	7	8	9	60	2	120	252.88
수표교	2	1	1	1	169	7	40	35	251	3	250	2,911.35
광희문	1	1	1	1	90	16	33	60	199	2	265	2,502.65
포천		1	4	4	59	24	21		104	2	38	607.19
양주		1	6	6	65	15	21	55	156	5	70	356.40
합계	13	9	16	16	901	192	264	421	1,778	22	1,498	14,542.29

석교교회는 얼마 전 독립구역이 된 경교교회를 포함하여 서울시내 6개 교회 가운데 5위를 차지하였을 뿐 아니라 총 교인수에서도 185명을 기록, 오히려 감소하였음을 알 수 있다. 다만 헌금 총액에서는 종교교회보다 더 많은 액수를 기록하여 비록 교세는 줄었지만 헌금을 통한 헌신적 신앙의 열기는 줄어들지 않았음을 확인할 수 있다.

이런 상황에서 1924년 하디가 협성신학교와 석교교회 사역을 끝내고 조선

44) "통계표," 「조선남감리회교 매년회회록」(1925).

예수교서회 총무로 자리를 옮겼는데 이를 계기로 석교교회 목회 진용에도 큰 변화가 이루어졌다. 즉 1924년 9월 연회에서 윤상은(尹相殷, 1872-?) 목사가 단독으로 석교교회 담임자로 파송을 받았던 것이다. 이로써 오랜 기간 이어져 내려오던 선교사 목사-한국인 전도사 협력목회 구조가 한국인 목회자 단독목회 구조로 바뀌게 되었다. 석교교회로서는 비로소 '선교사 관리시대'를 벗어난 것이다.

석교교회 구역 담임자로는 저다인과 하디에 이어 3대 담임자로 부임한 윤상은 목사는 서울 장흥동 출신으로 어려서 한학을 수학하다가 1906년 세례를 받고 다음 해 4월부터 매서인으로 전도사역을 시작하였으며 1908년 서울 간동교회, 1909년 자교교회, 1912년 장단구역에서 전도사로 사역하였다. 그 사이 피어선성경학원을 거쳐 1914년 협성신학교를 2회로 졸업하였고 개성 동부교회 전도사를 거쳐 1918년 9월 연회에서 집사목사 안수를 받은 후 개성 남부교회, 1919년 김화교회를 담임했다. 계속해서 1921년 광희문교회에 부임하였고 이듬해(1922) 9월 연회에서 장로목사 안수를 받았으며 광희문교회 목회 3년을 마치고 1924년 9월 연회에서 석교교회 담임목사로 파송을 받았다.[45] 이처럼 윤상은 목사는 매서인으로 전도사역을 시작한 이후 17년 동안 서울과 개성 · 김화 · 장단 등지 8개 교회와 구역을 1~4년 간격으로 옮겨 다니며 사역하였으니 감리교회 특유의 '순행 목회'(itinerant ministry)를 보여준 목회자였다. 이런 다양한 교회와 목회 경험을 지닌 윤상은 목사의 부임으로 석교교회는 다양하면서도 안정적인 부흥을 꾀할 수 있는 기회를 맞은 듯 했다. 그러나 윤상은 목사가 1927년 9월 연회에서 건강상 문제로 '자원 은퇴'함으로[46] 그의 석교교회 목회는 3년으로 끝났다.

3.2 박연서 목사의 '청년 목회'

1927년 연회에서 윤상은 목사 후임으로 박연서(朴淵瑞, 1893-1950) 목사가 석교교회 담임자로 파송을 받았다. 경기도 고양 출신인 그는 어려서 한문을

45) 『조선남감리교회 30년기념보』, 165-166.
46) *MECS* 1927, 41.

수학하였고 서울 보성소학교, 개성 보창학교에서 신학문을 배웠으며 1910년 3월 세례를 받고 1914년부터 전도사역을 시작하여 인제(1914-15)와 서석(1915-17), 철원(1917-19), 화천(1919-22), 연천(1922-23)에서 전도사로 사역하였다. 그 사이 1917년 피어선성경학원을 졸업하였고 1923년 9월 연회에서 집사목사 안수를 받으면서 포천교회에 파송을 받아 1년간 시무하였다. 계속해서 1924년 장감연합공의회 파송을 받아 일본에 건너가 오사카를 중심으로 칸사이[關西] 지방 선교사로 3년간 활동한 후 귀국하여 1927년 9월 연회에서 석교교회 4대 구역 담임자로 파송을 받았다.47)

박연서 목사가 석교교회에 부임할 당시 나이는 34세의 약관으로 그동안 석교교회에 부임했던 목사 중에 가장 젊었다. 그는 목회 초기인 1918년부터 초교파 교계언론지 「기독신보」에 "성경을 읽으시오"(1918.5.29), "우리 하나님 우리 아바님"(1918.6.26), "그리스도는 생명을 구원하시는 구조선"(1918.8.7), "우리 주님의 최종적 결정(結晶)"(1919.5.7-14), "예수의 변모"(1919.10.8) 등 설교와 논문을 발표하여 지성적 목회자로 두각을 나타내기 시작하였으며 특히 철원에서 목회하던 시절 3·1만세운동을 맞아 만세시위를 모의한 혐의로 체포되어 옥고를 치른 민족주의 목회자로 인식되었다, 그런 배경에서 연합공의회 파송을 받아 1924년 일본 오사카 선교사로 갔을 때도 그곳 조선인 노동자와 교포들의 권익을 옹호하는 민족주의 성격의 사역을 추진하다가 경찰 당국의 제지를 받고 돌아온 경력이 있어 청년 학생들에게 인기가 많았다. 그는 석교교회에 부임해서 「기독신보」와 협성신학교 기관지 「신학세계」에 지속적으로 논문과 설교를 발표하였으며 기독교청년회(YMCA) 강연회 등에도 자주 나가 강연하였다. 그는 1920년대 감리교단을 대표하는 '신진 목사' 중 한 사람이었다.

이런 '청년 목회자' 박연서 목사에게 거는 석교교회 교인, 특히 청년 학생들의 기대가 클 수밖에 없었다. 박연서 목사 부임 직후 석교교회를 탐방한 「기독신보」 기자의 글에서 그런 교회 분위기를 파악할 수 있다.

"경기 감영에서 모화재[慕華峴]를 향하여 한참 올라가면 금화산(金華山)을 배경 삼고 북으로 인왕산을 쳐다보며 하염없이 옛 회포만 자아내고 있는 독립문(獨立門) 언덕 아래 외인

47) 『조선남감리교회 30년기념보』, 190-192.

편으로 2층 연와제로 된 집이 곳 남감리 석교예배당이다. 이 교회는 주일에 출석하는 교인수가 120여 명이오 단체로는 엡웟청년회・소년회 등이 있으며 교회사업으로는 야학과 영신소학교(永信小學校)가 잇는대 이 학교는 선교회 보조을 받는다 하며 이 교회에서 여러 가지로 만흔 활동을 하는 이는 주윤장・박창현・신엘니사벳 제씨라 한다."[48]

"하염없이 옛 회포만 자아내고 있는 독립문"이란 표현에서 「기독신보」 기자의 은밀한 민족의식을 느낄 수 있다. 이런 위치에 있던 석교교회에는 청년과 학생 중심으로 120명 수준의 교인이 출석하였고 엡웟청년회와 엡웟소년회가 조직되어 활동하였으며 특히 선교부에서 지원하는 영신소학교를 통해 인재들을 양성하였다. 크지 않은 교회가 이런 육영사업을 전개할 수 있었던 것은 당시 교회를 담임하고 있던 목사의 신학과 목회 정신에서 비롯된 것이었다. 박연서 목사가 '젊은 교회'를 지향하고 있음을 알 수 있다. 이런 그의 '청년 목회'를 돕던 전도사 주윤장과 박창현, 전도부인 신엘리사벳도 청년 사역자이기는 마찬가지였다.

"본 교회 담임은 금년 연회의 파송을 받어온 박연서(朴淵瑞) 씨로 남감리교회 유력한 청년 목사이다. 그런데 그는 지금으로 3년 전에 연합전도국 파송으로 일본 대판에 전도를 갔다가 금년 봄에 쫓겨 온 까닭이 무엇이냐 하면 괴이해 마라, 교회와 공포를 위하여 너머도 애를 쓴다고 당국에서 이것을 기휘하여 음으로 양으로 받은 바 무엇이 커서 할 수 없이 귀국케 된 것이다. 이 사실을 미루어서도 그의 엇더한 것을 엿볼 수 있거니와 그는 참으로 청년이니 만큼 뛰는 피가 있고 더운 눈물이 잇는 이다. '예레미야'에나 비하여 둘까?"[49]

「기독신보」 기자는 박연서 목사를 '망국의 예언자' 예레미야와 비교하면서 그에 대한 기대를 숨기지 않았다. 기자는 마지막으로 박연서 목사의 목회 방침을 물었다.

"박 목사에게 교회를 무삼 방면으로 인도하심닛가 하매 그는 '물론 기독교의 근본 토대라 할 만한 교인의 마음의 혁명을 주장하지요. 그리고는 좀 더 교인의 단결을 위하야

48) "교회순례: 서울교회를 차저서(석교교회)," 「기독신보」1927.10.26.
49) "교회순례: 서울교회를 차저서(석교교회)"

함씁니다' 하였다. 과연 그렇다. 교단이면서도 아모 단체적 움직이는 힘이 없는 조선교회에서는 좀 더 딴딴하여졌으면- 하였다."[50]

박연서 목사는 석교교회에 부임하면서 그동안 미루어 왔던 신학 수업을 계속하여 1928년 협성신학교를 졸업하였고 신학교에 강사로 나가 강의를 하였는데 그런 배경에서 지성인들과 청년 학생들이 석교교회에 많이 나오게 된 것이다. 이처럼 석교교회에 모인 청년 학생들은 교회 안에서 친교와 교육, 신앙훈련을 받으면서 동시에 지역사회의 소외계층을 위한 다양한 선교사역을 전개하였다. 그 대표적인 것이 1928년 전도부인과 여선교회원, 청년들이 운영했던 '여자야학'(女子夜學)과 '국문교수반'(國文敎授班)이었다. 이 사업을 「기독신보」가 자세히 보도하였다. 우선 여선교회에서 운영하던 여자야학이다.

"경성 석교예배당 안에 있는 여자야학부는 조명하 씨 외 7인의 교원이 성력을 다하야 교수함으로 학생이 날로 증가하야 백여 명에 달하며 제3회의 졸업생까지 내였는데 호평이 자자하야 이 야학교 근방에 있는 직조 제사공장에서는 여자 직공들에게 그 야학에 가서 공부하라고 권장한다더라."[51]

석교교회 여자야학교는 1923년에 설립되었는데 창립 10주년을 맞은 1933년 10월 당시 여자야학 졸업생은 수백 명에 이르렀고 재학생은 2백 명이나 되었다.[52] 다음은 여선교회장 장귀련(張貴蓮)이 지도하던 국문교수반의 1928년 모습이다.

"동 교회 장귀련 여사외 수씨는 매일 사무에 분주함도 불구하고 밤이면 예배당에서 가정부인들과 학교에를 다니지 못하는 여자 아희들을 50명이나 모집하야 국문을 가르치는대 성적이 매우 양호하다더라."[53]

이처럼 석교교회는 박연서 목사 부임 이후 활기를 찾아 전도와 교육, 사회

50) "교회순례: 서울교회를 차저서(석교교회)"
51) "석교 야자야학 호황," 「기독신보」1928.3.3.
52) "What is Interesting the Korean Church?," *The Korea Mission Field* Dec. 1933, 261.
53) "국문교수반," 「기독신보」1928.3.3.

봉사 분야에서 다양한 활동을 전개하였다. 그러나 박연서 목사는 석교교회 목회에 전념하지 못했다. 1929년 연회에서 그는 조선예수교서회에서 발행하는 「기독신보」 주필로 파송을 받았다. 이런 조치는 조선예수교서회 총무이자 「기독신보」 사장으로 있던 하디 선교사의 요청에 의한 것이었다. 이에 박연서 목사는 한동안 석교교회 목회와 「기독신보」 편집 사역을 겸하였는데 석교교회 목회 공백을 메우기 위해 협성신학교 졸업생(1925)인 엄재희(嚴載熙) 전도사를 담임 전도사로 세우고 자신은 부목사로 시무하는 형태를 취하였다.[54] 이런 공동목회 체제는 엄재희 전도사가 공덕교회 담임자로 파송되는 1933년까지 계속되었다.

3.3 1930년대 석교교회 상황

1930년대 한국 감리교회는 6년간의 노력 끝에 1930년 12월 3일 남북 감리교 합동과 기독교조선감리회 총회를 조직함으로 한국 감리교회의 '자치시대'(autonomous era)를 여는 것으로 출발하였다. 이런 합동의 결과로 그동안 같은 서울에 있으면서 남감리회·미감리회로 나뉘어 별도 연회와 지방회를 구성했던 감리교회들이 단일 연회와 지방회를 결성하여 미국교회보다 앞서 '하나 된 교회' 전통을 수립하는 쾌거를 이루었다. 그에 따라 서울지역 감리교회들도 단일 '경성지방회'를 조직하였는데 석교교회도 당연히 중부연회 경성지방회를 구성한 25개 구역의 하나로 명단에 오르게 되었다. 그런데 서울지역 교회들로 단일 지방회를 조직한 결과 다른 지방회에 비해 교세나 재정면에서 월등한 우세를 보여 지방, 연회간 불균형이 문제점으로 제기되었다. 이에 1934년 2차 총회에서 경성지방회를 동·남북 세 지방으로 나누어 동지방은 동부연회, 남지방과 북지방은 중부연회에 편입시키도록 결정하였다. 그 결과 석교교회는 종교교회·중앙교회·자교교회·창천교회·공덕교회·원동교회·체부동교회·홍제원교회·서강교회 등과 함께 경성북지방을 결성하여 중부연회에 편입되었다.

이처럼 조직 개편을 한 후 석교교회 목회 진용의 변화를 정리하면 박연서

54) 「남감리교회조년매년회록」(1929), 41.

목사는 1927년부터 '겸임 형태'로 「기독신보」 주필로 근무하던 것을 1933년 3월 연회부터 정리하고 석교교회 전담 목회를 시작하였는데 연회에서는 공덕리교회로 옮긴 엄재희 전도사 후임으로 김형식(金亨植) 목사를 부담임으로 파송하여[55] 석교교회는 공동목회 체제를 유지하였다. 그러나 이러한 공동목회 체제는 1935년 김형식 목사가 석교교회를 떠남으로 박연서 목사의 단독 목회 체제로 바뀌고 이러한 구도는 일제 말기(1944) 교회가 폐쇄될 때까지 그대로 유지되었다. 박연서 목사의 '장기 단독목회' 시대가 열린 것이다.

이러한 1930년대 박연서 목사의 석교교회 목회를 도운 목회자들도 여럿 있었는데 이화여전 교수 김인영 목사, 총리원 교육국 간사 임영빈 목사 등이 석교교회 소속 목사로 교회에 나와 청년 학생들을 지도했으며, 전도부인으로는 유인경(兪仁卿) · 김영배 등이 수고하였다.[56] 석교교회 부속 영신학교도 계속 운영되었는데 1931년 당시 교사 6명이 봉직하고 있었고 1935년 당시엔 교장 권동연(權東淵) 이하 교사 4명이 학생 156명을 가르치고 있었으며 그 때까지 졸업생은 273명을 배출하였다.[57] 여선교회도 꾸준한 활동을 보였는데 1935년 여선교회 회원들이 괘종시계를 마련하여 교회에 헌납한 사실을 「기독신보」가 자세히 보도하였다.

> "시내 석교교회 여선교회에서는 임원 이하 전 회원이 일치하야 교회를 위하야 크게 활동하는 바 지난 8월에는 교회에 시계가 없어서 유감으로 생각하고 전 회원들이 푼전을 모아 15원 가치의 괘종시계를 기증하여 일반교인에게 큰 감흥을 주었으며 이번 10월 7일부터 일주간 성경연구와 특별강연과 가정상식강좌를 하였다는데 동교회에서는 본회 사업에 큰 기대를 가지고 있다고 한다."[58]

석교교회 '청년 목회'의 구심점인 엡윗청년회도 꾸준하게 활동했다. 다음은 1937년 4월 개선된 석교교회 엡윗청년회 임원 명단이다.[59]

---

55) 「기독교조선감리회 중부연회회록」(1933), 40.
56) 「기독교조선감리회 중부연회회록」(1933-39).
57) 『기독교조선감리회 요람』(1932), 41; 『기독교조선감리회 요람』(1936), 89.
58) "석교여선교회의 활동," 「기독신보」1935.10.30.
59) "석교 엡윗청년회 임원 개선," 「기독신보」1937.6.9.

회장: 장창희
총무: 김영환
서기: 박광표 김상철
회계: 김성환
종교부장: 오귀린
문예부장: 유증서
음악부장: 유석기
사교부장: 김오룡

다음은 1938년 기독교조선감리회 유지재단에 편입되어 있던 석교교회 소유 부동산 목록이다.[60)]

지번	토지				건물			
	지목	지적	시가	용도	구조	건평	시가	용도
천연정 71	社寺	296평	14,800	예배당 기지	연와석조	140평	10,000	예배당
천연정 71-1	垈	4.7평	200	정문 입구				
천연정 78	垈	70평	3,500	예배당 기지	목조함석	30평	1,500	주일학교
천연정 75	垈	28평	1,400	주택 기지	목조함석	9간	300	목사주택
천연정 74	垈	19평	950	주택기지	목조함석	5간	300	전도부인 주택
천연정 74-1	垈	22평	1,000	주택정원				
천연정 70	垈	41평	2,000	주택기지	목조초가	8간	200	使丁室
천연정 73	垈	27평	1,350	교회유지	목조초가	9간	200	貰家
천연정 76	垈	41평	2,050	교회유지	목조함석	7간	200	貰家
천연정 77	垈	24평	1,200	교회유지	목조초가	6간	150	貰家
계		572.7	28,450				12,850	

6백 평 가까운 대지에 예배당과 8채 건물들이 모여 있었는데 주일학교 교실, 목사와 전도부인, 관리인(사정) 사택까지 완비된 모습이다. 그리고 눈에 띄는 것은 '세가'(貰家) 용도로 사용되고 있는 집 세 채다. 이것은 교회 부지

60) 「재단법인 기독교조선감리회 유지재단 규칙급 설명서」(1938), 67-68.

안에 있는 집들을 세주어 교회 유지비로 충당하고 있음을 보여준다. 넉넉한 부동산을 지닌 교회로서의 여유를 느낄 수 있다. 재산 규모를 보면 토지와 건물을 합쳐 시가 41,300원 정도 되는 재산이다. 결코 적지 않은 규모인 것을 알 수 있다. 그러나 이러한 부동산 여유가 오히려 일제 말기 교회 폐쇄의 원인의 하나로 작용하였음도 지적할 사항이다.

4. 일제 말기 석교교회 폐쇄

1938년 10월 기독교조선감리회 제3차 총회에서 2대 총리사(감독)로 선출되었던 김종우 목사가 1년 만에 별세하고 그 후임으로 총리원 이사회에서 정춘수 목사를 감독으로 선출하였는데, 이때부터 일제 말기 한국 감리교회의 비극적 역사는 본격적으로 전개되었다. 일제는 1931년 만주사변과 1937년 중일전쟁을 일으켜 아시아 대륙을 전시상황으로 바꾸면서 천황제 이데올로기를 바탕으로 한 강력한 군국주의 통치체제를 구축하기 위해 소위 '황민화'(皇民化) 정책을 추구, 우리 민족의 정체성을 말살하고 정신적 · 문화적 일본화를 추구하기 위해 신사참배와 궁성요배, 국민서사 낭송, 창씨개명 등을 강요하였다. 이런 일제의 황민화정책은 정치와 사회뿐 아니라 종교와 문화 분야에서도 강압적으로 추진되었는데 기독교도 그 예외는 아니었다.

이런 '종말론적' 시대상황에서 기독교인들의 행동은 순응과 저항, 두 가지로 나뉘었다. 신사참배와 궁성요배를 반대하고, 일제의 종교정책을 비판하며 저항노선을 취했기 때문에 순교와 수난의 길을 걸어야 했던 예가 없었던 것은 아니나 절대 다수 기독교인들은 순응 노선을 취한 것도 사실이다. 특히 일부 '친일적' 교계 지도자들은 총독부 정책을 적극 수용하여 교회 안에서 이를 적극 추진 · 실천함으로 비신앙적이고 반민족적인 모습을 보여주기도 하였다. 감리교회의 경우 정춘수 감독이 이끈 '혁신교단'이 그런 대표적인 예였다. 즉 1940년 10월 정춘수 감독을 중심한 교단 지도부에서 '혁신'이란 이름하에 일제의 황민화정책을 적극 수용하기 위한 교회 조직과 체제를 일본식으로 일대 혁신하였는데 우선 명칭에서 감독을 통리자, 감리사를 교구장, 목사를 교사,

연회를 교구, 주일학교를 일요학교, 여선교회를 부인회 등으로 바꾸었다.

이런 종말론적 상황에서 석교교회는 어떤 입장을 취하였고 그 결과는 어떠했는가? 간단히 말하면 석교교회는 순응 노선을 취하였음에도 교회가 폐쇄되는 모순적 상황을 연출하였다. 석교교회가 순응 노선을 취한 것은 담임자 박연서 목사의 선택에 의한 것이었다. 3·1만세운동에 참여했고 일본에서 민족주의적 선교활동을 펼치기도 했던 박연서 목사는 1930년대 후반에 접어들면서 그 시대 많은 지식인들이 그러했던 것처럼 생존을 위한 순응과 타협의 길을 택하였다. 그는 이미 1920년대 「기독신보」 주필로 있으면서 날카롭고 명쾌한 글을 발표하여 지성적 '청년 목사'로 이름을 날렸다. 이런 과정을 거쳐 그는 자연스럽게 교계 지도급 인사들과 교제를 나누었고 그도 그런 인물 가운데 한 사람으로 부각되었다. 이런 그가 교계 정치에 본격 참여하게 된 것은 1938년 경성북지방 감리사가 되고부터이다.

앞서 살펴본 대로 정춘수 감독이 이끄는 혁신교단은 1941년 3월 동부와 중부 · 서부 3개 연회와 함께 기존의 지방회 조직도 모두 해산하고 일본식으로 교단과 교구 제도를 도입하여 지방 교회 조직을 개편하였다. 이에 따라 중부연회 경성남지방과 경성북지방, 동부연회 경성동지방으로 활동하던 서울지역 감리교회들이 '경성교구'(京城教區)로 통폐합되었다.[61] 이렇게 해서 '친일' 조직으로 변모한 경성교구의 초대 교구장으로 경성북지방 감리사였던 박연서 목사가 선임되었고 동시에 혁신교단 본부 전도주임이 되었다. 이런 식으로 박연서 목사는 정춘수 감독의 혁신교단 핵심 임원 중 한 사람으로 활동하기 시작했다.

혁신교단 조직에 적극 참여하여 초대 경성교구장으로 선출된 박연서 목사가 교구장으로서 처음 한 일은 1941년 4월 29일 천황의 생일을 맞아 교구 차원의 '천장절(天長節) 봉축 예배'를 개최한 것이었다. 총독부와 교단 지시에 따라 경성교구는 정동교회에서 봉축예배를 개최하였는데 시내 39개 교회 신도들이 참석하였고 다음과 같은 순서로 진행되었다.[62]

---

61) 「기독교조선감리교회 중부 동부 서부 연합연회회록」(1941), 36.
62) "천장절 봉축예배 성황," 「조선감리회보」1941.5.1.

국기경례(國旗敬禮) …… 일동
궁성요배(宮城遙拜) …… 일동
국가봉창(國歌奉唱) …… 일동
묵도(黙禱) …… 일동
황국신민서사제송(皇國臣民誓詞諸誦) …… 일동
찬송 …… 22장 …… 일동
기도 …… 박창현(朴昌鉉) 목사
성서봉독 …… 김영섭(金光永燮) 목사
봉축사(奉祝辭) …… 박연서(朴本淵瑞) 교구장
송영 …… 1장 …… 일동
만세삼창(萬歲三唱) …… 정춘수(禾谷春洙) 통리자

이 때 박연서 교구장이 낭독한 봉축사는 다음과 같이 시작되었다.

"본일(本日)은 천황폐하(天皇陛下)께옵서 제40회의 어탄절(御誕節)을 마지하옵는 천장절(天長節)이올시다. 천기(天氣)가 더욱 우려(優麗)하옵시고 옥체(玉體)가 더욱 강녕(康寧)하옵심을 우리 전국민(全國民)이 삼가서 경축(慶祝)합니다. 연연(年年)히 천장가절(天長佳節)을 맞이하올 때마다 황은(皇恩)이 굉대무변(宏大無邊)하옵심에 공구(恐懼)와 감격(感激)에 넘치나이다. 지나사변(支那事變)은 발발이래(勃發以來) 만(滿) 4년에 이르렀고 국제정세(國際情勢)는 더욱더욱 복잡다기(複雜多岐)하게 되었습니다. 폐하(陛下)께옵서는 황공(惶恐)하옵게도 국운(國運)의 융창(隆昌)을 어진념(御軫念)하시와 일야다단(日夜多端)한 이정세(御政務)와 어군무(御軍務)에 어정려(御精勵)하옵시와 때로는 어집무(御執務)가 심경(深更)에 이르옵는 일이 있는 것을 승문(承聞)하오매 일억신민(一億臣民)의 공구(恐懼)가 이에서 더 큼이 없사옵나이다. 이제는 혁혁(赫赫)한 전과(戰果)를 걷우어 지나(支那)의 질서(秩序)가 착착정연(着着整然)하여지고 황국(皇國)의 국위(國威)가 인방(隣邦)에 떨치여 제국(帝國)의 동아지도권(東亞指導權)을 확보(確保)하게 되었고 나아가 세계(世界)의 신질서(新秩序)를 건설(建設)하는 사명(使命)을 다하게 됨은 실로 성상폐하(聖上陛下)의 어성려(御聖慮)하옵심의 결정(結晶)임을 믿고 전국민(全國民)의 감격(感激)하야 마지않는 바이외다."[63)]

박연서 목사 자신의 글이라기보다는 총독부 측에서 작성해 읽도록 지시한

63) "천장절 봉축예배 성황."

문장이라 보는 것이 타당할 것 같은데, 아무튼 이런 '정치적' 언사를 교회 모임에서 해야만 했던 것이 박연서 목사에게 주어진 역할이었다. 이듬해, 1942년 4월 23-25일 정동교회에서 개최된 제1회 경성교구 연회 분위기도 크게 다르지 않았다. 연회는 다음과 같은 순서로 진행되었다.64)

일자	시간	회의 내용
제1일	오전 9시	개회, 국민의례, 기도회
	10시	조직(서기 선정, 회원 조직)
	10시 30분	각 위원회
	오후 12시 30분	의사 진행(위원 보고, 기타 사항, 의사록 낭독)
	2시 30분	통상회의(개회, 성만찬)
	3시 30분	조직(서기 선정, 사업위원 선정)
	4시	의사(통리자 고사, 교구장 보고)
	8시	특별 강연(신흥우)
	9시 30분	위원회 보고
제2일	오전 9시	기도회, 추도회
	10시	의사 진행(보고 접수)
	11시 30분	특별강연(경기도 고등경찰과장)
	오후 2시	각위원회
	8시	특별강연, 특별 음악
제3일	오전 9시	기도회, 신궁참배
	9시 30분	의사 진행
	11시	내빈 소개
	11시 30분	위원회 보고
	오후 12시 30분	정회(사진 촬영)
	2시	각 위원회
	8시	의사 진행(총회 대표 선거, 위원회 보고, 권도사 증서수여)
	9시 30분	폐회

순서 중에 첫째 날의 '국민의례'와 셋째 날의 '신궁참배'는 총독부 지시로 피할 수 없었던 '친일행각'이었다. 그 외에 매일 한 두 차례 있었던 '특별 강

64) 「제1회 기독교조선감리교단 경성교구회의사록」(1942), 5-8.

연'도 신앙과는 전혀 관계없는, 시국에 관련된 '친일 연설'이었다. 첫째 날 회원들이 들어야 했던 정춘수 통리자의 '고사'(告辭) 서두는 이런 내용으로 가득차 있었다.

"과거 1년은 역사적으로 영원히 잊지 못할 광휘(光輝)의 해입니다. 아제국조국(我帝國肇國)의 대이상(大理想) 즉 팔굉일우(八紘一宇)의 정신이 천하에 보급하야 세계의 신질서를 건설함과 동아(東亞)의 공영권(共榮圈)을 확립하며 기초를 반석 우에 세우고 착착 진행하여 갑니다. 동아십억(東亞十億)의 적(敵)인, 아니 세계인류(世界人類)의 적(敵)인 미영(米英)을 동아의 천지에서 격멸함은 얼마나 엄용(嚴容)하고 장쾌(壯快)한 일입니까? 소화(昭和) 16년 12월 8일 황공(惶恐)하옵게도 천황폐하(天皇陛下)께옵서 대조(大詔)를 환발(渙發)하사 선전포고(宣戰布告)를 하옵시매 일억신민(一億臣民)은 성지(聖旨)를 봉체(奉體)하야 정신봉공(挺身奉公)하는 중 황군장병(皇軍將兵)의 혁혁한 전과(戰果)로 2개월 미만에 적(敵)의 동양침략(東洋侵掠)의 아성(牙城)인 향항(香港, 홍콩), 마니라, 신가파(新嘉坡, 싱가폴)까지 함락하고 멀니 적도(赤道)를 너머 난령인도(蘭領印度)까지 항복하야 세계로 하야금 진동(振動)케 하고 십억(十億)의 민중을 해방하야 황국(皇國)의 은위(恩威)가 팔굉(八紘)에 두루 밋치였스니 이 얼마나 큰 성대(聖代)의 성사(盛事)오릿가, 우리 신민(臣民)은 감읍(感泣)하고 일층 더 분발하야 성업완수(聖業完遂)에 보국(報國)의 성(誠)을 다하십시다."[65]

교회 지도자의 연설이라기보다는 정치인 관료들의 시국 연설이라 할 수 있었다. 뒤이어 낭독한 박연서 교구장 보고도 마찬가지였다.

"소화(昭和) 16년 12월 8일에 황공(惶恐)하옵게도 천황폐하(天皇陛下)께옵서 대조(大詔)를 환발(渙發)하옵사 선전포고(宣戰布告)를 하옵시며 대동아전쟁(大東亞戰爭)이 시작되었습니다. 이래(以來) 황군장병(皇軍將兵)의 혁혁(赫赫)한 전과(戰果)로 동아(東亞)의 적(敵)뿐만 아니라 세계의 적인 미영(米英)을 동아천지(東亞天地)에서 격멸(擊滅)하고 저들의 독아(毒牙)에 토착민(土着民)을 해방하야 동아공영권(東亞共榮圈)에 드러와서 자유와 평화에서 안민낙토(安民樂土)를 건설하니 이는 제국(帝國)이 조국(肇國)의 대이상(大理想)인 팔굉일우(八紘一宇)의 정신이 천하에 보급함이오니 이 어찌 성대(聖代)의 성사(盛事)가 이니오릿가, 우리 교단(敎團)으로서는 혁신이래(革新以來) 통리자(統理者)를 수반(首班)으로 하고 일반신도들의 억조일심(億兆一心)으로 국가에 충성을 다하야 신도실천(臣道實踐)에 범(範)을

65) 「제1회 기독교조선감리교단 경성교구회의사록」(1942), 3-4,

보이며 기독의 교훈과 시범을 몸에 옮기어 참된 신도(信徒)로 경천애린(敬天愛隣)에 신생활 개척(新生活開拓)하려 노력하는 자가 많이 이러나게 됨을 감사하나이다."[66]

교단 통리와 교구장이 나와 1년 전까지만 해도 선교 현장에서 함께 사역하던 선교사들의 나라, 미국과 영국을 '세계 인류의 적'으로 지칭하며 '팔굉일우'·'대동아공영'·'총후보국' 등 총독부에서 선호하는 단어들로 가득찬 연설을 할 때 그것을 앉아서 들어야 했던 목회자와 평신도 대표들의 심정이 어떠했을지는 쉽게 짐작할 수 있다. 이런 분위기 가운데 경성교구연회가 다음과 같이 조직되었다.[67]

회장: 박연서(朴本淵瑞)
서기: 전희진(秋田義鎭) 김용해(金光容海)
전도위원장: 김영섭(金光永燮)
공익사업위원장: 김수철(金洙喆)
일요학교사업위원장: 이동욱(李河東旭)
여자사업위원장: 안례아(安禮娥)
교육사업위원장: 김순철(金海順哲)
재정위원장: 장병익(張本炳翼)
은급사업위원장: 전효배(田村有豊)

박연서 목사는 여전히 경성교구장과 교단 전도주임을 겸임하면서 혁신교단 정책을 수행하는 실무자로 활약했다. 박연서 목사는 교구와 교단본부 일에 전념하기 위해 1942년 3월 교구연회에서 석교교회 담임 자리를 내놓게 되었고 그 후임으로 엄재희(嚴原廣熙) 목사가 부임하였다. 엄재희 목사는 1931년부터 1933년까지 석교교회에서 전도사로 목회한 경험이 있었고 공덕리교회를 거쳐 1937년 공주읍교회를 담임하면서 1941-42년 혁신교단 충청교구장을 역임한 경력도 있어[68] 박연서 목사의 후임으로서 손색이 없었다. 이로써 엄재희 목사는 일제강점기 석교교회의 마지막 담임자로 주어진 역할을 감당

66) 「제1회 기독교조선감리교단 경성교구회의사록」, 51,
67) 「제1회 기독교조선감리교단 경성교구회의사록」, 9-10; "경성교구 연회 개요," 「기독교신문」 1942.5.13.
68) 「제1회 기독교조선감리교단 경성교구회의사록」, 63,

하게 되었다.

이런 변화가 이루어진 1942년 3월 교구연회에 목회자들과 함께 교인 대표로 참석했던 석교교회 교인들로는 권도사(권사) 대표 노병준(盧炳準), 신도총회 대표 권동연(權東淵), 일요학교장 대표 임영빈(任英彬), 부인회 대표 박인덕(朴仁德) 등이 기록에 남아 있다.[69] 연회에 보고된 통계 속에 나타난 당시 석교교회 교인 수는 125명으로 교구 내 37개 교회 가운데 5위를 차지하였고, 교회 부속학교로서 영신학교도 여전히 존속하여 교사 7명이 학생 479명을 가르치고 있음을 보여주었다.[70] 사실상 이것이 일제강점기 석교교회 상황을 증언하는 '마지막' 보고다. 이후 상황은 2차 세계대전 말기 상황과 맞물려 더욱 급속한 속도로 암흑과 혼돈을 향해 질주하였다.

정춘수 감독의 '혁신교단'도 가속도를 냈다. 혁신교단은 1943년 10월 총회에서 다시 한 번 변신을 시도했는데 교단 명칭을 '일본기독교조선감리교단'(日本基督敎朝鮮監理敎團)으로 바꾸고[71] 총독부 정책에 따라 교단의 모든 행정과 사업을 사상 통제와 전쟁 후원에 맞추었다. 전국 교회에 신사참배와 궁성요배를 비롯한 신도(神道) 의식을 철저히 준수할 것을 지시하였으며 성경과 찬송을 '시국 상황'에 맞게 개편, 삭제하였고 소위 '연성'(鍊成)으로 불리는 목회자들의 정신 교육을 한층 강화하였다. 주일예배도 오전 · 오후(저녁) 두 번 모이던 것을 1회로 축소하되 가급적 밤 집회로 모이도록 하였고 지원병과 정신대 참여를 독려하였다.[72] 무엇보다 정춘수 통리가 강력하게 추진한 것은 '비행기 헌납운동'이었다. 정춘수 통리는 장로교와 충성경쟁이라도 하듯 '감리교단호'(監理敎團號) 비행기를 3대나 헌납하기로 하고 전국 교회에서 비행기 헌금을 실시하여 21만 원을 거두었으며 1944년 4월 교회 통폐합을 실시, 폐지된 교회 예배당과 토지를 팔아 부족한 액수를 채우기로 하였다.

이런 계획에 따라 전국에서 34개 교회가 폐지되었다. 교단 지시로 폐지된 교회 교인들은 정든 예배당에서 쫓겨나 이웃 교회로 가서 예배를 드려야 했

---

69) 「제1회 기독교조선감리교단 경성교구회의사록」, 13-15,
70) 「제1회 기독교조선감리교단 경성교구회의사록」, 43, 49.
71) 장로교회는 감리교보다 5개월 먼저 '일본기독교조선장로교단'으로 체제를 개편하여 역시 일제에 협력하는 자세를 보여주었다. 「기독교신문」1943.8.25, 11.17.
72) "일본기독교조선감리교단 통보," 「기독교신문」1944.5.1.

다. 서울에서 그런 식으로 통폐합 과정을 거쳐 살아남은 교회와 사라진 교회를 정리하면 다음과 같다.[73)]

남은 교회	사라진 교회(→병합된 교회)
정동 종교 중앙 동대문 자교 수표교 신설동 왕십리 돈암동 한강 흑석동 영등포 청엽정 만리현 공덕동 아현 창천 홍제동 삼청동	석교(→정동) 체부동(→종교) 상동(→중앙) 장사동(→중앙) 광희문(→동대문) 용두리(→신설동) 답십리(→신설동) 성북동(→돈암동) 이태원(→한강) 도화동(→공덕동) 마포(→공덕동) 서강(→창천) 원동(→삼청동)
19개	13개

석교교회는 폐쇄 대상에 포함되었다. 폐쇄와 생존의 판단 기준이 무엇이었는지 분명치는 않지만 ① 역사가 오랜 교회로서 민족운동의 전통이 남아 있는 교회, ② 교세가 약하여 유지가 어려운 교회, ③ 부동산 재산이 많아 매각효과가 큰 교회 등으로 추정할 수 있다. 한말과 일제강점기 기독교 민족운동의 구심점이었던 상동교회가 첫 번째 경우에 해당하고 교인 수 40명 미만의 장사동교회와 체부동교회 · 원동교회 · 이태원교회 등이 두 번째 경우에 해당한다. 그리고 세 번째 경우는 넓은 교회 부지와 예배당 건물, 그리고 부속 매일학교 건물까지 있던 경우로서 광희문교회와 용두리교회 · 서강교회, 그리고 석교교회가 해당된다. 특히 석교교회는 토지와 건물을 합하여 시가 4만 원 상당의 부동산을 보유한 '부자'(?) 교회였기에 매각 효과가 클 것으로 기대했다. 그뿐 아니라 총독부와 혁신교단 정책을 적극 지지 · 추진하던 박연서 교구장과 그 후임 엄재희 목사의 지도를 받던 교인들로부터 저항이나 반발을 사지 않을 것이란 점도 고려되었을 것이다. 이런 이유들로 석교교회는 창립 34년 만에 문을 닫았고 남은 1백여 교인들은 정동교회로 가거나 뿔뿔이 흩어져 얼마 남지 않은 '암흑의 때'를 인내하며 살아야 했다.

73) "愛國機獻納及敎會合併實施ニ關スル件," 「기독교신문」1944.4.1.

수원선교와 매향여학교

이 글은 기독교, 특히 감리교회의 수원선교의 역사적 흐름과 그 과정에서 이루어진 수원 삼일학교와 삼일여학교(지금의 매향여학교) 설립과 역사 흐름을 살펴보는 데 목적이 있다. 수원에서 교회를 통한 복음 선교와 삼일 남·녀 학교를 통한 교육선교는 서로 분리해 놓고 볼 수 없는 밀접한 관계를 맺고 있다. 한말 수원에 처음 복음이 들어오는 과정에서 이미 '교회 안에 학교,' '학교 옆에 교회'라는 불가분의 관계로 시작되었고 일제강점기 수난과 시련 상황에서도 이 관계는 계속 유지되었다.

그러나 해방 후 여러 가지 이유로 우호적이었던 교회와 학교, 학교와 지역사회의 관계에 금이 가기 시작했고, 갈등 구조까지 형성되었다. 이런 부정적 현상을 극복하고 다시 교회와 학교, 지역 사회 사이에 우호적인 관계를 회복하기 위해서는 수원에 복음이 들어왔던 '처음 상황'에서 연출되었던 선교부와 교회, 학교와 지역 사회의 우호적이고, 협조적인 관계의 역사를 되새겨볼 필요가 있다. 그것이 오늘 수원교회와 기독교 학교가 회복해야 할 '처음 사랑'(계 2: 4)이기 때문이다. 이런 맥락에서 이 글은 한말 수원에 기독교 복음이 들어온 유래와 감리교 선교 과정, 그리고 수원종로교회와 삼일 남·녀 학교 설립과 초기 역사를 살펴볼 것이다.

1. 기독교의 수원선교

기독교 복음이 전파된 19세기 말 수원 상황은 기독교에 그다지 우호적이지는 않았다. 불과 1세기 전에 정조대왕의 '개인적' 의지로 건설된 신도시로서 관료 계층을 중심한 수구적 보수 분위기가 강했고, 수원 인근의 화성 · 남양 · 용인 등지의 전통 양반 계층도 서구 종교의 유입을 달가워하지 않았다. 여기에 수원이란 도시 자체가 국왕의 지시로 급속하게 만들어진 '신도시'였기에 주민 구성과 성격도 복잡하였다. 수원의 종교 상황도 마찬가지여서 적어도 수원 시내에서 어느 특정 종교가 절대 우위를 점하는 그런 상황은 아니었다. 다만 주민 대부분이 바깥쪽에서 '이주해 온' 사람들이었기에 지역 토착성은 다른 지역에 비해 약할 수밖에 없었고, 그런 점에서 외래 종교에 대한 개방적 성향을 지닌 주민들이 나올 가능성은 충분하였다.

수원에 기독교 복음은 여러 갈래로 들어왔다. 그러나 정확하게 언제 기독교 신자가 나왔는지 그 정확한 연도를 밝히기는 어렵다. 우선 천주교회의 경우, 이미 1866년 병인교난 때 수원 출신 조화서 · 조윤호 · 장낙소 등 33명의 순교자들이 나온 것으로 보아 그 이전에 이 지경에 상당수 천주교인들이 있었을 것으로 추정된다. 이러한 배경에서 1892년 수원 북수동에 천주교회 수원본당이 설립되었고 이곳을 거점으로 하여 수원과 인근 지역 선교가 확산되었다.[1)]

개신교회로는 감리교회가 1896년 '수원 · 공주 구역'을 설정하고 선교사와 전도인들이 수원지역을 순회하며 전도하여 1890년 이전에 수원 인근 동탄면 장지리에 처음으로 교회가 설립되었다. 이곳을 거점으로 하여 용인 · 광주 · 시흥 등지로 선교 확장이 이루어졌으며 수원 읍내에 들어온 것은 1901년이다. 이 부분에 대해서는 뒤에 자세히 살펴볼 것이다.

다음으로 장로교회가 들어왔다. 장로교 전도인이 언제 수원에 들어왔는지 밝혀지지는 않지만 이미 1898년 미국 북장로회 선교부에서 수원과 안성 · 죽산 · 음죽 · 장호원 · 이천 · 광주 · 용인 일대를 '경기 남서구역'으로 정하고 당시 서울 연동교회를 맡아 보던 선교사 기포드(D.L. Gifford)와 밀러(F.S. Miller), 그리고 한국인 조사 김흥경(金興京)을 이 지역으로 파송하여 전도하게 하였다. 기포드의 1898년 선교 보고서다.

---

1) 유홍렬, 『한국천주교회사』, 하(가톨릭출판사, 1975), 329; 『수원시사』(수원시, 1989), 1509.

"수원군내 한 마을에 상당수 교인들이 모이는 집회가 있어 상당한 관심을 집중시키고 있다. '플리머스 형제단'에 속한 일본인 전도자가 수원 읍내에 있는 우리 교인을 찾아와 좋은 집 한 채를 마련해 주면서 단지 조건은, 자신이 일년에 두 차례 수원에 올 때마다 길거리에 접한 그 집 바깥방에서 집회를 열 수 있도록 해달라는 것이었다."[2)]

그 외에 기포드는 장로교회가 수원지역 선교의 문을 여는 데 공헌한 '이씨' 부부에 대해서도 언급하여[3)], 1898년 이전 수원읍내에 상당수 장로교인들이 있었음을 알 수 있다. 그러나 장로교회의 수원선교는 더 이상 확산되지 못했다. 우선 이 지역 선교를 관리하고 있던 기포드가 1900년 4월 지방 전도여행 중 병에 걸려 별세함으로 큰 손상을 입었고 그 후임이 된 밀러 역시 새롭게 개척된 충청도 지역 선교에 몰두하게 됨으로 경기지역 선교는 위축될 수밖에 없었다. 게다가 치명적인 것은 앞서 기포드 보고에도 언급된 바 있던 '플리머스 형제단' 선교가 수원을 거점으로 활발하게 전개되면서 수원의 장로교인들이 대거 그리로 흡수된 것이다.

이런 상황에서 한국인 전도자 김흥경이 외롭게 수원과 안성 · 광주지역을 돌며 전도하였는데, 그 역시 플리머스 형제단으로 인해 적지 않은 곤경을 겪었다.[4)] 이런 상황은 그가 1902년 4월, 선교 보고를 하면서 "수원 다리개 교우 집 수가 아홉인대 두 집만 남고 다 이산하였고"라고 언급한 데서 잘 드러난다.[5)] 이처럼 힘들게 전개된 장로교회의 수원선교는 1903년 막을 내리게 된다. 즉 그 해 미국 북장로회와 미감리회 선교부 사이에 선교구역 분할협정을 하면서 경기 수원 · 광주 · 이천 · 장호원 지역이 감리교회 선교구역으로 확정됨으로 장로교회는 전도인을 철수시켰고 이후 해방되기까지 수원에 장로교회는 들어오지 않았다.

이처럼 장로교회의 초기 선교과정에서 '걸림돌'로 작용했던 '플리머스 형

---

2) General Report of Seoul Station of the Presbyterian Church in the U. S. A., 1898, 20.
3) General Report of Seoul Station of the Presbyterian Church in the U. S. A., 1898, 21.
4) 그의 전도로 설립된 안성교회는 1902년 교인들이 통째로 플리머스 형제단으로 넘어가려고 해이 때문에 상당한 분란이 야기되었다. 『조선예수교장로회사기(상)』 (신문내예배당, 1928), 94-95.
5) 「그리스도신문」1902.4.17.

제단'(Plymouth Brethren)은 1830년대 영국에서 출발한 개신교파의 하나로[6] 동양에서는 '기독동신회'(基督同信會) 혹은 '기독신우회'(基督信友會), '그리스도인의 집회소' 등의 명칭으로 불렸다. 동양선교로는 1888년 일본선교를 시작했고 한국에는 1896년 일본인 전도자 노리마츠[乘松雅休]가 내한해서 서울에서 활동하였고 1899년 수원에 진출하여 1900년 8월 수원 시내 장안동에 거처를 마련하고 전도활동을 시작하였다.[7] 바로 이 시기, 앞서 언급한 '플리머스 형제단 일본인 전도자'의 수원 장로교인 접근이 이루어진 것이다. 이 후 기독동신회의 한국선교는 수원을 거점으로 하여 경기도와 충청도, 멀리 황해도까지 확산되었다. 이외에 일본계 기독교 선교로는 감리교 계열의 일본 메소디스트교회와 회중교회 계열의 일본 조합교회가 1910년대 수원에 교회를 설립하고 주로 수원 거주 일본인들을 상대로 선교활동을 폈다.[8]

다음으로 영국성공회가 1905년, 브라이들(G.A. Bridle) 선교사를 수원에 파송하여 그해 성탄절 임시 성당을 마련하고 전도를 시작하였다. 그리고 1908년 교동에 벽돌로 성스테판성당을 건축하였으며 성베드로수녀원과 고아원 · 진명여학교도 운영함으로 종합적인 선교를 전개하였고 수원은 경기 이남 지역 성공회 확산의 거점이 되었다.[9] 같은 영국 계열의 구세군도 1910년대 수원에 교회를 설립하고 선교를 시작하였으나 교세는 그리 많지 않았다.

수원성결교회는 비교적 늦은 1928년에 설립되었다. 평택교회 출신 오명환, 서울 독립문교회 출신 류익옥, 일본 도쿄서 귀국한 손문준, 인천교회 출신 이종문 등 다른 곳에서 신앙생활을 하던 성결교회 교인들이 수원으로 이주하자 동양선교회 선교부에서 이성봉 전도사와 이혜숙 전도부인을 파송하여 수원읍

---

6) 영국성공회 사제였던 다비(J.N. Darby)를 중심으로 결성된 신앙공동체로서 교리적으로는 칼빈주의와 경건주의, 청교도주의를 혼합하고 있으며 초대교회의 신앙전통 계승을 강조하여 매주일 성찬식을 하고 감독이나 장로 같은 교직 제도를 거부하며 평신도 중심의 봉사활동과 성경공부를 강조한다. *Oxford Dictionary of the Christian Church(London: Oxford Press*, 1997), 1302-1303.

7) 이진호, "기독동신회 승송, 조덕환, 김태희의 선교활동," 「기전문화」제10집(기전향토문화연구회, 1993), 61-65

8) 홍석창, "수원지방의 개신교와 삼일운동과의 관계," 『한국 감리교회와 역사 : 윤춘병 감독 팔순기념논총』(감리교출판사, 1998), 27-32.

9) 이재정, 『대한성공회 백년사』(대한성공회 출판부, 71-72, 1990), 83.

신풍리에 예배당을 건축하고 교회를 설립했다. 이들의 헌신적인 활동으로 교회는 1년 만에 70명 교인을 확보할 수 있었다.[10]

이처럼 수원에는 1890-1910년대 이르러 여러 교파 교회들이 들어와 선교 활동을 전개하였지만, 선교에 투자한 물량이나 효과 면에서 감리교회의 그것에 비교할 수 없으며 따라서 기독교의 수원선교는 감리교회를 중심축으로 하여 진행되었다 해도 과언이 아니다.

2. 감리교회의 수원선교

2.1 장지리교회 설립과 경기 남부 선교

감리교회의 수원선교는 수원에 가까운 화성군 동탄면 장지리(長芝里)에서부터 시작되었다. '장진내', '장천' 등으로도 불리는 장지리마을 유지 박효승이 1890년 어간부터 믿기 시작하여[11] 1893년 교회를 설립한 것이 서울과 인천 이남지역에서는 첫 번째 교회가 되었다.[12] 박효승을 비롯하여 박홍성 · 이춘원 등 장지리교회 교인들은 1897년 독자적으로 예배당을 건립할 정도로 열심을 내었다. 장지리교회를 중심한 경기 남부지역 선교는 1893년 이후 서울 상동교회를 담임하면서 한국선교 관리자 직책을 맡고 있던 스크랜턴(W.B. Scranton) 박사가 담당하게 되었다. 1896년부터는 정식으로 '수원 · 공주 구역'이 설정되어 그를 비롯하여 버딕(G.M. Burdick) · 스웨어러(W.C. Swearer) · 존스(G.H. Jones) 등 선교사와 김동현 · 이명숙 · 문경호 등 한국인 전도자들의 주기적인 순회 방문이 이루어졌다.[13] 그해 스크랜턴은 수원지역을 방문한 후, "장지내에 입교인 17명이 있으며 장지내를 중심으로 사업이 확장되고 있는데 용인에서 어른 6명과 아이 4명에게 세례를 주었다"고 하여 장지리교회를 중심으로 그 인근 지역으로 복음이 확산되고 있음을 보고하였다.[14]

---

10) 이명직, 『조선예수교동양선교회 성결교회 약사』(성결교회 출판부, 1929), 134.
11) 「죠션크리스도인회보」1897.8.4.
12) 홍석창, 『수원지방의 발자취』(수원동지방회, 1978), 55.
13) *Minutes of the Annual Session of the Korea Mission of the Methodist Episcopal Church*(이하 *MEC*), 1896, 15.

이처럼 경기 남부지역 선교의 거점이 된 장지리교회 여성 교인들의 믿음도 남달랐다. 그들은 아직 여성교육에 대한 부정적인 분위기가 팽배해 있던 상황에서도 자녀를 서울 이화학당으로 유학보낼 정도로 '깬' 여성들이었다. 1895년 스크랜턴(M.F. Scranton) 대부인의 선교보고다.

> "작년 연초에 장지내지역 교인 자녀 둘이 우리 학교에 입학했다. 성탄절에 그 어머니가 우리를 방문해서 함께 지냈는데 그는 눈물을 흘리면서 우리한테, '참으로 복된 말씀을 들었습니다. 우리 아이들에게 당신네 하느님에 대해 잘 가르쳐 주세요'하였다."[15]

1894년 장지리 교인 자녀 둘이 서울 이화학당에 진학한 것이 계기가 되어 장지리 여성 교인의 서울 나들이가 이루어졌고, 이후 스크랜턴 대부인은 이드루실라·김사라(혹은 김세라)·정한나 등 상동교회 출신 전도부인들과 피어스(N. Pierce)·루이스(E.A. Lewis)·힐맨(G. Hillmanb)·밀러(L.A. Miller) 등 후배 여선교사들을 데리고 장지리교회를 비롯한 경기 남부지역 순회를 정기적으로 하면서 이 지역 여성선교를 추진해 나갔다.[16] 특히 스크랜턴 대부인은 장지리교회 여성들의 요청을 받아들여 1900년 장지리에 여학교를 설립하고 전도부인 김사라와 그 딸 메레를 교사로 내려보내 이 지역 최초 여학교로 발전시켰다.[17] 이 일로 스크랜턴 대부인이 장지리로 내려갈 때마다 부인들은 "깃분 마음 닉이지 못하여 눈물을 흘녀 접대하고 그 놉흐신 교훈을 기함(記含)에 깁히 삭여 두었다."[18]

이로써 스크랜턴 박사와 스크랜턴 대부인, 스크랜턴 모자(母子)와 장지리교회, 그리고 나아가 수원지역과 관계가 맺어지게 되었다. 이들 모자는 종종 함께 순회전도여행을 하였는데, 1897년 3월 보름 동안 "샹동 달셩회당 시 목사가 그 대부인을 뫼시고 남방으로 향하야" 시흥 범고개·수원 장지내·용인 전

---

14) *Annual Report of Foreign Mission Board of the Methodist Episcopal Church*(이하 *ARM*), 1896, 240-241.

15) *Woman's Foreign Mission Society of the Methodist Episcopal Church*(이하 *WFMS*), 1895-96, 80.

16) *WFMS* 1898, 90-91.

17) *MEC* 1900, 49.

18) 「신학월보」1900.12.

궁동 · 과천 덕고개 · 수원 초평과 삽다리 · 용인 곶은골 등지를 순회하며 세례를 주고 전도한 것이 그 대표적인 예다.[19] 이들 모자는 1898년 5월에도 함께 이 지역을 순회하며 전도하였다.[20] 함께 순행하면서 스크랜턴 박사는 '남성' 대상 선교를, 스크랜턴 대부인은 '여성'과 아동 대상 선교활동을 전개하였으니, 이 둘은 모자이기 전에 '협력'과 '동역' 선교사 관계였다.

이 같은 스크랜턴 모자의 '협력' 선교는 장지리에서 출발하여 용인을 거쳐 수원에까지 연결되었다.

2.2 아리실교회 교인들의 수원감옥 선교

그러나 정작 감리교회의 수원 입성은 용이하지 않았다. 1898년 선교 연례회 때 스크랜턴이 "아직 수원과 공주, 두 곳 모두 직접적인 사업을 하지 못하고 있으며 도로 양쪽 주변 지방에서만 이루어지고 있다"[21]고 보고한 것에서 수원 입성이 쉽지 않았음을 짐작할 수 있다. 사상적으로 완고했던 수원에 복음을 전하기 어려웠다.

그런데 1899년에 이르러 선교사들의 의지와 노력과 관계없이, 전혀 다른 방향에서 수원선교의 물꼬가 터졌다. 그 해 5월 수원 · 공주 구역 담임자였던 스웨어러 선교사의 보고다.

> "작년 스크랜턴 박사 보고처럼 우리는 공주에서 아무 사업도 하지 못했지만 그의 보고와 달리 적어도 수원에서는 사업이 시작되었다고 볼 수 있다. 상당히 영향력 있는 위치에 있는 교인 서너 명이 서울에서 수원으로 이주하였는데, 그들을 통해 조만간 사업이 시작될 것으로 기대한다."[22]

서울에서 내려온 감리교인 '서너 명'(several)에 기대를 걸게 된 것이다. '상당한 위치에 있는'(in influential position) 인사라고 표현한 것으로 보아 관료출

---

19) 「죠션크리스도인회보」1897.3.24.
20) *ARM*, 1898, 268.
21) *ARM*, 1898, 268.
22) *MEC* 1899, 34.

신 교인이었던 것으로 추정된다. 선교사들은 이처럼 '영향력' 있는 교인이 수원에 정착하게 되었으므로 그를 통해 교회가 시작될 수 있을 것으로 기대했다. 그러나 이런 선교사들의 기대가 이루어진 것으로 보이지는 않는다.

그러나 같은 시기, 이와 다른 방면에서 보다 구체적인 내용의 수원선교가 이루어졌다. 즉 당시 수원감옥에 교인들이 갇혀 있었는데 이들은 부당한 혐의를 받고 투옥되어 있었다. 스웨어러의 계속된 보고다.

> "상황을 충분히 조사해 본 결과 수원감옥에 갇혀 있는 우리 교인들은 전혀 죄를 지은 것이 없다는 확신을 갖게 되었다. 수원 남부지역에 있는 우리 교회 교인들이 불의한 관장에게[23] 끌려가 죄를 뒤집어쓰고 옥에 갇히게 되었는데 진짜 이유는 그들이 기독교인으로 그 신앙을 포기하지 않은 데 있었다. 그들은 옥에 갇혀 고문을 당하면서도 신앙을 굳게 지키고 있다. 우리 주님께 대한 변치 않는 믿음 때문에 고난당하는 이들에게 영광이 있을진저!"[24]

수원지역에 기독교 선교가 확산되는 것을 원치 않았던 관장이 교인들을 체포하고 신앙 포기를 요구한 것으로 보인다. 스웨어러의 증언처럼 이들의 투옥은 '종교적' 동기에서 설명된다. 그것은 그들이 옥중에서 보여준 신앙 투쟁에서도 확인된다.

> "이들은 옥중에서도 계속 예배를 드리는데 성경공부를 하고 기도하며 찬송을 부른다. 그 결과 1년 사이 감옥 안에서 새로 믿기로 한 죄수들이 상당수 생겨났다. 처음 투옥된 교인은 4명이었는데 지금은 다른 죄수들을 포함해 15명이 성경을 공부하면서 신앙을 고백하고 있다. 관장은 이런 종교행위를 금지시키려 애를 섰지만 이들의 영혼까지는 묶을 수 없었다. 그가 비록 육신은 묶었어도 그리스도의 사역만큼은 묶어둘 수 없었다. 내년에는 이들이 석방될 수 있을 것으로 기대한다. 이들이 체포되어 오면서 쑥대밭이 되어버린 교회도 머지않아 기력을 회복해서 예전처럼 활기를 되찾게 될 것으로 믿어 의심치 않는다."[25]

---

23) 영어로 'governor'로 표기된 '관장'이 구체적으로 누구를 지칭하는 것인지 불확실하다. 당시(1899-1901년) 수원에는 경기관찰사로 이재극(李載克), 윤덕영(尹德榮), 윤태섭(尹泰燮) 등이 있었고 수원군수로는 이범선(李範善), 김용진(金容鎭) 등이 행정을 관장하고 있었다. 『수원시사』, 546-551.

24) *MEC* 1899, 34.

25) *MEC* 1899, 34.

갇힌 교인들은 감옥 안에서 신앙생활에 매진하였고, 전도하여 죄수들 가운데 개종자를 얻어 한국 초유의 '감옥교회'가 만들어지게 된 것이다. 이 때 투옥된 교인들은 수원 사람들이 아니었다. 이들은 용인 아리실(牙谷)교회 교인들이었다. 1900년 10월 초, 스크랜턴은 스웨어러 · 문경호 등과 함께 수원지역 순회 전도를 실시하던 중 아리실교회도 들렀다. 문경호의 여행 보고다.

> "이곳 교우들이 수년 전에 수원 영문에 몃 사람이 무죄히 잡혀가서 징역하다가 다행이 몃사람은 나오고 한 사람은 아직 나오지 못하고 지금까지 징역하고 잇스니 매우 불상하더라. 그러나 성경 마태복음 오장 십졀노 이십졀까지 하신 말숨을 보면 예수의 일노 환란이나 핍박이나 맛나는 쟈는 복밧으리라 하셧스니 내 생각에는 이런 교우들은 복 밧을 줄 밋나이다."[26]

투옥된 교인 4명 중 세 명은 석방되고 한 사람만 남아 여전히 고초를 치르고 있었는데 스크랜턴 일행은 장지리를 거쳐 수원에 들어가 그를 면회하고 "사랑하는 말노 위로한 후" 서울로 귀환하였다.

선교사들이 기대한 만큼 아리실교회[27] 교인들의 옥중 신앙투쟁은 수원선교에 중요한 부분을 차지하게 되었다. 비록 감옥 안이었지만 수원 읍내에서 이루어진 최초의 신앙집회가 이들을 중심으로 이루어진 것이다. 그리고 마지막까지 감옥에 남아있던 교인은 1902년 무렵 석방된 후, 아리실로 돌아가지 않고 수원에 남아 수원읍교회 초기 교인으로 활약하였다.[28] 이로써 수원선교는 한층 가까운 현실로 다가섰다.

2.3 수원선교기지 확보

장지리와 아리실을 거점으로 수원과 경기 남부지역 선교를 관장하던 스크랜턴 선교사 가족은 1901년 7월 어머니 스크랜턴 대부인의 갑작스런 건강 악화로 요양차 미국으로 돌아갔다.[29] 이들이 다시 한국에 나온 것은 1904년 10월

---

26) 문경호, "슈원 등지에서 전도함," 「신학월보」1900.12.
27) 아리실교회는 1903년 미감리회와 북장로회 선교구역 분할 협정에 따라 장로교회로 옮겨가게 되었다. 『조선예수교장로회사기(上)』, 101.
28) *MEC* 1903, 47.
29) 「신학월보」1901.7; "시란돈 장로사와 그 대부인 귀국하심," 「신학월보」1901.8.

이었으니 그 사이 수원지방 선교는 스웨어러와 피어스 · 루이스 등이 담당하게 되었다. 특히 스크랜턴 후임자 스웨어러는 그동안 겸임해 왔던 배재학당과 감리교 인쇄소 일에서 손을 떼고 지역 선교에 전념할 수 있게 된 1900년부터 수원선교 개척에 정성을 쏟았다.[30] 그는 1년 동안 탐색 과정을 거쳐 1901년 수원 시내 선교거점 확보를 시도했다. 스웨어러의 1902년 선교보고다.

> "지난 연례회에서 결정한 계획에 따라 이곳 일에 전념할 수 있는 상황이 되자마자 수원으로 가서 장차 선교본부로 사용할 수 있는 곳을 물색했다. 지난 수년간 이곳에는 선교사를 반대하는 분위기가 팽배하여 사업 진척이 되지 않았다. 지난 여름 내내 여러 사람을 내세워 사업 발판을 구해보려 노력했으나 헛수고였다. 가을이 되어서야 김동현을 내려 보내 한 곳을 구입하도록 했다. 그는 마침내 언덕진 곳에 작은 부지를 구입하는데 성공했다."[31]

배재학당 출신 김동현을 내려보내 마침내 수원시내 언덕에 거점을 확보한 것이다. 그 언덕에 선교사가 묶을 집 한 채를 짓고 선교를 시작할 생각이었다. 그러나 기쁨도 잠시, 곧바로 비극적인 소식이 전달되었다. 군수가 김동현을 체포해서 감옥에 가둔 후 모든 토지 거래를 무효화하고 그 땅을 본래 주인에게 돌려주라는 명령을 내린 것이다. 스웨어러는 이 문제를 선교 방해 공작으로 인식했다.

> "이는 우리 사업을 봉쇄하려는 의도로 보였고 주변 사람들도 김동현은 우리한테 월급을 받고 있는 정규 조사인데 미국공사나 나에게 사전 연락도 하지 않고 그를 체포한 것은 잘못이라며 석방을 요구하라고 충고하였다. 나는 그를 석방시키려 노력하였으나 실패했고 그래서 이 문제를 미국공사 알렌(H.N. Allen)에게 알리고 도움을 요청했다. 그는 친절하게도 최선을 다해 도왔다."[32]

스웨어러는 이 문제를 '외교적 사안'으로 확대하여 풀어보려 하였다. 그러나 수원군수의 의지 또한 강했다. 문제는 다른 곳에 있었다.

---

30) *ARM* 1900, 288; *MEC* 1900, 46.
31) *ARM* 1902, 319; *MEC* 1902, 43.
32) *ARM* 1902, 319; *MEC* 1902, 43.

"두 주간 동안 백방으로 노력해 보았으나 아무 효과도 없었다. 그래서 10월 말 알렌 박사의 대리인 자격으로 존스(Jones)와 함께 수원으로 내려가 군수와 면담했다. 그는 문제가 된 땅이 정부에서 관리하는 화령전에 너무 가깝다는 것이었다. 이 건물은 정조 임금의 사당으로 건축된 것인데 지금 황제가 바로 그의 직계 후손이라는 것이었다."[33)]

문제는 화령전(華寧殿) 때문이었다. 수원을 건설한 정조(正祖)의 유덕을 기리기 위해 순조 원년(1801)에 건축한 화령전은 조선왕조의 마지막 남은 자존심의 상징이었다. 그런 곳에 기독교 예배당이 들어서는 것을 수원의 양반 사회에서 묵인하기란 어려운 일이었다.

"군수는 기독교인들이 예배를 드릴 목적에서 그 땅을 구입했음을 잘 알고 있다고 했다. 그러면서 그것은 한국인들에게 성지를 훼손하는 행위로 비쳐질 것임을 지적했다. 상황을 알고 나니 김동현이 구입한 땅이 우리 목적에 부합하지 않은 곳이었음을 알게 되었고 그래서 군수의 요구를 받아들여 땅을 돌려주기로 했으며 김동현은 석방되었다."[34)]

수원군수나[35)] 지역사회의 여론을 거슬러가면서 선교를 강행할 이유는 없었다. 자존심이 강한 수원 사람들의 심기를 불편하게 만드는 것은 오히려 선교에 장애가 될 뿐이었다. 스웨어러는 군수의 요구를 받아들이기로 했다. 이로써 문제는 쉽게 해결되었다. 스웨어러는 수원선교기지 확보를 기쁜 마음으로 보고할 수 있었다.

"군수는 수원 시내 다른 곳은 어디든 구입해도 상관없다고 확인해 주었다. 그 즉시 두세 곳 후보지가 나왔고 나는 이명숙을 내려보내 그 중 한 곳을 구입하도록 하였다. 이명숙은 즉시 내려가 북문 안에 있는 초가집 한 채를 구입했고 12월에 가족을 데리고 그 집에 들어가 살기 시작했다."[36)]

---

33) *ARM* 1902, 320; *MEC* 1902, 43.
34) *ARM* 1902, 320; *MEC* 1902, 44.
35) 당시 거론된 수원군수는 1900년 8월부터 1902년 1월까지 시무한 김용진(金容鎭)으로 추정된다. 그에 대한 기독교인들의 여론도 호의적이었는데 이는 교회 신문인 「그리스도신문」이 그에 대해, "수원 군수 김용진은 능히 가경의 맑은 법을 직히여 아전과 백성의 폐객을 업시하니 젊은이의 맑은 치적이오 송성은 온 디경에 넘친다 함"이라고 보도한 것에서 확인된다. 「그리스도신문」1901.2.21.

풀려난 김동현은 시흥교회로 옮겨갔고 대신 인천지방에서 활동하던 이명숙(李明淑)이 수원에 파송되었다. 이명숙은 1901년 12월 가족을 이끌고 새로 마련한 '북문 안' 초가집으로 들어갔다. 이로써 감리교회는 군수의 '암묵적' 지원을 받으며 수원에 확고한 선교거점을 확보하게 되었다.

2.4 수원종로교회의 역사

1901년 확보한 '북문안' 초가집은 보시동(지금 북수동 116번지)에 있었다. 비록 초가집이었지만 8백여 평 대지에 13간에 달하는 제법 큰 집이었다.[37)] 이 집은 이명숙의 숙소가 되었을 뿐 아니라 선교사들이 수원에 내려올 때마다 묵는 사택이 되었고 수원읍교회(오늘의 수원종로교회) 처음 예배당으로 사용되었으며 무엇보다 이곳에서 수원 근대 교육의 효시인 삼일여학교와 삼일남학교가 시작되었다. 곧 수원선교의 '요람'인 셈이다.

이처럼 수원 북문 안에 집이 마련되면서 감리교회의 수원선교는 활기를 띠게 되었다. 특히 수원군수가 처음엔 교인을 구속했지만 그를 풀어주고, 수원 시내에 예배당을 짓도록 허락했다는 사실이 알려지면서 수원 주민들이 교회를 보는 눈이 달라졌다. 교회는 수원에서 더 이상 기피 대상이 아니었다. 이러한 상황 변화를 반영하듯 1902년 3월 5일 스웨어러는 수원 '북문안' 예배당에서 처음으로 '수원계삭회'를 개최하였다.[38)] 그리고 같은 해 4월 30일 서울 상동교회에서 개최된 제1차 대한남방지방회에 다음과 같은 수원읍 교인들이 참석하였다.[39)]

> 권사: 이명숙 김익회
> 속장: 이춘원
> 유사 겸 훈장: 오중렵

36) *ARM* 1902, 320; *MEC* 1902, 44.
37) 김세한, 『삼일학원육십오년사』(수원동중상업고등학교, 1968), 34-35; 김세한, 『매향80년사』(매향여자중상업고등학교, 1982), 19; 『수원종로교회사, 1899-1950』(수원종로교회, 2000), 74.
38) "수원계삭회," 「신학월보」1902.5.
39) "대한남방 뎨일차 디방회," 「신학월보」1902.6.

이들이 수원읍교회 초기 지도자들이다. 이 중 김익회와 이춘원은 용인 아리실교회 초기 교인으로 기록되는 인물들이었는데,[40] 1899년 수원감옥에 갇혔다가 석방된 후 수원에 남아 수원읍교회 초기 선교에 공헌한 것으로 보인다.[41] 이명숙 역시 인천에서 내려온 교인이었으니 수원읍교회 초기 역사는 이들 '밖에서 들어온' 교인들로 시작되었고 얼마 후 이하영(李夏榮) · 김제원(金濟遠) · 홍돈후(洪敦厚) · 김제구(金濟九) · 임면수(林勉洙) · 차희균(車喜均) 등 수원읍내 토착 인사들이 합류하면서 수원읍교회는 단단한 기반을 갖춘 것으로 볼 수 있다.[42]

1902년부터 버딕 선교사가 수원구역 담임자로 파송되어 수원읍교회를 중심으로 목회활동을 폈으며 1904년 귀국한 스크랜턴 모자도 수시로 수원에 내려와 수원선교를 지원하였다 1905년 경부선 철도가 개통되면서 수원이 새로운 교통 요충지가 되었고, 경기도 행정 중심지로서 유입 인구가 급증한 것도 교회 발전의 요인으로 작용하였다. 그 결과 1905년에 이르러 수원읍교회는 2백여 교인을 확보하게 되었다.[43] 1906년 엡웟청년회 해산, 의병운동과 일진회 마찰 등으로 인한 사회 불안 요인에다 교인들 간의 갈등과 분쟁으로 교인 일부가 떨어져 나가는 어려움을 겪기도 했으나 1907년 부흥운동을 겪으면서 교인들의 '영적 순화'를 거친 '전도 열심'이 살아나면서 교회는 다시 활기를 띠게 되었다. 특히 교회 청년들과 삼일학교 학생들 사이에 이런 부흥과 전도운동이 활발하게 일어나 교회는 늘어난 교인들로 "예배당이 차고 넘치는 지경"에 이르게 되었다.[44]

이 때부터 새 예배당을 마련하기 위한 교인들의 기도와 노력이 시작되었고 마침내 5년만인 1912년 8월 수원 시내 한 가운데 종로 네 거리(북수동 368번지), 병인교난 때 천주교인들을 사형시켰던 '관가(官家) 터' 위에 40평(22간)

---

40) 홍석창, "수원지방의 개신교와 삼일운동과의 관계," 24.

41) 1903년 보고에서 스웨어러는 "수년전 아리실 출신으로 부당하게 수원감옥에 갇혔던 교인이 금년에 풀려나 읍내에서 우리 일을 돕고 있는데 훌륭하다"고 하여 투옥되었던 아리실교회 교인이 수원에 남아 활동하고 있음을 밝혔다. *MEC* 1903, 47.

42) "수원종로교회," 「감리회보」1937.8.16.

43) W.C. Swearer, "A Retrospect," *Korea Mission Field*(이하 *KMF*) 1905 Jun. 106.

44) G.H. Burdick, "The Growth of Suwon Circuit," *KMF* Aug. 1907, 128; *Minutes of the Korea Mission Conference of the Methodist Episcopal Church*(이하 *KMC*) 1907, 39.

단층 목조 예배당 건물을 마련할 수 있었다. 이 예배당 건축비(450달러)의 상당 부분은 미국에 거주하고 있던 타이더(Althera Babcocks Teither) 부인이 자기 친정어머니 뱁칵을 기념하는 뜻으로 보내준 선교비로 충당하여 선교사들 사이엔 '뱁칵기념교회'로 알려졌지만 한국인들 사이엔 교회 위치를 따라 '수원종로교회'로 불렸다.[45] 이후 종로교회는 1932년 교회 주변의 상가들을 매입하여 대지를 넓힌 후(430평) 120평 규모의 예배실 외에 목사실 · 사무실 · 도서실 · 주일학교와 청년회실 · 사교실을 갖춘 현대식 2층 벽돌 예배당을 건축하였다.[46]

같은 무렵 수원지방에서는 처음으로 기숙사 건물도 지었다. 이 건물은 밀러와 함께 1907년 이후 수원지방 여성선교사업에 헌신하다가 별세(1928년 2월 1일)한 힐맨(M.R. Hillman)이 남긴 유산으로 마련되었기 때문에 '힐맨기념관'으로도 불렸다. 한옥이지만 현대적 기능을 가미하여 지은 기숙사 건물은 수원지방 사경회에 참석하는 시골 교인들의 기숙사로 사용되었을 뿐 아니라 수원지방 여선교회 사업의 중심 거점이 되었다.[47]

이로써 수원종로교회는 수원지방과 경기 남부지역 선교의 거점으로 확고한 위치를 확립하게 되었다. 그러나 무엇보다 수원선교를 보다 폭넓게, 수원의 불신자 사회 속까지 파고들어갈 수 있도록 만들어준 것은 학원선교였다. 수원교회와 같은 시기에 시작된 남학교와 여학교는 교회와 일반 사회를 연결하는 교량이 되었다.

---

45) "수원종로교회 약사," 「감리회보」1937.8.16; 「그리스도회보」1912. 8.30; *ARM* 1913, 346; *Minutes of the Korea Annual Conference of the Methodist Episcopal Church*(이하 *KAC*) 1913, 60.

46) "수원지방 감리사 노블 보고," 「기독교조선감리회 중부연회록」(1932). 100.

47) L. A. Miller, "The Garden," *Fifty Years of Light*(Seoul: Woman's Foreign Missionary Society of the Methodist Episcopal Church, 1938), 82.

3. 삼일남학교 역사

3.1 학교 설립

한말에 전개된 기독교 선교의 특징인 "교회 옆에 학교, 학교 옆에 교회" 현상은 수원에서도 그대로 재현되었다. 이미 장지리교회의 경우에서도 나타났지만 수원지역 교인들은 선교사들의 복음전도와 함께 근대적 교육의 혜택을 요구하고 있었다. 수원읍의 경우도 마찬가지였다. 특히 1901년 '북문 안'에 선교거점이 마련되고 이명숙과 선교사가 들어오게 되자 수원의 '개방적' 지역 인사들은 선교사들의 지원을 받으며 학교 설립을 적극 추진하였다.

수원읍교회의 남학교 설립은 이미 1902년 3월 이전에 이루어진 것으로 보인다. 이는 1904년 4월 서울 상동교회에서 개최된 '대한남방지방회'에 수원읍교회 '유사 겸 훈장'으로 '오중섭'이 참석한 것에서 확인된다. '훈장'이라는 명칭에서 수원읍학교는 아직 학교 체제를 갖추지 못한 서당 형태로 운영되고 있었음을 알 수 있다.

이로 미루어 수원읍학교는 교회 시작과 거의 동시에 설립되었음을 알 수 있다. 그만큼 수원 사람들의 욕구가 컸다는 말이다. 이런 분위기는 1903년 5월 스웨어러 보고에서 확인된다.

> "수원읍내에는 선교사가 사용할 수 있는 작지만 쾌적한 집이 한 채 있는데 지금은 예배당으로 사용되고 있다. 그 외에 조사 사택 한 채와 매일학교[48] 건물이 있다. 남학교가 지칠 줄 모르는 정력적인 인사에 의해 운영되고 있는데 학생수는 15명에서 35명으로 늘었다."[49]

이 보고서에 나오는 '지칠 줄 모르는 정력적인 인사'(an energetic going man)

---

48) 매일학교(Day School)란 용어는 선교사들이 설립한 '기독교 학교'(Mission School) 유형의 하나로, 주일마다 보이는 주일학교(Sunday School)와 비교하여 '매일 모이는 학교'란 뜻이며, 기숙사를 구비하고 학생들을 수용하는 '기숙학교'(Boarding School)와 비교하여 학생들이 '매일 낮에만 오는 학교'란 뜻으로 사용된 것이다. 서울의 이화나 배재 등이 대표적인 '기숙학교'인데 지방에서는 유지비가 많이 드는 이런 기숙학교 대신 재정 부담이 적은 '매일학교'를 설립하여 운영하였다.

49) *MEC* 1903, 47.

는 수원읍교회 초기 토착교인의 한 사람이었던 이하영(李夏榮)으로 추정된다. 전통 유교 선비 출신으로 민족의식이 강했던 그는 기독교로 개종한 후 열심히 교회에 출석하였으며 1902년 교회 안에서 시작된 남학교의 최초 교사로 한문을 가르쳤다. 그는 누구보다 학교 운영에 큰 열정을 가지고 헌신했으며 '삼일'(三一)이라는 학교 명칭도 그가 지은 것으로 알려져 내려온다.[50] 그는 삼일학교 교사 외에 수원읍교회 전도사로도 봉사하였는데 1908년 서울 동대문교회 전도사로 부임하기까지 수원읍교회와 삼일남학교의 기틀을 마련하는 과정에서 크게 공헌하였다.

처음엔 오중렵·이하영·임면수 등 수원 유지들이 교사로 봉직했는데 1906년 9월에 이르러 서울에서 정식으로 '교육받은' 교사가 내려왔다. 1907년 6월 버딕의 선교 보고다.

> "가을 학기 초에 서울에서 내려온 25세 된 채 선생이 남학교 교사로 부임했다. 그는 그 자리에 아주 적합한 인물인 것이 드러났다. 그는 토착 목회자 이씨[이하영]와 혼연일체가 되어 학교 일을 꾸려 나갔는데 학생들이 모두 교회 예배에 참석한 데서 그 능력이 확인되었다. 가을 학기를 시작할 때 학생 수는 8명에 불과했는데 그 후 학생 수가 꾸준하게 늘어 학기말에는 학생수가 111명에 이르렀고 평균 출석은 1백 명을 넘고 있다."[51]

여기서 말하는 '채 선생'은 서울 상동교회 부속 공옥학교 교사로 있던 채성석(蔡聖錫)을 의미한다. 스크랜턴의 주선으로 수원에 내려온 그를 통해 수원 학생들은 처음으로 영어와 산수를 배웠는데 실력도 있었을 뿐 아니라 민족의식도 강해 학생들뿐 아니라 수원지역 유지들의 환영을 받았다. 그의 부임으로 학교는 비로소 체계적인 교육을 실시할 수 있었다.

3.2 지역사회 속의 삼일학교

부흥운동을 거치면서 수원읍교회 교인들이 신앙적 성숙을 이룩한 1907년에 삼일학교도 한층 지역사회 속에 깊이 뿌리를 내리게 되었다. 그것은 1907

---

50) 김세한, 『삼일학원 육십오년사』, 37-42.
51) G.H. Burdick, "The Growth of Suwon Circuit," *KMF* Aug. 1907, 128; *KMC* 1907, 39.

년 7월 6일 거행된 삼일학교 방학식에서 잘 드러났다. 방학식은 남녀 학생 160명과 교사 · 학부형과 교인, 선교사로는 수원구역 담임 버딕과 수원지방 장로사(감리사) 존스, 그리고 마침 방한 중이던 미국 보스턴교회의 브론슨(Bronson) 박사 부부 등 외국인 12명이 서울에서 내려와 참관하였고, 거기에 서울에서 학무국 차관이 내려왔고 수원군수를 비롯한 지역 관리와 유력 인사들까지 합석하여 '입추의 여지가 없을 정도로' 성황을 이루었다. 그 광경을 보는 선교사의 감격도 대단했다.

> "방학식은 수원 시내 새로 마련한 선교부지에 있는 학교 건물에서 거행되었다. 그동안 수원에서 우리가 추진한 사업의 내력을 아는 사람들은 그 사이 얼마나 큰 변화가 있었는지 보고 놀라는 것도 당연하다. 불과 2년 전까지만 해도 우리 일에 대해 욕설을 퍼붓고 악담을 하던 이들이 지금은 열렬한 후원자들이 되어 학교 운동장에 몰려들었다. 전에 군수로 있다가 지금은 군수 자문역을 맡고 있는 인사는 식장 한 가운데 좌정하였고, 군수도 직접 참석해서 감동적인 치사를 하였다. 수원 시내 영향력 있는 고위 관리들은 거의 빠짐없이 참석했으며 사업하는 사람들도 어떻게 해서든 자리를 얻어 보려고 애를 섰다."[52]

오전 방학식은 학생들의 발표에 이어 군수와 존스 박사 · 브론슨 박사 등의 축사가 있은 후에 남녀 학생 전체가 찬송을 부르고 주기도문을 낭송으로 마쳤다. 수원 시내 한복판에서 불신자 관료와 지역 주민들 앞에서 공개적으로 '종교 의식'을 거행한 셈이다. 그리고 오후 순서는 '체조' 발표였지만 실지로는 '군사 훈련' 시범이었다.

> "오후에 다시 모여 수원 병영에서 나온 교관의 지휘를 받는 남학생들의 군사 훈련 광경을 구경하였다. 학생들은 아주 훌륭하게 훈련되었고 나이 어린 학생까지 자기 역할을 충분히 감당해냈다. 그리고 남녀 학생들이 애국적인 노래들을 불렀으며 브론슨의 영어 기도와 존스 박사의 한국어 기도로 모든 행사를 마쳤다."[53]

지역주민들의 관심을 집중시킨 것은 바로 이런 '군사 훈련'이었다. 바로 그

52) G.M. Burdick, "Closing Exercises of Suwon Schools," *KMF* Jul. 1907, 108.
53) G.M. Burdick, "Closing Exercises of Suwon Schools," *KMF* Jul. 1907, 108.

시기 우리나라 구한국부대는 일제에 의해 강제 해산당할 위기에 처해 있었기 때문에 그 어느 때보다 '항일민족운동'의 열기가 고조되고 있었는데, 이런 상황에서 기독교 학교 학생들이 '애국가'를 부르며 목총을 들고 '전쟁 연습'을 하였으니 수원 사람들의 민족의식을 더욱 고취시키는 결과를 빚을 것은 당연했다.

이 행사를 계기로 수원 주민들의 삼일학교와 교회에 대한 긍정적 인식은 확고하게 자리잡게 되었다. 수원 유지들은 삼일학교에 "매달 10원씩 한문 선생의 생활비를 돕겠다"고 약속했고, 수원병영 소속 장교 한 사람은 무보수로 학생들에게 '체조'를 가르치겠다고 나섰다.[54] 수원 유지들은 선교사를 찾아와 공공연하게, "수원에서 우리가 가장 자랑스럽게 생각하는 것은 당신들이 시작한 학교들이다"라고 하면서 자발적으로 삼일학교 운영 보조금으로 1907년 1년 동안 1,014원(507달러)을 거둬주었다.[55]

이 모든 상황이 선교사들에겐 수원선교의 성공을 알리는 신호였다.

> "이 날 행사로 한국인에게나 외국 방문객들 모두에게 기억에 남을 만한 날이 되었다. 특히 외국인들은 새로운 한국에 대한 밝은 전망을 갖게 되었다. 지역주민들은 존스 박사를 처음 보았는데도 그를 진심으로 환영하였다. 이미 오래전부터 마음으로 존경해 마지않다가 이번에 처음으로 지방 장로사로서 그를 대우하며 맞이한 것이다. 특히 멀리 해외에서 온 손님들이 친히 내려와 참관한 것에 큰 감동을 받은 것으로 보였다. 손님들이 모두 돌아가고 난 후 나는 개인적으로 많은 사람들로부터 칭송의 말을 들었다. 우리는 이번 방학식이 처음 실시한 것이긴 하지만 이것이 계기가 되어 보다 많은 일들을 성공적으로 추진해 나갈 수 있는 발판을 마련하였다는 확신을 갖게 되었다."[56]

이 같은 수원 주민들의 적극적인 지지와 후원을 받으며 삼일학교는 계속 발전하여 1907년 야간학교까지 설립 운영하였고, 1908년에 이르러 교사 7명에 학생은 주·야간 합해 210명에 달했으며 학생 대부분은 재학 중 세례를 받고 교인이 되어 수원종로교회 성장의 밑거름이 되었다.[57]

---

54) G.H. Burdick, "The Growth of Suwon Circuit," *KMF* Aug. 1907, 128.
55) *ARM* 1908, 380; *KMC* 1908, 49.
56) G.M. Burdick, "Closing Exercises of Suwon Schools," *KMF* Jul. 1907, 109.

그런데 삼일학교가 이처럼 수원 주민들의 적극적인 호응과 지원을 받게 된 것이 오히려 학교 성격과 운영상의 갈등 요인으로 작용하였다. 즉, 학교를 선교부로부터 독립시켜 보다 강력한 '민족주의 사립학교'로 육성하려는 사람들과 반대로 선교부와 관계를 유지하며 애초 설립 목적인 '선교의 방편'으로 학교를 유지하려는 사람들 사이에 의견 충돌이 일어난 것이다. 이런 갈등은 1908년 수원읍교회 전도사 이지성과 이하영 후임으로 삼일학교 교장직을 맡고 있던 임면수 사이에 나타나기 시작하였고 그 여파로 1908년 6월 측량과를 처음 설치하면서 '교회 밖' 남창동 차재윤 사랑방에서 수업을 하기도 했다. 그러나 논란 끝에 학교는 다시 선교부 운영으로 방향을 잡게 되었고 임면수는 서울 배화여학교 교사로 옮겨감으로 문제는 일단락되었다.[58] 한말 위기에 처한 민족 상황에서 급속하게 성장한 학교로서 겪어야 했던 시련이었다. 이 같은 시련을 겪은 후 삼일학교는 1909년에는 정부로부터 사립학교 설립 인가를 받았다.

3.3 삼일학교 위기와 발전

급속한 성장을 이룩한 삼일학교는 교실 부족이라는 현실적 문제를 안게 되었다. 삼일학교는 설립 이후 20년이 지나도록 독자적인 교사(校舍)를 갖지 못했다. 1902년 '북문 안' 초가집 예배당 안에서 시작한 학교는 교회가 1912년 종로 네거리, 북수동으로 옮긴 후에도 교회 예배당을 벗어나지 못했다. 초가집 예배당에 비하면 목조 함석집이 한층 넓었지만, 200명이 넘는 학생들이 40평 예배당 안에서 칸막이 수업을 받는다는 것은 힘든 일이었다. 삼일학교로서는 독자적인 건물이 시급했다. 새로운 학교 부지는 이미 1907년 수원 시내 중포산 자락 매향동 언덕에 확보해 놓은 상태지만 건축비가 없어 건물을 짓지 못하고 있었다. 학교 운영을 맡은 선교부도 미국의 독지가가 나오기만 기다릴 뿐이었다.

3·1만세운동을 겪은 후, 삼일학교 관계자들은 새 교사 건축을 위해 기도하

---

57) *ARM* 1908, 380; *KAC* 1908, 49.
58) 김세한, 『삼일학원 육십오년사』, 72-73.

기 시작했다. 그 응답은 1923년에 이루어졌다. 1923년 6월 수원지방 감리사 현석칠 목사의 보고다.

> "수년 동안 수원에서는 새 학교 건물을 간절히 원하면서 기도해 왔다. 어떤 교인은 자다가 꿈속에서도 "오, 주님. 우리에게 학교 건물을 주세요"라고 할 정도였다고 한다. 미국 아담스 교회의 독지를 얻어 얼마 있으면 교실 6개짜리 새 교사를 마련하게 될 것이다. 이 새 건물이 마련되기까지 수고해 주신 케이블 박사, 노블 박사, 버딕 목사님께 감사드려야 할 것인데 이 분들은 모두 이 지방 감리사로 봉사하신 분들로서 오늘이 있기까지 수고를 아끼지 않으신 분들이다."[59)]

수원삼일학교의 딱한 사정을 전해들은 미국 매사추세츠주 노스 아담스(North Adams)교회 교인들이 2천 원 규모의 건축헌금을 모아 보내줌으로 마침내 매향동에 2층짜리 아담한 벽돌 건물을 짓고 1923년 11월 학교를 옮겼다. 건축 기금을 보내준 미국교회의 이름을 따 '아담스관'(North Adams Memorial)으로 불린 새 교사는 141평 규모로 6개 교실을 갖춘 '아담한' 건물이었다.

이로써 삼일학교는 학교 설립 20년 만에 독자적인 교사를 확보하게 되었고, 이를 계기로 학생수도 늘어났다. 그리고 총독부의 사립학교 개정교육령에 의거, 1925년 6년제 '보통학교'로 인가를 받았다. 이 때부터 '삼일보통학교'로 불리게 되었다.[60)]

삼일학교가 '보통학교' 인가를 받은 1925년 학교는 다시 한 번 위기에 처하게 된다. 이는 선교부의 학교 보조금 삭감으로 인한 것이었다. 1920년대 미국의 경제공황으로 인한 선교비 축소는 지방 학교들의 보조금 삭감으로 연결되었고, 그 결과 재정적 자립도가 낮은 지방 학교들이 속속 문을 닫는 현상이 벌어졌다. 삼일학교도 "문을 닫을지 모른다"는 소문이 돌았다. 이런 위기 상황에서 학교는 다시 한 번 재기하였다. 1925년 6월 수원지방 감리사 현석칠 목사의 보고다.

---

59) *KAC* 1923, 280; *ARM* 1923, 222.
60) 김세한, 『삼일학원 육십오년사』, 111.

"수원남학교는 선교비 보조가 삭감된 것으로 인해 학교 운영이 심각한 위기에 처하게 되었다. 그리고 학교가 문을 닫을지 모른다는 내용의 기사가 신문에 실렸는데 이로 인해 우리는 새 학기 학생들이 줄어들까 우려하였다. 그러나 지방 선교사 노블 박사와 학교 교장인 케이블(E.M. Cable)이 지원을 아끼지 않았고 지역 주민들이 하나가 되어 학교를 유지하기로 하고 문을 열어본 결과 놀랍게도 학교 역사상 가장 많은 학생들이 몰려들어 그 어느 때보다 많은 학생들로 새 학기를 시작할 수 있었다."[61]

이번에도 선교사와 수원지역 주민들이 하나가 되어 위기를 극복했다. 이번 위기 극복에는 삼일학교 교사 김병호(金炳浩)의 공로가 컸다. 평북 영변 출신으로 서울 배재학당 졸업반 때 3·1만세운동 만세시위에 적극 가담하여 옥고를 치른 바 있는 민족주의자로서 1921년 삼일학교 교사로 부임하였는데, 그의 이런 전력이 수원 주민들의 존경과 호응을 끌어냈던 것이다. 그는 먼저 자신의 사재를 털어 학교재정을 보탰고 지역사회에 위기에 처한 학교사정을 호소하자 차유순 · 차태익 등 지역 유지들이 호응하였던 것이다.[62]

여기에 '아담스관' 건축 기금을 보내주었던 미국 노스아담스교회 교인들도 삼일학교를 위해 250달러를 보내주어 교사 6명, 학생 265명이 위기를 극복하는데 큰 힘이 되었다.[63] 김병호를 중심한 삼일학교 교사와 지역 주민들의 '학교 빚 갚기' 운동은 계속 되었다. 그 결과 1929년 학교 빚을 모두 청산할 수 있었다. 수원지방 노블 선교사는 감리교 연회에서 그 사실을 기쁨으로 보고했다.

"수원읍 삼일학교는 학생이 236인이오 반은 6반이오 선생은 6인이외다. 학교에서 빚진 돈 276원이 있었는대 됴흔 방침을 내여서 다 갑헛습니다. 그 학교는 재정상으로 문제이온대 그 위하여 기본금을 맛당히 엇기를 힘쓸 것이외다."[64]

비록 학교 발전의 기반이 되는 '기본금'은 확보하지 못했지만 학교 운영의

61) *KAC* 1925, 134-135.
62) 김세한, 『삼일학원 육십오년사』, 119-121.
63) *ARM* 1926, 116.
64) 「조선기독교미감리회 연회회록」(1929), 61-62; *KAC* 1929, 144.

걸림돌이었던 단기 부채는 모두 갚게 된 것이다.

그러나 기본금을 확보하지 못한 삼일학교는 1930년대 들어서도 계속 재정 압박을 받아 여러 차례 폐쇄 위기를 겪게 되었다. 특히 1937년 중일전쟁 이후로 '황민화정책'이 한층 강화되고 선교사들의 영향력이 점차 줄어들다가 1940년 이후 선교부가 학교 운영에서 손을 떼면서 위기감은 더욱 고조되었다. 이런 상황에서 선교사 인퇴 후 교장직을 맡은 김병호와 교무주임 유부영, 삼일여학교 학감을 지낸 김세환 등의 노력으로 '수원 최고 부자' 소리를 듣고 있던 양성관을 비롯하여 최상희 · 최상덕 · 최상규, '최씨 부자' 3형제 등으로부터 거액의 지원금을 받아 해방되기까지 문을 닫지 않고 학교를 유지하였다.

결코 평탄하지 않았던 삼일학교 역사다. 이는 일제강점기라는 '민족 수난기'를 지나온 '민족주의 사립학교'가 겪어야 했던 불가피한 역사였다. 수차례 갈등과 폐쇄 위기가 있었음에도 이를 극복하고 학교를 유지할 수 있었던 것은 선교부와 교회의 '교육을 통한 복음선교' 의지와 역사와 문화적 자존심이 강했던 수원 주민들의 '교육을 통한 민족운동' 의지가 조화를 이루며 연대하였기 때문이라 할 수 있다.

4. 매향여학교 역사

4.1 스크랜턴 대부인의 수원선교

삼일남학교와 마찬가지로 삼일여학교도 미감리회선교부가 1901년 '북문안'에 초가집을 마련한 것에서 그 출발점을 잡을 수 있다. 일제강점기 30년 동안 삼일여학교 교장직을 수행했던 밀러는 여학교 설립을 스크랜턴 대부인의 공로로 돌리고 있다.

> "수원이란 동산에는 1902년 우리의 사랑하는 스크랜턴 대부인이 와서 이곳 부인들과 어린 아이들에게 풍족한 삶의 의미에 대해 가르침으로 행복의 길로 이끌기 전까지는 전혀 돌보는 사람이 없었다. 그 부인이 작은 초가집에 어린 소녀 3명을 불러 모은 것으로 이 지역에서는 처음으로 여자를 위한 동산을 마련하였다. 그는 수원구역 너머로 긴 여행을 시도하였다.

어디를 가든 그는 '대부인'으로 알려지게 되었다."[65]

이 글을 근거로 해서 지금까지 삼일여학교(매향여학교)는 1902년 스크랜턴 대부인이 설립한 것으로 기술해 왔다.[66] 그런데 이 부분을 치밀하게 검증할 필요가 있다. 우선 스크랜턴 대부인은 건강 때문에 1901년 7월 아들과 함께 미국으로 돌아가 휴양하고 있었기 때문에 삼일여학교가 설립되었다는 1902년에는 한국에 없었다는 점이다. 즉 1902년 스크랜턴 대부인이 수원에 내려와 학교를 설립한 것은 아니라는 것이다. 밀러 교장이 미감리회 여선교사들의 '대모'(代母)격인 스크랜턴 대부인에게 학교 설립의 공을 돌리려는 '예의적'(禮義的) 진술로 볼 수 있다는 설명이 가능하다. 그러나 '스크랜턴 대부인의 삼일여학교 설립'을 단순한 예의적 언사로 규정할 수 없는 것이, 스크랜턴 대부인과 삼일여학교의 관계가 '예절' 이상의 밀접한 관계를 맺고 있기 때문이다.

스크랜턴 대부인은 1896년 이후 장지리교회를 거점으로 '아들과 함께' 수원과 용인 · 광주 등을 순방하면서 경기 남부지역으로 여성선교를 확대하고 있었다. 특히 2차 안식년 휴가를 마치고 돌아온 1900년 2월 이후에는 상동교회 전도부인들을 대동하고 수원 인근 지역을 순회하며 전도하는 일에 많은 시간을 할애했다. 그 무렵 스크랜턴 대부인과 동행하며 전도했던 이경숙(이드루실라)의 증언이다.

"그 때 내가 그와 갓치 순행하여 다니던 곳은 수원 · 오미 · 장지내 · 덕고개 · 오천 · 해미 · 덕산 · 려주 · 리천 등지엿다. 수원에서 처음 전도할 때 일이다. 어느 주막집에 안져 하로 동안에 큰 궤짝으로 한 궤짝이나 되는 교회 서책을 다 팔고 그 주막은 너무 누추하야 류숙할 수가 업슴으로 숙소를 구하더니 그 고을 군수가 우리 일행을 위하야 사청을 치워주는지라. 사청도 더럽기는 주막과 일반이요 바람벽에 춤 뱃고 코 푼 흔적을 보면 구역이 나게 되얏는대 그런 중에도 구경군이 전후에 옹위하야 손가락으로 문구멍을 뚜러놋코 조석 때가 되여도 가지안코 음식 먹는 구경을 하고 잠 잘 때가 되여도 가지안코 서서 잇스니 괴로움이 극심하엿다."[67]

65) L.A. Miller, "The Garden," *Fifty Years of Light*(Seoul: Woman's Foreign Missionary Society of the Methodist Episcopal Church, 1938), 80.
66) 김세환, 『매향팔십년사』, 13-14, 20-22.

아리실 교인들이 감옥에 갇혀 있고, 선교사들의 수원 선교기지 구입이 실패로 돌아간 상황에서 스크랜턴 대부인과 이경숙 전도부인은 수원 읍내로 들어가 주막집과 관청에서 '예수교 책을 팔며' 전도하였던 것이다. 수원선교가 여성들의 '주막 선교'로 시작되었음을 알려주는 대목이다. 그는 이런 식으로 1900년 10월에도 장지리교회를 비롯한 수원지역 교인들을 방문했으며[68] 1901년 7월 갑작스런 발병으로 귀국하기 직전에도 또 한 차례 수원 전도를 실시한 것으로 보인다. 1901년 5월 스웨어러 선교사 보고에서 그 점을 확인할 수 있다.

> "스크랜턴 대부인과 피어스 양이 두 번씩이나 우리 구역 내 수원 전역을 돌아본 것을 고맙게 생각하며 아주 좋은 결과를 얻게 되었음을 알았다. 이제 선교 인력만 보충되면 서울 미감리회여선교부에서 파견한 사람들이 이곳 남부지역 여성들을 가르치며 도울 수 있을 것으로 확신한다. 이런 종류의 일은 그 효과가 대단하다."[69]

스웨어러 역시 수원지방 선교 개척을 위해 노력하고 있었는데, 수원지역을 순방할 때마다 앞서 스크랜턴 대부인과 전도부인들이 이룩해 놓은 선교의 결과를 확인하고 여성선교의 가능성에 고무되었다. 보수적인 수원 남성들과 달리 스크랜턴 대부인이 전하는 복음에 적극 호응하는 수원 여성들의 존재와 욕구를 확인한 것이다. 이로써 스크랜턴 대부인은 1901년 7월 갑작스런 귀국 전에 이미 수원에 '여성선교의 그루터기'를 마련해 두었던 것으로 추정할 수 있다. 그것이 부인이든 아니면 그들의 자녀든 스크랜턴의 전도와 교육을 받고 개종한 수원의 '여성 교인'들이 배출되어 1901년 가을 '북문 안' 선교거점 확보와 함께 삼일여학교로 연결된 것이다. 그렇다면 삼일여학교의 기원은 1902년 이전으로 거슬러 올라갈 수도 있으며, 이런 사실을 자세하게 알고 있

---

67) 이경숙은 충남 홍주 출신으로 18세 때 과부가 되어 서울로 올라와 바느질로 생활하던 중 1890년 이화학당으로 스크랜턴 대부인을 찾아가 만난 것이 계기가 되어 이화학당을 졸업한 후 이화학당의 최초 한국인 교사로 봉직하였고 전도부인이 되어 스크랜턴 대부인과 함께 경기 남부지역 선교에 종사하였다. 리경숙, "예수는 내 생활의 보혜사," 『승리의 생활』(조선예수교서회, 1927), 58.

68) 「신학월보」1900.12.

69) *MEC* 1901, 47.

었던 밀러는 주저 없이 삼일여학교 설립자를 스크랜턴 대부인으로 지칭한 것으로 볼 수 있다.

4.2 삼일여학교 설립과 이경숙의 헌신

그러나 삼일여학교의 '공식적' 출발은 북문 안 보시동에 선교사 집을 마련한 이후로 보아야 할 것이다. 1901년 이전에 스크랜턴 대부인에 의한 여성교육이 이루어졌다 하더라도 그것은 그의 수원 방문 때만 이루어지는 간헐적인 것이어서 정식 학교로 보기는 어렵기 때문이다. 따라서 1901년 12월 이명숙 가족이 보시동 초가집에 들어가 거기서 예배를 드리기 시작한 것이 수원읍교회의 출발이고, 이듬해 봄 그곳에서 남학교를 시작한 것과 같은 맥락에서 1902년 6월, 보시동에 있던 또 다른 초가집에서 매일학교 형태의 여학교가 시작된 것으로 볼 수 있다.[70]

수원여학교는 처음부터 미감리회여선교부에서 운영하였다. 스크랜턴 대부인을 대신해서 수원선교를 담당하게 된 피어스와 루이스 등이 주기적으로 1년에 3, 4차례 수원을 방문하여 여학교와 수원지방 여성 교인들을 돌보았는데, 처음엔 진척이 느렸다. 루이스는 1902년 서울에 있던 전도부인 한 명을 수원에 내려보내 학교와 전도 일을 맡아보게 했으나 큰 효과는 보지 못했다.[71] 그렇다고 수원 여성들의 교육 욕구가 줄어든 것은 아니었다. 오히려 루이스는 수원을 방문할 때마다 복음과 교육에 갈증을 느끼는 여성들을 만날 수 있었다.

> "수원에는 아직 우리 건물이 없지만 내가 그곳을 지나갈 때는 25-30명 가량의 여인들이 몰려 와 복음 이야기를 듣는다. 그 중 4, 5명은 꾸준히 예배에 출석하고 있으며 세례문답 공부를 하고 있다."[72]

---

70) 김세환, 『매향팔십년사』, 22.

71) E.A. Lewis, "Evangelistic Work, Mead Memorial Church and South Korea District," *Annual Report of Korea Woman's Conference of the Woman's Foreign Missionary Society of the Methodist Episcopal Church*(이하 *KWC*) 1903, 27.

72) E.A. Lewis, "Evangelistic Work, Mead Memorial Church and South Korea District," *KWC* 1903, 28.

문제는 현장에서 복음을 전하고 학생들을 가르칠 여성 사역자에게 있었다. 이런 상황에서 1903년 이경숙이 재차 수원에 파견되었다. 그의 증언이다.

"몃해 후에 로부인[스크랜턴 대부인]은 다시 미국으로 가시고 그 대신 피어스 부인이 교회 일을 맛하 보게 되엿는대 그 부인은 나를 수원구역으로 파송하야 교회 일과 녀선교회에서 설립한 녀학교를 보라 하엿다. 수원구역은 내가 일즉이 로부인과 갓치 다니면서 교회 셜립한 곳은 만헛스되 흥왕치 못하엿슴으로 첫 번 갓슬 때는 밋는 사람들이 아주 업다십히 되엿고 학생이라고는 녀학생 두 명밧게 업섯다. 그러나 내가 일 년 후에 서울로 다시 나올 때에는 교우가 칠십명에 달하엿고 녀학생 수는 이십명이나 되엿다."[73]

스크랜턴 대부인과 함께 자주 찾았던 수원구역이었기에 낯설지 않았다. 수원 여성들도 '옛 친구' 만나듯 그를 환영하였다. 그가 1년 동안 수고한 결과 수원교회의 여성 교인들은 70명 수준으로, 여학교 학생 수는 20명 수준으로 늘었다. 이 같은 그의 선교 결과에 선교사들은 놀라움을 금치 못하였다. 1903년 새로 수원·공주 구역으로 파송받은 여선교사 샤프(A. Hammond Sharp)의 보고다.

"수원 매일여학교는 이씨 부인 지도하에 잘 운영되고 있다. 이곳 사업은 빠르게 진척되고 있다. 내가 지난번 그곳에 갔을 때 몰려 온 여인들을 보고 상당히 고무되었다."[74]

수원구역 담임자 버딕도 마찬가지 보고를 했다.

"수원에서 새로운 부흥의 물결이 일고 있다. 모든 예배에 교인들이 열심히 참석한다. 교인들 중에는 모든 계층이 참여하고 있다. 많은 부인들이 믿기 시작했으며 노인 몇 명과 청년들도 여럿 나왔다. 남학교엔 23명, 여학교엔 15명 학생이 있는데 이 두 학교 교사들은 일을 잘하고 있다. 이 두 학교는 한국인들처럼 장래가 촉망되며 질이 좋다."[75]

---

73) 리경숙, "예수는 내 생활의 보혜사," 60.
74) A. Hammond Sharp, "Mead Memorial Church Seoul, and South Korea District," *KWC* 1904, 23.
75) *ARM* 1904, 309.

결국 수원삼일여학교 설립과 정착 과정에서 이경숙 전도부인의 헌신적인 활동이 결정적인 역할을 했음을 알 수 있다. 선교사가 만들어 놓은 여성선교의 틀을 그가 꾸미고, 채웠던 것이다.

4.3 학교 발전과 김메레의 열심

건강을 회복하고 1904년 10월 귀환한 삼일여학교 '설립자' 스크랜턴 대부인은 자신이 없는 사이 든든한 기초 위에 서 있는 삼일여학교의 모습을 보며 기뻐하였다. 그의 1905년 선교 보고다.

> "수원여학교로부터 자랑스런 보고를 받았다. 나는 메레에게 아는 한 영어를 가르쳐도 좋다고 허락했는데 이것이 학교에 대한 새로운 호기심을 발동시켰다. 그녀는 지금 40명 정도를 가르치고 있다. 이른 시일에 좀 더 좋은 집과 넓은 교실을 갖추게 된다면 좋은 결과를 얻을 수 있을 것이다. 이 학교 선생(Mary Sparks Wheeler)은 미국 커네티컷주 스탬포드 교인들이 초교파적으로 참여하여 만든 '코리아 서클'로부터 재정 후원을 받고 있다."[76]

여학교 학생 수 40명은 당시 남학교 학생 수 35명 보다 많은 수였다.[77] 그만큼 수원지역 여성교육의 열기가 뜨거웠다는 것을 반증한다. 그러나 그것은 또한 '메레'라는 유능한 교사의 열성적 교육의 결과이기도 했다. 여기서 언급된 '메레'는 전에 장지리교회 초기 전도부인으로 부임했던 전도부인 김사라의 딸, 김메레를 의미한다. 이화학당 출신인 김메레는 스크랜턴 대부인의 허락을 받고 수원 여성들에게 영어를 가르치기 시작했는데, 이것은 수원지역 여성뿐 아니라 남성들에게도 상당한 호기심과 관심을 불러 일으켰고 그 결과는 학생 수의 급증으로 나타났다. 스크랜턴 대부인은 미국 커네티컷주 스탬포드(Stamford) 지역 여성교인들로 조직된 '코리아 서클'(Korea Circle)에서 보내오는 선교비로 김메레의 생활비를 대주었다. 또한 스탬포드 '코리아 서클'에서는 매년 성탄절에 삼일여학교 학생들에게 선물 상자를 보내주었는데 이 일은 1910년대 후반까지 계속되었다.[78]

---

76) M.F. Scranton, "Evangelistic Work, Mead Memorial Church, Seoul," *KWC* 1905, 10-11.
77) *KMC* 1905, 54.

김메레의 열성적인 활동으로 여학교는 안정적인 발전을 이룩하였고, 수원에서 처음 보는 '여학교' 수업과 행사는 수원지역 주민들에게 인기있는 구경거리였다. 삼일 여학교와 남학교 합동으로 진행된 1905년 성탄절 행사에 참석했던 루이스 선교사의 증언이다.

> "나는 수원에서 성탄절을 보냈는데 남녀 두 학교 학생들에게 처음으로 성탄절 축하를 어떻게 하는 것인지 보여주기 위해 노력했다. 1백 개가 넘는 등을 건물 밖에 내걸었고 붉은 기를 크게 만들어 남자석에 걸었다. 교실마다 사람들로 가득 찼다. 몰려드는 군중들을 막을 수조차 없었다. 어린 아이들이 사람들 발에 밟힐 위험에 처하자 어떤 사람이 아이들을 서랍장 위에 앉히자고 제안했다. 모두들 동의해서 아이들은 선반 위에 나란히 앉아 즐겁게 관람하였다. 어떤 젊은 부인들은 탁자 위로 올라가고 어떤 이는 옷장 위에까지 올라가려 하였다. 정기적으로 출석하는 교인들에게 과일과 과자 바구니를 나누어 주었으며 학생들에겐 종이와 연필·색실 등을 선물로 주었고 처음 온 사람들도 그림 카드를 받아들곤 기뻐했다. 순서는 길었지만 열기는 방안 공기만큼이나 뜨거웠다. 창문이 하나 부서진 것과 신발과 모자 몇 개를 잃어버린 것 외에는 불상사 없이 예정한대로 무난하게 잘 끝났다. 참석했던 사람들은 수리비를 자기네가 부담하겠다고 장담하였다."[79]

수원지역사회, 특히 여성 사회에 깊이 뿌리를 내리고 있는 삼일여학교의 모습을 보여주는 대목이다. 이런 식으로 여학교는 교육을 통해 복음선교의 역할을 감당하였다. 교회와 학교는 별개가 아니었다.

4.4 장안동 학교 이전과 사립학교 설립 인가

남학교처럼 여학교도 성장은 교실 부족으로 연결되었다. 40명 수준으로 늘어난 학생들에게 보시동 초가집 교사는 비좁았다. 1905년 가을 루이스는 여학교 새 부지를 물색하기 위해 수원에 내려갔다가 예정이 늦어져 성탄절까지

---

78) L.A. Miller and M.R. Hillman, "Evangelistic Work and Day Schools on Seoul and Suwon Districts," *KWC* 1911, 38; L.A. Miller, "Evangelistic Work and Day Schools on the Suwon Districts," *KWC* 1916, 42-43.

79) E.A. Lewis, "A Holocaust of Fetishes," *KMF* May. 1906, 134; E.A. Lewis, "Evangelistic Work, Mead Memorial Church and South Korea District," *KWC* 1905, 13-14.

보고 돌아온 것이다.

"지금 우리 재정 상황을 고려하면서 포화상태에 처해 있는 우리 여학교를 옮길 새 부지를 물색하느라 수원에는 예정보다 더 오래 머물러야 했다. 학생들을 분반해서 가르쳐야 하는데, 수업을 받지 못하는 학생들은 자기들 차례가 돌아오기까지 교실 밖, 혹은 어두운 골방에서 기다려야 했다. 학생들은 나를 보고 일제히 격식을 갖추어 경례를 하였는데 그걸 보고 교사에게 미동조차 하기 어려운 좁은 공간에서 그런 인사치레는 금하고 가급적 간단하게 인사하도록 주문했다."[80)]

그리고 마침내 여선교부는 1906년 봄, 거북산(팔달산) 아래 군기동(지금 장안동 95번지) 일대 350평 대지와 초가집 한 채를 구입하는데 성공하여 그리로 학교를 옮겼다.[81)] 남학교는 여전히 보시동 초가집 예배당을 교사로 사용하고 있는 상황에서 여학교가 먼저 독자적인 학교 교사를 마련하고 나간 것이다. 그 사실은 서울에서 발행되던 한말의 대표적인 민족 언론, 「황성신문」에 소개되었다.

"水原郡內에 女學校를 設立하얏난대 教師는 金메레 씨오, 學徒는 四十八名이오, 學科는 國文 漢文 英語 算術 體操인대 教師의 熱心勸學과 學徒의 日進日步함을 贊賞할너라."[82)]

이 신문 보도로 수원지역에서 삼일여학교의 위상은 한 단계 더 높아졌다. 그것은 수원군수가 직접 학교를 방문하고 싶다는 의사 표현에서도 확인되었다. 스크랜턴 대부인의 증언이다.

"수원군수가 한국 신문에서 자기 읍내에 여학교가 설립되었다는 기사를 읽고 학교를 방문하고 싶다는 의사를 밝혀 왔다. 우리는 그를 반갑게 환영했고 그는 와서 보고 듣고는 나에게 그동안 수고한 것에 대해 고맙다는 말을 전해 왔다. 그는 뭔가 우리를 도울 일이 없겠느냐고 우호적인 자세를 보여 주었다. 아직 구체화되지는 않았지만 그가 학교를 인정해 주면 지역사회에 엄청난 영향력을 발휘할 것이다. 우리가 하고 있는 매일학교는 어느 곳에서든 놀라운

80) E.A. Lewis, "A Holocaust of Fetishes," *KMF* May. 1906, 134.
81) 김세환, 『매향팔십년사』, 31.
82) 「황성신문」1906.4.9.

위력을 발휘하고 있다. 믿지 않는 집안 아이들도 우리한테 와서 교육을 받고는 그것을 집으로 가져간다. '어린' 아이들이 어머니와 아버지를 교회로 '인도'하여 선하고 옳은 길로 이끄는 것은 아주 자연스런 현상이다. 남한지역에 이런 매일학교를 1백 군데 설립하는 것이 나의 꿈이다."83)

군수의 방문으로 일반 주민들 사이에 "교회에서 설립한 학교를 군수가 인정했다"는 소문이 돌았고 이로써 여학교에 대한 사회의 부정적 편견이 상당부분 해소되었다. 그리고 학교에서 신앙교육을 받은 학생들의 전도를 받은 부모들이 교회에 나오게 됨으로 '교육을 통한 복음전도'라는 선교학교의 본래 기능도 충실히 수행되었다. 삼일여학교는 한층 자신감을 갖고 교육과 선교 사업을 추진해 나갈 수 있었다.

학교 설립자 스크랜턴 대부인은 이 같은 분위기를 살려 학교를 더욱 든든하고 확실한 반석 위에 세워 놓기 위해 노력하였다. 우선 시급한 것이 안전하고 넓은 현대식 교사 마련이었다. 이미 나이가 75세에 이른 '노부인'이었음에도 스크랜턴 대부인은 건축비 마련을 위해 가능한 모든 방법을 동원하였다. 그는 기회가 있는 대로 학교 사정을 알리면서 도움을 요청했다.

"수원여학교는 참으로 내 마음의 기쁨이다. 믿었던 대로 이 학교는 '하나님의 은총 가운데' 날로 성장하고 있으며 많은 사람들에게 기쁨이 되고 있다. 그런데 안타깝게도 더 뻗어나가려 해도 가로막힌 벽 때문에 더 나갈 수 없다. 작은 툇마루와 8×16피트밖에 안 되는 좁은 공간에 70명이나 되는 학생들이 갇혀 지내고 있다. 종종 여교사는 이런 환경에서 가르치기가 어렵다고 하소연하지만 자기가 맡은 일에 대한 열정만큼은 변함이 없다. 학교는 철저히 기독교적으로 운영되고 있으며 이미 여러 가정이 그 영향을 받아 교회에 나오기 시작했습니다. 이른 시일 내에 우리 욕구를 충족시킬 수 있는 보다 크고 훌륭한 건물이 마련되기를 기대하며 기도하고 있다. 나는 토담집 예배당과 학교 건물에 질렸다. 장래성이 밝은 지금 즉시 이곳에 시설 확충비로 2,500달러를 지원해 줄 것을 선교본부에 요청하는 바이다."84)

---

83) M.F. Scranton, "Day Schools and Bible Women," *KMF* Apr. 1907, 53; M.F. Scranton, "Mead Memorial Church and Kyung-keui Do," *KWC* 1906, 26.

84) M.F. Scranton, "Girl's Schools and Women's Instruction," *KMF* Jul. 1907, 110; M.F. Scranton, "Sang Dong and Southern Districts," *KWC* 1907, 6-7.

이러한 그의 노력의 결과로 1909년 2월, 장안동 부지를 2백 평 늘이고 그곳에 한옥으로 24평 규모의 가사실습실을 지었으며, 미감리회여선교부로부터 벽돌 교사 건축 기금을 확보한 상태에서[85] 1909년 4월 28일 학부로부터 '사립 삼일여학교'로 설립 인가를 받았다.

이처럼 삼일여학교 설립과 발전에 결정적이고 지대한 공로를 남긴 스크랜턴 대부인은 꿈이었던 '벽돌 교사' 완성을 보지 못하고 1909년 10월 8일 별세하여 서울 양화진 외국인 묘지에 안장되었다. 이로써 삼일여학교 개척 1세대는 사라지고 그 뒤를 2세대가 이었다.

4.5 학교 성장과 매향동 이전

스크랜턴 대부인의 뒤를 이어 삼일여학교 운영을 맡은 이는 밀러였다. 1907년부터 인천과 수원 지방 여선교사업을 전담하게 된 그는 인천 선교사 사택에 살면서 수시로 수원을 방문하여 학교와 지방 여선교회 일을 관장하였다. 사정이 그렇기 때문에 학교 일은 스크랜턴 대부인이 임명한 교사 김메레가 주관하다시피 했다. 그의 능력은 이미 선교사뿐 아니라 일반 사회에서도 인정하는 바였다. 1910년 밀러의 보고다.

> "수원에서는 메레가 상당수 학생들을 가르치고 있는데 금년에 처음으로 졸업식을 거행할 계획을 세우고 있다. 그에게 배운 15세 난 배씨는 자기 고향인 수촌에 가서 무보수 교사로 활약하고 있다."[86]

김메레의 첫 번째 제자들이 고향으로 가서 학교 교사로 활약하고 있음을 알 수 있다.[87] 김메레는 스크랜턴 대부인의 주선으로 미국 스탬포드 '코리아 서클'로부터 꾸준한 지원을 받고 있었기에 경제적인 어려움 없이 교육에 전

---

85) *MEC* 1909, 96; *ARM* 1909, 182.

86) L.A. Miller and M.R. Hillman, "Evangelistic Work and Day Schools on Seoul and Suwon Disricts and In Chemulpo City," *KWC* 1910, 41.

87) 1910년 3월 23일에 배출된 1회 졸업생들은 차우로다 · 나혜석 · 홍보배 · 박충애 등이었다. 김세한, 『매향 팔십년사』, 36.

념할 수 있었다.[88] 김메레는 수원뿐 아니라 전국적으로 유명한 인사가 되었다. 1911년 12월 「그리스도신문」에 실린 기사다.

> "삼일녀학교 녀교사 김메례 씨는 신구학문에 고명하야 학도를 열심 교슈함으로 교황(校況)이 흥왕하고 학무가 일신하는 중 특별히 실업교육이 급무됨을 격절히 셜명하야 몽매한 인심을 감화케 하는 고로 인개 칭송한다더라."[89]

이 무렵 김메레 외에 한문 교사로 한성회가 초빙되어 왔는데[90] 일본 유학 경험이 있는 그는 실력과 함께 인품으로 많은 사람들에게 감동을 주었다. 1912년 12월 「그리스도신문」 보도다.

> "수원읍 삼일녀학교 한문 교사 한셩회 씨는 일본 가서 류학하며 학문도 고명하고 행위도 단정한 바 타쳐에서 후한 월봉으로 고빙코저 하되 독실한 신자인 고로 후한 것을 탐치 안코 본학교에서 근무하는 중 월은이 다만 八환인대 학교 경비를 난판한 고로 월은을 밧아셔 경비도 보용하고 샹품도 자비하여 학생을 권장하며 교육을 열심함으로 학생들이 다 감복하야 더욱 흥왕하니 해씨의 셩력으로 학교가 장진지망이 잇다하엿더라."[91]

더 좋은 조건을 제시하는 학교가 있었음에도 삼일여학교를 떠나지 않았을 뿐 아니라 자기 사비를 털어 학생들을 가르치는 교사의 희생적인 모습이 학생들과 지역 주민들의 감동을 불러 일으켰음은 물론이다. 이같은 김메레 · 한성회 같은 교사들의 헌신적인 노력으로 학교는 한층 안정적 기반을 마련할 수 있었다. 그리고 마침내 1913년 12월 매향동 110번지, 새 부지에 40평 규

---

88) 스탬포드 코리아서클에서는 매년 김메레와 학생들에게 성탄절 선물 상자를 보내주었다. 이에 삼일여학교 학생들도 코리아 서클 회원들에게 보답하는 토산품 선물 꾸러미를 만들어 보내기도 하였다. L.A. Miller and M.R. Hillman, "Evangelistic Work and Day Schools on Seoul and Suwon Districts," *KWC* 1911, 38; L.A. Miller and M.R. Hillman, "Evangelistic Work and Day Schools on Seoul and Suwon Districts," *KWC* 1912, 35.

89) 「그리스도회보」1911.12.30.

90) 1년 동안 그의 생활비는 미국 독지가 워커(Walker) 박사가 책임져 주었다. L.A. Miller and M.R. Hillman, "Evangelistic Work and Day Schools on Seoul and Suwon Districts," *KWC* 1911, 38

91) 「그리스도회보」1912.9.30.

모의 벽돌 건물을 건축하고 그곳으로 학교를 옮겼다.92) 이로써 삼일여학교의 '매향동 시대'가 열렸다. 남학교는 여전히 종로교회 예배당을 빌려 수업을 하고 있는 형편이었다.

매향동으로 학교를 옮긴 후에 더욱 많은 학생들이 몰려들어 1913년에 전체 학생 수는 219명으로 늘었고93), 1914년에는 다시 배로 늘었다.94) 교실 부족을 또 다시 느끼게 되었고 1917년에야 가사실을 겸한 한옥 건물 하나를 짓고 넘쳐나는 학생들을 수용했지만 이듬해 또 모자라 2층짜리 벽돌 건물을 지었다.95)

4.6 김세환 학감의 민족교육

이처럼 삼일여학교는 한국인 교사들의 희생과 수고로 탄탄한 기반을 구축하였고 '아름다운' 학교로 소문나게 되었다. 1915년 안식년 휴가를 마치고 돌아온 밀러 교장의 눈에 비친 학교 모습이 그러했다.

> "수원여학교는 우리의 자랑이다. 학교는 우리의 유능한 학감 선생 지휘 하에 꾸준한 발전을 보이고 있다. 내가 한국을 떠날 때 학교 부지는 텅 비어 있었다. 그런데 돌아오고 보니 아름다운 나무 그늘로 덮혀 있었다. 많은 나무와 꽃들을 옮겨다 심었고 새로 산책로도 냈다. 우리 교사 김씨는 학교 건물 벽에 도드라진 한국 지도를 조각해 붙임으로 방문객들의 시선을 집중시키고 있다. 그는 또 학교 앞쪽에 흐르는 개울 위로 다리를 놓아 장마철에도 학생들이 건널 수 있도록 해 놓았다."96)

학감 선생 '김씨'는 수원의 대표적인 '민족주의 교육자'로 유명한 김세환(金世煥)이었다. 그는 수원 출신으로 수원읍교회가 보시동에서 시작할 무렵부

92) L.A. Miller, "Evangelistic Work and Day Schools on Seoul and Suwon Districts," *KWC* 1914, 13.
93) *MEC* 1914, 49; *ARM* 1914, 173.
94) *KAC* 1915, 43; *ARM* 1915, 17.
95) L.A. Miller and L.E. Frey, "Evangelistic Work and Day Schools on the Suwon Districts," *KWC* 1917, 68; L.A. Miller, "The Garden," *Fifty Years of Light*, 81.
96) L.A. Miller, "Evangelistic Work and Day Schools on the Suwon Districts," *KWC* 1916, 42.

터 교회에 출석하였고 서울로 올라가 관립 외국어학교를 거쳐 일본 주오대학에서 유학한 후 귀국하여 수원상업강습소 교사로 활동하다가 밀러 교장의 부탁을 받고 1913년 삼일여학교 학감으로 부임하여 자주 자리를 비우는 교장을 대신하여 학교 살림을 도맡아 관리하였다. 1917-18년의 학교 증축은 그의 주관으로 이루어진 것이며 장마철만 되면 범람하는 학교 앞 개울 때문에 등교조차 하지 못하는 학생들을 위해 떨어져 나뒹굴고 있는 수원 남문(팔달문) 문짝을 옮겨다 다리를 놓아 준 것도 그가 한 일이었다.97)

그의 미적 감각은 꽃나무들로 꾸며진 학교 정원에서 드러났고, 그의 민족의식은 학교 건물 벽에 부착한 한반도 지도 조각에서 드러났다. 실제로 그는 1919년 3·1만세운동 당시 '민족대표 48인' 중의 한 사람으로 서울 지도자들과 연락을 취하며 경기도와 충청도 민족지도자들을 규합하는 일을 맡아 하였고, 3월 1일 서울로 올라가 탑골공원 시위에 참가하였으며 이 일로 체포되어 1년 6개월 옥고를 치르고 나왔다.98)

출옥 후 '요시찰 인물'이 된 김세환은 전의 직장 삼일여학교로 돌아올 수 없었다. 그렇다고 그의 학교 사랑이 끊어진 것은 아니었다. 그는 학교 밖에서 여전히 학교를 위해 할 일을 찾았다. 대표적인 예로 1926년 여름 학교 앞 개울에 학생들을 위해 새 다리를 가설해 주었다. 1915년 남문 문짝을 가져다 놓은 다리는 오래가지 못하고 부서졌다. 그러자 김세환은 든든한 다리를 놓아 주기 위해 학부형과 지역 유지들을 설득하고 나섰다. 이에 대한 밀러 교장의 보고다.

> "학부모회에서 400원을 들여 학교 앞 개울에 다리를 놓아 주었다. 장마철만 되면 개울물이 흘러 넘쳐 학생들은 다른 다리로 건너느라 먼 곳까지 돌아 와야만 했다. 앞서 수년 동안 시간과 정력을 기울여 학교를 도왔던 김세환 씨가 이 공사를 감독할 뿐 아니라 솔선해서 공사 작업에 참여하고 있다."99)

새로 놓은 다리 이름을 '삼일교'(三一橋)라 하였다. 학교 이름을 딴 것이었

---

97) 김세한, 『매향 팔십년사』, 46.
98) 홍석창, 『감리교회와 독립운동』, 259-263.
99) L.A. Miller, "Suwon District," *KWC* 1926, 75.

지만 민족운동의 상징인 3·1만세운동을 연상하는 것이기도 해서 그 다리를 건너는 일본인들의 심기가 불편했음은 물론이다. 반면 삼일여학교 학생들과 수원 사람들은 그 다리를 당당하고 자랑스럽게 건넜다. 김세환은 그 후에도 1937년 밀러 교장이 은퇴하고, 1940년 선교사들이 한국을 떠나면서 삼일여학교가 재정 문제로 폐쇄 위기에 처했을 때 수원지역 유지들을 설득하여 학교 운영 자금을 지원케 함으로 해방되기까지 학교가 유지되도록 만든 최대 공로자였다. 그는 마지막 순간까지 삼일여학교와 수원지역 '민족 양심'의 상징이었다.

4.7 보통학교 인가와 밀러 교장의 헌신

'삼일교' 다리 공사가 한창 진행되던 1926년 5월 20일, 학교는 총독부로부터 삼일여자보통학교로 승격 지정을 받았다.[100] 그리고 그 해 여름 큰 교실 두 개를 증축하였다. 이로써 학교는 한층 안정적인 기반 위에 발전을 도모할 수 있게 되었다. 1914년 이후 수원사업에만 전념할 수 있게 된 밀러 교장 역시 학교 발전을 위해 헌신적으로 일했다. 그는 학교를 '동산'(Garden)이라 불렀고, 학생들을 '물망초'(Forget-Me-Not)라 불렀다.

> "수년 전 나는 동산 하나를 맡아 사랑으로 돌보라는 지시를 받았다. 동산은 나의 기쁨이다. 씨앗을 뿌리고 그 첫 생명이 솟아나는 것을 보고, 그것이 흡족할 만큼 자라나는 것을 지켜보는 것은 동산 관리자만이 느낄 수 있는 즐거움이다. 동산 한 쪽에 물망초 178송이가 자라고 있다. 이 아름다운 꽃들은 위기에 처했을 때는 눈물로 물을 주고, 때로는 기도로 생기를 북돋아 주어 키워낸 것들이다. 동산 관리인이 아니더라도 이들이 바로 수원여학교인 것을 알 수 있을 것이다. 길을 따라 조금만 내려가면, 또한 멀리 가면 갈수록 물망초들의 어린 동생들이 각자 어려운 처지에 처해 있음을 알 수 있는데 수원과 남양에 있는 동산에 있는 '아이'들은 내 마음 속에 넓은 자리를 차지하고 있어 동산의 행복을 가져다주고 있지 않은가?"[101]

100) L.A. Miller, "Suwon District," *KWC* 1926, 75; *KAC* 1926, 228; 김세한,『매향 팔십년사』, 46.
101) L.A. Miller, "My Garden(Suwon District)," *KWC* 1929, 63-64.

에덴동산의 처음 사람들처럼 그는 자신을 '동산 관리자'로 인식하였다. 수원지방의 여성들과 여학교 학생들은 동산에서 자라는 꽃이자 나무들이었다. 꽃들이 잘 자랄 수 있는 환경을 만들어 주고 사랑과 관심으로 돌보고 가꾸는 것이 관리자로서 그가 할 일이었다. 이것이 그의 '교육철학'이자 '선교이념'이었다. 그는 독신이었지만 학생들에겐 때로는 엄하고 때로는 자애스런 어머니였다.

그리고 밀러는 무엇보다 '믿음의 사람'이었다. 학교를 운영함에 난관에 부딪칠 때면 언제나 기도로 길을 뚫었다. 1936년 한층 까다로워진 총독부의 재단인가 규정 때문에 학교가 위기에 처했을 때도 그런 식이었다.

> "1936년 학교 장래를 논의하던 중 인가를 획득하기 위해서는 몇 개 교실은 너무 좁고, 학교 운동장을 넓히기 위해서는 한옥 건물을 다른 곳으로 옮겨야 하고 좁은 교실은 벽을 터서 넓은 교실로 만들어야 학교 부지를 구획하는 견고한 울타리를 둘러야 한다는 것을 알았다. 그런데 자금이 없으니 이 일을 어떻게 할 수 있겠는가? 다만 '하나님께서 예수 그리스도로 인하여 영광을 얻기 위해 당신의 부요하심으로 너희의 쓸 것을 공급하시리라'는 약속만 의지하고 주임교사 김[영래] 선생, 목사 둘, 그리고 밀러 교장이 서너 달 합심으로 기도했다."[102]

그리고 응답을 받았다.

> "그러던 어느 날 수원 제일가는 부자의 아들이 학교를 방문해서 벽을 헐고 큰 교실을 만들어 주겠노라 하였다. 그는 마치 자신에게 부탁을 해오기를 기다렸다는 듯이 '학교를 위해 일하게 되어 기쁘다'고 했다. 이로써 기도 제목 중 하나가 해결되었다. 다른 신사 한 사람이 와서 한옥 건물을 더 좋은 다른 곳에 옮겨 지어주겠다고 했다. 또 다른 부자가 와서 울타리가 시급한 것을 알고는 자기 아버지를 설득해서 인부와 물자를 가지고 와서 담을 즉시 만들어 주었다. 두 가지 기도 제목도 해결되었다. 크고 작은 기부금들이 모아져 240명 학생들을 수용할 수 있는 방 세 개짜리 벽돌 강의실을 마련할 수 있게 되었다. 도청에 건축계획서가 제출되었고 건축 감독은 건축 기금을 낸 사람들이 나와서 했다. 학교에 필요한 것 중 대부분 수원 시내 불신자들이 부담하였다. 한옥 건물은 한쪽에 부엌까지 있어 가사 실습을 할 수 있게 했고 음악과 우천시 체육을 할 수 있도록 했다."[103]

---

102) L.A. Miller, "The Garden," *Fifty Years of Light*, 82.

교실 벽을 헐고 큰 교실을 만들어 주겠다고 나선 인물은 당시 수원에서 제일가는 부자 소리를 듣고 있던 양성관(梁聖寬)이고, 3백 원을 들여 학교 벽돌 담을 둘러준 이는 차유순(車裕舜)이며, 이 둘과 안영태가 7천 원을 들여 20평 규모의 아담한 벽돌 건물을 지어주었다.[104] 불과 한 달 사이에 어렵게만 보였던 '기도 제목'이 모두 해결되었다. 이처럼 '현대판 기적'이 일어나기까지 밀러 교장과 김영래 주임교사, 그리고 이들을 옆에서 도와온 수원종로교회의 박영석 목사와 은퇴한 이하영 목사 등의 기도가 힘을 발휘했지만 이번에도 지역 유지들을 직접 찾아다니며 설득했던 김세환의 역할도 큰 몫을 차지했다. 그리고 김세환 못지않게 수원지역 일반사회에서 존경받는 인물로 인정받고 있던 밀러의 '은퇴 귀국' 소식도 지역 유지들의 결단을 끌어내는 요인이 되었다.

"수원에는 부자들이 많았는데 여학교에 그다지 관심을 보이지 않았다. 그런데 밀러 교장이 은퇴하고 귀국한다는 사실이 알려지자 이들 중 일부가 '밀러 같은 서양 여자가 여기 와서 30년간 이만한 일을 해냈는데 그동안 우리는 아무 일도 한 것이 없으니 얼마나 부끄러운 일인가. 그가 떠나기 전 뭔가 감사의 뜻을 표해야 하지 않겠는가. 무슨 일을 할 수 있겠는가?' 주임교사 김영래는 아이디어가 많은 사람이라 그가 이 사람들에게 학교에 필요한 것이 무엇인지 알려주었다. 그렇게 해서 앞서 말한 것처럼 기부금이 모아졌다."[105]

독신으로 한국에 와서 30년 동안 수원사회에 기울인 '서양 여자'의 희생과 헌신이 수원 부자들의 마음을 움직인 것이다. 그들은 부끄러운 심정으로 밀러 선교사의 마지막 숙제를 풀어주기로 한 것이다. 그들은 학교를 살리는 일 외에 밀러에게 직접 해줄 수 있는 일을 찾았다. 그래서 밀러의 공덕을 기리는 기념비를 건립해 주기로 했다. 그것은 '전관 예우'에 철저한, 지극히 동양적인 예법이었다.

"'하지만 밀러 자신의 공로를 치하할 수 있는 일은 없는가?' 한국인들은 누군가 업적을 기릴 인물이 있으면 기념비를 해 세워준다. '우리는 그가 가지고 가버리는 선물은 주고 싶지

103) L.A. Miller, "The Garden," *Fifty Years of Light*, 82-83.
104) *WFMS* 1937, 55; 「기독신보」1937.6.16, 1937.7.7; 「감리회보」1937.7.16.
105) L.A. Miller, "The Garden," *Fifty Years of Light*, 83.

않다. 학교와 관련된 기념비를 세워 세월이 흘러도 그녀가 우리와 우리 자녀들을 위해 해 놓은 일을 기억해 낼 수 있는 그런 일을 하고 싶다.' 수원에서 제일 부자인 양씨가 '그 일은 내가 맡겠다'고 나섰다."106)

양성관이 내놓은 2백 원으로 밀러 교장 송덕비가 만들어져 삼일학교 교정에 세워졌다. 이 같은 사회유지들의 기부 행위는 졸업생들과 지역 주민들에게도 영향을 주어 1937년 학교 창립 35주년을 기념하여, 학교에 사이렌과 축음기 · 전화기를 기증하겠다는 졸업생들이 나왔고, 재단 기본 재산으로 '매년 도지 삼십 석을 받는 토지'를 헌납하는 주민도 나왔다.107) 참고로 1938년 당시 삼일여학교 기본 재산으로 편입된 부동산 목록을 정리하면 다음과 같다.108)

주소	지목	지적	시가	용도
경기도 수원군 수원읍 매향정 108	대지	290평	2,900원	학교교사 기지
매향정 105	대지	34평	340원	학교교사 기지
매향정 110-1	대지	819평	8,190원	학교교사 기지
매향정 18	대지	105평	1,000원	학교유지 기본 재산
북수리 370	대지	74평	7,000원	학교유지 기본 재산

모든 공사와 기념비 제작, 기증 절차가 마무리된 후, 1937년 6월 28일 삼일여학교 교정에서 학생 4백여 명과 학부형, 수원군수를 비롯한 지역 유지, 서울서 내려온 선교사들까지 포함하여 천여 명 되는 인파가 모인 가운데, 삼일여학교 창립 35주년 기념 및 밀러 교장 근속 30주년 기념, 동선근 선생 근속 12주년 기념, 밀러 교장 송덕비 제막식이 한꺼번에 거행되었다. 이에 대한 「감리회보」의 보도다.

"수원종로교회내 삼일여자보통학교에 생도는 많고 교실이 협착하여서 골난이든 중 학교

106) L.A. Miller, "The Garden," *Fifty Years of Light*, 84.
107) 「기독신보」1937.6.16; 「감리회보」1937.7.16.
108) 「재단법인 기독교조선감리회 유지재단 규칙급 설명서」(기독교조선감리회 총리원, 1938), 152.

창립한지 三十五주년을 마지하는 이 때에 기렴사업으로 학교 당국자 밀나 교장과 김영내 주임 선생의 활동과 사회측으로 양정관 차유순 안영태씨 외 여러분의 주선으로 인하야 七千여 원 공비로 二十평 되는 새 교사를 연와제로 신축하였고 또 기렴사업으로 학교 기본재산을 위하야 매년 도지 三十二석 받는 토지를 사따고 한다. 그중에 신축한 교실 공비는 사회측에서 전담하였다. 신축 교실 낙성식을 간 六월 二十八일 상오 十一시에 성대히 거행하였는데 관민제씨와 선교사 제씨가 다수이 참석하였다. 동시에 밀나 교장의 三十년 근속 기렴으로 기렴비 제막식이 있었고 동선근 선생의 十二년 근속 기렴식이 있어서 본 군수 이하 여러분의 의미심장한 축사가 있었고 밀나 교장의 간곡한 답사와 동선근 선생의 감격한 답사가 있은 후 폐식이 되자 인하야 三百여 내빈이 오찬을 행한 후 본교생 전람회에 일일이 참관하였다더라."[109]

삼일여학교로서는 역사상 가장 성대한 잔치였다. 일제강점기 마지막 축제이기도 했다. 군수가 참석한 학교 행사는 1907년 삼일 남녀 학교의 연합 방학식 이후 30년만이었다. 삼일여학교 성장과 발전에 지대한 공을 남긴 밀러 교장은 비록 은퇴하고 떠나갔지만, 학교는 후임 교장 김영래를 중심한 교사진과 학교 밖의 김세환을 비롯한 강력한 지원세력이 있어 흔들림없이 일제 말기 '암흑 시련기'를 견뎌낼 수 있었다.

일제 당국의 지시로 '삼일'이란 명칭을 빼앗기고 1938년 4월 1일부터 '매향여자소학교'로 이름을 바꾸었지만 학교는 여전히 '수원군 유일의 여자 사립학교'로 자존심과 위상을 지켜 나갔다. 1939년 5월 수원지방 박영석 감리사의 보고에서 그 모습을 읽을 수 있다.

"梅香女子小學校 校長 金泳來 氏는 不眠不休에 運動으로 校勢가 日益擴張되어서 水原 全郡的으로 女子敎育에 유일한 機關이라고 하겠습니다. 敎室의 完備하고 敎具도 完備되어서 私立이지마는 公立에 지지아닐만치 準備가 되어 있습니다. 年年 上級學校에 入學率이 第一位를 점령하였다고 할 수 있습니다."[110]

지금까지 수원선교의 역사와 삼일학교 및 삼일여학교 설립과 역사적 전개

---

109) 「감리회보」1937.7.16.
110) 「기독교조선감리회 동부 · 중부 · 서부 연합연회록」(1939), 151-152.

과정을 살펴보았다. 그 결과 다음 몇 가지 사실을 확인할 수 있었다.

첫째, 수원선교는 장지리 · 아리실 등 수원 변방에서 출발하여 수원 읍내로 진출하는 형태를 취했다. 이 과정에서 아리실 교인들의 투옥과 석방 후 수원 선교 헌신은 종로교회 설립의 기초가 되었다. 그리고 1901년 수원읍내 선교 거점을 확보하는 과정에서 일어난 김동현의 투옥사건도 수원선교가 수난의 역경을 거쳐 이루어졌음을 보여준다.

둘째, 수원선교 과정에서 스크랜턴 모자 선교사의 수고가 큰 부분을 차지하였다. 특히 스크랜턴 대부인은 직접 수원지역을 방문하거나 김사라와 이경숙 · 정한나 등 전도부인을 파송하여 전도하게 함으로 수원지역 여성선교의 문을 여는데 결정적인 역할을 하였다.

셋째, 1901년 수원 '북문안'에 마련한 최초 선교거점은 수원 복음전도와 교육선교의 요람이 되었다. 종로교회와 삼일남학교 · 삼일여학교 역사는 이 곳에서 출발하였다. 교회는 학교에 교육공간을 제공했고, 학교는 학생과 학부모를 교회로 인도하였다. 이 세 기관은 지배 관계가 아닌 협력과 공존 관계로 서로를 돕는 '아름다운' 역사를 연출하였다.

넷째, 삼일 남녀 학교로 인해 수원지역의 기독교에 대한 인식이 긍정적인 것으로 바뀌었다. 특히 1907년 어간의 민족적 수난상황에서 삼일학교 교사와 학생들이 보여준 민족의식과 '충군애국적' 민족운동은 교회에 대해 부정적이었던 지역사회의 보수 여론을 긍정적인 것으로 바꾸어 놓는 결정적인 계기를 마련해 주었다. 이것을 계기로 교회는 학교를 매개로 하여 지역사회와 긴밀한 유대 관계를 맺을 수 있었다.

다섯째, 삼일여학교는 초기부터 희생적인 교사들의 헌신과 열심을 바탕으로 굳건한 기반을 조성하였다. 스크랜턴 대부인과 밀러 교장의 헌신과 이경숙 · 김메레 · 한인회 · 김세환 · 김영래 등 한국인 교사들의 희생적 활동으로 학교는 착실한 발전을 이룩했고 지역사회로부터도 적극적인 지지를 얻어낼 수 있었다. 1937년 6월 28일 개최된 학교 창립 35주년 기념 및 밀러 교장 근속 30주년 기념식은 이러한 희생과 헌신, 지지와 후원의 행위들이 모아져 이룩해낸 아름다운 역사를 반영하는 결정체였다.

여섯째, 이처럼 수원종로교회와 삼일 남녀 학교 역사에 나타난 헌신과 희생, 사랑과 봉사의 행위를 가능케 했던 기본적인 요인은 이 역사의 주인공들로 활약했던 기독교인들의 신앙이었다. 교회 목회자로서, 학교 교사와 후원자로서, 이들의 삶 속에 녹아있는 그리스도의 사랑이 교회와 학교를 발전시키며, 역경을 극복할 수 있는 능력의 원천이 되었다. 복음을 전하고 교회를 세우는 목적도, 학교를 세우고 운영하는 이유도 여기에 있었다.

이쯤이면, 수원의 여성선교와 민족교육의 맥을 계승하고 있는 삼일여학교의 후신, 매향여학교가 창립 100주년을 맞아 무엇부터 해야 할 지 감이 잡히지 않는가?

> "내가 네 행위와 네 인내를 알고 .... 또 네가 참고 내 이름을 위하여 견디고 게으르지 아니한 것을 아노라. 그러나 너를 책망할 것이 있나니 너의 처음 사랑을 버렸느니라. 그러므로 어디서 떨어진 것을 생각하고 회개하여 처음 행위를 가지라."(계 2:2-5)

순천선교부와 지역사회

이 글은 일제강점기 순천을 중심으로 전라남도 동남부지역 선교의 구심점이었던 미국 남장로회 순천선교부의 개설과정과 주요사역을 살펴보고 그 선교사역이 순천 지역사회에 끼친 영향과 그 역사적 의미를 살펴보는 데 목적이 있다. 다른 지역 선교부와 마찬가지로 순천선교부에서 이루어진 사역은 복음전도(evangelistic work)와 교육선교(educational mission), 의료선교(medical mission) 등으로 구분되었는데 이들 사역의 궁극적인 목적은 복음 전파와 기독교 확산이었지만 이들 사업을 통해 순천 지역주민의 의식 및 생활 변화와 그 결과로서 지역사회의 근대화가 이루어졌다. 다시 말해 순천선교부는 순천과 그 인근 지역사회에서 기독교 전파와 근대화의 구심점이 되었다고 할 수 있다. 이 글에서는 이런 사실을 규명하기 위해 순천선교부에서 활동했던 남장로회 선교사들이 남긴 선교보고서를 중점적으로 살펴보고 선교부 및 선교사들의 사역에 대한 교계 및 사회 언론보도를 통해 그 사역에 대한 평가와 의미를 살펴볼 것이다.

1. 순천선교부 개설 과정

1.1 미국 남장로회의 호남지역 선교

미국 남장로회의 한국선교는 1892년 10월 루이스 테이트(Lewis B. Tate)와 매티 테이트(Mattie Tate) 남매, 윌리엄 레이놀즈(William D. Reynolds) · 윌리엄 전킨(William M. Junkin) · 리니 데이비스(Linnie Davis) 등 선발대 5명이 내한

하고 한 달 후 여선교사 볼링(Patsy Bolling)과 레이번(Mary Leyburn)이 도착하면서 시작되었다. 이들은 먼저(1884) 들어와 서울 정동에 자리잡고 있던 북장로회 선교사들의 환영과 도움으로 서울에 거점을 마련하고 어학공부로 한국 선교를 시작하였다. 같은 장로회 신앙전통을 지키면서도 남북전쟁 때 교단이 남북으로 분열되었던 미국 북장로회와 남장로회 선교사들은 선교지 한국에서 서로 협력하였다. 우선 두 선교회 선교사들은 1893년 1월 28일 서울에서 '장로교선교공의회'(Council of Missions holding the Presbyterian Form of Government)를 조직하는 한편 두 선교회 사이에 선교지역 분할협정을 맺고 전라남북도와 충청남도 선교를 남장로회가 맡기로 했다.[1] 다른 선교회와 마찬가지로 남장로회 선교회는 주요 도시에 선교부(mission station)를 개설하고 선교사들로 하여금 그곳에 거주하면서 지역선교를 담당하도록 하였다. 남장로회 선교사들은 지역 선교부를 개설할 때 먼저 토착전도인을 지역에 들여보내 거처를 마련한 후 선교사들이 들어가는 형식을 취했다. 양반과 지역 토호세력의 반(反)기독교 정서가 강했던 호남지역에서 이런 방식은 효과적이었다.

남장로회가 최초 선교부를 개설한 곳은 전라북도 수부(首府)인 전주였다. 서울에 머물던 선교사들은 1893년 1월 '서울 양반' 출신으로 레이놀즈의 어학교사였던 정해원(鄭海元)을 먼저 전주에 내려보냈다. 정해원은 1893년 6월 전주성 밖 전주천 건너편 은송리(隱松里, 지금 동완산동)에 초가집 한 채를 마련하고 전도하기 시작했다. 그의 한학 실력은 지역 주민들에게 호감을 샀다. 오래지 않아 서당 훈장과 전에 천주교 신앙을 가졌던 청년이 "믿겠다"는 의사를 표시하였고 이들을 중심으로 주일집회가 시작되었다. 그런 후 테이트 남매가 1894년 3월 전주에 내려가 정해원이 마련한 사택에 머물면서 사역을 시작하였다. 정해원이 주도한 집회엔 '남성' 구도자들만 참석했는데 독신 여성인 매티 테이트가 내려온 후에 여성 교인들이 생겨나 주일집회에 3백여 명이 참석하였고 그 가운데 세례 지원자 6명을 얻을 수 있었다.[2] 그러나 곧바

---

1) G.T. Brown, *Mission to Korea*(Nashville: Board of World Missions of the Presbyterian Church, US, 1962), 21-26; H.R. Rhodes, *History of Korea Mission of the Presbyterian Church in the USA 1884-1934*(Seoul: Chosen Mission of the Presbyterian Church in the USA, 1934), 308.

2) "Korean Mission," *Annual Report of Executive Committee of Foreign Missions of the*

로 1894년 4월 동학농민혁명이 일어나 동학교도들에게 '살해 위협'을 당한 테이트 남매는 서울로 철수하였고 곧 이어 터진 청일전쟁으로 정해원의 전도 활동도 중단되었다.

전쟁의 공포 분위기가 어느 정도 해소된 1895년 2월부터 테이트와 레이놀즈가 전주를 방문하면서 선교활동을 재개하였다. 1896년 1월 테이트 남매가 전주에 다시 내려와 정착하였고 그해 11월 새로 한국에 나온 해리슨(W.B. Harrison)이 전주선교부에 합류했다. 테이트는 장날이면 장터에 나가 전도하였고 의학을 공부한 해리슨은 약방을 차리고 가난한 환자들에게 약을 나누어 주며 전도하였다. 1897년 6월 레이놀즈 가족이 전주에 합류하였고 그해 11월 여의사 잉골드(M.B. Ingold)가 전주에 내려와 시약소를 차리고 의료선교를 시작했다. 그것이 오늘 전주예수병원의 시작이다.[3] 잉골드의 시약소는 전주 시민사회의 호감을 얻었고 마침내 1897년 7월 테이트 집안일을 돕던 14세 소년 김창국을 비롯하여 전주 사람 다섯이 세례를 받았다. 이들로 오늘 전주서문교회가 시작되었다.[4] 1897년 가을부터 레이놀즈 부인이 자기 집에서 주일학교 형태로 여성들을 가르치기 시작했다. 이것이 오늘 기전여학교의 출발이다. 그리고 1900년 9월부터 레이놀즈가 자기 집 사랑방에서 김창국과 소년들을 가르치기 시작했다. 이것이 오늘 신흥학교의 출발이다. 이로써 전주에 교회와 병원, 학교로 이루어지는 '삼각 선교'(triangular mission)가 추진되었다.[5]

전주 다음으로 선교부를 개설한 곳은 군산이다. 충청도와 전라도를 가르는 금강 하구에 위치한 군산항은 1899년 개항장이 되기 전까지 옥구현(沃溝縣)에 속한 작고 조용한 어촌마을이었다. 이런 군산에 남장로회 선교사가 처음 등장한 것은 1894년 4월, 동학농민혁명이 일어나기 직전이었다. 즉 레이놀즈는

Presbyterian Church in the U.S.(이하 *ARFM*) 1895, 25.

3) *ARFM* 1895, 25; G.T. Brown, *Mission to Korea*, 37-41.

4) 전주서문교회100년사편찬위원회, 『전주서문교회 100년사』(대한예수교장로회 서문교회, 1999), 93-95.

5) W.N. Junkin, "Chunju City Work," *The Korea Mission Field*(이하 *KMF*) Dec. 1905, 23-24. 전주선교부가 처음 자리잡았던 은송리 일대가 1900년 지방정부에 의해 '전주이씨 성지'로 개발되면서 선교부를 화산동 서원고개로 옮겼고 정부에서 대토로 기증한 4천여 평 대지를 기반으로 주변 땅을 계속 사들여 1924년 무렵 14만여 평 부지를 확보하였다. "財團法人米國耶蘇敎南長老派朝鮮宣敎會維持財團財産目錄," 『朝鮮總督府 基督敎財團法人 關係資料』, 1924.

의료선교사 드루(A.D. Drew)와 함께 남부지역 탐색여행을 떠나 배를 타고 군산에 도착해서 육로로 전주를 거쳐 김제와 영광 · 함평 · 무안 · 광주 · 순천 · 목포까지 여행했다. 이 탐사 여행에서 레이놀즈는 전라도 선교가 육로보다 '뱃길'을 이용하는 것이 효과적임을 깨닫고 그 전진기지로서 군산에 선교부를 개설할 필요성을 느꼈다. 이런 레이놀즈의 보고를 받아들여 남장로회 한국선교회는 군산선교부 개설을 추진하기로 하고 전킨과 드루에게 책임을 맡겼다.[6] 전킨과 드루는 동학농민혁명과 청일전쟁으로 인한 사회적 혼란과 불안이 어느 정도 가신 1895년 3월 어학교사 장인택(張仁澤)을 대동하고 군산에 도착하여 항구 근처(개복동)에 초가집 두 채를 구하고 오전에는 전킨이 주민들에게 복음을 전하고 오후에는 드루가 환자를 진료하는 형태로 사역을 시작했다. 1년 만에 구도자들이 생겨 군산에서 주일집회를 시작하였고 1897년 봄에는 여선교사 데이비스가 군산선교부에 합류하여 옥구 궁멀(구암동)에서 부녀자를 위한 주일학교를 시작하였다. 그것이 후에 군산영명학교와 멜볼딘여학교, 안락소학교 등으로 발전했다.

그 무렵 남장로회 선교사들 사이에 제2의 선교부를 군산에 둘 것인가, 나주에 둘 것인가 하는 논의가 있었다. 하지만 1897년 10월 군산에서 개최된 남장로회 한국선교회 연례회에 참석했던 선교사들은 군산선교의 '이른 결실'을 확인하고 군산에 선교부를 두기로 확정하였다.[7] 이에 1898년 데이비스가 새 선교부지로 구암동에 3천여 평 부지를 확보하고 선교사 사택과 병원 · 학교 · 교회 건물을 지었다.[8] 이로써 군산에서도 교회 - 학교 - 병원으로 이루어지는 '삼각' 선교가 이루어졌다. 1899년 군산이 개항장이 되면서 군산 발전과 함께 선교도 활기를 띠었다.

전라북도 전주와 군산에 선교부를 마련한 남장로회 한국선교회는 전라남도 지역에도 선교부를 개설할 필요성을 느꼈다. 이에 1896년 8월 연례회에서

---

6) G.T. Brown, *Mission to Korea*, 28-30.

7) "Annual Meeting of the Southern Presbyterian Mission," *The Korean Repository* Dec. 1897, 439.

8) 군산선교부는 그 후에도 계속 구암동에 선교부지를 매입하여 1924년 14만여 평에 이르렀다. "財團法人米國耶蘇敎南長老派朝鮮宣敎會維持財團財産目錄," 『朝鮮總督府 基督敎財團法人 關係資料』, 1924.

는 제3의 선교부 설치 후보지로 전라남도 수부인 나주를 선정하고 벨을 개척 선교사로 임명하였다. 벨은 자신의 어학교사 변창연(邊昌淵)과 함께 1896년 11월 나주를 방문하였다. 벨은 나주 성내로 들어가 변창연이 마련한 초가집에 머물면서 거리 전도를 실시하였다. 그러나 보수적 양반고을로 유명했던 나주 주민들의 반응은 냉담하다 못해 적대적이었다. 동학농민혁명 직후라 서양인에 대한 반감이 극에 달해 살해 위협까지 당하였다. 결국 벨은 나주를 포기하고 철수했다. 이런 상황에서 대안으로 떠오른 곳이 목포였다. 나주에서 영산강으로 뱃길로 통하는 목포는 이미 오래 전부터 전라남도의 대표적인 항구도시였다. 목포는 나주와 달리 외방인에게 개방적이었고 더욱이 서울을 오가며 복음을 접한 구도자들도 이미 있었다. 벨은 목포를 방문해서 선교사에 우호적인 분위기를 확인하였다.

이런 벨의 보고를 듣고 남장로회 선교회는 나주 대신 목포에 선교부를 설치하기로 하였다. 벨은 레이놀즈와 함께 1897년 2월 목포로 내려가 만복동(양동) 언덕에 2에이커(약 2,500평) 땅을 샀다.[9] 나주에 있던 변창연도 목포로 내려와 전도를 시작하여 1년 만에 교인 50여 명을 얻었다.[10] 양동에 선교사 사택이 마련된 후 1898년 11월, 벨과 오웬(C.C. Owen) 가족이 목포로 이주했고 1년 후에는 여선교사 스트레퍼(F.E. Straeffer)가 합류했다. 벨은 변창연이 얻은 교인들로 교회를 시작했다. 오늘 목포양동교회의 출발이다. 의사인 오웬도 양동선교부 안에 진료소를 차리고 환자들을 치료하기 시작했다. 예수병원(French Memorial Hospital)의 출발이다. 스트레퍼는 1902년부터 길거리 아이들을 자기 집에 데려다 가르치기 시작했다. 목포 영흥(永興)학교와 정명(貞明)여학교의 출발이다.[11] 전주나 군산과 마찬가지로 목포에서도 교회 - 병원 - 학교로 이루어진 삼각 선교가 시작되었다.

---

9) 이후 선교부에서 주변 땅을 계속 사들여 1924년 선교부지는 1만 4천여 평에 달했다. "財團法人 米國耶蘇教南長老派朝鮮宣教會維持財團財産目錄," 『朝鮮總督府 基督教財團法人 關係資料』, 1924.

10) "Annual Meeting of the Southern Presbyterian Mission," *The Korean Repository* Dec. 1897, 440; *ARFM* 1898, 65.

11) 『朝鮮耶蘇教長老會史記(上)』, 55; "Mokpo," *Korean Mission Yearbook*(The Christian Literature Society, 1928), 104-106.

목포선교부 개척을 성공적으로 마친 남장로회 한국선교회는 전라남도 내륙지방 선교거점으로 네 번째 선교부 후보지를 물색했다. 선교사들은 여전히 전라남도 행정수도인 나주에 미련을 두었지만 보수적인 나주 성읍은 좀처럼 선교사들에게 문을 열어주지 않았다. 그렇게 해서 선교사들이 눈을 돌린 곳이 나주에서 30리 떨어진 광주였다. 마침 광주는 1896년 단행된 지방행정구역 개편에서 전라남도의 새로운 행정수도가 되었다. 1896년 11월 전킨이 군산과 전주를 거쳐 광주를 방문했을 때 마침 광주관찰사는 윤웅렬(尹雄烈)이었다. 한국 최초 남감리교인인 윤치호의 아버지였던 윤웅렬은 개화파로서 선교사와 기독교에 우호적인 입장을 취했다. 이에 남장로회 한국선교회는 1904년 2월 광주선교부 개설을 결정하고 목포선교부를 개척한 경험이 있는 변창연과 목포에서 얻은 교인 김윤수(金允洙)를 광주에 들여보냈다. 목포에서 '총순'(總巡) 벼슬을 하다가 개종한 김윤수의 전도는 효과가 있어 1년 만에 50여 명 교인을 얻었고 광주천 건너편 양림동 언덕에 6만여 평 선교부지를 구입했다.[12] 양림동선교부에 선교사 사택이 마련된 후 1904년 가을부터 벨과 오웬·스트레퍼·프레스턴(J.F. Preston)·놀란(J.W. Nollan) 등 목포에 있던 선교사 가족들이 이주하였다.[13] 자연스럽게 전라남도 선교의 중심축이 목포에서 광주로 옮겨졌다.

광주선교부로 옮긴 벨은 1904년 12월 25일, 양림동 사택에서 성탄절 예배를 드렸다. 오늘 광주제일교회와 양림교회의 시작이다.[14] 또한 벨 부부는 사랑방과 안방에서 남녀 학생들을 모아 가르치기 시작했다. 오늘의 광주 숭일학교와 수피아여학교의 시작이다. 놀란도 1905년 가을부터 진료소를 시작했으나 3년 만에 건강을 해쳐 귀국하였고 그 대신 윌슨(R.M. Wilson)이 와서 제중원(Ella Graham Hospital, 후의 광주기독병원)으로 육성했다.[15] 이로써 광주에서도 교회와 학교·병원으로 이루어지는 '삼각 선교'가 추진되었다. 그런데 광

12) 이후 광주선교부는 양림동은 물론이고 인근 봉선동과 방림동 땅까지 계속 사들여 1920년대 광주선교부 소유 토지는 10만여 평에 이르렀다. "財團法人米國耶蘇敎南長老派朝鮮宣敎會維持財團財産目錄," 『朝鮮總督府 基督敎財團法人 關係資料』, 1924.

13) "Korea Mission" *ARFM* 1906, 45; E. Bell, *Annual Report of Kwangju Station,* 1909, 50-51.

14) G.T. Brown, *Mission to Korea*, 61; 『朝鮮耶蘇敎長老會史記(上)』, 121.

15) R.M. Wilson, "Kwangju Hospital," *The Missionary*, Feb. 1911, 76.

주선교부의 경우, 여기에 하나 더 추가되어 사회복지 내지 사회구제 사역이 추진되었다. 곧 광주 봉선동에서 시작된 광주나병원(Leper Hospital)과 '구라사업'(救癩事業)이다. 한센(나)병 환자 치료 및 구제사업은 1909년 4월, 지방 순회여행을 나갔다가 급성 폐렴에 걸려 목숨을 잃은 오웬의 죽음과[16] 관련이 있었다. 즉 오웬이 광주로 후송되었을 때 그를 치료하기 위해 의료선교사 포사이드(Wiley H. Forsythe)가 목포에서 나주를 거쳐 광주로 들어가는 길가에서 구걸하던 여성 한센병 환자를 만나 그 환자를 광주까지 데려다 치료했다. 이 사실이 알려지면서 한센병 환자들이 광주 양림동 선교부로 몰려들었다. 이에 윌슨은 1911년 양림동에 초가집 한 채를 마련해 한센병 환자들을 치료하기 시작했다. 한국 최초의 한센병 전문병원인 '광주나병원'의 출발이다. 광주나병원은 1912년 영국 에딘버러 구라협회(Society for Lepers) 후원금으로 봉선동 무등산 기슭에 5백여 평 땅을 사서 병원 겸 환자수용소를 짓고 본격적인 한센병 환자 치료 및 구호활동을 벌였다.[17] 광주나병원은 후에(1926) 순천선교부 관할인 여천군 율촌면으로 옮겨 애양원(愛養園)이 되었다.

이로써 1892년 한국선교를 시작한 미국 남장로회는 10년 만에 전라북도의 전주와 군산, 전라남도의 목포와 광주에 선교부를 개설하고 호남지역 선교 기반을 구축하였다. 다른 교파교회 선교회에 비해 늦게 출발했지만 남장로회의 호남선교는 급속한 성장을 이룩하였다.[18] 이것은 호남인들이 복음 수용과 전도에 적극적으로 응한 결과였다. 특히 전라남도 남부 내륙지방에서 기독교 복음에 대한 호응이 두드러졌다. 이에 남장로회 한국선교회는 전라남도 동남부지역 선교를 추진할 새로운 선교부 개척을 모색하였다. 그 후보지로 선택된 곳이 바로 순천이었다.

---

16) J.F. Preston, "In Memorium," Jul. 1909, 125-126; "In Memorium of Rev. Clement Carrington Owen," *Station Reports of the Southern Presbyterian Mission in Korea,* Jul. 1909.

17) 홍병선, "광주나병원 참관기", 「기독신보」1916.1.26; R.M. Wilson, "Report on Leper Work," *KMF* Jun. 1914, 164-165; R.M. Wilson, "Industrial Work in the Kwangju Leper Colony," *KMF* Sep. 1921, 131-132; R.M. Wilson, "Kwangju Leper Colony," *KMF* Sep. 1924, 125-126.

18) 참고로 1912년 9월 조선예수교장로회 총회가 조직될 당시 각 노회별 교세 통계는 다음과 같았다.

1.2 순천지역 복음전도와 교회 설립

삼한시대 마한에 속했던 순천은 삼국시대 백제에 속해 삽평(歃坪)이라 했다가 통일신라시대 승평(昇坪), 고려시대 승주(昇州)를 거쳐 고려 말기부터 순천(順天)이라 불렸다. 조선시대 들어와 순천에 도호부가 설치되면서 수군절제사가 주재하는 도읍으로 격상되었고 1895년 행정구역이 개편되면서 순천군이 되었다.[19] 순천은 인근 낙안(벌교)과 여수(여천) · 광양까지 아우르는 전라남도 동남부지역의 중심 도시였고 조선시대 나주와 쌍벽을 이루는 '양반 고을'이었다. 특히 연산군 때(1500) 순천에 유배되었다가 생을 마친 김굉필(金宏弼)에 의해 전파된 도학사상(道學思想)은 최산두와 유계린 · 최부 · 조광조 · 김안국 · 김인후 · 유희춘 · 기대승 · 이발 등에게 전승되어 '호남사림'(湖南士林)의 맥을 이었다. 이런 '순천 유학'의 전통은 태종 때(1407) 건립된 순천향교와 김굉필의 위패를 모신 옥천서원(玉川書院)을 중심으로 형성되었다. 대원군 집권 이후 모두 철폐되었지만 옥천서원 외에 청수서원과 겸천서원 · 곡수서원 · 오천서원 · 옥계서원 · 용강서원 · 율봉서원 · 이천서원 등이 널려 있었고 순천출신 효자와 충신을 기리는 사당과 비각들도 스무 개가 넘었다. 순천 주민들의 유학에 대한 자부심은 남달랐다.[20] 이렇듯 전통 유교와 문화에 대한 주민들의 자부심과 자존심이 강했던 순천에 '서방 종교'로 알려진 기독교가 들어가기란 쉽지 않아 보였다.

앞서 살펴본 대로 1894년 레이놀즈와 드루가 군산을 출발해서 목포까지

담당 선교회	노회	목사	장로	세례교인	학습교인	총교인	예배당	학교	학생수
북장로회	경기충청	12	21	3,961	1,819	10,075	182	11	886
	남평안	28	96	12,601	3,600	30,000	232	159	4,299
	북평안	26	15	11,072	7,514	26,948	469	130	3,426
	황해	10	34	5,718	1,651	11,439	171	53	1,081
남장로회	전라	20	25	9,514	1,548	15,439	388	51	1,419
호주장로회	경상	18	18	7,817	7,736	23,985	457	103	2,123
캐나다장로회	함경	14	16	2,325	2,532	9,342	155	32	1,570
총계		128	225	53,008	26,400	12,7228	2,054	566	14,804

"조선예수교장로회총회 총계," 「조선예수교장로회총회 제1회 회록」 1912.

19) 『順天市史』(순천시, 1997), 10-14.

20) 이덕주, 『예수 사랑을 실천한 목포 · 순천 이야기』(도서출판 진흥, 2008), 93-94.

육로 여행을 하면서 순천에 들린 적이 있었고 1898년 전주선교부의 테이트도 '조랑말을 타고' 순천을 방문했다. 그러나 이들의 순천 방문은 '탐색' 수준의 여행이었다. '선교 목적'을 갖고 순천을 방문한 선교사는 1904년 광주선교부가 개척되고 보성과 순천, 광양 등 광주 남부지역을 담당한 오웬이 처음이었다. 1909년 4월 오웬이 갑자기 별세한 것도 바로 이 지역을 순회하다가 걸린 급성 폐렴 때문이었다. 오웬 장례식 후 광주선교부의 프레스턴과 벨은 오웬의 선교구역을 방문해서 오웬이 이룩해 놓은 결과를 확인할 수 있었다. 순회여행 직후 벨이 기록한 내용이다.

> "오웬 별세 직후 프레스턴과 벨이 그가 맡았던 지역 일부를 방문하였는데 참으로 놀랄 만한 사역이 이루어지고 있음을 보고 놀랍고도 기뻤습니다. 모든 지역에서 새로운 신도 모임이 생겨나고 있었습니다. 오웬과 함께 일했던 조사와 교회 지도자들의 헌신적인 노력으로 만족할 만한 결과들이 나타나고 있었습니다. 새로운 선교부 개설 후보지로 거론되고 있는 순천에서는 이미 상당한 규모의 회중이 모여 예배를 드리고 있었는데 지금 즉시 선교부를 개설해도 될 정도였습니다. 그 주변으로 대략 열 곳에서 신도들이 모임을 갖고 있었습니다."[21)]

벨은 여행을 통해 ① 순천과 그 주변에 10여 곳에 교회가 설립되어 집회를 하고 있으며 ② 이 모든 결과는 오웬과 그를 도와 함께 일한 토착전도인들의 전도 결과이고, ③ 이를 바탕으로 순천에 선교부를 설치할 필요가 있음을 확인했다. 실제로 1926년 간행된 『조선예수교장로회사기(상)』는 1909년 이전에 오웬 및 그의 조사와 권서로 활약했던 지원근(池元根)과 김대수(金大洙) · 조상학(趙尙學) 등의 전도로 많은 교회가 설립되었음을 기록하고 있는데 순천군내 교회로는 낙안면 평촌(平村)교회(1906)와 용당(龍塘)교회(1907), 송광면 신평리(新坪里)교회(1908), 별량면 이미(二美)교회(1908), 황전면 대치리(大峙里)교회(1909) 서면 구상리(九上里)교회(1909), 그리고 순천읍내교회(1909) 등을 꼽을 수 있다.[22)] 여기에 순천 인근 고흥이나 보성 · 곡성 · 구례 · 여수 · 광양 지역

21) Eugene Bell, "C C Owen and His Work," *The Missionary* Oct. 1909, 501.
22) 『朝鮮耶蘇敎長老會史記(上)』, 170, 258, 261, 270, 271. 한편 1940년에 간행된 『조선예수교장로회연감』에는 순천노회 소속교회로 1909년 이전 설립된 교회로 순천중앙교회(1909년)와 고

의 교회까지 합치면 30개가 넘는다. 이런 지역 선교의 중심은 순천읍교회였다. 『조선예수교장로회사기(상)』는 순천읍교회 설립(1909)을 이렇게 기록했다.

> "선시(先是)에 본리인(本里人) 최사집(崔仕集)은 대곡리(大谷里) 조상학(趙尙學)의 전도를 인(因)하야 믿고 최정의(崔程義)는 여수(麗水) 조의환(曺義煥)의 전도를 인(因)하야 믿은 후 서문내(西門內) 강시섭(姜時燮) 사저(私邸)에 회집(會集)하다가 양생재(養生齋)를 임시 예배처로 사용하엿고 그 후에 서문외(西門外) 기지(基地) 사백여 평과 초옥(草屋) 십여 평을 매수(買收)하여 회집(會集) 예배할 새 선교회(宣敎會)에서 순천(順天)을 해(該) 지방선교(地方宣敎)의 중심지로 정하고 가옥을 건축하며 남녀학교(男女學校)와 병원(病院)을 설립하니 교회가 점차 발전된지라. 선교사와 합동하야 연와제(煉瓦製) 사십여 평을 신건(新建)하니라."[23]

순천읍 사람 최사집과 최정의에게 복음을 전한 이는 조상학과 조의환이었다. 조상학은 순천군 별량면 대곡리의 유교 선비 출신으로 광주에 갔다가 오웬과 지원근에게 전도를 받은 후 1909년 오웬에게 세례를 받고 순천 사람으로 최초 기독교인이 되었다. 이후 조상학은 오웬과 함께 광주 동남편 지역에 전도하였는데 여천 장천교회와 광양 신황리교회, 보성 무만동교회 등이 그의 전도로 설립된 교회였다. 여수 장천교회 설립자 조의환도 조상학의 전도로 믿은 교인이었다.[24] 이렇게 조상학과 조의환의 전도로 믿게된 최사집과 최정의는 순천읍내 사람들에게 전도하였고 서문 안 강시섭 사랑방에서 집회를 시작하였다. 이것이 순천읍교회 오늘 순천중앙교회의 시작이다. 순천읍교회는 신도수가 늘어남에 '양생재'로 집회 장소를 옮겼다고 했는데 이는 조선후기 숙종 때(1718) 순천부사가 설립한 유생 교육기관 '양사재'(養士齋)를 의미했다. 이처럼 유생을 가르치던 곳에서 예배를 드릴 수 있었던 것은 기독교에 대한 순천 주민들의 반감이 크지 않았던 것에도 원인이 있었지만 전도인 조상학을 비롯하여 최사집과 최정의 · 강시섭 등 처음 믿은 순천 교인들이 대부분 '선

흥읍교회(1906년), 고흥 신평교회(1906년), 광양읍교회(1908년), 순천 월산교회(1909년), 광양 웅동교회(1908년), 여수 장천교회(1908년), 광양 신황교회(1908년) 등이 언급되고 있다. 『朝鮮耶蘇敎長老會年鑑』(조선예수교장로회총회, 1940), 493-497.

23) 『朝鮮耶蘇敎長老會史記(상)』, 270.

24) 김수진, 『호남선교 100년과 그 사역자들』(고려글방, 1992), 487-488.

비 출신'들이었던 것에서 가능했다.

그러나 순천 교인들의 '양사재' 집회는 오래 지속되지 못했다. 을사늑약 이후 순천에 주둔한 일본군 수비대가 1908년부터 양사재를 막사로 사용하면서 부득이 교인들은 서문 밖, 순천향교 근처에 ㄱ자 초가집을 마련하고 예배당을 옮겼다. 바로 그 무렵(1909) 벨과 프레스턴이 순천을 방문해서 "상당한 규모의 회중"(a good-sized congregation)이 모여 예배를 드리고 있음을 확인하였다. 순천읍뿐 아니라 주변 열 곳 이상에서도 교회가 설립되어 전도활동을 벌이고 있었다. 이런 사실을 근거로 하여 벨과 프레스턴은 1909년 7월 군산에서 개최된 남장로회 한국선교회 제18차 연례회에서 새 선교부를 순천에 개설할 것을 건의하였다.

> "순천에 선교부를 시급하게 개설해야 할 필요성은 아무리 강조해도 지나침이 없습니다. 순천사역은 전망이 밝아 그곳에 파견될 새로운 사역자들은 풍성한 결실을 거두는 행복을 느끼게 될 것입니다. 왜냐하면 순천 근방의 모든 곳에 마음과 힘을 다하여 사역에 동참하려는 토착교인들이 널려 있기 때문입니다."[25]

남장로회 한국선교회는 이런 건의를 받아들여 "순천을 새로운 선교부 개설 후보지로 정하고 광주선교부로 하여금 자금이 마련되는대로 새 선교부지 구입과 열 칸짜리 기숙사 두 개를 마련할 것"을 결의하였다. 그러면서 선교부 개설에 필요한 21,450달러 규모의 예산안도 통과시켰다.[26] 이로써 남장로회 전체로 보면 다섯 번째, 전라남도에는 세 번째 선교부 후보지로 순천이 확정되었다.

---

25) J.C. Crane, "The Evangelistic Work of Soonchun Station," *KMF* Jul. 1936, 136.

26) 순천선교부 개설을 위한 예산 항목은 토지 구입비 2천 달러, 사택 4채 건축비 9,200달러, 시약소 건축비 1,200달러, 기숙사(2채) 건축비 1,500달러, 울타리 건축비 300달러, 우물 파기 250달러, 병원 건축비 5,000달러, 병원 설비비 2,000달러, 총 21,450달러였다. *Minutes of Annual Meeting of the Southern Presbyterian Mission in Korea*(이하 *MAMS*) 1909, 30, 38-39.

1.3 순천선교부 개설작업

순천선교부 개설은 1909년에 결정되었지만 실제로 순천에 선교사 가족들이 들어가 살게 되기까지는 4년이 걸렸다. 인력과 경비 문제 때문이었다. 1909년 당시 남장로회 선교사들은 30여 가정, 40여 명가량 있었는데 이미 개설된 선교부에 분산 배치되어 있어 새로 개설될 순천에 파송할 만한 인력이 없었다. 순천지방 선교를 담당하고 있던 광주선교부에도 오웬이 죽은 후 벨과 프레스턴, 그리고 1907년 내한한 코잇(Robert Thornwell Coit, 고라복)과 녹스(Robert Knox, 노라복)가 교육 및 복음전도사역을 분담하고 윌슨이 병원 사업을 전담하고 있었으며 오웬 부인과 1907년 내한한 여선교사 그레이엄(Ellen I. Graham), 1909년 내한한 매퀸(Anna McQueen)이 여성선교사역을 맡아 하고 있었지만[27] 반 이상이 내한 2년차라 노련한 경험이 필요한 선교부 개설 작업에 투입할 여력이 없었다.

그러나 순천읍을 비롯하여 순천지방 교회와 교인들로부터 선교부 개설을 촉구하는 요구가 점증하였다. 결국 1910년 10월 광주에서 개최된 남장로회 한국선교회 연례회는 광주선교부 소속의 프레스턴과 코잇을 순천선교부 개척 선교사로 임명하고 순천에 1천 5백 달러 규모로 선교부지를 구입할 것을 결의했다.[28] 프레스턴과 코잇은 외국인 선교사들이 땅을 산다는 소문이 나면 지역 주민들이 반대하거나 팔지 않을 것을 우려해서 선교부 개척의 경험이 있던 김윤수를 순천에 먼저 보냈다. '총순 벼슬'을 지냈던 김윤수는 순천 사람 김억년을 내세워 선교부지를 물색했고 오래지 않아 순천읍성 북쪽 남봉산 자락, 매곡동(梅谷洞, 梅山里) 언덕 일대의 10에이커(2천여 평) 땅을 확보했다.[29] 그 골짜기는 조선시대 이래로 아이들 시체를 풍장(風葬)하는 '아다무락'이라 해서 가격도 저렴했다. 그렇게 해서 순천 매곡동 선교부지가 확보되었다. 『조선예수교장로회사기(상)』는 그 사실과 의미를 이렇게 기록하였다.

"1910년(庚戌) 남미장로회선교회(南美長老會宣教會)에서 순천군 매산리(梅山里)에 기지

27) *MAMS* 1909, 29; "Kwangju Notes," *The Missionary* Dec. 1909, 608.
28) *MAMS* 1910, 21-23, 31, 43.
29) G.T. Brown, *Mission to Korea*, 92;

를 매수하야 남녀학교(男女學校)와 기숙사(寄宿舍)와 병원(病院)을 설립하고 선교사 변요한(邊約翰), 고라복(高羅福), 구례인(具禮仁)과 의사 틔몬과 전도부인 백미다(白美多)가 래도(來渡)하야 각기 구역을 분정(分定)하고 선교에 노력함으로 교회가 일익발전(日益發展)하니라."30)

매곡동에 선교부지가 확보되면서 그동안 서문 밖 초가집에서 예배를 드리던 순천읍교회도 선교부지 안으로 옮겨 새 예배당을 건축하였다. 남녀 학교와 병원, 선교사 사택, 성경학원 등 '양관'(洋館) 건물들이 속속 들어섰다. 1910년대 들어서 선교사역이 늘어남에 따라 선교사들은 주변 땅을 계속 사들였다. 다음은 1924년 당시 조선총독부에 등록된 순천선교부 소유 토지목록이다.31)

지번	지목	지적(평)	평가액(원)	소유자	취득연도	비고
매곡리 147-1	垈	2,971	1,200.00	Robert L. Coit	1911년	매산학교 부지
166	〃	4,284	1,800.00	〃	〃	매산여학교 부지
176	〃	30	12.00	〃	〃	
177	〃	139	56.00	〃	〃	
180	〃	964	390.00	〃	〃	
211	〃	419	170.00	〃	〃	
162	田	4,313	1,100.00	〃	〃	선교사 사택부지
165	〃	685	290.00	〃	〃	성경학원 부지
167	〃	2,283	600.00	〃	〃	안력산병원 부지
178	〃	2,114	530.00	〃	〃	
179	〃	5,796	1,510.00	〃	〃	
142-2	畓	1,163	330.00	〃	1912년	진료소 부지
143	垈	207	83.00	〃	〃	순천읍교회 부지
75	〃	184	80.00	Meta Biggar	1913년	
58	〃	840	340.00	Robert L. Coit	〃	
59	畓	446	190.00	〃	1914년	

30) 『朝鮮耶蘇敎長老會史記(上)』, 279.

31) "財團法人米國耶蘇敎南長老派朝鮮宣敎會維持財團財産目錄," 『朝鮮總督府 基督敎財團法人 關係資料』, 1924.

지번	지목	지적(평)	평가액(원)	소유자	취득연도	비고
53	田	48	5.00	〃	1915년	
32	〃	122	20.00	〃	1918년	
57	〃	231	33.00	〃	〃	

매곡동의 순천선교부 소유 토지는 대지가 10,038평, 논이 1,609평, 밭이 15,502평, 총 27,149평이었다. 10만 평이 넘었던 전주나 군산, 광주선교부에 비하면 적었으나 신생 선교부로서 복음전도와 의료 · 교육 사업을 전개하기엔 충분한 공간이었다.

이렇게 순천에 선교부지를 확보한 직후 프레스턴은 1911년 1월 안식년 휴가를 받아 귀국했다.[32] 순천선교부 일은 코잇 혼자 몫이 되었다. 아직 순천에 선교사 사택이 마련되지 않아 코잇은 광주에서 광주와 순천선교부 일을 함께 맡아 보았다. 코잇은 1911년 봄, 바빴던 자신의 사역을 이렇게 소개하였다.

"프레스턴 목사님이 안식년 휴가로 귀국하신 후 내가 그분 구역을 맡았는데 내 생각에 한국 전체는 아니지만 우리 선교부 안에서는 내가 가장 바쁘게 일하는 것 같습니다. 나는 선교부 회계로서 장부를 정리하고 편지를 쓰고 은행 송금 일을 맡아 하였습니다(동양에서는 그 속도가 아주 느리다). 나는 또 광주선교부와 새로 개설된 [순천] 선교부 회계직도 맡고 있으며 책방도 책임을 지고 여덟 명 이상 되는 권서들을 관리하며 내가 맡은 전도구역도 맡아 보고 있습니다. 나는 또 40개 교회와 흩어져 있는 교인들을 조사 네 명을 시켜 관리하고 있습니다. 내가 담당한 교회들은 가장 가까운 곳이 10마일 떨어져 있고 제일 먼 곳은 1백 마일 떨어져 있는데 그곳까지 말을 타고 산을 몇 개 넘어서 가야합니다."[33]

이처럼 코잇이 광주와 순천에서 바쁘게 일하는 동안 휴가를 맞아 귀국했던 프레스턴도 바쁜 일정을 소화하고 있었다. 프레스턴은 새로 개척된 순천선교부 안에 세워질 각종 건물과 시설 건축비와 선교사 모집이라는 2중 책임을 지고 떠났다. 다행히 그 무렵 미국 남장로회는 해외선교를 촉진하기 위해 "교인 한 명이 매년 4달러씩" 헌금하는 '평신도 선교운동'(Layman's Missionary

32) "Notes and personals," *KMF* Mar. 1911, 67.
33) R.T. Coit, "The Work in the Kwangju Field," *The Missionary* Mar. 1911, 116.

Movement)을 활발하게 전개하고 있었다. 그런 분위기에서 프레스턴은 한국선교를 지원한 프랫(Charles H. Pratt, 안채륜) 목사와 함께 미국을 순회하며 보고 강연회를 하던 중 사우스캐롤라이나 그린빌에서 평신도 지도자 그레이엄(C.E. Graham)을 만났다. 1909년 전주 신흥학교 건립비로 1만 달러를 기부한 바 있던 그레이엄은 프레스턴에게 노스캐롤라이나주 더럼(Durham)의 기독실업인 왓츠(George Watts)를 소개하며 "큰 것을 요구하라"(really big)고 귀띔해 주었다. 마침 왓츠가 20년 넘게 장로로 봉직하고 있던 더럼제일장로교회의 담임목사 레이번(E.R. Leyburn)은 전주에서 활약하고 있던 전킨 선교사의 처남이었다. 한국선교에 관심이 많았던 레이번 목사의 소개로 만난 왓츠는 과연 '통이 큰' 실업가였다. 왓츠는 "순천선교부 전체를 맡아달라"는 프레스턴의 요구를 받아들여 순천선교부 개척에 필요한 선교사 13명의 생활비로 매년 1만 3천 달러를 부담하겠다고 약속하였다.[34] 왓츠는 선교사 생활비 외에 선교부에 필요한 사업비도 후원하겠다고 약속했다.

휴가를 마치고 프랫과 함께 1912년 8월 귀환한 프레스턴을 통해 이 같은 '빅딜' 소식을 접한 남장로회 선교회는 순천선교부 개척 작업을 서둘렀다. 우선 시급한 것이 선교부 안에 선교사 사택과 양관들을 짓는 일이었다. 마침 1년 전(1911)에 내한한 '건축 선교사' 스와인하트(R. Swinehart, 서로덕)가 있어 그를 순천에 보내 선교사 사택부터 짓도록 했다. 건축공사가 진행되면서 순천선교부에 파송될 '개척 선교사' 진용도 확정되었다. 이미 개척 선교사로 임명된 프레스턴과 코잇 외에 새롭게 남학교를 할 크레인(John C. Crane, 구례인)과 여학교를 할 더피(L. Dupuy, 두애란), 병원을 할 의사 티몬스(H.L. Timmons, 김로라)와 간호사 그리어(Anna L. Greer, 기안나), 여성선교를 담당할 비거(M. Biggar, 백미다)와 주일학교를 담당할 프랫 등으로 순천선교부 개척선교단을 조직했다.[35] 프레스턴과 코잇 가족을 제외한 나머지 선교사들은 모두 1911-12년에 내한한 '신참' 선교사들이었다. 모두 왓츠 장로가 보내주는 선교비로 사역할 선교사들이었다. 그 결과 순천선교부는 앞서 개설되었던 다른 어떤 선교

34) G.T. Brown, *Mission to Korea*, 93-94.
35) J.C. Crane, "The Evangelistic Work of Soonchun Station," *KMF* Jul. 1936, 136; G.T. Brown, *Mission to Korea*, 94-95.

부보다 훨씬 '유리한' 조건에서 일을 추진했다. 왓츠의 충분한 재정지원으로 순천선교부는 전국에서 유일하게 자체 전기와 수도 시설까지 갖춘 '완벽한' 선교부로 출발할 수 있었다.[36] 1913년 4월 제출한 광주선교부의 뉴랜드(S.T. Newland)의 선교보고에서 순천선교부 분위기를 읽을 수 있다.

> "새[순천] 선교부는 대단히 성공적인 한 해를 보냈다. 복음을 들으려는 주민들이 꾸준히 모여와 출석 교인 수가 크게 늘었다. 각 교회마다 열기가 넘쳐나고 있다. 지역[순천읍] 교회는 옛 건물을 크게 늘려 지었는데도 여전히 공간이 좁은 실정이다. 제일 멀리 떨어진 곳에서도 각계각층 사람들이 몰려들고 있다. 지난 1년 선교부 사역은 준비 작업에 몰두했고 금년[1913] 가을에 정식으로 선교부 문을 열 예정이다."[37]

그러나 순천선교부 개설이 수월하게 이루어진 것만은 아니었다. 개척 선교사 가족의 희생이 따랐다.

1.4 '불 세례' 후 전개된 순천선교부 사역

1912년부터 시작된 스와인하트의 건축 공사는 해를 넘겨 1913년 봄이 되어 어느 정도 윤곽을 드러냈다. 1913년 4월, 광주에 있던 프레스턴과 코잇 가족이 선발대로 순천으로 떠났다. 코잇 가족은 아직 공사가 끝나지 않은 사택에 들어가 서재에서 지냈다. 거기서 코잇의 두 아이, 네 살짜리 아들(Thomas)과 두 살짜리 딸(Roberta)이 이질에 걸려 하루 사이에 죽었다. 이들은 순천 매곡동 뒷산 '아다무락'에 묻힌 첫 번째 선교사 가족이 되었다. 그 때 두 아이를 간호하던 코잇 부인도 같은 병에 걸려 목숨이 위태로운 지경에 처했다. 이 같은 상황에서 순천선교부와 남장로회 소속 선교사뿐 아니라 교파를 초월하여 내한 선교사들의 연합기도회가 각처에서 열렸다. 한 달 후 코잇 부인은 건강을 회복하였다. 코잇은 동료 선교사들에게 감사 편지를 보냈다.

> "우리 부부는 이번 기회에 한국에서 함께 사역하고 있는 수많은 친구들에게 감사를 표하

---

36) J. Kelly Unger, "The City of Soonchun," *KMF* Nov. 1925, 249.
37) S.T. Newland, "Kwang-Ju Station," *ARFM* 1913. 32.

> 고자 합니다. 여러분은 슬픔에 잠긴 우리에게 진심으로 깊은 동정심을 보여주었습니다. 여러 친구들의 간절한 기도가 없었더라면 우리는 두 어린 아이를 잃은 아픔을 견뎌내지 못했을 것입니다. 우리 선교부뿐 아니라 다른 선교부 친구들로부터도 편지와 전보가 쇄도하였는데 그것에서 우리는 큰 위로를 받았고 또 믿음에 큰 힘을 얻었습니다. 내 아내의 건강이 회복될 조짐을 보이고 있는 것으로도 하나님께 깊은 감사를 드립니다. 아내는 죽음 문턱까지 갔다가 선교사와 토착교인들의 간절한 기도로 되돌아왔습니다. 모든 영광과 찬송을 하나님께 올립니다. 놀라운 하나님의 은총과 사랑을 깨달은 소중한 날들이었습니다. 우리가 기도하는 바는 이 모든 것을 통해 더욱 가르침을 받아 온전하신 하나님의 뜻을 깨닫는 것입니다."[38]

선교사들은 이 사건을 '불의 시련'(fires of affliction) 혹은 '불 세례'(baptism of fire)라 불렀다.[39] 이 같은 시련을 겪으면서 선교사 공동체 안에 연대의식이 더욱 공고해졌음은 물론 선교사 가족의 희생을 지켜본 한국 토착교인들의 선교사에 대한 존경과 신뢰도 깊어졌다. 이런 분위기에서 1913년 가을 선교사 사택과 학교 · 시약소 건축이 끝나면서 광주에서 대기하고 있던 나머지 선교사들도 순천으로 이주하였다. 순천에서 본격적인 선교사역이 시작되었다. 그렇게 해서 진행된 1914년도 순천선교부 사역을 비거가 자세히 보고하였다. 그는 우선 '불의 시련'을 통과한 후 순천선교부 분위기를 이렇게 증언하였다.

> "1년 전 혹독한 불의 시련을 겪으면서 우리 모두는 지치고 약해졌습니다. 우리는 선교부를 개설하는 과정에서 혹시 잘못을 한 것이 있지나 않았는지 돌아보기도 했습니다. 하지만 우리는 모두 포기할 수 없는 사명감으로 뭉친 군사들이었습니다. 그처럼 힘든 일을 당했음에도 [프레스턴과 코잇] 두 가족은 여름 내내 여기 머물러서 교인들 찾아다니며 격려하였습니다."[40]

코잇과 프레스턴 가족은 '불 세례' 가운데서도 선교부에서 떠나지 않고 순천지역 순회선교를 계속했다. 그리고 가을에 광주로부터 선교사들이 내려와 합류하면서 본격적인 사역이 시작되었다. 가장 먼저 착수한 것이 '교육사역'이었다.

---

38) "Notes and Personals," *KMF* Jun. 1913, 154.
39) G.T. Brown, *Mission to Korea*, 94.
40) "Korea Mission Annual Report," *ARFM* 1915, 51.

"그런 중에도 새로운 일을 시작하였으니 곧 교사 몇 명을 데리고 우리가 사는 선교부 아래 동네에 살고 있는 불신자 자녀들을 위한 주일학교를 시작했습니다. 학교 건물이 완성되지도 않았는데 벌써 1천여 명에 가까운 아이들이 구경하러 왔습니다. [1913] 연례회를 마친 후 순천선교부 소속 선교사들은 모두 순천으로 이주하여 본격적으로 일을 시작했습니다. 남학교와 여학교를 시작하면서 교회에 대한 관심과 열정이 더욱 고조되었는데 열기는 지금까지 지속되고 있습니다."[41]

신앙 여부를 떠나 순천 지역사회의 '신교육에 대한 열기'를 확인할 수 있었다. 프랫이 불신자 자녀들을 위해 주일학교를 시작했는데 교인 자녀들을 위한 것이라기보다 불신자 가정의 자녀를 대상으로 하였다. 모험적인 시도였으나 반응이 좋아 1년 만에 순천읍과 주변 지역 교회에 8개 주일학교가 설치되어 매주일 평균 40여 명이 모여 기초 학문과 성경을 배웠다. 프랫은 주일학교와 관련하여 순천 지역사회의 반응과 변화를 이렇게 증언하였다.

"가장 어려운 문제는 물론 모임 장소를 구하는 것이고 그 다음은 학생들을 꾸준하게 출석시키는 것이다. 한 번 온 학생들이 꾸준히 나오도록 해야 한다. 모임 장소는 전에 한문을 가르치던 서당 건물을 사용하기도 하고 교인들이 별도 주일학교 건물을 마련하거나 선교부 지원으로 마련하기도 한다. 어떤 경우는 마을 주민이 자기 집을 빌려 주어 한 주일에 한두 차례 모여 공부할 수 있도록 배려한다. 기독교에 대한 편견이 해소되면서 장소를 구하는 일이 한결 수월해졌다."[42]

주일학교를 통해 지역 주민의 '신교육과 기독교'에 대한 관심과 열의를 확인한 선교사들은 정식으로 매일학교(day school)를 시작하였다. 남자학교는 크레인이 순천읍교회 구내의 초가집에서 교인 자녀들을 모아 가르치는 것으로 시작했다.[43] 근대학문을 가르치는 선교사 학교에 대한 지역 주민들의 반응도 좋았다. 선교부 남학교는 "처음 창설할 때에는 은성학교"(恩成學校)라는 일홈을 띠고 나타낫섯다. 인가도 잇섯다. 그래서 생도 수도 꽤 만핫고 선생들도

41) "Korea Mission Annual Report," *ARFM* 1915, 51.
42) Charles H. Pratt, "Sunday Schools in Soonchun Station," *KMF* Aug. 1915, 226.
43) C. Crane, "The Boy's School and Industrial Work," *KMF* Jul. 1936, 144.

열심히 가르친 고로 몇 해 동안은 예상외의 성적을 가지고 발전하였다."[44] 남학교가 성공적으로 출발하자 더피도 여학교를 시작했다. 순천에서는 처음으로 시작한 여학교에 대한 반응이 뜨거웠다.

"학교 사업이야말로 우리의 기쁨이자 자랑입니다. 약간 어려움이 있었지만 지난[1914] 가을 작은 한옥에서 여학교를 시작했습니다. 다행히 평양 숭의여학교 졸업생을 교사로 채용했는데 뛰어난 실력으로 학생들을 지도하여 한 명도 결석하지 않고 학교에 나오고 있습니다. 우리는 19명으로 학교를 시작했는데 1년 만에 재학생이 36명으로 늘어났습니다."[45]

이러한 교육 열기는 교회와 복음에 대한 관심으로 이어졌다. 그 결과 교회에 출석하는 교인들이 급증했다.

"집회 참석자들은 예배당의 수용 능력을 이미 초과했습니다. 그래서 교인들은 건물 밖 마당에 서서 예배를 드려야 합니다. 믿지 않는 사람들도 우리를 찾아와서 '우리가 여기 온들 들어갈 방이 없는데 무슨 소용이 있겠소? 라고 합니다. 우리에게 새 건물이 시급히 필요합니다. 이미 교인들은 건축비의 반 정도를 부담하겠다고 약속했습니다. 건축 헌금을 열심히 하고 있으니 금년 가을이면 건축을 시작할 수 있을 것 같습니다. 지금 출석 교인이 250명인데 그 중 72명이 학습인이고 21명이 금년에 세례를 받았습니다. 교인들이 생활비를 전담하는 전도인 한 명이 있어 지난 해 전도사역에만 전념하였습니다."[46]

순천읍교회 주일예배 참석자 250명을 수용할 새 건물이 필요했다. 교인들은 건축비의 반을 이미 헌금하였고 토착전도인의 생활비까지 전담하였다. '자립'(self support) 교회로 자리를 잡았다. 예배당 공간만 확보되면 "나오겠다"는 불신자들의 방문이 끊이지 않았다. 선교사들은 지방순회를 하면서도 교인들의 전도 열정과 '자립 의지'를 확인하였다.

"지방순회사업도 고무적입니다. 두 개 구역의 모든 교회들을 적어도 두 차례 둘러보았는데 중요한 곳은 수차례 방문했습니다. 가장 바람직한 것은 흉작에다 경제 형편이 궁핍한

---

44) "순천 매산학교," 「기독신보」1922.6.14.
45) "Korea Mission Annual Report," *ARFM* 1915, 52.
46) "Korea Mission Annual Report," *ARFM* 1915, 52.

중에도 교인들은 기꺼이 헌금한다는 점입니다. 각종 명목으로 드린 헌금이 지난 해 더욱 늘어났는데 매 달 네 명의 토착인 전도자들의 생활비를 대고도 남습니다. 지난 해 2,275명 교인이 헌금한 액수가 2,523원이었으니 교인 1명 당 1원 정도씩 헌금한 셈입니다. 지난 해 새로 설립된 교회는 세 곳에 불과하지만 다른 세 곳에서도 교회 설립을 준비하고 있습니다. 남자 사경회는 8회 실시하였는데 지방에 있는 교인들이 대거 참석했습니다."[47)]

순천선교부 관할 지역교회 교인들은 이미 2천 명이 넘었고 그들은 모두 헌금을 하는 교인들이었다. 매년 농한기에 실시하는 사경회는 교인들의 축제처럼 진행되었다. 이런 상황에서 선교사들은 지역 주민과 불신자 전도를 위해 '책방 전도'(bookstore mission)를 시작하였다.

"책방을 지난 3월에 열었습니다. 9백 원어치 서책을 마련했는데 권서 7명이 매달 1,500권을 팔면서 전도하고 있습니다. 책방은 교인들의 도서실로도 이용되고 있으며 주일에는 불신자를 위한 주일학교 교실로 이용하고 있습니다."[48)]

서원과 서당이 많았던 순천에서 서점은 인기를 끌었다. 서점은 주일에 불신자를 위한 주일학교로 활용되었다. 권서들은 서점을 찾아오는 손님들에게만 전도하는 것이 아니라 지방을 순회하면서 성경과 기독교 서적을 팔며 전도하였다. 선교사들도 종종 권서와 함께 지방으로 나가 전도하였는데 '장날 전도'가 효과적이었다.[49)] 이런 지방 전도를 통해 선교사들은 한국인들에게 복음을 전할 뿐 아니라 지역 주민들과의 접촉을 통해 한국의 고유문화와 정서를 터득해 나갔다.

순천선교부에서 교육 다음으로 추진한 것이 의료선교였다. 의사 티몬스는 선교부 안에 마련한 단층 진료소(dispensary)에서 진료를 시작했다.

"우리 선교부의 의료사업은 몇 가지 사소한 일들이 있었지만 잘 진행되고 있습니다. 18×28피트짜리 건물에서 진료실과 사무실·응접실·수술실·일반병동 등 모든 것을 해결

47) "Korea Mission Annual Report," *ARFM* 1915, 52.
48) "Korea Mission Annual Report," *ARFM* 1915, 52.
49) Charles H. Pratt, "Preaching in the Market," *KMF* Oct. 1915, 265-266.

하고 있습니다. 그 좁은 곳에서 3,814회 진료를 하였습니다. 수술도 국소 마취로 67회, 전신 마취로 23회 실시하였으며 치료비로 686원 83전을 받았는데 이는 1회 당 16원 정도 되는 셈입니다. 이 의료 보고는 지난 7개월 동안 이루어진 것입니다."[50]

또한 여선교사들은 순천에 도착한 즉시 여성사역을 시작하였다.

"지역 여성을 위한 사역이 고무적입니다. 교회 부인들은 주일학교 외에 매주 화요일 아침 성경공부모임을 갖고 있습니다. 출석부를 보면 참석자들이 자기 이름 옆에 자기를 따라 온 불신자 친척이나 이웃 이름을 적어놓고 이들을 위해 기도합니다. 공부를 마친 후에는 다락방에 모여 기도회를 하는데 그 결과가 좋습니다."[51]

선교부 안에서 이루어지는 '부인기도회'를 지도하였던 비거는 종종 지방으로 순회전도를 나가 복음을 전하였다. 그 결과도 좋았다.

"한 번은 우리 선교부 소속 선교사 한 사람이 지방에 갔다가 길 옆 구덩이에 병들어 집 밖으로 쫓겨나 버려진 어린 소녀를 발견했습니다. 선교사는 그 가련한 소녀를 데려다 시약소에서 치료를 받도록 하였습니다. 그 후 선교사가 그 지방을 다시 방문했는데 어떤 부인이 선교사를 찾아와 '당신이 그 가련한 아이를 구해준 사람이요? 당신네 기도방 모임에 나도 가고 싶소' 하였습니다. 그때부터 그 부인은 빠지지 않고 기도모임에 참석하고 있습니다. 진실로 우리는 행함으로 그리스도를 전할 수 있습니다."[52]

'선한 사마리아인'과 같은 여선교사들의 "행함으로 전도하기"(preaching Christ by action)로 봉건적 사회 분위기에서 집 밖으로 나오기를 꺼려하던 지방 여성들이 용기를 얻고 교회에 나오기 시작했다. 그렇게 해서 교회에 나오기 시작한 부인들을 상대로 사경회를 열었다. 사경회 기간은 1주에서 10일 정도 걸렸는데 사경회에 참석한 부인들이 글을 모를 경우 한글부터 가르쳤다. 글을 깨친 부인들에게는 성경과 기독교 기초교리뿐 아니라 가정생활에 필요한 과학 상식도 가르쳤다. 예를 들어 1915년 2월 16일부터 27일까지 순천선

50) "Korea Mission Annual Report," *ARFM* 1915, 52.
51) "Korea Mission Annual Report," *ARFM* 1915, 52.
52) "Korea Mission Annual Report," *ARFM* 1915, 52.

교부에서 열린 제2회 순천지방 여자사경회에는 예상 외로 지방에서 올라온 부인들이 많아 총 220명이 참석, 남학교 교실까지 빌려야 했다. 강사로는 순천선교부의 프레스턴 부부와 더피 · 그리어 외에 전주선교부의 테이트 부인도 내려와 참여하였다. 매일 아침 경건회를 가진 후 수업은 오전 · 오후로 나누어 실시했는데 "부인들에게 가장 인기 있는 과목 중 하나는 그리어(Greer)의 지도하에 그의 어학선생이 가르치는 위생학이었다. 강의는 한국 여성들에게 꼭 필요한 것들로 구성되는데 '자기 몸 씻기,' '어린아이 목욕시키기,' '질병 예방법' 등과 같은 과목이었다. 듣는 자세가 참으로 진지하였다."[53]

이런 식으로 봉건시대 '교육 사각지대'에 살았던 여성들이 교회에 나오고 기독교인이 되면서 글을 깨치고 과학 교육을 받았다. 그 결과 '문맹'(文盲)과 '무지'(無知)에서 벗어난 교회여성들이 가정과 교회뿐 아니라 사회에서도 공개적 활동을 전개하였다. 봉건적 가부장제 굴레에 매여 살다가 기독교를 통해 근대적 여성의식을 갖게된 교회여성들은 '여전히' 봉건사회 인습과 굴레에 매여있는 부인들을 깨우치기 위해 전도활동에 나섰다. 그렇게 해서 자발적인 전도부인(Bible woman)이 나왔다. 비거는 그렇게 전도부인이 된 노인을 소개하였다.

> "이 지역에서 가장 뛰어난 인물을 꼽으라면 광양에 사는 김씨 부인인데 나이가 72세입니다. 그녀는 5년 전부터 교회에 출석하였는데 지치지 않고 열심히 한글을 깨친 후 자기 집에서 25마일 떨어진 곳에서 열린 사경회에 빠지지 않고 참석합니다. 전에 80마일 떨어진 광주에서 개최된 사경회에도 걸어서 참석했습니다. 그녀는 자기 동네 사람들에게 전도할 뿐 아니라 주변 마을을 찾아다니며 전도하고 있는데 그 거리는 75마일이나 됩니다."

이렇듯 순천선교부는 남장로회 선교부 가운데 제일 늦게 설립되었음에도 3년 만에 앞서 설립된 선교부에 뒤지지 않은 선교 결과를 얻었다. 다음은 순천선교부가 개설된 지 4년, 미국 남장로회가 한국선교에 착수한 지 20년 되는 1917년 당시 남장로회 한국선교회 소속 각 선교부별 교세 통계 상황이다.[54]

---

53) Lavalette Dupuy, "Soonchun Women's Bible Class," *KMF* Jun. 1915, 173-174.
54) "Korea Mission Stations," *ARFM* 1917, 82-83.

선교부	지역	전주	군산	목포	광주	순천	합계
	개설연도	1896	1896	1898	1905	1913	
사역자	선교사	21	13	14	19	12	89
	한국인	31	13	27	23	14	108
교회	조직교회	14	7	6	5		32
	미조직교회	147	73	56	81	48	405
교인	세례교인	2,376	1,700	1,266	1,348	1,148	7,838
	등록교인	4,468	3,691	2,947	3,222	2,459	16,787
교육선교	주일학교	71	40	37	59	37	244
	주일학생	2,050	1,913	1,149	2,273	2,300	9,685
	매일학교	18	16	14	17	15	80
	매일학교학생	496	412	470	592	352	2,322
의료선교	병원	1	1	1	1	1	5
	시약소	2	4	2	2	2	12
	진료회수	15,320	38,311	16,677	21,037	6,981	98,326
	진료비(달러)	3,223	8,301	2,142	2,930	1,513	18,109

2. 순천선교부 사역과 지역사회 반응

2.1 순천선교부 선교사 진용의 변화

순천선교부는 1920년대 들어서도 지속적인 발전을 이룩했다. 순천선교부 발전의 배경에는 왓츠의 지속적인 후원이 있었다. 왓츠는 약속한 대로 매년 '13명 선교사 가족 생활비'를 보내주는 것 외에 특별헌금도 자주 하였다. 1920년 내한해서 폐교 중인 순천 매산학교 재건을 위해 상당한 액수의 기부금을 내놓았고 1930년 가을에도 순천을 방문하여 병원과 학교 시설비로 8만 달러를 기부했다. 왓츠가 별세한 후에도 그 부인이 지속적으로 순천선교부에 필요한 비용을 보내주었다. 가히 순천선교부는 '왓츠기념선교부'(Watts Memorial Mission Station)라 부를 만하였다.[55] 그래서 다른 지역 선교사들에게 순천선교부는 선망의 대상이 되었다. 내한 선교사들의 영문 잡지 *The Korea Mission*

55) "Soonchun," *The Korea Mission Yearbook,* 106-108.

*Field*는 1936년 7월호를 순천선교부 특집으로 꾸몄는데 그 서문에서 프레스턴은 순천선교부와 순천지역 교회 성장의 배경을 이렇게 설명했다.

> "순천선교부의 특징적인 면은 첫째, 처음부터 충분한 인력을 갖춘 상태에서 개설되었으며 그런 상태를 계속 유지하고 있다는 점이다. 지금 순천선교부 안에 주재 선교사가 15가족에 이른다. 둘째, 충분한 시설을 갖춘 상태로 개설되었다. 선교부 시설들은 왓츠가 별세한 후에도 그 미망인이 보내준 기금으로 계속 보충되었다. 그 외에도 여러 곳에서 선물이 들어와 병원 건물과 설비 등을 마련했다. 이런 식으로 개설된 순천선교부였기에 순천지역에서 교회는 급속한 변화와 발전(rapid changes and development)을 이룩할 수 있었다."[56]

1920년대 들어서 순천선교부 소속 선교사 진용에 적지 않은 변화가 이루어졌다. 순천선교부 개척과정에서 미국을 방문, 왓츠 후원금을 얻어옴으로 순천선교부가 개설과 운영에서 안정적 기반을 마련하는데 결정적 역할을 담당했던 프레스턴(변요한)은 선교부 개설 후, 1940년 일제에 의해 강제 추방되기까지 순천선교부 대표로서 순천지역 복음전도사역을 담당했다. 그는 1922년 10월 순천노회가 창설될 때 부노회장으로 선출되었고 1923년에는 노회장을 2회에 걸쳐 역임하면서 순천노회 발전과 부흥을 이끌어냈다. 순천노회는 이런 그의 공로를 기려 1929년 2월 20일, 순천읍교회에서 '변요한 박사 선교 25주년 기념식'을 성대하게 개최하였고 그 소식을 「동아일보」에 자세히 보도하였다.[57] 그만큼 프레스턴을 비롯한 순천 선교사들의 동정과 사역은 교회뿐 아니라 일반사회로부터 주목을 받고 있었다.

프레스턴과 함께 순천선교부 개척자로 활약했던 코잇(고라복)도 1929년 질병으로 귀국하기까지 순천지역 복음전도와 성경학원 사역을 지도하였다. 그는 수시로 지방을 순회전도하면서 교인뿐 아니라 지역 주민들의 어려운 형편을 돌아보았다. 그는 지역 주민의 '민원'까지도 해결해 주었다. 1926년 9월 코잇이 조선총독부 철도국에 신설되는 광려선(광주－여수) 철도역을 구례까지 연결해달라는 청원을 낸 것이 대표적인 예다. 이것에 대하여 「동아일보」는

---

56) J.F. Preston, "Introduction," *KMF* Jul. 1936, 135.
57) 「동아일보」1929.2.27.

"외국인이 철도 연장 청원을 한 것은 조선철도국이 생긴 이후 처음 잇는 일이라"며 그 내용을 자세히 소개했다.[58] 이처럼 교회와 지역사회로부터 호평을 받았던 코잇은 1929년 10월 갑자기 건강이 악화되어 치료를 위해 귀국하였다. 이에 순천읍교회는 제직회 명의로 그가 그동안 보여주었던 자선 행위를 적어 「기독신보」에 기고하였다.

> "그이[고라복]는 자선심이 만흔 천성을 가진 고로 만일 불행한 사람을 보면 량심상 견댈 수가 업서 자기의 당한 것과 갓치 알고 자기의 닙엇던 옷을 벗어주며 빈궁한 자에게 동정의 눈물을 흘리며 자기의 먹을 음식까지 내여다 준 일이 한두 번이 아니라 한다. 그뿐 아니라 자기 지방에 순회할 때에 길에서 늙은이나 병신이 허덕거리며 거러가는 것을 보면 참아 볼 수 업다 하야 자기의 자동차의 정원을 볼고하고 십여인식 실고 다닌 일이 잇서 경찰에 주의밧은 일도 여러 번이라 한다. 혹은 길에서 병으로 신음하는 자를 보면 측은히 녁이는 마음을 금치 못하야 자동차로 안력산병원에 실어다 두고 치료비는 자기 월급에서 지불하며 그 외에도 예산업시 쓰는 일이 만흠으로 생활비까지 문제가 되어 양식(洋食)을 먹지 못하고 조선 밥과 김치로서 지내는 고로 위병까지 걸니엇다는 말이 잇다."[59]

코잇은 귀국 후에도 건강을 회복하지 못하고 1932년 5월 노스캐롤라니아 솔즈베리에서 별세하였다.[60] 그의 죽음을 애도하여 순천노회 교인들은 1934년 2월 20일 순천선교부 안 성경학원 구내에 '고라복 목사 선교기념비'를 세웠다.[61] 그리고 그의 전도로 설립된 광양읍교회는 1938년 4천 원 경비로 석조 예배당을 건축하고 '고라복 목사 기념예배당'이라 칭하였다.[62]

프레스턴 · 코잇과 함께 1913년 순천선교부에 입주한 개척 선교사 진영에도 변화가 있었다. 우선 1911년 안식년 휴가를 맞아 귀국했던 프레스턴과 함

---

58) 코잇이 구례에 철도역 개설을 요청한 것은 그 무렵 지리산 노고단에 조성된 선교사 수양관에 선교사들의 접근을 용이하도록 하려는 데도 목적이 있었지만 일본이나 중국에서 오는 외국인들을 지리산 관광으로 유도하려는 의도도 있었다. 이런 그의 노력으로 구례구역(求禮口驛)이 설치되어 오늘까지 이르고 있다. "철도 부설을 진정," 「동아일보」1926.9.19.

59) "선교사 고라복씨," 「기독신보」1929.10.30.

60) Donald W. Richardson, "In Memoriam: Rev. Robert Thornwell Coit, D.D.," *KMF* Apr. 1933, 80.

61) "고라복목사 선교기념비제막식." 「기독신보」1934.4.4.

62) 오석주, "순천노회 보고," 「조선예수교장로회 총회 제27회 회록」(1938), 122.

께 미국에서 모금활동을 하다가 그와 함께 내한해서 순천선교부에 배속되었던 프랫(안채륜)은 고흥지방을 맡아 순회 전도여행을 하면서 여러 교회를 세웠다. 그러나 그는 기후와 풍토가 맞지 않아 1918년 선교사직을 사임하고 귀국하였다.[63] 그리고 여선교사 더피(두애란)도 1914년 순천선교부 안에서 여학교를 시작했지만 1915년 조선총독부에서 발표한 「개정 사립학교 규칙」에 의거하여 학교에서 성경교육을 실시할 수 없게 되자 학교 사역을 포기하고 군산선교부로 옮겨갔다.[64] 크레인(구례인)이 담당했던 남자학교도 같은 운명으로 폐쇄되었다. 그러나 크레인은 남학교가 폐쇄된 후에도 순천을 떠나지 않았고 1937년 평양장로회신학교 교수로 임하기까지 순천지역에서 교육과 복음전도사역에 임하였다.[65] 그리고 크레인의 여동생(Janet Crane, 구자례)도 1919년 선교사로 내한해서 전주기전여학교 교사로 활약하다가 순천선교부로 옮겨 매산여학교 교사로 활약했다.[66]

1913년 더피와 함께 순천선교부에 와서 여학교와 여성 사역을 시작한 비거(백미다)는 여성 전도인(전도부인) 양성에 주력하여 1919년부터 후에 '달성경학교'(月聖經學校)로 불렸던 여자성경학교를 시작하였다. 그리고 1921년 매산여학교를 다시 연 후에는 교장직도 맡았는데 그는 시골 출신 가난한 학생들을 위해 학교 안에 '노동부'를 설치하고 학생들로 하여금 스스로 일(직조)해서 수업료와 생활비를 마련하도록 하였다. 순천노회에서는 1929년 12월에 '백미다 양 선교 20주년 기념식'에[67] 이어 1934년 12월에 '백미다 교장 선교 25주년 기념식'을 순천읍교회에서 개최하였는데 그의 사역을 「동아일보」에서 자세히 보도하였다.

> "[백미다 양은] 1908년에 광주에 도착하여 전도하다가 그 후 순천으로 와서 사립 순천매산여학교를 설립하고 한편으로 전도와 교육을 일생의 노고를 바치고 노력하는 중 농촌의

63) G.T. Brown, *Mission to Korea*, 241.
64) G.T. Brown, *Mission to Korea*, 241.
65) J.C. Crane, "The Evangelistic Work of Soonchun Station," *KMF* Jul. 1936, 136-138; "Notes and Personals," *KMF* Oct. 1941, 124.
66) G.T. Brown, *Mission to Korea*, 242.
67) "백미다양 선교 20주년 기념식," 「동아일보」1930.1.20.

무산 여자들을 가라치기 위하야 매산여학교 부속으로 노동부를 두고 교육에 열성을 진취하야 노동을 하며 공부하여 성공한 여자가 만타 하며 현재 직조부(織造部)에선 만흔 학생을 수용케 하야 성적이 아주 우승하다고 한다."[68]

순천선교부의 의료선교사 진용에는 변화가 많았다. 우선 1913년 순천선교부에 와서 시약소를 차리고 진료를 시작한 티몬스(Henry Loyola Timmons, 김로라)는 1915년 아들(John Redden Timmons)을 얻었으나 어려서 죽어 매곡동 묘지에 묻었고 1919년 그 자신도 건강이 악화되어 선교사직을 사임하고 귀국했다. 귀국 후 건강을 회복한 티몬스는 1922년 다시 선교사로 내한했으나 순천이 아닌 전주예수병원에서 4년 동안 사역했다.[69] 티몬스를 도와 순천병원에서 간호사로 사역했던 그리어(Anna Lou Greer, 기안라)는 20년 동안 순천 안력산병원에서 사역하다가 1932년 워커(G.W. Walker)와 결혼한 후 1935년 귀국하였다.[70]

이들 '개척' 선교사들의 뒤를 이어 다양한 분야의 신참 선교사들이 순천선교부에 파송되어 왔다. 1917년 의사 로저스(James M. Rogers, 노제세)와 간호사 휴슨(Georgia F. Hewson, 허우선)이 부임해서 안력산병원 사역에 참여하였다. 그리고 1918년 여선교사 마사 데이비스(Martha V. Davis)가 부임해서 매산여학교 교사로 사역하였고 같은 해 존 레이놀즈(John Boling Reynolds, 이보린)가 와서 순천선교부 선교사 자녀교육을 담당하였다. 존 레이놀즈는 남장로회 한국선교 개척자였던 윌리엄 레이놀즈(William D. Reynolds, 이눌서)의 아들로서 순천에 부임한 최초 '2세 선교사'였다는 점에서 특별한 의미가 있었다.[71] 계속해서 1920년 간호사 루이즈 밀러(Louise B. Miller, 민유수)가 와서 안력산병원에서 근무를 시작하였고 엉거(James Kelly Unger, 원가리)도 함께 와서 폐교되었던 매산학교를 재건하고 교장으로 사역하였다. 1921년 여선교사 해티 녹스(Hattie O. Knox)가 부임했지만 1년 후 닷슨(S.K. Dodson)과 결혼하면서 떠났고 메리 닷슨(Mary L. Dodson)과 플로렌스 휴즈(Florence P. Hughes) · 루스 밀

68) "순천 백미다양의 선교 25주년기념," 「동아일보」1934.12.11.
69) Notes and Personals," *KMF* May 1915, 153; G.T. Brown, *Mission to Korea*, 242.
70) G.T. Brown, *Mission to Korea*, 241.
71) G.T. Brown, *Mission to Korea*, 241-242.

러(Ruth H. Miller) · 엘라 레이놀즈(Ella T. Reynolds) · 마가렛 벨(Margaret K. Bell) · 미리암 프레스턴(Miriam W. Preston) · 사라 워커(Sarah N. Walker) · 오린 윌킨스(Aurine Wilkins, 위겸손), 치과의사인 제임스 레비(James K. Levie, 여계남), 2세 선교사인 플로렌스 프레스턴(Florence S. Preston)과 윌슨 남매(R.M. Wilson Jr.과 S.E. Wilson) 등도 길지는 않았지만 1920-30년대 순천선교부에 와서 사역하였다.[72)]

1926년부터 광주에 있던 의료선교사 윌슨(Robert M. Wilson, 우월손)이 순천선교부로 자리를 옮겼다. 윌슨은 1905년 내한해서 광주제중원을 설립 · 운영하면서 1911년 설립된 광주나병원 원장직도 맡고 있었는데 광주나병원이 1926년 여수반도 율촌면에 새로운 병원과 자활시설을 마련하고 '애양원'(愛養園)으로 발전함에 따라 윌슨도 애양원 원장으로서 근무지를 옮겼다. 이때부터 윌슨은 순천 매곡동 선교사 사택에서 여수 애양원으로 출퇴근하면서 한센병 환자 진료와 구호활동을 벌였다. 그리고 광주에서 태어난 윌슨의 아들(Robert Manton Wilson Jr.)이 미국에서 대학 공부를 마치고 1938년 '2세 선교사'로 내한해서 아버지의 애양원 사역을 돕기 시작하였다.[73)] 이렇게 '대를 이어' 선교사역에 임하는 선교사 가족들에게 순천지역 교인과 주민들은 존경을 표했다.

순천선교부의 1930년대는 한 독신 여선교사의 장례식으로 시작되었다. 순천 안력산병원에서 간호사로 사역하던 선교사 델마 덤(Thelma B. Thumm)의 죽음이었다. 미국 버지니아주 찰스턴 출신인 덤은 1929년 존스홉킨스대학 간호학과를 졸업한 후 한국선교를 지원하여 1930년 3월 29일 순천에 도착하였다. 그가 순천에 도착했을 때 이미 긴 항해로 건강이 여의치 않는 상태였다. 그런 상태에서도 덤은 도착하자마자 어학공부와 병행하며 곧바로 병원 사역에 임했다. 그는 순천 병원만 아니라 목포와 광주 · 전주 등지 병원에서 도움을 요청하면 달려갔고 수시로 순천 주변 지방을 돌면서 환자들을 진료하였다. 신앙심이 깊었던 그는 육신의 질병만 고치는 것이 목적이 아니라 환자의 영

72) *ARMF* 1924-1927; G.T. Brown, *Mission to Korea*, 241-24; 『朝鮮在留歐美人調査錄 1907-1942』(영신아카데미 한국학연구소, 1981), 650-653, 770-773; 김승태 · 박혜진, 『내한선교사 총람』(한국기독교역사연구소, 2007).

73) "Directory of Children of Missionaries in Active Service," *KMF* Dec. 1940, 203-208; "Second Generation Missionaries in Korea," *KMF* Apr. 1941, 61-63.

혼구원을 위해 복음 전하는 일에 매진하였다. 결국 자신을 돌보지 않는 사역으로 건강이 악화되었고 그런 상황에서 홍역에 걸린 아이를 돌보다 그 병에 감염되어 1931년 5월 25일 숨을 거두었다. 당시 나이 29세, 순천에 도착한 지 14개월 만이었다.[74)]

순천 매곡동 선교사 묘역에서 거행된 덤 선교사 장례식에는 동료 선교사 가족과 순천지역 교인 수백 명이 참석하여 애도하였다. 매곡동 선교사 묘역에는 이미 앞서 어려서 죽은 코잇 부부의 두 아이와 티몬스 부부의 아들, 크레인 부부의 두 아이 등 아이들의 무덤이 있었지만 성인(成人) 사역자로는 덤이 첫 주인공이었다. 그 후로도 1938년 순천선교부에 부임한 사우솔(Thompson B. Southal, 서도열) 부부 사이에 태어난 첫 아이(Lillian Andrus)도 하루 만에 죽어 이곳에 묻혔다. 사우솔 부인(Lillian Crane)은 크레인의 딸로서 아버지의 뒤를 이어 순천에서 사역한 '2세 선교사'였다.[75)] 1세 선교사들이 그러했듯이 그도 순천에 와서 첫 아이를 희생하는 것으로 선교사로서 '통과의례'를 거쳐야 했다. 그렇게 매곡동선교부는 고향을 떠나온 선교사들의 주거와 활동 공간이었을 뿐 아니라 풍토병으로, 과로로, 사고로 죽은 선교사 가족들의 무덤이 있는 '구별된' 공간이었다. 순천 주민들이 매곡동 '선교사 동네'를 외경(畏敬)의 눈으로 바라보게 된 이유다.

2.2 복음전도와 순천노회 조직

1920-30년대 순천선교부 사역은 복음전도와 교육선교 · 의료선교 등 3개 분야에서 추진되었다. 여기에 여성선교와 사회구제 사역도 추진되었지만 이것은 기존의 3개 분야 사역에 포함되어 전개되었기 때문에 별도로 언급하지는 않겠다.

우선 복음전도사역(Evangelistic Work)에 관하여. 1913년 내한하여 순천선교부의 복음전도사역을 담당하게 된 크레인은 1936년 보고에서 이렇게 정리하

74) "In Memory of Miss Thelma Thumm," *KMF* Oct. 1931, 221-222.

75) 순천 매곡동에 있던 선교사 묘역은 해방 후 선교부 주면 일대가 재개발되면서 1979년 광주 양림동 선교사 묘역으로 옮겨졌다. 이덕주, 『광주 선교와 남도 영성 이야기』(도서출판 진흥, 2008), 80-81.

였다.

> "다른 선교부와 비슷하게 복음전도사역을 추진하고 있는데 천막 집회와 지역교회의 특별 전도 집회, 개인전도, 사경회와 성경학원, 교회 제직과 목회자 양성과 훈련, 기독교 문서보급, 그리고 성서공회의 권서 사업부와 연계해서 복음서를 전 지역에 배포하고 있다. 한반도 남부와 남서부 도서지방은 주변교회 사역자들이 쉽게 접근할 수 없어 여러 가지로 불편을 겪고 있다."[76]

크레인은 복음전도사역의 궁극적인 목적이 복음이 들어가지 않은 마을에 교회를 설립하는 것에 있음을 지적하면서 그 구체적인 방법과 단계를 이렇게 정리했다.[77]

① 마을 입구에 천막을 치거나 나무그늘 아래서 전도집회를 열고 복음에 관심을 표명한 사람들이 생겨나면 그 중 한 사람의 집에서 매주 모임을 갖는데 인근에 있는 교회 지도자가 가서 집회를 지도한다.
② 구도자 집회의 참석자들이 늘어나거나 종교적 관심이 높아지면 그 모임을 기도처 혹은 교회로 발전시킨다.
③ 때로는 복음이 들어가지 않은 마을에 교인 가정이 이주하여 마을 사람들을 접촉하며 전도한 결과 신도들이 생겨나면 선교사나 목사를 초청하여 기도처 혹은 교회로 세운다.
④ 신앙 있는 청년이 마을에 들어가 학교를 설립한 후 학생과 학부모들에게 신학문과 함께 성경과 교리를 가르치고 주일마다 학교에서 집회를 열어 교회로 발전시킨다.
⑤ 의도적으로 전도사를 파견하여 교회를 설립하고 전도한다.

유교와 불교를 비롯한 토착종교와 민간신앙이 강했던 시골지역에서는 전도인이나 선교사의 접근이 어려웠지만 상대적으로 '근대화' 영향을 받았던 도시에서는 전도와 교회 설립이 수월했다. 이처럼 순천과 인근 도시와 지방에서 복음전도와 교회 개척이 이루어지면서 필요한 것이 전도인과 목회자였다. 교단 차원에서 조직 · 운영하는 신학교가 평양에 있었지만 4년 이상 수업

---

76) J.C. Crane, "The Evangelistic Work of Soonchun Station," *KMF* Jul. 1936, 136-137.
77) J.C. Crane, "The Evangelistic Work of Soonchun Station," *KMF* Jul. 1936, 137.

을 받고 1년에 20명 안팎의 졸업생을 내는 신학교로는 지방교회의 급증하는 목회자 수요를 채울 수 없었다. 그런 상황에서 선교사들은 성경학교를 설립, 신앙심이 깊은 지방교회 평신도 지도자들을 모아 성경과 기독교 기초교리, 전도와 설교 방법을 가르쳐 전도자나 목회자로 육성했다. 수업 기간은 겨울 농한기를 택해 한 달간 기숙사에 머물면서 집중 교육을 시켰다.

그렇게 해서 '달(月)성경학교'로 불린 단기 성경학교가 순천선교부 안에 설립되었다. 여자성경학교가 먼저 시작되었다. 즉 순천선교부의 여성사역을 담당한 비거가 1920년 4월 여자성경학교를 시작했는데 성경과 기독교 교리 외에 일본어를 가르친다는 조건으로 정부 당국의 인가를 얻었다. 재학생 19명 중 13명이 지방에서 올라온 기혼여성들이었고 비거 외에 크레인 부인이 학생들에게 수예와 재봉 기술을 가르쳤다.[78] 순천여자성경학교에서 교육을 받은 여성들은 대부분 전도부인과 지방교회 주일학교 교사로 활동하였다. 이렇게 시작된 여자성경학교는 꾸준하게 발전하였다. 1933년 4월에는 "순천지방 여성경학원 졸업식을 성대히 거행한 바 우등생은 송귀내(宋貴內) 차은덕(車恩德) 정복남(鄭福男) 3인이라"는 소식과 "순천읍교회 내에서 3월 22일 18년간 사역한 윤순성(尹順成) 전도부인의 표창식과 새로 부임한 전도부인 림춘자(林春子) 씨 환영회가 있었다"는 기사가 「기독신보」에 실렸다.[79] 남자성경학교는 여자성경학교보다 1년 늦게 1921년부터 시작했다. 남자성경학교도 역시 농한기에 한 달 동안 집중 수업을 하였는데 호응이 높았다. 학생수가 늘어남에 따라 교실과 기숙사가 필요하였다. 마침 미국 더럼제일교회 교인들이 '왓츠 장로 40주년 봉직 기념' 헌금을 보내와 1929년 1월 기숙사 건물을 마련하였다. 그 무렵 순천남자성경학교는 교장 프레스턴과 교사 8명이 학생 96명을 가르치고 있었다.[80]

순천선교부에서 독창적으로 시작한 복음전도 운동 가운데 하나가 '확장 주일학교'(Extension Sunday School) 운동이었다. 이 운동은 순천선교부 개척자 프레스턴이 1912년 순천선교부 개척자금을 마련하기 위해 미국을 방문했을

78) Lois H. Swinehart, "Our Educational Work," *KMF* Nov. 1921, 230.
79) "순천교회 소식" 「기독신보」1933.4.5.
80) "Station Brevities," *KMF* Feb. 1928, 39; "순천 남성경학원 졸업," 「기독신보」1929.2.20.

때 배워온 것이다. 당시 미국 시카고의 저명한 부흥운동가 무디는 가정형편 때문에 제대로 배우지 못한 소년 노동자와 고아들을 위해 주일마다 교회에서 주일학교를 열고 기초 학문과 성경을 가르쳤는데 그 효과가 좋았다. 1912년 가을 귀환한 프레스턴은 확장주일학교를 순천에서 곧바로 시작했다. 마침 순천선교부 건축공사를 맡아 하고 있던 평신도 선교사 스와인하트도 주일학교 운동에 관심이 깊어 프레스턴을 적극 도왔다. 프레스턴은 우선 순천읍교회를 비롯하여 순천 주변 세 개 교회에서 주일학교를 열고 불신자 자녀들을 모아 가르치기 시작하였다. 그리고 1년 만에 지방의 모든 교회들에서 확장주일학교를 설립·운영하였다. 그 결과 1918년에 이르러 순천선교부 관할 지방에 44개 주일학교가 설립되어 1천여 명에게 한글과 성경·창가·수학 등을 가르쳤다.[81] 확장주일학교 운동은 순천선교부의 대표적인 복음전도사역이 되었다. 크레인은 1936년 선교보고에서 확장주일학교 결과를 이렇게 증언했다.

> "지방의 교회 부속학교 학생들과 목회자들에 의해 꾸준히 진행되고 있는 확장주일학교 운동은 순천읍과 근방 지역에 새로운 신도 모임을 만들었을 뿐 아니라 젊은 남녀 청년들을 지방으로 내보내 시골에서도 비슷한 운동이 전개되고 있다. 한 곳에서는 십여 명의 남자 청년들만 모이고 있었는데 전도부인 한 명이 그곳에 가서 확장주일학교 운동을 벌인 결과 스무 명의 여자 청년들이 합류하였다. 순천선교부 안에 있는 소학교를 다니던 학생 한 명이 시골에 가서 전도한 결과 모두 여섯 개 마을에 주일학교가 설립되었고 교회도 설립되어 교인들로 가득 찼다."[82]

이렇게 순천선교부에서 전개한 복음전도와 확장주일학교 운동은 지방교회 개척과 부흥을 일궈냈다. 이런 과정을 거쳐 자연스럽게 순천은 전라도 지역 교회 부흥과 성장의 구심점이 되었다. 실제로 순천선교부 개설 작업을 추진하기 시작한 1912년 당시 조선예수교장로회 통계를 보면, 전라남북도를 총괄하는 전라노회에 목사 26명, 장로 26명, 세례입교인 8,125명, 총교인 14,747명, 조직교회 26처, 예배당 377처였는데 1917년 전라노회를 전북과 전남 두

81) J. Fairman Preston, "The Extension Sunday School," *KMF* Jun. 1919, 111-112.
82) J.C. Crane, "The Evangelistic Work of Soonchun Station," *KMF* Jul. 1936, 138.

노회를 분할한 후 전남노회에만 목사 7명, 선교사 12명, 장로 42명, 입교인 4,180명, 총교인 10,260명, 조직교회 30처, 미조직 교회 136처, 기도처 89처, 예배당 165처에 달했다.[83] 이후에도 전남노회는 계속 부흥하여 1922년에 이르러 선교사 14명, 목사 11명, 장로 72명, 입교인 4,561명, 총교인 13,882명, 조직교회 44처, 미조직교회 164처, 기도처 143처, 예배당 163처로 성장했다.

이에 전남노회는 1922년 9월 14일 서울 승동교회에서 개최된 조선예수교장로회 제11회 총회에 '노회 분립'을 헌의하였고 총회는 이를 받아들여 "전남노회를 전남노회와 순천노회로 분립하되 구례와 곡성 · 순천 · 광양 · 보성은 순천노회, 장성과 영광 · 광주 · 나주 · 고창 · 순창 · 담양 · 화순 · 함평 · 무안 · 장흥 · 영암 · 강진 · 완도 · 진도 · 제주 · 해남은 전남노회로 나누어 조직하기로" 결의하였다.[84] 이로써 군(郡) 단위 명칭의 노회로는 전국에서 두 번째, 남한에서는 첫 번째 노회로 순천노회가 조직되었다.[85] 이러한 총회 결의에 따라 1922년 10월 2일 순천 매곡동 선교부 안에 있던 순천남자성경학교에서 선교사 2인, 목사 4인, 장로 10인이 모여 순천노회 조직노회를 개최하고 초대 노회장에 곽우영 목사, 부노회장에 프레스턴(변요한), 서기에 강병담, 회계에 이기홍 등을 선출하였다.[86]

그리고 1년 후 1923년 9월 신의주교회에서 개최된 조선예수교장로회 제12차 총회에서 새로 노회장이 된 프레스턴은 순천노회 상황에 대하여 "감사할 것은 ① 지난 1년 동안 하나님의 풍성한 은혜로 지경 각교회가 평안히 지내엿사오며 ② 본 로회 거년 총회에 분립된 후 1년 동안 각 교회가 진보하엿사오며 ③ 금년 동안 새로 지은 예배당이 3처요 학교가 1처이오며 ④ 새로 설립된 교회와 남녀 청년회도 만사오며... 학교 형편은 ① 미순회에서 설립한 매산 남녀학교는 잘 되어 가오며 ② 각 교회의 사숙과 야학과 갓흔 것도 잘 되어 가오며... 장래경영에 대하여 ① 특별히 예배당과 목사 사택 건축부를

83) "통계표," 「조선예수교장로회총회 제1회 회록」(1912); "통계표," 「조선예수교장로회총회 제6회 회록」(1917).

84) 「조선예수교장로회총회 제11회 회록」(1922), 41-42.

85) 군 단위 명칭을 사용한 노회로는 1918년 평북의 의주노회가 처음이고 1922년에 순천노회와 함께 평남의 안주노회와 평양노회가 조직되었다. 『朝鮮耶蘇敎長老會年鑑』, 1940, 73-83.

86) "순천로회 제1회 상황," 「기독신보」1922.12.20.

설치하야 만히 건축 일을 힘쓰오며 ② 본 로회 지경 안 곡성 등지에 전도목사를 파송하기로 하옵고 ③ 학교를 확장하며 교회 일군을 양성하기로 작정하옵나이다"라고 보고하였다.[87)]

이렇게 1922년 순천노회가 설립된 이후에도 교회는 계속 부흥, 성장하였다. 다음은 노회 설립 이후 순천노회의 교세 변화 상황이다.[88)]

연도	선교사	목사	장로	입교인	총교인	조직교회	미조직교회	예배당
1923	3	5	24	216	4,684	15	25	60
1929	4	9	23	1,803	10,121	13	9	80
1934	15	12	26	2,232	6,523	15	12	84
1939	13	13	47	2,381	6,825	12	12	99

남장로회 한국선교회가 순천선교부 개설을 처음 결정하였던 1909년 당시 순천과 그 인근 지역 10여 곳에서 1백여 명 신도가 회집하고 있었는데 그 후 30년이 지난 1939년에 이르러 1백여 교회에 등록 신도가 7천여 명에 이르는 결과를 얻었다. 다음은 1939년 당시 순천노회에 등록된 99개 교회 명단이다.[89)]

군	교회
순천	順天中央 昇州 月山 東山 槐木里 鶴口 上三 德岩 鴨谷 佳谷 大垈 馬輪 月谷 二美 七洞 洛水 壯安 水坪 德林 大峙
고흥	高興邑 寒洞 鳳棲 過驛 松山 花溪 南悅 新平 道陽中央 吉頭 油芚 五泉 堂島 丑頭 新錦 柯也 鹿洞 新興 洞井 南星 內鉢 天嶝 大山 舟橋 鳳北 道川 火德
보성	寶城 武萬 五峰 筏橋 玉岩 德山 栗浦 禮洞 鳥城 天峙 平村 天嶺 洛城
여수	麗水邑 長川 鳳山(栗村面) 猫島 西村里 羅陳 平村 鳳山(麗水邑) 德忠 龍珠 牛鶴 郡內 鳳陽 九谷 德陽 新豐
곡성	谷城邑 石谷 元亭 鴨綠
광양	光陽邑 新黃 大芳洞 熊洞 光東中央 院洞 官洞 水坪(多鴨面) 水坪(玉谷面) 栢岩 鶴洞 烏沙 金湖 太仁
구례	求禮邑 月山 潛水 院村 良文

87) "순천로회 보고," 「조선예수교장로회총회 제12회 회록」(1923), 123-124.
88) 「조선예수교장로회 총회 회록」(1923-1939).
89) 『朝鮮耶蘇敎長老會年鑑』, 1940, 493-500.

이렇듯 1920-30년대 이루어진 순천노회의 부흥과 발전의 배경에 순천선교부의 복음전도사역이 있었음은 물론이다. 순천노회와 순천선교부는 공간을 함께 사용하며 복음전도와 교회 개척, 목회자 양성과 훈련, 주일학교와 여성선교, 교회부속 사립학교 설립과 지원 사역에서 협력하였다.

2.3 매산 남녀학교의 실업교육

순천선교부가 복음전도사역 다음으로 중시한 것이 교육사역이었다. 이것을 통해 지역사회와 불신자 가정에 복음이 확산될 수 있었기 때문이다. 순천선교부는 이미 1912년 '은성학교'란 명칭으로 남녀학교를 설립한 적이 있었다. 하지만 1915년에 총독부에서 발표한 「개정 사립학교 규칙」으로 학교에서 성경공부와 종교교육을 실시할 수 없게 되었다. 총독부의 이런 지시에는 한말 이후 기독교계 사립학교에서 추진해 온 '민족주의 신앙교육'을 억압하려는 의도가 담겨 있었다. 이런 상황에서 순천선교부는 학교 폐쇄를 결정하였다. 이에 대하여 훗날(1922) 선교부 관계자는 "선교사들뿐 아니라 일반교회와 밋지 안는 사람들까지라도 이 학교에 대하여 만흔 기대를 가지고 잇섯다. 어느새에 경관의 날낸 시선(視線)은 이 학교로 향하게 된 후 그네들의 오해는 점점 깁허졌다. 그러케 되어서 난지 불과 2년이 못된 이 은성학교는 폐교의 운명을 당하엿다"[90] 하여 학교 폐쇄가 총독부의 '민족주의 사립학교 탄압' 정책과 연관이 있었음을 암시하였다.

그렇게 순천선교부의 은성남녀학교는 설립된 지 2년 만에 문을 닫았다. 그런 상태에서 1919년 3·1만세운동이 일어났다.[91] 3·1만세운동을 겪은 후 총독부는 무단통치에서 '문화통치'로 정책을 바꾸었고 기독교계 사립학교에 대해

90) "순천 매산학교," 「기독신보」1922.6.14.

91) 3·1운동이 일어났을 때 유독 순천만 잠잠했던 이유도 은성 남녀학교의 폐쇄에서 원인을 찾을 수 있다. 3·1운동 때 군산과 전주, 광주, 목포 등 다른 지역에서는 만세시위가 일어났는데 이는 군산의 영명학교, 전주의 기전여학교와 신흥학교, 광주의 숭일학교와 수피아여학교, 목포의 영흥학교와 정명여학교 등 선교부에서 운영하는 학교 교사와 학생, 졸업생들이 독립선언서 제작과 전달, 만세시위 모의와 주도적 역할을 감당했기 때문이었다. 이덕주, "호남지역 기독교 선교와 민족운동 유산," 「전라남도 선교유산의 세계유산 추진을 위한 학술회의: 기독교 선교와 유산」(한국선교유적연구회, 2017.4), 25-31.

서도 강압적인 정책을 바꾸어 총독부에서 지정하는 교과과정(일본어 포함)을 수용하는 조건으로 성경교육과 교내 종교활동을 허락하였다. 이런 상황 변화에 따라 1920년 학교를 재건하자는 논의가 남장로회 선교회 안에서 이루어졌다. 그런데 선교사들은 재정과 운영 부담이 적은 초등학교를 우선 재건하고 총독부에서 주시하는 고등학교 재건은 미루기로 했다. 이런 소식을 접한 순천지역 교회 지도자들이 "고등학교도 재건하라"고 선교회에 요구했다. 그 사실을 「동아일보」가 자세히 보도하였다.

> "전남 순천군 야소교당 내에 재하던 고등학교는 마풍(魔風)의 습격에 의하야 비참히 폐교한 지 5, 6성상의 장세월을 신음 중이더니 천운이 순환하사 생명풍이 흡래(恰來)하여 학제가 개정된 결과 선교사의 열성 하에 보통과 급(及) 고등과의 학교를 여전히 부활키 위하야 금번 광주에 개최된 선교사회에서 이 문제를 협의할 터인바 경비의 관계로 고등교는 의문이라는 선교사의 논의가 유함으로 지방 교유측(敎諭側)에서 분기하야 경비 약간을 부담하고 기필코 고등학교를 설립키로 목사 이기풍 · 장로 오영식 · 유지 김양수 3씨를 선발하야 광주 선교사회에 파견하얏다더라."[92]

마침 그 무렵(1920) 순천선교부의 '든든한' 후원자 왓츠 장로가 순천을 방문해서 남학교 재건과 건축 지원을 약속함으로 남장로회 한국선교회는 고등과를 포함한 '순천 남녀학교' 재건을 결정하였다. 그에 따라 순천선교부는 총독부에 사립학교 설립(설립자 크레인) 허가를 신청하여 1921년 4월 15일 인가를 받았다. 학교 명칭은 과거의 '은성'(恩成) 대신 지역 명칭을 따라 '매산'(梅山)이라 하였다. 5년 만에 다시 문을 연 매산학교에 학생들이 몰려들어 불과 1년도 안 되어 남학교는 보통과(6년) 207명, 고등과(2년) 33명이 등록하였다. 같은 시기 5년제 학교로 재출발한 여학교에도 105명이 등록하였다.[93]

재건 후 매산학교가 순탄하게 운영된 것만은 아니다. 다시 수업을 시작한 매산학교에 대한 지역사회의 기대가 컸고, 3·1만세운동을 겪은 후 한층 고조된 '민족적 자존심'을 바탕으로 기독교계 사립학교에 요구하는 바가 컸다. 게

---

92) "順天高校 復活乎," 「동아일보」1920.6.28.

93) Lois H. Swinehart, "Our Educational Work," *KMF* Nov. 1921, 230; "순천 매산학교," 「기독신보」1922.6.14.

다가 3·1만세운동 직후부터 한국사회에 퍼지기 시작한 사회주의(공산주의) 사조에 영향을 받아 진보적 청년학생 계층의 선교사 배척, 반(反) 기독교운동이 일어나기 시작했다. 이런 상황에서 매산학교에서도 학생들이 주도한 '동맹휴학'과 선교사 교사 배척운동이 일어났다. 1922년 3월, 새 학기를 시작하면서 매산학교 고등과 학생들은 "교사가 부족해서 배울 것이 없으니 교원 일동을 개선하야 달라" 요구하며 동맹휴학을 단행했다.[94] 동맹휴학 사태는 오래 지속되지 않았지만 교사 임용과 같은 학사 문제에 개입하려는 학생들의 요구에 선교사들은 적지 않은 충격을 받았다.

조선공산당이 조직되고 사회주의 계열의 반기독교운동이 가장 치열하게 전개되었던 1925년에도 매산학교는 어려운 일을 많이 겪었다. 우선 1925년 9월, 가을 학기를 시작하면서 매산여학교 학생들이 일본인 교사[久保]에 대하여 "실력이 없고 조선 여학생들에게 비하하는 말투로 교육한다"는 이유로 파면을 요구하며 동맹휴학을 단행했다.[95] 그리고 한 달 후 10월에는 매산학교 5학년 학생(지덕선)이 등록금을 납부하지 못해 학교에서 퇴학을 당한 것에 대하여 「동아일보」는 "基督愛를 壓伏하는 金力, 月謝未納으로 退學 순천 매산학교의 薄德한 處事"라는 제목의 비난 기사를 실었다.[96] 이런 소식을 듣고 흥분한 학생들은 "① 교육에 무성의한 것, ② 생도를 구타한 것, ③ 조선 사람을 멸시한 것" 등을 이유로 엉거 교장의 사퇴를 요구하며 전교생 동맹휴학을 단행하여 한 달 넘게 등교를 거부했다.[97] 이 사태도 한국인 교사들의 설득으로 해결되기는 했지만 학생들로부터 비난을 받았던 엉거와 선교사 교사들은 충격이 컸다. 1928년 2월에는 순천선교부 안에서 엉거 교장이 자기 아내를 찾아온 주민을 "엽총으로 위협하며 부상을 입힌" 사건까지 터졌다.[98]

94) "순천학생 맹휴," 「동아일보」1922.3.3.

95) "매산여고 맹휴," 「동아일보」1925.9.10.

96) 「동아일보」1925.10.26.

97) "미인교장 배척으로 매산학교생 맹휴," 「동아일보」1925.12.13.

98) 사건의 내역을 이러했다. 순천읍 미싱회사 사무원 김대인(金大仁)의 부인 김망래(金望來)가 전에 남편의 구타를 피해 선교사들에게 왔을 때 선교사들은 그를 선교부 안에 살게 하면서 선교부 일을 돕도록 했다. 그러고 얼마 후 남편 김대인이 화해를 한다면서 선교부로 아내를 찾아왔다. 이에 여인을 보호하려는 엉거와 부인을 데려가겠다는 김대인 사이에 실랑이가 벌어졌고 결국 엉거는 사냥용 엽총으로 김대인을 위협하는 과정에서 충돌이 빚어졌다. 부상을 입

이런 일련의 사건들로 인해 엉거와 순천선교부 선교사들은 지역 주민들로부터 비판과 공격을 받았다. 선교가 중단되는 상황까지는 아니었어도 순조롭게 진행되어 오던 순천선교부 사역에 위기가 닥친 것만은 분명했다.

이런 상황에서 엉거와 순천선교부 선교사들은 움츠러들기보다는 보다 적극적인 자세로 대처해 나갔다. 선교사와 기독교에 대해 반감을 갖고 비판하는 사회주의 · 공산주의 지지자들의 주요 관심사는 사회적 소외계층 · 빈곤문제 · 노동과 실업 문제였다. 이에 대하여 엉거는 보다 구체적이고 실질적인 방법으로 빈곤문제 · 실업문제의 해결을 모색하였다. 그는 1925년 매산학교 교장으로 취임하면서 자신의 교육신조를 "일함으로 말미암아 일할 줄 알게 되는 대로 일하라. 모든 것은 하느님의 영광을 위하야 일하라"로 정할 정도로[99] 노동과 교육을 중요시하였다. 사실 엉거는 한국에 선교사로 나온 직후부터 한국사회의 빈곤과 실업 문제를 심각하게 고민하고 있었다. 그는 자신이 선교사로서 한국사회의 빈곤과 실업 문제에 관심을 갖게 된 배경을 이렇게 설명했다.

> "모두가 그런 것은 아니지만 한국에서 사역하는 대부분 선교사들은 도착 즉시 찾아오는 한국인들의 빈곤한 상황을 목격하고 가슴 아파한다. 시간이 흐를수록 그 정도가 심해져 선교사들은 가난한 한국인들을 위해 뭔가 해야만 한다는 생각을 갖게 된다. 한국은 기본적으로 자원이 풍부하지 않다. 산이 많아서 경작하기도 어렵다. 지방 도시들은 이미 사람들로 넘쳐나고 있으며 거주 인구는 계속 늘어나고 있다. 농사만으로는 식구를 먹여 살리기 힘들다. 가내 수공업으로 할 수 있는 일도 별로 없으며 질도 떨어져 외국에 내다 팔수도 없다. 정부 경제만으로 국민을 먹여 살릴 수 없는 형편이다. 상점에는 외국에서 들여온 상품들로 넘쳐나 국민들은 그것을 살 수밖에 없는데 반대로 내다 팔 수 있는 것이 없어 경제적 상황은 더욱 어렵게 되었다."[100]

은 김대인은 순천 도립병원에 입원하여 선교사를 고소하겠다 하였고 이영춘(李榮春)과 한태선(韓泰善) · 오한길(吳漢吉) · 박영진(朴永震) · 강기형(.姜基馨) · 오만규(吳萬奉) · 한덕영(韓德榮) 등 순천지역 사회주의 계열 사회단체 대표들이 시내 노동회관에 모여 대책위원회를 결성하고 선교사비판 토론회를 개최하였다. "訪妻한 男便을 銃으로 亂打 重傷," 「동아일보」 1928.2.5; "원가리 폭행사건," 「중외일보」1928.2.6.

99) "중고등학교 교장들의 신조," 「동아일보」1935.1.1.

100) J.C. Unger, "Fine Rabbits for Food and Fur," *KMF* Mar. 1930, 53.

선교와 복음전도의 궁극적인 목적이 '영혼구원'인 것은 분명하지만 그렇다고 교인들이 당면한 빈곤문제 · 경제문제를 도외시할 수도 없었다.

> "우리가 지방에 나가 전도하는 사람들은 대부분 가난하고 절망적이며 비참한 형편의 사람들이다. 우리는 물질적인 빈곤 상태에 처해 있는 이들에게 예수를 믿으라고 전도해야만 하는 것이 과연 옳은 일인지 고민하게 만든다. 물론 예수 그리스도를 믿고 구원을 받게 하는 것이 가장 중요하고 시급한 일이다. 그렇지만 그리스도께서도 백성들이 필요로 하는 것을 무시하시지는 않았다. 우리는 그동안 영적인 메시지를 전하는 것만으로 복음전도의 사명을 다한 것으로 생각해 왔다. 그러나 그것만으로는 복음을 온전히 전파했다고 할 수는 없다."[101]

영혼구원을 이루기 위해서라도 당장 시급한 물질 문제를 해결해 주어야 하는 것이 선교사로서의 마땅한 역할이라 여겼다. 그런 맥락에서 엉거는 자신이 담당한 매산학교에서부터 그 문제를 해결하고자 노력했다. 매산학교 학생들도 대부분 빈곤계층 출신이어서 등록금을 제대로 내기 어려운 형편이었다. 이에 엉거는 매산학교에서 '기독교 실업교육'(Christian Industrial Education)을 실시하기로 했다. 학교 안에 '실업부'(Industrial department)를 설치하고 학생들이 스스로 일해서 학비와 기숙사비를 마련하도록 일감을 마련해 주었다. 이를 위해 엉거는 1929년 안식년 휴가를 떠났다가 귀환하는 길에 미국에서 친칠라와 앙골라 토끼 몇 쌍을 구입했다. 토끼 사육이 비교적 쉬울 뿐 아니라 넓은 공간이 없어도 되고, 또 토끼 고기와 모피를 미국에 수출해서 경제적 수익도 창출할 수 있었다.[102] 그래서 엉거는 미국에서 가져온 토끼를 번식시켜 학생들에게 분양한 후 직접 기르도록 하였다. 엉거는 토끼 사육 외에 유기(놋그릇) 제작도 도입하였다. 마침 매산학교는 1930년 11월 왓츠가 보내온 후원금 2만 3천 원으로 3층짜리(270평) 벽돌 교사를 마련하고 시설을 확충하면서 학교 안에 대규모 양토장(養兎場)과 유기공장(鍮器工場)을 만들어 학생들이 스스로 운영하도록 지도하였다. 이런 엉거의 '실업 교육'은 교회뿐 아니라 지역사회에서도 호평을 받았다. 얼마 전까지만 해도 엉거와 선교사들에 대해 비

101) J.C. Unger, "Fine Rabbits for Food and Fur," 53.
102) J.C. Unger, "Fine Rabbits for Food and Fur," 54.

판적이었던 일반 언론도 매산학교의 실업교육에 대해서는 호의적인 기사를 썼다. 1930년 11월「동아일보」기사다.

> "지금 있는 교장 원가리 씨는 청년 사업가로서 1925년에 이 학교 교장으로 취임한 후 자기는 조선인의 장래가 무엇보다도 실업이 가장 필요하다고 생각하고 자기 학교 학생에게도 과학을 가르치는 동시에 한편으로 실업부를 두어 조선의 명물 유기공장(鍮器工場)을 설치하야 오후 하학한 후 학생들로 하여금 유기를 맨들어서 미국으로 송출을 시키며 또 한편으로는 양토원(養兎園)을 설치하여 미국에서 털(毛)로 아주 비싸고 잘 팔리는 진칠나라는 토끼를 사드리어 학생으로 양토케 하는대 지금 성적이 아주 조타 하며 이 토끼 가죽 한 장 값이 미국에서는 최하 5원이상 16원까지 한다고 한다. 그럼으로 이 학교 학생들이 학교를 졸업하고 나갈 때에 자기 집에서 양토를 하게 하야 그 피물(皮物)을 학교로 가져오면 미국으로 수출시킬 계획이라 한다."[103]

이후 매산학교의 실업교육은 그 내용과 범위가 계속 늘어나 1936년에 이르러 놋그릇 제작과 토끼 양육 외에 목공소가 추가되었고 염소 사육과 버터 및 통조림 제작도 이루어졌다. 그리고 수원농림학교 출신 교사가 와서 현대식 농사법을 가르치면서 과수와 채소 재배법을 집중적으로 가르쳤다. 그 결과 매산학교 실업부를 통해 학생들이 1년 동안 올린 수익이 5천 원을 넘겼다.[104]

이런 매산학교의 '실업교육'은 같은 선교부 안에 있던 매산여학교에서도 실시하였다. 1921년 학교 재건 이후 교장직을 맡은 비거(Meta L. Biggar, 백미다)도 학교 안에 '실업부'를 만들고 여학생들의 노동교육을 추진하였다. 남학생들처럼 토끼 양육을 주로 하였고 그 외에 직조부(織造部)를 두고 학생들이 직접 비단을 짜서 팔도록 하였다. 이를 위해 선교 산자락에 뽕나무 7,500그루를 심고 누에를 길렀다. 비거는 그렇게 "학교에서 이루어지는 기독교 신앙과 실업 교육을 통해 한국 소녀들은 뛰어난 기독교 교사와 가정주부로 바뀔 것"을 기대하였다.[105] 이렇게 순천 매산 남녀학교의 실업교육을 통해 "일하면서

---

103) "3층 양옥으로 매산교 신축,"「동아일보」1930.11.9.

104) C. Crane, "The Boy's School and Industrial Work," *KMF* Jul. 1936, 144.

105) Meta L. Bigger, "Christian Education and Industrial Training for Girls," *KMF* Jul. 1936,

공부하는" 학생 풍토가 조성되었다. 이런 순천매산학교의 실업교육 전통은 순천노회 내 다른 지역의 교회부속 학교들에도 영향을 끼쳤다.

순천선교부는 선교부 안에 있는 매산 남녀학교 외에 지방에 산재해 있는 초등과정(보통과) 교회부속 학교들도 적극적으로 재정지원을 하였다. 그 결과 다른 선교지역에서 보여주었던 "교회 옆에 학교, 학교 옆에 교회" 현상이 순천노회 지경에서도 확인되었다. 다음은 1936년 9월 총회 때 보고된 순천노회 지경내의 26개 교회부속 사립학교(서당과 강습소 포함) 명단이다.[106]

학교	주소	교장	교사		학생		졸업생 누계	
			남	녀	보통과	고등과	보통과	고등과
매산(梅山)학교	순천군 순천읍 매곡리	변요한	7	4	349	134	320	
매산여학교	순천군 순천읍 매곡리	백미다	4	5	229	54	150	9
상삼(上三)학교	순천군 해룡면 상삼리	강성봉	1		30		2	
순흥(順興)학교	순천군 해룡면 하사리	양동준	2		103		5	
삼성(三聖)학교	순천군 해룡면 도농리	박경주	1	1	152		47	
학구(鶴口)학교	순천군 서면 학구리	김병수	1		63			
월산(月山)학교	순천군 송광면 월산리	장정렬	1		55		17	
섬거(蟾居)학교	광양군 진흥면 섬거리	김순권	1		32		36	
광신(光新)학교	광양군 진상면 신황리	박희원	1		28		131	
웅동(熊洞)학교	광양군 진상면 황죽리	장기용	1		17			
도사(道士)학교	광양군 다압면 도사리	강윤성	1		40		23	
육영(育英)학교	광양군 골약면 태인리	이충헌	1		40		7	
명신(明信)학교	광양군 골약면 금호리	강학수			18			
오사(烏沙)학교	광양군 진월면 오사리	양용근		1	37			
영천(永泉)학교	고흥군 금산면 오천리	오현규	2		60		22	
영신(永信)학교	고흥군 금산면 신평리	오중구	2		53		30	
봉전(鳳田)학교	여수군 율촌면 봉전리	강민수	1		29		33	
덕양(德陽)학교	여수군 소라면 덕양리	박인석	1		53		2	
여흥(麗興)학교	여수군 율촌면 장천리	이기홍	1		30		58	
영신(永信)학교	여수군 여수읍 서정	조의환	1	1	152		214	

143.

106) "학무부 보고," 「조선예수교장로회총회 제25회 회록」(1936), 112-124.

학교	주소	교장	교사		학생		졸업생 누계	
			남	녀	보통과	고등과	보통과	고등과
봉산(鳳山)학교	여수군 여수읍 서정	정근모	2		160		36	
덕충(德忠)학교	여수군 여수읍 동정	조의환	2		65			
석곡(石谷)학교	곡성군 석곡면 석곡리	송한용	1		35		13	
옥암(玉岩)학교	보성군 보성면 옥암리	이용준	1		45			
보성(寶城)학교	보성군 보성읍	정해성	1	1	55			
월전(月田)학교	구례군 양문면 원전리	이재구	1		33			

그러나 1937년을 계기로 순천선교부와 순천노회 소속 기독교 학교의 분위기는 급속도로 냉각되었다. 신사참배 문제 때문이었다. 총독부는 1936년부터 각 선교부에서 운영하는 기독교 학교들에도 신사참배를 노골적으로 강요하기 시작했다. 이런 상상에서 1937년 2월 내한한 남장로회 해외선교부 총무 풀턴(C. Darby Fulton)은 "신사참배가 '우상숭배'에 해당하는 반 기독교적 행위임으로 학교를 폐쇄할지언정 신사참배를 수용할 수 없다"는 입장을 표명하였다. 이런 선언에 따라 순천뿐 아니라 군산과 전주 · 광주 · 목포 등지의 남장로회 계통 학교들은 폐쇄 절차에 돌입했다.[107] 순천매산학교도 예외는 아니었다. 한국교회와 지역사회로부터 "학교를 계속해 달라"는 요청과 항의가 없지 않았지만 설립과 운영 주체인 선교회가 폐쇄를 결정했기 때문에 되돌릴 수는 없었다. 그런 상황에서 1937년 9월 총회에서 순천노회장 김상두 목사는 "본 노회 안에 있는 교육기관으로 사립학교 · 사숙 · 야학 · 유치원은 여전하게 지내는 중 특히 매산 남녀학교는 금년 봄에 사정에 의하여 신입생을 모집하지 않고 여학교는 실업부를 폐지한 고로 활기가 없이 지내는 중이오며"라고 보고하였고,[108] 1년 후 1938년 총회에서 노회장 오석주 목사는 "미슌회 경영인 매산학교는 폐교되었아오며"라고 우울한 보고를 할 수밖에 없었다.[109] 그와 함께 2백여 명이 넘는 십대 소년소녀 학생들로 활기찼던 순천선교부 분위기가 침울하게 바뀐 것은 당연했다.

107) G.T. Brown, *Mission to Korea*, 148-156.
108) 김상두, "순천노회 상황보고," 「조선예수교장로회총회 제26회 회록」(1937), 149.
109) 오석주, "순천노회 보고," 「조선예수교장로회총회 제27회 회록」(1938), 122.

2.4 안력산병원과 애양원의 의료와 구제사역

순천선교부의 의료선교는 티몬스(김로라)와 간호사 그리어(기안나)가 1914년 3월 순천 매곡동 선교부 안에 스와인하트가 건축한 작은 시약소 건물에서 진료를 시작한 것에서 출발하였다. 순천에 처음으로 '서양식' 병원이 시작되었다는 소문을 듣고 지방에서 환자들이 몰려왔다. 티몬스는 1914년 1년 동안 3,814회 진료를 하였고 1915년 3,888회, 1916년 6,981회 진료 결과를 보고하였다. 이처럼 환자들이 늘어나고 입원 환자까지 나오게 되면서 제대로 시설을 갖춘 병원 건물이 필요했다. 그런 가운데 미국의 독지가 알렉산더(Alexander)가 병원 건축비를 보내와 그 돈으로 티몬스는 2층짜리 서양식 병원 건물을 마련했다. 선교사들은 새로 지은 병원을 후원자 이름을 따 '알렉산더기념병원'(Alexander Memorial Hospital)이라 칭하였고 한국인들은 '안력산병원'(安力山病院)이라 불렀다. 1916년 3월 1일 거행된 안력산병원 낙성식에 관하여 「기독신보」는 "내외국 내빈이 다수히 모혀 셩대한 례식을 거행하였다"고 전한 후 "그[티몬스]는 근본 건축학자인 고로 자기의 호부를 발휘하여 최신식으로 이층 양옥을 광대히 건축하엿는대 그 건축의 주밀한 제도는 조선 선교회 병원 중 제일이 되겟고 모든 셜비가 완젼하더라"고 보도하였다.[110] 「기독신보」가 보도한 대로 안력산병원은 30개 병상을 갖춘, 당시로서는 한국에 있던 외국 선교회 병원 가운데 건물 규모나 시설에서 제일 좋았다.

그러나 정작 티몬스는 새로 지은 병원에서 오래 활동하지 못했다. 과로로 건강이 악화되어 병원을 지은 지 2년 만인 1918년 2월 선교사직을 사임하고 귀국하였다. 그 대신 안력산병원을 1917년 10월에 내한한 로저스(James McLcan Rogers, 노제세)가 맡게 되었다.[111] 로저스를 도와 간호사로 안력산병원에서 사역한 이는 그리어 이후 덤과 휴슨(Georgia Hewson) 등이 참여하였는데 휴슨은 병원 안에 간호사 양성소를 설치하고 한국인 간호사들을 육성하였다. 치과의사 레비가 와서 안력산병원 안에서 치의학 과정을 만들어 한국인 치과의사들을 양성하기도 했다. 그리고 안력산병원의 한국인 의사로는 정민기와 윤

110) "순천에 미슌병원 락셩," 「기독신보」1916.3.22.
111) "Notes and Personals," *KMF* Feb. 1918, 48.

병서 박사가 티몬스 시절부터 봉직하였다.[112]

그러나 안력산병원 사역이 순조롭게 진행된 것만은 아니다. 1920년대 중반 매산학교가 '반기독교 · 선교사 배척운동'에 영향을 받아 '맹휴'(盟休) 시련을 겪었듯, 안력산병원도 비슷한 시련을 겪었다. 즉 1924년 1월 안력산병원의 한국인 직원과 간호사들이 로저스 병원장을 찾아가 "월급 13, 14원으로 생활하기 어렵다"면서 "봉급을 올려달라" 요구하면서 동맹파업을 단행하였다.[113] 간호사들의 동맹파업은 한국인 의사 정민기의 중재로 하루 만에 해결되었지만 이 사건은 앞선 매산학교 학생들의 동맹휴학, 엉거 교장의 폭력시비사건과 함께 순천 지역사회에 반(反) 선교사 분위기를 확산시킨 계기가 되었다. 그러나 매산학교처럼 안력산병원도 이후 적극적인 '빈민선교'와 '구제활동'으로 병원과 선교사에 대한 사회적 인식을 바꾸어 놓았다. 그 결과 안력산병원은 가난한 환자를 무료로 치료해 주는 '자선병원'으로 소문이 났다. 1932년 9월 「동아일보」 기사다.

> "미국 기독교 선교사들이 조선에 건너와 선교의 목적으로 순천에 병원을 설립하얏다. 근 20여 년간을 순천 기타 인근 5, 6군의 빈궁한 병자를 병원으로 자처만 오면 치료비의 유무를 불문하고 입원치료하야 매년 근 5만여 명의 입원자에게 무료 치료한 자가 6할 이상에 달하고 유료환자가 근근 총 입원자의 4할밧게 되지 않아 입원자는 여사히 만흐나 매년 2천여 원식 결손을 보게 된다 한다. 그리하야 려수의 뢰병원[애양원]과 가티 순천의 안력산병원은 외국인의 손으로 설립되어 병마에 걸린 동포의 수만흔 생명을 구원한 희생적 병원이라 한다."[114]

「동아일보」보다 더 '사회주의적' 경향을 띠었던 「조선중앙일보」도 안력산병원의 '자선행위'를 대서특필하였다. 즉 「조선중앙일보」는 1935년 4월 기사에서 안력산병원에 "무산인민(無産人民)의 3대 은인(恩人)"이 있음을 소개하였다.

> "이 병원에는 무산인민의 은인이라 할 만한 세 의사가 잇다 한다. 원장 로자쓰 씨와 의사

112) J.F. Preston, "A Close-up View of the Medical Missionary," *KMF* Jul. 1936, 139.
113) "順天 安力山病院의 看護婦 盟罷," 「동아일보」1924.1.13; "順天 安病院 盟罷問題 解決," 「동아일보」1924.1.14.
114) "입원자 4만에 무료가 8할," 「동아일보」1932.9.2.

> 정민기·윤병서 씨 등이다. 원장 로자쓰 씨는 19년 전부터 이 병원에 근무한 이후로 항상 웃는 인상과 친절한 태도로 환자를 접촉하며 급한 환자가 잇서 일품을 요구할 때는 밤중과 새벽을 불문하고 응급치료에 응하여 주며 급한 환자가 잇서 청할 때에도 풍우를 물론하고 왕진에 응하여주며 여행 중에 병든 걸인이 길가에서 신음할 때에는 그 병인을 자동차에 실코 와서 치료실에 입원시키어 치료하였다. 그리고 의사 정민기 씨는 이 병원 설립 당시부터 12년 동안을 근무하여 왓다 한다. 그동안 모든 성의로 환자를 취급하여 왓다 하며 이 병원이 이만큼 발전된 것도 정의사의 공헌이 만타 한다."[115]

계속해서 「조선중앙일보」는 안력산병원 환자 통계에 대하여 "1932년 보통 환자가 6,030명인 가운데 무료 치료를 받은 이가 연인원 8,820명이며 1933년 보통 환자 7,305명 가운데 무료 환자 연인원 9,041명, 1934년 보통 환자 9,021명 가운데 무료 환자 연인원 11,503명"이라는 수치를 들면서 "무산인민에 대하여 얼마나 공헌이 잇는 것을 잘 알 수 있다"고 하면서 "근일에 와서는 전남 동부 각 군 유지자들은 원장 로자쓰 씨와 의사 정민기·윤병석 양씨에 대하야 20여 년 동안 무산인민을 위하야 노력한 공적을 포창하자는 의론이 불원간 실현을 보리라"는 기사를 냈다.[116] 이 외에도 "안력산병원 증축과 3의사의 공적"이라는 「중앙일보」(1932.12.30) 기사, "널니 인술을 베푸는 순천 안력산병원 7년 무료진료가 무려 8천 8백여 인"이라는 「매일신보」(1933.11.21) 기사, "순천 안력산병원의 절헌(切獻) 만흔 4의사"라는 「호남평론」(1935.12) 기사 등도 안력산병원과 그 의사들의 헌신적 진료와 자선사업에 대한 지역사회의 평가와 인식을 반영하였다.

안력산병원은 1932년에 병원을 다시 한 번 크게 증축하였다. 즉 1916년에 안력산병원 건축비를 보내주었던 알렉산더가 죽은 후 그 부인이 남편을 기념하여 1만 8천 원을 보내왔고, 같은 시기 순천선교부 후원자 왓츠 장로가 별세하자 그 부인도 남편을 기념하여 1만 5천 원을 보내옴으로 안력산병원은 그 돈으로 공간과 설비를 대대적으로 증축·증설하였다. 그 결과 안력산병원은 한국에서는 서울의 세브란스병원 다음으로 규모가 큰 선교부 병원이 되었

115) "무산자의 의료기관 순천 안력산병원," 「조선중앙일보」1935.4.11.
116) "무산자의 의료기관 순천 안력산병원," 「조선중앙일보」1935.4.11.

다.[117] 그와 함께 진료 실적도 뛰어올라 로저스 원장은 1936년도 병원 진료 상황에 대하여 "1936년은 병원 역사상 최고의 해였다. 지난 1년간 총 입원환자가 2,800명이었고 총 진료일수는 32,950일이었으며, 진료 환자가 총 34,027명이었다. 서양인 의사 1명과 한국인 의사 3명이 입원환자 수술을 1,825회 실시하였고 내방환자 시술을 총 2,050회 실시하였다"고 보고하였다.[118] 안력산병원에서 치료를 받은 환자들은 순천선교부 관할구역인 순천과 고흥 · 보성 · 구례 · 곡성 · 광양 · 여수를 넘어 경상남도 남해와 진주에서도 찾아왔다. 그만큼 순천선교부의 의료선교 영역은 넓었다.

순천선교부에서 시작한 사역은 아니었지만 1926년 여수 율촌면으로 옮겨온 애양원 사역도 순천선교부 관할이 되었다. 광주에서 순천선교부로 옮긴 윌슨 원장도 애양원을 단순한 치료시설이 아닌 환자 가족들의 정착시설로 발전시켰다. 즉 광주를 방문한 바 있던 미국의 부흥운동가 비더울프(Biederwolf)가 귀국해서 모금하여 보내준 선교비와 미국 뉴욕의 구라회, 한국에서 사역하고 있던 선교사들, 그리고 조선총독부에서 보내온 후원금으로 여수군 율촌면 신풍리에 20만 평 규모의 부지를 확보한 후 병원과 요양원 시설 외에 남녀 환자 숙소와 치료를 끝낸 환자들을 위한 자활촌으로 꾸몄다. 정부에서 운영하던 소록도 요양원이 강압과 통제로 운영되었던 것과 달리 애양원은 환자와 그 가족들이 자율과 자치로 운영하다. 그래서 여수로 옮겨온 직후(1929) 애양원을 방문했던 감리교 선교사 빌링스(B.W. Billings) 부인은 애양원을 둘러본 후 "이곳이야말로 진정한 의미에서 낙원(a veritable spot of paradise)이다"라고 표현하였다.[119] 그 결과 애양원 가족은 계속 늘어나 여수로 옮긴 지 10년이 된 1936년 애양원에는 총 730명의 한센병 환자와 그 가족들이 수용되어 생활하였다. 수용자들은 능력에 따라 농사와 양계 · 목공 · 철공 등의 일을 해서 가족의 생계를 유지하였다.[120]

---

117) G.T. Brown, *Mission to Korea*, 145; "무산자의 의료기관 순천 안력산병원," 「조선중앙일보」 1935.4.11.

118) J.M. Rogers, "Alexander Hospital, Soonchun," *KMF* May 1937, 95-96.

119) Mrs. B.W. Billings, "At the Soonchun Leper Colony," *KMF* Mar. 1929, 61-62.

120) R.M. Wilson, "Leper Work," *KMF* Jul. 1936, 145-147; A.A. Peters, "An Eventful Day in the Biederwolf Leper Colony," *KMF* Jul. 1936, 148-149; R.M. Wilson "The Biderwolf

애양원 안에는 교회도 물론 설립되었고 주일학교와 성경학원도 독자적으로 운영하였다. 매년 절기에 따라 사경회도 개최하였는데 환자 교인들의 '성경암송'은 선교사들을 감동시켰다. 다음은 1939년 봄에 3주간 실시한 애양원 교회 사경회를 참관한 뉴랜드(L.T. Newland)의 증언이다.

> "사경회 마지막 날, 전체 요양원 식구들이 모인 가운데 끝 순서를 가졌다. 가장 감동적인 장면은 교인들이 나와서 외운 성경구절을 암송하는 것이었다. 서양인 교사들이 성경 가운데 아무 곳이나 지적하면 교인 중에 외울 수 있는 사람이 나와서 암송하는 형식이었다. 첫 번째로 나온 남자 교인은 신약성경 전체를 암송할 수 있는 사람이었다. 그는 수년 전 요양원에 처음 들어올 때 걸인으로 왔는데 아주 폭력적이었다. 그런데 성경을 접한 후에는 전혀 다른 사람이 되어 성경을 암송하는 뛰어난 재능을 보여주었다. 그는 시력이 아주 나빴으며 손가락도 모두 잘려나갔고 턱도 반쯤 썩어 없는 상태였지만 참으로 '행복한 교인'(happy Christian)이었다. 그는 계시록을 택했고 20장을 외워보라 했더니 암송하기 시작했다. 그가 암송을 시작하자 다른 환자들이 성경을 펴놓고 짚어가면서 따라 읽었는데 한 절도 빼놓지 않고 모두 외웠다. 그의 총명이 증명되었다. 그 다음으로 앞 못 보는 노파가 나오더니 시편 23편을 외웠다."[121]

이렇듯 애양원을 한센병 환자의 '낙원'으로 만들어 가장 불행했던 환자들에게 희망과 행복감을 심어 주었던 윌슨의 사역은 교회뿐 아니라 지역사회의 호평을 받았다. 그래서 1933년 2월, 그의 선교 25주년을 기념해서 순천노회에서 축하식을 거행하였을 때 「동아일보」는 그를 "나병자(癩病者)의 교주(敎主)"로 지칭하고 "사람으로는 고칠 수 업다 하야 손도 대지 안코 버려두어온지 오래인 동안에 전 조선 방방곡곡에 그 촉수를 내밀어 수만 동포의 생명을 빼아서 갓고 또 빼앗고 있는 만고불치의 고질 나병(癩病)을 박멸하자는 최초의 제창자"라고 칭송하였다.[122] 그렇게 애양원 가족과 한센병 환자들의 '수호성인'으로 활약했던 윌슨은 일제 말기(1940) 총독부의 압력으로 대부분 선교사들이 한국을 떠난 뒤에도 마지막까지 남아 애양원을 지키다가 결국 견디지 못하고 1941년 봄에 순천을 떠났다. 그 때 순천선교부에 함께 남아 있던 크

Leper Hospital," *KMF* Mar. 1940, 49-50.

121) L.T. Newland, "A Bible Institute in a Leper Colony," *KMF* Jun. 1939, 113.

122) "우월순 박사 선교 25주년," 「동아일보」1933.2.9.

레인도 동행했다.[123] 그것으로 30여 년 이어온 순천선교부의 사역도 막을 내렸다.

선교사들이 들어오기 전 순천은 전라남도의 대표적인 '양반 고을' 가운데 하나였다. 토착 종교와 문화에 대한 자부심과 자존심이 강했던 순천 지역사회에 '서양인의 종교'로 인식된 기독교 복음을 갖고 들어온 선교사들의 사역의 역사적 의미는 무엇인가? 선교 초기에 '민족 차별'이란 오해를 받으며 배척을 당했던 경험의 소유자 엉거는 양반 고을에서 이루어진 선교사의 역할에 대해 이렇게 진술하였다.

> "예로부터 순천에는 상류층 사람들(high class people)만 살았다고 한다. 그렇게 순천에는 상류층 사람들이 많이 살아서(상류층이거나 그런 집의 하인 외에는 사는 사람들이 거의 없었다) 주변 고을 사람들은 순천읍에 들어가 살기를 원했다. 그렇게 순천은 주변 지역 사람들로부터 '양반고을'(Yangbanville)로 불렸다. 선교사들이 들어와 있는 지금에도 순천이 그렇게 불리는지, 그 답은 선교사 동네를 올려다보고 있는 기도력[124] 소지자들이 어떻게 생각하는지, 그것에 맡길 뿐이다."[125]

엉거는 순천 고유의 '양반 문화', 즉 지역사회의 지도층 · 상류층의 문화 전통을 순천선교부와 교회가 계승해야 한다고 보았다. 지역사회의 지도력을 선교부와 교회가 감당하기를 기대했다. 그런 기대감은 선교사들과 함께 사역했던 경험의 한국교회 지도자들에게서도 발견할 수 있다.

> "벽안황발[碧眼黃髮]의 소유자 되는 타국사람들이 이 순천 북원에 대규모적 기지를 정하고 우리 조선(祖先)들은 꿈에도 보지 못하든 이상한 모형의 집을 여기 저기 건설하고 이 지방 종교사업과 자선사업을 위하여 영구히 활동하겠다 할 때에 이 지방 사람들의 깃븜과 감사함이야말로 과연 엇더타고 말할 수가 업게 되엿다. 따라서 여기 대하여 큰 기대를 가지

---

123) R.M. Wilson, "Christ for the Lepers," *KMF* Apr. 1941, 54; G.T. Brown, *Mission to Korea*, 161-162

124) '기도력'(Prayer Calendar)이란 매년 초에 발행하던 영문 기도수첩으로 1년 동안 매일 내한 선교사 가족들을 위해 기도하도록 이름과 기도제목을 적었다. 선교사 가족과 주한 외국인, 본국의 선교 후원자들에게 배포되었다. "Notes and personals," *KMF* Jan. 1911, 34.

125) J. Kelly Unger, "The City of Soonchun," *KMF* Nov. 1925, 248.

고 잇섯다. 그럿케 하여서 학교도 생기고 병원도 생겻다. 나는 이것들이 이 지방 사람들의 기대에 합한 것인지 아닌지 또는 완전한 것인지는 여기서 이것을 비평할 처지에 잇지 못하다. 엇지던지 미슌사업의 은사(恩賜)로서 학교도 생기고 병원도 생겻다."[126]

선교부가 설치된 다른 지역에서도 그러했지만 순천 매곡동에 설립된 선교부는 지역 주민들에게 '근대화'를 경험하는 공간이 되었다. 선교부에서 선교사들이 추진한 복음전도사역으로 '자유와 평등' 가치를 중시하는 기독교 복음이 지역사회에 퍼져나갔고 학교와 병원을 통해서 지역 주민들은 근대 과학과 근대 교육, 서구 문명과 문화를 경험하였다. 그 결과 봉건적 사회질서와 분위기가 소멸되고 대신 근대적 시민의식과 사회질서가 형성되었다. 그러면서 순천의 지리적 환경도 바뀌었다. 순천선교부 개척자 프레스턴은 자신이 목격한 순천지역 사회변화를 이렇게 증언했다.

"순천선교부가 개설된 1913년에는 가마나 말이 유일한 교통수단이었다. 그러나 1918년에 이르러 신작로가 생기면서 자동차 왕래가 가능해졌다. 1930년 12월 철도가 개통됨으로 이 지역 물류가 급속도로 빨라졌다. 그리고 순천 남쪽 27마일 지점에 있는 여수항이 개발되고 수심이 깊어 시모노세키로 가는 페리호가 매일 운행되고 있다. 순천역은 전라도 남부지역 물류의 중심지로 발전했다."[127]

선교부 사역이 단지 종교·문화적인 영역에서만 지역사회에 영향을 끼친 것이 아니다. 정치·경제적인 면에서도 많은 영향력을 행사하였다. 선교사 코잇이 총독부 철도국에 구례역 연장을 요구하여 답을 얻어낸 것이 대표적인 예였다. 그리고 매산 남녀학교의 실업교육과 안력산병원의 빈민층 무료진료는 지역사회의 지지와 호응을 끌어냈다. 일제 말기 윌슨 원장의 헌신적 애양원 사역도 지역 주민들에게 감동으로 남았다. 일제강점기 순천선교부와 선교사들이 전개했던 각종 사역에 대한 지역사회의 반응과 평가는 해방 직후 순천으로 돌아온 선교사들을 맞이하는 지역주민의 환영회에서 그대로 드러났다.

126) "순천 매산학교," 「기독신보」1922.6.14.
127) J.F. Preston, "Introduction," *KMF* Jul. 1936, 135.

"순천군에서는 삼십년간 선교사업과 교육사업에 많은 공헌을 한 구례인 선교사가 왜적의 폭압으로 귀국하엿다가 육십 로령에도 불구하고 해방조선을 차저왓슴으로 지난 십삼일 오후 삼시 중앙예배당에서 군민환영대회를 성대히 거행하엿다."128)

20~30년 세월을 순천지역에서 복음전도자로, 교육자로, 의사로 봉사하다가 일제 말기 강제 출국 당했던 선교사들이 '60노구'를 이끌고 해방된 선교지로 돌아왔을 때 순천 군민(郡民)이 나서서 환영대회를 열어주었다는 사실에서 일제강점기 순천선교부를 통해 이루어진 선교사역에 대한 지역사회의 반응과 평가가 어떠했는지 짐작할 수 있을 것 같다.

---

128) 「자유신문」1947.11.24.

원주 서미감병원과 선교사역

이 글은 선교 초기 미감리회의 '선교병원'(mission hospital)으로 원주에 설립되었던 서미감병원(瑞美監病院, Swedish Methodist Hospital)의 선교사역을 살펴보는 데 목적이 있다. 원주 서미감병원은 미감리회 선교사 앤더슨(A.G. Anderson)에 의해 1912년 설립되었다가 그가 1920년 평양으로 옮겨감으로 이후 4년 동안 문을 닫았다. 그러다가 1924년 맥매니스(S.E. McManis)가 원주에 부임해 오면서 서미감병원은 의료사역을 재개하였지만 5년 후 1929년 그가 귀국함으로 병원은 다시 문을 닫았다. 따라서 서미감병원은 20년에 미치지 못하는 짧은 기간 존속했지만 강원도 지역의 '유일했던' 근대식 병원으로 원주지방 의료사와 교회사에 중요한 위치를 차지한다.

원주 서미감병원과 그 설립자 앤더슨에 대해서는 비교적 상세한 자료 발굴과 연구결과가 있어[1] '의료기관'으로서 그 설립과정과 초기 사역을 파악하는 데 부족함은 없다. 다만 지금까지 이루어진 자료발굴과 연구가 주로 의료사(醫療史) 및 한국 근대사를 전공한 학자들에 의해 이루어진 관계로 '선교병원'으로서 서미감병원이 추구했던 종교적 기능 즉 의료선교(medical mission)와 복음전도(evangelistic work) 부분이 정확하게 정리되지 못한 측면이 있다.

---

1) 『인술과 선교의 50년: 연세대학교 원주의과대학 원주기독병원 50년사』(연세대학교 원주의과대학 원주기독병원, 2010), 44-46; 지속만 외, 『서미감 병원과 A.G. Anderson의 의료선교 발자취』(원주세브란스기독병원, 2013); 안성구 외, 『원주의료 100년: 서미감병원』(원주세브란스기독병원 · 연세대학교 원주의과대학, 2013); 왕현종, "일제하 원주 서미감병원의 설립과 지역사회에서의 위치," 「역사문화연구」제42호(한국외국어대학교 역사문화연구원, 2012); 왕현종, "일제하 원주 서미감병원의 설립과 지역사회에서의 위치," 연세대학교 의학사연구소 편, 『동아시아 역사 속의 선교병원』(역사공간, 2015), 122-158.

따라서 이 글에서는 '선교부 병원'으로서 서미감병원의 선교기능을 살펴보는 것에 초점을 맞출 것이다. 이를 위해 서미감병원의 설립과 후원 배경이 되는 미감리회(Methodist Episcopal Church)와 미감리회에 속한 '스웨덴감리교회'의 한국 및 원주 선교과정을 살펴보고, 서미감병원 설립자 앤더슨의 종교체험과 신앙 및 신학을 탐구할 것이다. 이런 과정을 거쳐 의료선교사(medical missionary)로서 앤더슨의 선교의식과 방법론을 발견할 수 있을 것이다. 그리고 앤더슨의 선교보고를 중심으로 서미감병원에서 추진했던 의료선교사역의 구체적인 내용과 그 신학적 의미를 규명할 것이다.

1. 서미감병원 설립 배경

1.1 원주지역 기독교 선교

지금까지 원주를 처음 방문한 외국인 선교사는 미감리회 소속의 아펜젤러(Henry G. Appenzeller)와 존스(G.H. Jones)로 알려지고 있다. 1885년 내한해서 서울 정동에 자리를 잡고 학교(배재학당)와 교회(정동교회)를 설립하고 선교사역을 성공적으로 시작한 아펜젤러는 1889년부터 지방으로 선교지역을 확장해 나갔는데 그런 배경에서 1889년 8월, 1년 전 내한한 존스와 함께 대구를 거쳐 부산까지 다녀오는 지방여행을 시도하였다. 그 과정에서 두 선교사는 원주에 들러 관찰사가 내준 객사(客舍)에서 하룻밤을 묵었다. 관찰사나 주민들은 선교사들을 배척하거나 두려워하지 않고 호의적으로 대했다. 그리고 그 이튿날이 주일이라 두 선교사는 주민들이 호기심을 갖고 지켜보는 가운데 "즐거우면서도 대단히 성스런 예배"(a lovely but very sacred service)를 드렸다.[2] 그러나 아펜젤러와 존스가 다녀간 후 한동안 원주는 선교사들의 관심 밖에 있었다. 이후에도 강원도 수부(首府)였던 원주를 방문한 외국인 선교사들이 없지 않았지만 원주지역을 대상으로 한 선교사역은 1890년

2) *Annual Report of Foreign Mission Board of the Methodist Episcopal Church*(이하 *ARBF*) 1889, 292; W. E. Griffis, *A Modern Pioneer in Korea: The Life Story of Henry G. Appenzeller*(New York:Fleming H. Revell Company, 1912), 167.

대 후반에야 이루어졌다.

이런 상황에서 토착인 전도자들이 원주지역에 복음을 전하였다. 대표적인 인물이 구연영과 장춘명이다. 이들은 을미의병(1895) 때 이천지역 의병운동에 참가하였다가 그 한계를 느끼고 기독교로 개종한 후 1899-1900년 어간에 미감리회 권서(勸書)가 되어 경기도 광주와 이천 · 여주를 거점으로 전도활동을 벌였다. 배재학당 출신 문경호도 장춘명과 함께 전도에 나서 이들은 강을 건너 충청북도 음성과 충주 · 제천, 그리고 강원도 원주까지 순회하며 전도하였다.[3] 이처럼 미감리회의 원주지방 선교는 선교사들이 본격적으로 선교활동을 추진하지 못하는 상황에서 여주와 이천지역에서 활동하던 토착전도자들의 순회전도활동으로 이루어졌지만 원주읍까지는 들어가지 못하고 외곽지역에 제한되었다.

미감리회보다 10년 늦게 한국선교를 시작한 남감리회도 원주지역 선교에 참여하였다. 즉 1897년 12월 서울에서 개최된 남감리회 한국선교회 1차 연회에서 '강원도 선교'에 착수하기로 결정하고[4] 먼저 토착전도자(권서)를 강원도 춘천과 철원에 파견하여 전도하기 시작했다. 특히 1900년부터 무스(J.R. Moose) 선교사와 토착전도자 이덕수가 춘천에 거점을 확보하고 강원도 남부지역 선교를 주관하였는데 그 과정에서 원주읍에도 복음이 전파되었다.[5] 그 결과 1905년에 이르러 원주읍 교인 장서환과 안인혁 · 한치선 · 김봉규 등이 선교회 보조로 '서원촌'(상동리)에 초가집을 마련하고 정기집회를 시작하였다. 이것이 원주읍교회, 곧 오늘 원주제일교회의 시작이다.[6] 원주읍교회가 설립된 1년 후, 1906년 6월 2일, 강원도 남부지역 50여 교회 가운데 35개 교회의 임원 120명이 원주읍교회에 모여 '춘천구역회'를 개최하였는데 그 날 세례받은 [원주읍교회] 교인이 20명에 이르렀다.[7] 그러나 남감리회의 원주선교는 오래 지속되지 못했다. 1907년 북장로회 선교회와 선교지역 분할협정을 맺고

3) "고 장춘명 목사 별세," 「監理會報」1933.7.10, 19; 문경호, "새로 믿는 자," 「신학월보」1903.5, 194.

4) *Minutes of Korea Mission of the Methodist Episcopal Church, South,* 1897, 1.

5) J.R. Moose, "Ye Duk-Su," *KMF* Jul. 1924, 138.

6) "원주읍교회," 「監理會報」,1937.1.1, 3.

7) "춘천순환회 권사 리덕슈," 「신학월보」1906.8, 834.

원주에서 철수했기 때문이다.

미감리회와 같은 시기 한국선교를 시작한 미국 북장로회는 1890년대 말부터 서울 승동교회를 담임하던 웰본(A.G. Welbon)과 무어(S.F. Moore) 선교사 등이 관리하는 권서들이 경기 북부와 강원도 지역에 들어가 복음을 전하였다. 그 결과 1900년 강원도에서는 처음으로 철원읍에 교회가 설립되었다.[8] 철원을 거점으로 한 북장로회의 강원도 선교는 활발하게 진행되어 1902년 철원읍 외에 11개 교회가 설립되었고 1903년 18개, 1907년 54개로 강원도 지역 교회로 늘었다.[9] 그 가운데 원주지역 교회도 포함되었음은 물론이다. 그런데 이런 북장로회의 강원도 선교거점인 철원은 동시에 남감리회의 강원도 북부 선교의 거점이기도 했다. 두 선교회 전도자들 사이의 선교 중첩과 마찰이 불가피했다. 이에 1907년 남감리회와 북장로회의 두 선교회는 강원도지역 선교에 관하여 철원을 남감리회가, 원주를 북장로회가 맡는 것으로 협정을 맺었다. 그에 따라 원주는 북장로회 선교구역이 되었다.

이러한 선교회 결정에 따라 철원에서 원주로 자리를 옮긴 웰번은 선교부(mission station) 개설을 위하여 1909년 봄, 토착전도자 김영옥(金永玉)과 엄응삼(嚴應三) 등을 내세워 "원주읍 동쪽 변두리 언덕 가장자리에 20에이커(2만여 평)를" 확보하였다.[10] 웰번은 원주에 강력한 선교부를 개설하여 예배당은 물론 학교와 병원까지 설립하여 원주를 강원도와 충북 선교의 구심점으로 삼겠다는 계획을 수립하였다. 그러나 웰본은 이 같은 계획을 시도도 해보기 전에 원주를 떠나야 했다. 1909년 9월 북장로회와 미감리회·남감리회 사이에 선교지역 분할협정이 다시 이루어져 북장로회는 강원도 지역에서 완전 철수하고 미감리회와 남감리회가 강원도 선교를 담당하되 원주와 횡성·평창·영월·정선·강릉·삼척·울진·평해 등 강원도 남부지역은 미감리회에서 맡고

---

8) *General Report of Seoul Station of Presbyterian Mission 1900-01,* 1901, 20-21.

9) A.G. Welbon, "Pai Chun and Kang Wun District," *General Report of Seoul Station of Presbyterian Mission 1902-03*, 1903, 18; "Kang Won District," *Annual Report of Seoul Station Presented to the Korea Mission of the Presbyterian Church in the U.S.A.* 1904, 17-18; *Report of the Korea Mission of the Presbyterian Church in the U.S.A. to the Annual Meeting*(이하 *KMPC*), 1907, 9.

10) *KMPC* 1908, 43; *KMPC* 1909, 71; "원주읍교회," 「監理會報」1937.1.1, 3.

춘천과 홍천 · 화천 · 양구 · 인제 · 통천 · 이천 등 강원도 북부지역은 남감리회에서 맡기로 최종 결정이 났다.[11] 이때부터 미감리회는 원주, 남감리회는 춘천에 각각 선교부를 두고 강원도 선교를 양분하였다. 이러한 협정에 따라 웰본은 원주를 미감리회 선교회에 넘기고 경북 안동선교부로 옮겨 갔다. 미감리회 선교회는 북장로회에서 마련한 2만여 평의 선교부지를 1,200달러(2,400원)로 인수하였다.[12] 그리고 1909년 북장로회에서 미감리회로 이양할 당시 원주선교부내 장로교회는 모두 40여 곳에 교인은 세례 입교인 69명, 학습인 75명, 총 교인 6백 명이었다.[13]

이로써 원주는 2년 만에 다시 감리교 선교구역이 되었다. 1905년 원주읍 서원촌에 예배당을 설립한 이후 불과 4년 사이에 남감리회 → 북장로회 → 미감리회로 선교 주체가 바뀌었다. 이런 급작스런 변화는 원주 교인들의 의사와 관계없이 이루어졌다. 토착교인들은 소외감을 느낄만 했지만 선교사들의 결정을 따랐다. 다행히 미감리회 선교부가 원주선교를 담당한 1909년 이후 더 이상 변동 없이 감리교 선교가 꾸준하게 추진되었다. 그러나 원주를 새 선교지로 이양받은 미감리회는 곧바로 원주에 선교사를 파송하지 못했다. 선교사 부족이 이유였다. 그래서 당분간 서울지방 감리사 노블(W. A. Noble)이 권신일 · 윤성렬 · 강신화 등 토착전도자들을 파견하여 교회와 교인들을 돌아보게 하였다.[14] 그 결과 1909년 북장로회에서 인수받을 때 410명이었던 원주지방 교인이 2년 만인 1911년에 3,113명으로 증가하였다.[15] 이에 미감리회 연회는 1911년 원주지방을 독립시켜 박원백(朴元百) 목사를 원주읍교회 담임 겸 원주지방 감리사로 파송하였다. 원주지방 감리사로서 박원백 목사의 목회는 원주읍에서 시작하여 여주와 제천 · 횡성 · 평창으로 이어지는 영서지방과

---

11) C.D. Morris, "Division of the Territory between the Presbyterian and Methodist Missions", *KMF* Jan. 1914, 18-19; "Agreement on Division of Territory", *Annual Meeting of the General Council of the Protestant Evangelical Missions in Korea*, Oct. 1909, 32-34; "대한 예수교회 지경을 난홈," 「신학월보」1909.3, 4.

12) *ARBF* 1911, 204.

13) H.A. Rhodes, *History of the Korea Mission of the Presbyterian Church in the U.S.A.* Vol.1(1884-1934)(Seoul: Chosen Mission of the Presbyterian Church, U.S.A., 1934), 302.

14) *ARBF* 1910, 176.

15) *ARBF* 1911, 204.

강릉과 속초 · 울진을 잇는 영동지방까지 포함하였다. 그의 동해안 선교는 바다 건너 울릉도에까지 전개되었다.[16)]

이런 박원백 목사의 지방 목회와 전도 구심점은 원주읍교회였다. 박원백 목사는 지방 순회를 나가지 않을 때는 원주읍교회 목회에 집중하였다. 그 결과 1909년 미감리회로 넘어올 때 10여 명에 불과했던 원주읍교회 교인수가 1백 명을 넘었다. 5칸 초가집 예배당이 좁게 되었다. 이에 박원백 목사와 원주읍교회 교인들은 '자급 헌금'을 실시하고 선교부의 지원을 받아 1916년 상동리에 80평 규모의 붉은 벽돌예배당을 건축하였다.[17)] 이처럼 원주읍교회와 주변지역 교회가 부흥함에 따라 선교사들이 거주할 선교부 개설이 시급한 과제가 되었다. 북장로회의 웰번이 선교부 후보지로 구입했던 2만여 평 부지가 미감리회 소유로 넘어와 있었지만 주재 선교사가 없어 공터로 남아 있는 형편이었다. 원주읍과 주변지역 교인들은 다른 곳처럼 원주에도 선교사들이 들어와 살면서 선교부와 그 안에 병원과 학교를 설립하고 지역사회를 위해 보다 적극적인 선교를 전개할 것을 기대했다. 이런 때 선교부 개설의 책임을 띠고 원주에 파송된 선교사가 바로 서미감병원 설립자 앤더슨이었다.

1.2 앤더슨의 신앙배경과 한국선교 지원

원주지역 교인과 주민들에게 한국 이름 '안도선'(安道宣)으로 더 잘 알려진 앨빈 가필드 앤더슨(Albin Garfield Anderson)은 1882년 미국 일리노이주 앤도버에서 '스웨덴 이민 2세'로 출생했다. 스웨덴 출생인 그의 아버지 알프레드(Alfred Anderson)는 스웨덴에서 '에릭쏜'(Eriksson)이란 성을 썼는데 미국으로 이주하면서 '앤더슨'(Anderson)이란 미국식 이름으로 바꾸었다. 앨빈의 어머니(Augusta)도 스웨덴 이민자였다. 이렇게 스웨덴 이민 가정에서 태어났기에 앨빈은 어려서부터 스웨덴어와 독일어에 익숙하였고 가족의 종교인 스웨덴감리교회(Swedish Methodist)에 출석했다. 스웨덴감리교회 목회자였던 앨빈의 아버지 알프레드는 시카고지방 감리사로 활동하였다. 그리고 앨빈의 누나

16) "기도의 효력," 「그리스도회보」1912.11.30; W. A. Noble, "Wonju District," *ARBF* 1912, 64.
17) 강신화, "원주읍의 새 례배당," 「기독신보」1916.12.6.

(Judith)는 시카고의 베다니 스웨덴감리교회 담임 블룸키스트(W.C. Bloomquist) 목사의 부인이었고 여동생(Naomi Anderson)도 오빠 앨빈과 함께 1910년부터 10년 동안 한국선교사로 활동하였다.[18)]

앨빈 앤더슨의 종교배경이 되었던 미국의 스웨덴감리교회는 1880년대 미국으로 이주한 스웨덴 이민자들을 중심으로 조직되었다. 즉 본래 루터교인이었던 올로프 헤드스트롬(Olof G. Hedstrom)은 1825년 스웨덴에서 미국으로 이주하면서 감리교로 개종한 후 열정적인 전도활동으로 미국 뉴욕과 시카고·미네소타·일리노이 등지에 스웨덴 이민자들의 감리교회가 세워졌다. 그 숫자가 계속 늘어나 1877년 미감리회 안에 스웨덴감리교회만으로 '노스웨스트스웨덴연회'(Northwest Swedish Conference)가 조직되었고 이후 1910년대 이르러 중앙(Central)과 북부(Northern)·서부(Western)·동부(Eastern)·태평양(Pacific)·남부(Southern) 등 7개 연회가 조직될 정도로 성장했다. 1920년 당시 미국 인구조사에 의하면 스웨덴 이주민이 미네소타주에 11만 명, 일리노이주에 10만 명, 뉴욕에 5만 명이 거주하였는데 1924년 통계에 의하면 미국 스웨덴감리교회는 총 387개 교회에 목회자 282명, 신도 20,622명이었다. 스웨덴감리교회 선교는 일리노이주 시카고와 에반스턴을 중심으로 이루어졌으며 독자적인 신학교도 운영하였다. 즉 1872년 일리노이주 게일스버그에 스웨덴어로 수업하는 스웨덴신학교(Swedish Theological Seminary)를 세웠는데 1883년부터 감리교회와 밀접한 관련을 맺고 있던 에반스턴의 노스웨스턴대학(Northwestern University) 안으로 옮겨 수업을 하였다.[19)]

이처럼 미감리회의 스웨덴감리교회 목회자 가정에서 태어나 자란 앨빈 앤더슨은 어려서부터 목회와 선교에 대한 소명감을 느꼈다. 그는 그 계기를 12세 때 경험한 회심(rebirth) 체험에서 찾았다. 그가 1909년 선교사 지원서에 첨부한 신앙고백서 내용이다.

---

18) *A.G. Anderson's Application of Candidate,* Aug. 12, 1909; *A.G. Anderson & Mrs. Anderson File,* General Commission on Archives and History of United Methodist Church.

19) Henry C. Nylin, "Swedish Methodism in America," *Encyclopedia of World* Methodism, Vol. Ⅱ(Nashville: The Methodist Publishing House, 1974), 2294-2295.

"나는 12세 때 시카고 레이븐스우드에 있는 베다니(Bethany) 스웨덴감리교회 청소년 집회에서 회심을 체험했습니다. 분명한 회심 경험이었습니다. 그날 밤 기억이 분명합니다. 겨울부흥회 중이었습니다. 목사가 앞으로 나오라고 했을 때 내 뒤에 앉아 있던 주일학교 선생님이 내게 나가라고 하셨습니다. 그날 밤 남녀 학생 18명에서 20명 정도가 회심을 체험했습니다. 그날 강력한 감정 체험을 하지는 않았지만 회심체험은 분명했습니다. 나는 통곡하면서 패역했던 삶의 죄를 회개하지는 않았지만 내가 죄인이라는 사실과 내 죄가 사함을 받았다는 것을 깨달았습니다. 나는 회중 앞에서 그것을 간증했으며 그 후 회심의 결과를 유지하기 위해 기회 있을 때마다 간증하였습니다. 회심 후 한 주일 동안 삶에 많은 변화가 이루어졌습니다. 나는 내가 '새로운 피조물'이 되었음을 확실히 깨달았고 그로 인한 기쁨이 사라지지 않았으며 앞으로도 영원히 사라지지 않을 것입니다."[20]

회심체험 후 앨빈은 회중 앞에서 신앙고백을 하고 '입교인'(full member)이 되었으며 함께 회심체험을 한 친구들과 함께 엡웟소년회(Junior Epworth League)를 조직해서 전도와 봉사활동을 하였다. 그러던 중 회심 다음에 오는 '성화'(聖化, sanctification) 체험을 하였다.

"[회심체험 후] 6년 후 어떤 특별집회 때 강사가 성화를 특별히 강조하였는데 나는 거룩한 삶을 살아야 한다는 것을 깨달았습니다. 때때로 주변에서 목회를 해보라는 권유를 받았지만 나는 말 재주가 없다고 생각했기 때문에 거절하곤 하였습니다. 그러나 목회에 대한 생각이 계속 내 안에 남아있었고 그 문제로 고민도 했지만 결국 주님께서 내게 원하시는 일이라면 어떤 것이든 순종하겠다고 결심하였습니다. 그 순간 두려움이 사라지고 축복이 임했습니다. 그때부터 내 마음에 놀라운 평화가 임하여 그 후 떠나지 않았습니다."[21]

성화체험은 목회 사역에 대한 소명감으로 연결되었다. 그렇게 고등학교를 졸업한 후 그는 시카고의 명문 노스웨스턴대학에 진학해서 1904년 문과(College Liberal Arts)를 졸업했다. 그는 대학 재학 중 대학기독교청년회(YMCA) 회장으로 활약하였고 교회에서는 속장과 주일학교 교사·본처 전도사·엡웟청년회 시카고지방 부회장으로 활약하였다.[22] 그는 대학에 다니던

20) *A.G. Anderson's letter to the Board of Foreign Missions,* Aug. 16, 1909.
21) *A.G. Anderson's letter to the Board of Foreign Missions,* Aug. 16, 1909.
22) *A.G. Anderson's Application of Candidate,* Aug. 12, 1909.

중 해외선교를 꿈꾸게 되었다.

> "대학에서 해외선교자원운동에 참가한 대학생들을 몇 명 만났는데 그들은 내게 해외선교를 권하였습니다. 그 때부터 해외선교와 관련된 문헌들을 읽기 시작하였습니다. 읽으면 읽을수록 고향보다는 해외에서 일할 사역자들이 더 필요하다는 것을 깨달았습니다. 미국에서는 그래도 원하면 복음과 그리스도에 대해 쉽게 알 수 있지만 복음을 접하지 못한 많은 이방민족은 그리스도에 대해 들어보지도 못하고 있다는 사실을 알게 되었을 때 불행에 처한 이들을 도와주고 싶은 생각이 들었습니다."[23]

그가 노스웨스턴대학 문과를 졸업한 후 같은 대학 의과대학(Medical School)으로 진학한 이유도 해외선교에 대한 소명감 때문이었다.

> "그 무렵 친구 한 명이 내게 의료선교를 소개했습니다. 그 때부터 영적인 사역과 육적인 사역을 함께 할 수 있는 의료선교사역이 나를 사로잡았습니다. 육적인 고통에서 구해주는 일을 하면서 낯선 사람과 보다 친밀한 관계를 맺을 수 있을 것이고 그런 후 그에게 그리스도를 전한다면 보다 효과가 있으리라 생각했습니다. 에반스턴에서 열린 대학YMCA 모임에서 콜튼(E.J. Colton) 씨의 선교 관련 강연을 들으면서 내 의무가 무엇인지 깨달았고 해외 선교와 의료 사역 외에는 내가 할 일이 따로 없다는 확신을 갖게 되었습니다. 나는 곧 해외선교 지원서를 제출했습니다. 그 때가 대학 3학년 때인데 1902-3년 어간이었습니다. 이후 나는 내 결심을 후회해본 적이 없습니다.[24]

그가 의사가 되어 해외선교를 지원한 이유는 '영적인 사역과 육적인 사역을 함께 할 수 있는 의료선교사역'(medical missionary work, combining the spiritual and the physical)을 '대안 없는'(no-alternative) 소명으로 인식했기 때문이었다. 그렇게 해서 의과대학을 다니면서 해외선교사로서 그의 소명의식은 더욱 확고해졌다. 이런 그의 해외선교 지원을 부모와 가족들도 적극 지지하였다. 앨빈은 1908년 6월 의과대학을 졸업한 후 위스컨신주 밀워키병원을 거쳐 캔자스주 위치타의 세인트프랜시스병원(St. Francis Hospital)에서 수련의 과

23) *A.G. Anderson's letter to the Board of Foreign Missions,* Aug. 16, 1909.
24) *A.G. Anderson's letter to the Board of Foreign Missions,* Aug. 16, 1909.

정을 이수했다. 그리고 1909년 8월 미감리회 해외선교부에 선교사 지원서를 제출했다. 그는 해외선교를 지원하게 된 동기를 이렇게 적었다.

> "나는 가능한 한 그리스도의 왕국에서 많은 일을 하고 싶습니다. 외국에 나가면 여기에 있을 때보다 훨씬 많은 사람들을 만날 수 있을 것입니다. 그들을 그리스도께 인도하는데 있어 다른 것보다 의료 봉사를 통해 더 많은 영향력을 발휘할 수 있을 것입니다."[25]

결국 앨빈 앤더슨이 해외선교를 지원하게 된 과정은 ① 목회자 가정에서 태어나 어려서부터 받은 신앙교육과 훈련, ② 12세 때 경험한 회심체험으로 남을 위해 봉사하겠다는 헌신의 소명, ③ 고등학교 때 경험한 성화의 체험으로 이루어진 '하나님 나라' 목회사역에 대한 헌신, ④ 대학 기독교청년회 활동과 해외선교자원운동에 참여하면서 '영적 사역과 육적 사역을 함께' 할 수 있는 의료선교를 지원하는 순서로 이루어졌다. 의료선교사로서 해외선교에 대한 그의 소명감과 의지는 확고했다. 그러면서 그는 선교본부에 당시 몬태나 선교병원(Deaconess Hospital)에서 간호사 훈련을 받고 있는 누이동생 나오미(Naomi Anderson)와 시카고 간호학교를 졸업하고 시카고연합병원(Chicago Union Hospital) 간호사로 근무하고 있던 약혼녀 해티 페터슨(Hattie Florence Peterson)도 동행할 수 있는지 여부를 물었다.[26] 그리고 선교부로부터 가능하다는 답을 얻었다. 그리하여 미국 스웨덴감리교회로서는 역사상 처음으로 앤더슨 가족을 해외선교사를 파송할 수 있게 되었다.

그런데 앨빈 앤더슨이 1909년 8월 미감리회 해외선교부에 선교사 지원서를 낼 때 그는 파송국가를 정하지 않았다. 다만 의료선교사로 장기간 사역하기를 원했던 그는 건강을 해칠 수 있는 열악한 기후와 환경만을 피하고 싶었다. 이런 그를 한국선교사로 끌어들인 인물은 바로 20년 전 외국인으로는 최초로 원주를 방문했던 존스 선교사였다. 스크랜턴과 아펜젤러에 이어 세 번째 미감리회 선교사로 1887년 내한했던 존스는 서울과 인천에서 복음전도와 교육선교 · 목회자양성 사역을 추진하다가 1909년 귀국, 뉴욕에 머물러 미감

25) *A.G. Anderson's Application of Candidate,* Aug. 12, 1909.
26) *A.G. Anderson' letter to the Board of Foreign Missions,* Aug. 18, 1909.

리회 해외선교부 지원을 받아 1910년에 맞이하는 '한국선교 25주년 기념 모금운동'(The Korea Quarto-Centennial Campaign)을 벌이고 있었다.[27] 존스는 미국교회에 1907년 대부흥운동 이후 '폭발적으로' 성장하는 한국교회 상황을 소개하며 더 많은 선교사와 선교비 지원을 호소하였다. 그는 특히 교육선교와 의료선교의 필요성을 강조하는 팸플릿을 만들어 미국교회에 배포하였는데 의료선교 팸플릿에서는 서울과 평양 · 영변 · 해주 · 공주에 이어 다섯 번째로 원주에 세워질 병원의 필요성을 이렇게 강조하였다.

> "원주는 강원도의 남쪽 반을 차지하는 중심 도시로서 한국의 동해안에 연결된다. 우리는 그곳에 선교부를 시작하려는데 한국에 있는 선교부 가운데 가장 멀고도 접근하기 어려운 곳이다. 그 지역 인구는 40만 명으로 우리 병원은 그 지역의 유일한 근대식 의료기관이 될 것이다. 지금으로서는 진료실과 수술실과 입원실을 갖춘 작은 병원을 지으려 하는데 비용은 5천 달러 정도 들 것이다. 선교지 가운데 가장 인구가 많은 이곳에 세우려는 병원에 누가 먼저 상급을 받을 수 있는 기회를 잡을 것인가?"[28]

이와 함께 존스는 원주에 설립될 병원을 책임질 새 선교사도 구하고 있었다. 즉 당시(1910) 한국선교회에 소속된 의료선교사는 모두 네 명이었는데 평양병원은 폴웰(E.D. Follwell), 공주병원은 밴 버스커크(J.D. Van buskirk), 해주병원은 노턴(A.H. Norton), 영변병원은 밀러(I.M. Miller)가 각각 맡아보고 있었다. 따라서 원주에 병원을 지으면서 선교부를 개척할 선교사도 구해야만 했다. 이런 상황에서 해외선교부를 통해 앤더슨이 의료선교를 지원한 사실을 알게 된 존스가 그를 한국으로 끌어들인 것이다. 그렇게 해서 앤더슨은 1910년 7월 뉴욕의 존스로부터 "한국에 선교사로 나갈 의향이 없느냐?"는 편지를 받았고 이에 앤더슨도 긍정적인 답장을 썼다.

> "나는 지난 겨울 선교연구모임에서 처음 한국에 대해 관심을 갖게 되었습니다. 한국에서

---

27) *Official Minutes and Reports of the Korea Annual Conference of the Methodist Episcopal Church*(이하 *MEC*) 1909, 31.

28) G.H. Jones, *Christian Medical Work in Korea*(New York: Board of Foreign Missions of the Methodist *Episcopal Church*, 1910), 16.

일하게 되어 영광으로 생각합니다. 나는 가능한 한 선교사로 오랫동안 일하고 싶은데 그런 면에서 기후 때문에 건강을 상하지 않을 곳으로 파송받고 싶어 했습니다. 당신이 관심을 갖고 지원해 주어 고맙습니다."[29]

그렇게 해서 앤더슨은 한국선교를 지원하는 단계부터 원주선교부 개척 및 병원 설립이라는 책임을 지게 되었다. 당시 한국선교를 관리하고 있던 미감리회의 해리스(M.C. Harris) 감독도 이를 받아들였다. 그리하여 앤더슨은 1910년 9월 해리스 감독으로부터 한국선교사로 정식 임명을 받았고 11월 16일 약혼녀 패터슨과 결혼한 후 12월 5일 미국을 출발, 일본을 거쳐 1911년 1월 4일 한국에 도착하였다.[30] 누이동생 나오미 앤더슨은 그보다 1년 먼저 들어와 서울 동대문부인병원에서 간호사로 사역하고 있었다. 이로써 앤더슨 가족 세 명이 한국에서 처음으로 '스웨덴 선교'(Swedish Mission)를 시작하였다. 이들의 한국선교를 미국의 '스웨덴감리교회'가 적극 후원하였음은 물론이다.

2. 서미감병원 설립 과정

2.1 앤더슨의 원주 방문과 병원설립 준비

1911년 1월 서울에 도착한 앤더슨은 곧바로 원주로 내려가지 못했다. 아직 원주에 선교사 가족이 들어가 살 수 있는 주택이 마련되지 않았을 뿐 아니라 병원 설립 기금도 마련되지 못했던 때문이다. 그래서 앤더슨 부부는 서울 정동선교부에서 어학공부를 시작하였다. 그리고 겨울 추위가 지난 후 1911년 4월 서울지방 감리사인 '10년차 선교사' 노블(W. A. Noble)과 함께 원주를 방문하였다. 이들은 조랑말을 타고 춘천을 거쳐 원주로 갔는데 도중에 횡성에 들러 구역회(계삭회)를 참관하였다. 그리고 이어서 원주구역회에 참석하였다. 앤더슨은 원주를 방문한 첫 소감을 미국의 존스에게 자세히 보고했다.

---

29) *Anderson's letter to G.H. Jones,* Jul. 25, 1910.

30) *F.C. Floyd's letter to Homer C. Stuntz.* Sep. 16, 1910; "Notes and Personals," *KMF* Feb. 1911, 35; *A.G. Anderson's Missionary Record*, Jan. 30th, 1911.

“다음날 점심 때 우리는 원주에 도착했습니다. 교인들은 길게 늘어서서 우리를 환영했습니다. 점심식사 후 계삭회를 시작했는데 저녁식사 때까지 계속하였습니다. 거의 모든 교인들이 참석했는데 남녀 숫자가 비슷했습니다. 권신일 목사는 자급이 대단히 힘들 것이라고 했습니다. 그러나 노블 박사가 그 문제를 꺼내자 교인들은 목회자 생활비 거의 전부 부담하겠다고 약속하였습니다. 저녁 후 노블 박사는 한국말로 설교하였으며 아내와 나는 노블 박사의 통역으로 짧게 인사하였습니다. 나는 교인들에게 원주에 와서 일할 준비가 되었고 바로 오고 싶지만 건물을 지을 돈이 마련되지 않아서 오지 못하고 있다고 말한 후 돈이 마련되도록, 미국에 있는 남녀 교인들의 마음을 움직여 필요한 돈을 보내줄 수 있도록 기도하자고 하였습니다. 그러자 그들은 매일 그렇게 기도하겠노라고 하였습니다.”[31)]

원주 교인들에 대한 앤더슨의 ‘첫 인상’(first impression)은 아주 좋았다.

“이번 짧은 여행에서 내가 받은 가장 큰 인상은 이곳 교인들의 맑은 영혼입니다. 교인들은 모두 열심이고 진지하며 순수합니다. 그들은 얼굴이 환했고 내가 한국에 와서 만나본 사람들 가운데 가장 행복해 보였습니다. 여기서 부인사경회를 한 힐만이나 밀러 양도 똑같은 이야기를 하였습니다. 존스 박사님도 알다시피 이 여선교사들은 다른 곳에서도 일해 본 경험이 있는 사람들입니다. 그 다음날 나는 병원과 주택 부지로 정한 부지를 둘러보았습니다. 우리는 그 위치나 환경이 아주 마음에 들었습니다. 사진을 찍으려 했는데 아쉽게도 하루 종일 비가 와서 실패했습니다.”[32)]

북장로회 웰본 선교사가 구입했다가 미감리회가 인수한 선교부지는 원주 시내가 한눈에 내려다보이는 언덕에 위치하고 있어 병원이나 선교사 사택을 짓기에 아주 적합하였다. 그렇게 비가 오는 중에 병원 부지를 둘러보던 앤더슨은 원주에서 ‘첫 번째 환자’를 맞았다.

“비가 오던 그 날 어떤 한국인이 두 살짜리 아이를 업고 우리를 찾아와 봐달라고 했습니다. 눈병을 앓고 있는 아이였는데 눈꺼풀이 심각할 정도로 부어올랐고 고름이 흘러내리고 있었습니다. 참으로 처참했습니다. 알고 보니 한의사가 고름을 뺀다면서 눈두덩에 침을 놓아서 더 악화되었습니다. 그 결과 아이는 다른 쪽 눈까지도 잃을 수 있을 정도로 치명적인

31) *A.G. Anderson's letter to Dr. Jones,* Dec. 14, 1911.
32) *A.G. Anderson's letter to Dr. Jones,* Dec. 14, 1911.

상태가 되었습니다. 나는 그 아이에게 아무 것도 해 줄 수 없었습니다. 아이 아버지는 너무 가난해서 서울까지 데리고 갈 수도 없는 형편이었습니다. 여기 병원이 있었더라면 아이의 병이 더 악화되는 것을 막을 수 있었을 것입니다."[33]

시설과 장비가 없어 비록 치료는 하지 못했지만 앤더슨은 눈병을 앓고 있는 소년환자를 처음으로 진료하였다. 짧았지만 원주 방문을 통해 앤더슨과 노블은 병원 설립의 시급한 필요성을 재확인하였다. 앤더슨이 이런 내용을 미국의 존스에게 쓴 것은 미국에서 전개되고 있던 '한국선교 25주년 기념모금운동'의 결과가 속히 오기를 기대했기 때문이었다. 그런 기대는 앤더슨이 원주를 다녀온 후 1911년 6월 개최된 미감리회 한국연회를 주재한 해리스 감독의 보고에서도 확인된다. 해리스 감독은 한국선교 25주년 기념모금운동 외에 앤더슨을 파송한 미국 스웨덴감리교회의 후원을 기대하고 있었다.

"우리가 선교부를 세우기로 한 원주에 설립될 스웨덴감리교기념병원(Swedish Methodist Memorial Hospital)에 대해서는 미국과 유럽의 감리교회에 지원을 요청해두었다. 지난 번 받은 편지에 의하면 500달러가 처음으로 약속되었고 전에 5백 달러 예정된 것이 있어 현재 1,000달러가 모금된 형편이다. 추가로 원주병원을 위해 4,000달러를 모금할 예정이다. 50만 인구의 원주는 전적으로 우리 감리교회 구역이다. 지금까지 서양인이든 한국인이든 의사는 한 명도 없다. 그런 곳에 선교부를 설치하고 병원을 세운다면 더 없는 좋은 기회가 될 것이다."[34]

해리스 감독은 원주에 세워질 병원을 '스웨덴감리교기념병원'으로 명명하였다. '서미감병원'이란 이름은 여기서 비롯되었다. '서'(瑞)는 스웨덴을 지칭하는 '서전'(瑞典)에서 따온 것이고 '미감'(美監)은 '미감리회'(美監理會)의 준말이었다. 미국에 있는 스웨덴감리교회 교인들이 세워준 병원이라는 뜻이다. 그렇게 해서 서미감병원 설립자로서 앤더슨의 역할이 연회에서 확인되었다. 같은 연회에서 노블 감리사 역시 원주선교부와 병원 설립의 필요성을 강조한 후 함께 원주를 다녀온 앤더슨에 대해 "우리 주님께서 앤더슨 박사 부부를

---

33) *A.G. Anderson's letter to Dr. Jones,* Dec. 14, 1911.
34) *ARBF* 1911, 28.

원주 사역자로 임명하신 것을 대단히 기뻐하는 바이다. 이들 부부는 거센 환경에서 옹골차게 살아온 타고난 개척자이며 인내심이 대단하여 이 지역 사역에 적격이다"라고[35] 극찬하였다.

노블과 앤더슨은 여름 장마철이 끝나면 곧바로 원주에 내려가 주택과 병원 건축을 준비하려 하였지만 노블의 건강 악화와 자금 문제로 시행하지는 못했다. 11월에야 건강을 회복한 노블이 중국인 건축가 해리 장을 데리고 내려가 건축 자재를 물색하는 정도로 끝냈다.[36] 그 사이 앤더슨 가족에게 첫째 딸(Vera Eleanor)이 출생하였고[37] 앤더슨은 계속 서울에 머물러 어학공부를 하면서 미감리회 선교회를 대표하여 장 · 감 연합으로 운영하는 세브란스병원과 세브란스의학교 정규 교수요원(regularly faculty member)으로 참여하였다. 앤더슨은 방사선(X-Ray) 치료 분야에서 뛰어난 실력을 보유하고 있었다. 초교파 선교사 잡지 *The Korea Mission Field*는 앤더슨의 세브란스 합류를 두고 '연합사업의 단결을 보여주는 또 다른 승리'(Another triumph for union hand in hand work)라고 표현하였다.[38] 앤더슨은 세브란스병원을 통해 초교파 연합과 협력을 경험하였다.

그러나 선교사로서 앤더슨의 궁극적 관심과 목표는 원주에 있었다. 원주에 내려가 병원과 선교부를 개설하는 것이 그가 해야 할 일이었다. 그런데 미국으로부터 와야 할 '한국선교 25주년 기금'이 예상대로 들어오지 않고 있었다. 앤더슨으로서는 자신을 파송한 미국 감리교회, 그 중에도 '스웨덴감리교회'의 지원에 큰 기대를 걸었다. 그는 1912년 3월 뉴욕 브룩클린에서 소집될 스웨덴동부연회(Eastern Swedish Conference) 회원들에게 '선교편지'를 썼다. 그는 두 차례의 원주 방문 결과를 보고하였는데 특히 원주지역 관리가 직접 찾아와 "어서 빨리 병원을 세워주시오"하고 요청했던 사실을 언급하면서 한국선교를 위한 특별헌금을 부탁하였다. 그는 또 미감리회 시카고연회 감독으로 한국을 방문했던 맥도웰(William F. McDowell) 감독에게도 후원을 요청하는

35) *Annual Report of Foreign Mission Board of the Methodist Episcopal Church,* 1911, 204.
36) *A.G. Anderson's letter to Dr. Jones,* Dec. 14, 1911.
37) "Notes and Personals," *KMF* Jan. 1912, 4.
38) "Notes and Personals," *KMF* Oct. 1911, 276.

편지를 썼다. 그는 자신에게 한국과 원주를 소개했던 뉴욕의 존스에게도 편지를 써서 직접 연회들을 방문해서 앤더슨의 병원 계획을 소개하고 후원자를 찾아줄 것을 요청하기도 했다.[39] 그 결과 앤더슨은 1912년 봄, 미국으로부터 "1,500달러 선교비가 모아졌다"는 연락을 받고 연말 완공을 목표로 원주선교부 언덕에 사택 공사를 시작하였다. 그리하여 1912년 6월 서울에서 개최된 미감리회 연회에서 노블은 원주선교부와 관련하여, "앤더슨 박사의 새 집은 지금 건축계약자 손에 달려 있다. 금년 말까지 완성되기를 기대한다. 시카고와 스웨덴 연회 후원으로 병원 건축도 이루어질 것이다. 여선교사 사택도 보조를 받아 같은 곳에 세워질 것으로 기대한다"고[40] 보고할 수 있었다.

그런데 연회에서 이런 내용의 원주선교부 보고가 낭독되는 때 앤더슨은 원주가 아닌 평양에서 사역하고 있었다. 원주 사택과 병원 공사가 지연되고 있는 상황에서 평양에서 20년 가까이 의료사역을 하던 폴웰이 안식년 휴가로 귀국하면서 평양병원 일을 앤더슨이 맡게 된 것이다. 평양선교를 개척하고 순직한 홀(W.J. Hall)을 기념하여 1896년 설립된 기홀병원(紀忽病院, Hall Memorial Hospital)은 그 시설이나 사역의 규모와 내용이 안정적이고 모범적인 병원으로 자리잡고 있었다. 앤더슨은 1912년 4월부터 평양에 올라가 기홀병원 일을 맡아 보기 시작했다.[41] 그리고 그 해 6월 평양에 있던 북장로회 선교부 병원을 맡아보던 웰즈(Wells)까지 안식년 휴가를 떠나면서 병원을 부탁하는 바람에 앤더슨은 평양의 감리교와 장로교 두 선교병원 일을 맡아보게 되었다. 앤더슨에게 '평양 사역 1년'은 의료선교사로서 자신을 실험하는 기회가 되었다. 그는 '선배' 선교사들이 구축해 놓은 안정적인 의료선교 현장에서 의사로서, 선교사로서 본격적인 사역을 경험하였다. 그는 평양 사역 1년 후 '선교병원'(mission hospital)으로서 기독교병원의 존재와 가치를 이렇게 정리하였다.

---

39) *Anderson's letter to G.H. Jones,* Feb. 28, 1912.
40) "Wonju District," *MEC* 1912, 64; *ARBF* 1912, 187.
41) C.D. Morris, "Report of the Pyeng Yang, West Pyeng Yang and Yeng Byen Districts to the Annual Conference of 1913," *MEC* 1913, 49.

"1년 동안 사역해 본 결과 평양병원은 절대 필요하다는 결론에 도달했다. 물론 평양에 일반 병원과 의료시설이 없는 것은 아니지만 대부분 비기독교 시설들이다. 우리 병원이 오직 자선(charity)과 박애(philanthropy)를 목적으로 설립한 것이라면 한시적으로 운영하는 것이 당연하다. 하지만 교회가 복음을 전하는데 병원이 필요하다면 당연히 계속 유지해야 한다. 기독교 병원은 기독교인들에게도 큰 도움이 된다. 교인들은 비기독교 병원보다 기독교 병원을 대단히 선호한다."42)

기독교 병원(Christian hospital)이 경제적 수익의 수단이 되어서는 안 될 것은 당연하고, 가난한 환자들을 위한 자선과 구제가 목적이라면 굳이 기독교가 하지 않아도 될 것이다. 하지만 교회의 복음전도(evangelism)를 돕는 것이 목적이라면 교회가 존재하는 한 병원도 계속 유지되어야 한다는 논지였다. 그는 병원이 복음전도의 기회와 도구이어야 한다고 보았다. 병원은 육적인 치료와 영적인 치유가 함께 일어나는 '영육간의 온전한 구원'을 경험하는 현장이어야 했다. 그것은 그가 미국에서 의과대학에 진학할 때 품었던 '영적인 구원과 육적인 구원을 함께 추구할 수 있는' 의료선교 소명이기도 했다. 그는 평양 기홀병원에서 함께 일하던 한국인 의사와 조수들의 행위에서 그 구체적인 결과를 발견했다. 한번은 15세 소년이 큰 다리골절상을 입고 실려 왔는데 피부까지 상해 부친의 피부를 아들에게 이식하는 수술을 하게 되었다.

"수술 시간이 되어 우리는 아버지와 아들을 나란히 눕혀 놓았다. 아버지를 먼저 마취시키고 수술을 시작했는데 아들은 깨어서 그 광경을 지켜보았다. 아버지가 마취 초기에 고통스러워하는 모습을 보고 아들이 울었다. 그러자 조수 가운데 한 명이 아들에게, '네 대신 아버지가 얼마나 고통스러워하시는지 보이지? 저런 아버지에게 고마워해야 하지 않겠니?' 하였다. 그것은 우리를 대신해서 예수 그리스도께서 고통이 어떤 것인지 가르쳐 주는 교훈이 되었다. 이 외에도 흥미로운 일은 아주 많았다. 우리 입원환자는 모두 그리스도 신앙을 고백하고 있으며 신실한 교인이 된 것 같아 참 기쁘다. 외래 환자들 가운데도 얼마나 그리스도를 알고 있으며 그리스도를 알기 위해 노력하고 있는지는 하나님만 아신다. 다만 우리는 '구세주를 높이기'(lift up the Saviour) 위해 노력할 뿐이다."43)

---

42) A.G. Anderson, "Medical Work of Hall Memorial Hospital At Pyeng Yang, Korea," *KMF* Oct. 1913, 226.

43) A.G. Anderson, "Medical Work of Hall Memorial Hospital At Pyeng Yang, Korea," *KMF*

수술 현장에서도 복음을 전하는 병원 조수들의 모습에서, 입원 환자들이 전도를 받고 기꺼이 교인이 되는 모습에서 복음전도를 목적으로 설립된 기독교 병원의 역할과 기능을 확인할 수 있었다. 평양 기홀병원에서 1년 동안의 사역은 앤더슨에게 자신이 품고 있던 '의료선교'의 가능성을 확인시켜주었다. 그것은 곧 원주에 가서 선교병원을 세우고 자신이 직접 추진할 사역의 내용이기도 했다.

이렇게 앤더슨이 1년 동안 평양 기홀병원에서 사역하는 동안 원주에서 사택 및 병원 건축은 예상대로 되지는 않았지만 착실하게 진행되었다. 1912년 봄부터 시작된 사택공사는 가을에 완공할 예정이었지만 해를 넘겨 1913년 봄이 되어서야 끝났다. 그리고 미국 스웨덴감리교회의 모금운동도 착실하게 진행되어 1913년 4월, "완납 3,760달러, 약속 550달러, 총 모금 4,310달러, 700달러 추가 모금 예정"이라는 연락을 받았다. 이외에 앤더슨은 개인 독지가들로부터 받은 후원금 '1,312원 43전'이 있어 그것을 병원비품 구입비로 내놓았다.[44] 이런 상황에서 1913년 봄부터 병원 건축을 시작했다. 중국인 건축가 류(Lew)와 공사 계약을 맺었고 건축에 조예가 깊은 성서공회의 벡크(S.A. Beck) 선교사가 내려와 현장 감독을 맡았다. 평양 사역을 마치고 서울로 돌아온 앤더슨도 수시로 원주 공사 현장을 방문하였다. 1913년 6월 연회에 제출한 앤더슨의 선교보고 내용이다.

> "금년(1913) 봄 건축 일로 한 달 동안 원주에 머물렀습니다. 그 기간 중에 거의 매일 환자들이 나를 찾아왔는데 아주 먼 곳에서 온 환자도 여럿 있었습니다. 한 여성 나병환자는 1백 마일 떨어진 곳으로부터 한국에서 제일 높고 험한 산을 넘어 나를 찾아와 고쳐 달라고 하였습니다. 환자 가정을 방문한 적도 여러 번 있었는데 약도 없고 진료 도구도 없어 그들을 위해 해줄 수 있는 것은 아무것도 없었습니다. 그렇게 방문한 결과 여인 두 명이 교회에 나오기 시작했으며 다른 한 가정은 우리에게 호감을 갖기 시작하여 머지않아 교회에 나와 복음을 듣게 될 것으로 기대합니다. 이곳에는 참으로 할 일이 많은데 정성을 다해 일에 임할 수 있기를 기대합니다."[45]

Oct. 1913, 226.

44) *ARBF* 1913. 344-345; A. Garfield Anderson, "Report of Medical Work at Wonju, Korea," *MEC* 1913, 74-75.

이렇게 앤더슨은 병원 건물이 완성되기도 전에 원주에서 의료사역을 시작하였다. 그리고 그것은 곧바로 복음전도로 이어졌다. 평양에서 목격했던 '의료선교' 결과물이 원주에서도 나타났다.

2.2 서미감병원 건축과 봉헌

여러 가지 이유로 지연되었던 원주선교부 사택 건축은 1913년 6월 끝났다. 그 무렵 서울에서 열린 미감리회 연회에서 앤더슨은 원주병원 책임자로 임명되었다. 그러나 곧 이은 장맛비로 인해 앤더슨 가족은 곧바로 원주로 출발하지 못하고 장마와 여름 더위가 끝난 8월 27일에야 원주로 이사하였다. 이로써 앤더슨은 "원주에 거주하는 첫 번째 선교사라는 명예"(honor of being the first missionaries to reside in Wonju)를 얻었다.[46] 원주에 도착한 앤더슨의 최우선 과제는 진행 중인 병원 건축을 완성하는 것이었다. 미국 스웨덴감리교회 교인들이 보내온 선교비 '5천 달러'도 무난하게 도착하였다. 미국에서 모금운동에 참여한 교인 가운데 '큰 부자'는 없었다. 서울의 세브란스병원처럼 굴지의 미국 실업가가 큰돈을 내서 병원 하나를 지어주는 그런 형태는 아니었다. 원주병원 기금에 제일 많이 낸 사람이 150달러였다. 대부분 1달러에서 10달러 '쌈짓돈'을 한국선교비로 냈다. 앤더슨은 그 점을 특히 강조하였다.

> "왜냐하면 우리 사역에 그만큼 많은 사람들이 관심으로 갖고 있으며 그들이 이후에도 우리 사역에 관심을 갖고 기도해 줄 것이기 때문이다. 이것이 우리에게는 큰 축복이다."[47]

1913년 4월에 시작된 병원 건축은 착실하게 진행되어 7월 15일 원주지방 감리사 박원백 목사 집례로 정초식을 거행하였고 11월 15일 건물을 완공하였다. 봉헌식은 해를 넘겨 1914년 4월 22일 오후에 거행되었다. 서울에서 내려온 노블 감리사가 집례한 봉헌식에는 선교사 가족 18명을 비롯해서 원주지방 목회자와 교인들이 대거 참석하였고 일반인으로 군수와 지역 유지, 원주 주

---

45) A. G. Anderson, "Report of Medical Work at Wonju, Korea," *MEC* 1913, 74-75.
46) A.G. Anderson, "Wonju Medical Report," *MEC* 1914, 64.
47) A.G. Anderson, "Wonju Medical Report," *MEC* 1914, 66.

둔 일본군 수비대장까지 참석해 축하하였다.[48] 봉헌식 2개월 후 1914년 6월 서울에서 개최된 미감리회 연회에서 앤더슨은 연회에 참석한 한국인 목회자들에게 서미감병원에 대하여 처음 '한국말로' 자세히 보고하였다. 그는 우선 새로 지은 병원의 규모와 모습을 이렇게 소개하였다.

> "집 모양은 3층 양옥인대 붉은 벽돌로 지엇고 장은 40척이오 광은 30척이라. 하층 따광에는 입원하는 병자들을 위하야 위층과 갓치 잘 예비하얏스며 그곳에 방 셋이 잇는대 특별 병자와 보통 병자를 위하야 두 큰 방이 잇스며 또 그 방에는 참상 일곱 개를 노을 수 잇고 중층에는 대합실과 병 보는 방과 특별 검사하는 방과 약방과 의원의 공부방도 잇고 또 상층에는 수술을 위하야 전청에 유리를 대여 햇빛 드러오게 한 방 하나와 특별 치료 방 하나와 보통 치료 방 둘이 잇는대 상중하층 다 합하여 참상 17이나 18개를 노을 수잇소이다. 또 목욕간과 변소와 또 옷방 각 하나식 잇고 맨 위층에는 물건을 둘 수도 잇삽내다. 수통과 뒤간과 세수상들은 다 조흔 것들을 사왓스며 물은 천연수와 우물물을 사용하는 대 다 기게로 인도하야 병원에 드러오게 하엿고 또 화덕은 딴 광에 놋코 더운 김과 깨끗한 공기로 여러 방들은 더웁게 하옵나이다."[49]

이어서 병원 건축비를 보내 준 미국 스웨덴감리교회 교인들과 친지들, 병원 시설과 비품 비용을 보조해 준 내한 선교사 가족들에게 고마움을 표한 후 새 병원에서 시작한 의료사역을 이렇게 소개하였다.

> "교제가 원주로 이사한 후로는 매일 병자들이 나를 차저왓스나 그러나 그 시는 병원 건축 전인고로 내가 각 병자의 집에 가서 병을 보아주엇소이다. 그러케 하기를 작년 11월 초 1일까지 하엿소이다. 처음에는 병자가 매일 3, 4인식 오더니 지금에는 15인 이상 20인식이 의사를 차저오나이다. 그러나 아쉽게도 기계가 부족하야 임의대로 수술을 하지 못하고 엇던 병인다려는 내가 말하기를 기계가 올 때까지 기다리라고 하엿스니 이럼으로 차저오는 병자가 아직 만치 못할 줄노 아옵나이다. 기게 뿐 아니라 도아주는 사람도 부족하야 중한 수술은 못하엿삽더니 지금은 김용숙 씨가 와서 잘 도아 주옵고 또 수술할 때마다 우래벗[레퍼트] 씨가 잘 도아주옵나이다."[50]

---

48) A.G. Anderson, "Dedication Service of Swedish Methodist Hospital, Wonju, Korea," *KMF* Nov. 1914, 331.

49) "원주병원장 앤더손씨의 보단," 「미감리회 조선매년회 회록」(1914), 47.

전문 의학 교육을 받지는 않았지만 병원 조수 김용숙이 진료와 수술을 도왔고 원주지방 선교사로 와 있던 레퍼트(R.R. Reppert)가 수술 때마다 와서 마취를 도와주었다. 비록 시설과 기구에서 부족한 것이 많았지만 서미감병원에서 앤더슨은 1913년 9월부터 1914년 5월까지 8개월 동안 "초진 555명, 재진 474명, 외부 왕진 13명, 총 진료 1,042명, 입원 7명, 전신마취 수술 4회, 부분마취 수술 14회"[51]라는 진료 통계를 보고할 수 있었다.

그렇게 해서 진료를 시작한 서미감병원은 원주뿐 아니라 강원도 남부지역에 설립된 최초 서양식 근대병원으로서 중요한 의미를 가지고 있었다. 앤더슨은 그 점을 강조하였다.

> "우리 병원은 1만 스퀘어평방 지역에 40만이 거주하는 이 지방의 유일한 병원이다. 그러니 얼마나 막중한 사명이 우리에게 주어졌고 또한 얼마나 좋은 기회가 우리 앞에 놓여 있는지 알 수 있을 것이다. 이 병원이 수많은 사람들의 몸만 구할 뿐 아니라 영혼까지도 구원하시는 하나님의 도구가 되어 장차 한국에 세워질 하나님의 나라 건설에 병원 건물과 병원 사역자들이 사용될 것이다."[52]

앤더슨에게 서미감병원은 사람들의 "몸만 구할 뿐 아니라 영혼까지도 구원하는 도구"(means of the salvation of many souls as well as the healing of many bodies)였다. 그는 서미감병원이 '선교병원'으로서 지역사회에서 치료와 전도를 동시에 추구하는 '의료 전도'(medical evangelistic) 사역의 공간이 되기를 기대했다. 그리고 원주에서 본격적으로 사역하면서 그 가능성을 확인했다. 서미감병원을 찾아온 환자나 그 가족들로부터 '복음전도'의 가능성과 결과를 얻었다.

> "최근 18세 된 아들을 치료해 달라고 병원을 찾아온 어머니가 있었다. 아들이 물도 기를 수 없고 심부름도 못할 정도라고 했다. 진찰 결과 아들은 심한 심장병을 앓고 있었다. 우리는

---

50) "원주병원장 앤더슨씨의 보단," 「미감리회 조선매년회 회록」(1914), 47-48.
51) A.G. Anderson, "Wonju Medical Report," *MEC* 1914, 67.
52) A.G. Anderson, "Dedication Service of Swedish Methodist Hospital, Wonju, Korea," *KMF* Nov. 1914, 331.

> 그 어머니에게 좋은 소식을 전하지 못해 미안하다고 했다. 그런데 그 어머니는 전혀 실망하지 않고 '좋아요. 그러면 아들 심장(heart)을 꺼내서 다시 고쳐 주세요' 하였다. 우리는 어머니에게 그런 수술을 할 수 없다는 점을 자세히 설명해 주었다. 그러나 우리는 희망을 잃지 않았다. 우리는 성령께서 이 아이의 질병을 고쳐주시길 간구하는 기도를 드리기로 했다. 그러면서 아이의 죄로 물든 마음(heart)까지도 치료해 달라고 기도했다. 주님께서 '보라 내가 아버지께로 가노니 너희가 이보다 더 큰일도 행하리라' 하시지 않았던가."[53]

앤더슨은 의사이자 과학자였다. 그렇지만 치료가 불가능한 환자를 위해서 교인들과 함께 '성령의 기적'을 비는 기도를 하였던 '신앙인'이기도 했다. 절망에서 찾아온 환자에게 마지막까지 '치유의 희망'을 전하고 싶었던 선교사였다. 그렇게 앤더슨은 병원을 복음전도의 기회로 삼았다. 그 효과는 곧바로 나타났다. 그는 병원 설립 1년 후 1915년 연회에서 서미감병원 사역에 관하여, 훈련받은 한국인 조수 한 명과 간호사 한 명이 진료사역에 참여한 결과 "초진 977명, 재진 1,156명, 왕진 24회, 총 2,157회 진료, 입원 89명, 마취수술 26명, 부분마취 수술 3명, 병원 방문 보호자 826명"을 보고한 후 병원을 통해 "새 신자 25명"이 생겼음을 밝혔다.[54] 그것은 병원에 와서 치료 받는 과정에서 믿기로 한 환자들과 그들이 집으로 돌아가 전도하여 얻은 결과였다. 실제로 앤더슨은 1915년 선교보고에서 "병원에서 치료를 받고 살아난 환자가 돌아가 자기 집안 사람들에게 병원을 선전해서 그 환자와 그의 형제 세 명이 모두 교인이 되었으며, 병원에서 무료로 치료받고 살아난 가난한 여인이 미안한 마음에서 병원을 찾아와 돈을 받지 않고 병원 허드렛일을 도와주고 있는데 집안사람들에게 전도해서 남편과 시어머니도 교인이 되었으며, 그 외에 병원에서 치료를 받고 고향으로 돌아간 환자의 말을 듣고 병원이 어떤 곳인지, 기독교가 어떤 종교인지 알아보겠다고 찾아온 사람이 수십 명에 달한다"고 밝혔다.[55] 서미감병원은 설립과 동시에 '선교병원'으로서 그 기능을 충분히 발휘하였다.

---

53) A.G. Anderson, "Wonju Medical Report," *MEC* 1914, 66-67.
54) A.G. Anderson, "Swedish Methodist Hospital," *MEC* 1915, 61.
55) *ARBF* 1915, 246-247.

3. 서미감병원 초기 선교사역

3.1 진료활동과 복음전도

이처럼 병원을 찾은 환자가 구도자로 바뀌고, 소문을 듣고 기독교에 알아보려 병원을 찾아오는 방문객들이 늘어나자 앤더슨은 전도인을 고용했다. 마침 미국 윌리엄밋트대학(Williamette University) 학생전도대(Volunteer Band)에서 보내온 선교비가 있어 토착전도자 한 명을 병원 전속 전도사로 채용하여 "하루 종일 병실과 진료실에서 전도하고 거리에 나가서도, 집에서도 전도하였는데 그 결과 많은 사람들이 기독교에 관심을 표명하였다."[56] 앤더슨은 전도사와 함께 거리 전도에 종종 나갔는데 거리에서 만난 시민들은 피하거나 욕하지 않고 오히려 다가와 인사를 하면서 고마움을 표하였다. 앤더슨이 추구한 의료선교의 결과였다. 그는 병원의 '복음전도' 기능을 더 확대할 필요가 있고 보았다.

> "우리 사역의 열매를 얻기 위해서, 그리고 의료사업을 최고조로 끌어올리기 위해서라도 토착인이든 선교사든 복음전도사역자를 증원시켜야 한다고 본다. 시설 부족과 전도자 부족으로 이 지방에서 구원할 영혼을 알고도 잃어버릴 수 있다. 백내장 때문에 두 눈을 실명한 남자 두 명이 치료를 받으러 우리에게 왔는데 수술 장비가 도착하지 않아서 그들을 집으로 돌려보내야 했다. 그들이 살고 있는 마을엔 20명이 넘는 교인이 있는데 가르칠 사람이 없어 신앙을 거의 포기했다고 한다. 이 형제들은 복음에 관심을 표명하면서 다시 믿겠다고 약속했다. 하지만 우리가 그들에게 수술하러 올라오라고 전갈하기 전에 그들이 백내장을 치료한다며 점쟁이를 찾아가거나 우상을 숭배할 가능성이 크다. 이들을 치료한 다음 전도자를 그 마을에 보내기만 한다면 그곳에서 복음의 놀라운 역사가 일어날 것이다."[57]

치료와 전도는 상호 보완작용을 하면서 병원 발전과 지역교회 부흥을 동시에 이룩하였다. 이처럼 앤더슨에게 서미감병원은 단순한 치료기관이 아니라 복음전도와 교회설립의 매개였다. 목사안수만 받지 않았지 앤더슨은 목회자

56) A.G. Anderson, "Swedish Methodist Hospital," *MEC* 1915, 59.
57) A.G. Anderson, "Swedish Methodist Hospital," *MEC* 1915, 59.

와 전도자 이상의 역할을 감당하고 있었다. 앤더슨의 이러한 '병원선교' 사역에 지역교회 목회자들도 고마움을 표하며 적극 참여하였다. 원주지방 감리사 박원백 목사가 1915년 연회에서 감리사 보고를 하면서 "안도선 의사는 병원 사무만 보실 뿐 아니라 전도를 더 힘써 하심으로 병원이 또 전도소가 되엿다"고[58] 특별 강조한 것이 그런 배경에서 나왔다. 원주지방 권서로 활동하던 토착전도자도 "원주에 병원이 생긴 후로 우리가 전도하는 일이 훨씬 쉬워졌고 그 효과도 크다"고 고백하였다.[59]

이에 앤더슨은 선교병원으로서 서미감병원의 사회구제 기능을 확대하기 위해 '무료 진료'를 확대해 나갔다. 서미감병원 환자들은 대부분 수십 리, 수백 리 멀리 떨어진 산골에서 찾아오는 가난한 환자들이었다. 집에서 한약과 미신 치료를 하다가 '죽음에 임박해서' 찾아오는 환자들이 많았다. 이런 가난하고 무지한 환자들을 치료한 후 기독교인으로 만드는 것이 앤더슨의 목표였다. 그런 맥락에서 앤더슨은 1916년 연회에서 "우리 병원 사역은 아직도 미신과 가난 때문에 어려운 점이 많다. 좀 더 무료진료를 많이 한다면 지금보다 더 많은 환자들을 치료할 수 있을 것이다. 하지만 그러기에는 수입이 너무 적다"고 보고하였다.[60] 그러면서 1915년도 서미감병원 진료통계에 관하여 "초진 789명, 재진 1,127명, 왕진 42명, 총 진료 1,958명, 입원 65명, 전신마취 수술 28회, 국소마취 수술 6명, 새 신자 18명"을 보고한 후 "1년 동안 치료비 수입이 200달러인데 전체 진료환자 중 유료환자가 25%에 불과하다"고 밝혔다.[61] 앤더슨은 더 많은 선교 후원금을 확보하여 '무료진료' 비율을 높이기 원했다. 그렇게 '무료진료'를 받은 환자들이 기독교로 개종할 확률이 높기 때문이었다.

이처럼 앤더슨은 원주에 병원을 건립한 지 3년 만에 자신이 추구했던 '의료선교'의 결과가 구체적으로 나타나고 있음을 확인했다. 앤더슨의 1916년 연회 보고다.

---

58) "박원백 원주지방 감리사 보고", 「미감리회 조선매년회회록」(1915), 43.
59) A.G. Anderson, "Wonju Medical Report," *MEC* 1916, 63.
60) *ARBF* 1916, 297.
61) A.G. Anderson, "Wonju Medical Work," *MEC* 1916, 297.

"지난 해 가장 감격스런 경험은 2년 전에 뿌렸던 씨앗의 열매가 맺혔다는 것입니다. 우리가 원주 도착한 직후 한 어린 소년을 치료한 적이 있는데 그 결과 그 소년과 다른 형제 세 명이 교회에 나오게 되었습니다. 그 형제 가운데 한 명, 17세 된 소년은 참으로 진실한 교인이 되었습니다. 지난 주일 그가 나를 찾아와서 공부를 하고 싶은데 도와줄 수 있겠느냐고 물었습니다. 그는 교인이 된 후 공부하고 싶은 마음이 강렬했지만 그 부모는 지금처럼 원주 주둔부대 통역으로 일하면서 집안에 경제적 도움이 되기를 원했습니다. 나는 그에게 어떤 계획이 있느냐고 물었습니다. 그러자 그는 '나는 주님께 나 자신을 바쳤습니다. 그래서 주님과 교회를 위해서라면 어떤 일이든 하고 싶습니다' 하였습니다. 내가 '목회자가 되고 싶은가?' 하자 그는 '예' 하고 대답했습니다. 그것이 바로 내가 원하고 바라던 바였습니다. 그는 밝고 진실한 교인으로 장래가 촉망됩니다. 우리는 모두 참으로 기뻤습니다. 그의 개종이 우리 병원 사역의 결과였기 때문입니다."[62]

앤더슨은 자신에게 치료 받은 환자 가족 가운데서 '목회 지망생'이 나온 것을 '가장 감격스런 경험'(the most gratifying experience)으로 표현했다. 자신이 추구한 의료선교의 궁극적인 목표로서 복음전도가 이루어진 구체적인 결과물이었다. 앤더슨은 계속해서 1917년 연회 보고에서 서미감병원 진료통계에 관하여, "초진 1,253명, 재진 1,752명, 총 진료 3,005명, 왕진 50회, 대수술 81회, 소수술 2회 입원환자 119명"이라고 밝혔다.[63] 전년도에 비해 진료환자가 35% 증가한 수치인데 그것은 세브란스의학교 출신 한국인 의사를 고용해서 진료 기능을 확대한 결과였다. 그리고 전체 진료환자 가운데 '무료진료'가 40%를 차지하여 자신이 추구했던 구제기능이 향상되었음도 밝혔다. 그러면서 앤더슨은 지속적으로 추진하는 병원 전도의 결과도 보고하였다.

"기독교를 심하게 반대하던 노인이 병원에 치료를 받으러 입원했습니다. 그에게 잠언서를 주었더니 그걸 읽은 후 너무 좋아하면서 기독교에 대한 편견을 버리고 또 다른 성경책도 달라고 했습니다. 그는 신약 전체를 읽고 난 후 개종하고 신실한 교인이 되었습니다."[64]

이렇듯 서미감병원은 복음전도의 중요한 통로였다. 앤더슨은 자신이 예상했

62) A.G. Anderson, "Wonju Medical Report," *MEC* 1916, 63.
63) *ARBF* 1917, 282; A.G. Anderson, "Wonju Medical Report," *MEC* 1917, 75.
64) A.G. Anderson, "Wonju Medical Report," *MEC* 1917, 75.

던 것보다 훨씬 빠르고 감격스런 '의료선교'의 결과를 얻은 것에 감격했다. 이런 결과를 안고 앤더슨은 1917년 6월 연회를 마친 후 안식년 휴가를 얻어 귀국길에 올랐다.[65] 그가 자리를 비운 사이 원주 서미감병원은 한국인 의사가 맡아 보았는데 결과가 좋지 않았다. 원주지역사회에서 '서양인 의사'에 대한 기대와 신뢰가 컸던 때문이었다. 결국 앤더슨이 미국에 가 있던 1년 동안 병원은 문을 닫을 수밖에 없었다.[66] 앤더슨 개인병원 형태로 운영되던 서미감병원이라 선교사 원장이 아니면 병원을 유지할 수 없었던 한계를 드러냈다.

3.2 병원과 지역 복음화

그런 상황에서 안식년 휴가를 마치고 1918년 가을에 귀환한 앤더슨을[67] 원주지방 교회와 지역사회가 대대적으로 환영하였을 것은 당연했다. 앤더슨의 귀환은 1년 동안 닫혔던 서미감병원 문이 다시 열렸음을 의미하였다. 원주지방 감리사 모리스(C.D. Morris, 모리시)가 1919년 11월 미감리회 연회에서 "안도선 의사가 작추(昨秋)에 도라오심으로 일반신자와 불신자들까지 극히 환영하였고 병원사업이 대발전되나이다" 했던[68] 것도 그 때문이었다. 1년 동안 문을 닫았다가 열었기 때문에 앤더슨은 처음 시작하는 마음으로 병원 진료와 전도활동을 재개하였다. 앤더슨은 자신이 없는 사이 문을 닫았던 병원의 자생력을 키우기 위해서는 '실력 있는' 한국인 의사를 초빙해 병원사역의 상당한 부분을 맡겨 훈련시킬 필요가 있다고 생각했다. 그래서 세브란스의학교 졸업생 윤선욱(尹善旭) 박사를 의사로 채용하였다.[69] 앤더슨과 윤선욱이 함께 진료한 결과 1918-19년, 1년 동안 진료 환자는 70%, 총 진료회수는 50% 증가하였으며 입원 및 수술과 왕진도 120-140% 증가하였다. 특기할 것은 환자 수입도 475% 증가하였는데 이는 전적으로 부자 환자들을 치료한 윤선욱 박

65) *MEC* 1918, 17.
66) *ARBF* 1919, 168.
67) "Note and Personals," *KMF* Sep. 1918, 240.
68) "원주지방 감리사 모리시 보고," 「미감리회 조선매년회 회록」(1919), 79.
69) 왕현종, "일제하 원주 서미감병원의 설립과 지역사회에서의 위치," 『동아시아 역사 속의 선교병원』(역사공간, 2015), 141.

사의 공로였다. 그렇게 부자 환자들이 낸 치료비로 가난한 환자들의 '무료진료'를 늘일 수 있었다.[70)]

앤더슨은 병원의 복음전도사역에 대해서도 "우리가 전도하는 것에 모두 호의적으로 반응한 것은 다행한 일이다. 33명은 확실한 기독교인이 되었고 그 중 상당수는 정기적으로 교회에 출석하고 있다는 보고를 받았다. 종교 자유와 경찰의 간섭이 사라지는 것이 우리에게 아직도 큰 과제로 남아 있다."[71)] 앤더슨이 보고 말미에 '종교 자유와 경찰의 간섭'을 언급한 것은 1919년 3·1만세운동을 계기로 교회와 기독교 선교기관에 대한 경찰당국의 간섭과 통제가 한층 심화된 것을 염두에 두고 한 말이었다. 그만큼 3·1만세운동 이후 선교 상황은 불리하게 바뀌었다.

그런 상황에서도 서미감병원은 앤더슨과 윤선욱의 진료활동으로 꾸준하게 운영되었다. 1919년 시베리아에 있던 미국 적십자병원에서 "상당량의 거즈와 침대보 · 붕대 · 약품 · 수술 기구 · 의사 가운 등을 보내준 것"이 병원 사역에 큰 힘이 되었다.[72)] 그 결과 1920년 10월 연회에서 앤더슨은 서미감병원 사역에 관하여, "총 진료환자 5,497명(작년보다 22% 증가), 초진 5,464명(17% 증가), 재진 3,033명(20% 증가), 왕진 107회, 대수술 109회, 소수술 65회(50% 증가) 입원환자 227명, 환자 수입 5,866원(48% 증가), 선교부 보조 5,000원(194% 증가)"을 보고하면서 48% 증가한 환자 수입으로 전체 진료환자 가운데 30%가 무료진료를 받았음을 보고하였다. 무료진료를 받은 환자 대부분은 기독교인이 되었다. 앤더슨은 이런 병원사역이 "유능한 의사 윤 박사에게 진료소를 맡긴 결과"라고 밝혔다.[73)] 앤더슨은 다음과 같은 말로 1920년 서미감병원 사역보고를 마쳤다.

> "전반적으로 만족스러운 결과였다. 치료받은 환자의 상당수가 기독교에 관심을 표명하고 있는데 영적인 결실을 얻었는지는 숫자로 측량하기 어렵습니다. 좀 더 질적으로 높여서 사역을 추진하고 노력을 기울인다면 보다 나은 결과가 나올 것은 분명합니다. 병원 사역의 효력

---

70) *ARBF* 1919, 168-169.
71) *ARBF* 1919, 169.
72) *ARBF* 1920, 193; A.G. Anderson, "Wonju Hospital Report," *MEC* 1920, 62.
73) A.G. Anderson, "Wonju Hospital Report," *MEC* 1920, 62.

으로 복음화가 촉진될 것은 의심할 여지가 없습니다. 지금까지 이루어진 것에 감사하며 하나님께 영광을 돌립니다."[74)]

'복음화에 도움이 되는 병원사역'(influence of hospital is a help in evangelizing), 그것은 앤더슨의 일관된 의료선교 이념이자 병원 운영 목표였다. 짧은 기간 안에 서미감병원을 원주와 강원도지역 의료선교의 중심 거점으로 세우는데 성공한 앤더슨은 1920년 10월 연회에서 평양 기홀병원으로 파송되면서 원주를 떠나게 되었다.[75)] 앤더슨은 처음 내한한 이듬해(1912) 안식년 휴가를 떠난 폴웰을 대신해서 평양 기홀병원을 1년간 맡아본 적이 있었는데 이번에는 선교사직을 '갑자기' 사임한 폴웰 후임으로 기홀병원 원장으로 파송을 받았다. 평양 기홀병원은 평양장대현교회 · 남산현교회와 함께 1919년 3월 1일 일어난 평양만세운동 모의와 기획단계에서 중심 거점이었다. 3·1만세운동 민족대표인 이승훈이 기홀병원에 위장 입원해 있으면서 손정도와 길선주 · 신홍식 등 평양지역 교회지도자들과 만나 만세운동을 모의하였고 3월 1일 거사 당일에는 기홀병원의 서기풍 전도사를 비롯하여 기홀병원 의사와 간호사 · 직원 · 전도부인들이 만세시위에 대거 참여하였다.[76)] 이런 일로 만세시위 후 기홀병원은 경찰당국의 집중 감시와 통제를 받았다. 그런 중에 기홀병원을 설립하여 25년 동안 운영했던 폴웰마저 사임하게 됨으로 '미감리회 한국 의료선교의 상징'이었던 기홀병원은 위기에 처했다. 이런 위기 상황에서 미감리회의 웰치(H. Welch) 감독은 앤더슨에게 기홀병원 책임을 맡겼다. 이로써 앤더슨의 원주 사역은 9년으로 끝났다.[77)]

---

74) A.G. Anderson, "Wonju Hospital Report," 62.

75) *MEC* 1921, 86.

76) 이덕주, 『독립운동의 요람 남산재 사람들』(그물, 2015), 163-172.

77) 이후 앤더슨은 평양에서 기홀병원과 여성해외선교회의 광혜여원, 북장로회 선교부의 제중원을 합병한 평양연합기독병원(Pyeng Yang Union Christian Hospital) 원장으로 시무하였고 1940년 일제에 의해 강제 출국당한 후, 잠시 미국 시카고에 머물다가 1941년부터 4년간 아프리카 서든로데시아(Southern Rhodesia)의 니야디리(Nyadiri) 감리교병원에서 의료선교사로 활동하였다. A.G. Anderson, "Report of Hall Memorial Union Hospital," *MEC* 1922, 206-208; "Where to find the Folks from Korea," *KMF* Dec. 1940, 214; *A.G. Anderson & Mrs. Anderson File,* General Commission on Archives and History of United Methodist Church; "A.G. Anderson의 발자취," 『서미감병원과 A.G. Anderson의 의료선교 발자취』, 6.

4. 서미감병원 재개와 폐쇄

4.1 맥매니스의 내한과 병원사역 재개

앤더슨이 원주를 떠난 후 미감리회 연회는 상당기간 그 후임 선교사를 파송하지 못했다. 앤더슨이 떠나면서 서미감병원에 대한 미국 스웨덴감리교회의 후원도 끊어졌다. 앤더슨의 전출은 원주지방 선교사와 교인들에게 큰 충격과 상실감을 안겨주었다. 1921년 9월 평양에서 개최된 미감리회 연회에 참석한 원주지방 감리사 모리스가 "앤더슨 박사의 평양 이주로 원주지방 전체가 크게 한 방 먹었다(a big blow to the whole district)"고 표현할 정도였다.[78] 앤더슨이 떠난 후 서미감병원은 한국인 의사 윤선욱이 맡아서 운영했다. 모리스 감리사는 1922년 9월 연회에서 서미감병원에 관하여 "우리는 계속 병원 문을 열었고 많은 사람들이 육신의 질병에서 구원받았다"고 진술한 후 "병상 18개, 입원환자 87명, 입원일수 990일, 진료환자 총 3,058명(새 환자 925명, 매일 환자 2,134명), 왕진 86회, 수입 총액 2,743원 64전(환자로부터), 지출 총액 7,849원 58전"이란[79] 진료 통계를 보고하였다. 그런 후 모리스는 "의사 구함"(A Doctor Wanted)이란 표현까지 쓰며 의료선교사 파송을 호소하였다.

> "어렵지만 한국인 직원 한 사람으로 병원을 계속 열었습니다. 지역 주민들은 선교사 의사가 와서 진료해 주기를 기다리고 있습니다. 원주 교인들은 웰치 감독에게 선교사 의사 파송을 청원했습니다. 지방에서 병원 사역은 참으로 중요합니다."[80]

그러나 원주 교인들이 기대했던 의료선교사 파송은 쉽게 이루어지지 않았다. 1922년 선교사 칼슨(C.F. Carlson)이 원주에 부임했으나 의사가 아니었다. 선교부 지원 없이 '소명감'으로 병원을 맡아 일하던 윤선욱 박사도 포기하고 떠났다. 결국 병원은 문을 닫았다. 서미감병원이 문을 닫음으로 원주지방 복

78) C.D. Morris, "Wonju and Yi Chun Districts," *MEC* 1921, 124; *ARBF* 1921, 275.
79) "원주 서미감병원 보고," 「미감리회 조선매년회 회록」(1922), 19.
80) C.D. Morris, "The Wonju and Yichun Districts," *MEC* 1922, 198.

음전도사역도 큰 타격을 입었다. 1923년 6월 서울에서 개최된 연회에서 모리스 감리사는 병원 재개를 바라는 원주지방 교인들의 간절한 소원을 이렇게 대변하였다.

"칼슨 부부가 원주에 부임하여 우리 선교부에 대단한 활기를 불어넣었고 교인들도 진심으로 환영하였습니다. 그러나 우리 원주 교인들이 가장 실망하고 있는 것은 병원이 계속 문을 닫고 있다는 점입니다. 원주에 살아본 사람이라면 이곳 지방 사역에서 병원이 차지하는 비중이 얼마나 크고 중요한지 알 수 있을 것입니다. 지난 수년 동안 병원이 문을 열지 못해서 상당수 교인들이 생명을 잃었습니다. 우리는 한국인 의사와 간호사들이 들어와 살 집도 건축해 놓았습니다. 병원이 다시 문을 연다면 이 집은 아주 유용하게 사용될 것입니다."[81)]

원주지방 교인들은 병원에서 사역할 한국인 의사와 간호사 집까지 마련해 놓고 선교사 의사를 기다리고 있었다. 서미감병원의 문이 다시 열리기를 바라는 원주지방 선교사와 교인들의 간절한 소원은 의료선교사 맥매니스(S. Easton McManis, 맹만수)의 내한으로 성취되었다.[82)] 1924년 가을에 부인과 함께 내한한 맥매니스는 겨울 동안 서울에 머물며 어학공부와 선교지 적응훈련을 받은 후 1925년 2월 원주선교부로 이주하여 '4년 동안 닫혔던' 병원 문을 열었다. 맥매니스는 4개월 후 서울에서 개최된 미감리회 연회에서 진료를 재개한 서미감병원으로 인해 바뀐 원주지방 분위기를 이렇게 보고하였다.

"1925년 2월 23일에 과거 4년간이나 휴업되엿던 본 병원사업을 다시 계속하게 되엿는대 이 지방 신도와 여러 사람들의 환영함은 물론이옵고 이 지방 목사의 말삼도 병원사업을 진행 후로는 복음을 전함에 만흔 도움이 잇다 하옵내다. 우리는 진찰소만 개시한 것이 아니고 병원에 상당한 간호부와 기외(其外) 종업원도 상당이 비원(備員)되엿습내다. 지금은 외래환자와 입원환자의 만흠을 인하여 수용할 처소는 협착하고 환자들은 위중(危重)하야 병원 갓가온 집까지 환자를 수용하게 되엿습내다. 이러한 형편으로 환자를 취급하엿는대 개업한지 15주일간 필사지경(必死地境)에 잇는 환자들을 만히 치료하엿는대 폐렴, 급성 충양골기염, 사지(四肢)의 악성 종양들을 만히 치료하게 되엿습내다. 또는 유행 전염병에 대하여서도 치

---

81) C.D. Morris, "Wonju and Yichun, Districts," *MEC* 1923, 284.
82) *ARBF* 1924, 97; W.A. Noble, "Seoul, Wonju and Yichun District," *MEC* 1924, 55.

료가 만핫습내다. 특별히 이 병원은 넓은 지방에 유일한 병원임으로 지방 주민들의 만흔 환영이 잇는 동시에 우리 병원사업의 장래가 유망하게 되엿습내다."[83]

서미감병원 문을 연 후 맥매니스가 15주간 동안 치료한 환자에 대하여 "총 2,454명 가운데 초진이 847명, 왕진 33회, 대수술 12회, 치료한 환자의 36%가 기독교인이었고, 남자 환자가 57%를 차지하였다"고 보고하였다. 이 진료 통계는 그 혼자 한 것이 아니었다. 맥매니스는 원주 서미감병원에 부임하면서 한국인 의사 안사영(安思永)을 함께 데리고 갔다. 안사영은 공주 영명학교를 거쳐 1917년 서울 세브란스의학교를 졸업한 후 만주로 건너가 독립운동 단체 한족회에 가입하고 신흥무관학교 군의과장으로 근무하다가 체포되어 평양형무소에서 2년 옥고를 치른 민족주의자였다.[84] 안사영은 서미감병원 의사로 부임해서 한국말이 익숙지 않은 맥매니스를 대신해서 병원 사무와 환자 진료를 맡아 했다. 이미 독립운동가로 알려졌던 그는 구제활동과 사회사업도 적극 추진하여 지역사회에 신망이 높았다. 그래서 맥매니스는 안사영을 가리켜 "의사로서, 교사로서, 그리고 전도자로서 뛰어난 실력을 갖추고 있으며 지역사회에서 없어서는 안 될 소중한 위치에 있다"고 칭송하였다.[85] 이처럼 맥매니스와 안사영의 '협력체제'로 재출발한 서미감병원에 대한 노블 감리사의 1925년 연회 보고다.

"맥매니스 부부가 원주에 와서 오래전 앤더슨 박사가 맡아 하던 병원을 맡아 다시 연 것은 우리 지방 사역에 큰 힘이 되었습니다. 안사영 박사는 단순히 병원에 고용된 의사 이상입니다. 그는 지방 교회에서 뛰어난 능력을 발휘하고 있습니다. 의사와 간호사 집도 잘 정비되어 있습니다. 진료 실적은 지금까지의 평균치를 능가하고 있습니다. 잠시 병원 문을 닫아 두었던 것이 오히려 지역사회 주민들에게 병원의 중요성을 일깨워주는 계기가 되었고 병원에 대한 신뢰도를 높여 주었습니다. 병원 문이 다시 열리자 환자들은 '마치 어린아이가 부모를 기다리듯 우리는 선교사 의사가 오기를 그렇게 기다렸다'고 하였습니다."[86]

---

83) "원주 서미감병원 보고," 「미감리회 조선매년회 회록」(1925), 56.
84) 완현종, "일제하 원주 서미감병원의 설립과 지역사회에서의 위치," 『동아시아 역사 속의 선교병원』, 144-145.
85) "Wonju Medical Work," *ARBF* 1925, 131.
86) W.A. Noble, "Seoul, Wonju and Kangneung Districts," *MEC* 1925, 131.

원주에 부임하자마자 지방 교회와 지역사회로부터 전폭적으로 환영을 받은 맥매니스는 자신감을 갖고 서미감병원 사역을 추진해 나갔다. 그러나 서미감병원을 크게 육성하려는 그의 의지를 현실이 뒷받침해주지 못했다. 무엇보다 1920년대 중반 들어서 경제대공황으로 미국교회의 선교비 후원이 줄어든 것이 큰 문제였다. 그래서 맥매니스는 1926년 6월 연회에서 "선교회에서 지원하는 350달러로는 병원을 운영하기 힘들다. 약값과 비품 비용은 별도로 하고 한국인 의사 한 명과 간호사와 조수 몇 명의 3개월 봉급으로도 부족한 실정이다. 한국인 의사와 직원들이 희생정신을 갖고 일하고 있어 견뎌나가고 있다. 그래서 작년 연회에서 선교비 지원을 강력하게 호소한 것이다. 병원이 어려운 것을 알고 지방 내 세 교회에서 무료진료 환자 비용을 대기 시작한 것이 그나마 다행이다"라고 보고하였다.[87] 비록 액수는 크지 않았지만 지방 교회들이 선교부 병원에 후원금을 내기 시작했다. 그것은 지역교회가 선교부 병원 사역에 '동참'하였다는 점, 선교부 병원이 폐지되는 것을 막으려는 지역 교회의 열의가 반영된 것이란 점에서 의미있는 헌금이었다. 그렇게 교인들의 헌금으로 '무료치료'를 받은 환자 가운데 기독교 개종자가 나왔다. 맥매니스의 증언이다.

> "어떤 중년 여인이 남편과 함께 병원에 왔는데 모두 불신자였다. 여인은 수개월 전 산속에 들어가 나무를 하다가 발이 얼었다. 살펴보니 발은 검게 썩어 들어가서 손을 쓸 수 없는 상태였다. 발목까지 썩어 들어가 있었다. 부인은 힘없이 죽음을 받아들이는 상태였다. 며칠 입원시켜서 기력을 회복시킨 후 생명이라도 건져야겠다는 심정으로 수술을 시도했다. 다행히 수술은 성공적으로 끝났고 고통스러워하던 부인은 웃는 얼굴로 소 등에 타고 집으로 갔다. 그리고 몇 주일 지난 후 칼슨 목사가 어떤 마을을 방문했는데 그 환자의 남편이 그를 찾아와 자신을 알아보겠느냐고 했다. 칼슨 목사가 누군지 모르겠다고 하자 그는 '병원에서 수술을 받은 여자의 남편입니다. 나는 교인이 되기로 했습니다. 그래서 성경을 읽으려고 지금 글을 배우고 있습니다'라고 했다고 한다. 이처럼 병원에서 가난한 환자를 무료로 치료함으로 기독교 병원으로서 그 성격을 좀 더 분명히 할 수 있을 것이라 믿는다. 이런 식으로 그들의 관심을 이끌어 '위대한 의사'(the Great Master Physician)이신 주님께 나오게 하는 것, 그것이 우리에게 맡겨진 사역이라 생각한다."[88]

87) S. Easton McManis, "Swedish Memorial Hospital," *MEC* 1926, 247.

앤더슨과 마찬가지로 맥매니스도 병원 진료는 환자와 그 가족의 개종으로 이어져야 한다고 보았다. 선배들처럼 맥매니스도 의료선교사로서 자신의 역할과 목적을 분명히 인식하고 있었다. 그와 함께 병원에서 사역하던 안사영을 비롯한 한국인 간호사와 직원들도 같은 목적에서 헌신적으로 일하였다. 그 결과 선교병원으로서 서미감병원의 사역 방향은 더욱 분명해졌다.

4.2 맥매니스의 귀국과 병원 폐쇄

맥매니스는 1927년 6월 연회 보고에서 "지난 해 우리는 기쁨과 슬픔을 동시에 경험하였다"고 보고했다.[89] 그가 언급한 '슬픔'은 오랜 기간 원주지방 감리사로 사역하였던 모리스가 1월 18일 별세한 때문이었다. 모리스는 1900년 내한해서 영변과 평양·해주를 거쳐 1917년부터 원주선교부에 부임하여 이후 10년 동안 강원도와 충북지역 선교를 관할하였다.[90] 그의 죽음은 원주선교부뿐 아니라 원주지방 교회에도 큰 충격을 안겨주었다. 특히 '3년차' 선교사 맥매니스로서는 서미감병원의 '든든한' 후원자였던 모리스를 잃은 것에 큰 상실감을 느꼈다. 반면에 '기쁨'도 느꼈는데 그것은 병원에 인력이 보충되고 새로운 사역을 시작한 때문이었다. 즉 세브란스의학교를 졸업한 후 일본에서 1년간 의학을 연마하고 돌아온 이은계(李殷桂)가 1927년부터 서미감병원에서 근무하게 되었다.[91] 그러면서 그동안 서미감병원에서 근무하던 안사영은 병원을 떠났다. 원주지역 사회활동에 적극적이었던 안사영은 1927년 10월 민족주의 운동단체인 신간회 원주지회 창설에 참여하여 '11인 간사' 중 1인으로 활약하였다.[92] 그 때문에 경찰 당국의 감시와 추적을 받아 서미감병원을 사직한 것으로 보인다.

맥매니스가 '기쁨'으로 표현한 또 다른 이유는 구성서(具聖書) 목사가 와서

88) S. Easton McManis, "Swedish Memorial Hospital," *MEC* 1926, 248.
89) S. Easton McManis, "Annual Report of Swedish Memorial Hospital of the Methodist *Episcopal Church*(Wonju)," *MEC* 1927, 339.
90) W.A. Noble, "The Late Rev. Charle David Morris," *KMF* Mar. 1927, 45-46.
91) *ARBF* 1927, 159; 『원주제일교회백년사』(기독교대한감리회원주제일교회, 2005), 53.
92) "신간회 원주지회 창립," 「中外日報」1927.11.8.

병원전도사역을 돕게 된 때문이었다. 충북과 강원도 지역에 처음 복음을 전했던 구연영 전도사의 아들인 구성서 목사는 감리교신학교를 졸업한 후 이천과 여주에서 목회하다가 건강이 악화되어 1926년 휴직하였는데 그 때 환자로 서미감병원에 왔다가 치료를 받은 후 병원에 전문 목회자가 필요한 것을 알고 자원해서 병원전도를 시작하였다. 그는 환자였지만 목사로서 환자와 그 가족들에게 복음을 전하고 병원 안에서 예배를 드렸다. 그렇게 구성서 목사는 정식으로 파송된 것은 아니었지만 서미감병원에서 원목 역할을 수행하였다. 치료가 끝난 구성서 목사는 1928년 연회에서 충주교회 담임으로 파송을 받았는데 종종 원주에 와서 병원 전도사역을 도왔다.[93] 맥매니스는 1927년 '공중보건사업'을 새로 시작하였다.

> "공중보건(public health)에 대한 관심이 많아 1주간의 지방사경회 때 매일 강좌를 열었습니다. 그러면서 어머니들에게는 보건진료(health clinic)에 대해 강의했는데 여러 종류의 포스터를 보여주면서 자세히 설명했습니다. 어려서 죽는 아기들이 많아서 아기를 어떻게 먹이고 씻기고 돌봐야 하는지 가르쳐 주었습니다."[94]

서미감병원의 한국인 의사와 간호사들이 지방사경회에 참석한 교인, 특히 부녀자들을 대상으로 공중위생과 아동보건에 대한 강좌를 열었다. 이런 계몽 강좌는 지방교인뿐 아니라 지역사회 주민들에게도 호응이 높아 이후 서미감병원의 연례행사가 되었다. 다음은 맥매니스가 1928년 9월 연회에서 보고한 서미감병원 사역 내용이다.

> "서미감병원 사업을 보고하게 됨을 하나님께 감사합니다. 년래로 조선인에게 도와주는 사업이 확실히 진보하엿습니다. 인생이 생명을 구원하는 병원의 사업이 진보된 것인 고로 병원에서는 더욱 진력하는 중이외다. 또 미국의 보조는 진정으로 감사할 수밧게 없는 것은 불상한 사람들에게 구제하는 사업뿐 아니라 전도사업까지 할 수 잇게 된 것을 감사하옵나이다. 작년 중에는 특별히 악한 유행병 마진(痲疹, 홍역)으로 인하야 고통을 당하는 이들을

93) *ARBF* 1927, 159; 「미감리회 조선매년회 회록」(1928), 7.

94) S. Easton McManis, "Annual Report of Swedish Memorial Hospital of the Methodist *Episcopal Church*(Wonju)," *MEC* 1927, 339-340.

힘써 도와주엇스며 또 그 당시에 남녀 사경회가 잇서서 조선 의사는 영아 양육법과 공중위생을 교수함으로 다대한 유익을 보앗나이다. 그것은 산파들이 의사를 청하는 것이나 영아의 사망률이 감소한 것이올세다. 이것이 우리가 미약하나마 시작한 것인대 압흐로 모든 어머니와 아해들에게 더욱 큰 우익이 잇기를 바라며 이후로 우리 간호원들은 모든 어머니들의게 아해를 양육하는 것이나 목욕 식히는 것을 교수하겟나이다."[95]

맥매니스는 미국교회 후원비로 '무료진료'가 더욱 확대되었다는 것, 전염병이 돌았을 때 의사들이 지역에 나가 진료활동을 펼친 것, 그리고 지방사경회 때 공중위생 강좌를 개설한 것을 주요 사역으로 보고하였다.[96] 그는 다음으로 병원 전도의 결과도 소상하게 소개하였다.

"특별한 일은 원주읍에서 40리 밧게 사는 사람이 범을 잡다가 두부(頭部)와 팔에 중상을 당하야 치료하다가 본 병원을 차저왓슴으로 병원에서는 입원식히고 수술 후 치료하기를 일주간 하는 동안에 우리는 그의 가족들에게 그리스도의 복음을 전하엿습니다. 그는 완치되여 자가(自家)에 도라간 후에 하나님께 감사하고 자가에 기도소를 정하고 신자를 엇어 장차 예배당까지 건축하기를 도모하는 중이외다. 기외(其外)에는 11개 동리에 거주하는 19명의 신신자(新信者)가 병원에서 그의 병을 치료하는 중에서 작정한 것이며 또는 13동리에 27회를 순회하야 허락한 신자들을 심방하고 그들의 가족들까지 신자가 되어 회당까지 건축하도록 힘썻사오며 혹은 허락한 후에 멀니 간 사람도 잇사오니 모든 결과는 곳 알 수 업고 오직 하나님께만 맛기고 기도할 뿐이올세다."[97]

맥매니스는 선교부 병원의 진료활동이 복음전도와 교회 설립으로 연결되는 광경을 목격하면서 의료선교사로서 보람을 느꼈다. 그러나 이것이 맥매니스의 마지막 선교보고가 되었다. 맥매니스 부부는 1929년 6월 안식년 휴가를 얻어 귀국하였다.[98] 그리고 1929년 6월 19-25일 평양에서 열린 미감리회 연회에서 원주지방 감리사 신홍식 목사는 "지난 1년간 맥매니스 박사는 병원 일이 바쁜 중에도 교회 일을 도와주었고 영어 야학에도 나와서 가르쳤다"

---

95) 맹만수, "원주 서미감병원 보고," 「미감리회 조선매년회 회록」(1928), 66-67.
96) S. Easton McManis, "Report of Swedish Memorial Hospital(Wonju)," *MEC* 1928, 63.
97) 맹만수, "원주 서미감병원 보고," 「미감리회 조선매년회 회록」(1928), 67.
98) "Notes and Personals," *KMF* Aug. 1929, 176.

고[99] 치하한 후 맥매니스가 자리를 비운 서미감병원에 대해 다음과 같이 보고하였다.

"이 병원으로 말하면 원주읍에 만흔 조흔 영향이 잇슬 뿐만 아니라 전 지방에 다대한 영향이 잇습니다. 각처에서 치료를 밧으러 온 환자들이 원장과 의사와 기타 제직원의 전도를 듣고 믿은 후 집에 도라가서 자기 동리에 전도하여서 신자가 몃치 생기기도 하고 혹자는 집에 가서 먼 예배당에 주일을 빠지지 안코 직히난 자도 잇스며 또난 원근 각처에 병자들이 만히 곳침을 받음으로 교회에 대하야 호감을 가지고 찬성합니다. 그런대 딱터 맥만니어쓰는 금년에 안식년으로 귀국하게 되엿스니 원주에 대하여서난 큰 유감이라 하겟습니다. 그런 중에 아직까지 상당한 의사를 고빙하지 못하엿스니 또한 일대 염녀올습니다. 속히 의사가 오기를 기도하며 딱터 맥만니어쓰도 속히 단여 오기를 기도합니다."[100]

신홍식 감리사로서는 서미감병원이 또 다시 문을 닫게 된 것을 안타까워했다. 맥매니스 대신 다른 선교사 의사가 파송되지 못한 것은 물론이고 맥매니스와 함께 사역하던 한국인 의사 안사영과 이은계도 병원을 이미 떠난 상태였다. 결국 "병원을 맡길 만한 의사를 구할 수 없어 서미감병원은 문을 닫을 수밖에 없었다."[101] 신홍식 감리사를 비롯한 원주지방 목회자와 교인들은 맥매니스가 휴가를 마치고 1년 만에 돌아와 병원 문을 다시 열기를 기대하였지만 그것도 이루어지지 않았다. 미국으로 돌아간 맥매니스는 건강이 악화되어 선교지로 귀환하지 못했다.[102] 이후 미감리회 해외선교부와 한국선교회는 더 이상 원주에 의료선교사를 파송하지 못했다. 서미감병원 역사도 그것으로 끝났다.[103]

99) Cynn Hong Sik, "Wonju and Kangneung Districts," *MEC* 1929, 140.
100) "원주지방 신홍식 감리사 보고," 「미감리회 조선매년회 회록」(1929), 53.
101) *ARBF* 1929, 144-145.
102) *MEC* 1930, 231; Sherwood Hall, C.A. Sauer ed, "Pioneer Medical Missionary Work in Korea," *Within the Gate*(Seoul: The Korea Methodist News Service, 1934), 102.
103) 이후 서미감병원은 휴관 상태에서 노블 감리사가 관리하다가 1933년 미감리회 한국선교회의 '폐관 결정'에 따라 원주에서 공의(公醫)로 활동하고 있던 박충모(朴忠模)가 인수해서 '삼산의원'(三山醫院)을 설립, 운영하였다. 「기독교조선감리회 동부 중부 서부 연합연회 회록」(1931), 63; 「기독교조산감리회 동부 중부 서부 연합연회회록」(1932), 67; 왕현종, "일제하 원주 서미감병원의 설립과 지역사회에서의 위치," 『동아시아 역사 속의 선교병원』, 154-155.

원주 서미감병원은 1913년 초대 원장 앤더슨이 병원 건물을 지은 후 1929년 2대 원장 맥매니스가 귀국하면서 문을 닫기까지 16년이란 '짧은' 기간 존속하였다. 이처럼 서미감병원이 오래 지속되지 못한 이유는 ① 선교사 1인의 '개인병원' 형태로 운영되었기 때문에 원장 선교사의 거취에 절대적인 영향을 받을 수밖에 없었고, ② 병원 설립과 운영을 전적으로 선교회와 본국(미국) 교회의 재정후원에 의존한 결과 병원 자체의 '자생력'을 갖지 못하였고, ③ 1920년대 이후 미국교회 선교비가 축소되는 상황에서 선교부가 돈이 많이 드는 의료선교보다는 적은 투자로 큰 효과를 얻을 수 있는 복음전도와 교회육성에 집중한 때문이었다. 결국 서미감병원은 선교사의 도래로 시작했다가 선교사의 철수로 끝났다. 선교사들이 병원 설립과 운영의 책임을 지는 '선교부병원'(mission station hospital)으로서 피할 수 없는 한계였다.

그러나 서미감병원은 비록 짧은 기간이었지만 '선교병원'(mission hospital)으로서 뚜렷한 업적과 역사적 유산을 남겼다. 서미감병원은 처음부터 '육적인'(physical) 치료를 통한 '영적인'(spiritual) 구원을 목적으로 설립된 의료선교(medical mission) 기관이었다. 질병치료와 복음전도는 동전의 양면처럼 선교병원이 추구하는 양대 가치였다. 환자나 그 가족이 병원에서 치료받는 과정에서 기독교 복음을 접하고 기독교인이 되도록 이끌었다. 이 부분에서 서미감병원은 뚜렷한 업적을 남겼다. 환자나 그 가족의 개종이 교회 설립으로 이어지는 경우가 많았다. 기독교 병원을 통해 근대적 의료와 보건에 대한 지식과 상식이 지역사회에 전파되었고 빈곤층을 대상으로 한 '무료진료'는 선교사나 기독교에 대한 지역사회의 부정적 인식을 불식시켰다. 그 결과 선교병원은 지역교회의 복음전도와 목회에 큰 도움이 되었다. 그렇게 서미감병원은 원주지역 교회와 자매관계를 맺고 선교병원으로서 자기 역할을 감당하였다.

이처럼 원주 서미감병원은 그 존속기간이 짧았지만 선교병원으로서 역사적·신학적 유산과 가치를 뚜렷하게 남겼다. 그렇게 원주지역사회에 뿌려진 서미감병원의 선교적 유산은 소멸되지 않았다. 그 전통은 해방 후(1959) 미국연합감리회와 캐나다연합교회 선교부가 연합기관으로 설립한 원주연합기독병원으로 부활되었고 그렇게 되살아난 선교병원의 역사 전통은 원주기독병원을 거쳐 오늘의 원주세브란스기독병원으로 계승·발전되었다.[104] 오늘 원주

세브란스기독병원의 구성원으로 '병원전도'와 '의료선교' 사역에 임하는 후배들이 1백여 년 전 원주 땅에서 이루어진 서미감병원의 선교사역과 그 전통을 잊지 말아야 하는 이유가 여기에 있다. 그런 맥락에서 원주 서미감병원 원장으로 사역했던 앤더슨과 맥매니스가 품었던 '의료선교사'(medical missionary)로서 신앙과 이상은 오늘에도 유효한 가치로 남아 있다. 그 신앙적 의지와 가치는 서미감병원 2대 원장 맥매니스가 1928년 연회에서 '마지막' 사역 보고를 하면서 읊었던 시에 오롯이 담겨 있다.[105)]

God, patient of beginning,
Help us this day to see
Time has no real beginning, nor real end-
Just continuity.
Teach us that years in passing.
Heal, pardon, make us wise.
Teach us that days, in coming bring with them
Fulfillment and surprise.
God, patient of beginning,
Help us this day to see
In earthy bulbs, spring flowers; in man, the Christ;
In years, eternity!

---

104) 『서미감병원과 A.G. Anderson의 의료선교 발자취』, 6-7.
105) S. Easton McManis, "Report of Swedish Memorial Hospital(Wonju)," *MEC* 1928, 63-64.

충주읍교회 설립과 선교

복음은 길 따라 전파된다. 복음을 전하는 전도자들의 발길이 어디로 향하고, 어느 곳에 머무느냐에 따라 복음 전파의 방향과 지역이 결정된다. 충주에 복음이 전파된 경로도 서울에서 충주에 이르는 길을 따라 이루어졌을 것은 당연하다. 예로부터 서울에서 충주에 이르는 길은 크게 둘로 나누어 서울 용산이나 광나루에서 한강을 건너 경기도 광주와 이천 · 장호원을 지나 안성이나 노은 · 주덕을 거쳐 충주에 이르는 육로가 있고 남한강을 따라 구리와 하남 · 양평 · 이포 · 여주를 지나 목계나루나 목행나루를 통해 충주에 이르는 뱃길이 있다. 육로든 뱃길이든, 충주 사람이 서울에 올라가 복음을 접하고 내려와 고향 사람들에게 전도하여 집회를 시작했거나 아니면 서울이나 경기도에서 건너온 전도자들로부터 복음을 전해 듣고 믿기로 한 충주 사람들이 집회를 시작하는 방법으로 충주에서 교회가 시작되었을 터인데 아직은 그 과정과 내용이 분명하게 드러난 것이 없다. 그래서 아직까지는 정확하게 어느 시점에, 누구에 의해 충주에 복음이 전파되었고 충주에서는 누가 처음 복음을 받아들여 어느 곳에서 집회를 시작했는지 알 수 없다. 지금으로서는 충주 특유의 '은근 슬쩍,' '무위이화'(無爲而化), 언제 시작되었는지 모르게 되어버린, 복음 전파와 교회 설립의 역사였다고 할 수밖에 없다.

1. 선교 초기 복음전도와 교회 설립

1.1 충주 '외서촌' 종교집회와 장로교 선교

그런 식으로 충주지역에 복음이 1900년 이전에 이미 전파되어 '자생적인'(?) 종교집회가 이루어졌다는 사실을 밝혀주는 흥미로운 자료가 있다. 장로교 기관지 「그리스도신문」 1902년 4월 24일자에 실린 "임의 지난 일이라"는 제목의 기사가 그것이다.

> "을미 병신 년간에 충청도 충주 외서촌 근방에 처음으로 주의 말슴이 이르매 이 백성들이 참으로 하나님 뜻을 알고저 하는 거시 아니라 교회를 빙자하야 가지고 취군작당하야 수백명을 모흐고 법 업는 일을 만히 행할 때에 그 중에 박운이라 하는 자가 잇서 괴수가 되어 서울 와서 여간 문답책과 찬양가 얼마를 사서 가지고 나려가서 자칭 교장이라 하며 찬양가 한 권 갑슨 열 량이오 문답책 한 권 갑슨 여덟 량식 정가하야 팔고 소나모 껍질로 인을 만들대 길이는 두 뼘이오 넓이는 한 뼘이 실하게 만드러 두고 이거슨 양국 대인이 준 인이라 하고 집사 차첩을 쓰되 그 글에 왈 모년 모월 모일이라 양국 대인의 봉명한 박 교장은 모 성명으로 택정집사하니 약유불선거행자면 불고사정하고 압송교장하되 약유사사방송이다가 현발입렴즉 불면중형이니 착렴거행사라 하고 우차정사는 양국대인 봉명이라 하고 교장의 박이라 쓰고 일홈 아래 주토로 인을 치고 집사 된 사람이 주안을 가초고 중경집사를 청하야 갓치 취토록 먹은 후에 파하고 령을 나리되 공일은 각기 이곳으로 모히되 각명 하에 엽 닷돈식 가지고 그 외에 부족되는 돈은 집사 판돈으로 쓰게 하고 오시 전으로 모일 거시오 만약 동리마다 올치 아니한 자가 잇거든 자세히 탐지하엿다가 공일날 공포하라 하며 이갓치 행하더라."[1]

이 기사는 충주에 처음 기독교 복음이 들어간 시점을 '을미병신연간'(乙未丙申年間)이라 밝혔다. 즉 1895-96년으로서 이 시기 명성황후시해사건과 단발령으로 전국에서 의병운동이 일어나 치안상황이 극도로 불안했던 때였다. 명성황후의 고향인 여주와 그 인근 이천과 광주 · 음성 · 충주에서도 의병운동이 일어나 그 혼란과 피해가 심각했다. 이런 상황에서 '충주 외서촌'(忠州外西村)에 살던 박운이라 하는 자가 "자신은 '양국대인'(洋國大人), 즉 서양 선교사의

1) "임의 지난 일이라," 「그리스도신문」1902.4.24.

'봉명'(奉命)을 받아 내려온 자라" 칭하고 서울에서 사온 기독교 교리서적과 찬송가를 팔면서 교도를 포섭한 결과 5년 사이에 수백 명이 모여들었다. 박운은 스스로 '교장'(敎長)이란 칭호를 쓰고 임의로 '집사'(執事)를 세웠는데 집사는 교장에게 '주안상'(酒案床)을 바쳤고 '취하도록' 술을 마신 교장은 집회를 파하면서 회중에게 "'공일'(空日), 즉 주일 오시(午時, 12시)에 집회를 열 터이니 그 때 잘못된 일이면 어떤 것이든 바로잡을 테니 와서 고하라" 선포하였다.

이 같은 '비정상적인' 집회가 이루어진 '충주 외서촌'이 정확하게 어디인지 알 수는 없지만 충주 서부 외곽 가금이나 대소 · 주덕 부근으로 추정된다. 그곳에서 기독교(교회)와 선교사 이름을 내세워 '취군작당'(聚群作黨)한 박운은 구한말 서양 선교사의 위세를 등에 업고 자신의 권력과 이익을 추구하였던 '잘못된 교인'의 전형적인 모습이었다. 이를 '양대인자세'(洋大人藉勢)라고도 하였는데 그 폐해가 컸다. 지방의 일반 행정기관에서 해야 할 정치 · 사법적 사안까지 기독교인이 나서서 해결해 주겠다며 물질을 요구하였고 그 때문에 교회가 지역사회에 폐를 끼치는 사건이 종종 일어났는데 이를 '교폐사건'(敎弊事件)이라고 하였다.[2] 충주에서 그런 일이 벌어진 것이다. 그 소문은 오래지 않아 서울 교회까지 알려졌고 이에 선교사들은 상황을 알아보도록 한국인 전도자를 충주에 파견하였다.

> "이때에 서울 교회에서 이런 말을 듣고 즉시 탐지하러 사람을 내려 보내니 그곳 사람들이 두려워 하야 바로 말하지 아니하는 고로 자세히 알 수 업서 공일에 모힌다 하는 곳을 차저 가서 탐지온 종적을 감초고 가만히 구경하더니 그날 사시부터 오시 초까지 모히니 수백 명이라 좌차를 정하여 안즌 후에 주안을 가초아 드릴 새 집사가 두 손으로 잔을 들어 교장에게 드리고 기여는 차례로 여러 순배에 니르러 반감이 되매 주상을 물니치고 박운이가 나 안지며 왈 오늘은 특별이 조흔 날이니 각기 양시조 한 곡조를 부르자 하니 양식 묘책 가진 자가 각각 나와 무릎장단의 내 죄를 씻는 거슨 예수의 피밧게 업네 이갓치 한바탕 떠든 후에 미시 조금하야 다시 박운이가 말을 내되 렬위제형은 즐거이 놀앗시니 이 엿새 동안 유무사를 말하라 하니"[3]

2) 한국기독교역사학회, 『한국기독교의 역사 I』(개정판)(기독교문사, 2011), 189-191.
3) "임의 지난 일이라," 「그리스도신문」1902.4.24.

서울에서 내려간 전도인은 신분을 감추고 '공일 집회'에 참석했다. 교회를 빙자하여 모인 집회에 '수백 명'이 운집하였는데, 첫 순서는 집사를 비롯하여 교인 대표들이 교장(박운)에게 '술 한 잔씩 올리는' 주안(酒案) 의식이었다. 그렇게 '바치는' 술을 받아 마신 박운은 주안상을 물린 후 "오늘은 좋은 날이니 양시조(洋時調) 한 곡조 부르자" 하자 '양식 묘책'(洋式廟冊) 즉 찬송가를 지닌 자가 나와서 "예수의 피 밖에 없네" 노래를 불렀다. 이렇게 '한바탕 떠들고' 나서 '미시'(未時, 오후 2시)에 교장은 "지난 엿새 동안 있었던 일을 고하라" 하였더니 한 소년이 나와서 자신의 억울한 사정을 고하였다.

> "한 소년 작자가 출반주 왈 저는 아모 동내에 시옵는대 형제 동거하옵다가 형수가 죽으매 제가 형을 위하여 여러 곳에 구혼하더니 드른 즉 석고개라 하는 곳에 과부가 잇다 하기로 친한 사람을 내세우고 엽 이백량을 주고 다려온 지 삼년이라 지금 와서 아모 동네 사는 홍억복이라 하는 자가 와서 말 하기를 네 형수된 사람의 전 남편이 내게 이백량 채용을 갑지 못하고 죽으매 네 형수 된 이가 삼년 전에 말하기를 내가 시집을 가면 돈을 밧어서 죽은 남편의 돈을 물겟노라 하여 오다가 홀연이 간 곳을 몰낫더니 드른 즉 네 형수가 되엿다 하니 그 돈을 물라 하며 소를 끄러가겟노라 하기로 위력에 못이기여 후일에 갑겟노라 하엿더니 또 드른 즉 홍억복이가 전에 그 여인과 사통함이 잇고 다시 보고저 하는 마음이 잇서 찾는다 하오니 잔약한 백성이 이갓흔 수모를 밧고 엇지 살 수가 잇스리오 다만 교장의 처분만 바라나이다"4)

소년이 호소한 것은 재혼해서 들어온 형수와 형수의 전 남편과 사이에 벌어진 '돈 문제,' 즉 지금 식으로 말하면 '민사소송' 사건이었다. 이런 사안은 지방관리(忠州牧使)가 판단할 것인데 권위가 떨어진 지방관리를 신뢰할 수 없었던 소년이 사안을 '교회 대표'(교장)에게 가져와 해결해 달라고 호소한 것이다. 그 말을 들은 박운은 즉시 조처를 취하였다.

> "박운이가 이 말을 듣고 대노하야 즉시 건장한 소년자 사인을 택출하되 두시가 넘지 말고 급히 잡아오라 하매 소년들이 가더니 과연 두시쯤 되어 잡아왔는지라. 두너 말로 시비를 문답한 후에 불문곡직하고 결박하야 두 무릎을 기와장에 꿀리고 가죽 채직으로 치며 왈 돈

4) "임의 지난 일이라."

먹기를 조화하는 놈아 네가 이 죄를 면하려면 돈을 얼마나 밧치겟느냐 하며 무수히 힐난할 적에 내가 보다가 어이업서 뭇지도 말고 오고저 하다가 다시 생각하고 다만 저희게 닐을 거슨 교회를 빙자하지 말라 하리라 하고 즉시 드러가 고성대매왈 이거시 어대서 난 법이며 어느 전교가 잇나뇨 여러 사람이 황황분주하야 남원고을이 되엿는지라"[5)]

교장이 보낸 청년들에 의해 체포되어 끌려온 피의자(?)는 기왓장 위에 무릎을 꿇리고 채찍을 맞으며 심문을 당했다. 지방 관아(官衙)에서 벌어질 광경이 '교회를 빙자한' 모임에서 나타난 것이다. 서울에서 내려간 전도인은 여기까지 지켜보다가 결국 참다못하여 회장을 나오려다 마음을 바꾸어 개입하였다. '서울에서 내려온' 전도자가 '고성대매'(高聲大罵), 큰 소리로 꾸짖어 "교회를 빙자하지 말라" 하는 말에 집회 장소는 「춘향전」 마지막 대목에 나오는 남원고을의 '어사출도' 장면이 되었다. 전도인은 포승에 묶인 피의자를 풀어 주며 거기 모인 사람들에게 훈계하였다.

"내 손으로 결박된 사람을 풀고 다시 말하여 왈 나는 서울서 이런 일을 알아보랴고 온 바이라. 너희가 자의로 패당을 모화 이갓흔 행실을 할진대 나의 상관이 업거니와 드른 즉 교회를 빙자하야 가지고 이 갓흔 일을 행한다 하니 내가 이 길로 충주로 드러가 사실을 보하야 이런 소습을 증계하고 서울로 올라가리라 하니 저희들이 감히 입을 열어 대답할 자 업더라. 이 거슬 볼진대 세상리치가 불의함이 의를 당치 못하는 분간을 가히 알리로다. 이러한 판국에 뉘가 감히 드러가 시비를 판단할 자 잇스리오."[6)]

전도인으로서는 '교회를 빙자하여' 잘못된 집회와 언사를 보인 박운에 대해서도 분노하였지만 지방 주민들이 소송사건을 지방 관아에 가져가기보다 서양 선교사가 뒷배경이 되어 봐줄 것으로 생각하고 교회에 가져오는 현실에 더욱 분노하였다. 일부 기독교인들의 '양대인 자세'에도 문제가 있었지만 권위와 영향력이 땅에 떨어진 정부와 지방관리의 지도력 부재가 더욱 심각한 문제였다.

---

5) "임의 지난 일이라."
6) "임의 지난 일이라."

"이때에 박운이가 나즌 소리로 나의 손을 잇글며 왈 그대는 과노치 마시고 잠간 말슴을 드르소서 하기로 내가 신을 벗지 안코 방에 인지니 박운이가 왈 우리는 참으로 교회 뜻을 아지 못하오니 금번에 자세히 가르쳐 주옵시고 지난 죄를 용서하소서 하기로 방중을 살펴보니 취한 자도 만코 그곳에서 전도할 수도 업느니라. 다만 닐으기를 다시 교회 일홈을 팔지 말나 대강 십자가를 전한 후에 올라왓더니 그 후 수월이 못되어 큰 변을 당하니 필경은 두 사람이 충주로 잡혀가서 죽고 그 남아는 사산분주하니라"[7]

결국 그날 전도인은 교장과 회중들에게 "교회 이름을 다시는 팔지 말라" 훈계하고 '십자가의 도'를 간단히 전하는 것으로 일정을 마치고 돌아왔다. 전도인이 서울로 돌아온 몇 달 후 박운과 집사는 체포되어 충주관아로 압송되어 사형을 당했고 '충주 외서촌'에 모였던 '수백 명' 회중은 '사산분주'(四散奔走), 뿔뿔이 흩어졌다. 충주를 다녀온 전도인의 여행 보고는 다음과 같이 끝난다.

"이러하던 곳에 엇지 하나님을 알고 믿는 사람이 잇슬 줄을 알엇스리오. 기포 목사와 민 목사가 이러한 곳이라도 열심히 전도하시매 시방 새로 하나님을 아는 사람이 잇서 전에 행실을 뉘웃쳐 곳치고 참으로 하나님 압헤 례배하는 사람이 몃몃 사람 된다러다"[8]

전도인의 귀환 보고를 통해 충주 '외서촌 집회소동'을 파악한 서울의 선교사들은 충주에 '바른 복음'을 전할 필요가 있다고 판단하여 이후 직접 혹은 한국인 전도자를 보내 충주에 복음을 전하게 하였다. 그 결과 전에 잘못되었던 것을 '반성하고' 제대로 신앙생활을 하게 된 교인들이 '몇몇 사람' 나오게 되었다. 이처럼 충주에 '바른 복음'을 전하였던 선교사 '기포 목사'는 기포드(D.L. Gifford 기보), '민 목사'는 밀러(F.S. Miller, 민노아) 선교사를 각각 의미한다. 이 외에 같은 북장로회 소속인 언더우드(H.G. Underwood)와 무어(S.F. Moore, 모삼열) · 웰본(A.G. Welbon, 우월본) · 램프(H.W. Lampe, 남행리) · 카긴(E. Kagin, 계군), 그리고 남장로회 선교부 소속 레이놀즈(W.D. Reynolds, 이눌서) 등도 서울에 머물면서 경기도 동남부와 충청북도 · 강원도 지역 선교를

7) "임의 지난 일이라."
8) "임의 지난 일이라."

추진하였는데 그 과정에서 충주에도 들러 복음을 전하였을 가능성이 크다. 그리고 이들 선교사들의 파송을 받아 현장에서 사역한 한국인 전도자들로는 김흥경(金興京)과 김정현(金正賢) 등의 이름이 확인된다.[9]

이들 장로교 선교사와 전도인들은 주로 뱃길을 이용하여 충주에 들어왔다. 그렇다보니 남한강의 가항종점(可航終點)인 목계가 이들 선교사와 전도인들의 방문 거점이 되었고 거기서 원주와 충주·제천 등지로 복음이 퍼져 나갔다. 그 결과 목계장터에서 선교사와 전도인들을 만나 복음을 받아들인 주민들이 집회를 시작하였으니 1903-04년 어간에 엄정면 유봉리와 목계·배대 등지에 교회가 설립된 것이다.[10] 이렇게 목계를 중심으로 퍼져나간 장로교회들은 1909년 북장로회 선교부와 미감리회 선교부 사이에 체결된 '선교지역 분할협정'에 따라 감리교회로 옮겨지게 되었다. 그리하여 엄정과 소태·산척·동량 등지의 장로교회들은 감리교회로 옮긴 후 충주구역에 속했다가 1910년대 교회가 급속히 늘어남에 따라 1921년 목계구역을 조직할 수 있었다. 그러다가 1920년대 중반 이후 목계구역 교회 안에서 "감리교를 떠나 독립교회를 세우자"는 움직임이 일어났고 결국 1927년 목계구역 7개 교회, 3백여 교인은 '독립교회'를 선언하고 감리교회를 탈퇴하였다. 이 때 '떨어져 나간' 목계구역 교회들은 황해도의 김장호(金庄鎬) 목사가 설립한 '조선기독교회'에 가입하였고 1980년대까지 그 전통을 지키다가 최근 대한예수교장로회(개혁총회) 교단에 가입하였다. '장로교'로 시작했던 교회가 '장로교 전통'으로 돌아간 셈이다. 이 사건에 대해서는 후에 자세히 살펴볼 것이다.

1.2 감리교 지방선교와 충주교회 설립

다음으로 충주지역의 감리교 선교를 살펴보기로 한다. 감리교 선교도 역시 서울에서 비롯되어 충주로 이어졌다. 1885년 미감리회 선교사 아펜젤러(H.G.

9) "General Report of Seoul Station, 1898-1899," *General Reports of Stations of Korea of the Presbyterian Mission,* 1899, 13-19; H.A. Rhodes, *History of the Korea Mission of the Presbyterian Church in the USA 1844-1934*(Seoul: Chosen Mission of the Presbyteriuan Church, USA, 1934), 302-311.

10) 한국학중앙연구원, 『향토문화전자대전』(http://chungju.grandculture.net/Contents/Index).

Appenzeller)와 스크랜턴(W.B. Scranton) 가족의 내한으로 한국 감리교회 선교는 시작되었다. 이들 미감리회 선교사 가족들은 처음 서울 정동에 정착하여 배재학당과 이화학당 · 시병원 등을 설립하고 교육 및 의료 사업을 통해 간접 선교를 시작하였다. 그리고 이곳 학교와 병원을 통해 개종자들이 나오게 되자 1887년 10월 서울 남대문 안에 한국인 집회를 위해 '베델예배당'을 설립함으로 본격적인 복음전도사역을 시작하게 되었다. 이처럼 서울에서 어느 정도 안정적인 선교기반을 구축한 미감리회 선교부는 지방으로 선교지역을 확장했는데 1889년 인천, 1893년 수원과 공주 · 원산과 평양 등지에 선교사와 토착인 전도자들을 파송하여 본격적인 지방선교가 이루어졌다.

이런 배경에서 충청도지역 선교는 수원과 공주를 거점으로 해서 진행되었다. 처음엔 스크랜턴이 서울에 거주하면서 1년에 한두 차례 경기도 남부와 충청도 지역을 순회하며 전도하다가 1898년 4월 새로 스웨어러(W.C. Swearer, 서원보) 선교사가 내한함으로 스크랜턴은 자신이 담당했던 수원 · 공주 구역을 그에게 맡겼다. 이로써 경기도와 충청도 지역 선교를 담당하게 된 스웨어러는 토착인 전도자들을 보내, 혹은 함께 다니며 전도하였는데, 경기도에서는 수원과 시흥 · 과천 · 광주 · 이천 · 여주, 충청남도에서는 공주와 홍주 · 목천, 충청북도에서는 청주와 진천 · 충주 등지를 순행하였다. 스웨어러의 선교보고 중에 충청북도 및 충주 전도에 대한 사항은 1902년 5월 미감리회 한국선교회(Korea Mission) 제18차 매년회에 제출한 선교보고서에 처음 나온다.

> "우리는 이미 목천(Mok Chun)과 진천(Chin Chun) 지역뿐 아니라 청주(Cheng Chu)와 충주(Chung Chu) 지역에서도 사역을 시작했다. 지난 해 이 네 곳에서 놀랄 만한 사역이 이루어졌다. 덕들(Teuk-teul)교회 교인 박해숙은 이 근방에서 최초로 개종한 교인 중 한 명인데 그가 이들 네 지역에 내려가 다니며 전도하였다. 그 결과 그 지역 사람들이 우상을 버리고 신앙집회를 갖기 시작했다. 불과 네 달 사이에 12개 마을에서 교회가 조직되었는데 새로 믿게 된 이가 470명에 달한다. 나는 건물 네 개가 예배처소로 사용되고 있다는 소식을 들었다. 이 가운데 한 곳에서는 믿는 가정이 65가정이나 되며 다른 곳은 40가정이나 된다고 한다. 지난 1월 정초 이후 나는 이들 사역지를 두 번이나 방문하였다. 이들 지역의 정치 상황은 불안정한데 그래서 세심한 목회적 관심을 기울여야 할 것이다"[11]

스웨어러는 이 선교보고를 통해 ① 1901년 충청북도 청주와 충주 · 목천 · 진천 등 네 지역에서 전도사역이 시작되었고 그 결과 12개 마을에 교회가 설립되어 모두 470명 교인이 신앙생활을 하고 있으며, ② 이들 4개 지역 전도와 교회개척 사역은 전적으로 경기도 이천 덕들교회 교인 박해숙의 전도 결과였고, ③ 스웨어러는 1902년 1월 이후 두 차례에 걸쳐 이들 4개 지역 교회들을 둘러보면서 정치적으로 불안한 이 지역 교인들에 대한 목회적 관심(목회자 파송)을 기울여야 한다고 지적하였다. 결국 이 보고서를 통해 1901년 충주에 복음이 전파되었고 교인들이 생겨나 집회(교회)가 시작되었음을 확인하게 된다. 물론 그 이전에 다른 선교사나 전도자들이 충주를 방문해서 복음을 전하거나, 충주 출신으로 외지에서 복음을 접하고 돌아와 신앙생활을 했을 가능성이 전혀 없는 것은 아니다. 그러나 1901년 이전 선교나 신앙공동체 설립에 관한 자료는 확인되지 않고 있지만 스웨어러의 1902년 선교보고에서 확인되는 충주 전도와 교회 설립은 이후 선교보고서나 연회 기사를 통해 지속적으로 발전하여 충주교회(오늘의 충주제일교회) 역사로 연결되었음을 알 수 있다. 여기서 충주교회 설립 연도를 1901년으로 확정할 수 있는 근거를 얻는다.

그리고 충주선교와 복음전도는 토착전도인이 먼저 실시하고 외국인 선교사는 뒤에 들어와 그 결과를 확인하는 과정으로 진행되었다. 그런 면에서 충주에 복음을 전하고 교회가 설립되기까지 주도적인 역할을 한 '덕들교회 교인 박해숙'을 주목할 필요가 있다. 안타깝게도 박해숙에 대한 정보는 그리 많지 않다. 「신학월보」 및 「그리스도회보」 등에 실린 단편적인 기사 내용을 종합해 보면 경기도 이천군 마장면 덕평리(덕들) 출신인 박해숙(朴海肅)은 1896년 무렵 복음을 접하고 1898년 온 가족이 세례를 받았고 이후 덕들교회 속장과 권사를 거쳐 1910년대 초반에는 서울 창의문밖(세검정)교회와 미아리교회 전도사로 사역하였다.[12] 1898년 박해숙과 그 가족이 세례를 받으면서 시작된

---

11) W.C. Swearer, "Suwon, Ichon and Kongcu Circuits," *Official Minutes and Reports of the Annual Meeting of the Korea Mission of the Methodist Episcopal Church*(이하 *KMEC*), 1902, 54.

12) "문경호, 수원등지에서 전도함," 「신학월보」1901.1; "이천 덕들교회 형편," 「신학월보」1901.3; "대한남방 제일차 지방회," 「신학월보」1902.6; "려주교회의 진흥," 「그리스도회보」1912.5.30; "성탄 후문," 「그리스도회보」1913.2.15; "이적을 보고 믿음," 「그리스도회보」1913.7.14.

덕들교회(덕평교회)는 이천지방 최초 교회로서 여기서부터 이천과 광주 · 여주 지역으로 복음이 확산되고 교회가 설립되었는데 이천의 군들(군량)과 오천 · 작촌 · 개나리 · 죽골(죽당) · 가막골, 광주의 노루목(노곡)과 궁들(궁평) · 분원 · 오양동, 여주의 맹골(삼군)과 범숯(처리) · 삼교리 · 당모루(당우리) 등지에 교회가 속속 설립되었다.[13] 그 결과 스웨어러는 1902년 선교보고를 통해 (경기도 광주와 여주 · 이천 지역을 관리하는) 이천구역에 "24개 교회에 어른 교인만 1, 092명이 등록되었음을" 보고할 수 있었다.[14]

이처럼 덕들교회 설립 이후 경기도 남부지역에 급속하게 복음이 전파되고 교회들이 설립된 배경에는 박해숙을 비롯한 토착교인들의 전도활동이 있었다. 그 중에도 1899년 3월 덕들교회에서 세례를 받고 광주와 이천 · 여주지역에서 전도활동을 시작한 구연영(具然英, 일명 具春景)과 한창섭(韓昌燮) · 장춘명(張春明) 등의 역할이 큰 몫을 차지했다. 이들 세 명은 '을미의병운동' 동지들이기도 했다. 즉 1895년 일어난 명성황후시해사건(을미사변)과 단발령을 계기로 외세(일본)의 침략에 항거하는 '을미의병'이 전국적으로 일어났을 때 이천에서도 김하락을 중심으로 한 의병운동이 일어났고 이 때 서울에서 벼슬하다가 낙향한 구연영도 의병에 가담, 중군장(中軍將)이 되어 남한산성과 넓고개[廣峴] 전투에 참가하였다. 그러나 경상도까지 내려가 전개했던 의병운동이 3개월 만에 실패로 끝난 후 구연영은 "나라를 구하는 길은 기독교에 있다"고 깨닫고 서울로 스크랜턴을 찾아가 개종 의사를 밝힌 후 3년 준비 끝에 1899년 덕들교회에서 스크랜턴에게 세례를 받았다. 이 때 그와 함께 이천 의병운동에 가담했던 한창섭과 장춘명도 같이 세례를 받았다.[15] 이들 세 명의 '의병장 출신' 전도자들이 전하는 '복음적이면서도 민족주의적인'(evangelical and nationalistic) 메시지는 경기도와 충청도 지역사회에 깊은 영향을 끼쳤고 그 결과는 스웨어러의 보고에 나오듯 불과 3년 만에 2천 명의 교인과 30개가 넘는 교회 설립으로 나타났다. 그 안에 충주교회가 포함되었음은 물론이고 충

13) 김동옥, 『이천지방 감리교회사』(이천지방사 출판위원회, 1994), 118.
14) W.C. Swearer, "Suwon, Ichon and Kongcu Circuits," *KMEC* 1902, 53.
15) 김동옥, 『이천지방 감리교회사』, 95-105; 이덕주, "의병장 구연영," 「감리교와 역사」2호(한국감리교회사학회, 1987.1), 18-23.

주교회 설립과 그 이후 역사에서 이들 네 명의 전도자, 박해숙과 구연영 · 장춘명 · 한창섭 등은 직간접으로 깊은 관련을 맺고 있다.

1.3 구한말 충주구역 목회자 변동

1902년 매년회에서 스웨어러는 충주를 비롯하여 충북지역 전도와 교회 설립 상황을 보고하면서 '목회적 관심'을 기울여 줄 것을 요구하였다. 이는 충청도 지역에 정착해서 전도할 목회자를 파견해야 한다는 의미였다. 그러나 선교사는 물론이고 토착인 전도자도 턱없이 부족하여 그가 기대했던 대로 충북지역에 정착 목회자를 파견하는 일이 쉽지 않았다. 그래서 1902년 5월 연회에서는 계속 수원 · 공주구역 담임자로 스웨어러를 파송하고 시흥과 이천, 두 곳에만 김동현과 문경호를 주재 전도사로 파송하였고 나머지 충북과 공주는 '미파' 상태로 남겨 두었다.[16] 그렇게 1년을 보낸 후, 1903년 5월 평양에서 개최된 미감리회 한국선교회 제19차 매년회에서 스웨어러는 남한지방(South Korea District) 장로사(현 감리사)로서 충북지역 선교에 대해 다음과 같은 보고서를 제출하였다.

> "충북지방은 지치지 않는 구도열로 가득 차 있다. 열두 개가 넘는 곳에서 사역이 시작되었음에도 다른 더 시급한 일 때문에 이들 지역을 충분히 돌아보지 못해서 많은 손실을 입어야 했다. 비록 손실을 입기는 했어도 이곳 사역은 여전히 주목할 만하며 전망도 밝다. 세 곳에 예배당이 있는데 모두 한국인들의 손으로 마련한 것으로 그 중 하나는 대단히 자랑스러워할 만 하다. 다른 어느 곳보다 이들 지역에서 목회자 파송과 관리를 요청하고 있는데 아주 시급한 사정이다. 그 중에 한 곳 청주(Cheng Chu)에 조력자(helper) 한 사람을 파견해서 매일학교를 관리하도록 했다. 그의 전도로 교인이 2백 명으로 늘어났고 그 중 상당수가 세례를 받았다."[17]

스웨어러가 말한 '손실'은 정착해서 돌볼 목회자가 없어 '떨어져 나간 교인'을 의미했다. 그럼에도 충북지역 12개 마을에서 집회가 이루어지고 있으

---

16) "Appointments, Korea Mission," *KMEC* 1902, 18.
17) W.C. Swearer, "South Korea District," *KMEC* 1903, 47.

며 그 중 세 곳에는 토착교인들의 힘으로 마련한 예배당까지 있음을 보고하면서 우선적으로 청주에 보조 전도자를 파송해서 매일학교 외에 2백여 명 교인을 관리하고 있음을 밝혔다. 스웨어러가 이런 보고서를 제출한 1903년 매년회에서도 충북지역에 전담 목회자가 파송되지 않았다. 다만 경기도의 수원구역에 노블(W.A. Noble)과 김상배, 시흥구역에 박학신, 이천구역에 고시영이 파송되었고 충남 공주구역에 맥길(W.B. McGill)이 각각 파송되었고 충북(North Chung-Cheng)구역과 청주(Cheng-Chu)구역은 여전히 '미파구역'으로 남게 되었다.[18] 충주교회와 충북지방 교인들은 여전히 '목자 없는 양'처럼 가끔씩 방문하는 선교사나 토착전도인들의 지도를 받으며 신앙을 지켜나갔다.

다시 1년이 지난 후 1904년 서울에서 개최된 미감리회 한국선교회 제20차 매년회에 제출한 남한지방 장로사 스웨어러의 선교보고에도 큰 변화는 없었다. 그는 정착 전도인(목회자)가 있는 수원구역과 이천구역 · 여주구역 · 진천구역 · 공주구역 · 청주구역의 발전 상황을 자세히 보고하면서 충주가 속한 충북구역에 대해서는 아무런 언급도 하지 않았다. 다음은 스웨어러가 매년회에 제출한 남한지방 각 구역 교세 통계이다.[19]

구역	세례입교인	학습인	원입인	총계
수원	95	190	140	425
이천	120	629	185	934
여주	12	118	1,004	1,134
진천		39	358	397
청주	19	235	400	654
총계	246	1,201	2,087	3,544

이 통계에서 충주교회 교인들은 '여주구역' 통계 속에 포함된 것으로 보인다. 이런 통계 보고를 받은 1904년 매년회에서 비로소 충북지역에 정착 전도자를 파송하였다. 즉 1904년 매년회는 이천구역에 고시영, 여주구역에 장춘명, 공주구역에 이용주를 파송하면서 청주구역에 오해두, 충북구역에 박정평

18) "Appointments, Korea Mission," *KMEC* 1903, 20.
19) W.C. Swearer, "South Korea District," *KMEC* 1904, 40.

(Pak Cheng-pyeng)을 파송한 것이다. 충주교회가 속한 충북구역을 담임하게 된 박정평에 대한 자세한 정보는 알 수 없지만 그는 1904년 여주구역 권사로 부임하면서 충북구역을 담당하였다.[20] 비록 단독으로 담임 목회자를 얻은 것은 아니었지만 청주를 제외한 충북구역의 중심이 충주였기에 충주교회로서는 실질적인 '담임자'를 얻은 셈이다.

이듬해(1905) 6월 서울에서 개최된 미감리회 한국선교연회(Korea Mission Conference) 제1차 매년회에서 충북구역은 충주구역(Chyung Chu Circuit)으로 명칭을 바꾸어 한창섭 전도사가 구역 담임자로 파송을 받았다. 그와 함께 청주구역에 안경진, 공주구역에 박세창이 파송되었으며 그동안 공주와 수원지역 선교를 담당했던 스웨어러가 안식년 휴가를 받아 떠난 사이 1903년 내한해서 공주선교부에 머물던 샤프(R.A. Sharp) 선교사가 충청도 일대 선교를 관장하게 되었다.[21] 샤프는 1905년 매년회에서 충청도 선교사역에 대해 보고하면서 "이곳 사역을 충분하게 진술하면 한 권 책이 될 것이다"라고 하면서 "충주(Chung Ju)와 그 주변 지역에서도 한창섭 형제가 세심하게 신자들을 관리해서 아주 좋은 사역이 이루어지고 있다"고 언급하였다.[22]

이처럼 샤프 선교사에게 호감을 준 한창섭(韓昌燮, 1871-1927) 전도사는 경기도 진위 출생으로 5세 때 어머니, 18세 때 아버지를 여의고 경기도 이천군 마장면 오천리에 들어와 '고독한' 생활을 하던 중 이천의병에 가담했다가 기

---

20) "Appointments, Korea Mission," *KMEC* 1904, 19. 1904년 영문 연회록에 단 한번 나오는 '박정평'(Pak Cheng-pyeng)이 누구인지 명확치 않다. 다만 후에 간행된 자료들을 종합해 볼 때 박정평은 '충주출신 최초 목사' 박봉래(朴鳳來, 1877-1924)로 추정된다. 충주에서 출생한 그가 언제 기독교인이 되었는지 분명치 않지만 이미 1904년에 미감리회 연회에 견습인(見習人) 자격으로 입회하였고 1910년에 집사목사, 1913년 장로목사안수를 받았다. 그는 선교 초기 전덕기 · 구연영 · 장춘명 · 한창섭 등과 함께 신학회 수업을 받았고 1911년 감리교협성신학교를 제1회로 졸업했다. 목회경력을 보면 1904년 여주구역, 1907년 광주구역 전도사를 거쳐 1912년 공주지방 순행목사가 되었으며 1913년 '병 중에 있던' 전덕기 목사를 도와 서울 상동교회에서 목회하였고 1914-16년 강화읍교회, 1917-18년 인천내리교회, 1919년 평양 남산현교회, 1920년 서울 서강교회, 1921년 상동교회를 거쳐 1922년부터 서울 왕십리교회에서 시무하다가 1924년 별세하였다. 「예수교미감리회 조선연회회록」(1913-24); "별세회원," 「조선기독교미감리교회 연회회록」(1929), 102; "박봉래," 『기독교대백과사전』 제7권(기독교문사, 1982), 100.

21) "Appointments, Korea Mission Conference," *KMEC* 1905, 26.

22) R.A. Sharp, "Chung Cheung Do Circuit," *KMEC* 1905, 56.

독교로 개종하였다. 그는 1899년 덕들교회에서 구연영 · 장춘명과 같이 세례를 받은 후 자기 마을(오천) 차화춘과 민시호 등에게 전도하여 오천교회를 설립하였다. 이후 한창섭은 전도자(권서)가 되어 이천과 양지 · 죽산 · 안성 · 음죽 등지를 돌면서 전도하였으며 1911년 감리교협성신학교를 제1회로 졸업하고 1913년 미감리회 연회에서 집사목사안수, 1915년 장로목사안수를 받은 후 청주와 수원 · 홍성 · 강경 등지에서 목회하였다.[23] 이런 경력의 한창섭 전도사의 신앙 지도로 충주교회를 비롯하여 인근 충북지역 교회들은 활기를 띠었다.

그러나 한창섭 전도사는 1년 후 1906년 6월 매년회에서 청주구역으로 파송되어 떠났고 그 후임으로 김제안(金濟安) 전도사가 충주구역에 파송을 받았다.[24] 새로 충주구역을 담임하게 된 김제안 전도사는 경기도 이천군 대월면 군량(군돌, 혹은 군들)리 부농[大農] 출신이었는데 1897년경 군량 장터를 방문한 미감리회 선교사 존스(G.H. Jones, 조원시) 선교사에게 전도를 받고 믿기 시작하여 자기 마을에 군량교회를 세웠음은 물론 대월 · 모가 · 설성 일대에 전도하여 교회를 세웠고 1900년 이천읍내에도 들어가 전도하여 이천읍교회(현 이천중앙교회)를 설립하였다.[25] 김제안 전도사는 예수 믿기 전 '아들을 얻기 위해' 첩을 집안에 들여 함께 살다가 기독교인이 된 후 그것이 신앙교리에 죄가 된다는 사실을 깨닫고 '첩을 내보낸' 일로 교인뿐 아니라 일반인들에게도 큰 감동을 주었다.[26] 이처럼 신앙에 철저한 김제안 전도사의 지도를 받으며 충주교회 교인들의 믿음도 자라났다.

이처럼 충청도 지역 교회가 성장함에 따라 1906년부터 충청남북도 교회들만으로 공주지방회를 조직하였고 안식년 휴가를 마치고 돌아온 스웨어러가 지방 장로사(감리사)를 맡았다. 장로사로 복귀한 스웨어러는 1907년 6월 매년회에 제출한 선교보고서에서 공주와 홍주 · 청주 지역 교회 상황을 자세히 보고한 후 충주에 대해서는 "개인적으로 충주를 여러 차례 방문해서 상황을 살

23) "고 한창섭 목사 약력," 「기독신보」1927.11.9; 김동옥, 『이천지방 감리교회사』, 99-100.
24) "Appointments, Korea Mission Conference," *KMEC* 1906, 25.
25) 김동옥, 『이천지방 감리교회사』, 105-108.
26) 구춘경, "이천 군돌 속장 김제안씨의 첩 버린 일," 「신학월보」1902.3.

펴보면서 그곳에 진출할 계획을 수립하였고 몇몇 작은 도읍들에 사역자들을 배치하였다"라고 하였다.27) 이런 그의 선교의지를 반영하여 1907년 6월 매년회에서는 공주지방 내 구역 담임자 파송이 대대적으로 새롭게 이루어졌는데 충주구역에서 사역하던 김제안 전도사가 음죽구역으로 파송을 받았고 그 후임으로 이문현 전도사가 충주구역으로 파송을 받았다.28)

그런데 이처럼 새롭게 구역 담임자 파송이 이루어진 매년회를 마친 2개월 후 8월 24일 이천구역 담임자인 구연영 전도사가 그 아들 구정서(具禎書)와 함께 '항일민족운동' 혐의로 일본 헌병대에 체포되어 처형당하는 충격적인 사건이 일어났다. 앞서 살펴본 대로 '을미의병'(1895)에 가담한 전력이 있던 구연영 전도사는 1899년 이천 덕들교회에서 세례를 받은 후 고향인 광주군 도척면 궁들(궁평)과 노루목(노곡)에 교회를 설립하였고 1901년부터 정식 전도사가 되어 광주와 이천 · 여주 · 장호원 등 과거 '의병장'으로 활약했던 지역을 돌면서 전도하여 20여 곳에 교회를 설립하는 업적을 남겼고 1905년부터 이천구역 담임자가 되었다. 그의 맏아들(구정서)도 서울 동대문교회 소속 전도사로 활약하면서 아버지와 함께 광주와 이천 · 여주 · 장호원 · 음성 지역을 돌면서 교회 청년들로 '구국회'(救國會)를 조직하여 일제 침략과 지배 야욕을 폭로하고 친일단체 일진회를 규탄하는 집회를 열었다. 이런 '항일민족운동'으로 일제통감부의 주목을 받았던 구연영 · 구정서 부자는 1907년 8월, 구한국부대 강제해산을 계기로 전국에서 다시 항일의병운동이 거세게 일어나자 이천지역 의병 진압을 빌미로 진주한 일본헌병대에 체포되어 재판도 받지 않고 이천장터에서 공개처형을 당했다.29) 그리하여 구연영 부자는 한국 기독교사에 '최초 순국 목회자'로 기록되었는데 이 사건으로 한국교회, 특히 그가

---

27) W.C. Swearer, "Report of the Kong-ju District," *KMEC* 1907, 59.

28) 그 외에 공주지방 각 구역 담임자로 파송된 이는 광주구역 박봉래 전도사, 이천구역 구연영 전도사, 여주구역 장춘명 전도사, 음성구역 이선여 전도사, 청주구역 한창섭 전도사, 진천구역 오흥서 전도사, 목천구역 전기주 전도사, 보은구역 신홍석 전도사, 상주구역 서상윤 전도사, 문의구역 송대용 전도사, 연기구역 오해두 전도사, 회인구역 양치옥 전도사, 공주구역 김광식 전도사, 논산구역 신상균 전도사, 연산구역 문한산 전도사, 홍주구역 김상배 전도사 등이었다. "Appointments, Korea Mission Conference," *KMEC* 1907, 26-27; 「신학월보」5권 2호(1907), 101-102.

29) "부자 구몰," 「대한매일신보」1907.8.29; 이덕주, "의병장 구연영," 「감리교회와 역사」2호, 23.

담임했던 이천과 광주·여주 지역 교회가 받은 충격이 적지 않았다. 무엇보다 그와 함께 의병운동과 복음전도사역에 참여했던 한창섭과 장춘명·김제안 전도사 등이 큰 충격을 받았다. 교회로서는 큰 손실이었다. 하지만 구연영 부자의 희생은 어느 의미에서 일반 주민들에게 "기독교는 나라를 사랑하고 민족을 구원하기 위해 자기를 희생하는 종교다"라는 인식을 심어주어 기독교에 대한 인식 변화와 입교 동기를 만들어 주었다. 그 결과는 교회 부흥으로 연결되었다.

1907년 6월 이문현 전도사를 충주구역 담임자로 파송했던 미감리회 한국선교연회는 1년 후 1908년 3월 매년회에서 충주구역을 다시 '미파 구역'으로 남겨 두었다.[30] 이후 1910년까지 충주구역은 계속 '미파' 상태를 유지했는데 그 기간 충주구역은 공주지방 감리사가 담임하는 형태를 취하였다. 그런데 공주지방 감리사로 사역하던 스웨어러가 급작스럽게 건강이 악화되어 1907년 가을 미국으로 들어가게 됨으로 1908년 매년회에서 케이블(E.M. Cable, 기이부)을 공주지방 감리사로 파송하는 한편 새로 들어온 윌리엄즈(F.E.C. Williams, 우리암)와 테일러(H.C. Taylor, 대리오)를 공주선교부에 파송해서 1906년 별세한 샤프가 담당했던 충청도 지역 선교를 맡아 하도록 조처를 취하였다. 샤프의 별세와 스웨어러의 귀국은 충청도지역 선교에 큰 타격이었다.

게다가 다시 '미파' 지역이 된 충주구역 교인들은 '담임 목회자 없이' 스스로 집회와 신앙을 지켜나가야 했다. 이런 상황에서 충주교회 교인들은 굳건하게 신앙의 자리를 지켰다. 스웨어러가 건강 악화로 귀국하기 직전 신참 선교사 윌리엄즈와 함께 충주를 방문한 적이 있는데 그 때 상황을 윌리엄즈 선교사는 1908년 매년회에서 이렇게 증언하였다.

> "지난[1907] 겨울 스웨어러 형제와 함께 두 차례 여행할 수 있는 기회를 얻었다. 한 번은 놀미(Nolmi, 논산), 한 번은 충주(Chung-chu)로 갔다. 충주 여행은 그곳 계삭회에 참석하기 위함이었다. 우리는 도성 밖에서 교인 75명을 만났다. 그런 환영은 난생 처음 받아본 것으로 앞으로도 그 감격은 잊을 수 없을 것이다"[31]

---

30) "Appointments, Korea Mission Conference," *KMEC* 1908, 27.
31) F.E.C. Williams, "Report of South Chung Cheng Circuit and Educational Work," *KMEC*

충주교회 교인들은 '목자 없이도' 신앙을 굳건하게 지켜 나가고 있었다. 1909년 6월 매년회에서 충청지역 교회들을 충북과 충남, 두 지방으로 나누어 충북지방은 케이블 선교사가, 충남지방은 건강을 회복하고 돌아온 스웨어러 선교사가 각각 감리사로 취임하였다. 그러면서 테일러 선교사와 홍승하 목사가 충북지방 순회 선교 및 전도 목사로 부임하여 케이블 감리사를 도왔다. 그리하여 충주구역은 여전히 '미파' 상태에서 두 선교사와 홍승하 목사의 순회 지도를 받았다.[32] 그런데 이 같은 파송이 이루어진 두 달 후 1909년 10월, 장로교와 감리교 6개 선교부가 참여한 '장감연합공의회'에서 체결된 '선교구역 분할협정'에 따라 미감리회와 북장로회 사이에 충청북도 지역을 두고 선교구역을 재조정하게 되었다. 즉 충주와 진천 · 음성 · 제천 · 청풍 · 영춘 · 담양 · 괴산 등 북부지역 8개 군은 미감리회 선교부가 담당하고 청주와 연풍 · 문의 · 영동 · 회인 · 청산 · 보은 · 청안 · 옥천 · 황간 등 남부지역은 북장로회 선교부가 담당하기로 했다.[33] 이에 따라 미감리회는 청주구역 교회와 교인들을 북장로회에 넘겨주었고 대신 공주와 대전을 중심으로 한 충남지역, 그리고 강원도 원주지방을 북장로회로부터 이양받아 이후 미감리회는 충청남도 전역과 충청북도 북부, 강원도 서부지역에 선교 역량을 기울였다.

2. 1910년대 신앙운동과 민족운동

2.1 충주교회 목회자와 교인들의 '처음 믿음'

이러한 1909년의 선교구역 재조정으로 청주와 보은 · 문의 등 남부지역을 장로교에 넘겨주어 선교구역이 반으로 줄어든 상황에서 1910년 미감리회 매년회는 충북지방을 폐지하였다. 그 대신 사역지가 크게 넓어진 공주지역을 공주 동지방 · 공주 서지방으로 분할하고 충주를 비롯한 충북지역 교회들을 공

1908, 43.

32) "Appointments, Korea Mission Conference," *KMEC* 1909, 30-31; 「미이미교회 매년회 일기」(1909), 42-43.

33) "Agreement on Division of Territory," *Annual Meeting of th General Council of Protestant Evangelical Missions in Korea*, 1909, 32.

주 동지방에 편입시켜 케이블 감리사와 테일러 선교사가 관리하도록 조처하였다.[34] 그리고 다시 1년 후 1911년에는 지방과 구역을 재조정하여 충주와 제천 · 음성(음죽)을 스웨어러가 감리사로 시무하고 있는 수원지방으로 편입시켜 수원과 남양 · 안산 · 여주 · 광주 · 이천지역 교회들과 한 지방이 되었다.[35] 충주교회로서는 10년 전 충주에 처음 복음을 전해 준 전도자들의 출신지인 광주와 여주 · 이천지역 교회들과 같은 지방으로 활동하게 된 것, 그리고 전부터 친숙한 스웨어러와 테일러 선교사의 관리를 받게 된 것이 다행이었다. 다음은 1911년 테일러 선교사의 선교보고에 나오는 충주와 제천구역 상황이다.

> "특별히 언급할 곳으로 충주(Chungju)와 제천(Chaichun)이 있다. 이 두 곳은 사역을 시작한 지 얼마 되지 않은 곳으로 대략 1천 명 가령의 교인이 있는데 그 중 328명이 학습인이거나 입교인이다. 제천에서는 교인들이 아름다운 기와집 예배당을 지었다."[36]

이 기록을 통해 1911년 어간에 충주와 제천 두 구역을 합쳐 1천여 명 교인이 신앙생활을 하고 있음을 알 수 있다. 그렇다면 충주구역에 적어도 5백 명 이상의 교인들이 있었다는 계산이 나온다. 물론 이들은 충주읍교회 교인만은 아니었다. 충주읍 외에 주변 여러 곳에 교회들이 있어 충주구역을 이루었던 것이다. 다음은 1912년 3월 서울 상동교회에서 개최된 미감리회 한국연회(Korea Annual Conference) 제3차 매년회에 보고된 수원지방 각 구역별 통계 상황이다.[37]

---

34) *Annual Report of the Board of Foreign Missions of the Methodist Episcopal Church*(이하 *ARBF*), 1910, 178-179.
35) *ARBF* 1911, 210-203.
36) *ARBF* 1911, 203.
37) "Statistics, Korea Annual Conference for 1912," *KMEC* 1912, 139.

구역	담임자	교회수	교인				주일학교		
			입교인	학습인	원입인	합계	학교	교사	학생
수원	이윤영	8	156	383	616	1,115	9	34	647
남양	김광식	15	325	496	862	1,683	15	25	1,680
안산	김병관	7	78	309	209	596	10	10	410
이천	한창섭	19	168	275	510	953	9	13	250
여주	장춘명	11	121	188	775	1,084	6	8	170
광주북	함동희	8	97	149	284	530	7	10	353
광주남	전세영	8	119	122	189	430	8	10	380
음성	이종회	11	93	76	239	418	13	13	188
충주	**이문현**	**8**	**77**	**185**	**210**	**472**	**5**	**5**	**210**
제천	김치익	9	42	121	218	381	6	6	150
합계		104	1,276	2,304	4,122	7,703	134	134	4,438

이 통계 자료에 의하면 1911-12년 어간에 충주구역에는 8개 교회에 세례입교인 77명, 학습인 185명, 원입인 210명, 도합 472명 교인이 등록해서 신앙생활을 하고 있었으며 구역 내 다섯 곳에 주일학교가 설치되어 210명 학생들을 매주일 가르치고 있었다. 그리고 중요한 것은 이문현 전도사가 다시 구역 담임자로 파송을 받았다는 점이다.[38] 1910-11년도 연회록이 남아 있지 않기 때문에 이문현 전도사의 구역 담임자 복귀 연도를 정확하게 알 수 없지만 그는 1907년 연회에서 충주구역 담임자로 파송된 후 1년 만에 연회 파송기에서 이름이 사라졌다가 1911년부터 그가 각종 기록에서 다시 충주구역 담임자로 나온다. 이로 미루어 볼 때 늦어도 1911년에는 이문현 전도사가 충주구역 담임자로 복귀한 것으로 보인다. 이문현 전도사는 1912년 3월 매년회에서도 충주구역 담임으로 파송을 받았다.[39] 이로써 그동안 '미파'로 남아 있던 충주

---

38) 연회록에서 충주구역이 '미파'로 표기되었던 1908년부터 1910년까지 3년간 이문현 전도사의 행적을 분명히 밝혀줄 자료는 없다. 그가 1908년 충주구역 전도사직을 사임하고 충주를 떠났다가 1911년에 복귀했을 가능성, 충주에 계속 머물면서 개인 사정으로 구역내 교회를 순회하며 목회하는 '순회'(itinerant) 전도사가 아닌, 생업에 종사하면서 교회를 돕는 '본처'(local) 전도사로 있다가 다시 '순회' 목회사역에 복귀했을 가능성이 있다.

39) "Appointments, Korea Annual Conference," *KMEC* 1912, 28; 「예수교미감리회 조선매년회회록」(1912), 21-22.

교회와 충주구역은 이문현 전도사의 지도를 받으며 착실하게 성장하였다.

그렇다면 이 시기 충주구역에 속한 교회들은 어떠했으며 그 교회 지도자들은 누구였을까? 1911-13년 사이에 감리교단 기관지로 발행하던 「그리스도회보」에 실린 기사를 통해 단편적이나마 충주교회를 비롯한 충주구역 교회와 교인들에 대한 정보를 얻을 수 있다. 우선 1911년 9월, 평남 증산지방에 큰 가뭄이 들어 그 지역 교인과 주민들이 곤경에 처하였다는 소식을 듣고 전국 감리교인들이 '구황헌금'(救荒獻金)을 실시하였던 바 충주와 제천 구역 교회와 교인들도 참여하였는데 그 내용이 「그리스도회보」에 실렸다.[40]

> 충주 엄정면 배대교회(拜垈敎會) 1원 1전
> 청풍 칠전교회(漆田敎會) 김치경(金致卿) 30전
> 제천읍교회(提川邑敎會) 5원
> 제천 평동교회(平洞敎會) 3원 9전
> 충주 서문외교회(西門外敎會) 김강현 30전, 한운삼 30전, 최재순 30전, 김승수 10전, 류한조 10전, 류석성 10전, 류만용 10전, 방문학 5전, 박또라티 60전, 최크로듸 20전, 한메레 15전, 김누디아 10전, 유해만 10전, 리마리아 10전, 차수산나 10전, 이라헬 10전, 이세라 10전, 김해나 10전

이 기록을 통해 비로소 충주교회의 위치와 초기 교인들의 명단을 알 수 있다. '서문외'라는 교회 명칭을 통해 교회가 충주 서문 밖에 있었음을 알 수 있다. 지금은 헐려 없어진 충주읍성 서문 밖으로 후에 서부동(西部洞) 혹은 성서동(城西洞)으로 불렸고 일제강점기에는 '금정'(錦町, 니시키마치)으로 불렸다. 그리고 구황헌금을 낸 충주교회의 남자교인으로 김강현과 한운삼 · 최재순 · 김승수 · 류한조 · 류석성 · 류만용 · 방문학 등 8명, 여자교인으로 박또라티 · 최크로듸 · 김누디아 · 유해만 · 이마리아 · 차수산나 · 이나헬 · 이세라 · 김해나 등 9명의 이름이 보인다. 이들 17명이 낸 구제금 총액이 3원으로 제천읍교회나 제천 평동교회 교인들이 낸 헌금보다 적었는데 이는 초창기 충주교회 교인들이 대부분 가난한 교인들이었음을 보여주는 증거라 하겠다.

---

40) "증산구황연보," 「그리스도회보」1911.9.15; "증산구황연보(속)," 「그리스도회보」1911.9.30.

다음으로 「그리스도회보」 구독료 납부자 명단을 통해 충주구역 교회와 지도자들의 명단을 확인할 수 있다. 즉 1911년 12월 15일자 「그리스도회보」에 실린 '회보대금 영수란'을 보면 "충주 서문외(西門外) 이문현(李文賢), 충주 망청포(望淸浦) 조응수(趙應守), 충주 도리(島里) 엄정보(嚴正甫), 충주 가정리(佳亭里) 박계순(朴啓順), 충주 신담(新潭) 장천일(張千日), 충주 마산(馬山) 김덕인(金德仁), 청풍 탄판(炭板) 예수교당이 각 40전씩" 회보 대금을 낸 것으로 되어 있다.[41] 여기서 충주구역에 속한 교회로 충주서문외교회(충주교회) 외에 충주 망청포와 도리 · 가정리 · 신담 · 마산 · 청평 탄판에 교회 혹은 기도처가 있었고 이들 교회의 지도자 명단도 확인할 수 있다.

그리고 충주 서문외교회(충주교회)와 충주구역을 담임하고 있던 이문현 전도사는 종종 충주구역 교인들의 신앙 미담을 기사로 만들어 「그리스도회보」에 투고하였다. 그렇게 해서 1912년 7월 신담교회 교인 육문보가 회개한 이야기가 세상에 알려졌다.

> "충북 충주군 리문현 씨의 통신을 거한 즉 해구역 신담교회 륙문보 씨는 七八년 전에 주를 믿고 시크란돈 목사에게 세례까지 받앗는대 五년 전에 주를 배반하고 오입으로 종사하야 소실을 얻어두고 술장사를 하더니 그간에 무수한 고난과 재앙도 만히 잇섯는대 작년에 성신의 책망하심을 밧아 다시 회개하고 三세 남아가 잇는 자기 소실을 내보냇스니 그 강개함을 칭찬 아니하는 이가 업스며 또한 그 교회에 소학교가 잇는대 말 못 되는 지경에 잇는 것을 이 형제와 장천일 유거부 三씨의 열심히 유지하야 오다가 지금은 또한 조흔 교사 장기진 씨를 고빙하야 교수하는대 전진할 희망이 만코 교회도 신령하게 흥왕함을 검사한다 하엿더라."[42]

계속해서 이문현 전도사는 1913년 3월 청풍 명오재(鳴梧峴)교회 교인들이 '귀신들린 소년을 고친' 이야기도 소개했다.

> "충북 충주구역 전도사 리문현 씨의 통신을 거한 즉 청풍군 수하면 명오재교회는 설립한 지 九년에 현태원 심의삼 신선성 김성진 제씨의 열심히 교회가 점점 흥왕하여 자기 믿는 중 작년 十월분에 근동 황강역 사는 장한수는 지금 나이 十七세에 밋친 병으로 아조 바린

---

41) "회보대금 영수," 「그리스도회보」1911.12.15.
42) "륙씨의 출첩귀주," 「그리스도회보」1912.7.30.

사람이 되엿는대 그 집은 믿지 안는 집인 고로 우상에게 빌 뿐이더니 병자의 출가한 누의가 주를 믿는 고로 친가에 가서 그 동생을 다려다가 교회 형제에게 부탁함으로 일주일을 밤낫 쉬지 안코 기도함으로 지금은 완인이 되야 주를 진실이 믿으며 그 집안도 다 회개하엿고 외인까지 하나님의 권능을 찬송한다더라"[43]

1913년 6월에는 제천구역 담임자 이은영 전도사가 충주 · 제천, 두 구역의 교회소식을 전했다. 우선 충주구역의 엄정 배대교회 교인들이 예배당을 마련한 이야기다.

"충주군 엄정면 배대교회 주원삼 씨는 七년 전에 주의 부르심을 받고 열심 전도하야 지금은 형제 四十여 인이 례배하나 례배당이 업셔 항상 근심하더니 해씨가 자기 소유 六간 가옥을 례배당으로 밧칫사오니 과연 주원삼 씨의 주를 사랑하시는 마음을 감사한다고 인개 칭송하오며"[44]

다음은 청풍 한두실교회 교인들이 예배당을 마련한 이야기다.

"청풍 한두실교회는 교인의 집은 五호인대 그 중 一인만 자기 집이오 다 협호에 사는대 례배당이 업셔 개탄다가 금년에는 열심 연보하야 정묘한 四간 집을 사서 례배하오며 해(該) 기지 二百二十평까지 삿사오니 해(該)교회 형매제씨의 가난한 중에서 주의 교회를 위하야 연보하시는 열심을 막불칭송하오며"[45]

다음은 엄정 마산교회 교인 이용경이 충주 축현교회 예배당 기지를 증여한 이야기다.

"충주 엄정면 마산교회 리용경 씨는 자기 소유 충주군 축현례배당 기지 도조를 년년히 받아가시더니 금년에는 해 기지 一百 평을 해교회에 기부하고 해기지 소유권을 해교회에 영귀(永歸)하기로 계약서를 하여 보내신 고로 해씨의 교회를 사랑하며 주의 연보하는 성심을 막불칭송하오며"[46]

---

43) "기도의 효력," 「그리스도회보」 1913.3.27.
44) "교회소식," 「예수교회보」 1913.6.3.
45) "교회소식," 「예수교회보」 1913.6.3.

다음은 제천 평동교회 교인들이 엄정 내창교회 교인들과 함께 교회 부속학교 교실을 건축한 이야기다.

"제천군 서면 평동 기독교 학교는 설립한 지는 오래나 재정이 군졸하야 학교를 건축지 못하고 례배당에서 교수하더니 금년에는 례배당에서 학생을 교수하는 것이 불민함을 깨닷고 평동교회 형매제씨와 충주 엄정면 내창교회 형매(兄妹)제씨가 합심 연보하야 학교실 三간을 정묘하게 건축할 때 교우의 일심으로 담부지력을 하시며 깃부게 일하심을 보는 사람마다 해교회 형매제씨의 교육의 열심하심을 칭송하오며"47)

다음은 제천 평동교회 본처 전도사가 제천구역 담임 이은영 전도사 생활비를 보조한 이야기다.

"제천군 서면 평동리 전도사 영필 씨끠서는 자기도 넉넉지 못한 중에 해 구역 순행 전도사 리은영 씨의 군색함을 생각하시고 제반 방침으로 도와주며 자기의 재산 중에서도 다수히 지출하여 도와주심은 모든 신자의 마음을 감동할 만하다고 인인 칭송하옵기로 五조 통심을 지재 앙포하옵나이다"48)

이처럼 1910년대 초반 충주와 제천 구역 교인들은 자신들도 가난하면서도 기근과 흉년으로 어려움을 당한 증산지역 교인들을 위해 구제헌금을 하였고 어려운 형편 중에서도 예배당과 학교를 건축하고 기지를 마련하는 일에 정성을 다하였다. 또한 자기 교회만 돌아보는 것이 아니라 이웃교회 교인들과 힘을 합쳐 헌신 · 봉사하는 아름다운 모습도 보여주었다. 이런 초기 교인들의 희생과 헌신으로 교회가 부흥 · 성장하였음은 물론이고 지역사회, 불신자들에게 기독교와 교회에 대한 긍정적인 인상을 심어주었다.

2.2 장춘명 목사의 '민족 목회'

1913년 6월 서울 정동교회에서 개최된 미감리회 한국연회 제6차 매년회에

---

46) "교회소식," 「예수교회보」1913.6.3.
47) "교회소식," 「예수교회보」1913.6.3.
48) "교회소식," 「예수교회보」1913.6.3.

서 구역 담임자 파송이 새롭게 이루어졌다. 충주구역을 담임하던 이문현 전도사는 여주구역으로 옮겼고, 여주구역을 담임하던 장춘명 목사가 충주구역 담임자로 파송을 받았다.[49] 충주구역 담임자로 파송을 받은 장춘명(張春明, 1856-1933) 목사는 본래 경기도 음죽군 설성면 송계리에서 출생하였으나 여주군 가남면 삼군리 맹골 마을로 이주하여 살던 중 앞서 살펴본 바와 같이 구연영 · 한창섭 등과 함께 을미의병운동에 가담했다가 1899년 덕들교회에서 세례를 받은 후 자기 고향인 여주 맹골과 범숫(처리)에 교회를 개척 · 설립하였다. 이후 그는 전도인으로 나서 "3, 4년간에 광주 · 이천 · 용인 · 양지 · 양평 · 여주 · 죽산 · 음죽 · 진천 · 충주 · 원주 · 제천 등지에 83처에 교회를 설립하고 신도 3천여 인을" 얻는 놀라운 업적을 남겼다. 그는 1902년 권사가 되면서 전도 직첩을 받고 여주구역 담임 전도사로 목회를 시작하였으며 1911년 협성신학교(현 감리교신학대학교)를 제1회로 졸업한 후 1912년 미감리회 매년회에서 집사목사, 1916년 장로목사안수를 받았다.[50] 따라서 그동안 전도사만 구역담임자로 부임했던 충주교회로서는 처음으로 '담임목사'를 맞이한 셈이 되었다.

결과적으로 이문현 전도사와 장춘명 목사는 여주와 충주 목양지를 서로 바꾸었다. 7월 7일 여주에서 거행된 목회자 이 · 취임식 장면을 한창섭 목사가 다음과 같이 소개하였다.

> "여주군 여러 교회에서 七월 七일에 리문현 씨의 환영과 장춘명 씨의 전별회를 열엇는대 환영과 전별의 성황은 다 말할 것 업거니와 장 목사의 다년 진애(眞愛)하던 정을 표하기 위하야 세백저(細白苧) 한 필을 례물로 증여하엿스며 폐회 후에 약간 다과를 난혼 후에 사진 한 장식 교부하엿고 장 목사가 배를 타는 때에 형제자매는 강머리에 나아가 이별을 서로 고할 때에 깃븜은 하나님을 찬송하고 섭섭한 정회는 강상(江上)의 풍경이 소조한 듯 일시 외인에게 주의 사랑이 더욱 나타낫더라."[51]

---

49) "Appointments, Korea Annual Conference," *KMEC* 1913, 27; 「예수교미감리회 조선매년회회록」(1913), 17-18.

50) "려주교회의 진흥," 「그리스도회보」1912.5.30; "장춘명 목사 六월 十일에 별세," 「감리회보」1933.7.10; 김동옥, 『이천지방 감리교회사』, 101-105.

51) 한창섭, "환영과 전별," 「그리스도회보」1913.9.22.

떠나는 장춘명 목사에 대한 여주 교인들의 아쉬움이 컸듯, 그를 맞이하는 충주교회와 충주구역 교인들의 기대감도 컸다. 사실 장춘명 목사는 이미 충주교회 교인들뿐 아니라 지역사회에서도 유명한 인사였다. 그것은 그가 1899년 세례를 받고 전도자로 나서 경기도와 충청도 일대를 다니며 전도할 때 충주에도 자주 들렀는데 그의 전도를 받고 믿게 된 교인들도 많았거니와 그가 남긴 일화가 유명했다. 충주 지역사회에 회자되고 있던 일화를 훗날 김동옥 목사는 이렇게 소개하였다.

> "충주에 전해지는 일화에 의하면 그[장춘명]는 전도만 잘한 것이 아니라 가난한 자들의 억울함을 늘 대변하여 주기도 하였다. 한 예로 그가 어느 날 충주목사(牧使)가 거처하는 충주 관아 동헌에 들어가서 지팡이로 마루바닥을 두드리며 호통치기를 '한 고을의 관장인 목사가 이렇게 캄캄하고서야 어찌 이 넓은 군을 다스리겠는가?'라고 하였다고 한다. 이때 당황한 충주목사가 달려 나와 '이 무슨 일이냐'고 묻자 그는 다시 '충주 고을에 명문세가(名門勢家)가 과부 땅을 늑탈했는데도 그도 모르신단 말이요' 하고 호통을 쳤다 한다. 이에 충주목사는 당황해 하며 '사실을 알아 잘 선처하겠노라'고 약속했다 한다. 그는 '속히 처리하라' 꾸짖고는 늠늠한 모습으로 동헌을 걸어 나갔다 한다. 담대하고 중후한 그의 인품 앞에 충주목사도 당황해 하였으며 장춘명의 의협심 또한 불의에 항상 불같았음을 알 수 있다."[52)]

'의병 출신' 전도자가 충주관아에 들어가 고을사람이면 누구나 두려워하는 목사(牧使)에게 "관내에서 일어난 불의한 일을 속히 바로 잡으라" 호통을 쳤다는 이야기는 입에서 입으로 전달되어 충주 사람들은 '약자 편을 들어주는 의로운 사람'으로 그를 기억하고 있었다. 이런 그가 이제 '목사'(牧師)가 되어 충주에 다시 온 것이다.

이처럼 교인뿐 아니라 지역 주민들에게도 존경과 신뢰를 받았던 장춘명 목사의 부임으로 충주교회는 물론 충주구역 교회들이 신앙의 활기를 찾게 되었다. 그것은 1914년 6월 매년회에 제출한 수원지방 감리사 버딕(G.M. Burdick, 변조진)의 선교보고에서도 확인된다. 1903년 내한한 버딕은 공주지방 감리사로 옮겨간 스웨어러 후임으로 1912년부터 수원지방 감리사로 수고하고 있었다.

---

52) 김동옥, 『이천지방 감리교회사』, 103-104.

"충주읍교회는 목회자가 파송되어 있기는 하지만 담임자가 구역을 순회해야 했기 때문에 주일이나 저녁집회 때 예배를 인도할 지도자가 없는 형편이었다. 그런데 이 교회 출신 청년이 우리가 주최한 대사경회에 참석하였는데 그는 낮 성경공부뿐 아니라 저녁 부흥집회에서도 은혜를 받아 예배의 영에 충만하여 토요일 공부가 끝나자마자 서둘러 고향으로 돌아가 주일예배를 인도하였다. 이후 그는 열정적으로 교회사역에 임하였고 이번 가을에 서울로 올라와 우리 신학교에 입학할 예정이다."[53]

버딕은 장춘명 목사가 충주구역내 10여 개 교회들을 주일마다 순회하며 예배를 인도해야 했기에 정작 그가 담임한 충주교회는 주일예배 인도자가 없어 주일예배도 제대로 드리지 못하는 처지였는데, 1914년 연초에 수원에서 열린 지방대사경회에 참석했던 충주교회 청년이 '큰 은혜'를 받고 돌아가 장춘명 목사가 자리를 비운 주일마다 예배를 인도하였고 목회자가 되기로 결심하였다.

버딕은 같은 연회에서 수원지방 대사경회는 물론 김유순 목사 초청 부흥회 소식을 전하면서 부흥사경회 후 충주와 제천 구역에서 일어난 '부흥과 전도'를 이렇게 소개하였다.

"대사경회를 동·서·중·세 지방에서 개최하고 과정대로 각기 반렬을 좃차 교수하야 졸업장과 진급장을 주어 전보다 자미를 만히 보앗사오며 목사 김유순 씨를 청하야 네 곳에서 부흥회를 인도하엿사온 바 믿는 자의 열심을 더 고동케 하고 새로 믿는 자들이 이러나게 하엿사오며 충주·제천 두 구역에서는 형제들이 서로 연합하야 전도대를 작(作)하야 개인에게 전도하여 책을 만히 팔엇사오며 또 기타 각 구역에서도 형제들이 개인에게 전도하여 자미를 만히 보앗사옵내다."[54]

부흥회에 참석해서 은혜를 받은 충주와 제천 구역 교인들이 '연합전도대'를 조직해서 두 지역 마을을 돌면서 전도활동을 펼쳤던 것이다. 이들이 찾아다니며 전도한 곳은 도시라기보다는 산과 강으로 둘러싸인 시골 마을들이었다. 그리하여 선교사가 찾아가기 어려운 산골짜기에도 복음이 전파되었다. 그래서 버딕 감리사는 1917년 연회보고에서 "작년에 지방 내 세 곳에서 새 예배당을

53) G.M. Burdick, "Suwon District," *KMEC* 1914, 49.
54) "수원지방 변조진 보단," 「예수교미감리회 조선매년회회록」(1914), 44.

건축했다"고 보고하면서 그 중 한 곳을 "충주구역 망중개(Mang Chung Kai)"로 밝혔다.[55] 이런 충주구역 교회들의 신앙부흥과 전도운동 배후에 장춘명 목사의 지도력과 영향력이 있었음은 물론이다. 장춘명 목사는 1920년 연회에서 천양(天陽)구역으로 파송을 받아 떠나기까지 7년 동안 충주교회와 충주구역을 맡아 부흥과 성장을 일궈냈다.

2.3 3·1만세운동과 충주교회

1919년 3·1만세운동이 일어났을 때 충주교회와 충주구역 담임자는 장춘명 목사였다. 그는 을미의병(1895)에 참가했던 전력의 '민족주의자'로서 "나라를 구하기 위해서는 기독교를 믿고 그 믿음대로 실천해야 한다"는 '구국신앙'에 철저하였다. 이런 그의 설교와 신앙지도는 충주지역 감리교인들에게 적지 않은 영향을 끼쳤고 그것은 충주 기독교인들의 만세시위 참여로 나타났다.

3·1만세운동이 일어났을 때 장춘명 목사는 이미 나이가 63세 '노인'이라 독립운동 전면에 나서기 어려웠다. 그 대신 그의 '양손자'(養孫子) 장양헌(張良憲, 1898-1975) 전도사가 충주 3·1만세운동의 전면에, 적극적으로 나섰다. 본래 장춘명 목사에게는 1남 1녀가 있었으나 아들에게서 손자를 얻지 못해서 장양헌을 '양손자'로 들여 함께 살았다. 여주군 소개면 삼포동에서 농사짓던 장운보(張雲甫)의 아들로 태어난 장양헌은 어려서 장춘명 목사의 양손자로 입적하였고 여주 개신학교(開信學校)를 졸업한 후 1913년 서울 배재학당 고등과에 입학, 3년 과정을 마친 후 장춘명 목사의 영향을 받아 목회자가 되기로 결심하고 서울 서대문 피어선성경학원에 입학하여 신학공부를 하던 중 3·1만세운동을 맞이하였다.[56]

장양헌은 3월 5일 서울에서 학생연합 만세시위에 참가한 후 학교가 휴교상태가 되자 독립운동 유인물 「경고문」을 지참하고 내려와 충주교회 등사기로 수백 매 인쇄하는 한편 만세운동을 전개할 동지 포섭에 나섰다. 그 과정에서

---

55) G.M. Burdick, "Suwon District," *KMEC* 1917, 57.

56) 「배재학당 장양헌 학적부」, 1913; "장양헌," 『기독교대백과사전』제13권(기독교문사, 1884), 631-632.

금가면 도촌교회 교인 최명희(崔明熺)가 동참하였다. 그리고 마침 3월 10일 충주 범바위(虎岩里)에서 충주농업간이학교 졸업기념 야유회가 열렸을 때 그 학교 교사 유흥식(柳興植), 학생 오언영(吳彦泳)·장천석(張千石)·유석보(劉錫寶) 등이 만세운동을 모의하면서 교회 측과 연결을 시도하여 장양헌 전도사와 손을 잡게 되었다. 이처럼 장양헌 전도사를 중심으로 충주만세시위를 준비한 것과 별도로 충주에서는 3월 11일 달천에서 장날을 맞아 천도교인 홍종호(洪鍾浩)와 김흥배(金興培)가 장터에서 독립선언서를 낭독하고 시위를 주도하다가 체포되었고 3월 12일 충주읍내 장터에서도 만세시위가 일어났는데 그것을 계기로 경찰의 삼엄한 경계가 펼쳐졌다. 그런 상황에서 4월 1일 신니면 용원(龍院) 장날에 기독교인 김종부(金鍾富)와 이희갑(李喜甲)이 주도한 군중 만세시위가 벌어졌고[57] 용원장터 시위를 주도한 김종부는 일경의 체포를 피하여 충주읍내로 들어와 만세시위를 준비하고 있던 장양헌 전도사가 주도하는 만세운동 지휘부에 합류하였다.

이로써 김종부와 장양헌·오언영·최명희 등으로 충주만세운동 지휘부가 구성되었고 이들은 가까운 충주읍 장날(4월 12일?)을 기해 대대적인 독립만세운동을 벌일 계획을 수립한 후 동지 규합에 나섰다. 이들 4인 지휘부 인사들이 접촉한 사람들이 많았겠지만 이들이 체포되어 재판을 받는 과정에서 드러난 혐의(?) 사항만 정리하면 다음과 같다.

> "피고 등 4명은 김종부의 주창 하에 4월 8일경 충주면 탄금리 거주 권태은(權泰殷) 방에서 충주공립보통학교 여교사 김연순(金連順) 앞으로 조선독립 계획의 권유문(勸諭文)을 발송하여 선동하고 그녀로 하여금 동교 여생도들을 권유 참여시켜 충주 장날에 조선독립만세를 부르게 하여 시위운동을 일으킬 것을 결의하고 김종부는 창칼로 자신의 왼팔을 찔러 그 피로 태극기를 그리고 장양헌의 구술로 태극기 여백에 조선독립을 고취하는 내용의 글을 적어 넣은 다음 경고문 및 독립가 각 1통 및 태극기 몇 폭을 만든 다음 위 혈서로 그린 태극기를 김연순에게 교부하기 위해 이를 오언영에게 위탁하였고 오언영은 이를 휴대하고 돌아가 자기 누이동생을 시켜 김연순에게 전달하였다. 그러나 김연순은 이에 쉽사리 응하지 않으므로 오언영은 직접 김연순을 찾아가 결심을 밝힘과 동시에 휴대한 창칼로 자기 팔를 찌르려는

57) 이병헌, 『三一運動秘史』(시사시보사출판국, 1959), 888-889.

기세를 보임으로 그녀로 하여금 찬동의 뜻을 표명하게 하였고 최명희는 금가면 도촌리 엄용복(嚴龍福) 외 1명에 대해 함께 조선독립만세를 불러 독립운동을 하자는 언사를 농하여 이를 선동하였고 피고 등 4명은 대대적으로 조선독립시위운동을 하기로 모의하였음에도 사전에 관헌에 발각되어 미수에 그쳤으나 악랄한 수단을 농하여 타인을 선동함으로써 치안을 방해한 것이다."[58]

이와 별도로 장양헌과 최명희는 금가면 도촌리 주민 엄용복 외 1명에게 만세운동 참여를 권면하였다. 이에 대하여 조사과정에서 증인으로 소환된 엄정목계교회의 김종대(金鍾臺)는 "최명희 장양헌이 찾아와 자기들은 충주를 대표하여 대대적으로 조선독립운동을 할 생각인데 전국 각처에서는 시위운동이 한창인 바 충주군은 그러하지 못한 즉 이때에 자기들이 주동이 되어 독립운동을 계획 중이니 너도 이 취지에 찬동하고 참가해달라는 권유를 받았다"는 요지로 증언하였다.[59] 이로 미루어 볼 때 충주읍교회 장양헌과 도촌교회 최명희는 충주구역내 각 교회를 돌면서 교회 지도자들을 만세운동 지도부로 포섭하였음을 알 수 있다. 이렇게 충주지역 만세운동 추진과정에서 충주교회를 비롯한 충주구역 교회들이 조직과 연락망이 되었다. 교회가 민족독립운동의 구심점 역할을 하였다는 사실을 충주에서 확인할 수 있다.

그러나 이들 4인 지휘부는 준비단계에서 일본경찰망에 계획이 탄로나 거사 직전 모두 체포되었는데 그 명단과 인적 상황은 다음과 같다.

이름	주소	나이	종교	직업
김종부(金鍾富)	불확실	27세	예수교	무직
장양헌(張良憲)	충주군 충주면 읍내리 316	22세	예수교	학생
오언영(吳彦泳)	충주군 충주면 용산리	19세		농업
최명희(崔明熺)	충주군 금가면 도촌리	17세	예수교	농업

58) 「金鍾富 外 公州地方法院 淸州支廳 判決文」 1919.5.31; 『한국독립운동사 자료집: 삼일운동 재판기록』(독립운동사편찬위원회, 1973), 1095.

59) 「金鍾富 外 公州地方法院 淸州支廳 判決文」 1919.5.31; 『한국독립운동사 자료집: 삼일운동 재판기록』, 1095-1096.

이들은 모두 '보안법 위반' 혐의로 재판에 회부되었고 5월 31일 공주지방법원에서 김종부는 징역 1년 6개월, 장양헌과 오언영은 징역 1년, 최명희는 징역 8개월을 각각 선고받았다. 이들은 곧바로 항소하여 7월 24일 경성복심법원에서 김종부는 징역 10개월, 장양헌과 오언영은 징역 6개월을 언도받았고 또 다시 상고하였으나 9월 25일 경성고등법원에서 기각하였다.[60] 그리하여 김종부와 장양헌 · 오언영 등은 서울 서대문형무소에서 옥고를 치렀다.

이처럼 충주에서 교인들을 중심으로 만세세위가 준비될 무렵 충주교회 교인 중에는 다른 지역 만세시위에 가담했다가 체포되어 옥고를 치르기도 하였다. 4월 1일 음성군 소이면 한천리, 한내(漢川) 장날 만세시위에 가담했다가 체포된 추성렬(秋成烈, 1887-1970) 속장이 그 대표적인 예다. 충주 읍내리에서 잡화상을 하던 추성렬은 충주 교현동에 살던 이교필(李敎駜)과 함께 한내 장터에 갔다가 만세시위에 가담하였다. 한내 장터시위는 소이면 중동리에 거주하던 김을경(金乙卿)과 이중곤(李重坤) 등이 주도하였는데 수백 명 시위대는 소이면 면사무소로 가서 면장 민병식(閔秉植)을 끌어내 "너도 조선 사람인즉 함께 독립만세를 부르자. 만일 불응하면 죽이겠다." 위협하여 면장으로 하여금 만세를 부르게 하였다. 그리고 김을경과 이중곤이 현장에서 경찰에 체포되어 연행되자 권재학(權在學)과 이용호(李龍浩) 등이 주재소로 가서 "어째서 무고한 백성을 체포하는가? 당장 석방하라"며 석방을 요구하였고 이 때 충주에서 온 추성렬과 이교필이 "구금자를 탈환하자"며 흩어지려는 군중을 선동하여 주재소로 몰려가 대대적인 시위를 벌였다. 결국 이날 한내장터 만세시위를 극렬하게 이끈 주모자 6명이 현장에서 체포되었는데 그 명단과 인적 사항은 다음과 같다.

이름	주소	나이	직업
김을경(金乙卿)	음성군 소이면 중동리 967-3	21세	농업
이중곤(李重坤)	음성군 소이면 중동리 569-7	25세	농업
권재학(權在學)	음성군 소이면 갑산리 624-1	41세	농업

60)『한국독립운동사 자료집: 삼일운동 재판기록』, 1096. 장양헌은 1997년 대한민국 정부로부터 독립유공 대통령 표창을 받았다.

이름	주소	나이	직업
추성렬(秋成烈)	충주군 충주면 읍내리 409-1	32세	잡화상
이교필(李敎馝)	충주군 충주면 교현리	33세	농업
이용호(李龍浩)	음성군 소이면 중동리 681-3	30세	농업

이들 한내장터 만세시위 주도자 6명은 재판에 회부되어 5월 22일 공주지방법원 청주지청에서 김을경은 징역 1년 6개월, 이중곤과 권재학은 징역 1년, 추성렬과 이교필은 징역 6개월, 이용호는 태(곤장) 90도를 각각 선고받았다. 이들 가운데 이용호를 제외한 5명은 항소하였으나 7월 24일 경성복심법원에서 공소 기각되었고 다시 상고하였지만 10월 2일 고등법원에서 상고 기각 결정을 내림으로 6개월 이상의 옥고를 치렀다.[61]

이처럼 소이면 한천리까지 가서 한내장날 만세시위에 가담하고 6개월(미결수 기간까지 포함하면 8개월) 옥고를 치른 추성렬은 충주교회의 '신실한' 성도였다. 이는 그가 옥고를 치르고 나와 충주교회 속장으로서 보여준 '신실한' 행동으로 확인된다. 초교파 교계 언론지「기독신보」1922년 5월 31일자에 실린 "충주읍교회 추성렬 의거"란 제목의 기사다.

> "충주읍교회 속장인 추성렬(秋成烈) 씨는 소요[만세운동] 당시에 엇더한 혐의로 몟달 동안 철장 아래서 생활을 하엿다. 이때에 유족의게 약간의 동정금이 잇섯는대 씨는 빈한한 생활을 하는 중에서도 이 돈 중에 一 푼도 남용치 안코 저축하엿든 바 목하 교회 내에 제반 재정의 궁핍한 가울을 당하여 씨는 이전의 동정금 저축하엿든 四十원을 판출하여 본 교회 내에 종이 업슴을 한탄하여 四호 종 一좌를 단독히 기부하엿고 종각 건축비는 일반 신자측 의연금을 모집하여 굉장히 종각을 건설하엿다더라."[62]

추성렬 속장이 감옥에 들어가 있는 동안 충주교회 교인들이 위로금으로 유가족에게 주었던 돈을 "한 푼도 쓰지 않고" 저축해두었다가 충주교회가 재정난으로 교회 종(鐘)조차 마련하지 못하고 있다는 사실을 알고 교인들의 성금

61) 「金乙卿 外 公州地方法院 淸州支廳 判決文」, 1919.5.22; 『한국독립운동사 자료집: 삼일운동 재판기록』, 1086-1087. 추성렬은 1993년 대한민국 정부로부터 독립유공자 대통령 표창을 받았다.
62) "충주읍교회 秋成烈 義擧," 「기독신보」1922.5.31.

40원을 교회에 다시 내놓은 것이다. 교회는 그 종으로 제법 큰 종을 구입하였고 교인들의 헌금으로 종각까지 세워 충주 시내 전역에서 교회 종소리를 들을 수 있게 되었다. 4개월 후 「기독신보」는 또 한 차례 '추성렬의 헌종(獻鐘)' 기사를 신문에 올렸다.

> "충주읍교회는 설립된 지 十여 년이엇으나 아직 종이 업서 유감으로 지내던 바 본 교회 신자 추성렬 씨가 년전 만세사건으로 몃달 동안 철장 아래서 지내는 동시 교우인 형제들이 도와주는 식비를 저축하엿다가 례배당에 종을 사서 들엿슴으로 일반 신자는 새 종소리를 들을 때마다 씨의 열성을 찬양한다더라."63)

충주교회로서는 처음 장만한 종이었다. 교인들은 물론 불신자들도 교회 종소리를 들을 때 마다 '예배시간'만 아니라 추성렬 속장과 그의 옥중 투쟁을 지원했던 충주교회 교인들의 '애국정신'도 함께 되새겼다. 이후 추성렬 속장의 '애국종'(愛國鐘)은 일제 말기 전쟁 막바지에 이르러 일제가 모든 쇠붙이를 공출해 가던 유기공출(鍮器供出) 때 강제로 빼앗길 때까지 20년 동안 충주시내 한복판에서 집회시간과 애국정신을 일깨워 주었다.

충주 출신으로 외지에서 독립만세운동에 가담하고 옥고를 치른 또 다른 인물로 어윤희(魚允姬, 1877-1961) 전도사가 있다. 충주군 소태면 덕은리에서 출생하여 어려서 한문 공부를 하였고 16세 때 부모가 짝지어준 남편과 결혼하였으나 남편은 결혼 3일 후 동학의병(東學義兵)에 가담, 집을 나갔다가 전사하고 돌아오지 못했다. 결국 '신혼 3일만'에 아기과부가 된 어윤희는 2년 후 그를 돌보아 주던 친정아버지마저 별세하자 충주를 떠나 외지를 방랑하다가 개성에 정착해 살던 중 서른이 넘어 전도를 받고 36세 때 세례를 받고 감리교인이 되었다. 그는 남감리회 여선교부에서 기혼여성(과부)을 위해 설립한 미리흠여학교에 들어가 공부한 후 개성북부교회 전도부인으로 사역하였다. 그러던 중 3·1만세운동이 일어났을 때 서울에서 인쇄된 「독립선언서」를 전달받고 학생들을 동원하여 태극기를 제작한 후 3월 3일, 고종 황제 인산일(因山日)에 맞추어 개성 호수돈여학교 학생들과 개성 여성교인들을 이끌고 독립만세

63) "충주읍교회 秋成烈 捐鍾," 「기독신보」1922.9.6.

시위를 전개하였다. 시위 직후 경찰에 체포된 어윤희 전도사는 서울로 압송되어 4월 11일 경성지방법원에서 1년 6개월 징역형을 선고받고 서대문형무소에서 옥고를 치렀는데 그 때 유명한 아우내(병천) 장터 만세시위를 주도하고 체포된 유관순과 같은 감방에서 지냈다. 출옥 후 어윤희 전도사는 개성 호수돈여학교 사감으로 지내다가 일제 말기 개성에서 고아원을 운영하였고 해방 후 월남하여 서울 서강교회 장로로 있으면서 1961년 별세하기까지 유린보육원 원장으로 고아들을 돌보았다.[64] 비록 충주 사람들 가운데 어윤희 전도사(장로)를 기억하는 사람들이 많지 않지만 어윤희는 '충주 출신' 여류 독립운동가로 한국 민족운동사에 그 이름을 뚜렷하게 남겼다.

이렇듯 1919년 3·1만세운동이 일어났을 때 충주에서 장양헌 전도사와 김종부 · 최명희 등 교인들이 주도하여 만세운동을 모의하였고 충주교회 추성렬 속장은 신니면 한내 장터시위에 참여하여 옥고를 치렀으며 소태면 덕은리 출신 어윤희 전도사는 개성에서 만세운동을 주도하였다. 이런 교인들의 만세운동 투쟁과 수난으로 충주는 3·1만세운동에 관하여 '할 말'을 얻었다. 그리고 이렇듯 기독교인들이 적극 참여한 3·1만세운동을 목격한 일반 시민사회에서 교회와 기독교인을 바라보는 시선도 우호적으로 바뀌었다. 특히 추성렬 속장이 헌납한 충주교회 '애국종' 소리는 일제강점기 충주 시민들에게 위안과 힘이 되었다.

3. 1920년대 교회 부흥과 청년운동

3.1 조윤여 목사의 '청년 목회'

3·1만세운동을 겪은 1년 후 1920년 10월 서울에서 개최된 미감리회 한국연회 제13차 매년회에서 대대적인 지방회와 구역회 조정이 이루어졌다. 우선 그동안 수원지방회에 속했던 광주와 여주 · 이천 · 장호원 · 제천 · 충주 등지

64) 추영수, "어윤희 여사," 『久遠의 횃불』(중앙여자중고등학교, 1971), 110-120. 어윤희는 1995년 대한민국정부로부터 독립유공자로 애족장 표창을 받았다.

교회들로 이천지방회를 따로 조직하고 선교사 모리스(C.D. Morris, 모리시)를 감리사로 파송하였다. 모리스는 원주지방 감리사도 겸하였는데 이천지방회에 속한 제천과 충주 구역을 재조정한 사실을 1921년 연회에서 다음과 같이 밝혔다.

> "작년 연회 이후 제천구역 안에서 중요한 조정이 이루어졌다. 제천구역이나 충주구역 모두 너무 넓어서 목회자들이 효율적으로 관리하기 어렵다는 것을 확인하였다. 그래서 두 구역을 재조정하였고 여기에 목계 구역을 새로 조직했다. 그 결과 두 구역 담임자들은 효율적으로 담당 교회들을 돌아볼 수 있게 되었다."[65]

엄정의 목계교회를 중심으로 새로 구역이 조직되었음을 알 수 있다. 목계구역 창설로 훨씬 몸이 가벼워진(?) 충주구역은 신설된 이천지방회에 속하게 되었고 구역 담임자 변동도 이루어졌다. 즉 충주구역을 담임했던 장춘명 목사는 새로 조직된 천양(天陽, 이포)구역으로 옮겨가고 대신 조윤여(趙潤如) 전도사가 파송받아 왔다. 조윤여 전도사는 여주 당모루(당우리)교회 출신으로 1916년 무렵부터 모교회인 당모루교회 전도사로 사역을 하다가 1920년 연회에서 충주구역 담임자로 파송을 받아 왔다.[66] 조윤여 전도사는 1년 후 1921년 10월 평양에서 개최된 미감리회 한국연회 제14차 매년회에서 본처 집사목사로 안수를 받았다.[67] 이로써 충주교회는 30대 젊은 목사의 지휘를 받아가며 다양한 선교활동을 전개할 수 있었다. 그리고 그렇게 충주교회에서 추진한 행사와 사역의 내용은 교계 신문을 통해 전국에 소개되었다. 우선 1920년 3월 설립된 충주유치원에 관한 「기독신보」 기사다.

> "충주읍 예수교회에서는 전도사 조윤여(趙潤如) 씨의 성의와 교회 내 청년 제씨와 일반 유지 신사의 열성으로 례배당 내에 유치원을 신(新) 설립하고 三월 一일부터 시작하여 어린

---

65) C.D. Morris, "Wonju and Yi Chun Districts," *KMEC* 1921, 123.
66) "Appointments, Korea Annual Conference," *KMEC* 1920, 20; 조윤여, "려주에 새 은혜," 「기독신보」1918.6.19; 「미감리회 조선매년회회록」(1920), 13, 28; 김동옥, 『이천지방 감리교회사』, 290-292.
67) "Appointments, Korea Annual Conference," *KMEC* 1921, 89, 104; 「미감리회 조선매년회회록」(1920), 5, 17.

아해를 보육(保育)하는대 아동의 수는 약 四十명이며 교사는 조경희(趙敬喜)인대 씨는 다년 유치원의 교사로 경험이 잇는 이라더라."[68]

충주유치원 설립은 조윤여 전도사의 발의와 교회 청년들의 주도로 지역 유지들의 지원을 받아 이루어졌다. 교회가 하는 사업에 지역사회가 적극 호응한 것이다. 유치원 창립 날짜를 '삼일운동 1주년 기념일'인 1920년 3월 1일로 잡은 것도 1년 전의 충주독립만세운동을 기억하고 있는 교인이나 지역주민들에게 특별한 의미가 있었다. 그렇게 해서 충주 최초 유치원은 충주교회 안에서 조경희 교사가 40명 유치원생을 가르치는 것으로 시작되었다.

이처럼 유치원 설립의 중추 역할을 했던 충주교회 청년들은 정식으로 단체를 만들기로 하고 1920년 7월 15일 청년회를 조직하였다. 그 사실을 「기독신보」가 자세히 보도하였다.

"충주읍교회는 설립된 지 十유여 년이로되 특별히 진흥되지 못함으로 교회 유지 몃 분은 항상 기도와 로심으로 진흥방침을 연구하던 중이더니 거월 十五일 밤에 전연득(全連得) 한운삼(韓雲三) 장양헌(張良憲) 三씨는 일반 신자의 신앙심을 돈독케 하며 성경지식과 보통상식을 넓히기 위하야 청년회를 조직하고 토론회를 매 목요일마다 개(開)하자 작정하고 임시 토론회를 우 례배당 내에 개하야 三四신자는 '믿음과 행함이라'는 문제로 깃븜과 열성을 다하야 토론회를 자미잇게 맛첫는대 더욱 감사함은 믿지 안는 청년 여러분의 방청이엿더라."[69]

충주교회 청년회의 창설 주역 가운데 한 사람인 장양헌은 1년 전 충주3·1만세운동의 주역으로 활동했던 '독립운동가'였다. 장양헌 전도사는 8개월(미결수 기간 포함) 옥고를 치르고 나와 중단했던 신학수업을 계속하여 1921년 피어선성경학원 졸업하고 곧바로 감리교협성신학교에 들어가 수업을 받으면서 주말이나 방학이면 충주에 내려와 '신학생 전도사'로 교회 일을 도왔다.[70]

---

68) "충주읍교회 유치원 설립," 「기독신보」1920.5.4.

69) "충주읍교회," 「기독신보」1920.8.11.

70) 이후 장양헌은 협성신학교를 졸업하기 전인 1924년 만주로 방명하여 연길에서 보광학교를 설립, 민족주의 교육을 실시하였다. 그러다가 천양(이포)에서 목회하다가 은퇴한 '양할아버지' 장춘명 목사의 건강이 좋지 않다는 소식을 듣고 1930년 귀국하여 회양읍교회 전도사로 목회에 복귀하였고 1931년 장호원교회로 옮겨 시무하다가 1933년 장춘명 목사가 별세한 후 다시

장양헌 · 한운삼과 함께 충주교회 청년회 창설을 주도했던 전연득은 한국교회 '최초 여성목사'로 유명한 전밀라(全密羅) 목사의 아버지다. 제천군 덕산면 수산리에 살던 전연득은 1902년 무렵 복음을 접하고 기독교인이 되었는데, 그 때문에 집안 친척들로부터 많은 핍박을 받아 결국 가족을 이끌고 충주로 나와 "가난한 생활 중에서도 아침저녁으로 가정 기도회를 갖는 등 철저한 신앙생활로 자녀를 양육하였고" 나중에 성서공회 권서(매서인)가 되어 충주와 청풍 · 제천 · 원주 등지를 다니면서 전도활동을 벌였다.[71] 이렇게 민족의식과 전도열정이 충만했던 청년들로 조직된 충주교회 청년회는 이후 1920-30년대 충주교회 부흥과 발전의 중심축이 되었다.

이처럼 충주교회에 부임한 첫 해에 유치원 설립과 청년회 조직을 성공적으로 끌어낸 조윤여 목사는 2년차인 1921년 교회 안에 새로운 두 단체, 즉 전도회와 주일학교를 조직하였다. 먼저 충주교회 전도회 조직에 대한 「기독신보」 기사다.

> "충주읍교회 내에서 일반 유지 청년이 성경지식을 넓히고 전도에 분투하기 위하야 五월 十三일에 전도회를 조직하엿는대 당일 입회원이 三十여 인이엿스며 당선된 임원의 직명과 씨명은 여좌하더라. 회장 조윤여(趙潤如), 부회장 김련득(金連得), 문예부장 윤재순(尹在淳), 종교부장 김련득(金連得), 서무부장 류병일(劉秉一), 재무부장 리연상(李淵相)."[72]

1921년 5월 13일 조직된 충주교회 전도회는 1년 전에 조직된 청년회와 연계하면서도 '성경공부와 전도활동'에 보다 강조점을 두었다. 그리고 이 기사를 통해 김연득과 윤재순 · 류병일 · 이연상 등 당시 충주교회 청년 교인들의 이름을 확인할 수 있다. 다음은 충주교회 주일학교 조직에 대한 기사다.

> "충주읍교회는 설립된 지 十여 년이로대 주일학교가 완전치 못하야 심히 유감이던 바 금

만주로 가서 북만주 하동과 해림 지역에서 목회하였다. 그는 1937년 만주선교연회에서 목사 안수를 받았고 1941년에 귀국해서 여주와 장호원, 이천, 음성 등지에서 목회하였다. "장양헌," 『기독교대백과사전』제13권, 632.

71) 전밀라, 『또다시 기다리는 마음으로』(기독교대한감리회 양광교회, 1986); "전밀라," 『한국 감리교 인물사전』(기독교대한감리회, 2002), 420.

72) "충주읍교회 전도회 소식," 「기독신보」1921.6.22.

년 一월부터 장년과 유년주일학교를 완전히 조직하고 열두 반에 난호와 가라치는 가운데 특별한 은혜와 재미를 만히 보는 중 六월 十二일 주일은 유년 꽃주일노 직혓는대 전도사 조윤여 씨 사회 하에 청아한 풍류와 유쾌한 찬송으로 개회되매 유년주일 학생 일동은 각히 반렬을 난호아 창가 유희 연설 여러 가지로 수백 명 회중에 감동을 주엇슴으로 박수갈채로 일시 성황을 일우엇는대 처음 잇는 깃분 일이라더라."[73]

충주교회는 1921년 1월부터 주일학교를 장년과 유년으로 나누어 본격적인 활동을 하였다. 그리고 6월 12일 '꽃주일'(어린이주일) 행사는 주일학교 학생과 교인 '수백 명'이 참석하는 성황을 이루었다. 이후 '꽃주일' 행사는 연례행사가 되었다. 이듬해(1922) 6월 4일 주일에 열린 충주교회 꽃주일 행사에 대한 「기독신보」 기사다.

"충주읍교회에서는 六월 四일에 유년 꽃주일로 직히는대 례배당 四벽에는 꽃주일 간판과 장식이 화려한 가운데 백여 명 되는 유년주일학생의 청아한 창가와 연설이 잇섯고 특히 꽃으로 단장한 여학생의 유희가 잇서 三백여 명 청중에게 만흔 깃븜을 주엇고 례배를 필한 후 교회 일동이 기렴촬영하엿다더라."[74]

유년주일학교는 꽃주일 외에 성탄절에도 '성탄축하 예식'을 거행하였는데 그 때는 유치원 원아들도 함께 참여하였다. 다음은 1921년 12월 26일 열렸던 충주교회 성탄축하식에 대한 「기독신보」 기사다.

"충주읍교회에서는 十二월 二十六일 하오 七시에 구주성탄 축하식을 거행하엿는대 유년주일학교 학생 일동의 유희와 창가는 듣는 교우와 방관하는 불신자로 하여금 만흔 감상을 주엇스며 동시에 유년 쥬일학생과 유치원 학생에게는 만흔 례물을 주엇다더라."[75]

이렇듯 충주교회는 1920년 조윤여 목사가 부임한 이후 청년회와 전도회, 유치원과 주일학교를 조직 혹은 설립해서 교회뿐 아니라 지역사회를 향해 다양한 선교사역을 펼쳤다. 청년들이 주도적으로 사업을 펼쳐나가는 교회는 활

73) "충주읍교회 幼年花主日," 「기독신보」1921.7.13.
74) "충주읍교회 幼年花主日," 「기독신보」1922.6.21.
75) "충주읍교회 성탄축하식," 「기독신보」1922.1.18.

기를 띠었고 그 광경을 구경했던 불신자들 가운데 새신자들이 속속 나왔다. 그 결과 교회는 자연스럽게 부흥하고 성장했다. 다음은 조윤여 목사가 담임했던 1920-24년 사이 연회에 보고된 충주구역 교세 통계이다.76)

연도	교회수	교회임원		교인통계				주일학교		
		전도사	권사	학습인	입교인	원입인	총계	학교	교사	학생
1920	5	1	5	41	117	86	244	1	3	215
1921	7	1	4	148	110	70	328	1	5	200
1922	5	1	5	31	114	139	284	1	3	282
1924	4	1	5	45	132	191	318	3	21	221

1924년 통계에 의하면 충주구역 4개 교회에 총교인수가 318명이었고 주일학교는 유년주일학교 1개, 장년주일학교 2개에 221명 학생이 등록해서 다녔다. 여기서 충주교회만의 통계를 잡아낼 수는 없지만 앞서 살펴본 「기독신보」 기사들을 참조하면 당시 충주교회는 대략 성인 100-150명, 주일학생 100여명이 기록하였음을 알 수 있다. 이런 교세 증가로 예배와 교육 공간이 좁게 되었고 그래서 충주교회는 1923년 예배당을 증축하였다. 그 때까지 충주교회는 '서문 밖'에 있는 4칸짜리 한옥 예배당에서 예배를 드렸는데 배 이상 늘려지은 것이다. 원주지방과 이천지방 감리사를 겸하고 있던 노블(W.A. Noble) 선교사가 그 사실을 1924년 연회에서 보고하였다.

> "충주교회 예배당을 크게 확장하였으며 조[조윤여] 형제가 그 책임을 훌륭히 감당하였다. 교인들이 자발적으로 헌금을 하여 공사를 마쳤다. 그 결과 현재 교인의 75%를 더 수용할 수 있는 공간이 마련되었다."77)

이처럼 3·1만세운동을 겪은 후 1920년대 초반 충주교회는 '청년 목회자' 조윤여 목사와 함께 활기찬 복음전도와 선교사역을 추진하였고 교인들의 자발적인 노력으로 예배당까지 증축하는 결과를 얻었다.

---

76) "Statistics, Korea Annual Conference," *KMEC* 1920-1924.
77) W.A. Noble, "Seoul, Wonju and Yichun Districts," *KMEC* 1924, 55.

3.2. 박영석 목사의 '교육 목회'

충주교회에 부임하여 '조직 목회'로 청년 교인들에게 활기를 불어넣어 주었던 조윤여 목사는 충주에서 4년 목회를 마치고 1924년 9월 연회에서 이천구역으로 파송을 받아 떠났다. 그리고 그 후임으로 박영석(朴瑛錫, 1884-1959) 목사가 충주구역 담임자로 파송을 받았다.[78] 경기도 출생인 박영석 목사는 1913년 감리교협성신학교를 제2회로 졸업하였는데 신학생 시절인 1912년부터 충남 아산교회 전도사로 목회를 시작하였다. 그는 1914년 미감리회 매년회에서 집사목사, 1916년 장로목사안수를 받았고 1914년 강경읍교회에 부임하여 목회하는 동안 3·1만세운동을 맞아 '독립운동 배후혐의'로 경찰서에 구금되어 조사를 받기도 했다. 이후 박영석 목사는 1919년 11월 논산읍교회로 옮겨 5년간 목회하다가 1924년 연회에서 충주구역 담임자로 파송을 받아 왔다.[79] 부임하는 박영석 목사를 환영하는 충주교회 교인들의 환영회가 1924년 10월 2일에 열렸는데, 그 장면을 「기독신보」는 이렇게 보도하였다.

> "충주읍교회에서는 十월 二일에 신임목사 박영석 씨의 환영회를 본례배당에서 개최하엿는대 전연득 씨 사회로 최지화 씨의 기도와 조완섭 씨의 성경낭독이며 류병만 씨의 환영사와 유년 주일학생의 창가 유희며 조소저 녀사의 환영가와 유치원 학생들의 자미스런 유희며 조환국 군의 사현금 독주와 류계풍 로인의 독창과 박 목사의 답사가 잇슨 후 애찬이 잇섯다더라."[80]

다양한 순서로 박영석 목사를 환영하는 충주교회 교인들의 모습을 확인할 수 있다. 특히 순서를 맡은 전연득과 최지화 · 조완섭 · 류병만 등은 당시 충주교회를 이끌어간 평신도 지도자들이었다. 그리고 환영가를 부른 조소저, 사현금(바이올린)을 연주한 조환국, 독창을 한 류계풍 등은 '탄금대'(彈琴臺)로 유명한 충주의 '예술적 소양'을 맘껏 표현했다.

---

78) 「예수교미감리회 조선매년회회록」(1924), 23.

79) "원로 목사님들에게 묻습니다: 박영석," 「감리교생활」1959.1, 33; 『강경제일교회 100년사』(기독교대한감리회 강경제일교회, 2008), 29-30; 『논산제일감리교회 106년사』(기독교대한감리회 논산제일교회, 2010), 154-161.

80) "박 목사 환영회," 「기독신보」1924.10.22.

그런데 박영석 목사를 충주교회로 파송했던 1924년 연회에서 충주구역이 이천지방에서 원주지방으로 이관되었다. 그러면서 제천구역 및 목계구역도 함께 옮겼다. 그 결과 지금까지 '경기도' 광주와 여주 · 이천 등지 교회들과 교류하였던 충주교회는 '강원도' 원주와 문막 · 평창 · 횡성 · 영월 등지 교회들과 같은 지방회 소속으로 교류하게 되었다. 그 사실을 원주지방 감리사 노블은 1925년 연회에서 이렇게 보고하였다.

> "지난 해 충주는 이천지방에서 원주지방으로 소속을 옮기게 되었다. 그 결과 8개 교회 42명 교인이 늘어난 것만 아니라 천안지방 남쪽에 있던 넓은 구역이 원주지방에 속하게 되었다. 이 지역은 인구가 많은 곳으로 잘 전도만 하면 새로운 많은 교회와 구역을 늘리게 될 것이다."[81]

노블은 계속해서 자신이 관리하는 원주지방 각 구역 형편을 보고하는 중에 충청북도 관내에 있는 충주와 제천 · 목계 구역 형편을 상세히 보고하였다.

> "제천구역은 7개 교회로 조직되어 있다. 제천읍교회는 1,200원을 들여 새 부지에다 예배당을 지었는데 예전 예배당은 유치원으로 사용할 계획이다. 목계교회는 예배당을 확장하였고 근처에 보다 훌륭한 목회자 사택을 지었다. 충주구역은 8개 교회로 조직되어 있다. 충주읍교회는 작년에 증축해서 현재 교인의 50% 이상을 더 수용할 수 있게 되었는데 지금은 그것도 모자라 주일 오전이면 창문으로 들여다보면서 밖에서 예배를 드리는 교인들로 만원을 이룬다."[82]

노블 감리사는 충주교회가 1년 전에 교회를 배 이상 증축했음에도 주일마다 예배당 안에 들어오지 못한 교인들이 마당에서 예배를 드려야 할 정도로 부흥을 이룩한 사실을 언급하면서, 미국에서 오는 선교비가 대폭 삭감되어 충주구역 선교 지원비도 전년에 비해 50% 줄어든 상황에서 충주교회가 일궈낸 놀라운 부흥과 성장이었다는 점을 강조하였다. 이처럼 충주교회는 1923년 예배당을 증축했음에도 계속 늘어나는 교인으로 예배 공간이 부족하자 교인

81) W.A. Noble, "Seoul, Wonju and Kangneung Districts," *KMEC* 1925, 131.
82) W.A. Noble, "Seoul, Wonju and Kangneung Districts," *KMEC* 1925, 132.

들은 새 예배당 건축을 준비하였다. 그런 배경에서 1925년 10월, 장로교회 김익두(金益斗) 목사를 초청하여 부흥회를 개최하였는데 그 내용이 「기독신보」에 실렸다.

> "충주읍교회는 김익두 목사를 청하고 금월 八일부터 一주간 부흥회를 개최한 바 매일 집회 수가 六七百 명에 달아햐 큰 은혜를 받고 새로 믿기를 결심한 이가 七十四인이엿고 례배당 건축을 위하야 연보한 것이 七百여 원이라더라."[83]

충주교회로서는 20년 역사상 가장 성황을 이룬 집회였다. 황해도 신천교회에 목회하고 있던 김익두 목사는 이미 1920년부터 각종 환자들에 대한 치유가 일어나는 '신유 부흥회' 강사로 유명하였는데, 그런 김익두 목사의 설교를 듣기 위해 매일 6, 7백 명이 운집하였고 새로 믿기로 작정한 이가 74명이 나왔으며 건축헌금도 7백 원이나 걷혔다. 1927년 3월에도 황해도 장연읍장로교회의 김성로(金聖魯) 목사를 초청해서 부흥회를 열었다.

> "충주읍교회에서는 三월 三十일로 四월 六일까지 부흥회를 열고 김성로 목사를 청요하야 인도한 바 새벽기도와 성경공부에 七十여 명식 저녁강연에 四百여 명식 회집하야 큰 감동을 받는 중 신신자가 六十三인이라더라."[84]

부흥회 열기는 2년 전 김익두 목사 부흥회 때만 같지 못했지만 여전히 4, 5백 명 집회가 이루어졌고 새 신자도 63명이 나왔다. 이처럼 부흥회는 충주교회 교인들의 신앙 열정과 헌신을 여실히 보여주었다. 충주 교인들은 부흥회뿐 아니라 절기 예배를 통해서도 신앙적 열정과 헌신을 보여주었다. 다음은 1924년 11월 16일 주일에 지킨 충주교회 추수감사절 모습이다.

> "충주읍교회에서는 十一월 十六일 주일에 감사례배를 직히엿는대 박영석 목사의 사회로 추성렬 씨의 기도와 서상희 씨의 성경낭독이 잇슨 후 남녀 청년의 찬송이 잇섯고 박영석 목사가 추수에 대한 감상이란 문제로 전도한 후 유치원 어린이의 창가와 남녀 학생의 연설과

---

83) "충주읍교회 부흥회," 「기독신보」1925.10.28.
84) "충주읍교회 부흥회," 「기독신보」1927.4.20.

유희가 잇섯고 일반 교인이 감사한 마음으로 드린 곡식과 금전은 합 六十원 이상에 달하엿다더라."[85]

추수감사절 예배는 독립운동가 추성렬 속장의 기도와 서상희의 성경낭독, 박영석 목사의 설교 후에 주일학교 학생과 유치원 원아들의 특별순서로 꾸며졌다. 그날 드려진 추수감사헌금은 60원이 넘었다. 이듬해(1925) 충주교회 추수감사절 소식도 「기독신보」에 실렸다.

"충주읍교회는 十五일에 감사주일을 직혓는대 박영석 목사의 추수에 대한 강도와 아해들의 아름다온 노래가 잇섯고 연보한 것은 전곡(錢穀) 합하야 八十여 원이 되엿다다라."[86]

추수감사절헌금이 80원으로 늘어났다. 그리고 1927년에는 그 액수가 무려 120여 원으로 크게 증가하였다.

"충주읍교회에서는 十一월 十三일 년례에 의하야 추수감사절을 직히엿는대 일반 교우의 헌성한 금액은 百十九원 二十九전이 수입되엿다더라."[87]

이러한 추수감사절 절기헌금은 교회의 자립(自立) 기금으로 활용되었으니 충주교회는 더 이상 선교부의 지원을 받지 않고도 담임목회자의 생활비와 교회 운영비를 부담할 수 있는 '자립교회'가 되었다. 추수감사절처럼 성탄절도 전 교인이 참여하는 '신앙 축제'였다. 1927년 12월 26일 개최된 충주교회 성탄절 행사를 「기독신보」가 소개하였다.

"충주읍교회에서는 지난 二十六일에 성탄축하식을 거행하엿는대 새벽에는 남녀 신도들이 집집마다 문전에 가서 찬송을 하엿스며 밤에는 종각 꼭대기에 四백촉 전등을 달아 온 시가에 광명한 빛을 빗최이고 어린이의 가극과 연설로 대성황을 일우엇다더라."[88]

---

85) "충주읍교회 감사일," 「기독신보」1924.12.3.
86) "충주읍교회 추수감사," 「기독신보」1925.11.25.
87) "충주읍교회 추수절," 「기독신보」1927.11.30.
88) "충주교회 성탄축하," 「기독신보」1928.1.4.

성탄절 연례행사인 '성탄절 새벽송'과 '크리스마스 점등(點燈)'이 실시되었다. 그리고 성탄절 행사는 교인들만의 행사가 아니라 지역 주민들도 함께 참여하는 '지역 축제'가 되었다. 이렇게 충주교회는 교회 울타리를 넘어 지역사회에 '복음의 빛'을 비추어 나갔다. 같은 맥락에서 충주교회 교인들은 주변의 어려움을 당한 이웃을 위해서도 종종 구제헌금을 실시했는데 한 예로 1925년 7월 경남 밀양, 경북 대구, 황해도 사리원, 경기도 양주 일대에 홍수가 나서 많은 수재민들이 어려움을 겪고 있다는 소식을 듣고[89] 충주교회 교인들이 수재 의연금을 모아 보냈는데 이 사실을 「기독신보」가 소개하였다.

> "충주읍교회에서는 七월 二十六일 주일에 수해 구제하기 위하야 남녀교우가 각각 자기 힘을 다하야 연보한 결과 합계 二十六원 八十五전임으로 이를 구제회로 보내여 달라고 조선일보 사장 이상재(李商在) 씨의게 의뢰하엿다더라."[90]

1921년 조직한 충주교회 주일학교도 활기차게 움직였다. 특히 1백여 명이 출석하는 유년주일학교는 성탄절이나 부활절에 다양한 축하 프로그램으로 교회 분위기를 밝게 만들었다. 다음은 1925년 4월의 충주교회 유년주일학교 진급식과 야유회에 대한 「기독신보」 기사다,

> "충주읍교회에서는 四월 二十六일에 유년주일학교 진급식을 거행하엿는대 진급생에게 증서와 상품을 수여한 후 유년들과 직원 일동이 원유회(遠遊會)로 탄금대에 올라 춘흥에 겨운 노래를 부르며 다과를 난호왓다더라."[91]

주일학교보다 6개월 앞서 조직된 충주교회 청년회는 감리교회의 공식 청년회 명칭인 '엡윗청년회'(懿法青年會, Epworth League)란 명칭을 사용하면서 다양한 행사와 사업을 추진하였다. 가장 대표적인 것이 토론회와 강연회였다. 다음은 1925년 8월 개최된 충주교회 엡윗청년회 강연회와 웅변대회에 관한 「기독신보」 기사다.

---

89) "홍수를 당하고서," 「기독신보」1925.7.29; "홍수에 전멸된 龍津," 「기독신보」1925.8.5.
90) "충주교회의 수해 동정," 「기독신보」1925.8.26.
91) "주교진급식," 「기독신보」1925.5.20.

"충주읍교회 엡웟청년회 제三회 통상회는 八월 三十一일에 모히여 사무를 처리한 후 강연을 하고 래회에는 소년소녀 웅변대회를 열기로 하엿다더라."[92)]

다음은 1926년 2월, 충주교회 엡웟청년회에서 개최한 동화대회 소식이다.

"충주읍교회 엡웟청년회는 二월 二十七일에 남녀학생 현상(懸賞) 동화회를 개최하고 류병만 씨 사회 하에 五인의 심사위원이 출석한 후 남녀 학생들의 자미롭고도 유쾌한 동화가 잇섯는대 一등으로 四등까지 상품을 주엇다더라."[93)]

같은 해(1926) 10월에는 엡웟청년회원들이 새벽기도회를 실시하고 매주 토요일마다 전도단을 조직해서 충주구역내 교회들을 순방하며 전도활동을 벌였다.

"충주읍교회 엡웟청년회에서는 일반 회원의 대대적 활동으로 十월 一일부터 례배당에 모히여 매일 새벽기도회 운동을 하며 또 연사 三인을 택하야 토요일마다 각 교회로 순회 전도하기로 하고 첫 걸음으로 十월 二일 토요에는 대소원교회에 가서 류병만 류성태 이상태 제 씨가 전도하야 큰 감동을 주엇다더라."[94)]

이렇듯 충주교회 청년들의 활동 영역은 충주읍 '밖으로' 확장되었다. 또한 충주교회 청년들은 교회 울타리를 넘어 지역사회에 보다 적극적으로 파고들었다. 이미 1920년 3월 설립한 유치원이 그러했고 1926년 4월 19일 시작한 '부인야학'(婦人夜學)도 그러했다.

"충주읍교회에서는 부인들에게 보통 지식을 주기 위하야 야학을 설립하고 四월 十九일에 개학하엿는대 당일에 입학한 부인이 三十명이며 교사는 박경은 김영숙 량씨라더라."[95)]

'야학'은 1920년대 한국교회 청년들이 전개했던 농촌운동의 대표적인 지역사회봉사활동이었다. 그 중에도 유교적 봉건사회에서 교육의 혜택을 받지 못

92) "충주 엡웟청년회 강연," 「기독신보」1925.9.9.
93) "충주 엡웟청년 활동," 「기독신보」1926.3.10.
94) "충주읍 엡웟청년 활동," 「기독신보」1926.10.20.
95) "충주읍 부인야학," 「기독신보」1926.4.28.

해 글을 깨치지 못한 여성들을 위한 '부인야학'은 단순히 한글과 기초 상식만 가르치는 것이 아니라 기독교 신앙과 함께 우리 역사와 문화를 가르쳐 '민족 계몽운동'의 성격을 지니고 있었다. 충주교회 엡웟청년회가 주도적으로 설립, 추진했던 유치원과 부인야학을 「기독신보」는 이렇게 소개하였다.

"충주읍교회의 유치원은 불과 二十五명의 원아로 근근히 유지하여 오던 바 림숙자 씨가 보모가 되어 온 이후 열심 교육하며 각 방면으로 활동한 바 원아가 四十여 명에 달하엿스며 또 여자 야학을 설립하고 류니남 림숙자 량씨가 열심 교수하야 녀학생이 四十여 명에 달하엿는대 지금도 밤마다 학생이 증가하는 중이라더라."[96]

이러한 청년 교인들의 적극적인 참여와 활동으로 1920년대 충주교회는 '자립교회'가 되었을 뿐 아니라 충주와 인근 지역사회에 '영향력 있는 교회'로 자리를 잡았다. 1927년 11월, 그런 충주교회의 모습을 「기독신보」가 취재해서 자세히 소개했다.

"충주는 충북의 굴지하는 읍인 만치 교회도 매우 번성하야가는 중인대 그 교회의 사업과 기관은 아래와 갓더라.

① 엡윗청년회. 남녀 엡윗청년회가 잇서서 일반사업은 물론이요 특히 구령사업에 열중하며
② 소년회. 당지의 오직 하나인 단체로 일반이 만흔 촉망을 가지고 잇다 하며
③ 유년주일학교. 생도 총수 략 백 명인대 압흐로는 더욱 발전할 희망이 섬부하다하며
④ 유치원. 보모 一인 원아는 四十여 인
⑤ 부인야학. 동교회에 사는 부인들의 일반 지식과 교양이 부족함을 유감으로 생각하야 야학을 교수하는 중 특히 문맹퇴치에 큰 효과를 본다더라."[97]

이 기사를 통해 충주교회 안에 엡윗청년회와 유년주일학교 · 유치원 · 부인야학 외에 '소년회'(少年會)도 조직되어 활동하고 있었음을 알 수 있다. 이런 다양한 기관과 사역의 중심엔 엡윗청년회가 있었다. 그리고 앞서 살펴본 기사들을 통해 이 시기 충주교회 엡윗청년회를 이끈 지도자들로 류병만과 류성

---

96) "충주읍 유치원과 야학," 「기독신보」1926.12.1.
97) "충주교회," 「기독신보」1927.11.16.

태 · 이상태 등 남성 회원들과 부인야학 및 유치원을 지도한 임숙자와 박경은 · 김영숙 · 유이남 등 여성 회원들의 이름을 확인할 수 있다. 특히 엡웟청년회 회장으로 활동한 류병만(劉秉萬)에 대하여 「기독신보」는 "군은 시간을 엇기 어려운 공리(公吏)의 몸임에도 불구하고 교회 안 모든 사업과 기관에 열성 봉사하야 교회 안은 물론이요 일반 사회에서까지 칭송이 자자하다더라"[98]고 소개하였다.

이처럼 「기독신보」는 충주교회 각 기관과 사역을 자세히 소개한 후 충주구역에 속한 교회로서 1920년대 들어서 괄목할 만한 발전을 보이고 있던 대소원교회(大召院敎會)도 소개하였다.

> "대소원교회. 이 교회는 충주에서 서으로 략 三十리허에 잇다. 교회의 나이로는 불과 六七세이나 임의 장성한 교회가 되야 주일이면 四五십명식 집회한다는대 금일과 갓흔 성황을 보기에는 해교회 속장 곽주일(郭周一) 씨의 간선과 해구역 목사 박영석(朴瑛錫) 씨의 열심 복무한 열매이라더라."[99]

이처럼 박영석 목사는 충주교회만 담임한 것이 아니라 구역 내 6-7개 교회들을 순방하면서 집회를 인도하고 교인들을 관리하였다. 그 결과는 충주구역 교회 부흥으로 나타났다. 다음은 박영석 목사가 담임했던 1925-27년 사이 연회 보고에 나타난 충주구역 교세 통계다.[100]

연도	교회 임원					교인 통계				
	목사	전도사	전도부인	권사	계	입교인	학습인	세례인	원입인	총계
1925	1		3	3	7	133	95	20	180	428
1926	1	1	1	3	6	125	96	39	224	484
1927	1	1	1	3	6	117	90	40	245	492

충주구역 7개 교회 교인 총계가 1920년대 초반 3백 명 수준이던 것이

98) "충주교회," 「기독신보」1927.11.16.
99) "충주교회," 「기독신보」1927.11.16.
100) "Statistics, Korea Annual Conference," *KMEC* 1925-1927.

1920년대 후반에 이르러 5백 명 수준으로 증가하였음을 알 수 있다. 여기에 통계 보고에서 누락된 주일학교 학생 3백여 명을 합친다면 전체 교인 수는 8백여 명에 이른다. 이 가운데 충주교회 몫을 반으로만 쳐도 충주교회가 4백 명 교인을 보유하였다는 계산이 나온다. 충주교회가 계속 예배당을 증축해도 공간이 좁아 결국 새 예배당 건축을 서둘러야 했던 이유다.

3.3 목계구역 교회들의 감리교 이탈

그렇다고 이 시기(1924-28) 충주구역 모든 교회들이 안정적으로 부흥한 것만은 아니다. 시련도 없지 않았다. 가장 큰 시련은 1927년 목계구역 교회들이 '독립교회'를 표방하고 감리교회를 이탈하여 나간 것이다. 이미 앞서 살펴본 것처럼 1900년 어간에 서울의 장로교 선교사와 전도인들이 뱃길을 통해 목계에 들어와 전도한 결과 엄정과 소태 · 산척 · 동량 등지에 장로교회들이 설립되었는데 이들 장로교회들은 1909년 선교구역 분할협정으로 감리교회에 편입된 후 목계구역을 조직하고 충주구역과 교류하면서 선교와 전도활동을 펼쳤다. 그리하여 1910년대 이미 엄정면의 목계와 배대(拜臺) · 마산(馬山) · 내창(內倉) · 유봉(柳峯) 등지에 교회가 설립되어 활발한 선교활동을 펼쳤는데 특히 목계교회는 김종태(金鍾台) 본처 전도사의 지도력으로 성장하여 자력으로 예배당과 사택을 마련하였다. 이를 바탕으로 목계교회를 비롯한 엄정면 일대 교회들은 1921년 충주구역에서 독립하여 목계구역을 조직하였고 담임자로 황희수(黃喜洙) 전도사, 박현일(朴賢一) 전도사에 이어 이병주 전도사가 파송을 받아 왔다.[101] 1926년 목계구역 담임자로 내려온 이병주(李秉周, 1890-?) 전도사는 충남 논산 출신으로 3·1만세운동 당시 서울 연희전문학교 학생으로서 서울에서 전개된 학생연합 만세시위를 주도하고 1년 6개월 옥고를 치른 독립운동가였다.[102] 그가 부임하였을 당시(1926) 연회 때 보고된 목계구역 통계에 의하면 구역담임 전도사 1명, 전도부인 3명, 권사 3명에 입교인 101명, 학습

---

101) 「조선기독교미감리교회 연회록」(1926), 28.
102) 이병주, "옥중 감상," 「기독신보」1920.9.15; "이병주," 『기독교대백과사전』제12권(기독교문사, 1984), 1,185.

인 79명, 세례인 16명, 원입인 463명, 총계 659명으로 전체 교인 수에서는 오히려 충주구역을 능가하는 수치를 보여주었다.[103)]

이런 목계구역 교회들이 1927년에 돌연 감리교단을 이탈하고 독립교회 단체인 '조선기독교회'(朝鮮基督教會)에 가입하게 된 배경과 동기는 분명치 않다. 1927-28년 감리교 연회록이나 선교보고 속에 이와 관련된 기록이나 언급을 찾아볼 수 없기 때문이다.[104)] 다만 1933년 10월 동량면 대전리(大田里) 1구교회에서 개최된 '조선기독교회 독립기념 축하회'에서 목계교회 김종태가 교회 연혁을 소개하는 중에 "12년 전부터 7년간은 기성회[감리교회를 의미]로, 6년 전 음 8월 16일[양력 9월 11일]에 교회 독립을 선전하고 오늘날까지 힘 있게 진행하여 온 것"이라 한 것에서 목계구역이 '독립교회를 선언하고' 감리교단을 떠난 것이 1927년 9월 11일이었음을 알 수 있다.[105)] 이처럼 목계구역 교회들이 '독립'을 선언하고 감리교단을 이탈하여 나갈 때 구역담임인 이병주 전도사가 어떤 역할을 하였는지는 확실치 않다. 이 사건을 계기로 이병주 전도사는 더 이상 감리교 목회자로 활동하지 않았다. 그렇다고 조선기독교회 목회자로 계속 활동했다는 기록도 찾아보기 어렵다. 다만 목계교회를 실질적으로 이끌고 있던 김종태 전도사는 1929년 목계구역 교회들이 조선기독교회에 가입하는 과정에서 주도적인 역할을 하였고 이후 조선기독교회의 중심인물로 활약한 점을 미루어볼 때 목계구역 '독립선언'은 이병주 전도사보다는 김종태를 비롯한 목계구역 교인들의 판단과 결정에 의한 것이었음을 알 수 있다.

목계구역 교회들이 '집단으로' 가입한 조선기독교회는 1918년 황해도 봉산군 신원교회에서 목회하던 김장호(金庄鎬) 목사가 '축자영감설을 부정하는 자

---

103) "Statistics, Korea Annual Conference," *KMEC* 1926, 259.

104) 목계구역의 이병주 전도사는 1926년 6월 열린 미감리회 조선연회 연회에서 처음 "견습 1년으로 받은 이"로[「조선기독교미감리교회 연회록」(1926), 20], 1927년 6월 연회에서 "견습 1년급으로 계속하여 있는 이"[「조선기독교미감리교회 연회록」(1927), 20]로 나오다가 1928년 10월 연회에서는 "견습으로 계속하지 못하는 이"[「조선기독교미감리교회 연회록」(1928), 22]로 표기하고 있다. 연회 통계표에서도 목계구역 통계는 1926년까지 나오고 1927년부터는 나오지 않는다.

105) "조선기독교 독립기념축하회," 「기독신보」1933.12.6.

유주의신학 경향의 설교'를 하였다는 이유로 보수적 장로교 황해노회에서 '이단으로 정죄'를 받은 후 그를 지지하는 교회와 목회자들이 조직한 독립교회 교단이었다. 조선기독교회는 처음에 '반교권'(反敎權)과 '반선교사'(反宣敎師) 기치를 내걸고 "조선인의 기독교회"를 표방하는 '민족주의 성격'이 강하였는데 1919년 3·1만세운동을 거치면서 선교사와 한국교회를 분할 통치하려는 조선총독부의 정책적 회유에 넘어가 일제 말기에 이르러는 총독부의 지원과 협조를 받는 '친일'(親日) 교단으로 변질되었다.[106] 이처럼 처음 황해도 지역 교회들로만 조선기독교회를 조직했던 김장호 목사는 1920년대 들어서 대구와 김제 · 마산 등지에서 '반선교사' 기치를 내세운 독립교회들이 나오게 되자 조선기독교회를 전국적인 교단 조직으로 만들기 위해 노력하였고 그런 과정에서 1929년 김장호 목사는 직접 충주 목계로 와서 김종태를 만나 조선기독교회 가입을 권유하여 그때까지 '독립교회'로 남아 있던 목계구역 교회들이 역시 '집단으로' 조선기독교회에 가입하게 된 것이다. 이처럼 '황해도 장로교회'를 주축으로 해서 조직된 조선기독교회에 목계구역 교회들이 대거 가입한 배경에는 1925-26년 충주교회에서 '황해도 장로교회' 김익두 목사와 김성로 목사를 초청하여 개최하였던 부흥회도 영향을 끼쳤을 것이다. 그리고 1909년 선교 분할협정 이전에 장로교회로 설립 · 운영되었던 목계구역 교회들의 '장로교 향수'가 감리교 이탈을 촉발시켰던 것으로 보인다.

이렇게 해서 목계구역 교회들은 조선기독교회로 옮겨간 후 조선기독교회 충북지방 중회(中會)를 조직하고 해방될 때까지 조선기독교회의 남한지역 선교거점으로 전도활동을 펼쳤다. 그리하여 조선기독교회는 엄정면과 소태면, 충주 일대에 무시할 수 없는 교세를 형성하였다. 한 예로 1935년 12월 29일부터 한 주일 동안 엄정면 유봉리(柳峯里)교회에서 조선기독교회 충북지방 대사경회가 개최되었을 때 김장호 목사가 직접 내려와 집회를 인도하였는데 "매일 밤 2백여 명 청중이 참석하는" 성황을 이루었다.[107] 대사경회를 마치고 나서 1937년 1월 6일 유봉리교회에서 '조선기독교회 충북지방중회'를 소

106) 민경배, "조선기독교회," 『기독교대백과사전』제13권(1984), 1217-1218; 한국기독교역사연구소, 『한국기독교의 역사Ⅱ』(기독교문사, 1990), 193-194.
107) "조선기독교 충북지방 대사경회," 「기독신보」1936.2.19.

집했는데 그 때 참석한 회원은 목사 1명, 전도사 3명, 장로 4명, 전도부인 2명, 권찰부인 5명. 주일학교 교감 4명, 각 교회 대표 12명, 도합 32명이었고 결의사항으로 ① 유봉리예배당은 사정에 의해 팔기로, ② 매하리교회는 문산리교회와 합하기로, ③ 산척면 독동교회는 예배당 설립하고 신축하되 중회에서 반액을 지급하기로, ④ 소태면 청룡리에 교회를 설립하되 예배당은 내년에 건립하기로, ⑤ 주치리는 구룡동교회에 속하기로 하였다. 그리고 목회자 파송을 보면 목계교회에 심노원 장로, 구룡동교회에 나태근 장로, 문산리교회에 김영제 전도사, 대전리 1구교회에 박기원 전도사, 대전리 2구교회에 유기준 장로, 유봉리교회에 김덕근 장로, 괴동리교회에 송문용 전도사, 용산리교회에 최학내 집사 등이었다.[108] 이로써 목계구역 교회들은 1927년 감리교단에서 이탈해 나간 이후 조선기독교회 이름으로 많은 곳에 교회를 개척하고 전도자들을 파송하였음을 알 수 있다.

이러한 목계구역 교회들의 감리교 이탈과 조선기독교회 가입 활동으로 인근 충주와 제천 · 원주구역 감리교회들이 타격을 받지 않을 수 없었다. 떨어져나간 교회와 교인의 손실은 물론이고 조선기독교회가 왕성하게 포교활동을 펼쳤던 엄정면과 소태면 · 산척면 일대의 감리교회는 크게 위축되어 해방이 될 때까지 이 지역에 본격적인 선교를 할 수 없었다.

3.4 구성서 목사의 '조직 목회'

목계구역의 감리교단 이탈은 충주구역 교회와 목회자들에게 충격이었다. 특히 충주구역 담임자 박영석 목사로서는 비록 자기 구역은 아니었지만 충주와 같은 '선교구역' 안에 있던 목계구역 교회들이 집단으로 감리교회를 이탈해 나감으로 큰 충격을 받았다. 결국 박영석 목사는 목계구역 이탈 파동을 겪은 1년 후 1928년 10월 연회에서 수원구역 담임자로 파송을 받아 떠났고 대신 구성서 목사가 충주구역 담임자로 파송을 받아 왔다.[109] 이러한 연회 파송이 이루어진 후 아쉬움을 안고 충주를 떠나는 박영석 목사를 위한 환송회

108) "조선기독교 충북지방중회," 「기독신보」1936.2.19.
109) 「조선기독교미감리교회 연회록」(1928), 30.

가 1928년 10월 18일, 구성서 목사 환영회가 10월 22일 충주교회에서 각각 개최되었는데 그 장면을 「기독신보」는 이렇게 보도하였다.

> "충주읍교회에서는 十월 十八일에 박영석 목사의 전별식이 잇섯는대 기념품으로 수저와 당목 한 필과 메달을 진정한 후 애찬회가 잇섯고 동 二十二일에는 신임 목사 구성서 씨의 환영회를 하엿다더라."[110]

새로 충주교회 및 충주구역 담임자로 파송을 받아 온 구성서(具聖書, 1894-1969) 목사는 선교 초기 경기도 광주와 이천 · 여주지역 개척 전도자로 활약했던 구연영 전도사의 둘째 아들이었다. 구성서 목사는 열세 살 때(1907) 아버지 구연영 전도사가 큰형 구정서 전도사와 함께 '구국운동'을 하다가 일본군 헌병에게 체포되어 처형당하는 '가족적 불행'을 겪었다. 그 후 아버지의 친구였던 서울 상동교회 전덕기 목사의 보살핌을 받으며 상동교회 부속 공옥학교을 졸업하고 배재학당을 거쳐 평양의학강습소(후의 평양의학전문학교)에서 수학한 후 만주를 오가며 군자금 모금운동에 참여하였고 3·1만세운동 때 독립선언문을 배포하다가 체포되어 옥고를 치렀다. 출옥 후 아버지의 뒤를 이어 목회자가 되기로 결심하고 감리교협성신학교에 입학하여 1925년 졸업하였다. 1921년 여주 당우리교회에서 전도사로 목회를 시작하여 1923년 미감리회 연회에서 집사목사, 1925년 장로목사안수를 받았다. 이후 구성서 목사는 1924-25년 이천읍교회, 1926-27년 여주읍교회를 담임하다가 1928년 연회에서 충주구역 담임자로 파송을 받아 왔다.[111]

구성서 목사가 충주구역 담임자로 부임해 올 당시 교회 분위기는 1년 전의 목계구역 교회들의 감리교 이탈사건으로 침울했다. 과거 충주구역에서 함께 지내다가 목계구역으로 독립한 직후 '떨어져 나간' 7개 교회와 3백여 명 교인들이 남긴 '빈 공간'이 커 보였다. 이런 상황에서 구성서 목사는 충주구역 관내 교회들을 순행하면서 남은 교인들을 독려하고 전도하였다. 그 결과 그

110) "충주읍교회 송영회," 「기독신보」1928.10.31.
111) 「조선기독교미감리교회 연회록」(1929), 111; 「크리스챤신문」1967.3.11; "구성서," 『기독교대백과사전』제2권(기독교문사, 1981), 209.

가 부임한 지 6개월 만에 충주구역에 새로운 교회가 설립되었다. 1929년 1월 16일자 「기독신보」에 실린 '충주교회' 관련 기사 중 일부다.

> "충주읍에서 북편으로 二十리 되는 하구암리에는 十四호의 六十여 명이 새로 믿기를 작정하엿슴으로 지난 三十일에 구성서 목사가 가서 김영환 씨 사택에 기도소를 정하고 례배를 인도하엿다고."[112)]

1928년 12월 30일 구성서 목사가 기도처를 조직함으로 시작된 하구암교회는 충주에서 북서쪽으로 13km, 충주군 가금면 하구암리(下九岩里)에 있었다. 하구암에 교회가 설립된 사실을 원주지방 감리사 신홍식(申洪植) 목사는 1929년 6월 연회에 제출한 영문보고서에서 이렇게 기록했다.

> "충주구역으로 통하는 사이 길에서 숨겨져 있던 교회 하나를 발견했다. 이 교회는 다른 곳에서 신앙생활을 하다 옮겨온 신자 한 사람으로 시작된 교회였다. 그곳에서 교회가 흥왕하여 지금은 50명이 넘는 교인들이 예배를 드린다."[113)]

신홍식 감리사는 같은 1929년 연회의 한글보고서에서 보다 구체적인 사실을 증언했다.

> "충주구역 하구암이라 하는 동리에서는 서울서 믿다가 몃 해 전에 이곳으로 우거하고 쉬고 잇든 형제가 다시 신앙이 생겨서 동리 사람들을 모와놋코 예배하는 것을 발견하고 [구성서] 목사가 차저가서 완전이 기도회를 조직하고 심방함으로 지금 四五十 명의 신자가 생겻습니다."[114)]

이렇게 '자생적인' 신앙공동체로 출발한 하구암교회는 1년 후 독자적으로 예배당까지 마련했다. 그 사실을 1930년 5월 「기독신보」가 자세히 보도했다.

> "충주군 가금면 구암리에는 작년부터 기도소를 정하고 례배하든 중 신자가 일가월증함으

112) "충주교회 잡보," 「기독신보」1929.1.16.
113) Cynn Hong Sik, "Wonju and Kangneung Districts," *KMEC* 1929, 140.
114) "강릉급 원주지방 감리사 신홍식 보고," 「조선기독교미감리교회 연회록」(1929), 52.

로 따라 례배할 집이 협착함으로 일반 교우들은 춘궁을 당하여 생활에 곤란함도 불구하고 정성으로 연보한 결과 七十여 원을 수합하여 초가 七간 집을 사고 그 터 임자 되는 박동규(朴東奎) 씨는 百여 평 되는 대지를 기부하엿슴으로 남녀 교유들은 깃분 마음으로 四월 十三일부터 새로 산 집에서 례배하엿는데 아직도 완전이 수리할 도리는 막연한 중이나 업는 중에서도 례배당까지 주섯슨 즉 모든 것을 일워주시길 주 밋고 기도하는 중이라더라."[115]

시작한 지 1년 만에 예배당까지 마련한 하구암교회 이야기는 목계구역 교회들의 이탈사건으로 우울했던 충주구역 교인들에게 위안이 되었다. 이후 하구암교회는 이류면 대소원교회, 주덕면 삼청교회와 함께 충주 서부지역 선교의 거점이 되었다.

하구암교회의 성공적 출발은 김영환을 비롯한 하구암 교인들의 열성적인 믿음과 헌신에 1차적인 공이 있지만 신홍식 감리사의 표현대로 '숨어 있던 교회'(hidden church)를 발견하여 이를 정식 감리교회로 조직하도록 이끈 구성서 목사의 지도력도 큰 몫을 차지했다. 그래서 원주지방 감리사 신홍식 목사는 하구암교회 설립 소식을 알린 1929년 연회 보고에서 충주구역 담임자 구성서 목사에 대해 "인내적 신앙과 명석한 성질과 조직적 방침은 웨슬레 씨의 풍도(風度)를 많이 모본하였다"고 극찬하였다.[116] 신홍식 감리사의 표현대로 구성서 목사는 감리교 창시자 웨슬리 특유의 '조직적'(methodist) 목회를 추구하였다. 그 결과 충주교회와 충주구역 안에 다양한 기관과 단체들이 조직되어 다양한 선교활동을 펼쳐나갔다. 다음은 1929년 1월 「기독신보」에 소개된 충주교회 각 기관의 사역 현황이다.

"직원회= 충주구역에서는 직원회를 조직하고 매월 말에 각 교회에 순차로 모히여 각각 그 달에 행한 일을 보고하고 진흥책을 제출하며 각 교회로 교환하야 전도하기로 하엿다고

엡청 개임(改任)= 엡웟청년회는 그간 활동이 별로 업던 바 일전 임시총회를 열고 신구사무를 처리하는 중 회관을 건축하기 위하야 당석에서 百五원의 연보를 하고 임원을 개선하엿다더라. 회장 류병만 전연득, 총무 리상태, 서기 오상렬 류광선, 회계 장현기 리종술, 종교부장 천영익, 문예부장 류성태, 사교부장 박노길

115) "각지 교회진흥운동," 「기독신보」1930.5.7.

116) "강릉급 원주지방 감리사 신홍식 보고," 「조선기독교미감리교회 연회록」(1929), 50.

엡웟소년회= 임원은 회장 류성태 곽옥준, 서기 류희봉, 회계 민세기, 종교부 박복동, 문예부 민세기, 사교부 류희봉

부인절제회= 일전에는 부인절제회를 조직하고 임원을 여좌히 정하엿더라. 회장 박현기 진영신, 서기 김덕심, 회계 백현기, 총무 류금순

여야학(女夜學)= 충주읍교회에서는 엡웟청년회 후원으로 여자야학을 설립하고 김덕심 김남주 최희련 류금순 정만순 진영신 제씨가 열심 교수한다고

사경(査經)= 一월 二일로 六일까지 사경회를 열고 구성서 전연득 류금순 제씨가 인도하엿는대 청년 새신자 六인을 얻고 락심 중에 잇던 자도 도라왓다더라."[117]

구성서 목사가 충주구역 담임자로 부임해서 구역내 각 교회 임원(권사와 속장)들로 직원회를 조직하였다. 그리고 매달 한 차례 각 교회를 순방하며 직원회를 열고 구역 전체와 각 교회별 사안을 놓고 논의 · 결정하여 구역 목회의 통일과 조화를 추구하였다. 그리고 충주교회 안에서는 엡웟청년회를 새롭게 조직하여 임원을 개선하였고 중등학교 학생들로 엡웟소년회를 조직하였으며 여성 사역으로 기존 부인야학 외에 여자절제회를 새로 조직해서 대(對) 사회적인 '금주금연운동'을 전개하였다. 그리고 1월 초에 충주교회 자체 사경회를 개최하였는데 구성서 목사와 권서 전연득, 전도부인 류금순이 강사로 활동하였다.

구성서 목사가 집중적으로 지원한 기관은 엡웟청년회였다. 그리하여 충주교회 엡웟청년회는 1929년 1월 14-16일 원주지방 감리사 신홍식 목사를 초청하여 '전도강연회'를 개최, 다수의 새신자를 얻었고 1월 15일 월례회에서 다음과 같은 사업을 결의하였다.[118]

1. 올 정초에 각 동리에 순회 전도와 금주 선전을 하기로
2. 전답을 얻어 회원들이 친히 농사에 착수하야 농촌개량을 선전할 것
3. 화재가 잇슬 때에는 소방대 미급지탄(未及之嘆)이 잇스니 당국에 교섭하야 소방을 정하기로
4. 위생 강연과 위생 선전을 할 것

117) "충주교회 잡보,"「기독신보」1929.1.16.
118) "충주엡웟의 好消息,"「기독신보」1929.1.31.

5. 교회 신문잡지 분국을 경영할 것
6. 회관 건축위원 선정
7. 지방연합회 대표 三인 선정

엡윗청년회가 초청한 원주지방 감리사 신홍식 목사는 1919년 3·1만세운동 때 「독립선언서」에 서명한 민족대표 33인 중 1인이기도 했다. 청주 출신인 신홍식 목사는 3·1만세운동 때 평양 남산현교회 담임자로서 민족대표로 참여하고 2년 6개월 옥고를 치렀는데 출옥 후 인천내리교회에서 목회하다가 1927년부터 원주읍교회(현 원주제일교회)를 담임하면서 원주지방 감리사로 시무하였다. '3·1만세운동 민족대표' 전력의 신홍식 감리사를 충주교회 청년들이 전도집회 강사로 초청하였던 바 교인뿐 아니라 지역사회 청년들도 많이 나와 그의 강연(설교)을 들었다. 구성서 목사는 그 해(1929) 10월에도 신홍식 목사를 초청하여 부흥회를 열었는데 그 결과를 「기독신보」가 이렇게 소개했다.

"충주읍교회에서는 본 지방 감리사 신홍식 씨를 청하야 十월 二일부터 一주일간 부흥회를 하엿는대 새벽과 낫에는 신자의 부흥의 목적으로 모여서 성신의 역사가 잇서 만은 은혜를 받어서 락심자가 다수이 열심을 엇고 저녁 강연회에는 매일 五백여 명의 청중으로 새로 믿은 자가 三十여 명이라더라."[119]

이처럼 엡윗청년회는 교회 행사와 사역의 중심에 서 있었다. 다음은 충주교회 엡윗청년회와 엡윗소년회가 주관한 1929년 12월 성탄절 행사 장면이다.

"충주읍교회에서는 성탄일 새벽 세시부터 소년회원과 청년회원이 四대로 난호와 신자의 집집마다 문압헤 십자기를 꼿고 '기쁘다 구주 오섯네'를 찬송하여 일반에게 구주의 오심을 전하엿스며 밤에는 소년소녀들의 연설과 찬송과 리상태 류병만 구성서 제씨의 축사는 일반에게 만흔 감동을 주엇고 폐회 후에는 소년회 악대를 선두로 주일학교 생도 소년회원 남녀 엡윗청년회원 일반 남녀 장년 신도들이 '축 성탄'이라고 쓴 등을 들고 三百여 명이 시가를 일주하엿는데 불신자에게까지 큰 감동을 주엇다더라."[120]

---

119) "부흥회," 「기독신보」1929.10.30.
120) "구주성탄축하식," 「기독신보」1930.1.8.

성탄절 '새벽송'은 전에도 했던 것이다. 그런데 이번에는 성탄절 저녁 축하 잔치를 마친 교인 3백여 명이 엡윗소년회 악대를 앞세우고 '축 성탄'이라 쓴 등을 들고 시가행진을 하였다. 지금까지 4월 초파일(석가탄일)에 불교 신도들이 했던 '연등(燃燈) 행렬'을 기독교인들이 '성탄등(聖誕燈) 행렬'로 바꾸어 실시하였던 바 "불신자들도 큰 감동을" 받았다. 이는 복음이 충주에 들어와 교회가 설립된 지 30년 만에 지역사회에 '선한' 영향력을 끼치고 있는 교회의 모습을 대변하는 것이었다. 그렇다보니 교계와 지역사회에 교인 행세를 하면서 교인과 지역 주민들에게 해악을 끼치는 '가짜 교인'들도 생겨났다. 앞서 1895-96년 어간에 '충주 외서촌'에서 '교회를 빙자하여' 가짜 교인들이 집회를 열었던 것과 비슷하게 충주구역 안에서 '교인 행세'를 하면서 사기행각을 일삼는 사람이 나타났다. 1929년 4월 「기독신보」에 실린 기사다.

> "충주읍교회 구성서 목사의 통신에 의하면 예천군 금당실교회 교인이라 자칭하는 김한수(金漢洙)라는 자가 충주읍교회를 위시하야 인군 각 교회로 단니며 토지를 사겠느니 집을 사겠느니 하는 거짓말로 교인들의 손해를 만히 내이는 중 근일에는 충주읍교회 교인이라 자칭하고 목사의 식힘을 받아 왓다 거짓말로 사기취재를 한다하며 또 예천군 하리면 석사교회 통신에 의하면 이 김한수란 자가 경북지방에서도 그런 낫분 일을 만히 하엿슴으로 각 교역자들은 만나기를 원하는 차에 맛참 장립식 하는 날 본 동리로 지나감으로 교인들이 따라나간 즉 산으로 도망함으로 또 따라간 즉 칼을 내여두르며 위협하고 달아낫다 하엿스니 누구던지 극히 주의하기를 바란다더라."[121]

이처럼 교인을 빙자하여 사기행각을 벌이는 사람이 있다는 것은 역설적으로 그만큼 교회가 지역사회에 신뢰와 인정을 받고 있다는 점을 반증하는 것이기도 했다. 교회가 하는 일을 지역사회가 적극적으로 지지하고 후원하였다는 말이다. 실제로 1930년 8월 충주교회 주일학교가 주최한 제6회 여름성경학교 비용을 '불신자들의 의연금'으로 충당하였다.

> "충주읍교회에서는 八월 十一일부터 二十一일까지 제六회 하기학교를 개(開)하고 남녀학

121) "거짓교인의 횡행," 「기독신보」1929.4.17.

생 백여 명을 교수하엿는대 비용은 불신자 중에서 사업을 찬성하는 인사들의 연조금으로 넉넉히 사용하엿스며 수업식을 맛친 후에도 한글에 독서까지에 불능한 아동들은 계속하여 교수한다더라."[122]

1백여 명 아동이 참석한 1930년 여름성경학교의 임원은 교장 류병만(劉秉萬), 서기 윤순종(尹順從), 회계 김인배(金仁培)와 류금순(劉今洵)이었고 교사로는 구성서 목사와 류병만 · 김인배 · 류금순 · 윤순종 · 이상태(李相泰) · 오상렬(吳相烈) · 정수봉(鄭壽奉) · 김효도(金孝道) · 임병덕(林炳德) 등이 수고하였다.[123] 이들은 1920년대 후반 충주교회 엡웟청년회를 이끌었던 지도자들이었다. 이들이 주관한 주일학교와 유치원도 꾸준하게 발전하였다. 설립 10년을 넘긴 충주유치원은 한 때 지원생이 없어 위기를 맞은 적도 있었지만 충주교회 엡웟청년회 회원과 교인들이 적극 활동하여 1931년 4월 다시 활기를 찾게 되었다.

"충주교회 안에서 경영하는 충주유치원은 설립된 지 十여 년에 여러 가지로 곤경을 당하여 오든 중 금년 三월에는 十여 명 원아에게 졸업증서를 주어 보통학교로 보내면 불과 四五인에 원아밖에 안이 되며 또한 지난 一년 동안 수고하든 보모 현영선 씨도 사정으로 사면하시게 되니 당국자들은 락망하고 심히 염려하여 일반에게 유치원을 이해하도록 수백 매의 삐라를 돌니고 가정을 심방한 결과 三월 말일까지 四十여 명의 원원 지원 아동이 잇슴으로 금춘 이화보육학교를 우수한 성적으로 졸업한 김명희(金明熙) 씨를 보모로 고빙하고 四월 一일에 천진란만한 四十여 명 아동들과 부모들이 모히여 깃붐으로 개원식을 거행하엿다."[124]

그리고 한 달 후, 1931년 5월 31일 '꽃주일'을 맞이하여 전교인 야외예배를 드렸는데 주일학교와 유치원 학생뿐 아니라 그 학부형까지 4백여 명이 참석하여 대성황을 이루었다.

"충주읍교회에서는 五월 三十一일 주일에 남산 밑 사천포 강변에서 야외례배로 유년 꽃주일을 직혓는데 당일에는 일반 교우와 유년 주일학생과 유치원 학생과 그 부형들이 만히 참례하여 四백여 명 대중이 구성서 목사의 '락원'이라는 문제로 설교가 잇슨 후 각각 스사로 준비

122) "하기아동성경학교," 「기독신보」1930.9.3.
123) "하기아동성경학교," 「기독신보」1930.9.3.
124) "유치원 소식," 「기독신보」1931.4.15.

한 점심을 맛친 후 주일학생과 유치원 원아들의 자미잇는 유희와 창가로 수십여 종 순서를 진행하고 주일학생과 유치원 아들에 자미잇는 경기도 잇섯는데 일반은 모든 세상 근심을 잊고 참으로 락원생활을 하는 듯한 감상으로 오후 五시에 산회하엿다."[125]

이렇듯 1927년 목계구역 교회들의 이탈로 침울했던 충주교회와 충주구역은 1928년 구성서 목사가 담임자로 부임한 이후 조직적인 목회와 기관 정비로 활기를 되찾고 교회 안의 전도와 교육, 그리고 지역사회를 향한 선교사역을 다양하게 전개하였다.

4. 1930년대 초반 교회 성장과 구역 발전

4.1 충주교회 '모리스기념예배당' 건축

1928년 충주구역 담임자로 부임한 구성서 목사에게 주어진 우선적 과제는 충주교회 성전 건축이었다. 충주교회는 1901년 집회를 시작할 때 서문 밖에 한옥 한 채를 마련해서 예배처소로 사용하였는데 1920년대 들어서 1백 명 수준으로 급증한 교인들로 예배 공간이 비좁아 1923년에 배 이상 증축하였으나 매년 늘어나는 교인들로 보다 넓은 예배 공간이 필요하였다. 또한 충주교회는 충주구역의 거점 교회로서 매년 3-4백 명이 참석하는 지방사경회를 개최할 수 있을 정도의 집회 공간이 필요했고 교회 부속기관인 유치원과 주일학교 · 엡웟청년회 · 엡웟소년회 · 여자절제회 등이 다양한 사업과 행사를 추진할 수 있는 활동 공간도 필요했다. 결국 새 예배당 건축은 피할 수 없는 과제가 되었다. 그래서 충주교회는 1925년 10월 김익두 목사를 초청하여 부흥회를 개최하고 '건축헌금 7백 원'을 마련(약정)하고 건축 준비에 착수했다.

그러나 '가난한' 충주교회 교인들의 경제능력으로 보다 넓은 교회 부지를 확장하고 5백 명을 수용할 수 있을 정도의 서양식 벽돌 예배당을 마련하기엔 한계가 있었다. 게다가 1927년 인근 목계구역 교회들이 감리교를 이탈해 나간 사건은 충주교회 교인들에게 좌절감을 안겨주었다. 분위기 쇄신을 위해서도

125) "각지 교회 부흥운동," 「기독신보」1931.6.10.

성전 건축은 시급했다. 그러나 역시 '건축비'가 문제였다. 충주교회 구성서 목사와 교인들은 기도하면서 기다렸다. 그리고 마침내 1930년 가을, '응답'이 왔다. 1930년 9월 24일 개최된 미감리회 연회에서 원주지방 순회선교사 노블은 충주교회가 성전 건축을 하게 되었다는 사실을 다음과 같이 알렸다.

> "충주읍교회는 현재 사용하는 예배당이 너무 좁아 오래 전부터 새 예배당을 원해 왔다. 하나님의 은혜로 금년에 고(故) 모리스의 친구 한 분이 충주에 기념교회를 짓도록 기금을 보내왔다. 이 기금에다 그동안 토착교인들이 모아놓은 것을 합친다면 이 중요한 지역에 만족할 만한 부지를 마련하고 건물을 지을 수 있을 것이다. 이 지역 주민들의 생활이 아주 열악한데 우리 교회 교인들도 많은 어려움을 당하고 있다."[126]

그리고 같은 시기 「기독신보」는 충주교회가 성전 건축에 착수하게 된 내력을 좀 더 자세하게 소개하였다.

> "충주읍교회에서는 一九二五년에 경성 김익두 목사를 청하여 부흥회를 개최하엿슬 때에 례배당 신축문제가 잇서 여러분의 열성으로 연보한 일까지 잇섯스며 그 때부터 본 교회에서는 신축기성운동을 쉬지 안이하고 이 문제로 교우들은 기도를 말지안튼 중에 하나님께서 허락하심으로 년전 모리시 부인께서 귀국하셧을 때에 활동하신 결과 엇던 여자의 만흔 연조를 밧엇슴으로 이 깁분 소식을 들은 교회에서는 구성서 목사의 인도로 얼마 동안 새벽기도를 계속한 후 교우들은 뜨거운 열성을 기우려 연보하는 중에 부인반에서는 비녀와 은속(銀屬) 등을 밧친 이도 잇다 하며 남자들은 담을 쌋코 그 외 자수(自手)로 할 수 잇는 일이면 깃붐으로 차원하여 부역으로 일을 하는 중인 대 설계 예산에 충분치 못할지라도 로보을 선교사의 진정의 용원(用援)으로 목사 주택은 일간 필역하겟고 례배당은 개성 마종유(馬鍾濡) 씨가 봉사적으로 청부하여 일간 기공한다는데 一九二五년 부흥회 때에 참석하셧다가 연보 허락하신 분은 속히 보내여 주시기를 바란다더라."[127]

충주교회 새 성전 건축기금은 미국으로부터 왔다. 그 통로는 원주지방 감리사였던 모리스(Charles D. Morris, 1869-1927) 부인이었다. 아일랜드 출생인

---

126) W.A. Noble, "Wonju District," *KMEC* 1930, 251.
127) "각지역 부흥운동," 「기독신보」1930.9.3.

모리스는 19세 때 가족과 미국으로 이민하여 뉴저지 드루신학교를 졸업하고 1900년 미감리회에서 목사안수를 받은 후 선교사로 내한해서 영변과 평양·해주·이천 지역에서 사역하였고 1917년부터 원주지방 감리사가 되어 강원도와 충청북도 일대를 순회하며 교회를 관리하다가 1927년 1월 28일 급성 질환으로 별세하였다.[128] 예기치 못했던 그의 죽음은 원주지방뿐 아니라 한국교회 전체에 충격을 안겨주었다. 그의 유해는 서울 양화진 외국인 묘소에 안장되었는데 1903년 그와 결혼하면서 한국에 나와 함께 선교사역에 임했던 모리스(Louise O. Morris) 부인은 남편 별세 후에도 계속 한국에 남아 원주지방과 강릉지방의 유치원과 매일학교 사역을 지도하였다.

그렇게 원주에 계속 남아 사역하던 모리스 부인은 남편 별세 2년 후 1929년 1월 안식년 휴가를 받아 귀국했다가 1930년 4월에 돌아왔는데[129] 돌아오면서 충주교회 건축비를 가져온 것이다. 즉 모리스 부인이 귀국해서 이들 부부를 파송했던 미국교회를 순회하며 선교보고를 하는 중에 예배당을 마련하지 못해 어려움을 당하고 있는 충주교회 상황을 전하였을 때 어느 여성 신도가 듣고 "순직한 모리스를 기념하는 예배당을 지으라"며 건축비를 희사하였던 것이다. 귀환한 모리스 부인으로부터 이 같은 '희소식'을 들은 충주교회는 미루어왔던 성전 건축을 본격적으로 추진하였다. 구성서 목사는 먼저 성전 건축을 위한 특별새벽기도회를 가진 후 건축헌금을 실시하였을 때 "부인들은 비녀와 반지를 뽑아 헌금하였고 남성들은 직접 건축공사에 인력 봉사하는 것으로" 참여하였다.

이런 충주교회 교인들의 열정에 노블 선교사도 힘을 보태 목회자 사택 건축비를 부담하였다. 그리하여 인근 땅을 사서 성전 부지를 넓힌 후[130] 목사

---

128) "The Late Rev. Charles David Morris," *KMF* Mar. 1927, 45-46.

129) "Notes and Personals," *KMF* Jan. 1929, 22; "Notes and Personals," *KMF* May 1930, 110.

130) 자료 부족으로 충주교회가 1901년 집회를 시작하면서 첫 예배를 드렸던 장소나 1910년대 '충주 서문외교회'로 불렸을 때 예배를 드렸던 한옥 예배당의 정확한 위치를 알 수는 없다. 충주교회 소재지에 대한 정보는 구성서 목사가 부임한 이후 미감리회 조선연회록의 '파송기'를 통해 얻을 수 있다. 즉 1928년 연회 파송기에 구성서 목사의 주소가 처음으로 '충주군 충주면 용산리(龍山里)'로 나오며 1929년 파송기에는 '충주군 충주면 금정(錦町) 316번지'로 나오다가 1932년 간행된 『기독교조선감리회 요람』에 '충주군 충주읍 금정(錦町) 74번지'로 나오는데 이 주소가 해방 때까지 유지된다. '금정 74번지'는 해방 후 '성서동 74번지'로 바뀌

사택 공사를 먼저 마무리하고 1930년 9월 성전 건축을 시작하였다. 개성교회 교인이기도 한 건축가 마종유가 담당한 건축공사는 순조롭게 진행되어 11월 20일에 공사를 마쳤다. 그 사실을 「기독신보」가 보도하였다.

> "충주읍교회는 점점 흥왕하여 가는 중에 례배당이 적어서 유감으로 생각하여 담임목사 구성서 씨의 극력 활동과 제직의 열성으로 새 례배당을 연와제 四十평을 지난 十一월 二十일에 준공하엿는대 이는 미국 휫쓸 여사의 보조와 해교회 연보로 되엿다 하며 모리스기렴례배당이라 하고 그전 례배당은 유치원 주일학교 엡웟청년회로 사용하게 되엿다 한다."[131]

여기서 충주교회 건축비를 희사한 미국 여성독지가의 이름 '휫슬'(Whistle?)을 확인할 수 있다. 그리고 새로 지은 예배당은 40평 규모의 '연와제'(煉瓦製), 즉 기와지붕의 단층 벽돌 건물로서 오른쪽에 2층 높이의 벽돌 종탑건물을 붙여지었다. 새로 지은 성전은 당연히 '모리스기념예배당'(Morris Memorial Chapel)이라 불렸다. 충주교회 새 성전 봉헌예배는 내부 공사와 건축비 청산을 마친 1931년 5월 6일 주일 오후에 거행하였다.[132] 그리고 봉헌식 이튿날인 5월 7일에는 원주지방 각 교회 주일학교 교사와 엡웟청년회 임원들이 참석하여 서울에서 내려온 총리원 교육국 총무 김준옥(金俊玉) 목사의 특별강연을 들은 후 원주지방 종교교육협회 창립총회를 개최하고 구성서 목사를 초대 회장으로 선출하였다.[133] 이렇듯 충주교회의 모리스기념예배당은 충주교회와 충주구역뿐 아니라 지방회의 집회와 행사 장소로 활용되었다. 그리고 충주교회는 새 성전을 지으면서 종전에 사용했던 예배당 건물도 헐지 않고 고쳐서 유치원과 주일학교 교실 및 엡웟청년회 회관으로 사용하였다.

었다. 「조선기독교미감리교회 연회록」(1928), 30; 「조선기독교미감리교회 연회록」(1929), 36; 『기독교조선감리회 요람』(기독교조선감리회 총리원, 1932), 120; 『기독교대한감리회 요람』(기독교대한감리회 총리원, 1961), 93.

131) "각지교회 부흥운동," 「기독신보」1930.12.17.

132) "각지교회 부흥운동," 「기독신보」1931.5.13.

133) "청년회 주일학교 활동," 「기독신보」1931.5.27.

4.2 김성대 목사의 '순직 목회'

이처럼 충주교회가 새 성전을 건축하던 시기(1930-31) 한국 감리교회는 조직과 기구에서 중요한 변화를 이룩했다. 즉 10년 간격으로 한국선교에 착수하여 별도 기구와 조직으로 선교활동을 하였던 미감리회와 남감리회가 오랜 준비작업 끝에 1930년 12월 남북 감리회 합동을 선언하고 기독교조선감리회 총회를 조직하고 양주삼 목사를 총리사(감독)로 선출하였다. 한국 감리교회는 선교 25년 만에 비로소 '자치교회'(autonomous church)가 되었다. 그러면서 지금까지 남북 감리회로 나뉘었던 연회를 통합하고 연회와 지방회 경계도 재조정하였다. 한국 감리교회는 지역에 따라 중부연회와 동부연회 · 서부연회 · 만주선교연회 등 4개 연회로 조직하였는데 충북과 강원도 지역 교회들은 동부연회에 속하게 되었다. 그리고 동부연회는 원주지방과 홍천지방 · 춘천지방 · 강릉지방 · 원산지방 · 철원지방 등 6개 지방회로 구성되었으며 원주지방은 다시 원주와 충주 · 제천 · 평창 · 영월 · 횡성 · 담양 등 7개 구역으로 조직되었다. 이 때 충주구역은 다음 5개 교회로 조직되었다.134)

구역	교회	주소	예배당 구조
충주	충주읍교회(忠州邑敎會)	충주군 충주읍 금정 74	연와양제(煉瓦洋製)
	명오리교회(鳴梧里敎會)	제천군 수하면 명오리 81-1	조선초가(朝鮮草家)
	대소원교회(大召院敎會)	충주군 이류면 대소리 248	조선초가(朝鮮草家)
	하구암교회(下九岩敎會)	충주군 가금면 하구암리 61	조선초가(朝鮮草家)
	삼청리기도처(三淸里祈禱處)	충주군 주덕면 삼청리 1002	조선초가(朝鮮草家)

충주교회를 중심으로 동편에 명오리교회, 서편에 대수원교회와 삼청리 기도처, 북서편에 하구암교회가 한 구역을 이루었다. 이렇게 남북 감리교 합동과 기독교조선감리회 총회 조직으로 연회와 지방회 · 구역회 경계를 재조정한 후 처음으로 1931년 6월 서울 정동교회에서 기독교조선감리회 제1회 동부 · 중부 · 서부 연합연회가 개최되었다. 이 때 원주지방 감리사 신홍식 목사는 원주지

134) 『기독교조선감리회 요람』(1932), 120-121; 『기독교조선감리회 요람』(1936), 69-70.

방 보고를 하면서 "구성서 목사는 금년에 충주에 잉임(仍任)하야 예배당을 신건축(新建築)하난 동시에 만흔 노력을 하면서도 구역에 부지런히 순행하야 성실이 시무함으로 만흔 진보가 되엿스며"라고 하여[135] 성전 건축을 훌륭하게 마무리 짓고 충주구역 발전을 이룩한 구성서 목사의 공로를 치하하였다.

이처럼 충주구역에 부임해서 3년 만에 그 능력을 인정받은 구성서 목사는 1931년 연회에서 초교파 연합기관인 조선주일학교연합회로 파송을 받아 서울로 떠났고 그 대신 김성대 목사가 충주구역 담임자로 파송을 받았다. 강화 출신인 김성대(金成大, 1895-1932) 목사는 어려서 한학을 수학하였고 신교육도 받아서 1910년대 후반 공주지방 기독교 학교와 강경 만동여학교 교사로 활약하였다. 그러다가 3·1만세운동을 거친 후 목회자가 되기로 결심하고 1923년 협성신학교에 입학하여 신학수업을 받으면서 미감리회 매년회 전도사로 인천구역에서 목회를 시작하였다. 이후 김성대 목사는 1926년 신학교를 졸업하고 집사목사안수를 받으면서 강화서(주문)구역으로 파송받았고 1928년 장로목사안수를 받으면서 대전구역으로 파송받았다가 1931년 6월 연회에서 충주구역으로 파송을 받아 왔다.[136]

이처럼 '교육자 출신' 김성대 목사가 부임해 옴으로 충주교회 교인들, 특히 주일학교 교사와 엡웟청년회 회원들은 기대가 컸다. 그래서 김성대 목사가 부임한 지 한 달 만에 여름성경학교를 실시하였는데 1931년 7월 27일부터 8월 11일까지 무려 15일 동안 1백여 명 학생들을 가르쳤다. 그 때 교장은 조재환(曺在煥)이었고 교사로는 김성대 목사를 비롯하여 조환영(趙煥榮) · 류금순(劉今洵) · 김효도(金孝道) · 임병덕(林炳德) 등이 수고하였다.[137] 김성대 목사는 충주구역뿐 아니라 담임자가 파송되지 못한 단양구역까지 맡아 수고하였다. 그렇다보니 충주에 있을 때보다는 지방에 나가 있는 시간이 더 많았다. 그 결과 침체하였던 지방 교회들이 활기를 찾게 되었다. 그래서 1932년 3월 연회

135) "원주지방 감리사 신홍식 보고," 「기독교조선감리회 동부 · 중부 · 서부 연합연회회록」(1931), 143.

136) 김성대, "가정교육과 학교교육을 불가결일(不可缺一)," 「기독신보」1917.11.7; 김성대, "공주지방회," 「기독신보」1918.5.15; 「기독교조선감리회 동부 · 중부 · 서부 연합연회 회록」(1931), 18, 63; "김성대," 『기독교대백과사전』제3권(기독교문사, 1981), 201.

137) "하기아동성경학교," 「기독신보」1931.9.2.

에서 원주지방 감리사 신홍식 목사는 "충주 · 단양 두 구역은 심히 약한 구역으로서 작년에 비하면 전진의 소망이 표시되오며"라 하면서 두 구역을 맡아 시무하던 "김성대 목사는 작년에 본 지방 충주에 신임(新任)하야 잉임(仍任)한 제(諸) 목사들의 환영을 받는 것과 가치 대환영을 받습니다"라고 보고할 수 있었다.138)

그런데 안타깝게도 이처럼 지방 교역자와 구역 교인들에게 '대환영'을 받고 목회하던 김성대 목사는 1932년 3월 서울에서 연회를 마치고 충주로 돌아와 본격적인 목회 구상을 펼쳐 나가려는 때 예기치 않은 질병으로 자리에 누워 결국 1932년 8월 28일 밤에 충주교회 사택에서 숨을 거두었다.139) 가족들도 충격이었지만 충주교회 교인들은 더 큰 충격을 받았다. 교인들은 충격과 슬픔 가운데 장례식을 치렀다. 해를 넘겨 1933년 2월 15일 원주읍교회에서 개최된 원주지방회와 4월 15일 춘천읍교회에서 개최된 동부연회에서 '김성대 목사 추도식'이 거행되었다.140) 김성대 목사 별세 이후 곧바로 충주구역 담임자 파송이 이루어지지 못했고 원주지방 감리사 신홍식 목사가 담임자로 관리하였지만 원주읍교회와 원주지방 사역에 집중했기 때문에 충주교회에는 자주 오지 못했다. 결국 김성대 목사 별세 이후 충주교회는 상당 기간 '목자 없이' 교인들이 스스로 예배와 교회를 이끌어나갔다.

4.3 최종묵 전도사의 '자립 목회'

그렇게 '담임자 없이' 8개월을 지내고 1933년 4월 15일 춘천읍교회에서 개최된 제3회 동부연회에서 최종묵 전도사가 충주구역 담임자로 파송을 받아 왔다. 평남 강서 출신인 최종묵(崔宗默, 1897-1950) 전도사는 1925년 연희전문학교를 졸업하고 미국에 유학, 1930년 뉴저지 드루신학교를 졸업한 후 귀국하여 평남 진남포 비석리교회 전도사로 목회를 시작하였고 1933년 동부연회

138) "원주지방 감리사 신홍식 보고," 「기독교대한감리회 동부 · 중부 · 서부 연합연회 회록」(1932), 151-153.

139) "人事," 「기독신보」1932.8.31.

140) "원주지방," 「감리회보」1933.3.10; "기독교조선감리회 제3회 동부연회 상황," 「감리회보」1933.5.10.

에 준회원으로 허입하면서 충주구역 담임자로 파송을 받았다.[141] 최종묵 전도사는 비록 '준회원 전도사'였지만 미국 신학교에서 공부한 '유학파'였고 더욱이 이북 출신으로는 처음으로 충주교회 담임자가 되었다. 이런 그에게 충주교회 교인들은 기대가 컸다. 특히 교회 청년과 학생들의 기대가 컸다. 충주교회 주일학교와 엡웟청년회가 활기를 띠게 될 것은 당연했다. 최종묵 전도사가 충주교회에 부임한 자 한 달 후, 1933년 5월 22일 꽃주일을 맞아 전교인이 참가한 충주교회 야외예배를 감리교 기관지 「감리회보」가 보도하였다.

> "충주교회에서는 지난 五월 二十一일에 어린이주일을 지키엇는데 一백 三十여 명의 주일학교 유년부생과 三十여 명의 유치원 원아들을 인솔하고 야외에 나아가 二백여 명 신도와 四五十명의 학부형들이 모여서 예배순서를 마치고 천진란만한 어린이들의 귀여운 여흥과 수십여 종의 경기로 대성황을 이루엇다 한다."[142]

전 교인과 주일학교와 유치원 학생은 물론 학부형까지 포함하여 4백 명이 넘는 인원이 참가하여 대성황을 이룬 야외예배였다. 엡웟청년회도 활기를 찾았다. 1933년 4월 25일 충주교회 엡웟청년회는 청년회관(구예배당)에서 정기총회를 열고 다음과 같이 새 임원을 선출하였다.[143]

회장: 이상태(李相泰) 부회장: 박흥서(朴興西)
총무: 장덕희(張德熙) 서기: 민세기(閔世基) 회계: 신선관(申善官)
종교부장: 박흥서 사회부장: 오상렬(吳相烈) 교양부장: 민동기(閔東基)
소년지도자: 민세기

그리고 1년 후 1934년 1월 24일 임시총회에서 다음과 같이 임원을 개선하였다.[144]

---

141) 기독교조선감리회 제3회 동부연회 상황," 「감리회보」1933.5.10; "기독교조선감리회 동부연회 제3회 임명기," 「감리회보」1933.5.10; 윤춘병, 『한국 감리교 수난백년사』(기독교대한감리회 본부교육국, 1988), 219.
142) "충주교회의 꽃주일 대성황," 「감리회보」1933.7.10.
143) "충주엡윗청년회 총회," 「감리회보」1933.7.10.
144) "충주엡청 임시총회," 「감리회보」1934.2.10.

회장: 이상태	부회장: 장덕희	
총무: 민세기	서기: 박대열(朴大烈)	회계: 이우봉(李又鳳)
종교부장: 박흥서	사회부장: 오상렬	교양부장: 민동기

1920년대 엡윗청년회를 이끌었던 류병만 회장 자리를 1930년대 들어서 이상태가 이어받았음을 알 수 있다. 이상태는 청년회장일 뿐 아니라 충주교회 '본처 전도사'로서 담임 목회자가 구역 순회로 자리를 비워야 할 때 대신 충주교회 예배를 인도했다.[145] 이상태와 함께 1930년대 충주 엡윗청년회를 이끈 청년 지도자는 박흥서와 장덕희 · 민세기 · 오상렬 · 민동기 · 박대열 · 신선관 · 이우봉 등이었다. 이 시기 엡윗청년회의 가장 대표적인 행사는 교양부에서 주최하는 '공개 토론회'였다. 매월 한 차례 주제를 놓고 찬반 연사를 내세워 토론하는 모임이었는데 교인뿐 아니라 일반 사회인들도 관심을 갖고 많이 참관하였다. 다음은 1934년 1월 개최된 충주교회 엡윗청년회 토론회에 관한 「감리회보」 기사다.

> "충주 엡윗청년회 교양부 주최로 지난 一월 三十一일 야(夜) 八시부터 본 청년회관에서 토론회를 개최하고 '현대 청년의 활무대(活舞臺)가 농촌(農村)이냐 도회(都會)냐'하는 문제를 가지고 열렬히 설전을 하였다 한다."[146]

다시 한 달 후 2월에 열린 엡윗청년회 토론회 광경이다.

> "충주 엡윗청년회에서는 교양부 주최로 지난 二월 二十八일 오후 八시에 본 청년회관에서 토론회를 개최하고 '안락한 가정을 이룸에는 남자냐? 여자냐?' 하는 문제로 남녀편 연사들의 열렬한 설전으로 대성황을 이루었다 한다."[147]

2월 토론회에서는 여성 회원이 연사로 나서 토론을 벌였다는 점이 중요하다. 봉건사회에서 침묵과 굴종을 강요받았던 여성들이 교회 안에서 '자기 목

145) "충주엡청 활동," 「감리회보」1936.11.10.
146) "엡청 토론회," 「감리회보」1934.2.10.
147) "엡청 토론회," 「감리회보」1934.4.10.

소리'를 본격적으로 내기 시작하였기 때문이다. 엡웟청년회 교양부가 이처럼 공개 토론회를 통해 청년 학생들의 의식을 깨우치고 잠재 능력을 개발하는 '계몽운동'을 추진하였다면 종교부는 복음전도와 신앙 강연회를 통해 교회의 부흥을 꾀하였다. 다음은 1934년 1월 엡웟청년회 종교부가 주최한 충주교회 부흥회 관련 기사다.

> "충주읍교회는 원주지방에서 제2위를 획득하였든 교회로서 최근에 와서는 우연이 퇴보되어 심히 침체한 중에 있었는데 이 현상을 목도한 목사 이하 직원 일동은 그 대책을 강구키 위하야 엡웟청년회 종교부 주최로 지난 一월 八일부터 부흥회를 개최하고 경성 강태희(姜泰熙) 목사를 초빙하야 일주일 동안을 계속하는 중 새벽기도회에는 신자들만 모디어 강 목사의 성엄(聖嚴)한 설교에 모든 죄를 회개하고 호천통곡(呼天痛哭)하는 광경은 보는 자로 하여금 예전 사도시대에 예루살렘 다락방으로 의심할 만큼 신의 역사가 있었으며 저녁으로는 불신자 합 二三백여 명 청중이 그의 강도에 감화되어 과거를 뉘웃치며 진생의 활로를 찾어 주앞으로 새로 나온 자가 남녀 합이 七十二인에 달하야 대성황을 이루었다 한다."148)

매일 밤 집회에 3백여 명이 모였고 한 주간 부흥회를 통해 새로 믿기로 결심한 신자가 72명 나왔다. 부흥회를 인도한 서울중앙교회 강태희 목사는 미국 드루신학교를 졸업하고 하와이한인연합교회를 담임하다가 귀국한 '유학파' 목사로서 드루신학교 동문인 최종묵 전도사의 초청을 받고 충주교회 부흥회를 인도한 것으로 보인다.

이렇듯 최종묵 전도사와 엡웟청년회 임원들의 적극적인 활동으로 김성대 목사 순직 이후 '담임자 없이' 수개월 지내면서 침체되었던 충주교회 분위기가 바뀌어 활기를 되찾았다. 그리고 충주교회 부흥 열기는 충주구역의 다른 교회들에도 전파되었다. 그렇게 해서 1933년 12월, 충주 서편에 있는 대소원교회와 하구암교회도 연합부흥회를 개최하였다.

> "충주구역 하구암(下九岩)교회와 대소원(大召院)교회에서는 지난 十二월 六일부터 연합부흥회를 개최하고 구성서 목사를 초빙하야 약 二주일간을 계속한 결과 신신자도 다수하였으며 일반 신자들도 막대한 은혜와 큰 부흥이 있었다 한다."149)

---

148) "충주읍교회 부흥회," 「감리회보」1934.2.10.

이와 같은 충주교회와 충주구역 교회들의 부흥과 발전은 교회의 자치(autonomy)와 자립(self-support) 운동으로 연결되었다. 더이상 선교사들의 지원을 받지 말고 한국교회 스스로 목회자 생활비와 교회 운영비를 부담하자는 운동이었다. 그런데 역설적으로 충주교회 자치 · 자립운동은 선교사의 지원을 계기로 시작되었다. 1934년 2월 「감리회보」의 보도다.

> "충주구역에서는 오래 전부터 자치문제를 앞에 두고 기본금 작성에 진력해 오든 바 금번 노보을(魯普乙) 감리사의 보조금을 비롯하야 본 구역 내의 유력자의 의연을 합하야 시가 二백 원의 모전(牟田)을 매수하였는데 앞으로는 기본금에 많은 보조가 되리라 한다."[150]

오래 전부터 교회의 자치 및 자립문제를 놓고 기도해 온 충주교회와 충주구역은 노블(W.A. Noble, 노보을) 선교사의 보조금을 받으면서 탄력을 받았다. 선교사의 보조금과 교인들의 헌금을 합하여 2백 원 기금으로 밭을 사서 그 소출로 교회 자립을 꾀하였다. 이처럼 충주교회에 자립 보조금을 대준 노블 선교사는 1892년 내한하여 40년 동안 서울과 평양 · 수원 등지에서 선교 관리자 혹은 지방 감리사로 사역한 '최고참' 선교사로서 1928년 이후 수원지방 감리사로서 수원뿐 아니라 서울과 인천 · 이천은 물론이고 강원도 원주와 강릉지방까지 선교구역으로 삼고 순회하면서 교회들을 돌보고 목회자들을 도왔다. 그래서 원주지방회에서는 노블 선교사의 공로를 기려 1933년 2월 11일 '노블 선교사 선교 30주년 기념식'을 원주읍교회에서 성대하게 베풀어주었다.[151] 그 때 노블 선교사는 지방 교회들의 어려운 형편을 잘 알고 있었기에 자립운동을 벌이고 있는 충주구역을 위해 지원금을 대주었던 것이고 그것이 계기가 되어 충주교회는 '자립전'(自立田)을 마련했던 것이다.

그런데 충주교회가 자립전을 확보하기까지 과정이 순탄치만은 않았다. 그 과정을 충주교회 엡윗청년회장 이상태는 "기적적인 사실"이라는 제목을 달아 「감리회보」에 자세히 소개하였다.

---

149) "충주구역 부흥회," 「감리회보」1934.2.10.
150) "충주구역의 희소식," 「감리회보」1934.2.10.
151) "원주지방," 「감리회보」1933.3.10.

"一九三三년 十一월 二十三일 오후 一시부터 충주읍예배당에서 원주지방 충주구역 제四차 구역회를 열고 본 지방 감리사 신홍식 씨 사회 하에 사무를 진행 중 본 교회 유사부로부터 특별한 문제를 제출하였는데 그 내용은 본 지방 선교사 로보을 씨께서 본 구역을 위하야 현금 一백 五十원을 기증하고 적당한 토지를 사서 교회 재정에 보조하라 하므로 직원 일동은 근방에 적당한 토지를 광구한 결과 제일 적당한 처소에 밭 八백여 평을 시가 二백 원에 매수하기로 생각 중인데 현재 부족금 五十원이 출처가 없으니 본회에서 해결하야 달라 하는 문제이였다. 이 문제를 접수한 회원 일동은 이론이 분분하였다. 돈대로만 사자커니 읍에서 비싼 토지를 사는이보다 촌에 헐한 토지를 사자커니 별별 이론이 장황하여 감에 따라 장래의 공기가 점점 악하여져서 결국은 그 금액을 도로 반송하기로 결말을 짓고 말았다. 장내는 너무나 냉냉하야 보는 자로 하여금 이것이 교회를 인도하는 자들이 모인 회인가? 의심할 만큼 살풍경이었다."[152)]

앞서 언급한 바와 같이 노블 선교사가 자립운동을 하고 있던 충주구역에 "적당한 농지를 사서 교회 재정자립에 보태라"며 150원을 기부하였다. 이에 충주교회 임원들은 시내 가까운 곳에 8백 평 밭을 2백 원에 구입할 수 있음을 확인하고 부족한 금액 50원을 충당할 방안을 모색하던 중 신홍식 감리사가 주재한 1933년 11월 23일 충주구역회에 안건을 내놓았다. 그런데 구역회에 참석한 교회 임원들은 의견일치를 보지 못하였을 뿐 아니라 의견충돌까지 빚어져 결국 "골치 아프니 차라리 선교사에게 돈을 돌려주자"는 쪽으로 결론이 났다. 이런 '부끄러운' 상황에서 돌파구를 열어준 인물이 나타났으니 구역회 안에도 들어오지 못하고 예배당 창문 밖에서 회의를 지켜보던 '가난한' 과부교인이었다.

"이때에 밖으로부터 나히 한 五十 가량 되어 보이는 부인 한 분이 四五세 가량 된 어린 남아를 업고 들어와서 본 교회 목사를 청하야 무슨 소식인지 전하고 나갔다. 이 소식을 접한 목사는 그 불안에 잠겼든 얼굴이 별안간 돌변하야 감격에 넘치는 어조로 그 부인의 소식을 회중에 공포하였다. 그 부인은 현재 속장의 직임을 가지고 많은 사업을 하시는 김해나(金海羅) 씨요 업힌 아이는 그 부인의 손자인 김요섭이다. 그 아이의 모친 김경숙 씨가 거금 경성에 가서 잠시 우거하며 지난 추수감사절 때에 그 아들 요섭의 명의로 감사연보 五원만 하여

152) "충주교회의 기적적 사실," 「감리회보」1934.2.10.

주라는 편지를 五十전으로 보고 五十전만 기록한 후 그 편지를 다시 보니 五원이 분명하므로 그 남은 돈의 처치를 생각 중이든 바 오늘 이 문제의 사실을 듣고 그 남는 돈을 자기가 더 보태어 六원은 이 밭 사는데 연보하겠다는 소식이었다."153)

구역회 광경을 창문 밖에서 지켜보던 충주교회 김해나 속장이 최종묵 전도사를 불러내 "서울에 올라간 며느리가 아들(김요섭) 이름으로 추수감사헌금 5원을 내라고 편지한 것을 잘못 읽고 50전만 냈는데 며느리 말대로 5원에다 내가 갖고 있는 돈 1원을 더해 6원을 헌금할 테니 그것으로 교회 밭을 사는데 쓰라"고 부탁하였다. 그 말이 목회자를 부끄럽게 만들었다.

"목사는 이 소식을 광고한 후 너무나 감격한 마음을 억제하지 못하여 몇 분간 눈물을 먹음으며 음성을 발하지 못하다가 자기도 五원만 보태겠다고 하였다. 이 목사의 태도를 보고 듣든 일반 회원들은 태도가 돌변하여 화기가 몽롱한 중에서 서로 다투어 연보를 자원하야 삽시간에 三十一원에 달하게 되었다. 몇 분 전에 一백 五十원이란 돈을 도로 반송하게까지 되었든 것이 어찌하야 이렇게 쉽게 해결되었을까. 이 어찌 신의 감화가 아니며 기적이 아니리오, 예전 예수 당시에 생선 두 마리와 보리떡 두덩이로 五천 명을 먹이든 기적만 못하다 하리요!"154)

김해나 속장의 헌금에 감동한 최종묵 전도사가 회의장으로 들어와 울면서 그 사실을 구역 회원들에게 알리며 "나도 5원을 내겠다"고 했고 그 감동이 다른 구역 회원들에게도 전달되어 즉석에서 30원 헌금이 약속되었다. 그리하여 충주교회는 용산리에 있는 밭 8백여 평을 매입할 수 있었다. 이처럼 '과부의 엽전 두 푼'(눅 21:2)을 바침으로 충주교회가 자립전을 마련하는데 결정적인 역할을 한 김해나 속장은 이미 1911년 「그리스도회보」 기사에 나왔던 것처럼 증산지방 교인들이 기근으로 어려움을 당하고 있다는 소식을 듣고 '구황헌금 10전'을 냈던 장본인이었다. 서울로 일하러 올라간 며느리를 대신해서 손자를 업어 키우고 있던 '가난한 과부 속장'의 헌금으로 마련한 '자립전'이란 의미에서 특별한 의미가 있는 땅이었다.

153) "충주교회의 기적적 사실," 「감리회보」1934.2.10.
154) "충주교회의 기적적 사실," 「감리회보」1934.2.10.

4.4 박만춘 전도사의 '열정 목회'

이처럼 충주구역 담임자로 부임하여 엡웟청년회를 활성화시키고 '교회 밭'을 마련함으로 충주교회와 충주구역의 '자립기반'을 조성한 최종묵 전도사는 1934년 4월 원산에서 개최된 제4회 동부연회에서 강릉지방 울진 평해교회로 파송을 받아 충주를 떠났다.[155] 그가 1년 만에 충주를 떠난 분명한 이유와 배경은 알 수 없지만 당시 '감독의 파송'은 절대적인 권위를 갖고 있었기에 떠날 수밖에 없었다. 그러면서 1934년 연회는 최종묵 전도사 대신 충주구역에 박만춘 전도사를 파송하였다. 경기도 부천 출생인 박만춘(朴萬春, 1907-1950) 전도사는 1930년 감리교 협성신학교를 졸업하고 1934년 동부연회에서 충주구역 담임 전도사로 파송을 받으면서 목회를 시작하였다.[156]

박만춘 전도사는 충주에 부임했을 때 나이가 27세였다. 지금까지 충주교회에 부임한 목회자 가운데 나이가 가장 젊었다. 그래서 비록 갓 목회를 시작하는 '서리 전도사' 신분이었지만 그는 젊은 패기와 열정을 가지고 충주교회와 충주구역 교회들을 돌아보았다. 그 결과는 주일학교와 엡웟청년회 활동에서 나타났다. 다음은 박만춘 전도사가 충주에 부임한 지 한 달 만인 1934년 5월, '어린이주일'로 이름을 바꾼 '꽃주일' 야외예배 광경이다.

> "충주읍교회에서는 거 五월 十七일에 어린이주일 겸 야외예배를 사직공원 녹음 중에서 보았는데 박만춘(朴萬春) 목사[전도사] 사회로 오전 예배를 마치고 계속하야 김복실(金福實) 선생의 인도로 어린이들과 소년소녀의 유희와 노래로 삼백여 명 회중이 큰 기쁨을 얻었으며 오후에는 민세기(閔世基) 군의 인도로 二十여 종 경기를 미치고 주교생의 시상이 끝난 후 四시 무사 산회하였다."[157]

그리고 그 해(1934) 7월 25일부터 8월 10일까지 17일간 개최한 여름성경학교 광경이다.

---

155) 「기독교조선감리회 동부연회회록」(1934), 24.
156) 「기독교조선감리회 동부연회회록」(1934), 21; "박만춘", 『기독교대백과사전』제7권(기독교문사, 1982), 94-95.
157) "충주읍교회 어린이주일," 「감리회보」1934.7.10.

"충주읍교회에서는 금년에 제九회 하기아동성경학교를 七월 二十五일로 八월 五일까지 十일간 개강한 바 특별히 서울 감리회신학교 재학 중이신 전밀라(全密羅) 선생의 내원(來援)을 받어 거둠이 많았는데 재적이 一百六인이오 증서 받은 아동이 七十八인이였다더라. 직원은 교장 박만춘(朴萬春), 회계 오상렬(吳相烈), 교사 전밀라(全密羅), 김인배(金仁培), 민명기(閔明基), 송석신(宋碩信), 윤순영(尹順榮), 이상태(李相泰), 장또라티(張道羅峙)."[158]

충주교회 여름성경학교를 도와주러 내려온 감리교신학교 학생 전밀라(全密羅, 1908-1985)는 충주교회 초창기 교인 전연득(全連得)의 딸이었다. 예수를 믿는다는 이유로 고향(제천군 덕산면 수산리)에서 쫓겨나 충주로 나와 신앙생활하던 아버지의 영향을 받은 그는 충주보통학교와 공주영명여학교를 거쳐 1931년 서울 감리교신학교에 입학하여 신학훈련을 받고 있었다. 그 무렵(1934) 아버지 전연득은 제천지방 청풍교회 본처 전도사 겸 성서공회 권서로 활동하면서 제천지방뿐 아니라 원주·충주 일대를 순회하며 목회자 없는 교회 강단을 맡아 설교를 하였다. 그런 배경에서 '신학생' 전밀라는 여름방학을 맞아 고향으로 내려왔다가 '모교회'인 충주교회 여름성경학교를 도왔던 것이다.

교사와 학생들에게 인기가 많았던 전밀라는 충주교회 여름성경학교를 마친 후 곧바로 충주교회 지교회인 제천군 수하면 명오리교회에도 가서 여름성경학교를 인도했다.

"충주구역 명오리교회에서도 예년과 같이 지나간 八월 一일부터 十五일까지 하기 아동성경학교를 개최한 바 농촌인 고로 낮에는 일하고 밤이면 모였는데 여름밤 고단함에도 불계하고 직원과 생도가 모임에는 눈물이 날만 하엿으며 특별히 감리교신학교 재학 중이신 전밀라 씨의 내원(來援)은 금수첨화(錦繡添花)의 격으로 불과 三十여 호 촌락에서 四十七명의 수확을 보았다 한다. 직원 교장 허성학(許聖學), 서기 허성서(許聖端), 교사 전밀라, 박희성(朴熙成), 박희현(朴熙顯), 이상준(李尙俊), 김충순(金忠順) 제씨이며 과목은 성경, 음악, 동화, 한글 등이었다."[159]

이처럼 여름성경학교를 주관했던 엡웟청년회도 조직을 새롭게 하고 활기

---

158) "충주읍교회," 「감리회보」1934.9.10; 「기독신보」1934.9.12.
159) "충주 鳴梧里敎會," 「감리회보」1934.9.10.

차게 사업을 추진하였다. 다음은 1934년 5월 16일 정기총회에서 개선된 충주교회 엡윗청년회 임원 명단이다.[160)]

회장: 이상태(李相泰) 부회장: 장덕희(張德熙)
서기: 김시린(金時麟) 회계: 박흥서(朴興西)
종교부장: 민동기(閔東基) 종교부원: 박흥서 박미례(朴美禮)
교양부장: 김복실(金福實) 교양부원: 송석신(宋錫信) 정만순(鄭萬順)
사회부장: 김시린 사회부원: 오상렬(吳相烈) 류윤호(劉允浩)

이날 정기총회에서는 ① 부락순회 전도 강연, ② 6월 중에 음악회 개최, ③ 야외예배 준비 등을 결정하였다. 역시 엡윗청년회의 '인기 있는' 행사는 교양부에서 주관하는 공개 토론회였다. 1934년 6월 20일 저녁 충주교회 엡윗청년회관(구예배당)에서 개최된 토론회에서는 "현(現) 조선 농촌발전에는 문맹퇴치냐? 산업장려냐?"는 주제를 갖고 가편(可便, 문맹퇴치) 연사로 김인배(金仁培)와 민동기, 부편(否便, 산업장려) 연사로 정운항(鄭雲恒)과 김시린 · 정병걸(鄭丙杰) 등이 나서 열렬한 토론을 펼친 결과 "부편이 승리하였다."[161)] 그리고 한 주일 후 6월 27일 저녁에 청년회관에서 엡윗청년회 월례회를 개최하고 ① 7월부터 「감리회보」 및 「기독신보」를 청년회 명의로 구독하되 필히 사무실에 놓아두고 와서 열람할 것, ② 여름성경학교 준비는 교양부와 사회부에 일임하여 진행케 할 것 등을 결의하였다.[162)]

이렇듯 박만춘 전도사는 자신과 같은 나이 또래인 엡윗청년회 회원들과 함께 신앙교육과 전도 · 계몽 활동을 전개함으로 충주교회와 충주구역에 활기를 불어넣었다. 그로서는 충주가 신학교 졸업 후 '서리 전도사'로 파송을 받은 첫 번째 목회지였기에 열정을 갖고 목회에 임하여 '성공적인' 결과를 얻었다. 이는 그가 충주에 파송을 받은 지 1년 만인 1935년 연회에서 신홍식 감리사가 원주지방 사역을 보고하는 중에 "충주구역은 박만춘 전도사가 서리 파송을 받아 근무한 결과 각 교회는 새 마음을 얻어가지고 열심한 남어지 교회가

160) "충주엡윗청년 총회," 「감리회보」1934.7.10.
161) "충주엡청 토론회," 「감리회보」1934.8.10.
162) "충주엡청 월례회," 「감리회보」1934.8.10.

진흥하는 중"이라고[163] 칭찬한 것에서도 확인할 수 있다. 그러나 박만춘 전도사도 1년 만에 충주를 떠났다.

5. 1930년대 후반 교회 시련과 수난

5.1 조상문 목사의 '합력 목회'

1935년 4월 25일부터 5월 1일까지 서울 정동교회에서 개최된 동부·중부·서부 연합연회에서 충주구역의 박만춘 전도사는 영원구역으로 파송되었고 그를 대신해서 조상문 목사가 충주구역 담임자로 파송을 받았다.[164] 강화 출신인 조상문(曺相文, 1898-1950) 목사는 1925년 감리교협성신학교를 졸업하고 이듬해 경기도 부천과 부평구역 전도사로 목회를 시작하였다. 그는 1928년 미감리회 매년회에서 목사안수를 받았고 이후 1928년 홍천서구역, 1932년 단양구역, 1933년 횡성구역에 파송을 받아 목회하다가 1935년 연회에서 충주구역으로 파송을 받아 왔다.[165] 10년 목회 경력에 30대 중반 나이로 충주교회와 충주구역 담임자로 부임한 조상문 목사는 같은 시기 충주구역 전도부인으로 파송을 받은 박제순(朴濟順) 전도사와 함께[166] 충주에서 목회하였다.

전임자들과 마찬가지로 조상문 목사도 엡웟청년회를 적극 활용하였다. 이미 15년 역사를 자랑하는 충주교회 엡웟청년회는 1920-30년대 교회 부흥과 성장의 주역으로서 교회 안에서 뿐 아니라 지역사회에서도 '능력 있는' 시민단체로 인정을 받고 있었다. 다음은 1936-37년 충주교회 엡웟청년회를 이끈 임원 명단이다.[167]

---

163) "원주지방 감리사 신홍식 보고,"「기독교조선감리회 동부·중부·서부 연합연회회록」(1935), 93-94.

164)「기독교조선감리회 동부·중부·서부 연합연회회록」(1935), 74.

165) "조상문,"『한국감리교회 인물사전』, 455.

166) "기독교조선감리회 전도부인 명부,"「감리회보」1936.1.10.

167) "각 엡靑定總,"「감리회보」1936.6.10; "충주엡靑 定總,"「감리회보」1937.1.16.

연도	회장	부회장	총무	서기	회계	종교 부장	교양 부장	사회 부장	소년지 도부장
1936	이상태	김종헌	장덕희	김종헌 김경찬	박제순	박홍서	오종실	조병상	
1937	박홍서	조병상	김종헌	조병의 김종헌	박제순 오상렬	조병상	강정애	김장성	오종실

이미 전부터 청년회 임원으로 활동했던 이상태와 박홍서 · 장덕희 · 오상렬 외에 김종헌(金鍾憲)과 김경찬(金景讚) · 박제순 · 오종실(吳鍾實) · 조병상(趙昺相) · 조병의(曺秉懿) · 김장성(金長成) · 강정애(姜貞愛) 등 새 이름이 보인다. 이들 청년회 임원과 회원들은 매년 정기총회와 임시총회, 그리고 매월 한 차례 월례회로 모여 사업의 내용과 방향을 정하였다. 예를 들면 1936년 4월 총회에서는 청년들이 주도하여 교회찬양대(성가대)를 조직하기로 결의하여 처음으로 찬양대가 주일예배를 돕기 시작했는데, 12월 27일 교인 박동진(朴東鎭)이 "찬양대에 도금칠(塗金漆)한 보면대(譜面臺) 1개 좋은 것을 기증하여" 찬양대를 격려하였다.[168] 그리고 1936년 7월 1일에는 임시총회를 열고 다음 사항을 결의하였다.[169]

> ① 7월 첫 주일부터 주보를 발행하기로 하고 조병상과 조병의 · 이금석(李今石) · 오종실 등을 위원으로 선정.
> ② 청년회 회비는 남자 회원은 매월 10전, 여자 회원은 5전으로 정함.
> ③ 운동기구를 매입하기로 하되 종목은 '풋뽈'(축구), '삔뽕'(탁구), '테넷쓰'(정구) 등으로 하고 비용은 회원 부담으로 충당.
> ④ 7월 18일 유치원과 영아부를 위해 자선음악회를 개최하되 악사로 황재경 씨를 초빙.
> ⑤ 7월 19일 경성 신학생전도대를 환영하기로.
> ⑥ 7월 첫 주일의 청년회 주최 예배순서 확정.

그리고 같은 해(1936) 6월 3일 월례회에서는 신입회원 환영회를 가진 후 ① 6월부터 교양부가 주관하여 「청년회보」를 발행하기로 하고, ② 6월 13일

168) "각 엡靑定總," 「감리회보」 1936.6.10; "충주엡靑 定總," 「감리회보」1937.1.16.
169) "충주 엡청 임시총회," 「감리회보」1936.7.10.

개최 예정인 야외예배 때 '각 기관 진흥방침과 교회 부흥 방책'을 토의하기로 결의하였다.[170] 계속해서 7월 22일 월례회에서는 ① 종교부 주최로 여름성경 학교를 개최하고, ② 사회부 주최로 유학생 간친회를 개최하며, ③ 교양부 주최로 토론회를 개최하기로 결의하였다.[171] 이러한 결정에 따라 8월 1일 저녁 충주교회 청년회관에서 외지에 나가 유학하다가 방학을 맞아 귀향한 충주출신 학생들을 초청하여 '유학생 간친회'를 개최하여 "많은 재미를 보았고" 8월 2일 주일 오후에는 엡윗청년회 주최 예배를 드렸는데 일본인 전도자 사노[佐野]가 와서 "건장한 청년이 되자"는 제목으로 설교하였다.[172] 충주교회는 10월 4일 주일예배도 엡윗청년회 주관으로 드린 후 그날 오후 월례회로 모여 ① 야외예배 주최, ② 지교회 전도 강연, ③ 일반 부인을 위한 편물 강습회 개최 등을 결의하였다.[173] 그리고 11월 15일 저녁에 임시총회를 열고 ① 청년회 세칙 규정, ② 조병의를 소년지도부장에 임명, ③ 매주 목요일 저녁에 연경회(硏經會, 성경공부) 개최, ④ 추수감사절 장식위원 선정, ⑤ 11월 15일 교회 부흥회 지원, ⑥ 대소원교회에 전도 강연회 실시 등을 결의하였다.[174]

충주교회 엡윗청년회에서 실시한 행사나 사업은 정기총회와 월례회, 토론회와 전도강연, 음악회와 계몽강연, 교회 주보와 청년회지 발간, 운동기구 설치와 찬양대 조직 등 다양하였다. 그러나 청년회 프로그램 가운데 가장 인기가 많았던 것은 역시 '공개 토론회'였다. 다음은 1936-37년 충주교회 엡윗청년회가 실시한 공개 토론회 상황이다.[175]

날짜	주제	연사
1936.1.4	"現下 朝鮮家庭의 不和의 原因이 男子에게 있느냐? 女子에게 있느냐?"	可便: 白奎華 朴奉順 李今石 否便: 裵春道 金弼禹 嚴基善
1936.8.18	"우리 엡윗青年會에서는 어떠한 人	陳壽奉 梁在衡 鄭春奉 朴聲順 金仁培

170) "충주엡청 토론회," 「감리회보」1936.7.10.
171) "충주엡청 월례회," 「감리회보」1936.10.10.
172) "충주엡청 활동," 「감리회보」1936.10.10.
173) "충주엡청 활동," 「감리회보」1936.11.10.
174) "충주엡청 임시회," 「감리회보」1936.12.10.
175) "충주읍교회 엡청 토론회," 「감리회보」1936.1.10; "충주엡청 활동," 「감리회보」1936.10.10; "충주엡청 토론회," 「감리회보」1936.10.10; "충주엡청 토론회," 「감리회보」1936.7.10.

날짜	주제	연사
	物을 要求하는가?"	裵春道
1936.9.18	"平和로운 家庭을 이룸에는 男子냐? 女子냐?"	可便: 孫영숙 申성선 金기숙 金福禮 否便: 梁재형 鄭춘봉 陳수봉 趙석구
1937.5.24	"敎會를 復興시킴에는 知識이냐? 熱誠이냐?"	知便: 金鍾憲 吳相烈 李今石 熱便: 吳鍾實 曺秉儀 裵春道

토론회를 주최한 엡웟청년회 교양부에서 주관한 또 다른 프로그램으로 '구연동화회'(口演童話會)가 있었다. 이때는 주일학교와 유치원 학생들뿐 아니라 일반 아동들도 대거 참석하여 성황을 이루었다. 다음은 1936년 6월 충주교회 엡웟청년회에서 개최한 동화회 관련 기사다.

> "충주읍교회 엡웟청년회 교양부 주최로 지난 六월 二十四일 오후 十시에 본 회관에서 동화회를 개하고 교양부장 오종실 씨 사회하로 각 연사의 동화와 찬양대 음악으로 대성황을 이루었는대 연사는 여좌하다. 김종헌 이금석 민동기 배춘도 조병의."[176]

엡웟청년회 교양부가 주최한 대표적인 행사가 토론회와 동화회였다면 종교부가 주관한 대표적인 행사는 여름성경학교와 전교인 야외예배, 그리고 전도강연회였다. 다음은 1936년 8월 실시한 충주교회 여름성경학교 내용이다.

> "충주 엡웟청년회 종교부 주최로 지난 八월 三일로 동 十一일까지 하기아동성경학교를 개최하였는데 출석생 七十九명 중 정근 수상자는 三十六명, 특별 수상자는 서정익(徐貞益)인데 그 특상은 송석신(宋碩信) 씨가 기증하였다 하며 직원은 다음과 같다. 교장 조병의(曺秉懿), 교사 김인배(金仁培), 박성순(朴聲順), 이원식(李元植), 이형식(李亨植), 민명기(閔明基), 송석신(宋碩信), 배춘도(裵春道) 제씨이요 제반 경비는 청년회에서 부담하였다 한다."[177]

보통 5월 '꽃주일'(어린이주일)에 실사하였던 야외예배에는 주일학교와 유치원 학생뿐 아니라 학부형과 전교인이 참가하여 대성황을 이루었는데, 1936년에는 가을에도 야외예배를 실시하였다. 즉 엡웟청년회 종교부가 주최한

176) "충주엡청 동화대회," 「감리회보」1936.7.10.
177) "충주엡청 활동," 「감리회보」1936.10.10.

1936년 10월 25일 전교인 야외예배를 "충북 명소인 탄금대 산상에서" 개최하였는데 예배 후 "주교생들의 경기와 장년들의 여흥으로 많은 재미를 보았다."[178] 그리고 이듬 해(1937) 5월 야외예배도 역시 탄금대에서 실시하였는데 이때는 이류면 대소원교회 교인들도 참석하여 '연합 야외예배'로 드렸다.

"봄의 향기가 무르녹는 五월 二일에 충주읍교회와 대소원교회에서 연합하여 탄금대 우에서 야외예배를 벌였으니 신앙의 일광소독과 아울러 새싹의 움돋이로 三백여 명 신도들이 큰 은혜를 받았다. 오후에는 주일학교 주최의 운동회가 있어 모든 교우는 유쾌히 하루를 지냈다."[179]

이 날 야외예배를 함께 드린 대소원교회는 충주교회의 지교회로서 충주교회 엡윗청년회 전도대가 종종 가서 전도강연회를 개최하였던 곳이다. 1936년 10월에도 충주교회 청년들이 대소원교회에 가서 전도강연회를 개최하였다.

"충주 엡윗청년회에서는 종교부 주최로 지난 十월 二十九일 오후 八시에 약 三리허에 있는 지교회 대소원예배당에서 전도회를 개하고 곽주일(郭主日) 전도사의 사회로 찬송가 二三0장으로 개회하야 이상태 전도사께서 성경 누가 五장 二十七-三十二절까지 랑독하고 '병적 사회의 의사가 누구뇨' 하는 문제로 열렬한 강설이 유한 후 조병의(曺秉懿), 조병상(趙昺相), 배춘도(裵春道), 전오(全吳) 제씨의 四부합창이 있었고 끝으로 조(曺) 조(趙) 양씨의 풍금과 四현금 합주 후 폐회하였는데 청강자가 二백여 명에 달하였고 신신자(新信者)가 四인로 대성황을 이루었다 한다."[180]

그런 식으로 충주교회 엡윗청년회 회원들은 충주구역의 약한 교회(기도처)들을 찾아다니며 전도활동을 벌였다. 다음은 1936년 12월에 실시한 충주구역 전도강연회 광경이다.

"十二월 十三일에는 종교부장 박홍우 씨는 교양부장 오종실 씨와 회원 二三인을 다리고 온갖 기도회처에 가서 대전도하여 五六인의 새 신자를 얻고 엡윗회장 이상태 씨는 소년지도

178) "충주엡청 활동," 「감리회보」1936.11.10.
179) "충주교회 야외예배," 「감리회보」1937.6.16.
180) "충주엡청 활동," 「감리회보」1936.11.10.

부장 조병의 씨와 유치원 보모 강정애, 동 조수 민병기, 본회 회원 배춘도 제씨와 같이 안림 기도처에 가서 전도하여 三인의 새 신자를 얻었다더라."[181]

충주교회 청년회원들이 순회하며 전도한 '기도처'는 대소원교회와 하구암교회·명오리교회·삼청리교회 등이었다. 그리고 이 기록을 통해 충주 안림리에 기도처가 설립되었음을 확인할 수 있다. 그동안 충주읍에는 금정(錦町, 성서동), 한 곳에만 교회가 있었는데 읍내에서 동쪽으로 멀지 않은(6km) 곳에 기도처가 생김으로 충주읍(충주면)에 교회가 두 곳으로 늘어났다.

1930년대 충주교회 엡웟청년회에서 적극 후원한 사업으로 유치원과 영아부가 있었다. 1920년 3월 1일 설립된 충주유치원은 충주 최초 유치원으로서 영향력이 컸던 대(對) 사회사업이었다. 그런데 1920년대 후반부터 미국의 경제공황으로 선교비가 대폭 감축되고 1930년 중반 이후 유치원에 대한 선교부 보조가 아예 중단되면서 충주유치원도 경영 위기에 처하였다. 그런 중에도 충주교회는 유치원만큼은 살리고자 노력하였다. 1936년 3월「감리회보」보도다.

"十三년의 역사를 가진 충주읍교회 경영인 유치원은 종교부[선교부] 보조가 끊어진 뒤 년년 적자가 생기드니 본 교회 유사 장덕희(張德熙) 씨의 년 二十원 보조의 허락과 본 읍회(邑會) 의원인 이택경(李宅卿) 씨의 매삭 五원 이상의 기부 허락으로 본 유치원에는 서광이 빛이게 되었는데 전기 이택경 씨는 불신자면서도 이런 특지를 보이신 것을 교우 일반은 감사불이(感謝不已)한다."[182]

충주교회 유사(재정부장) 장덕희의 결단과 불신자인 충주 읍회원(현 시의원) 이택경의 독지(篤志)로 충주유치원은 활기를 회복하였고 그 결과 1936년 3월 24일 제13회 보육식(保育式, 졸업식)에서 27명의 졸업생을 냄과 동시에 신입생 60명을 받아들여 교사를 2명이나 채용했다.[183] 이렇듯 다시 활기를 찾게 된 유치원의 완전한 자립을 위해 충주교회 엡웟청년회는 1936년 7월 18일 저녁 충주극장에서 '충주유치원 후원의 밤' 행사를 주최하였다. 청년회와 유

---

181) "충주엡청 전도대,"「감리회보」1937.1.1.
182) "서광비친 충주유치원,"「감리회보」1936.3.10.
183) "충주유치원 보육식,"「감리회보」1936.5.10.

치원 자모회가 공동 주최하고 「조선일보」와 「동아일보」 충주지국에서 후원한 이날 '후원의 밤' 행사에 이화여자전문학교 성악교사 황재경(黃材景, 1905-1984)이 출연하였다. 연희전문학교 성악과 출신으로 성실한 기독교인이었을 뿐 아니라 재담(才談)으로 이미 '전국적 유명인사'로 활약하고 있던 황재경의 연주와 연설을 들으려고 일반시민들이 운집하였다.

"충주교회에서는 유치원과 영아부의 경비를 위하야 유치원 자모회 주최와 엡윗청년회와 중앙 조선 양지국 후원으로 지난 七월 十八일 밤 당지 극장에서 황재경(黃材景) 선생의 만담회(漫談會)를 개하야 대성황을 이루었는데 입장료는 八十전, 五十전으로 하야 총수입 二백여 원에 달하였는데 그 중에 의연자 씨명은 다음과 같다. 이보상(李寶相) 五원, 정영택(鄭英澤) 五원, 강경자(康庚子) 五원, 박청근(朴淸根) 五원, 이춘웅(李春雄) 二원, 최기환(崔冀煥) 二원, 정진복(鄭鎭福) 二원, 박기창(朴基彰) 三원, 김칠용(金七用) 二원, 정명규(鄭命奎) 一원, 장한식(張漢植) 一원, 조동환(曺東煥) 二원, 김보벽(金寶璧) 一원, 천경희(千敬喜) 一원, 김복득(金卜得) 一원, 안창남(安昌南) 一원, 안기순(安基舜) 五원, 유희태(劉希泰) 一원."[184]

이처럼 충주유치원은 충주교회의 자존심과 자부심을 드러내는 기관이자 사업이었다. 그런 유치원 사업을 위해 교인뿐 아니라 불신자들도 의연금을 아끼지 않고 냈다. 그만큼 교회는 지역사회로부터 신뢰와 지지를 받고 있었다. 그런 지역사회의 지지와 신뢰를 바탕으로 충주교회는 새로운 사역을 시작했다. 1936년 4월 충주교회는 유치원 학생들보다 더 나이가 어린 영아(嬰兒)들의 건강과 발육을 돌봐주는 '영아부'(嬰兒部)를 시작하였다.

"충주읍교회 영아부는 금년 四월 九일에 본부 간사 이금전(李金田) 씨와 담임 간호원 오종실(吳鍾實) 씨를 비롯하야 三十여 명의 영아로 시작되엿는대 그간 오종실 씨의 불휴(不休)의 활동으로 인하야 현재 영아수가 八十여 명에 달하였으므로 월례회를 二일에 분해(分解)함에도 다수의 인원을 요하게 되므로 지난 九월 十三일에 정식으로 완전히 영아부를 조직하고 좌기 역원을 선거하였다 한다. 고문 조상문(曺相文), 부장 오종실(吳鍾實), 서기 이금석(李今石), 회계 오종실, 간사 박제순(朴齊順) 이상태(李相泰)."[185]

---

184) "유치원 후원의 밤," 「감리회보」1936.10.10.
185) "충주교회 영아부 월례회," 「감리회보」1936.10.10.

감리교회의 ‘영아부’ 사업은 1924년 서울 태화여자관의 ‘아동보건사업’으로 출발하였다. 미감리회와 남감리회 여선교부에서 합동 경영하던 태화여자관에서는 영양실조와 열악한 환경 위생으로 유아사망률이 높다는 점을 감안하여 가정부인들을 대상으로 어린 아이들의 양양 공급과 보건 위생을 촉진시키는 사업들을 전개하였는데 우유급식과 아동보건 · 예방주사 · 목욕 · 우량아 선발대회 등 다양한 사업과 행사를 추진하였다. 1930년대 들어서 이런 아동보건사업을 감리교단 차원에서 추진하기로 하고 감리교 선교기관인 서울 동대문부인병원 안에 경성연합아동보건회를 만들고 경성여자의학교를 졸업한 의사 이금전(李金田)을 책임자로 세워 서울뿐 아니라 전국적으로 교회 안에 ‘영아부’를 조직하고 아동보건사업을 추진하였다.[186] 이런 과정에서 1936년 4월 9일 이금전이 간호사 오종실과 함께 충주교회에 와서 아동보건에 대한 강연회를 개최하고 충주에서 의사로 활약하고 있던 김정우(金鼎禹)와 함께 30여 명 어린아이들을 진찰하는 것으로 충주에서 아동보건사업을 시작하였다.[187]

이로써 충주교회 부속기관으로 ‘영아부’가 조직되었고 간호사 오종실은 계속 충주에 머물면서 영아부 실무를 맡게 되었다. 이에 엡웟청년회는 유치원 외에 영아부 사업도 적극 후원하였는데 그런 배경에서 1936년 9월 18일 월례 공개 토론회 때는 유치원과 영아부 자모들도 초청하여 음악회를 열었다.[188] 이렇게 시작된 충주교회 영아부는 지역사회로부터 호응을 받으며 발전하였는데, 사업을 시작한 후 1년 만인 1937년 5월 거행한 영아부 제1회 졸업식 장면을 「감리회보」가 자세히 보도했다.

> “지난 五월 十三일 충주읍교회 영아부 제一회 졸업식을 예배당 내에서 거행하였는데 개근과 보건을 나누어 一등으로 五등까지 시상이 있었다. 이튿날에는 월례의 영아진찰이 있었고 이어서 자모회를 조직하였다. 회장 김난현, 부회장 손영순, 서기 음명륜, 회계 권갑순. 특히 회장 김난현 씨가 영아부를 위하여 四원을 기부하였다.”[189]

---

186) “Public Health and Child Welfare Work in Seoul,” *Fifty Years of Light*(Seoul: YMCA Press, 1938), 31-33.
187) “영아부 조직,” 「감리회보」1936.5.10.
188) “충주엡청 토론회,” 「감리회보」1936.10.10.

이렇듯 충주교회 엡웟청년회는 1930년대 후반 다양한 사업과 사역을 전개하면서 목회와 선교사역에서 활기를 띠었다. 그 결과는 교회 부흥으로 연결되었다. 조상문 목사는 부임 후 첫 부흥회를 1935년 11월 추수감사절 어간에 실시하였다.

> "충주읍교회에서는 지난 十一월 二十七일부터 제천교회 담임목사 차경창 씨를 초빙하야 부흥회를 개최하고 매일 오전에는 사경회로 모이고 오후 七시부터는 일반신자 급 불신자를 망라하야 특별강연회로 모히여서 一주간을 계속하는 동안에 신신자가 十여 인에 달하였고 특별히 매일 새벽기도회에 많은 영우(靈雨)가 나려서 부흥적 기분이 농후하다더라."[190)]

부흥회 직후 추수감사절을 지켰는데 그 결과 "전에 못 보던 호성적을" 냈으니 「감리회보」에서 소개한 '1935년 충주구역 추수감사 헌금' 현황을 보면, "충주읍교회 160여 원, 명오동교회 35원, 대소원교회 34원, 하구암교회 33원, 삼청리교회 7원" 등이었다.[191)] 조상문 목사는 이듬 해(1936) 11월 15일부터 12월 2일까지 서울 상동교회 담임목사이자 경성남지방 감리사였던 방훈(方勳) 목사를 초빙하여 부흥회를 개최하였던 바, "통회하고 성신 받는 사람들이 많았고 五十명의 신신자가 생기었다."[192)] 이처럼 부흥회와 각종 집회를 통해 은혜를 체험한 교인들의 헌신도 두드러지게 나타났다.

> "충주읍 대평정(大平町) 전영준(田榮俊) 씨 장녀 전영애(田永愛) 양과 영춘(永春) 이남석(李南錫) 군과 지난 十一월 六일 오후 二시에 충주읍예배당에서 결혼식을 거행하였는데 그 신부의 부친 전영준 씨는 여식의 결혼기념으로 책상보 一매를 교회에 기부하였는데 일반 교우들은 감사함을 마지않는다 한다."[193)]

이듬해(1936) 충주교회에서 결혼한 신혼부부도 결혼기념으로 교회에 '특별헌금'을 냈다.

---

189) "충주영아부 소식," 「감리회보」1937.6.16.
190) "충주읍교회 부흥회," 「감리회보」1936.1.10.
191) "충주구역 추수감사연보," 「감리회보」1936.1.10.
192) "충주교회 부흥회," 「감리회보」1937.1.1.
193) "결혼기념품 증정," 「감리회보」1936.1.10.

"본읍 백경식(白敬植) 씨와 피순득(皮順得) 양의 결혼식은 十一월 十一일 오후 二시에 있었는데 결혼기념으로 금 十원을 본 교회 자치부에 기부하였다더라."[194]

그리고 1937년 4월에는 충주교회 교인들이 연합속회를 마친 후 교회 간판 제작을 위한 헌금을 실시하였다.

"지난 四월 二十三일에 충주읍교회 연합속회를 보고 예배당 간판이 없어 유감으로 여기더니 교우 중 최호준 씨가 五원을 기부한 것을 시작하여 조병상 씨 二원 기타 제씨의 연보 十二원으로 예배당 간판 유치원 간판, 주일학교 간판들을 만들게 되었다."[195]

충주교회 교인들은 교단 행사와 사업에도 적극 참여하였다. 1937년 1월 총리원 전도국에서는 감리교 불모지에 교회를 개척하고 전도인을 파송하기 위해 전국적으로 전도운동을 전개하였다. 그러면서 '전도를 위해 기도하며 1년에 1원 전도헌금'을 내는 '전도회원'을 모집하였는데 충주교회에서 조상문 목사를 비롯해서 박제순과 박성철 · 조상문 · 민동기, 그리고 대소원교회 조응수 등이 전도회원으로 가입하고 회비를 냈다.[196]

충주교회 교인들이 교회를 위해서만 헌금한 것은 아니다. 앞서 1910-20년대에도 그러했듯 충주교회 교인들은 기근과 홍수 등으로 어려움을 당한 다른 지방, 다른 교회 교인들을 위해서도 구제헌금을 종종 실시하였다. 1936년 8월에 실시한 충주교회의 '구제헌금'에 대한 「감리회보」 기사다.

"충주교회에서는 금반 七十년 이래의 처음 보는 대홍수로 가옥전답을 잃어버리고 거리에서 방황하는 동포를 위하야 지난 八월 二十三일 예석상(禮席上)에서 임시 연보로 일금 五원을 본군(本郡) 구제회로 보냈다 한다."[197]

이렇듯 충주교회는 1932년 충주구역 담임 김성대 목사가 순직한 이후 1년

194) "충주엡청 임시회," 「감리회보」1936.12.10.
195) "충주교회 소식," 「감리회보」1937.6.16.
196) "전도회원모집," 「감리회보」1937.1.1; "전도회원 방명," 「감리회보」1937.3.16; "전도회원 방명," 「감리회보」1937.5.1.
197) "충주교회 수해구제금," 「감리회보」1936.10.10.

단위로 최종묵 · 박만춘 등 '서리 전도사'가 왔다가 떠나는 불안정한 시기를 보내다가 1935년 조상문 목사가 부임하면서 안정적인 목회 환경과 선교 분위기를 확립하였다. 그 결과 충주교회는 착실한 부흥과 성장을 이룩하였다. 그리고 그런 부흥과 성장의 중심엔 엡윗청년회가 있었다. 충주교회 엡윗청년회는 1920년 창설 이후 창의적이고 열정적인 사역을 전개하며 잦은 목회자 교체와 변동에도 흔들리지 않는 교회 부흥과 성장을 끌어냈다. 조상문 목사는 이런 엡윗청년회에 힘을 실어주면서 충주 '토박이 교인'들이 자발적으로, 자원해서 신앙생활과 선교활동을 추진해 나가도록 분위기를 만들어 주었다. 그래서 엡윗청년회는 조상문 목사의 '협력 목회'에 한 축을 감당할 수 있었다.

5.2 구종서 전도사의 '구역 목회'

어려운 시기에 충주교회와 충주구역 담임자로 와서 교회 부흥을 이끌어냈던 조상문 목사는 충주 목회를 2년 만에 접어야 했다. 그것은 원주지방회 사정 때문이었다. 그동안 (2년 전에 은퇴하였음에도 주변의 만류로) 원주읍교회를 담임하면서 원주지방 감리사로 사역하였던 신홍식 목사가 1937년 5월 일선에서 물러나 고향(청주)으로 휴양차 떠남에 따라[198] 교단지도부의 양주삼 총리사는 원주읍교회 담임과 원주지방 감리사직을 조상문 목사에게 맡겼다. 이에 따라 1937년 5월 외금강 온정리교회에서 개최된 제6회 동부연회에서 이루어진 목회자 파송에서 충주구역은 담임목사 없이 '서리 1인'을 파송하는 것으로 정리되었다.[199]

1937년 연회에서 '서리 1인'으로 충주구역에 파송된 주인공은 구종서(具鍾書, 1903-1952) 전도사였다. 경기도 광주 출신인 구종서 전도사는 앞서 1928-30년 충주구역을 담임했던 구성서(具聖書) 목사의 동생, 즉 1907년 정미의병운동 때 일본군 헌병대에 체포되어 경기도 이천 장터에서 '순국'(殉國)한 구연영 전도사의 막내아들(4남)이었다. 아버지 순국(1907) 이후 가족 전체가 어려운 형편에 처했을 때 그는 독학으로 중등과정과 신학공부를 하였고 1920년대 후반부터

198) "신홍식 목사 석별회," 「감리회보」1937.6.16.
199) 「기독교조선감리회 동부연회 회록」(1937), 25.

주일학교운동에 참여하여 전국을 돌며 강연회를 열었다. 그리고 1930년대 들어와 경기도 이천과 서울 아현교회 · 신영리교회 · 염창교회에서 '서리 전도사'로 목회하였다.[200] 그가 염창교회에서 목회할 때 예배당을 건축하였는데 이에 대하여 경성남지방 감리사 방훈 목사는 1937년 4월 개성에서 개최된 중부연회에 제출한 감리사 보고 중에 "염창교회는 제일 약한 교회인데 구종서 전도사의 열렬한 활동과 충성된 사역으로 인하야 교회가 대부흥하는 동시에 一천 四백여 원의 연조로 아름다운 예배당을 건축하였음을"[201] 보고하여 그의 능력을 높이 평가한 바 있었다. 이런 보고를 한 방훈 목사가 1936년 11월 충주교회에 와서 부흥회를 인도한 적이 있었는데 그런 배경에서 원주지방 감리사로 자리를 옮긴 조상문 목사에게 구종서 전도사를 소개한 것으로 보인다.

이로써 충주교회는 박만춘 전도사 이후 2년 만에 다시 '서리 전도사'를 맞이하였다. 충주교회로서는 이미 형 구성서 목사의 지도를 받은 경험이 있었기에 '독립운동가 집안' 출신의 구종서 전도사를 환영했다. 조상문 목사도 원주로 옮겨 갔지만 여전히 충주에 남다른 애정을 보이며 구종서 전도사의 충주구역 목회를 도왔다.[202] 그래서 조상문 감리사는 충주구역 구역회(계삭회)는 가능하면 직업 와서 주재하였다. 1937년 10월 7일 명오리교회에서 개최된 충주구역회에 관한 「감리회보」 기사다.

> "충주구역회를 지난 七일 오후 二시에 명오리교회당에서 조상문 감리사 사회 하에 개회되어 각부 보고가 있은 후 특별 결의사항은 여좌하다. 1. 각 교회마다 속회에서 五일간식 성경연구반을 실행할 것. 2. 지방회원 여비로 十五원을 예산하여서 각 교회마다 분담 지출하여 지방회 대표자 여비를 보조할 것. 3. 다음 구역회는 충주교회로."[203]

그리고 1937년 12월 충주구역에 새로운 전도부인으로 이성덕(李成德) 전도사가 부임하여 네 달 동안 비어 있던 전도부인 자리를 채웠다.[204]

---

200) 구종서, "크리쓰마쓰를 엇더케 직힐가," 「기독신보」 1929.12.18; "구종서," 『기독교대백과사전』 제2권(기독교문사, 1981), 416.
201) "경성남지방 감리사 방훈 보고," 「기독교조선감리회 중부연회회록」(1937), 82.
202) "원주지방 감리사 조상문 보고," 「기독교조선감리회 동부연회회록」(1937), 54.
203) "충주구역회," 「감리회보」 1937.11.1.
204) "지방인사소식," 「감리회보」 1937.12.16.

"충주구역에서는 지난 十二월 四일 오후 五시에 박성철(朴性喆) 전도사 사회 하에 신임 전도부인 이성덕(李成德) 씨 환영회를 구역 직원 일동이 모히여 개회되여 四삭 동안이나 전도부인이 계시지 않어서 목자 잃은 양 같던 일반 교우는 기쁨에 넘치는 화기충만한 가운데 둥근 식탁에서 석반을 함께 하였다."[205]

전도부인 환영회 사회를 본 '전도사 박성철'은 충주교회의 '본처 전도사'로서 엡웟청년회 회장직도 맡고 있었다. 다음은 1938년 1월 2일 개최된 충주교회 엡웟청년회 정기총회 소식이다.

"충주교회 엡웟청년회에서는 一월 二일 주일 신년 벽두에 예배를 필한 후 회장 박성철(朴性喆) 씨 사회 하에 엡웟청년회 총회가 개회되여 회장의 '교회에 대한 청년의 중임(重任)'에 대한 의미심장한 강설이 있은 후 임원을 개선하니 신임 임원은 여좌함. 회장 조병상(趙昺相), 부회장 박성철(朴性喆), 총무 김종헌(金鍾憲), 서기 박형섭(朴亨燮) 윤필영(尹弼榮), 회계 김장성(金長成) 이성덕(李成德), 종교부장 박성철(朴性喆), 사회부장 심정래(沈禎來), 교양부장 강정애(姜貞愛), 소년지도부장 오종실(吳鍾實)."[206]

회장이었던 박성철이 부회장으로 내려앉고 1920년대부터 청년회 활동을 했던 조병상이 새 회장으로 선임되었다. 회장 조병상 외에 김종헌과 오종실은 전부터 활동하던 회원들이었고 박형섭과 윤필영 · 김장성 · 심정래 · 강정애 등 새로운 인물들이 등장하였다. 이렇게 새로 조직된 엡웟청년회는 1938년 1월 2일 총회 직후 월례회를 열고 ① 1월 2일 주일 저녁예배를 엡웟청년회 특별예배로 지킬 것, ② 교회 부흥회 시에는 청년 일동이 활동하되 찬양대를 교양부에서 조직하여 특별 활동할 것, ③ 一월 五일 저녁에 엡웟청년회 간친회로 모일 것 등을 결의하였다.[207] 그리고 같은 해(1938) 5월 22일 주일예배를 엡웟청년회 주최로 '웨슬리 부흥 200주년 기념예배'로 드린 후 임시총회를 개최하여 임원을 다음과 같이 개선하였다.[208]

205) "충주구역 통신일속," 「조선감리회보」1938.1.1.
206) "충주엡청 총회," 「조선감리회보」1938.1.16.
207) "충주엡청 월례회," 「조선감리회보」1938.1.16.
208) "충주엡청 臨總," 「조선감리회보」1938.6.16.

회장: 김종헌(金鍾憲) 부회장: 김장성(金長成)
총무: 오상렬(吳相烈) 서기: 박형섭(朴亨燮) 윤필영(尹弼榮) / 회계: 김상준(金相俊)
종교부장: 장덕희(張德熙) 사회부장: 심정래(沈禎來) / 교양부장: 오환금(吳煥金)

이 날 임시총회에서는 ① 교양부 주최로 토론회 개최, ② 종교부 주최로 6월 5일 청년헌신예배, ③ 월례회시 회원 출석에는 성경 1절씩 암송으로 답할 것, ④ 사회부 주최로 매주 토요일 신자의 가정을 방문하기로 결의하였다.[209) 다음은 '기독청년회'로 명칭을 바꾼 다음 1938년 7월 19일 주최한 '간친회(친목회)' 광경이다.

> "충주읍내 기독청년회에서는 지난 七월 十九일 오후 五시에 사회부장 심정래(沈禎來) 씨의 사회로 간친회가 개회되여 주택 마당을 회 장소로 만들고 심정래 씨의 '우리의 머리는 예수인즉 예수로 단합하자'는 의미심장한 개회사를 비롯하여 화기융융한 가운데 재미있게 지내고 둥근 식탁을 함께 하여 부인 속장님들의 고은 솜씨로 만든 우리 요리를 포식하여 가며 박명호(朴明鎬) 선생의 인도로 허리를 끊을 만치 웃음 천지 중에 한 때를 즐기였다 한다."[210)]

1937년 10월 13일에는 오늘의 학생회에 해당하는 엡웟소년회가 조직되었다. 그동안 엡웟청년회는 청년 중심으로 조직·운영되면서 기구 안에 소년지도부를 두고 교회에 출석하는 중고등학교 학생들을 지도하였는데 영아부를 관리하던 오종실이 엡웟청년회 소년지도부장직을 수행하다가 윤필영과 함께 엡웟소년회를 조직하고 다음과 같이 임원을 선출하였다.[211)]

회장: 윤필영(尹弼榮) 부회장 김시영(金時英)
총무 권순리(權順利) 서기: 김주희(金周熙) 회계: 이정식(李貞植)
종교부장: 박종만(朴鍾萬) 사회부장: 장정호(張貞鎬)
교양부장: 이연득(李蓮得) 운동부장: 빅명섭(朴明燮)

---

209) "충주엡청 臨總," 「조선감리회보」1938.6.16.
210) "충주기청 간친회," 「조선감리회보」1938.8.16.
211) "忠州엡少," 「감리회보」1937.11.1.

충주교회 엡웟소년회는 창립 후 첫 사업으로 '신성기도회'(晨醒祈禱會), 즉 새벽기도회를 실시하였다. 그리고 10월 20일 저녁, 엡웟소년회 주최로 오늘의 '문학의 밤'과 같은 행사를 열었다.

> "충주교회 엡웟소년회에서는 지난 十월 二十일 밤에 소년회 주최로 청년 사회부장 조병상 씨 사회로 개회되어 구종서 씨의 '소년 따윗의 인격과 신앙'이란 문제로 소년들은 물론 일반은 많은 은혜 가운데 소년들의 성경암송, 합창, 독창으로 재미있는 순서와 은혜 충만한 중에 소년예배를 맞추었다."[212)]

같은 해(1937) 12월 24일 성탄절 축하회도 엡웟소년회가 주최했다.

> "충주교회 엡웟소년회에서는 지난 十二월 二十四일 밤에 회장 윤필영(尹弼榮) 군 사회로 성탄축하가 개회되어 남녀 회원들의 자미있는 순서로 하로 밤을 지나고 소년들의 푼푼이 모은 돈으로 꽃과 례물을 해주, 경성에 병원과 요양원에 병석에서 신음하는 병자에게 조곰이라도 위안과 기쁨을 주기 위하여 발송하였다고 한다."[213)]

성탄 전야(Christmas eve) 행사를 청소년 학생들이 주관했다는 것도 중요하지만 그보다 성탄절을 맞아 소년회원들이 구제금을 모아 서울의 병원과 요양원에 보냈다는 점이 더욱 중요했다. 그렇게 충주교회 학생들은 사회 소외계층을 위한 구제활동을 전개했다.

충주교회 부속 유치원도 꾸준하게 발전하였다. 1920년대까지만 해도 원아 40명 수준을 유지하기 어려웠는데 1930년대 후반에 이르러는 재적 70명을 넘겼다. 다음은 1937년 10월의 충주유치원 야유회 광경이다.

> "충주교회 유치원에서는 지난 十월 二十一일에 원아 七十명을 보모 강정애(姜貞愛) 민(閔) 양씨 인솔과 모매 합하야 一百五十명이 자동차를 타고 조선에 명승지요 충주 명소인 탄금대에 가서 자연의 경개의 품에 안겨 흘러넘치는 조물주의 은혜를 찬송하며 원아들에 아기자기한 경기 유희와 모매들의 취미 진진한 순서로 심신이 상쾌하게 하로를 지났다."[214)]

---

212) "충주엡웟소년 예배," 「감리회보」1937.11.16.
213) "忠州엡少 성탄활동," 「조선감리회보」1938.1.16.

1936년 4월 설립한 충주교회 영아부도 착실하게 발전했다. 충주에 내려와 영아부를 창설하고 충주에 눌러 앉은 오종실의 탁월한 능력으로 영아부는 60여 명 어린이와 그 어머니들이 참여하는 사회단체로 발전하였다. 그리하여 1937년 10월 충주교회 영아부 자모회 주최로 서울에서 요리전문가 김범진(金範鎭)을 초청하여 '요리강습회'를 개최하였는데 교인은 물론 일반 부인들까지 합쳐 60여 명이 등록하여 수강하는 성황을 보였다.[215] 이처럼 영아부 사역이 확대됨에 따라 오종실은 전미라(全美羅)를 영아부 보조교사로 채용하여 어린이와 그 어머니들을 돌보게 하였다. 다음은 충주교회 영아부가 창립 2주년을 맞은 1938년 4월 14일에 거행한 '진급식'(졸업식) 장면이다.

> "충주읍교회내 영아부에서는 지난 三월 十四일 오전 十시에 본 예배당에서 百여 명의 자모와 가지각색으로 단장한 인생의 꽃송이 애기재기한 어린이들 百여 명에 꽃동산을 일우어 영아부장 오종실(吳鍾實) 씨 사회로 진급식이 개회되여 오종실 선생의 간단한 보고와 구종서(具鍾書) 씨의 보건 심사한 결과를 통과한 후 증서 수여와 기렴 메달을 달어준 후 박윤갑(朴允甲) 씨의 의미심장한 축사가 있은 후 상품을 수여하고 기렴사진을 촬영하여 큰 성황을 일우었다는대 진급생과 보건우등 아이 이름은 다음과 같다고. △ 진급생 十一인 △ 개근생 심장수 표중연 박훈진 표경자 △ 우등아 조기택 김숙진 표중연."[216]

이처럼 엡웟청년회와 엡웟소년회·유치원·영아부 활동을 통해 활력을 얻은 충주교회는 그 에너지를 충주구역내 다른 약한 교회들을 돕는데 사용하였다. 그 과정에서도 엡웟청년회가 주도적인 역할을 하였다. 즉 엡웟청년회는 종교부를 통해 구역내 미자립교회, 지교회에 나가 전도하고 행사를 지원하였다. 그런 식으로 1937년 12월 충주교회 엡웟청년회원들이 대소원교회에 가서 추수감사절 행사를 지원하였다.

> "충주교회내 앱윗청년회에서는 지난 七일에 본 구역 내 대소원교회 추수감사주일에 三十리나 되는 곳을 자동차로, 자전거로 출동하여 자미있는 음악순서로 감사예배를 힘써 도아서

---

214) "충주유치원 遊會," 「감리회보」1937.11.16.
215) "충주교회 요리강습," 「감리회보」1937.11.1.
216) "충주영아부 진급식," 「조선감리회보」1938.4.1.

일반 교우는 감사에 감사를 더욱 마지않는다."[217]

충주교회 엡웟청년회 회원들은 명오리교회에도 자주 나가 그곳 청년들을 지도하였다. 그 결과 명오리교회 청년 20여 명이 1937년 10월 31일 주일 저녁예배를 마친 후 엡웟청년회를 조직하였는데 초대 임원으로는 회장 허성학(許聖學), 부회장 김진수(金震洙), 총무 박윤갑(朴允甲), 서기 박내현(朴來顯), 부서기 김수남(金洙南), 회계 허성연(許性鉛), 종교부장 이상준(李相俊), 사회부장 박유신(朴柳新), 교양부장 윤순금(尹順今), 소년지도부장 김수남(金洙南)이었고 구종서 전도사와 허인석(許仁錫)이 고문으로 위촉을 받았다.[218] 이렇게 조직된 명오리교회 엡웟청년회는 충주교회 엡웟청년회와 비슷한 활동을 보였는데 1937년 11월 10일 명오리교회 엡웟청년회가 개최한 공개토론회가 그러했다.

"충주구역 명오리교회 엡웟청년회에서는 지난 十一월 十일 오후 八시에 회장 허성학(許聖學) 씨 사회 하에 토론회가 개회되어 '교회를 부흥케 함에는 남자의 힘이냐? 여자의 힘이냐?'란 문제로 남녀 회원의 끓어 넘치는 열변은 자못 장내가 긴장되어 결국 심사장 박윤갑(朴允甲) 씨의 명효한 심사로 남자편이 승리의 관을 얻게 되었으니 당일 연사 씨명은 다음과 같다고. 가편 연사 허성학 김익수(金益洙) 허자선(許慈善), 부편 연사 이상준(李相俊) 김유순(金有順) 김수남(金洙南)."[219]

또 다른 충주구역 지교회인 삼청리교회에서도 엡웟청년회가 조직되었다. 즉 1938년 1월 9일 주일저녁 예배를 마친 후 삼청리교회 교인 서정태(徐廷泰) 집에서 구종서 전도사의 지도로 청년회를 조직했는데 회장 서명석(徐明錫), 서기 겸 회계 김복기(金福基), 종교부장 김오복(金五福), 사회부장 송대석(宋大錫), 교양부장 김선태(金仙奉), 소년지도부장 김복기(金福基) 등이 선출되었고 고문으로 서정태와 김태원(金泰元), 구종서 전도사가 위촉되었다.[220]

이처럼 충주읍교회 외에 대소원교회와 명오리교회·삼청리교회에서 엡윗

217) "충주엡청 활동," 「감리회보」1937.12.16.
218) "명오엡청 조직," 「감리회보」1937.12.16.
219) "명오엡윗청 토론회," 「감리회보」1937.12.16.
220) "충주구역 통신," 「조선감리회보」1938.2.1.

청년회가 조직됨으로 각 교회 청년회원들의 '연합활동'이 가능해졌다. 그리하여 1937년 12월 4일, 충주교회에서 충주구역 전도부인 이성덕 전도사 환영회와 충주구역 직원회가 개최되었을 때 그날 저녁 충주구역 엡윗청년회 회원들을 위한 '연합 간친회(친목회)'가 열렸던 바 "김장성(金長成) 씨 사회로 간친회가 개회되여 자미 진건한 순서로 웃음과 기쁨 충만으로 하로 밤을 지내였다."[221] 그리고 해를 넘겨 1938년 1월 10일부터 1주일간 충주교회에서 충주구역 '연합대사경회'가 열렸는데 사경회 마지막 날, '충주구역 엡윗청년회 연합회'를 조직하였다.

> "충주구역 내 '충주' '대소원' '명오리' '삼청리' 엡윗청년회에서는 금번 구역 부흥대사경회에 일반으로 은혜를 받아 앞으로 우리 구역은 청년 열성활동에 있다고 이구동성으로 고규(高叫)하는 열정으로 임시 의장 조병상(趙昺相) 씨 사회 하에 충주구역 엡윗청년연합회를 조직하고 각 교회를 순회하며 대대적으로 활동하리라 하며 먼저 본 구역 중 제일 약한 '하구암' 교회를 위하야 활동하리라는 대 임원 씨명은 여좌하다고. 회장 조병상, 부회장 허성학(許聖學), 총무 이태서(李台書), 서기 윤필영(尹弼榮) 박형섭(朴亨燮), 회계 김장성(金長成) 이성덕(李成德), 종교부장 박성철(朴性喆), 사회부장 서명석(徐明錫), 교양부장 박내현(朴來顯), 소년지도부장 오종실(吳鍾實), 고문 구종서(具鍾書)."[222]

오늘의 감리교청년회(MYF) 충주지방연합회에 해당하는 엡윗청년회 충주구역 연합회는 조직 첫 사업으로 아직 청년회를 조직하지 못한 하구암교회에 나가 전도사업을 적극 실시하기로 결의하였다.

이처럼 청년회를 매개로 한 교회간의 '연합활동'은 충주구역 교회들의 동반 성장과 부흥을 끌어내는 원동력이 되었다. 그 결과 구종서 전도사는 충주교회뿐 아니라 구역 내 지교회, 즉 대소원교회와 명오리교회 · 삼청리교회 · 하구암교회 등을 순방하면서 '구역 담임자'로서 역할에 충실할 수 있었다. 구종서 전도사는 이런 구역 교회들의 협력과 단합을 위해 구역 교회 임원들로 '구역 직원회'를 조직, 주기적으로 모임을 갖고 구역내 교회들의 균형적 발전을 모색하였다. 구체적인 예로 1937년 12월 4일 토요일 저녁에 충주교회에서

221) "충주구역 통신일속," 「조선감리회보」1938.1.1.
222) "충주구역 통신," 「조선감리회보」1938.2.1.

모인 충주구역 직원회에서는 ① 각 교회 부담금 배정, ② 교적부 및 문부정리, ③ 성탄 신성(晨星) 찬양대와 연단(演壇)에서 성극을 폐할 것, ④ 이단(異端) 적그리스도인을 주의할 것, ⑤ 소사경회(小査經會) 개최, ⑥ 구역 내 유사부 예산편성 등의 안건을 처리하였다.[223] 그리고 이 날 직원회에서 구역내 각 교회별로 실시한 추수감사 헌금 상황도 보고되었다.

> "충주구역 각 교회 추수감사주일 상황은 예년보다 상상할 수 없는 양호한 서적을 나타나게 되었는데 특별히 새로 믿는 자와 낙심 회심자가 많은 중 자진 감사 헌물까지 있게 됨은 일반이 넘치는 감사와 찬송을 마지않으며 각교회 수입금액과 신신자는 다음과 같다고. △충주읍교회 一백六十七원 六十七전 △대소원교회 三十二원 四十전 △명오리교회 三十二원 六十五전 △삼청리교회 十七원 八十六전 △하구암교회 九원 三十전, 신신자와 락심자는 △충주읍교회 八인(남 二 여 六) △대소원교회 三인 △삼청리교회 낙심회심자 一인 △하구암교회 낙심회심자 二인."[224]

직원회에 참석했던 각 교회 임원들은 충주에서 하루 밤을 자고 이튿날 주일예배를 충주교회에서 '직원 연합예배'로 드린 후 참석자 전원이 '기념촬영'을 하는 것으로 행사를 마쳤다.[225] 이러한 충주구역 직원회 결의에 따라 해를 넘겨 1938년 1월 대소원교회에서 지방 소사경회를 개최하였는데 "매일 신성기도회(새벽기도회)와 낮으로는 구종서 씨와 이성덕 씨의 성경교수와 밤에는 기도회로 집회하여서 일반으로 넘치는 은혜를 받았다"[226] 그리고 1월 10일부터 한 주일 동안 충주교회에서 일본인 전도자 오다나라치[織田猶次, 1908-1980]를 초청하여 충주구역 연합 대부흥사경회를 개최하였는데 그 열기가 대단하였다.

> "충주구역에서는 지난 一월 十일부터 一주일 동안 구역연합 부흥대사경회를 열고 '충주' '명오리' '대소원' '삼청리' '하구암' 교회 남녀로 교우일동과 '음성' '여주' 교회서와 '연풍' '수안보' 장로교회서까지 출동하여 대만원을 일우어 경성에서 직전유차[織田猶次] 씨를 청요하

---

223) "충주구역 통신일속," 「조선감리회보」1938.1.1.
224) "충주구역 통신일속," 「감리회보」1937.12.16.
225) "충주구역 통신일속," 「조선감리회보」1938.1.1.
226) "충주구역 통신," 「조선감리회보」1938.2.1.

여 밤에는 그의 유창한 조선말로 열렬히 웨치는 순복음적인 설교와 낮에는 천지창조 때부터 신천신지까지에 사실을 조리명효하게 교수하였다. 그래서 많은 은혜를 끼치었다."[227]

'전영복'(田永福)이란 한글 이름도 갖고 있던 일본인 오다 목사는 1928년 복음전도 열정을 갖고 내한해서 목포와 서울 · 함경도 일대를 돌면서 자비량 전도활동을 하다가 1932년 성결교회에 가입하여 1935년 경성성서학원을 졸업하고 목사안수를 받았다. 오다 목사는 한국 교회와 민족에 대한 애정이 남달라 전국을 순회하며 부흥 전도회를 인도하면서 일본 총독부가 한국인들에게 강요하는 신사참배를 '우상숭배'라고 비판하였고 결국 그 때문에 1938년 1월 충주 집회를 마친 직후 수원경찰서에 체포되어 6개월 옥고를 치른 후 1939년 일본으로 추방되었다.[228] 오다 목사는 한국을 사랑했던 '보기 드문 일본인 전도자'였다.

그래서 오다 목사의 부흥집회에 충주교회와 충주구역 교인은 물론 다른 지방, 다른 교파 교인들까지 몰려들어 '대성황'을 이루었던 것이다. 오다 목사가 인도한 연합대부흥사경회에 참석한 교인 수를 보면 충주교회 127명, 삼청리교회 20명, 대소원교회 14명, 명오리교회 6명, 하구암교회 2명, 다른 교파 교회 6명으로 총 175명이 등록해서 집회에 참석했고 부흥회 결과 새로 믿기로 작정한 이가 37명이었다.[229] 이처럼 성황을 이룬 대사경회에 참석한 충주구역 교인들은 사경회 마지막 날 "부흥사경회를 마친 후에 유치원 교실로 자리를 옮기여서 박성철(朴性喆) 씨 사회와 조병상(趙昺相) 씨 기도로 간친회가 개회되여 각 교회별로 특별찬송과 각 대표의 독창 급 각각 장기선수의 출연은 일반으로 허리를 끊을 만큼 우숨과 박수로 진진한 자미를 나누어가며 하로 밤을 지내였다."[230]

이렇게 충주구역 교회들이 다양한 연합활동으로 활기를 회복한 1938년 충주구역 안에 새로 교회가 한 곳에 개척 · 설립되었다. 그 설립되는 과정이 자

---

227) "충주구역 통신," 「조선감리회보」1938.2.1.
228) 한석희 · 이이누마(김수진 역), 『한국을 사랑한 일본인 전도자 오다나라찌』(기독교문사, 1990), 101-126.
229) "충주구역 통신," 「조선감리회보」1938.2.1.
230) "충주구역 통신," 「조선감리회보」1938.2.1.

못 감동적인데 교회 개척과정에 처음부터 관여했던 구종서 전도사가 그 내용을 「조선감리회보」에 자세히 소개하였다.

> "충주구역 '한내' 기도처는 김봉선(金奉仙) 씨의 인도로 부인 十여 인으로 한원일(韓元一) 씨 사택에서 저녁으로는 예배하고 낮으로는 十리 되는 삼청리교회로 다니며 예배하더니 김봉선 씨의 굳은 믿음과 열렬한 활동은 자못 맹렬하여 진실한 청년 동지 김동주, 박길동, 김동석 三인의 신자를 얻은 후 신자는 일증월가하여 사가에서는 도저히 예배키 불능하므로 예배당 건축하여 보기를 간구하여 오든 중 금년 조선감리회 부흥년을 당하여서 대활약을 하여 '믿음 안에 능치 못할 것이 없다'는 신념 아래서 근근이 이발영업으로 생활하는 김봉선 씨는 솔선하여 돈 二十五원을 자원 출연키로 작정한 후 또한 목수에 특재 주심을 감사하여서 벌목한 기회를 엿보아 벌서 예배당 六간 신축 재목을 사서 치목하여 놓고 지대를 교섭 중에 있으며 지난 三월 二十四일부터 본 구역 담임자 구종서 씨가 와서 본 동리 공회당과 종까지 빌려서 三일 동안 대전도강연을 하는 중 일기우천임에도 불구하고 입추의 여지가 없는 대성황을 이루었는 대 신신자 四十七인을 얻었으며 예산 없는 예배당 건축을 사람에 생각으로는 막연하나 일반 교우는 태연스럽게 오직 하나님께서 이루어 주시리라는 일편 굳은 신앙으로 펄펄 붙는 성신의 역사 중에 있어서 일반사회 관공청에서까지 김봉선 씨의 칭송과 찬송을 마지않는다는대 나머지 건축금이 어데서 올지? 오직 주님께 기도만 하는 중이다."[231]

새로 교회가 개척된 곳은 음성군 소이면 한천리 바로 1919년 3·1만세운동이 일어났을 때 충주교회 추성렬 속장이 만세시위를 벌이다가 현장에서 체포되어 옥고를 치르게 된 '한내장터' 독립만세운동의 현장이었다. 그곳에서 이발소를 하면서 삼청리교회에 출석하던 청년교인 김봉선이 부인 신자 10여 명과 속회 형태로 근근이 집회를 유지하다가 1938년 1월부터 열심히 전도하여 교인들이 늘어났고 예배당을 지어야 할 형편에서 자신이 먼저 건축헌금 25원을 내서 목재부터 먼저 사놓고 부지 마련과 예배당 건축을 위해 기도하던 중 충주구역 담임자 구종서 전도사가 가서 3월 24-27일 공회당을 빌려 전도집회를 인도한 결과 47명 새 신자를 얻어 교회는 활기를 띠게 되었다. 그런 상황에서 "동리 유지 촌상래작(村上來作) 씨의 원조로 가장 요지되는 터를 얻어서 예배당을 세워놓고" 4월 22일 오후 구종서 전도사의 사회로 "신자와 불신 유

---

231) "충주 한천 대부흥 모범청년 김봉선씨," 「조선감리회보」1938.4.16.

지와 다수 관중들이 참집하여 예배당 정초식을 거행하였다."[232] 이렇게 하여 충주구역 여섯 번째 교회로 한천교회(漢川敎會)가 설립되었다.

청년교인 김봉선을 중심으로 한천교회 교인들의 열정과 헌신을 바탕으로 건축은 순조롭게 진행되어 6월에 건축을 마친 후 7월에 청풍교회 전연득 전도사와 충주교회 구종서 전도사가 연이어 방문해서 부흥집회를 인도했는데 어른만 1백여 명이 참석하는 '대성황'을 이루었고 그 결과 새로 지은 6칸 한옥 예배당이 좁게 되었다. 「조선감리회보」는 한천교회의 '폭발적인 부흥'을 이렇게 소개하였다.

> "충주구역 '한내'에 김봉선(金奉仙) 군의 활동과 꾸준한 믿음으로 예배당을 건축한다 함은 이미 보도하였거니와 六월 중에 예배당이 낙성되어서 곧 총리원으로서 총독부에 포교소 설치계를 하고서 신축 예배당에서 백여 명 신도가 예배하는 중 지난 七월 十七일 주일에는 본 지방 순행하시는 전연득(全連得) 전도사가 와서 오전 오후 집회를 인도하는 중 장년만 백여 명 이상이 모여서 은혜를 받고 十八일 밤에는 본 구역 담임자 구종서(具鍾書), 이선자(李善子) 양씨가 와서 특별집회를 인도하는 중 더운 폭염 중에도 모여드는 군중은 장내 장외가 여지가 없는 대성황이었으며 신년 신청 교우가 일증월가하여 벌서 예배당의 협착을 느끼는 중에 남은 부채 관계로 낙성식도 하기 전에 일반은 예배당 증축운동이 분분하며 추기에는 낙성식 후에 사경회와 대전도회를 개최하리라 한다."[233]

한천교회 설립과 부흥은 충주구역 목회자와 교인들에게도 '기쁜 소식'이었다. 이러한 충주교회와 충주구역 교회들의 부흥과 발전은 교회 자립과 구역 독립운동으로 이어졌다. 즉 지금까지 충주교회는 주변의 대소원교회 · 명오리교회 · 삼청리교회 · 하구암교회, 그리고 새로 설립된 한천교회들과 합쳐 단일 구역회를 조직하였는데, 이미 '자립 기반'을 구축한 충주교회을 독립구역으로 조직하고 나머지 교회들로 또 다른 구역을 조직하여 충주구역을 2개 구역으로 분할하자는 운동이었다. 참고로 1938년 당시 총리원 유지재단에 등록된 충주구역 각 교회 소유 부동산 현황을 살펴보면 다음과 같다.[234]

---

232) "한천예배당 정초식," 「조선감리회보」1938.5.1. 한천교회 예배당 기지를 마련해 준 인물은 한천시장에서 장사(사업)를 하였던 일본인 무라카미로 추정된다.
233) "한천교회 대부흥," 「조선감리회보」1938.8.16.

교회	토지			건물		
	주소	지목	지적	구조	평수	용도
충주읍 교회	충주군 충주읍 금정 75	社寺地	211평	연와조 함석	20간	예배당
				목조 기와	20간	유치원 원사
	충주군 충주읍 금정 74	社寺地	77평	목조 함석	7간	목사 사택
				목조 함석	7.5간	전도부인 사택
	충주군 충주읍 용산리 782	田	782평			목사 경작지
	충주군 엄정면 유봉리 233	垈	51평			구예배당 기지
	충주군 금가면 문산리 274	垈	70평			구예배당 기지
	충주군 금가면 문산리 275	田	90평			부속 채소밭
명오리 교회	제천군 수하면 명오리 81-1	社寺地	191평	목조 초가	6.5간	예배당
대소원 교회	충주군 이류면 대소리 248	社社地	173평	목조 초가	7.5간	예배당
	충주군 이류면 대소리 277	林野	180평			교회 부속
하구암 기도처	충주군 가금면 하구암리 61-2	垈	94평		6간	기도실
삼청리 기도처	충주군 주덕면 삼청리 1002	垈		목조 초가	6간	기도실

충주교회 소유로 등록된 4개 필지 토지를 보면, 금정 74번지 77평에는 목사 사택(한옥 7간)과 전도부인 사택(한옥 7.5간)이 있었고, 금정 75번지 211평에는 각각 20간짜리 벽돌 예배당(모리스기념예배당)과 유치원 교사(구예배당, 청년회관 겸용)가 있었다. 그리고 용산리 782번지 소재 782평은 1933년 노블 선교사의 기부금과 김해라 속장을 비롯한 교인들의 헌금으로 마련한 충주교회 '자립전'(自立田)이었고 엄정면 유봉리 땅(51평)과 금가면 문산리 땅(160평)은 선교 초기 충주구역에 속한 교회들이 있었다가 폐지된 후 토지만 충주교회 소유로 남은 경우였다. 이처럼 넉넉한 토지를 소유한 충주교회였기에 충주교회 만으로 한 구역을 만들어 활동할 수 있다는 자신감이 나온 것이다. 그 사실을 1938년 8월 「조선감리회보」가 자세히 보도하였다.

234) 「기독교조선감리회유지재단 규칙급 설명서」(기독교조선감리회 총리원, 1938), 104.

"충주구역 읍내교회에서는 유사부에서 솔선하여 직원 일동과 四속 속장 일동이 읍내교회만을 독립하자는 적극적 활동을 지난 五월부터 개시하여 직원들은 의무금을 배가하고 일반 교우들은 동감 자진하여 六월분에는 읍교회에서만 의무금 충당에 달하게 되어 직원회를 열고서 '읍내회는 독립하되 지교회는 년회 때까지 본구역 관리에서 계삭으로 순회하고 그간 의무금을 개체교회에서 자치금으로 저축하도록 하자'는 결의를 만장일치로 가결하고 계속으로 유사부 직원은 각 속회를 순회하여 활동 중이라 한다."235)

그러나 충주교회를 제외한 나머지 교회들은 여전히 불안했다. 예배당 부지(173평) 외에 교회부속 토지(180평)를 보유하고 있던 대소원교회를 제외하곤 모두 교세 면에서나 경제적인 면에서 자립과는 먼 형편이었다. 그래서 충주교회가 주도하는 '구역 분할운동'을 마냥 지지할 수는 없었다. 그런 충주구역 내 다른 교회 사정을 「조선감리회보」는 이렇게 보도하였다.

"충주구역내 '대소원' '삼청리' '하구암' '한내' 교회에서는 숙제로 대소원(大召院) 구역을 신설하려고 일반은 고려하고 기도하는 중 금번 읍교회 독립운동에는 유구무언으로 찬동하는 중 아직은 시기상조이니 연회 때까지만 종전대로 담임자 순행이나 의무금까지도 합동하자는 론의가 분분하여 앞으로 연회 전 지방회를 기하여는 충주구역(읍내, 명오리) 대소원구역(대소원, 하구암, 삼청리, 한내)이 구성될 것을 예측하고 일반은 기도하는 중 새 정신을 가지고 활동 중이라 한다."236)

결국 충주구역을 동·서로 나누어 충주교회와 명오리교회를 합쳐 충주구역, 대소원교회와 하구암교회·삼청리교회·한천교회를 합쳐 대소원구역으로 분할하되 대소원구역에 속할 교회들의 사정을 감안하여 구역분할을 "서두르지는 말자"는 것으로 의견을 모았다. 그리고 이러한 구역 분할계획은 결국 이루어지지 못했다. 충주구역 교인들이 이러한 분할계획을 수립한 직후 한국교회는 '일제 말기' 혹독한 시련의 계절에 접어들면서 있던 교회들이 속속 폐쇄되거나 해산되는 어려움을 겪었기 때문이다. 있는 교회와 재산, 시설과 교인을 지키는 것도 어려운 시절이 되었다.

---

235) "충주구역 분할운동," 「조선감리회보」 1938.8.16.
236) "지교회 구역 신설계획," 「조선감리회보」 1938.8.16.

5.3 일제 말기 구종서 목사의 '고뇌 목회'

1938년은 우리 민족과 교회 모두에 마지막 '시련과 고통'을 안겨준 일제 말기로 접어드는 문턱과 같았다. 1년 전 일본은 중국 상해를 침공하여 중일 전쟁을 벌이면서 한반도를 '전시체제' 하의 '후방 보급기지'로 만들기 위해 정치·사회·종교·문화 각 분야에서 군국주의·전체주의 '친일체제'를 구축하고자 노력하였다. 특히 총독부는 '황민화(皇民化)정책'을 강력하게 추진하면서 일반 사회는 물론 한국교회에까지 신사참배(神社參拜)를 강요하여 기독교인들은 그로 인해 혹독한 시련과 고통을 겪어야 했다. 이런 시대적 상황에서 극소수 양심적 목회자와 신앙인을 제외하고 대부분 기독교인들, 특히 교단 지도부 인사들은 일제의 회유와 협박에 넘어가 신사참배를 비롯하여 총독부에서 추진하는 정책에 적극 순응하며 협력하는 '친일노선'을 취하였다. 그 결과 신앙 훼절은 물론이고 민족양심을 배반하고 총독부의 요구사항에 적극 호응하는 '친일파' 교계 지도자들이 양산되었다.

이런 일제 말기 한국 감리교회의 시련은 1938년 10월 서울 감리교신학교에서 개최된 제3회 총회에서 시작되었다. 개회 전에 총대 전원이 남산에 있는 조선신궁(朝鮮神宮)에 참배하는 것으로 시작된 감리교 총회에서는 '이틀간 스무 번이 넘는 투표 끝에' 김종우(金鍾宇) 목사가 제2대 감독으로 선출되었으나 그는 1년 만에 급성 질환으로 목숨을 잃었다. 그리고 1939년 9월 후임 감독으로 정춘수 목사가 선출되었다. 청주 출신으로 '3·1만세운동 민족대표 33인 중의 1인'이었던 정춘수 목사는 감독이 된 후 누구보다 앞장서서 총독부의 지시와 요구를 적극 받아들여 일제 말기 한국 기독교계의 대표적인 '친일파' 인사가 되었다. 정춘수 감독은 '혁신'이라는 명제를 내걸고 일본 군국주의 체제에 맞추어 한국 감리교회의 조직과 체제, 명칭과 기능, 신학과 전통을 변개, 혹은 말살하였다. 이런 정춘수 감독의 '친일' 교단정책에 반대하거나 비판하는 목회자나 교인은 감리교단 밖으로 추방당했고 결국 해방되기까지 감리교단 안에 남은 자들은 교단정책에 순응해서 '시키는 대로' 할 수밖에 없었다.

이런 '시련과 고통의 시기'에 충주교회는 구종서 목사가 강단을 지켰다. 의병장 출신 순국 전도자(구연영)의 아들로 태어나 '민족의식'이 없지 않았지만 그 역시 일제 말기 교회를 지키면서 불가항력으로 '순응 노선'을 취하였다. 구종서 목사의 목회적 역량은 그의 형 구성서 목사에 뒤지지 않았다. 그는 1937년 충주구역에 '서리 전도사'로 부임한 이후 엡윗청년회를 중심으로 충주교회뿐 아니라 구역 내 교회들을 순방하며 착실한 부흥과 성장을 이끌어냈다. 그래서 1939년 5월 서울에서 개최된 제7회 동부연회에서 원주지방 감리사 조상문 목사는, "충주구역은 구종서 전도사의 순복음적(純福音的)으로 열심 활동한 결과 연부년 부흥이 되는 중 화천리(花川里, 漢川里의 오기?)란 촌에 구역적으로 대전도를 하여 신자로는 한 분만 있던 곳에 수백 원을 드려 예배당을 아담하게 신건축하고 6,70명식 모여 예배를 하니 타지방 타구역에서도 부러워할 만치 각 교회가 부흥중이며"[237]라고 보고하였다. 이런 감리사 보고를 끝으로 조상문 목사는 수원읍교회 목사 겸 수원지방 감리사로 옮겨 갔고 제천읍교회에서 시무하던 차경창 목사가 원주로 옮겨가면서 원주지방 감리사직을 맡게 되었다.[238]

이처럼 감리사 교체가 이루어진 1939년 연회에서 구종서 전도사는 '본처목사'(협동목사)로 목사안수를 받았다.[239] 이로써 충주교회 교인들은 다시 주일마다 목사의 '축도'를 받을 수 있게 되었다. 그러나 구종서 목사가 안수를 받고 충주교회로 돌아왔을 때 '시국 상황'은 좋지 않았다. 교회는 관공서에서 요구하는 '시국관련' 행사와 집회를 피할 수 없었다. 그렇게 해서 1939년 10월 15일 주일에 충주기독교연합회 명의로 '금주단연 방공방첩 선전행진'(禁酒斷煙防空防諜宣傳行進)과 시국강연회가 열렸다.

> "충주기독교연합회에서는 지난 十월 十五일 주일과 장날을 이용하여 오전 예배를 마치고 금주단연, 방공, 방첩, 기행렬(旗行列)을 하는 중 三백 명 교우가 장사진을 일우어 조선악대를 선두로 '주만 따라 가자.' 찬송소리가 충주 산천을 움직여 놓으리만치 씩씩하고 힘차게

---

237) "원주지방 감리사 조상문 보고," 「기독교조선감리회 동부 · 중부 · 서부 연합연회회록」(1939), 127.

238) "기독교조선감리회 동부 · 중부 · 서부 연회 임명기," 「조선감리회보」1939.6.1; 「기독교조선감리회 동부 · 중부 · 서부 연합연회회록」(1939), 59.

239) 「기독교조선감리회 동부 · 중부 · 서부 연합연회회록」(1939), 57.

웨치었으며 밤에는 제등행렬을 행하고 예배당 내는 만장의 대만원을 일우어 예배를 마치고 강연회로 대성황을 일우었다는 대 특히 충주읍에서는 후원으로 선전(宣傳) 비라를 제공하였으며 좌기(左記) 연사의 열렬히 웨치는 열변으로 충주 초유의 대성황을 일우었다 한다. △종교는 인생의 본성(구종서 목사) △방공방첩은 오인급무(鄭鎭福 선생) △금주단연의 급무(朴喜敬 선생)."240)

기독교인 3백여 명이 참가한 시가행진에서는 찬송소리도 들렸지만 읍사무소에서 제공한 방공·방첩 깃발과 시국 관련 선전비라가 살포되었다. 그날 저녁에 충주교회 예배당에서 개최된 강연회에서도 구종서 목사의 신앙강연보다는 방공방첩과 금주단연에 관한 시국강연이 더 큰 비중을 차지했다. 이런 식으로 교회에서 주최하는 행사와 사업에서도 종교적인 것이 정치적인 것에 밀려나고 있었다. 기독교 고유의 성탄절 행사에도 '시국 요소'가 개입되었다. 1939년 12월 충주교회 성탄절 행사가 그러했다.

"충주읍내교회에서는 지난 二十三일에는 유치원 원아들의 성탄축하가 성황이었고 二十四일에는 세례입교식 성례가 있은 후 특히 모류의(慕瑬儀) 씨의 '우리의 구주'라는 문제로 설교가 있었으며 구종서 목사 사회로 당회가 은혜 가운데 진행되었으며 부인들은 출정군인(出征軍人) 전상순직(戰傷殉職) 당한 가정을 방문 위로하고 선물을 나누었으며 청년 남녀 일동은 충일병원과 도립병원을 교섭하여 입원환자를 방문하고 꽃다발과 과일 한 봉지식을 나누었으며 부인들은 쌀을 모아 읍사무소에 의뢰하여 빈민구제를 하였으며 남자들은 돈을 모아 세모(歲暮) 황군위문금(皇軍慰問金)으로 경찰서에 의뢰하였다는데 이 중에는 유치원 원아 일동의 코무든 돈 二원도 있다 한다."241)

충주교회 성탄절 예배 때 "우리의 구주"라는 제목으로 설교한 '모류의'는 원주지방 여전도사업을 관장하고 있던 여선교사 모리스(L.O. Morris) 부인이었다. 특히 모리스 부인은 1931년 충주교회가 새 예배당을 지을 때 미국 독지가의 후원금을 소개해 줌으로 '모리스기념예배당'으로 봉헌할 수 있도록 도움을 주었던 선교사였다.

240) "충주 기독교연합회 금주단연 방공방첩 대선전," 「조선감리회보」1939.11.1.
241) "충주교회 성탄축하," 「조선감리회보」1940.2.1.

그런데 1939년 충주교회 성탄절 행사는 복합적이었다. 성탄축하예배와 세례입교식, 당회 등 교회 행사가 있었고 청년 교인들은 충주시내 병원 환자들을 방문해서 위로하였으며 부인들은 구제미(救濟米)를 거두어 빈민들에게 나누어 주었다. 이러한 교회의 전통적인 봉사와 선교사역도 있었지만 관공서 요청에 따른 행사도 없지 않았다. 부인들은 군대에 나갔다가 부상하거나 전사한 군인 가족들에게 위문품을 보냈고 남성들은 전장에 나가 있는 군인들을 위해 '황군 위문금'을 모았다. 거기엔 충주유치원 원아들이 모은 '코 묻은 돈 2원'도 포함되어 있었다.

해를 넘겨 1940년에 접어들면서 시국상황은 더욱 악화되었다. 총독부의 강력한 '내선일치'(內鮮一致) 정책에 따라 감리교회 조직과 명칭은 일본교회의 그것으로 바뀌었다. 그렇게 해서 감리교 전통의 '엡윗청년회'(Epworth League)가 '청년공려회'(青年共勵會)라는 일본식 명칭으로 바뀌었다. 이에 따라 충주교회 엡윗청년회와 엡윗소년회도 1940년 2월 4일을 기해 '청년공려회'와 '소년공려회'(少年共勵會)로 명칭과 조직을 바꾸었다.

> "충주읍교회 주일학교 청년회에서는 지난 二월 四일 밤 청년 헌신예배를 은혜스럽게 마치고 계속하여 과거 청년부를 개혁하여 새로운 정신으로 청년공려회를 조직할 새 먼저 구종서 목사의 청년공려회에 대한 취지 설명이 있은 후 성대한 다과회 중에 무기명 투표로 좌기 임원을 선거하였는대 남녀 청년 三十여 명은 본교회에 대하야 대소사를 물론하고 헌신으로 활동 중이라 한다."[242]

이 때 새로 선출된 청년공려회 및 소년공려회 임원 명단이다.[243]

[청년공려회]
고문: 구종서(具鍾書) 박성철(朴性喆)
회장: 장덕희(張德熙) 부회장: 심정래(沈禎來)
서기: 박내현(朴來顯) 안정희(安貞姬) 회계: 권순희(權順姬) 허성소(許聖昭)
전도부장: 심정래(沈禎來) 교양부장: 김종분(金鍾紛) 사교부장: 전상준(全尙俊)

242) "충주청소년공려회 조직," 「조선감리회보」1940.3.1.
243) "충주청소년공려회 조직," 「조선감리회보」1940.3.1.

보건부장: 박내현(朴來顯) 봉사부장: 박청근(朴淸根) 소년지도부장: 조순룡(趙淳龍)

[소년공려회]
회장: 박덕신(朴德信) 부회장: 김주희(金周姬)
서기: 장석준(張錫俊) 회계: 장정호(張貞鎬)
전도부장: 윤찬영(尹贊榮) 교양부장: 이영석(李榮錫)
사교부장: 김진화(金鎭華) 보건부장: 김규상(金圭常) 봉사부장: 이기준(李基俊)

그리고 20일 후, 1940년 2월 25일 원주읍교회에서 원주지방회가 개최되었다. 거기서도 정치적인 행사가 개입되었다.

> "二월 二十五일 밤부터 二十七일까지 원주읍교회에서 제十四회 원주지방회를 개하고 몬저 국가의식이 있은 후 차경창 감리사의 사회로 회무를 진행하였는데 특히 모류의 선생의 선교 四十주년 기념축하식은 깊은 감사리에 거행하였으며 교회에 임석하신 정춘수 감독의 설교는 일반회원에게 깊은 감명을 주었다 하며 본회 개요는 여좌하다."[244]

역시 지방회 일정을 시작하기에 앞서 예배보다 '국가의식'(國家儀式)을 먼저 거행하였는데 그 내용은 일본 천황이 거주하는 도쿄 황궁(皇宮)을 향해 절하는 '동방요배'(東方遙拜), 일본 국기에 대한 경례, 일본 천황에 충성을 맹세하는 내용의 「황국신민서사」(皇國臣民誓詞) 낭송 등으로 진행되었다. 지방회에 참석한 정춘수 감독은 신사참배 참여를 비롯한 '시국 연설'로 축사를 대신했다. 다만 지방회 기간 중에 '모리스 부인 선교 40주년 기념식'을 거행한 것이 뜻깊었다. 모리스 부인은 원주지방 교인들이 베풀어준 축하예배와 찬하선물을 받은 후 그 해 11월 일본정부의 압력을 받아 다른 선교사들과 함께 강제 출국 당했다.

이런 복합적인 의미를 지닌 1940년 2월 원주지방회에서 각 구역별 전도부인 파송이 새롭게 이루어졌다. 즉 원주구역에 장영식(張永植), 횡성구역에 김현옥(金賢玉), 영월구역에 김현창(金賢昌), 제천구역에 최현담(崔賢淡)과 지계복(池桂福), 단양구역에 김영옥(金榮玉)을 각각 파송하였으며 충주구역에는 '임

244) "원주지방회 개요," 「조선감리회보」1940.4.1.

시'로 윤경애(尹敬愛) 전도사를 파송하였다.[245] 이로써 윤경애 전도사는 구역 담임자 구종서 목사, 본처 전도사 박성철 전도사와 함께 충주교회와 충주구역 목회에 참여하였다.

이런 상황에서 구역 내 미자립 교회들은 더욱 어려운 형편에 처하여 결국 폐쇄되는 경우가 생겨났다. 실례로 한수면에 있던 명오리교회는 1939년 6월 총리원에서 더 이상 유지가 어렵다고 판단하여 교회를 폐지하고 예배당 부지(191평)를 매각하기로 결정·통보하였다.[246] 해산과 폐지를 면한 교회들도 살아남기 위해서는 총독부와 교단본부의 지시에 순종해야 했다. 그런 식으로 1940년 7월 정춘수 감독의 교단본부는 총독부에서 '전시하 군국주의 사회체제' 구축을 위해 대대적으로 추진하는 '국민정신총동원'(國民精神總動員) 운동에 적극 참여하여 교단 차원에서 '국민정신총동원 기독교조선감리회연맹'을 조직한 후 교회 단위로 '애국반'(愛國班)을 설치하도록 전국 교회에 지시하였다. 이런 지시에 따라 교회마다 애국반이 조직되었는데, 충주구역 교회들도 피할 수 없었다. 그리하여 1940년 7월 충주교회와 대소원교회·삼청리교회에서 다음과 같이 애국반을 조직하였다.[247]

교회	반장	위원	평의원	조직일
충주교회	具道明世	松岡高平 新木興西 天竹平一 安東德熙 金海辰勇 公典春子 朴淸根	安田德藏 菊地信行 山本吉子 平野嘉子 新井在順 山本春子 伊藤袂禮 伊東昌淑 鄭昌順 黃順南	1940.7.14
대소원교회	趙應壽	海山龍福 木村萬得 上本信一	天本圭常 池田義子	1940.7.31
삼청리교회	西邱平準	西邱常道 豊田泰元 金山三光	豊田福基 李鍾泰	

여기서 구종서 목사가 '구도명세'(具道明世)로 이름을 바꾼 것처럼 총독부의 강요와 지시로 '창씨개명'(創氏改名)한 교인들의 명단이 확인된다. 이렇게

245) "원주지방회 개요," 「조선감리회보」1940.4.1.
246) "기간 매도처분하기를 허락한 토지는 여좌함;" 「조선감리회보」1940.7.1.
247) "각교회 애국반 조직," 「조선감리회보」1940.10.1.

라도 하지 않으면 살아남을 수 없었던 '시대 말기'였다. 그러니 교회 고유의 행사인 예배나 부흥회 같은 종교집회도 시국과 관련해서 개최할 때만 허락을 받았다. 1940년 10월 충주교회에서 부흥회를 개최하면서 이를 '황기 2,600주년 기념'이란 제목을 단 것도 그 때문이다.

> "충주교회에서는 지난 十월 七일부터 일주일간 皇紀 二천六백년 기렴 부흥대전도회를 열고 모리후지 여사의 아침저녁으로 체험 간증과 낮으로는 구도명세 목사의 '은혜 받는 계단'에 대하야 講話가 있어 영에 기갈을 당한 일반 교도는 은혜에 도취되여 첫날부터 聖火는 일기 시작하여 반신불수 전신불수 사귀병자의 전치와 그 외 업혀 왔든 병자들이 자기 다리로 걸어가는 기적이 나타났었다."[248]

이렇게 구종서 목사는 '체제 순응적인' 조직과 구호를 사용하는 집회를 통해서 '영적 기갈'에 처한 교인들에게 '신령한' 은혜의 말씀을 전하려 노력하였고 그 결과는 '신유와 이적'으로 나타났다. 그렇게라도 해서 교회를 지키고 집회를 유지하는 것만이 그가 할 수 있는 최선의 일이었다.

정춘수 감독이 이끄는 감리교단은 1941년 3월 '혁신'이란 명제 하에 다시 한 번 감리교단을 대대적으로 개혁하여 일본식 교단체제로 바꾸었다. 그 결과 감리교회 고유의 연회와 지방회 조직이 없어지고 대신 일본식 '교구'(教區) 제도를 채택하였다. 그래서 종래 유지되었던 동부연회와 중부연회 · 서부연회 · 만주선교연회를 없애고 지역별로 10개 교구를 만들었다. 그 결과 충주구역이 속했던 원주지방도 해체되었고 대신 강원도의 춘천과 화천 · 홍천 · 인제 · 양구 · 철원 · 김화 · 평강 · 원주 · 영월 · 횡성, 경기도의 가평과 연천, 충청북도의 충주와 단양을 묶어 강원서교구가 조직되었다. 이렇게 바뀐 교구 조직 안에서 구종서 목사는 계속 충주구역 5개 교회 담임자로 파송을 받았다.[249] 이런 조직과 체제 변화로 일선 교회의 목회와 선교 활동은 더욱 위축되었다.

결국 1941년 3월 연회 이후 충주교회 관련 사항은 교단 기관지에 실린 '헌금 영수기'를 통해서만 확인할 수 있다. 즉 1941년 4월 충주교회는 부활주일

248) "충주부흥회 성황," 「조선감리회보」1941.2.1.
249) 「기독교조선감리교단 제一회 총회회록」(1941), 37-38.

헌금 중에 '2원 40전'을 교단본부에 납입하였고[250] 그 해(1941) 11월에는 역시 교단본부에 '신도단'(信徒團) 헌금을 납부하였다. 신도단은 1940년 외국 선교사들의 강제 출국으로 선교부 보조를 받지 못해 재정적인 어려움을 겪고 있던 교단본부에서 평신도들을 중심으로 교단 재정지원을 위한 신도단을 조직하고 회비를 갹출한 것인데 충주교회에서도 적지 않은 액수인 '210원'을 납부하였다.[251] 같은 시기 충주교회는 교단본부에 부담금 '174원 6전'을 납입하였고[252] 1941년 12월에는 화재를 당한 제천읍교회 재건을 위해 '30원'을 냈다.[253] 제천 시장 일대에 큰 화재가 나서 시장 안에 있던 제천읍교회 예배당이 전소하여 교인들이 어려움을 겪고 있다는 소식을 듣고 충주교회 교인들이 힘을 모았던 것이다.

1942년 접어들면서 상황은 더욱 나빠졌다. 중국과 전쟁일 벌이던 일본은 1941년 12월 진주만을 습격하여 태평양 쟁패를 둘러싸고 미국과 전쟁을 벌이게 되었다. 그러다보니 병력과 물자가 딸렸다. 결국 일본 정부는 '징병제도'를 실시하여 한반도의 중 · 고등학교 학생들까지 전장으로 내몰았다. 그런 상황에서 총독부 지시를 받은 교단본부는 전국 교회에 '징병제'를 지지하고 독려하는 행사를 지시하였다. 그런 배경에서 1942년 5월 충주교회에서 '징병감사회'(徵兵感謝會)가 열렸다.

> "감리교단 충주교회에서는 지난 5월 31일 오전 11시에 송강고평(松岡高平) 씨 사회 하에 징병시행 감사회가 개회되어 국민의례와 성서봉독이 있은 후 마장(馬場) 경찰서장의 '징병제 시행에 대한 오등(吾等)의 각오'에 대한 강연이 있었으며 구도명세(具道明世) 목사의 성명서 낭독이 있은 후 성수만세(聖壽萬歲)를 봉창하고 이어 육해군(陸海軍) 만세를 삼창하고 폐회하였다 한다."[254]

종교나 신앙과는 거리가 먼 정치적 행사에 목회자와 교인들이 동원되어 경

250) "부활주일 헌금 수입기," 「조선감리회보」1941.6.1.
251) "신도단," 「조선감리회보」1941.11.1.
252) "교단 부담 영수기," 「조선감리회보」1941.12.1.
253) "제천교회 화재의연금 영수기," 「조선감리회보」1941.12.1.
254) "충주서 징병감사회," 「기독교신문」1942.6.24.

찰서장의 '시국강연'을 듣고, 목사가 '시국성명서'를 낭독하고 교인들과 함께 일본 천황과 일본군을 위한 '만세 삼창'을 외쳤다. 무기력한 교회, 신앙의 본질을 잃어버린 교회의 모습이었다. 그저 시키는 대로, 하라는 대로 할 뿐이었다. 그런 식으로 1942년 3월에는 총독부 지시를 받은 교단본부에서 실시하는 '애국헌금'에 충주교회도 '1원'을 냈다.[255] 정치헌금만 낸 것이 아니다. 전쟁 막바지에 이르러 물자가 고갈되자 총독부는 가정집 놋그릇 · 수저까지 거두어 가는 '유기공출'(鍮器供出)까지 시행하였다. 그 때 충주교회는 3·1만세운동 때 만세를 부르고 옥고를 치른 추성렬 속장이 교회에 헌납했던 '애국종'까지 내주어야 했다. 충주 교인과 시민은 더 이상 교회 종소리를 들을 수 없게 되었다. 충주교회가 '침묵의 교회'가 되었음을 의미하였다.

이런 시국 상황에서 교회 나약한 모습을 보고 실망하여 교회를 떠나는 사람들이 많았다. 교인만 떠나는 것이 아니라 목회자들도 떠났다. 무기력하게 총독부 지시에 순응하는 교단본부 정책에 반대하거나 비판적인 목회자들은 '출교' 혹은 '파면' 형태로 쫓겨났다. 심지어 정춘수 감독(통리)은 전쟁 막바지에 전국 40여 개 감리교회를 통폐합하고 없어진 교회의 예배당과 부동산을 팔아 '군용기 헌금'까지 냈다.[256] 그렇게 해서 없어진 교회, 떠난 목회자의 빈자리를 남은 교역자들이 메워야 했다. 그래서 충주구역의 구종서 목사는 정춘수 감독의 명(命)으로 1942년 5월에 음성구역, 1943년 1월에 제천읍교회 담임까지 겸하게 되었다.[257] 이후 구종서 목사는 해방되기까지 충주와 음성 · 제천 3개 군을 아우르는 넓은 지역을 돌면서 '남아 있는' 교인들을 돌아보며 '고뇌의 목회'로 주어진 역할을 감당하였다.

---

255) "애국헌금 영수기," 「조선감리회보」1942.4.1.
256) "애국기 헌납급 병합실시," 「기독교신문」1944.4.1.
257) "감리교단 임명공고," 「기독교신문」1942.5.13; "기독교조선감리교단 본부 공고," 「기독교신문」1943.1.13.

6. 해방과 전쟁 후 교회 재건과 부흥

6.1 해방 후 이명구 목사의 '회복 목회'

1945년 8·15해방이 되었다. 한민족과 한국교회는 우선적으로 두 가지 과제를 풀어야 했다. 하나는 일제강점기, 특히 일제 말기 왜곡되었던 민족과 교회 역사를 바로 세우는 작업이었고, 둘째는 용서와 화해로 '하나 된' 국가와 교회를 세우는 일이었다. 이 두 가지 작업은 동전의 양면처럼 서로 맞물려 있어 하나라도 잘못되면 다른 하나도 실패할 수밖에 없었다. 특히 일제 말기 일본의 정책과 통치에 저항하거나 거부하지 못하고 무기력하게 순응 · 협력하였던 교회 지도자들의 '비신앙적(非信仰的)이면서도 반민족적(反民族的)인' 친일행위에 대한 통렬한 반성과 비판이 있어야 했다. 그런 후 그로 인해 피해와 상처를 입었던 이들의 용서로 화해가 이루어진다면 다시 '하나 된' 교회로서 새 역사를 전개해 나갈 수 있었다. 그러나 결과적으로 해방 직후 한국교회는 두 가지 모두 실패했다. 통렬한 반성도 없었고 용서와 화해도 없었다. 그래서 민족이 남북으로 분단되었듯이 교회도 갈등과 분열을 피할 수 없었다.

한국 감리교회도 마찬가지였다. 일제 말기(1943) 한국감리교회는 '일본기독교조선감리교단'(1943)이란 명칭으로 '창씨개명'을 당했다가 해방 보름 전에는 총독부 지시로 다른 장로교 · 구세군 · 성공회 등과 통합된 교단으로 '일본기독교조선교단'(日本基督教朝鮮教團)에 흡수되어 감리교회 정체성을 완전히 잃어버리고 말았다. 그런 상황에서 해방을 맞은 감리교회 지도자와 목회자들은 교회 재건의 방향과 방안을 둘러싸고 이견을 모출했다. 일제 말기 교단지도부에 속했던 인사들은 "강압적으로 만들어진 것이긴 하지만 교단 조직을 유지하자"는 입장을 취하였고 일제 말기 교단 지도부에 반대하거나 비협조적이어서 교회 밖으로 추방되었던 인사들은 "교단을 해체하고 1938년 이전 교회 조직으로 돌아가자"는 입장을 취하였다. 결국 두 흐름은 타협을 이루지 못하고 1946년에 전자는 '복흥파'(復興派), 후자는 '재건파'(再建派)란 명칭으로 별도 연회와 총회를 조직하고 감독을 선출하였으니 감리교회 분열과 함께 '두 감독 시대'(복흥파는 강태희, 재건파는 장석영)가 시작되었다. 다행히 '교회 통합'을 촉구하는 평신도와 귀환 선교사들의 노력으로 재건파와 복흥파는 분열 3년 만인 1949년 4월 통합총회를 개최하여 다시 '하나 된' 감리교회 전통을 회복하였지만 그 후유증은 오래 지속되었다.

이런 상황에서 충주교회는 어떻게 되었는가? 충주교회도 해방 직후 닥쳐온 내부 갈등을 피할 수 없었다. 일제 말기 총독부와 교단본부의 정책과 지시에 '순응'하는 자세를 보여주었던 구종서 목사는 결국 충주교회 담임직을 사임할 수밖에 없었다. 그는 충주교회만 사임한 것이 아니라 아예 감리교단을 떠나 1946년 자신을 지지하는 교인들과 함께 충인동에 있던 '일본불교 사찰' 건물을 구입해서 효성교회를 설립하였는데 충주 최초 장로교회가 되었다.[258] 그렇다고 구종서 목사가 떠난 이후 충주교회가 일제 말기 '수난자'들이 주로 참여한 '재건파'에 속한 것은 아니다. 충주교회에 새 담임자로 부임해 온 이명구(李明求, 1904-1974) 목사가 '복흥파'에 속했기 때문에 충주교회는 자연스럽게 '복흥파' 교회가 되었다. 충남 당진 출신인 이명구 목사는 1933년 피어선성경학원을 졸업하였고 1940년 감리교신학교를 2년 수료하였다. 그는 1934년 부여교회 전도사로 목회를 시작해서 청양구역(1937), 서산구역(1938), 예산구역(1941)을 담임하였고 1941년 중부연회에서 '본처 목사'로 목사안수를 받은 후 1942년 서울 창천교회를 거쳐 1943년부터 천안구역에서 목회하다가 해방을 맞아 충주교회 담임목사로 부임하였다.[259] 이 때 전도부인(여전도사)으로는 이영철 전도사가 부임해서 목회를 도왔다.

이런 배경과 과정을 거쳐 충주교회에 부임한 이명구 목사에게 주어진 우선적 과제는 상처 입은 교인들의 심령을 치유하여 교인간의 화합과 일치를 이루고 일제 말기 실망하고 교회를 떠난 교인들이 돌아오도록 교회 분위기를 쇄신하는 것이었다. 원주교회에서 "설교가 은혜로워 교인들의 환영을 받았고 인품이 고결하고 단정하였다"는 평가를 받았던[260] 이명구 목사는 서두르지 않고 진솔한 설교와 목회로 교인과 교회의 변화를 기다렸다. 그 결과는 2년 만에 나타났다. 이명구 목사는 변화된 충주교회 모습을 1948년 1월 "충주 성

---

258) "구종서," 『기독교대백과사전』 제2권(기독교문사, 1981), 416.

259) 「기독교조선감리회 제9회 중부동부연회회록」(복흥파)(1946). 33; 『1960년 기독교대한감리회 요람』(기독교대한감리회 총리원, 1961), 45; "이명구," 『기독교대백과사전』 제12권(기독교문사, 1984), 1175.

260) 『원주제일교회 1백년사』(기독교대한감리회 원주제일교회, 2005), 80.

연(聖宴)의 3대 수확"이란 제목으로 복간된 교단 기관지 「감리회보」에 자세히 소개하였다. 첫째, "복음의 성파(聖波)가 전읍(全邑)을 흔동(欣動)한 것"이다.

> "충주읍 감리교회에서는 지난 11월 25일부터 일주일 동안 총리원 강태희(姜泰熙) 목사를 청하야 성연(聖宴)을 배설하였는데 제 둘째 날 밤 붙어는 사방에서 밀여드는 군중으로 인하야 입추의 여지가 없이 대혼란을 이루었고 강단 우에까지 앉게 되는 미증유의 장관을 이루었으며 새벽기도회에와 낮 사경시간에도 二三백명식 나와서 큰 은혜를 받었으며 신신자가 228인이나 되었고 성회 기간 일주일 도안은 충주읍 어데서나 소성연(小聖宴)을 연 것 같이 지난 시간에 받은 은혜를 모인 곳곳마다 간증케 되어 그곳 주민들의 이구동성으로 '참 예수교는 믿어야 해'하고 경이와 감격으로 그날그날을 맞이하였다 한다.[261]

충주교회 부흥회를 인도한 강태희 목사는 16년 전(1931)에도 충주교회 엡웟청년회 초청으로 와서 부흥회를 인도한 적이 있었다. 미국 유학파였던 강태희 목사가 이제 '복흥파' 감리교회 감독이 되어 다시 충주에 와서 부흥회를 인도한 결과 새 신자가 228명이나 나왔고 교인뿐 아니라 지역주민들까지 감동과 감격의 간증을 하는 은혜를 체험하였다. 이것이 첫 번째 수확이었다. 두 번째 수확은 "성전증축운동"이었다.

> "충주교회에서는 주민 4,5백만인에 비하야 예배당이 협착하므로 지난 11월 25일 석(夕)부터 열닌 부흥회의 최종일인 12월 1일 낮 사경회간에 성전을 2층으로 증축코저 기성회를 조직하고 즉시 그 자리에서 연보한 바 송일호(宋日浩) 장로의 20만 원 야(也)를 필두로 쟁선연출(爭先捐出)된 것이 60여만 원에 달한 바 소정액 200만 원은 쉽게 되리라 하며 명춘(明春) 4월에는 증축에 착수키로 되었다 한다.[262]

충주교회는 1933년에 60평 규모의 벽돌 성전(모리스기념예배당)을 마련하였으나 그 직후 급증하는 교인으로 교회 증축을 결의하고 건축헌금까지 하였지만 곧바로 일제 말기 '시련과 수난'의 시대가 임하여 공사를 하지 못한 채 해방을 맞이하였다. 해방 후 이명구 목사가 부임하면서 교회가 활기를 찾아 주

261) "충주 聖宴의 삼대 수확," 「조선감리회보」1948.1.15.
262) "충주 聖宴의 삼대 수확," 「조선감리회보」1948.1.15.

일예배 참석 교인이 3백 명을 넘게 되자 교회 증축은 불가피했다. 이런 상황에서 강태희 목사 초청 부흥회가 열렸던 것이고 부흥회에 참석했다가 은혜를 체험한 송일호 장로를 비롯한 교인들의 자발적인 헌금으로 예배당을 2층으로 올리는 증축공사를 추진할 수 있었다. 이러한 부흥 열기는 충주교회를 넘어 충주구역내 다른 교회들에도 퍼져나갔다. 그 결과 세 번째 수확으로 "구역수가 증가"하였다.

> "지난 11월 25일부터 열린 충주교회 부흥회로 인하야 그 연석(宴席)에 내참했든 부근 지교회들이 자립의 힘을 얻어 충주읍교회에서 분립하야 독립구역으로서 담임목사를 청빙키로 하였는데 대소원교회와 같은 곳들이며 이렇게 독립구역이 증가되므로 명춘(明春) 연회 때에는 충주지방을 별로 구성케 되리라 한다."[263]

해방 전(1938)에 결의했다가 추진하지 못한 대소원구역 독립이 이루어져 1948년 4월 연회에서 김상준(金尙俊) 전도사를 대소원구역 초대 담임자로 파송하였다. 그리고 같은 연회에서 삼척면 원서교회도 독립구역을 이루어 박신오(朴信五) 전도사가 담임으로 파송하였다.[264]

이처럼 1947년 11월 부흥회를 계기로 신앙의 활력을 회복하고 분위기를 일신한 충주교회는 오랫동안 준비했던 성전 증축공사에 착수하였다. 1948년 6월 15일 기공식 장면이다.

> "지난 6월 15일에 충주읍교회 예배당 증축 기공식을 이명구 목사 사회로 3백 50명의 교우가 참석하야 성대히 거행하였는데 예배당 증축을 하기 위하야 모든 직원과 교우는 전력을 다하야 67만 원을 헌금하여서 220평의 공사를 시작한 바 8월 말까지는 준공하리라 한다."[265]

1층 건물을 2층으로 올리는 증축공사는 전 교인의 참여로 순조롭게 이루어졌다. 그 중에도 거액의 건축헌금을 내고 건축 현장에서 직접 봉사하는 송일호 장로 부부의 열성이 남달랐다.

---

263) "충주 聖宴의 삼대 수확," 「조선감리회보」1948.1.15.
264) "연회 임명기," 「조선감리회보」1948.5.20.
265) "충주교회 예배당 기공식," 「조선감리회보」1948.7.20.

"충주교회서는 예배당을 건축하는데 직원 중 송일호(宋日浩) 장로는 사재 24만 원을 바치는 동시에 내외가 가사를 돌보지 않고 예배당 건축하는 일에 전적으로 봉사함으로 일반 신도의 칭송이 높다 한다."[266]

송일호 장로는 해방 후 충주교회를 대표하는 평신도로 활동하고 있었다. 이처럼 헌신적인 송일호 장로와 교인들의 참여로 이명구 목사가 지도하는 충주교회는 해방 직후 혼란과 갈등을 극복하고 안정적인 환경에서 부흥을 이루었다. 그리고 충주교회 부흥은 주변의 다른 지교회 부흥으로 연결되어 속속 독립구역들이 생겨났으니 앞서 언급한 대소원교회와 삼척 원서교회 외에 1949년 4월 연회에서 신니교회가 독립구역이 되면서 최봉래(崔鳳來) 전도사를 담임으로 파송하였다.[267] 이로써 일제강점기 충주구역 하나로 유지되었던 감리교회가 해방 3년 후에는 충주구역과 대소원구역 · 원서구역 · 신니구역 등 4개 구역으로 확장되어 충주지역 선교를 나누어 담당하였다.

6.2 허숙일 목사와 김용련 목사의 '치유 목회'

교단 분열 3년 만에 이루어진 1949년 4월 통합총회에서 감독으로 선출된 김유순 목사는 분열 후유증을 치유하고 교회 부흥을 진작시키기 위해 연회 기간이 아닌 상황에서도 지방 교회의 목회자 이동(파송)을 단행했다. 그런 배경에서 1949년 11월 충주교회를 담임하던 이명구 목사를 원주읍교회 담임 겸 원주지방 감리사로 파송하였고 충주교회엔 허숙일 목사를 파송하였다. 전남 광주 출생인 허숙일(許淑一, 1912-1978) 목사는 1941년 부천지방 옹진교회 전도사로 목회를 시작하였고 1943년 홍천구역으로 옮겼다가 1945년 해방 후 남양구역으로 옮겼다. 그리고 1947년 복흥파 중부연회에서 목사안수를 받은 후 1948년 예산지방 삽교교회에서 시무하다가 김유순 감독의 파송으로 충주교회에 부임한 것이다.[268]

---

266) "송일호 장로의 미거," 「조선감리회보」1948.7.20.
267) "연회 임명기," 「대한감리회보」1949.5.15.
268) "임명기," 「감리회보」1949.11.25; 『1960년 기독교대한감리회 요람』(기독교대한감리회 총리원, 1961), 48; "허숙일," 『기독교대백과사전』제16권(기독교문사, 1985), 286.

허숙일 목사는 전임자 이명구 목사가 구축해 놓은 교회의 안정적인 목회 기반을 이어받아 비교적 수월하게 교회 부흥을 일궈나갔다. 더욱이 충주교회는 1년 전에 예배당을 2층으로 증축한 후 교인들의 신앙 열기도 뜨겁게 타오르고 있었다. 이런 분위기에서 허숙일 목사는 부임 두 달 만인 1950년 1월 '자체 부흥회'를 개최하였는데 그 결과를 「대한감리회보」가 "부흥하는 충주읍교회"라는 제목으로 자세히 보도하였다.

> "충주읍교회는 기보한 바와 같이 허숙일 목사를 담임자로 맞이한 후 크게 은혜 중에 자라고 있거니와 지난 1월 중에 한 주일 동안 허숙일 목사 인도로 대부흥회를 열고 '그리스도 안에서 완전하라'는 표어 밑에 큰 부흥의 역사가 이러낫다 한다. 그런데 금번 부흥회에 새로 믿기로 작정한 자가 34명이라 하며 특히 윤찬영 선생의 지도로 기독학생 성가대의 활동이 컸다고 하며 많은 심령에 감명을 주었다 한다."[269]

새 신자 34명을 낸 부흥회도 중요하였지만 일제강점기 '엡웟소년회'란 명칭으로 활동했던 충주교회 학생들이 자체적으로 성가대를 조직해서 활동하기 시작했다는 점이 더욱 중요하다. 충주교회는 일제 말기와 해방 직후 시련과 혼란을 극복하고 1930년대 교회 모습을 완전히 회복했음을 보여 주었기 때문이다.

이런 충주교회를 비롯한 주변 구역 교회들의 부흥과 발전을 바탕으로 1950년 충북지역 교회만으로 독립 지방회를 조직하였다. 즉 1950년 4월 서울 정동교회에서 개최된 동부연회에서 김유순 감독은 충북지역 교회로 '충북지방회'를 조직하고 제천읍교회를 담임하고 있던 박신오 목사를 감리사로 파송하였다. 다음은 1950년 4월 연회에서 파송된 충북지방 11개 구역 담임목회자 현황이다.[270]

269) "부흥하는 충주읍교회," 「대한감리회보」1950.2.25.
270) "임명기," 「대한감리회보」1950.5.10.

구역	담임자	주소
충주구역(忠州區域)	허숙일(許淑一) 목사	충북 충주읍 성서동 74
제천구역(堤川區域)	박신오(朴信五) 목사	충북 제천읍 중앙로
단양구역(丹陽區域)	서영준(徐永俊) 전도사	충북 단양군 단양면 상방리
영춘구역(永春區域)	한성태(韓性泰) 전도사	충북 단양군 영춘면 상리
매포구역(梅浦區域)	최광일(崔光一) 전도사	충북 단양군 매포면 우덕리
청풍구역(淸風區域)	김상준(金相俊) 전도사	충북 제천군 청풍면 청풍리
대소원구역(大召院區域)	윤학수(尹鶴洙) 전도사	충주군 이류면 대소원리
원서구역(院西區域)	장종한(張宗翰) 전도사	충주군 산척면 원월리
송암구역(松岩區域)	최봉성(崔鳳成) 전도사	충주군 신니면 송암리
음성구역(陰城區域)	김종순(金宗順) 전도사	충북 음성군 음성면 읍내리 622
추산구역(楸山區域)	김효배(金孝培) 전도사	충북 괴산군 불정면 추산리

충북지방회 소속 11개 구역 담임자 가운데 목사는 제천교회의 박신오 목사와 충주교회의 허숙일 목사 둘뿐이었고 나머지 교회들은 준회원 전도사 혹은 서리 전도사들이 파송되었다. 이로써 충주교회는 제천교회와 함께 신설된 충북지방 선교의 양축(兩軸)을 이루고 지방 내 약한 교회들을 도와가며 지역 선교의 확장을 꾀하였다.

그런데 이러한 지방회 조직과 구역 담임자 파송이 이루어진 두 달 후, 6·25 전쟁이 터졌다. 전쟁 기간 중 충주에서도 치열한 전투가 벌어졌고 그 과정에서 많은 재산과 인명 피해가 났다. 목회자와 교인 중에도 많은 희생자가 나왔다. 충북지방 청풍교회를 담임하던 김상준 전도사가 전쟁 중 순교하였고 일제강점기 충주교회에서 목회했던 최종묵 목사와 조상문 목사 · 박만춘 목사 등도 서울에서 공산군에 피랍 · 순교자가 되었다.[271] 충주교회의 허숙일 목사도 전쟁 중 부친 허상(許詳) 장로가 공산군에 피살 · 순교하는 슬픔을 겪었다. 허숙일 목사를 비롯하여 살아남은 교인들은 남쪽으로 피난을 떠났고 그래서 충주교회는 한동안 '빈 교회'로 남았다. 전선이 다시 38선 부근으로 올라가 전쟁이 소강상태에 들어간 1951년 가을부터 고향으로 돌아온 교인들을 중심

271) 아현중앙감리교회 창립50주년기념사업위원회편, 『6·25와 한국 감리교회 순교자』(감리교신학대학교 출판부, 2006), 50, 248-252.

으로 예배가 재개되었다.

전쟁 기간 중 김유순 감독과 양주삼 감독을 비롯하여 많은 희생자를 낸 감리교회는 1951년 11월 1-2일 피난지 부산에서 특별총회를 개최하고 류형기 목사를 감독으로 선출한 후 연회와 지방회 조직을 정비했다. 그 과정에서 충북지방 구역교회들에 대한 목회자 파송이 새롭게 이루어졌는데 제천교회 박신오 목사가 여전히 충북지방 감리사로 파송되었고 충주구역에 김용련, 음성구역에 감종순, 단양구역에 김항식, 원서구역에 이성해, 대소원구역에 윤학수, 송암구역에 최봉성, 용당구역에 이승봉, 청풍구역에 정영문, 산곡구역에 박창선, 매포구역에 최광일, 영춘구역에 한성태, 삼곡구역에 장종한, 한천구역에 김효배, 추산구역에 최태경, 그리고 신설된 청주구역에 현성원(玄聖元) 목사를 파송하였다. 이 때 충주구역 담임자였던 허숙일 목사는 서울 성동교회 담임목사로 옮겨 갔다.[272]

허숙일 목사 후임으로 충주교회를 담임하게 된 김용련(金容錬, 1914-2002) 목사는 평남 대동군 출생으로 1934년 평양의 감리교 계통 학교인 광성고등보통학교를 졸업하고 1938년 서울 감리교신학교를 졸업하였다. 이후 일본 고베의 칸사이학원[關西學院] 신학부에서 1년 수학하고 돌아와 1939년 사리원지방 용현교회 전도사로 목회를 시작하였고 1942년 율리교회로 옮겼으며 1944년 정춘수 감독의 '혁신교단'에서 목사안수를 받았다. 해방 직후 평양중앙교회를 담임하면서 성화신학교 교수를 겸하였고 한국전쟁 때 월남하여 1951년 11월 연회에서 충주교회로 파송을 받은 것이다.[273] 김용련 목사로서는 남쪽에서 첫 목회지가 충주였고 충주교회로서는 최종묵 전도사 이후 '이북 출신' 목회자를 맞이하기는 두 번째였다.

김용련 목사는 부산연회에서 충주구역으로 파송을 받자마자 곧바로 충주에 올라와 교회 문을 열었다. 피난 갔던 교인들도 대부분 돌아와 있었다. 아직 전쟁이 끝난 것은 아니었지만 분위기와 환경은 목회하는데 지장이 없었다. 김용련 목사는 전쟁으로 상처를 입은 교인들의 심령을 치유하기 위해 부흥회를 준

272) "임명기,"「감리회보 특별호」1952.1.1.

273)『1960년 기독교대한감리회 요람』, 42; 조이제,『시온교회 50년사』(기독교대한감리회 시온교회, 2002), 90.

비했다. 그리고 부산에 있는 총리원 전도국장으로 있던 조신일(趙信一) 목사를 강사로 초청하였다. 김용련 목사의 신학교 10년 선배인 조신일 목사는 1930년대 한국교회 대표적 부흥사였던 이용도(李龍道) 목사의 친구로서 해방 후 감리교회를 대표하는 부흥사로 활약하고 있었다. 조신일 목사는 1952년 4월 충주교회 부흥회를 인도한 경위와 내용을 「감리회보」에 자세히 실었다.

> "충주읍교회로부터 와달라는 부탁을 받고 연기를 거듭하다가 4월 22일 아침 여섯시 30분 부산발 차로 충주교회 집회의 길을 떠났다. 23일 오후 다섯시가 지나 충주읍에 다다르니 뻐스 정류장에는 해교회 담임 김용련 목사와 다수 직원들이 반갑게 마져주었다. 밤 여덟시부터 성회는 시작되었다. 예배당에 들어서니 벌서 입추의 여지가 없는 대만원이었다. 28일 새벽기도회까지 155명의 결심자를 얻고 은혜로운 분위기 중에 마치고 28일 아침 7시 30분 충주발 버스로 부산을 행하여 도라왔다."[274]

'입추의 여지가 없이 대만원'을 이룬 부흥회를 통해 새 신자가 155명이나 나왔다. 조신일 목사는 전쟁을 겪은 후 오히려 부흥한 충주교회 분위기를 이렇게 소개하였다.

> "충주읍교회는 우리 감리교회 중에 우수한 교회이다. 매주일 평균 6백 명 집회라고 한다. 하여간 잘 모이는 교회다. 금번 집회 중에만 보드래도 낮 시간에도 45백 명 새벽기도회에도 34백 명 다른 곳에서 보기 드문 성황이다. 다른 곳에서는 정각이 되어도 집회가 되지 않어 찬송을 부르고 기다리며 초조하는데 충주교회는 시간 전에 만원이다. 주일 아침에는 10시에 모이는 주일학교가 9시에 모이고 11시 정식예배가 10시 반에 개회되었다."[275]

교단본부(총리원) 전도국 총무의 증언대로 충주교회는 "우리 감리교회 중에 우수한 교회," "하여간 잘 모이는 교회"였다. 주일예배에 6백 명이 참석하였고 예배 전에 이미 예배당을 가득 채워 정한 시간보다 일찍 집회를 시작해야만 했다. 그런 면에서 교단에서도 충주교회에 거는 기대가 컸다. 조신일 목사의 칭찬과 부탁이다.

---

274) 소양(조신일), "충주읍교회를 다녀와서," 「감리회보」1952.6.1.
275) 소양(조신일), "충주읍교회를 다녀와서"

> "충주교회는 화목단결의 교회이다. 과거에 다소 잡음도 있었고 문제도 있었으나 원만한 목회자 김 목사를 마지한 후 은혜스럽게 자라나는 교회가 되었다. 두어 가지 유감 되는 것은 첫째, 전재(戰災)로 말미암아 교우들의 생활이 가난한 것이오 어서 풍년이 들고 평화가 와서 유리도 끼고 주일학교 교실도 수리하고 지교회도 세우소서. 둘째, 남자 교우가 너무 적은 것이다. 물론 어느 교회든지 부인들의 수효가 다수이지만 충주교회는 너무도 남자의 수효가 적다. 친애하는 모매님들이여! 당신들의 남편과 아해들을 어서 구원하소서. 모니카의 기도가 있으소서."[276]

조신일 목사가 충주교회에 기대한 것은 화목한 교회, 남성과 아동 전도, 주일학교 교실 확장 외에 '지교회 설립'이었다. 아직도 충주시내에는 충주교회 하나밖에 없었다. 일제 말기 안림동에 기도처가 개척된 적이 있었지만 일제 말기 소멸되고 말았다. 그래서 조신일 목사는 부흥회에 참석한 교인들에게 "충주 시내에 교회 한 곳을 더 개척하라" 호소하였다. 이런 호소에 충주교회 교인들이 적극 호응하고 나섰다. 부흥회 한 달 후 「감리회보」 보도다.

> "약진도상에 있는 충주읍교회에서는 4월 23일부터 5일간 총리원 조신일 목사님의 인도로 부흥회를 열어 연일 초만원을 이루었으며 신결신자 백오십명을 얻는 큰 성황을 이루었다. 동교회는 김용련 목사의 충성된 봉사로 날로 부흥되어 머지않어 제2교회를 설립할 기세에 있다."[277]

그렇게 해서 1952년 10월 충주 서부 충의동에 충주교회 지교회로서 '충주 제2교회'가 개척 · 설립되었다.

> "충북지방 충주읍교회는 제2교회를 설립할 것을 결정하고 읍내 충의동에 건평 32평짜리 건물을 매수하여 모이기를 시작하였는데 이렇게 제2교회를 설립하기까지에는 감격할만한 미담이 숨어 있다. 지난 3월[4월]이다. 충주교회는 총리원 전도국 총무로 계신 조신일 목사님을 모시고 부흥회를 열었다. 그 부흥회에 매 집회마다 빠짐없이 참석하여 깊은 은혜의 경험을 맛보며 감격하는 이가 있었으니 그가 이종원(李鍾遠)이라는 분이다. 본래 일정시절에 약 15년간 경찰관 생활을 하던 분인데 8·15해방 이후 고향인 농촌에 돌아와 농업을 시작하

276) 소양(조신일), "충주읍교회를 다녀와서."
277) "충주교회 부흥회," 「감리회보」1952.7.1.

여 지금까지 계속하는 중이다. 그의 부인 정옥순 씨는 충주읍교회에 출석하면서 남편의 회개할 기회가 오기를 위하여 기도하던 중 지난 3월경 동교회 송일호 장로의 권면으로 이종원씨는 교회에 나오기를 시작하였든 것이다. 때마침 조신일 목사님의 부흥회 기간 중에 충주제2교회 설립의 필요성을 역설하시매 이종원씨는 크게 감동된 바 있어 즉시 벼를 팔어 일금 4백 71만 원을 장만하여 교회에 바쳤고 금년 가을에 추수하면 또다시 벼를 팔어 7백만 원을 바치기로 약속하였다. 금년의 그의 농사가 풍작인지라 그는 감사의 정이 솟구쳐 '내게 있는 모든 것이 다 하나님께서 주신 것인데 하나님께 바치는 것이 당연합니다. 하나님께 바친 사람이 굶어죽지는 않을 것입니다.' 이러한 신앙으로 감격의 헌금을 드린 것이다. 만일 현재의 제2교회가 모이는 건물을 주일학교 집으로 쓰고 예배당을 새로 짓는 경우엔 땅이라도 팔아서 그 경비를 전담 혹은 반담(半擔)할 의사를 가지고 있다 한다. 충주교회에서도 제2교회 설립을 위하여 김홍태 씨의 백만원을 위시하여 총액 3백 80만 원의 연보를 해서 도와주었다 한다."[278)]

일제강점기 경찰관이었다가 해방 후 고향에 내려와 농사를 지으며 살고 있던 이종원이 먼저 교회를 다닌 부인(정옥순)과 충주교회 송일호 장로의 권면을 받고 1952년 4월 충주교회 부흥회에 참석하여 은혜를 받던 중 조신일 목사의 "충주에 제2교회를 세우라"는 호소에 즉각 응하여 개척 헌금 470만 원을 내고 가을 추수 때 7백만 원을 더 내겠다고 약정하였다. 여기에 이홍태를 비롯한 충주교회 교인들의 개척헌금 380만 원을 보태서 충의동에 32평 규모의 건물을 매입한 후 예배당으로 꾸미고 집회를 시작하였다. 충주제2교회로서 서부교회가 설립된 것이다. 그러면서 송일호 장로를 비롯하여 충주 서부지역에 살던 1백여 명 교인들이 새로 개척된 서부교회로 옮겨 갔다. 이처럼 서부교회로 옮겨간 후에도 헌신적인 신앙생활로 교인들의 본이 되었던 송일호 장로 가족의 '신앙미담'을 「감리회보」는 이렇게 소개하였다.

"충주서부교회의 송일호 장로 부인 김순호 권사는 금반지 금비녀를 팔아서 성종과 성찬기를 사서 헌납하였으며 그 아들 송시천 속장은 장사 밑천 일부로 강대상과 테블을 만들어 헌납하여 일반 교우들에 큰 감동을 주었다고 한다."[279)]

278) "충주 제이교회 설립 미담," 「감리회보」1952.11.1.
279) "송일호 장로의 가족적 미거," 「감리회보」1953.12.1.

새로 개척된 충주서부교회에는 음성교회에서 목회하던 김종순 전도사가 첫 담임자로 부임하였다.[280] 송일호 장로 가정을 비롯하여 충주교회에서 신앙생활을 열심히 하던 교인들이 주축이 되어 설립한 서부교회는 1953년 4월부터 신도배가운동을 전개하였고 그 결과 개척한 지 1년 사이에 "186명이던 교인이 326명으로 급성장한 성과를" 거두었다.[281] 충주서부교회 교인들의 헌신은 이후에도 계속 이어졌다. 1955년 6월, 당시 충주서부교회를 담임하고 있던 김재황 전도사는 충주서부교회가 종을 마련하게 된 과정을 감동적으로 소개하였다.

> "충주서부교회 김경숙 속장은 사고무친한 몸으로 유암(乳癌)이라는 불치의 병으로 오래 동안 병석에 누어 많은 고생을 하며 또 생활형편도 넉넉지 못한 분으로서 그는 자기 몸보다도 하나님의 교회를 사랑하는 정성이 지극하여 3만 환짜리 종 하나를 헌납했었으며 또 이번에는 교회 수리에 써달라고 2만 환을 헌금하여 교인들을 감격케 하고 있다 한다."[282]

충주제2교회(서부교회) 설립을 계기로 충주교회는 자연스럽게 '충주제일교회'라는 새 명칭을 사용하게 되었다. 서부교회를 성공적으로 개척 · 분립시킨 충주제일교회는 같은 시기 목행교회와 안림교회도 분립시켰고 해방 전에 설립되었다가 침체에 빠졌던 음성 한천교회, 신니면 동락교회, 엄정 목계교회도 재건, 혹은 설립되어 충주지역 선교에 활기를 불어넣었다.[283]

6.3 박용익 목사의 '지방 목회'

이처럼 전쟁 직후 충주교회에 부임하여 교회 재건과 부흥, 그리고 서부교회 개척을 이끌어낸 김용련 목사는 1954년 3월 서울에서 개최된 동부 · 중부연합연회에서 인천지방 성산교회로 파송을 받아 떠났고 대신 충주제일교회에는 박용익 목사가 파송을 받아 왔다.[284] 황해도 연안 출생인 박용익(朴容翼,

280) 「기독교대한감리회 동부 · 중부연합연회 회록」(1953), 43.
281) "배가운동," 「감리회보」1953.12.1.
282) "충주서부교회 김경숙 속장의 미거," 「감리회보」1955.6.
283) "연회 임명기," 「감리회보」1953.5.
284) 「기독교대한감리회 동부 · 중부연합연회 회록」(1953), 43.

1906-2000) 목사는 어려서 한학을 공부하였고 연안공립보통학교를 거쳐 감리교 계통인 개성 송도고등보통학교에 다니던 중 기독교 신앙을 받아들이고 1922년 개성남부교회에서 세례를 받았다. 이후 잠시 고향의 사립학교 교사로 지내다가 1927년 일본에 건너가 도쿄 세이소쿠[正則]영어학교와 동양선교회(성결교회) 성서학원에서 공부하다가 건강 문제로 1928년에 귀국하여 황해도 배천 창동학교 교사로 7년간 봉직했다. 그러다가 목회자가 되기로 결심하고 1936년 평양장로회신학교에 입학하면서 황해도 옹진읍교회 전도사로 목회를 시작하였는데 1938년 신사참배 문제로 평양신학교가 폐교되는 바람에 신학교를 졸업하지는 못했다. 이후 옹진지방 염불리교회 전도사로 시무하였고 1941년 연회에서 '본처 목사'로 안수를 받았다. 해방 후 옹진지방 감리사를 지냈고 전쟁 때 월남하여 강화읍교회(현 강화중앙교회)를 담임하면서 교회부속 합일학교를 복구하였고 동광중학교와 기독병원을 설립하는 등 교회뿐 아니라 지역사회를 위해서도 많은 사역을 하였다. 이런 전력의 박용익 목사를 충주제일교회에 소개한 이는 전임자 김용련 목사였다. 박용익 목사는 1954년 연회에서 충주제일교회에 파송되면서 충북지방 감리사직도 겸하게 되었다.[285)]

박용익 목사는 충주제일교회에서 5년 목회하였는데 후에(1991) "충주제일교회는 이때 충북지방에서 제일 큰 교회였다. 주일이면 4백여 명이 모였고 소속 유치원도 있었다"고 회고하였다.[286)] 그러면서 충주제일교회에서 만난 교인들에 관한 '신앙일화'를 몇 가지 남겼다.

> "충주제일교회에서 대표가 되어 우리 가족을 데리러 왔던 분은 최수철 권사로 교현초등학교 교감 선생님이셨다(후에 장로가 됨). 그런데 이분은 담배를 끊지 못해 늘 고민한 분이었다. '목사를 모시러 와가지고도 변소간에 들어가 몰래 담배를 피웠다고 했다. 늘 마음에 가책을 받으면서도 그 악습을 끊지 못해서야 될 일인가...' 결단하고 담배 갑을 강물에 던져버리고 그 후부터는 다시 담배를 입에 대지 않게 되었다고 교회 앞에서 간증했다."[287)]

285) 『1960년 기독교대한감리회 요람』, 44; 박용익, 『하나 되게 하소서: 박용익 목사 회고와 평론』(기독교문사, 1991), 23-71.
286) 박용익, 『하나 되게 하소서: 박용익 목사 회고와 평론』, 73.
287) 박용익, 『하나 되게 하소서: 박용익 목사 회고와 평론』, 72-73.

유치원을 통해 믿게 된 고명남이란 교인 이야기다.

> "유치원 자모 중 고명남이란 분이 있었다. 이 분은 큰 상점을 경영하는 분이었다. 이 분의 상점을 찾아가 전도를 했더니 반갑게 맞아주기는 했지만 '목사님, 나에게 전도는 하지 말아주세요. 우리 진옥이(유치원생)는 부처님께 팔았어요'라고 한다. 이때 나는 그의 영혼이 너무 불쌍하게 여겨졌다. '어쩌면 귀한 자식을 우상에게 팔다니.' 그 후부터 집에 돌아와 그 가정을 위해 기도하기 시작했다. 하나님의 사랑의 섭리는 참으로 신비하기만 했다. 그 후 이 자모는 정신에 이상이 생겼다. 서울에 올라가 병원에 입원해 치료도 해보고 불공도 드려보고 굿도 해보았지만 모두가 다 허사였다. 결국 교회로 찾아왔다. 이때 이정근 장로님께서 전적으로 책임을 지시고 매일 다니시면서 기도해 주었다. 곧 깨끗한 정신이 되어 교회에 출석하게 되었고 아주 좋은 교인이 되었으며 그 가정이 다 구원되었다."[288]

이렇듯 충주제일교회는 사도행전의 초대교회와 같이 신앙의 이적과 변화가 나타나는 교회였다. 교인들의 헌신과 희생도 남달랐다. 한 예로 1955년 가을 충주제일교회 조종성 장로는 "시가 4만 5천 환짜리 특대호(特大號) 성종(聖鐘)을 헌납하여 일반 교인을 감격케" 하였다.[289] 충주교회로서는 10년 넘게 듣지 못했던 교회 종소리를 다시 듣게 된 감격뿐 아니라 일제 말기 '공출당해' 빼앗긴 독립운동가 추성배 속장의 '애국종'을 대신하는 종이 생긴 것에 더욱 기뻐하였다. 이후 충주제일교회 종은 그 무렵 '환자 교인' 김경숙 속장이 헌납한 충주서부교회의 종과 함께 주일이면 충주 시내를 동서로 나누어 울려 퍼졌다.

박용익 목사는 충주제일교회에 부임하자마자 늘어나는 교인들을 수용할 수 있는 더 큰 예배당을 지을 계획을 수립하고 '3년 소송 끝에' 교회에 인접한 적산 가옥 3채(약 1천 5백 평)를 구입하여 교회 부지를 크게 확장했다. 그리고 충주 외곽 달천과 칠금 · 하소 · 중청 · 추평 등지에 지교회를 개척하였다. 이러한 충주지역 교회 개척과 설립을 바탕으로 1958년 3월 동부연회에서는 충북지방을 충주지방과 제천지방으로 분할하기로 결정하였다. 이에 따라 충주시와 중원군 · 음성군 · 괴산군 · 청주시 교회들로 충주지방회, 제천군과

288) 박용익, 『하나 되게 하소서: 박용익 목사 회고와 평론』, 73-74.
289) "조종성 장로가 교회 종을 바치다," 「감리회보」1955.10.

단양군 교회들로 제천지방회를 조직하면서 충주제일교회 담임자 박용익 목사를 충주지방 초대 감리사로 파송하였다.[290] 다음은 1958년 3월 연회에서 충주지방회가 조직될 당시 지방내 교회 현황이다.[291]

교회	주소	담임자	건물구조	건평	대지
충주제일교회	충주시 성서동 74	박용익(정)	연와양제	75	211
충주서부교회	충주시 빙현동 624	김재황(정2)	함석양제	60	200
목행교회	충주시 목행리	임승만(준1)	함석양제	12	50
달천교회	충주시 달천리	이기홍(서)	기와양제	21	150
원서교회	중원군 산척면 원월리 106	이상린(협5)	기와양제	42	700
목계교회	중원군 엄정면 목계동	김흥렬(서)	함석양제	22	200
하소교회	중원군 금가면 하대리	조학철(서)	함석양제	32	100
신매교회	중원군 살미면 신대리	조병향(서)	초가목조	16	60
삼청교회	중원군 주덕면 삼청리 954	이선숙(협5)	초가목조	20	40
대소원교회	중원군 이류면 대소원리	김종순(정1)	초가목조	12	170
동락교회	중원군 신니면 문락리	김학순(서)	기와양제	30	350
안림교회	충주시 안림리	최순봉(서)	함석양제	12	70
칠금교회	충주시 칠금리	오영근(준2)	함석양제	15	180
음성교회	음성군 음성읍 읍내리 544	오화백(협)	함석양제	51	290
한천교회	음성군 소이면 중동리	박봉의(준2)	함석양제	30	50
원남교회	음성군 보천면 원남리	김은신(협3)	함석양제	17	68
추산교회	괴산군 불정면 추산리	이내강(서)	초가목조	25	50
감물교회	괴산군 감물면 광전리	박만춘(서)	함석양제	20	50
청주교회	청주시 남문로 1가 60-2	이진호(정4)	기와양제	60	335
진촌교회		심순자(서)			

이로써 충주지방 '모교회'로서 더욱 큰 위상과 책임감을 갖게 된 충주제일교회는 계속해서 충주와 인근 지역에 교회를 개척 · 설립하였으니 금가면 중청교회와 가흥교회, 엄정면 추평교회, 금가면 오산교회 등을 개척하였다. 그리고 1958년 11월에는 조종성 장로를 비롯하여 충주 남부지역(용산리) 6개

290) "임명기," 「감리회보」1958.4.

291) 부동산 현황은 1960년 당시 자료다. 『1960년 기독교대한감리회 요람』, 93-93; "임명기," 「감리회보」1958.4.

속 1백여 명 교인을 떼어 용산리 155번지에 30평 예배당을 건축하고 충주남부교회를 개척하였다.[292] 박용익 목사는 그 과정을 이렇게 증언하였다.

> "내가 충주제일교회를 담임했던 것은 만 5년이 된다. 재임 중 교회 창립 50주년을 맞게 되었다. 이때 장로님들과 함께 기념사업 추진을 의논했다. 이 회의에서 나는 기념예배당을 건축할 것을 제안했다. 그러나 장로님들이 모두 소극적이어서 찬성하지 않았다. 할 수 없이 제 2안으로 기념 지교회(개척교회)를 설립할 것을 제의하여 남부지역에 있는 교인들을 주축으로 남부교회를 창립하게 되었다."[293]

그렇게 박용익 목사는 충주제일교회에 부임해서 5년 동안 "나름대로 열심히 뛰었다." 그 결과 교회는 훨씬 안정되었고 남부교회를 비롯하여 충주 인근에 많은 교회들이 복고, 혹은 개척되었다. 그러나 박용익 목사는 보람과 함께 한계도 느꼈다. 그래서 충주제일교회를 떠날 생각을 하게 되었다.

> "내가 충주교회를 떠나기로 결심한 데는 몇 가지 이유가 있었다. ① 이 분들(다섯 분 장로)을 데리고서는 일하기도 어렵고 더 이상 교회 발전이 어렵다는 판단에서였고, ② 장로 중 한 분이(이 분은 바로 연회에서 나를 따라다니며 충주로 오게 하기 위해 그렇게 못 견디게 열심했던 분임) 나를 별로 좋지 않게 여겨 은근히 반대했기 때문이었다. 교회를 떠날 결심을 했지만 어디로 가야할지 막연했다. 나를 오라는 곳이 있을까, 충주보다 더 나은 곳으로 가게 되어야겠는데 … 등으로 마음을 불안하게 가지면서 하나님께 기도했다."[294]

그렇게 해서 1959년 3월, 서울 정동교회에서 개최된 연회에서 박용익 목사는 서울 중앙교회로 파송을 받아 떠났고 충주제일교회에는 서산에서 목회하던 이태선 목사가 부임해 왔다. 새로운 목사와 함께 충주제일교회는 격동과 도전의 1960년대를 열어 나갔다.

---

292) 『충주남부교회 50년사』(기독교대한감리회 남부교회, 2008), 30-31.
293) 박용익, 『하나 되게 하소서: 박용익 목사 회고와 평론』, 75.
294) 박용익, 『하나 되게 하소서: 박용익 목사 회고와 평론』, 76.

찾아보기

■ ㄱ

■ ㅅ

■ ㅇ

■ ㅊ

■ ㅋ

■ ㅌ

■ ㅍ

논저목록

저서

- 『새로운 교육의 형태를 찾아서』, 종로서적, 1985
- 『나라의 독립 교회의 독립』, 기독교문사, 1988
- 『한국 그리스도인들의 개종이야기』, 전망사, 1990
- 『한국감리교 여선교회의 역사』, 기독교대한감리회 여선교회전국연합회, 1991
- 『태화기독교사회복지관의 역사』, 신앙과지성사, 1994
- 『우이교회 85년사』, 기독교대한감리회 우이교회, 1994
- 『강화기독교 100년사』, 강화기독교100주년 기념사업 역사편찬위원회, 1994
- 『초기 한국 기독교사 연구』, 한국기독교역사연구소, 1995
- 『한국 그리스도인들의 신앙고백』, 한들, 1997
- 『태화이야기』, 태화기독교사회복지관, 1997
- 『한국 토착교회 형성사 연구』, 한국기독교역사연구소, 2000
- 『신석구 연구』, 기독교대한감리회 홍보출판국, 2000
- 『선한사마리아인의 애오개 사랑- 아현교회 110년사』, 기독교대한감리회 아현교회, 2001
- 『눈물의 섬 강화이야기』, 대한기독교서회, 2002
- 『개화와 선교의 요람 정동이야기』, 대한기독교서회, 2002
- 『새로 쓴 한국 그리스도인들의 개종이야기』, 한국기독교역사연구소, 2003
- 『주기철 목사 연구』, 한국기독교역사박물관, 2003
- 『종로선교이야기』, 진흥, 2005
- 『종교교회사』 도서출판 종교교회, 2005
- 『한국교회 처음 이야기』, 홍성사, 2006
- 『충청도 선비들의 믿음이야기』, 진흥, 2006
- 『한국교회 처음 여성들』, 홍성사, 2007
- 『춘천중앙교회사』, 기독교대한감리회 춘천중앙교회, 2007
- 『서울연회사Ⅰ』, 기독교대한감리회 서울연회, 2007

- 『전주비빔밥과 성자이야기』, 진흥, 2007
- 『예수사랑을 실천한 목포 · 순천 이야기』, 진흥, 2008
- 『광주선교와 남도 영성』, 진흥, 2008
- 『이덕주 교수가 쉽게 쓴 한국교회 이야기』, 신앙과지성사, 2009
- 『용두동교회 100년사』 기독교대한감리회 용두동교회, 2009
- 『서울연회사Ⅱ』 기독교대한감리회 서울연회, 2009
- 『한국영성 새로 보기』, 신앙과지성사, 2010
- 『메리 스크랜튼』, 이화여자대학교 출판부, 2010
- 『기독교 사회주의 산책』, 홍성사, 2011
- 『신석구』, 신앙과지성사, 2012
- 『로버트 하디 불꽃의 사람』, 신앙과지성사, 2013
- 『참 믿음의 사람 한영제』, 한국기독교역사연구소, 2013
- 『신교육의 발상지 신문화의 요람-배재학당사(통사)』, 배재학당역사편찬위원회, 2013
- 『스크랜턴:어머니와 아들의 선교이야기』, 공옥출판사, 2014
- 『남산재 사람들』, 그물, 2015
- 『상동청년 전덕기』, 공옥출판사, 2016
- 『너는 내 아들이 아니다』, 신앙과지성사, 2017
- 『백아덕과 평양 숭실』, 숭실대학교 출판부, 2017

공저

- 『구세군 서울제일영문 100년사』, 2012
- 『산돌 손양원의 목회와 신학』, 한국기독교역사연구소, 2014
- 『YMCA 인물 콘서트』, 한국기독교역사연구소, 2014
- 『한국선교의 개척자:가우처 · 메클레이 · 아펜젤러)』, 한들출판사, 2015
- 『선교 강국, 한국선교 긴급 점검』, 홍성사, 2017
- 『한국 감리교회 역사』, KMC, 2017

역서

- 『대자대비하신 하느님』(*The Compassionate God*), 宋泉盛(C.S.Song)(저), 분

도출판사, 1985
- 『아시아 이야기 신학』, 분도출판사, 1987
- 『아시아 모태신학』, 분도출판사, 1988

▌주요논문

- "한국 초대교회의 성립과 교단의 형성," 「기독교사상」1985.4
- "3·1운동의 이념과 운동 노선에 관한 연구," 「기독교사상」1988.3
- "초기 한국교회 여성단체에 관한 연구: 조이스회와 보호여회를 중심으로," 「감리교와 역사」1990.12
- "주시경의 종교행적과 신앙," 「한힌샘 주시경 연구」 제4호, 1991.12
- "초기 내한선교사들의 신앙과 신학," 「한국기독교와 역사」 6호, 1997.12
- "해방 후 한국개신교사 연구," 「한국종교학회」1997.12
- "한국교회사 입장에서 본 한국 신학사상사 서술 문제," 「세계의 신학」, 1999.12
- "한말 기독교인들의 선유활동에 관한 연구," 「한국기독교와 역사」 10호, 1999.4
- "기독교 신앙과 민족운동: 손정도 목사를 중심으로," 「세계의 신학」2000.3
- "주기철: 신앙양심으로 민족혼을 지킨 순교자," 「한국사 시민강좌」2002.2
- "헨리 아펜젤러의 신학사상: 존 웨슬리의 신학사상과의 비교를 중심으로," 「신학과 세계」2002.6
- "기독교 여성 민족운동 맥락에서 본 최용신의 농촌운동," 「신학과 세계」 2003.9
- "초기 한국토착교회 형성과 종교문화: 토착화신학에 대한 역사신학적 접근," 「신학과 세계」2004.9
- "초기 한국교회 토착신학 형성: 최병헌과 정경옥의 신학과 영성을 중심으로," 「신학과 세계」2005.6
- "존스의 한국역사와 토착종교 이해," 「신학과 세계」2007.12
- "한국교회 초기 부흥운동과 여성:1903년 원산부흥운동과 1907년 평양부흥운동을 중심으로," 「한국기독교와 역사」 26호, 2007.3
- "1908년 만주 부흥운동에 관한 연구," 「한국기독교와 역사」 28호, 2008.3

- "통일 이후 한반도 신학모색: 손정도의 기독교사회주의를 중심으로," 「신학과 세계」2009.12
- "이승만의 기독교신앙과 국가건설론: 기독교 개종 후 종교 활동을 중심으로," 「한국기독교와 역사」 30호, 2009.3
- "엥겔(G.Engel)의 선교사역과 신학사상," 「한국기독교와 역사」 32호, 2010.3
- "윤치호와 한말 기독교 선교," 「신학과 세계」2010.7
- "초기 일본 도시샤 대학 신학부 한국인 유학생에 관한 연구," 「신학과 세계」 2011.8
- "신학이 정치를 만날 때: 해방 후 신학갈등과 교회분열," 「한국기독교와 역사」 44호, 2016.3
- "선교 초기 보구여관 간호교육에 관하여," 「신학과 세계」2017.3